JN430315

우리가 꼭 알아야 할
주제별 고사성어
대   백   과

우리가 꼭 알아야 할
주제별 고사성어 대백과(개정판)

2025년 11월 15일 개정 1쇄 인쇄
2025년 11월 25일 개정 1쇄 발행

지은이 | 여해 강영수
펴낸이 | 이규인

펴낸곳 | 국제어학연구소 출판부
출판등록 | 2010년 1월 18일 제302-2010-000006호
주소 | 서울특별시 영등포구 문래북로116 트리플렉스빌딩 903호
Tel | 02) 704-0900 / **Fax** | 02) 703-5117
e-mail | changbook1@hanmail.net
홈페이지 | www.bookcamp.co.kr

ISBN 979-11-9941750-2 03028

정가 28,000원

우리가 꼭 알아야 할

주제별 고사성어 대백과

개정판

여해 강영수 지음

ILR 국제어학연구소

교육정책이 바뀌면서 고사성어에 대한 인식이 새롭게 떠오르고 있다.

사실 고사성어는 먼지 낀 옛 기록의 차원을 넘어 생활의 지혜임이 분명하다. 비록 짧은 경구지만 그 속에는 선현들의 지혜가 꿈틀거리고, 곰팡이 냄새가 날 것 같은 한 가닥의 성어에는 여느 명검보다 지혜의 날이 예리하게 번뜩인다.

금반 〈여해 한문서당(如海 漢文書堂)〉에서는 흐트러져 있는 성어를 주제별로 분류한 후 그 길고 짧음을 면밀히 분석하여 수정·보완하는 작업에 임하였다. 성어가 생겨난 배경, 사실 기재의 출전(出典) 등은 물론이려니와 유사 성구의 파생에 따른 사록사록(史錄私錄)들을 지혜의 그물로 걸러내 현실로 끌어낸 것이다.

이 책은 상당한 양을 담고 있지만, 눈을 현란스럽게 하거나 머리를 지근거리게 만들지는 않는다. 독자 역시 본서를 하루종일 눈이 시리도록 들여다보라는 것은 아니다.

당신의 하루 일과를, 내일을 위해 아름답게 소비하고, 휴식이 필요한 때에 자투리 시간을 이용하라는 것이다. 지식은 정신의 음식물이기 때문이다.

강 영 수 지음

1. 고사성어(古事成語)와 사자숙어(四字熟語)를 주제별로 나누어 익힐 수 있도록 엮었다.
2. 예화(例話)를 엮지 않은 숙어들은 해당 고사성어의 말미(末尾)에 집중적으로 채록(採錄)하여 관련 항목의 이해하기 쉽게 하였다.
3. 고사성어·사자숙어는 대입 수능은 물론이려니와 취업 시험에 대비하여 속 뜻을 집중적으로 분석하였다.
4. 고사성어의 출전(出典)·의미와 관련 성구(成句)들을 연결지어 한눈에 알 수 있게 하였다.
5. 〈해설(解說)〉과 〈고사(古事)〉를 별도로 다루었으며 자원(字源)과 어의(語義)를 통해 유사 단어들의 이해를 돕도록 하였다.
6. 책 속의 작품은 《 》으로, 편은 〈 〉으로 표기하였다.
7. 한자의 우리말 표기는 두음법칙(頭音法則)을 따랐으며, 관용(慣用)으로 굳은 성어는 원문(原文)을 살렸다.

머리말 4 | 일러두기 5 | 차례 6

제1장

정치·군사 政治·軍事

국가·사회 國家·社會

제3장

자연·환경 自然·環境

제4장

경제·문화 經濟·文化

제8장

건강·체육 健康·體育

제9장

문학·풍속 文學·風俗

제10장

수양·윤리 修養·倫理

苛 政 猛 於 虎
독할 **가**　정사 **정**　사나울 **맹**　어조사 **어**　범 **호**

출전 《예기(禮記)》의 〈단궁편(檀弓篇)〉
문의 포악한 정치.
요점 정치인의 가렴주구는 호랑이보다 더 무섭다는 뜻이다.

고사 공자께서 제자들과 태산(泰山)의 산길을 가고 있을 때였다. 사람이 그리 많지 않은 한가한 길, 모든 것이 우뚝 솟은 태산의 침묵처럼 조용하기만 하다. 한낮의 정적을 깨뜨리며 여인의 울음소리가 들려 온 것은 그때였다. 앞쪽에 있는 묘지 근처였다.

자비심이 많은 공자는 그냥 지나칠 수 없었다. 수레 앞에 서서 몸을 의지한 후 부인에게 예의를 표한 후 자로(子路)를 시켜 이렇게 묻도록 했다.

"어찌 그리 슬피 우십니까? 무슨 일이 있으십니까?"

부인은 깜짝 놀란 표정이었으나 곧 평온을 되찾았다. 상대의 기색으로 보아 위안을 받은 듯했다.

"이곳은 참으로 무서운 곳이거든요. 얼마 전에 시아버님이 호랑이에게 잡혀 먹히셨어요. 그런데 이번에는 아들마저 호랑이에게 잡아먹히고 말았답니다."

"그런 일이 있었군요. 그렇다면 서둘러 이곳을 떠나야지요."

"그럴 수만 있다면 얼마나 좋겠어요. 이곳에 살면 가혹한 조세는 피할 수 있거든요."

그 말에 일행들은 숙연한 표정이 되었다. 가혹한 세금, 그것은 호랑이보다 무섭다. 그런 이유로 묘지 근처를 떠나지 못한 것이다. 공자는 나직이 한숨을 뿌렸다.

"잘 보아 두거라. 가혹한 정치가 호랑이보다 무섭다는 사실을."

물론 이 얘기는 단궁편에 있다. 공자가 살았던 춘추시대 말기의 민생고가 어쨌는지는 한눈에 알 수 있는 일이다.

자원 ● 苛(독할 가 ; 艸部 5획, 총 9획. severe) : 잔풀 가, 까다로울 가.

● 政(정사 정 ; 攵部 5획, 총 9획. administration) : 바르게 할 정, 조세 정.

● 猛(사나울 맹 ; 犬部 8획, 총 11획. fierce) : 날랠 매의 엄할 맹.

● 於(어조사 어 ; 方部 4획, 총 8획. on) : 거할 어, 갈 어, 대신할 어.

● 虎(범 호 ; 虍部 2획, 총 8획. tiger) : 호랑이가 입을 크게 벌리고 몸에 무늬가 있는 모양

어의 ● 苛斂(가렴) : 혹독하게 징수함 ● 苛責(가책) : 가혹한 꾸지람 ● 苛虐(가학) : 가혹하고 사나움 ● 政敎(정교) : 정치와 종교 ● 政爭(정쟁) : 정치계의 다툼 ● 政治(정치) : 주권자가 그 영토와 국민을 다스림 ● 猛犬(맹견) : 몹시 사나운 개 ● 猛將(맹장) : 강하고 사나운 장수 ● 猛活躍(맹활약) : 눈부신 활약 ● 虎尾(호미) : 범의 꼬리 ● 虎視(호시) : 범처럼 날카로운 눈초리로 쏘아봄 ● 虎將(호장) : 썩 용맹스러운 장수

참조 ☞ 康衢煙月聞童謠(강구연월문동요) : 나라가 잘 다스려지고 세월이 좋아서 길거리에서 세상의 태평함을 노래함. 《열자》의 〈중니편〉에 전한다.

☞ 作文政治(작문정치) : 시정 방침만 늘어놓고 시행은 하지 못하는 정치를 비꼬아서 하는 말.

☞ 愛民至治(애민지치) : 백성을 사랑하여 지성으로 다스림.

乾 坤 一 擲
하늘 건　땅 곤　한 일　던질 척

출전 한유(韓愈)의 시
문의 승부를 겨룸.
요점 나라의 탈취와 같은 큰 표적을 두고 잃느냐 그렇지 못하느냐의 큰 승부
의 겨룸에 쓴다.

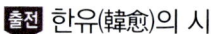

고사 아래 시의 제목은 〈과홍구(過鴻溝)〉다. 자는 퇴지(退之)요, 호는 창(昌)인
한유는 당송팔대가(唐宋八大家)의 한 사람이다. 그는 초한 상쟁의 마지막 전
투를 그려내며 가로하(賈魯河) 강가에서 지었다. 홍구는 지금의 하남성에 있
는 강의 이름이다. 천하를 통일한 진나라 시황이 죽고 천하는 혼란 속에 빠
져 있었다. 이때 초(楚)의 항우(項羽)와 한(漢)의 유방(劉邦)이 이 강을 경계로
천하를 양분했다. 강가에 선 한퇴지는 그 옛날을 생각하여 시를 지었다.

　　지친 용과 범이 강을 사이에 두고 땅을 나누니(龍彼虎困割川原)
　　억만의 창생이 목숨을 부지하게 되었네(億萬蒼生生命存)
　　누가 군왕에게 말머리를 돌리게 하여(誰勸君王回馬首)
　　천하를 건 도박을 하게 했는가(眞成一擲賭乾坤)

　위의 시가 표현한 당시의 천하는 어땠는가? 홍구를 사이에 두고 동쪽은
초나라가, 서쪽은 한나라가 웅크린 채 세력 다툼을 벌였다. 그때 장량과 진
평이 유방에게 진언했다.
　"한나라는 천하 만민이 따르지만, 초는 군사가 피로하고 식량도 없습니

다. 이때를 틈타 저들을 공격한다면 여지없이 무너뜨릴 수 있습니다. 여기에
서 돌아선다면 호랑이를 길러 숲으로 돌려보내 후환을 남기는 것입니다."

　유방은 결심했다. 이듬해 초나라 병사들을 추격해 해하(垓下)란 곳에서 항
우를 포위하여 패업을 이룬다. 일척(一擲)이란 모든 것을 한꺼번에 내던진다
는 의미며, 건곤(乾坤)은 하늘과 땅이다. 다시 말해 천하를 놓고 벌인 한판
승부였던 셈이다.

장원 ●乾(하늘 건;乙部 10획. 총 11획. sky) : 괘 이름 건, 서북쪽 건, 굳셀 건,
사나이 건, 임금 건.
●坤(땅 곤;土部 5획. 총 8획. earth) : 순할 곤, 괘 이름 곤, 황후 곤. 계집 곤(흙
토(土)에서 뜻을 취하고 펼 신(申)에서 음을 취했다.).
●一(한 일;一部 총 1획. one, only) : 정성스러울 일, 순전할 일. 오로지 일, 같
을 일, 만약 일, 첫째 일.
●擲(던질 척;手部 15획. 총 18획. throw) : 던져 버릴 척, 방기할 척.

어의 ●乾乾(건건) : 놀지 않고 부지런한 모양 ●乾谷(건곡) : 물이 마르거나 없
는 골짜기 ●乾交子(건교자) : 술안주로 차린 교자 ●坤倪(곤예) : 대지의 끝
●坤育(곤육) : 황후의 은혜 ●坤殿(곤전) : 황후 ●一角門(일각문) : 기둥 두 개
를 세워 한 간이 못 되게 만든 정문 ●一顧(일고) : 한 번 돌아봄 ●一口難說
(일구난설) : 한 말로는 이루 다 말할 수 없음 ●擲柶(척사) : 윷놀이 ●擲彈(척
탄) : 수류탄 ●擲錢法(척전법) : 엽전을 뿌려 점을 치는 법

참조 초한 전쟁을 8년 병화(兵火)라 한다. 전쟁을 오래 끌었기 때문에 백성들
의 생활은 말이 아니었다. 그런 이유로 멈칫거리던 상태에서 천하를 건 승부
수를 띄운 것이다. 아마도 유방은 전쟁터에 나갔을 때, 개선하여 군사를 이
끌고 돌아오기 전까지는 안심할 수 없었던 것 같다. 그만큼 항우가 두려웠던
것이다.

鷄　肋

닭 계　　갈빗대 륵

출전 《후한서(後漢書)》의 〈양수전(楊修傳)〉
문의 닭 갈비.
요점 닭의 갈비는 뜯어먹을 살이 없으나 버리기에는 아깝다는 뜻.

고사 본격적인 삼국시대가 출현하기 1년 전, 후한(後漢)의 헌제(獻帝) 24년의 일이다. 당시 유비(劉備)는 익주(益州)를 점령하였고, 위나라의 조조를 맞이하여 한중(漢中) 쟁탈전의 막을 올렸다. 전투는 일진일퇴를 거듭했다. 그러는 가운데 여러 날이 지나자 유비의 부대는 후방에 필요한 것을 준비해 놓은 반면, 조조의 군사는 진격과 수비에 대한 결정을 내리지 못하고 조조의 눈치만 살폈다. 이때 조조는 계륵(鷄肋)이라는 명을 내렸다.

　조조의 뜻을 알아들은 자는 양수(揚修)뿐이었다. 그는 본시 홍농(弘農) 사람으로 고겸에게 천거되어 주부(主簿)의 벼슬에까지 오른 인물이었다. 조조의 군문에서는 '묘수풀이'의 명수로 알려진 인물이었다. 예전에 강남에 갔을 때 조조와 비(碑) 뒤의 글(은어)을 풀이하는 내기를 했는데, 그때 양수가 막히는 법이 없이 풀어냈지만, 조조는 서른 걸음을 걸은 후에야 풀어냈다.

　"아, 나의 재능은 양수보다 삼십 보나 떨어졌으니 능히 삼십 리는 될 것이다."

　이런 일이 있었던 양수였으니 조조가 '계륵'이라고 한 뜻을 금방 감지한 것이다. 그는 즉시 보따리를 꾸리기 시작했다. 수도인 장안으로 돌아가기 위해서였다. 놀라워하는 참모들에게 그는 가볍게 설명을 했다.

　"닭갈비는 먹으려 하면 없고, 그렇다고 내버리자니 아까운 것이오. 승상께서 한중(漢中)을 여기에 비유하셨으니 승상께선 일단 철수하실 것 같소."

과연 양수의 예측대로 조조는 철군 명령을 내렸다.

자원 ● 鷄(닭 계 ; 鳥部 10획, 총 21획. cock) : 닭 계.
● 肋(갈빗대 륵 ; 肉部 2획, 총 6획. rib) : 갈빗대 륵.

어의 ● 鷄冠花(계관화) : 맨드라미꽃 ● 鷄鳴酒(계명주) : 단 하루 동안에 만든 술 ● 鷄子白(계자백) : 달걀의 흰자 ● 肋骨(늑골) : 갈빗대 뼈 ● 肋木(늑목) : 체조 기구의 한 가지 ● 肋間(늑간) : 늑골과 늑골 사이

참조 양수는 관도의 싸움에서 패하여 하북의 실권을 조조에게 빼앗긴 원소의 아우인 원술의 생질이었다. 나중엔 그의 재능을 시기한 조조에게 죽임을 당하는데, 이유는 조조의 둘째 아들을 위나라의 계승자로 만들려 했다는 모함이었다. 송나라 때에는 이러한 의미를 〈계륵편〉, 〈장계 우편〉이라는 이름으로 사용하였다.

계륵은 신체가 마르고 약한 사람을 가리키는 데도 사용된다. 닭갈비 모양으로 신체가 부실한 경우다.

《진서(晉書)》의 〈유령전(劉怜傳)〉에 흥미 있는 얘기가 나온다. 술을 좋아하는 죽림(竹林)의 일곱 명의 선비 중의 한 사람인 유영(劉伶)이 어느 날 술이 잔뜩 취해 길을 가다 행인과 부딪쳐 시비가 벌어졌다. 상대방은 주먹을 휘두르며 으름장을 놓았다. 이때 유영은 뒷걸음을 치면서 웃는 낯으로 말했다.

"아하하하, 그대의 가슴을 보아하니 닭의 갈비처럼 초라하기 그지없소이다. 그러니 그대의 주먹은 사양하겠소."

상대방은 그 말을 듣고 절로 웃음이 터져 나왔다. 그렇게 되고 보니 더 이상의 시비는 없게 된 것이다.

國 士 無 雙

나라 국 선비 사 없을 무 쌍 쌍

출전 《사기(史記)》의 〈회음후열전(淮陰侯列傳)〉
문의 한나라에 둘이 없는 인물.
요점 둘도 없다 할 정도로 뛰어난 인물.

고사 회음(淮陰) 사람인 한신(韓信). 그는 나라가 망한 직후 천하를 떠돌았다. 먹고 살기 위해 아낙에게서 밥을 얻어먹었고, 어떤 때는 부랑배의 가랑이 밑을 기어 나왔다. 이러한 한신이 전란의 소용돌이에 휩쓸리면서 처음엔 항우의 군영에서 지내게 되었다. 여러 차례 군략(軍略)을 내놓았어도 채택이 되지 않자 이번에는 유방의 진영으로 합류했다. 그러나 그곳에서도 마찬가지였다. 그러다가 실로 우연히 하후영에게 인정을 받아 치속도위(治粟都尉)로 추거되었다.

이 자리는 병량(兵糧)과 관계 깊어 자연스럽게 소하(蕭何)를 알게 되었다. 승상 소하는 한신이 품은 뜻을 눈치챘다. 그랬기 때문에 예의 주시하여 그에게 기대를 걸었다. 그러나 한신의 입장에서는 한낱 〈치속도위〉라는 자리에 만족할 수가 없었다. 그래서 어느 날 한신은 도망을 쳤다.

보고를 받은 승상 소하는 그의 뒤를 급히 쫓았다. 그것이 너무 갑자기 벌어진 일이라 유방에게 보고되기로는 소하가 도망을 친 것으로 되었다.

유방의 분노는 컸다. 크게 낙담을 하던 중에 소하가 돌아왔다는 보고를 받았다. 유방이 그를 불러 물었다.

"승상쯤 되는 자가 도망을 쳐요?"

"도망친 게 아니라 도망친 자를 쫓았습니다."

"도망친 자를 쫓아요?"

"그렇습니다."

"그가 누구요?"

"한신입니다."

"한신? 한신이라면 무명 소졸 아닌가. 지금까지 도망을 친 자가 열 명도 넘는데 그까짓 이름 없는 자를 쫓다니 말이 되는가?"

"아닙니다. 그는 국사무쌍(國士無雙)의 인물입니다. 나라 안에 그의 재주를 능가하는 자는 없습니다. 그를 대장군에 임명하는 것이 옳은 일입니다."

이렇게 하여 한신은 대장군이 되었다. 마침내 자신의 뜻을 펼칠 계기가 마련된 것이다.

자원 ●國(나라 국;口部 8획, 총 11획. nation):나라 국.
●士(선비 사;士部 총 3획. scholar):벼슬 사, 군사 사, 살필 사, 일 사, 남자 사.
●無(없을 무;火部 8획, 총 12획. none):아닐 무, 풀이름 무. 亡＋鞦(번성할 무). 번성한 것이 없어진다는 의미.
●雙(둘 쌍;隹部 10획, 총 18획. pair):짝 쌍, 한쌍 쌍, 짐승 이름 쌍.

어의 ●國家(국가):나라 ●國境(국경):나라의 경계 ●國基(국기):나라가 이루어진 본바탕 ●士官(사관):병졸을 지휘하는 무관 ●士君子(사군자):학문이 있고 덕행이 높은 사람 ●士林(사림):선비들의 세계 ●無價(무가):값어치가 없음 ●無間(무간):친하여 서로 막힘이 없음 ●無故(무고):아무 탈이 없음 ●雙童(쌍동):쌍둥이 ●雙淚(쌍루):두 눈에서 흐르는 눈물

참조 한나라에 둘도 없이 뛰어난 인물, 한신. 소하가 보았던 대로 그는 한나라가 천하를 통일하는 데 결정적인 공을 세웠다.

捲 土 重 來
말 권   흙 토 무거울 중 올 래

출전 두목(杜牧)의 시 〈제오강정(題烏江亭)〉
문의 흙먼지 날리며 다시 온다.
요점 한 번 실패한 사람이 다시 세력을 되찾아 돌아온다는 말.

해석 초한 전쟁에 대해《사기》의 작가 사마천은 항우를 "자신이 지나치게 넘친 사람"으로 평했다. 물론 목적 달성을 위해 수단이나 방법을 무시하고 몰아붙이는 사람이 없는 것은 아니지만, 실패의 순간에 목숨을 구걸하지 않고 분연히 죽어 버린 항우를 위대하다고 보는 이도 있다.
일반적으로 권토(捲土)에 대한 해석은 '흙먼지를 날리는 위세'를 뜻한다.

고사 항우가 스물넷의 나이에 8천 명의 장졸을 이끌고 일어나 자결을 할 때까지의 8년은 그야말로 승승장구였다. 한신이 그를 잡기 위해 겹겹이 포위한 채 사면에서 초가(楚歌)를 부르고 곳곳에 매복병을 둔 구리산(九里山)은 그야말로 개미 새끼 하나 빠져나가지 못할 것 같았다. 그러나 항우는 무사히 탈출하여 고향으로 갈 생각으로 배를 탔다.
흙먼지 날리며 다시 온다. 적과의 대치에서는 항상 지기 싫어하는 오기가 있었지만, 삶에 대한 본능은 그를 고향 땅으로 향하게 한 것이다.
그가 오강(烏江)에 도착했을 때 정장(亭長)이라는 사내의 권고가 있었다. 바로 '권토중래'였다. 항우는 강의 동쪽으로 건너려 했다. 바로 이 대목을 두고 천년 뒤의 사람 두목(杜牧)이 시를 지었다.
한 번 실패한 사람이 다시 세력을 되찾는다는 말.

지고 이기는 것은 병가로도 알 수 없는 일(勝敗兵家不可期)

분함을 참고 욕됨을 견디는 것이 사나이라(包着忍恥是男兒)

강동의 자제들에게 인재가 많으니(江東子弟才俊多)

흙먼지 날리며 돌아오는 날을 알 수 없구나(捲土重來未不知)

오강을 건너기 전에 정장은 국력을 기른 다음 다시 싸우면 이길 가망이 있다고 했다. 이를테면 전연 가망이 없는 것이 아니라는 충고였다. 그래서 생겨난 성어가 무면도강(無面渡江)이다. 8천 명이나 되는 부하를 다 죽이고 무슨 낯으로 강을 건너겠느냐는 뜻이다. 즉, 돌아갈 면목이 없다는 것이다.

두목은 시를 쓸 때, 그래도 항우를 동정했다.

자원 ●捲(말 권;手部 8획, 총 11획. clench one's fist):주먹 휘두를 권, 걸을 권.
●土(흙 토;土部 총 3획, earth):뿌리 토, 나라 토, 고향 토(싹이 땅 위로 올라오는 모습).
●重(무거울 중;里部 2획, 총 9획. village):거듭 중.
●來(올 래;人部 6획, 총 8획. come):부를 래, 돌아올 래.

어의 ●捲堂(권당):성균관 유생들이 시위할 때 모두 나가 버리는 일 ●捲勇(권용):완력이 강함 ●捲簾(권렴):발을 거둠 ●土階(토계):흙으로 만든 계단 ●土塊(토괴):흙덩이 ●土沃(토옥):기름진 흙 ●重刊(중간):거듭 찍음 ●重九(중구):음력 9월 9일 ●重說(중설):한 말을 또함 ●來歷(내력):지나온 경력 ●來附(내부):와서 따르고 복종함 ●來秋(내추):다가올 가을

참조 항우는 일패도지(一敗塗地)한 스타일이다. 〈건곤일척(乾坤一擲;천하를 놓고 한판 승부를 벌임)〉이나 〈사면초가(四面楚歌;사면에서 초가가 들려 옴. 포위를 당했다는 뜻)〉 그리고 〈팔년풍진(八年風塵;군사를 일으킨 지 8년만의 세월)〉 등의 문자를 남겼다.

金 城 湯 池

쇠금　재성　끓을탕　못지

출전 《한서(漢書)》의 〈괴통전(蒯通傳)〉, 《한비자(韓非子)》
문의 끓는 물에 둘러싸인 성
요점 철벽으로 된 성. 아주 견고한 성을 뜻한다.

고사 진시황이 죽자 때를 같이하여 천하 각지에 잠복하고 있던 여섯 강국의 제후와 종실들이 진나라를 타도하기 위해 일어났다. 그들은 제각기 왕이라 칭하고 군현의 책임자를 죽이는 등 기세가 거칠었다. 진나라의 위세는 하루 아침에 곤두박질쳤다. 이때에 무신(武信)이라는 이가 조나라의 영토를 평정하고 스스로 무신군(武信君)이라 칭했다.

이때에 범양(范陽)에 사는 변설가 괴통이 현령인 서공(徐公)을 찾아가 사태의 심각성을 일깨웠다.

"당신은 위험에 처해 있습니다. 십여 년 동안 관직에 있으면서 혹독한 진나라의 법을 시행했어요. 그 덕분에 몸이 상하거나 재산을 빼앗긴 사람들로 인해 원망하는 마음이 깊어졌을 게 아닙니까. 그러나 어느 누구도 당신에게 해를 끼치려고 하지 않는 것은 진나라의 위세가 두려웠기 때문입니다. 이제는 진나라가 무너졌기 때문에 당신을 죽여 원한을 풀려고 할 것입니다."

"방책이 없겠소?"

"나는 당신을 대신하여 무신군을 만나 당신께서 범양을 공격하여 현령이 항복했을 경우, 만약 그를 소홀히 대한다면 각국의 현령들은 손에 쥔 부귀를 놓치지 않으려고 죽기를 각오하고 싸울 것입니다. 그들은 준비를 충분히 하여 마치 '끓는 물에 둘러싸인 강철 성(金城湯池)'처럼 견고하게 수비를 할 것입니다. 그러나 당신이 범양 현령들을 극진히 대접해 준다면 각국의 현령들은 앞다투어 항복해 올 것입니다. 이렇게 말한다면 무신군도 내 말을 들어줄 것입니다."

"좋소, 어서 떠나시오."

이렇게 하여 범양 사람들은 전란의 소용돌이를 비켜 가게 되었다.

자원 ●金(쇠 금;金部 총 8획. gold):금나라 금, 돈 금, 오행 금, 한 근 금. ●城(재 성;土部 6획, 총 9획. castle):서울 성, 보루 성. 土+成(흙으로 이루어진 것). ●湯(끓을 탕;水部 9획, 총 12획. boil):거꾸러질 탕, 마음 두근거릴 탕. ●池(못 지;水部 3획, 총 6획. pond):썩바꿔나룰 지, 중류 이름 지(氵(水)에서 뜻을, 也에서 음을 취함).

어의 ●金甲(금갑):금속 갑옷 ●金穀(금곡):금과 곡식 ●金甁(금병):금으로 만든 병 ●城郭(성곽):내성과 외성 전부 ●城上(성상):성 위 ●城柵(성책):성 위에 둘러친 목책 ●湯器(탕기):국이나 찌개 따위를 떠 놓은 자그마한 그릇 ●湯井(탕정):더운물이 솟는 우물 ●池魚之殃(지어지앙):생각지 못한 재난과 재앙 ●池畔(지반):못 가 ●池湖(지호):못과 호수를 뜻함.

참조 금성(金城)이란 견고한 성이란 뜻이다. 병법가인 오기(吳起) 또는 관자(管子)·한비자(韓非子)에도 언급이 되어 있다. 어느 때인가 위나라 무후가 오기와 서하에서 배를 타고 돌아보면서 위나라를 천험의 요새인 금성탕지라 하였다. 그러나 오기는 이러한 천험의 요새보다는 왕이 어진 정치를 하여야만 견고하다는 것을 설파했다. 지형보다는 마음의 단합을 중요하게 여긴 것이다.

杞 憂

나라 기   근심 우

출전 《열자(列子)》의 〈천서편(天瑞篇)〉
문의 기나라 사나이의 걱정.
요점 쓸데없는 근심과 걱정을 뜻하는 말.

해석 사람은 근심과 걱정을 하는 동물이다. 단 하루도 그런 틀에서 벗어나지 않는다. 근심과 걱정은 타당한 이유가 있다. 그러나 《열자》에 나오는 이 얘기는 전연 무익한 것이다. 이를테면 우리가 마시는 공기가 갑자기 없어진다면 어떻게 하나? 해가 갑자기 사라지면 어떻게 하나? 물이 말라 버리면 아침에 먹을 물이 없어 어떻게 하나? 등등이다.

고사 주(周)나라 때 지금의 하남성 가까이에 기국(杞國)이라는 아주 작은 나라가 있었다. 그 기국에 한 사나이가 있었는데 자나 깨나 걱정이었다. 그것은 갑자기 하늘이 무너지면 어떻게 하나? 땅이 꺼지면 내 한 몸 의지할 곳이 없는데 어찌하나? 등의 전연 영양가 없는 걱정이었다.
　보다 못해 한 친구가 그에게 충고했다.
　"여보게, 그런 걱정 아니해도 되네. 하늘은 공기가 있어 무너지지 않으니까."
　"정말로 하늘이 공기로 되어 있다면 별이나 해와 달이 떨어지지 않을까"
　"이봐, 그것들이 공기로 싸여 있으니까 안 떨어진다니까."
　"그럼 땅은 왜 꺼지지 않지요."
　"땅이란 흙더미가 쌓였기 때문이지. 우리가 땅 위에서 아무리 뛰고 또 뛰어도 끄떡없잖아."

친구의 말을 듣고서야 그 사내는 근심을 털어 냈다고 한다. 열자(列子)는 이 얘기를 듣고 웃으며 말했다.

"하늘과 땅이 무너지지 않는다고 말한 사람도 옳은 것은 아니야. 하늘과 땅도 언젠가는 무너지고 말 거야. 다만 그 시기를 모를 뿐이지. 사실 그것은 아득한 날의 문제니까. 그런 점에서 본다면 하늘이 무너진다고 걱정하는 사내도 일리가 있었던 거야. 삶이라는 것도 그래, 죽음을 알지 못하니까 하루 하루가 빛나는 거지. 죽음을 알고 천지가 무너지는 것을 안다면 어떻게 살 수 있단 말인가."

자원 ●杞(나라 기;木部 3획, 총 7획. nation): 산 버들 기, 개 버들 기, 약 이름 기. ●憂(근심 우;心部 11획, 총 15획. anxious): 걱정할 우, 상제될 우. 병 우, 그윽 할 우(천천히 걸을 쇠(夂)에서 뜻을, 우(憂)에서 음을 취함).

어의 ●杞棘(기극): 기나무와 가시나무 ●憂國之士(우국지사): 나라의 현상이 나 장래에 대하여 근심하는 사람 ●憂悶(우민): 근심하고 번민함 ●憂畏(우 외): 걱정하고 두려워함

참조 이와 비슷한 얘기가 《전국책》에 전한다. 노나라 칠실읍(漆室邑)의 처녀 가 시집갈 나이가 되었는데도 시집을 못 가 날마다 기둥에 기대어 휘파람만 을 불었다. 이웃집의 부인이 시집을 가고 싶으냐 물었다. 그러자 처녀는 "아 니오, 나는 노나라 임금이 늙었는데 태자가 어리니 그게 걱정이에요." 하였 다. 그러자 "그것은 남자들이 걱정해야 할 일이 아닌가요?" 하자 "노나라 의 군신들이 모두 불안에 떨고 있는데 부녀자라고 걱정이 안 되겠어요?" 하 였다.

☞ 消遣世慮(소견세려): 세상의 근심으로 지냄.
☞ 萬端愁(만단수): 온갖 근심.
☞ 幽愁(유수): 가슴 저 깊은 곳에 어려 있는 시름.

多多益善
많을 다 많을 다 더욱 익 좋을 선

출전 《사기(史記)》의 〈회음후열전(淮陰候列傳)〉
문의 많을수록 좋다.
요점 감당할 능력이 있으면 많을수록 좋다는 말.

해석 많을수록 좋다는 것은 무엇을 뜻하는가? 사실 이 말은 잔가시가 많은 생선처럼 음미할수록 묘미가 있다. 물을 생각해 보자. 물은 우리에게 생명을 주지만 그것이 많을 경우엔 오히려 해롭다. 그러나 감당할 수 있다면 많을수록 좋다는 뜻이다.

고사 서한 왕조의 제1대 제왕이었던 유방(劉邦)은 의심이 많은 인물이었다. 중국 천하를 놓고 항우와 겨룰 때에는 많은 장수와 병사들이 희생되었기 때문에 그럴 겨를이 없었지만, 일단 천하통일을 이루자 생각이 달라졌다. 그의 참모였던 사람들이 모두 적으로 보인 것이다. 위기를 느낀 장량(張良)은 깊은 산중에 숨어 신선이 되기 위한 공부에 열중이었고, 그 다음으로 두려워하던 한신(韓信)은 여전히 한중에 머물러 있었다. 일찍이 유방은 스스로를 평가하여 이런 말을 했었다.

"장막 안에서 수판을 튕겨 천 리 밖의 일을 아는 것은 장량만 못하고, 백성을 굶주리게 하지 않는 것은 소하(蕭何)만 못하다. 또한 싸우면 이기고 치면 빼앗는 방법에 있어서는 한신만 못하다."

유방이 처음에는 한신을 초왕으로 봉했었다. 그러나 항우의 부하였던 종리매(鍾離眜)를 숨겨주었다는 사실이 드러나면서 초왕에서 회음후로 격하되었다. 언젠가 유방은 그런 질문을 던진 적이 있었다. 지나간 일들을 꺼내며 자신은 얼마나 많은 병사들을 거느릴 수 있느냐였다. 한신의 답변은 주저함이 없었다.

"폐하는 십만 명쯤은 될 것입니다."

"그럼 경은 얼마나 거느릴 수 있는가?"

"다다익선(多多益善)입니다."

많을수록 좋다는 뜻이다. 한신의 다음 말이 유방을 흡족하게 만들었다.

자신은 군사를 쓰는 데 능하고(能將兵), 유방은 장수를 거느리는 데 능하다(能將將)는 것이다. 엄밀히 말해 한신은 이 날의 대답에서도 실수를 한 셈이다.

자원 ●多(많을 다;夕部 3획, 총 6획. abundant) : 뛰어날 다, 마침 다, 넓을 다, 아름다울 다(夕에 夕을 더한 글자. 밤의 거듭됨을 뜻함).
●益(더욱 익;皿部 5획, 총 10획. increase) : 나아갈 익, 넉넉할 익, 많을 익, 넘칠 익.
●善(좋을 선;口部 9획, 총 12획. good) : 길할 선, 많을 선, 착할 선, 옳게 여길 선.

어의 ●多角(다각) : 여러모로 ●多難(다난) : 어려움이 많음 ●多大(다대) : 많고 큼 ●多聞(다문) : 많이 보고 들어서 아는 게 많음 ●多士(다사) : 많은 수재 ●多錢善賈(다전선가) : 자본이 많은 사람이 장사를 잘함 ●益壽(익수) : 오래 삶 ●益鳥(익조) : 이로움을 주는 새 ●益智(익지) : 지혜를 더함 ●善巧(선교) : 교묘한 방법으로 다른 사람에게 이익을 줌 ●善防(선방) : 잘 막아냄 ●善遇(선우) : 잘 대우함

참조 위의 말을 요약하면 의미가 심장하다. 명장 한신을 발견한 것은 장량이었다. 또 한신을 추천한 것은 소하였다. 그러나 그를 대장군에 임명한 것은 바로 유방이었다. 그는 도둑질한 사람을 장수로 발탁했고 형수를 속여 중매쟁이에게 팔아넘긴 사내도 이용했다. 그런 유방에게 한신의 한마디는 반역으로 몰리게 된 계기가 되었다.

盜 糧

도적 도   양식 량

출전 《사기(史記)》의 〈범수채택열전(范睢蔡澤列傳)〉
문의 도적에게 식량을 준다.
요점 소득 없는 전쟁을 하면서 적에게 이로움을 준다는 말.

고사 범수는 위나라 사람이며 자(字)는 숙(淑)이다. 그는 처음에 중대부 수가(須賈)를 섬겼다. 수가가 위의 소왕을 위해 제나라에 사신으로 갈 때에 봉행하였는데, 그곳에서 범수가 공을 세웠다. 그것을 시기한 수가는 귀국한 즉시 심하게 매질을 하여 갈비뼈를 부러뜨렸다. 겨우 목숨만 부지한 채 위나라를 떠나온 범수는 진나라로 들어갔다. 그곳에서 이름을 장록(張祿)으로 고치고 때를 기다린다.

당시의 진나라는 왕의 어머니인 선태후(宣太后)와 그의 동생 양공(穰公)이 권력을 휘두르고 있었다. 이때 범수는 왕에게 나라가 위급하다고 몇 번이나 진언을 했지만 아무 소식이 없었다. 기다리다 못해 범수는 직접 소왕을 찾아가 나라가 누란의 위기에 처해 있음을 강조했다.

"그렇다면 어떻게 해야 우리 진나라에 유리하겠소?"

"먼 나라와는 교제하고 가까운 나라부터 치십시오."

이른바 원교근공(遠交近攻)이다.

그 다음이 중요했다. 천하의 패자가 되기 위해서는 무엇보다 중앙에 위치한 나라들과는 화평을 유지해야 한다는 것이었다. 그때부터 진왕은 그를 객경에 임명하고 군사에 관한 일은 모두 그에게 일임했다. 왕의 신임이 두터워졌다고 생각한 범수는 어느 날 하고 싶었던 심중의 말을 꺼냈다.

　"제가 위나라에 있을 때 제나라엔 전문(田文 ; 맹상군)이 있다고 들었습니다만, 왕이 있다고는 듣지 못했습니다. 마찬가지로 이곳 진나라에도 태후와 양공에 대한 소문은 들었습니다만 대왕의 명성은 들은 바가 없습니다."

　백성들은 용감하고 천험의 요새를 갖추고 있으면서도 진나라가 차일피일 시간만 소비하고 있는 것은 모든 것이 양공의 손에 있기 때문이라고 설파했다. 그 말을 듣고 소왕은 단언을 내렸다. 범수를 재상의 자리에 올리고 차후의 모든 것을 일임하였다. 범수는 즉시 계책을 강구했다.

　소왕은 그의 진언에 따라 오대부인 관(綰)으로 하여금 위나라를 쳐 빼앗고, 2년 후에는 형구(刑丘)마저 손에 넣었다.

자원 ●盜(도적 도 ; 皿部 7획, 총 12획. steal) : 훔칠 도.
●糧(양식 량 ; 米部 12획, 총 18획. food) : 먹일 량.

어의 ●盜用(도용) : 남의 명의나 물건을 몰래 씀 ●盜亂(도난) : 물건을 도둑맞은 재난 ●盜跖(도척) : 무척 사악한 사람을 이르는 말 ●糧秣(양말) : 군량과 마초 ●糧草(양초) : 군량과 말을 먹일 풀 ●糧餉(양향) : 군량

참조 사마천의《사기》에는 이렇게 분석하고 있다.

　"제나라가 크게 패한 까닭은 어디에 있는가? 그것은 초(楚)를 정벌함으로써 한(韓)과 위(魏)를 살찌웠기 때문이다. 이것은 소위 적의 병력을 빌어 도둑에게 식량을 가져다 준 꼴이다(此所謂借賊兵 齎盜糧者也)."

　범수는 이를 이용하여 가까운 곳은 공격하고 먼 곳은 사귀는 원교근공의 방책을 건의하여 공을 세웠다.

　　☞ 鼠竊狗偸(서절구투) : 쥐가 물건을 훔치고 개가 남의 물건을 속이는 것처럼 남몰래 숨어서 부당한 이익을 취하는 도둑.

　　☞ 賊謀難測(적모난측) : 비밀히 하는 도둑의 일.

塗 炭

진흙 도 　 숯 탄

출전 《서경(書經)》의 〈탕서편(湯誓篇)〉
문의 진흙 수렁이나 숯불에 떨어진 고통.
요점 견디기 힘든 학정(虐政)을 이름.

해석 하(夏)나라의 걸왕(桀王)과 은(殷)의 주왕(紂王)은, 역사상 '황음무도한 혼군이었다'고 기록될 만큼 백성들을 학정으로 몰아넣었다. 그들은 요염한 미인들과 사랑을 즐기기 위해 더욱 그러한 학정을 한 것이다.

걸왕은 시매희(施妹喜)와 주왕은 달기(妲己)와 주지육림(酒池肉林)과 포락지형(炮烙之刑)을 즐기며 백성들을 괴롭혔다.

고사 하나라의 마지막 임금인 걸왕을 타도한 것은 은나라 탕왕이다. 탕왕은 반란을 일으킬 때 많은 병사들에게 소리쳐 외쳤다.

"지금 천하 만민은 도탄(塗炭)에 빠져 있다!"

병사들을 솔거하여 무도한 혼군을 치는 것은, 걸왕의 죄가 많아 하늘이 그를 치게 한 것이라고 목청을 돋구었다. 병사들을 이끌고 걸왕을 공벌한 탕왕은 고향인 박(亳) 땅에 돌아왔을 때 다시 제후들을 모아 놓고 일장 연설을 한다.

"걸왕은 적을 멀리하고 폭위만을 떨치어 백성들에게 학정을 가하였다. 백성들은 그의 흉측한 해를 입어 그 쓰라림은 차마 말로 다할 수 없다.

천도는 무심치 않아 선한 자에게는 복을 주고 악한 자에게 벌을 내린다. 그러므로 이제 하늘은 무도한 걸왕에게 재앙을 내려 그의 죄를 밝힌 것이다."

자원 ● 塗(진흙 도 : 土部 10획, 총 13획. mud) : 바를 도, 더럽힐 도.
● 炭(숯 탄 : 火部 5획, 총 9획. charcoal) : 불똥 탄, 석탄 탄.

어의 ● 塗塗(도도) : 두터운 모양 ● 塗巷(도항) : 거리, 세상 ● 炭田(탄전) : 석탄이 묻혀 있는 땅 ● 炭火(탄화) : 숯불

참조 이렇게 비난한 것은 하늘이 이미 하왕조를 버렸음을 알리고, 은나라의 등장을 합리화한 것이다. 그런데 같은 고전이라 해도 《서경》〈중훼(仲虺)의 고(誥)〉에는 다음 같은 내용이 있다.

'…유하혼덕(有夏昏德)하여 민은 도탄에 빠졌다.'

여기에 나오는 '중훼의 고'는 탕왕의 신하인 중훼가, 탕왕에게 올린 말을 널리 백성들에게 고했다는 뜻이다. 이를테면 황음무도한 걸왕의 부덕한 악행으로 인해 백성들이 도탄에 빠졌다는 것을 선포한 것이나 마찬가지였다. 이것이 후대에 와서 '도탄에 빠진 민생고'라는 용어를 낳게 한 원류인 셈이다.

그러나 천하가 소동하는 '도탄에 빠진 민생고'는 비단 하나라 때에만 있었던 것은 아니다. 앞서 밝힌 바처럼 하나라의 폭정을 제어하기 위해 일어났던 은나라 시대에도 그런 일이 있었다. 달기와의 사랑놀이를 즐겼던 주왕이다.

어디 그뿐인가. 걸주(桀紂)의 뒤를 이어 나타난 주(周)나라의 제왕이었던 '희궁날'도 마찬가지였다. 그는 포사(褒姒)라는 여인과 사랑놀이를 즐기기 위해 전시에나 올려야 할 24로의 봉화를 올려 천하 제후들을 농락했다. 그의 황음한 행동으로 인해 백성들은 도탄에 빠졌다. 충간을 하는 신하들은 즉시 처단하여 피가 내를 이루었는데, 결국 이민족인 견융(犬戎)의 침공으로 국력이 10분의 8 정도가 손실된다. 왕은 포사를 데리고 도망친다. 그러나 중두에서 적의 칼에 맞아 목이 달아나고 애지중지하여 옆구리에 끼고 놀던 포사는 전리품으로 이민족에 넘어가 이후의 기록에서 사라졌다.

動　亂

움직일 동　　어지러울 란

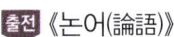

출전 《논어(論語)》

문의 다른 나라를 치기 위해 움직임.

요점 전쟁 등으로 인하여 나라가 어지러워지는 것을 뜻한다.

해석 일반적으로 동(動)은 무거울 중(重)에 힘 력(力) 자를 합한 자이다. 예전에는 논밭을 갈거나 생존의 방편으로서 사냥을 할 때에도 사용되었다. 또한 난(亂)은 얼레에 어지럽게 얽히어 있는 실을 여인이 정성스럽게 풀어헤치는 모습이다. 그러기 때문에 '난'은 어지럽게 흩어져 있는 것이라고 말하지만, 한편으로는 정리 정돈을 뜻하기도 한다.

　이런 이유로 난(亂)은 '나라를 혼란에 빠뜨리는 신하'가 '나라를 잘 다스린다'는 상당히 이해하기 어려운 경우에 직면한다. 즉 움직인다는 것이 결국은 어지러운 일을 야기시킨다는 것이다. 예로부터 우리나라 사람들은 움직이는 것을 싫어했다. 양반들은 길을 가다가도 소나기가 쏟아지면 뛰지를 않았다. 그것은 행동이 경망스럽기 때문이다.

자원 ●動(움직일 동 ; 力部 9획, 총 11획. move) : 지을 동, 나올 동.
●亂(어지러울 란 ; 乙部 12획, 총 13획. confuse) : 얽힐 란, 섞어둘 란.
　내를 가로질러 건널 란.

어의 ●動悸(동계) : 마음이 두근거림 ●動血(동혈) : 희로애락의 감정이 얼굴에 뚜렷이 드러남. ●動物(동물) : 스스로 움직일 수 있으며 지각이나 생장·생식의 기능을 가진 생물 ●亂供(난공) : 죄인이 심문을 받을 때 거짓말로 꾸며댐 ●亂麻(난마) : 뒤얽힌 삼 가닥 ●亂臣(난신) : 나라를 어지럽히는 신하

참조 《논어》의 〈자로편〉에 나오는 얘기다. 섭공(葉公)이라는 이가 공자에게 자랑을 한 대목인데, 이 부분이 현대인에게는 난신적자(亂臣賊子)로 이해되기가 충분하다.

내용은 아들이 아버지를 절도죄로 고발하였고, 그것이 정직한 평판을 가져다 준 것이다. 이에 대해 섭공은 말한다.

"우리 마을에 곧기로 소문이 난 궁(躬)이라는 자가 있습니다. 그 아비가 양을 훔쳤더니 아들인 그가 증인이 되어 고발을 했습니다."

이것은 그 사회가 얼마나 각박한지를 단적으로 나타낸다. 물론 춘추시대에는 도둑이 성행하였으므로 그런 자식도 관원들에게 칭찬을 받았을 것이다. 그러나 이것을 정직이라 할 수 있겠는가. 그런 점에서 공자는 말한다. 무릇 어떤 덕목이라도 절대적이며 고정적인 것이 결코 아니라는 것이다.

"우리 마을의 곧은 사람은 다릅니다. 아비는 아들을 위해 죄를 숨기고, 아들은 아비를 위해 죄를 숨겨 주었습니다. 곧음이 바로 그 속에 있는 것입니다."

⇨ 정치에 몸을 담아 국록을 먹는다는 것은 국가에 그만한 공이 있을 때에 한하는 것이다. 정의가 용납되지 않는다면 벼슬살이는 결국 위정자가 저지르는 악을 뒷수습이나 하는 것밖엔 되지 않는다. 이를테면 자기 이상의 실현이 전연 가능치 못하다는 것이다. 그래서 공자는 말한다.

"나라에 질서 있는 정치가 실현되고 있을 때엔 정당하게 발언하고 정당하게 행동할 수 있다. 그러나 나라가 질서 없는 혼란에 빠졌을 때에는 정당하게 행동을 하되 조심스럽게 발언해야 한다."

이것은 행동에 있어서는 악한 세력과 타협할 수 있지만 말은 신중을 기해야 한다는 교훈이다. 남모르는 처세의 고충을 겪은 공자로서는 체험에서 나온 것이라 하겠다.

馬革裹尸

말**마**　가죽**혁**　쌀**과**　시체**시**

출전 《후한서(後漢書)》
문의 말 가죽으로 시체를 싸다.
요점 모름지기 병사는 전장터에서 죽을 각오를 해야 한다.

고사 복파장군(伏波將軍) 마원(馬援)에 관한 성어는 적지 않다. 그만큼 후한의 역사에 한 획을 긋고 있음을 알 수 있다. 마원이 찾아왔을 때 유수(劉秀 ; 훗날 광무제)는 두건만을 쓴 검소한 모습으로 맞이했다. 그것을 보고 마원이 넌지시 물었다.

"지금의 형세는 한 치 앞을 분간하기 어렵습니다. 아무런 준비도 없이 소인을 만나신 것은 위험한 일이 아닙니까?"

광무제의 호탕한 답변이 떨어졌다.

"믿음이 없고서야 어찌 천하를 경륜할 뜻을 품겠습니까?"

"지금은 천하가 어지러워 상대를 믿을 수가 없습니다. 그런데도 장군께선 믿어 주시니 다른 사람과 다름을 알겠습니다."

마원은 광무제의 사람이 되어 천하를 평정하였다.

교지(交趾)는 지금의 월남이다. 복파 장군으로서 그곳을 평정하고 돌아오자 많은 사람들이 마원을 환영하였다. 환영 인파 중에는 지략이 뛰어난 맹익(孟翼)이라는 장수도 있었다. 그가 수고했다는 겉치레 인사를 하자 마원은 달갑지 않은 어투로 맞받아쳤다.

"어찌 그대는 다른 사람들과 똑같은 인사를 한단 말인가? 내가 판에 박은 인사를 받고 싶어 그런 줄 아는가?"

맹익이 말없이 바라보았다.

"옛날 복파장군 노박덕(路博德)이 남월을 평정하여 일곱 군(郡)을 새로 만드는 공을 세웠소. 그런데도 그는 수백 호에 불과한 봉토를 받았소.

지금 나는 작은 공을 세웠는데도 너무 큰 상을 받았소. 이대로는 큰 영광을 누릴 수 없을 것 같소. 무슨 좋은 생각이 있소?"

"없소이다."

"지금 오환(烏桓)과 흉노가 북쪽 변경을 시끄럽게 하고 있으니 이들의 정벌을 청하는 게 옳으리라. 사나이는 마땅히 전장에 나가 죽는 게 제격이다. 말 가죽으로 싸서 돌아와 장사를 지내면 그뿐 아닌가."

마원이 다시 싸움터에 나가자 광무제를 비롯한 백관은 환송을 나갔다.

자원 ● 馬(말 마 ; 馬部 총 10획. horse) : 아지랑이 마, 벼슬 이름 마.
● 革(가죽 혁 ; 革部 총 9획. hides) : 고칠 혁, 날개 벌릴 혁.
● 裹(쌀 과 ; 衣部 8획. 총 14획. wrap) : 얽을 과.
● 尸(시체 시 ; 尸部 총 3획. dead body) : 시동 시, 주관할 시.

어의 ● 馬脚(마각) : 말 다리 ● 馬蹄(마제) : 말발굽 ● 革改(혁개) : 개혁 ● 革世(혁세) : 세상이 바뀜 ● 裹頭(과두) : 염을 할 때 시체의 머리를 싸는 베 ● 裹紙(과지) : 물건을 싸는 종이 ● 尸厥(시궐) : 정신이 아찔하여 까무라치는 병 ● 尸臣(시신) : 일을 주장하는 신하

참조 ⇨ 《플루타르코스 영웅전》에 있는 말이다.

'…병사란 아무리 어려운 일이라도 상관이 스스로 겪어 주면 잘 참는다. 명령이니 순종한다는 생각이 없어지는 법이다. 장수가 아름답게 보내는 광경은 아무리 거친 음식과 잠자리라도 참고 견디며, 참호도 파고, 진지도 구축하며 고생하는 것을 보는 일이다. 군대가 존경받는 것은 영광과 전리품을 나누는 장수가 아니라 고락을 같이 하는 경우다. 자신들의 해이함을 방임하는 장수가 아니라 수고하기를 머뭇거리지 않는 장수인 것이다.'

萬 全 之 策
일만 만 온전 전 의 지 꾀 책

출전 《후한서(後漢書)》의 〈유표전(劉表傳)〉
문의 상황에 맞는 계책.
요점 작은 틈도 찾을 수 없는 완전한 계책.

고사 후한 말에 조조(曹操)는 북방 세력인 원소를 공격하여 막대한 타격을 입힌다. 그 당시 원소의 병력은 10만이었고, 조조는 고작 3만이었다. 세 배가 넘는 병력을 남하시켜 조조와 겨루고자 하였다.

이들의 대결은 아무래도 공손찬이 멸망한 다음 해인 200년 관도에서 이루어졌다. 역사에는 '관도의 대전'으로 알려져 있다. 원소의 군사력은 겉으로 보기에는 교만하였을 뿐 아니라 내부적으로도 여러 가지 모순을 가지고 있었다. 첫번째 전투에서 원소 군은 대장인 안량(顏良)을 잃고, 2차에서는 명장 문추(文醜)를 잃었다. 이 두 번의 전투에서 안량과 문추를 죽인 조조 군의 장수는 뜻밖에 관우(關羽)였다.

두 장수를 잃은 후부터 원소 군의 사기는 크게 떨어졌다. 그런데도 원소는 자신들이 병력 면에서 우위라는 것을 믿고 결전을 벌이려 들었다.

원소 군의 감군인 저수(沮水)는 다음과 같은 계책을 내놓았다.

"조조는 병력과 군량에 열세입니다. 당연히 속전속결을 바랄 것입니다. 그러니 장군께서는 지구전으로 나서야 합니다."

그러나 원소는 이 말을 듣지 않고 서둘러 조조 군을 공격하려 들었다.

이때 허유가 계책을 올렸다.

"지금 병력을 나누어 허창을 습격한다면 성공할 수 있습니다."

그러나 원소는 이 계책도 물리쳤다. 이때 허유는 원소에게 쫓겨났다. 그는 조조에게로 와서 오소를 기습할 것을 권했다. 조조는 과감히 이 계책을 따랐다. 결국 오소는 함락되고 말았다. 원소는 형주 목사였던 유표에게 원병을 청했다. 금방 원군을 보내겠다는 말과는 달리 유표는 아무런 행동도 취하지 않았다. 유표의 부하 한숭이 말했다.

"섣불리 움직이지 않는 게 좋습니다. 상황을 보건대 조조는 원소를 깨뜨리고 말 것입니다. 그리되면 여세를 몰아 우리를 공격하려 들 것입니다. 일단 관망만 하고 있으면 원한 살 일은 없습니다. 아무래도 우리는 강한 조조를 따르는 것이 만전지책(萬全之策)이 될 것입니다."

자원 ●萬(일만 만;艸部 9획, 총 13획. ten thousand):많을 만.
●全(온전 전;人部 4획, 총 6획. all):갖출 전, 순전할 전.
●之(의 지; 丿部 3획, 총 4획. this):어조사 지.
●策(꾀 책;竹部 6획, 총 12획. plan):시초 책, 책 책.

어의 ●萬端(만단):온갖 일의 실마리 ●萬全(만전):조금도 잘못된 데가 없음 ●全無(전무):전혀 없음 ●全治(전치):병을 완전히 고침 ●策動(책동):남으로 하여금 움직이게 부추김 ●策士(책사):책략을 잘 쓰는 사람

참조 오소가 함락되자 원소 군이 크게 동요한 것은 정해진 수순이었다. 제1선의 주장인 장합(張郃)은 조조에게 항복하였다. 승기를 잡은 조조 군은 파죽지세로 공격해 들어갔다. 원소 군은 점차 밀렸다. 10만의 병사 중에 7만 여가 죽고, 원소는 7백의 기병들에게 호위되어 겨우 목숨만을 구하였다. 이 싸움이 결정타가 되어 원소는 2년 후 세상을 떠났다.

뒤이어 그의 후손들이 조조에게 대항했다. 그러나 그들은 형제간의 불화로 결국 조조에게 망했다. 이렇게 되어 조조는 당시의 13주 가운데 연주를 포함한 다섯 주를 손에 넣었다. 특히 조조가 차지한 주는 인구 밀도가 높았기 때문에 천하의 반을 손에 넣은 것이다.

彌　　縫

기울 미　　기울 봉

출전 《춘추좌씨전(春秋左氏傳)》의 〈주환왕전(周桓王傳)〉

문의 터진 옷을 임시로 꿰맴.

요점 모자라는 부분을 때우고 잇는다. 요즘에는 대충 눈어림으로 얼렁뚱땅 꾸며 넘기는 것을 뜻한다.

고사 춘추시대 초기에 제(齋)나라의 환왕은 어떻게 하면 쇠약해져 가는 국운을 되살릴 수 있을까를 고심했다. 이 무렵은 정(鄭)나라 장공(莊公)이 기세를 올리고 있었으므로 제(齊) 환왕은 장공을 토벌하여 도약의 발판으로 삼으려든 것이다. 그렇게 하자면 정장공에게 내린 직위를 해제시키는 것이 급선무였다. 다시 말해 정장공에게 맡겼던 경사(卿士)라는 직책을 박탈한 것이다. 그리고 나서 제후들이 참석하는 회의를 소집했다. 명을 받은 괵(虢), 채(蔡), 위(衛), 진(陳)에서 군사가 모여들었다.

그러나 정장공은 참석하지 않았다. 이로 인해 중국 역사상 전무후무한 사건이 벌어진다. 즉, 천자가 친히 대군을 거느리고 토벌에 나선 것이다. 이 전쟁의 역사적인 의미는 결코 작지 않다.

정장공은 드디어 올 것이 왔다고 생각했다. 이젠 결과가 어찌되든 일전을 불사하지 않으면 안 되었다. 예전의 실권을 박탈당한 것이야 대수롭지 않은 것이지만, 가만히 앉아서 개죽음을 당할 수는 없었다. 장공은 나름대로 토벌군에 맞서 싸울 것을 결의하고 첩자를 내보내 그들의 동태를 살폈다. 환왕이 이끄는 토벌군은 수효가 엄청났다. 총명령은 환왕이 내리고 괵공인 임부(林父)가 우익군 대장이 되었다. 그 뒤를 채와 위의 연합군이 뒤따랐다. 또한 좌익군 대장은 주공(周公)인 흑견(黑肩)이 되고 진(陳)나라의 군사가 소속이 되어 뒤를 따랐다.

토벌군의 배치도를 본 정나라의 공자 원(元)이 의견을 내놓았다.

"우리에게도 승산이 있을 것 같습니다. 지금 진나라는 내부 문제 때문에 전의를 상실하고 있습니다. 무엇보다 제일 먼저 진나라 군사들부터 공격을 해야 합니다. 그들이 우왕좌왕 전열이 흐트러지면 이번 싸움은 우리에게 승리를 돌아오게 할 수 있습니다."

원의 설명은 진나라 군사를 공격하면 반드시 흩어져 도망칠 것이고, 그와 함께 채와 위의 연합군도 무너지는 것은 불을 보듯 뻔하다고 주장했다. 이 전투의 진용을 《좌전》에는 이렇게 설명하고 있다.

'어려(魚麗 : 둥근 형태)의 진을 짜 편(偏 : 전차)을 앞머리에 세워 오승미봉(伍承彌縫 : 후진에 보병을 두어 전차와 전차 사이의 틈을 메움)하였다.'

이 전투에서 제(齊) 환왕은 장공의 부하 축담(祝聃)이 쏜 화살에 맞아 하마터면 말 등에서 굴러떨어질 뻔하였다. 기세가 등등하여 추격하려는 병사들에게 정장공은 돌아오게 하였다. 약세를 끝까지 추적하여 몰아 떨구는 것은 옳지 않다는 것이다. 이번 전투는 상대방이 공격해 왔기 때문에 방어 수단으로 응했을 따름이라 하였다.

자원 ●彌(기울 미 ; 弓部 14획, 총 17획, sew) : 활 부릴 미, 두루미 미, 더할 미, 오랠 미, 미칠 미.
●縫(기울 봉 ; 糸部 11획, 총 17획, sew) : 마무를 봉, 큰 봉.

어의 ●彌久(미구) : 오래 됨 ●彌旬(미순) : 10일 동안 ●彌日(미일) : 하루 동안 ●縫紉(봉인) : 실로 꿰맴 ●縫針(봉침) : 바늘 ●縫絍(봉질) : 바느질

어의 '미봉'이라는 말이 중국의 고사에서는 세 군데나 나온다. 본래의 뜻은 빈구석을 메운다. 또는 모자라는 곳을 채우고 이어댄다는 의미로 내려오고 있다.

反　間

돌이킬 **반**　　사이 **간**

출전 《손자병법(孫子兵法)》의 〈용간편(用間篇)〉
문의 적 사이를 이간한다.
요점 이중간첩(二重間諜).

해석 《손자병법(孫子兵法)》에 나오는 첩자를 가리키는 말이다. 그 종류가 다섯이므로 오간(五間)이라 하는데, 현대에 와서는 이를 오열(五列)이라 부른다.

고사 오늘날 간첩이라 부르는 간자(間者)는 《손자병법》의 〈용간편〉에 나온다. 여기에는 다섯 종류가 있다. 손자가 나눈 다섯 종류의 간자는 그 특성을 다음과 같이 해석한다.

첫째가 향간(鄕間)이다. 적국의 주민을 이용하여 정보를 얻는 것.

둘째가 내간(內間)이다. 적국의 관리를 이용하여 정보를 얻는 것

셋째가 반간(反間)이다. 적의 간자를 포섭하여 아군의 간자로 삼는 것.

넷째가 사간(死間)이다. 죽기를 각오하고 적국에 잠입하여 정보를 얻는 것.

다섯째가 생간(生間)이다. 적국에 들어가 정보를 가지고 돌아오는 것.

위의 세 번째가 반간인데, 서로 간에 이간을 한다는 뜻을 담고 있다. 그러므로 〈빈간고육지책〉이라 한다면 자기를 희생의 제물로 삼아 상대를 갈라놓는 것을 의미한다. 이를테면 이중간첩이라 불리는 용어가 여기에 해낭한다.

자원 ●反(돌이킬 반;又部 2획, 총 4획. opposition) : 엎을 반, 배반할 반, 생각할 반.

●間(사이 간;門部 4획, 총 12획. between) : 가까울 간, 갈마들일 간.

어의 ●反曲(반곡) : 반대로 휨 ●反求(반구) : 어떤 일을 자기 자신에게 돌려서 생각함 ●反落(반락) : 오르던 시세가 갑자기 떨어짐 ●間架(간가) : 글의 짜임새 ●間隔(간격) : 물건 사이의 거리 ●間道(간도) : 샛길

참조 반간지술(反間之術)은 아무래도 저자인 손자(孫子)가 잘 이용하였을 것이지만 《삼국지연의》에 의하면 제갈공명(제갈량)이 그 방면에 뛰어났음을 입증시킨다. 정문(鄭文)이라는 자가 있었다. 그는 위나라 진지에서 촉한의 진영으로 도망쳐 온 사람이었다. 그는 자신이 승진하지 못한 것을 몹시 분해하며 촉한을 위해 목숨을 바칠 것을 맹세했다. 그때 위나라 진영에서 한 사람의 장수가 지르는 고함소리가 들려 왔다.

"말 도둑 정문은 들어라! 너는 어찌 위나라의 봉록을 먹으면서 촉한의 진영으로 갔느냐? 어서 나와 한판의 자웅을 결하자!"

저 자가 누구냐는 제갈공명의 물음에 정문은 경쟁자라고 했다. 자기 대신 이번에 승진하였다고 했다. 정문은 분기를 참지 못하고 씨근벌떡 달려 나가 단 일합에 경쟁자의 목을 베어 왔다. 제갈공명이 소리쳤다.

"어서 이 자의 목을 베어라! 너는 분명 위장으로 투항을 했으렸다? 네가 죽기를 원한다면 당장 목을 베겠지만 살 의향이 있다면 내 말을 받아 적어라."

다음날 공격하라는 내용이었다. 제갈량이 자기를 믿고 있으니 이 틈에 촉한의 진영을 쑥밭으로 만들어야 한다는 내용이었다. 결과는 위나라의 대참패였다. 제갈량은 대승을 거두고 군영으로 돌아와 정문을 죽이라는 명을 내렸다. 그 이유를 제갈량은 이렇게 설명했다.

"정문과 경쟁자라는 자가 진정한 도전자라면 어찌 그의 한 칼에 목이 달아날 만큼 서투른 무예를 지니고 있겠소."

背 水 陣
등배 　 물수 　 진진

출전 《사기(史記)》의 〈회음후열전(淮陰候列傳)〉, 《십팔사략(十八史略)》의 〈서한왕조편 한고조〉

문의 물을 등 쪽에 두고 진을 침.

요점 최후의 일전을 도모하기 위해 비장한 각오로 싸울 준비를 함. 또는 그러한 비유.

고사 초한(楚漢)의 싸움, 항우와 유방의 전쟁 얘기는 언제 들어도 흥미롭다. 특히 명장 한신에 대한 용병술은 가히 독보적이라 할 수 있다.

때는 한고조 유방이 보위에 오르기 2년 전, 한나라 정예병을 이끌고 나갔던 한신은 위(魏)나라를 격파한 여세를 몰아 조(趙)나라로 밀고 들어갔다. 정보를 입수한 조나라에서는 이좌거가 방책을 내놓았다. "성안군(成安君) 진여(陳餘)에게 이십만 대군을 주어 정형(井陘)의 좁은 길목 어구에 집결시켜 튼튼히 진지를 구축하여 적군이 오면 일거에 무찌를 수 있습니다." 그러나 이 계책은 채택되지 않았다.

첩자의 보고를 받은 한신은 계략을 세웠다. 조나라 군사가 집결해 있는 곳에서 십여 리쯤 떨어진 지점에서 경기병 2천은 숨을 죽이고 대장군의 명을 받았다.

"너희는 지금부터 조나라 군사들이 있는 곳에서 가장 근접하는 위치에 몸을 숨기고 있어야 한다. 내일 전투에서 우리 병사들이 거짓으로 패해 도망갈 것이다. 당연히 적군들은 신바람이 나서 추격할 것인즉, 이때 너희들은 조나라의 성안으로 들어가 적군의 깃발을 뽑고 우리 기를 꽂아라."

다음날 전투는 한신의 계략대로 이뤄졌다. 전진과 후퇴를 거듭하다 작전대로 군기와 군고를 집어던지고 도망쳤다. 기세가 하늘을 찌를 듯 충천한 조나라 군사들이 전 병력을 동원하여 추격해왔다.

"한신의 목을 베라!"

조나라 군사들이 추격하자 숨어 있던 2천의 병사들은 가볍게 성 안의 기습에 성공했다. 이 무렵 한신은 강물을 등쪽에 두고 적과 대치했다. 더 이상은 뒤로 물러설 수 없으므로 죽을 힘을 다해 싸울 수밖에 없었다. 이른바 배수진이다.

자원 ●背(등 배 ; 肉部 5획, 총 9획. back) : 햇무리 배, 집북편 배.
●水(물 수 ; 水部 총 4획. water) : 강 수, 홍수 수. 물길을 수, 홍수 수, 고를 수.
●陣(진칠 진 ; 阜部 7획, 총 10획. encampment) : 영문 진.

어의 ●背敎(배교) : 종교의 교의를 배반함 ●背書(배서) : 이서 ●背誦(배송) : 책을 보지 않고 돌아앉아서 외움 ●水口(수구) : 물이 흘러나오는 곳 ●水龜(수귀) : 남생이 ●水根(수근) : 물의 근원 ●陣頭(진두) : 배치한 진의 선두 ●陣法(진법) : 군사 배치의 법 ●陣痛(진통) : 출산 직전의 고통

참조 물을 등쪽에 놓고 진을 치는 것은 주(周)나라 시대의 병법가 위료(尉繚)의 병서 《위료자(尉繚子)》〈천관편(天官篇)〉에 나온다.

"물을 등 뒤에 놓고 진을 쳐 절지(絶地)를 만들고, 언덕을 향하여 진을 치면 폐군(廢軍)을 만든다."

이것은 병법의 일반적인 원칙을 깨뜨린 것이다. 그러므로 이 병법은 죽음을 각오해야 한다.

☞ 戰不辭(일선불사) : 죽음을 앞에 두고 한판 자웅을 겨루는 것. 배수의 진과 같은 의미.

政治·軍事

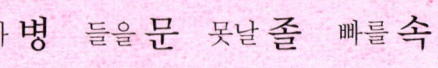

兵 聞 拙 速
군사 병 들을 문 못날 졸 빠를 속

출전 《손자병법(孫子兵法)》

문의 전투는 속전속결이다.

요점 싸움에 있어서는 단기전으로 성공한 일은 있지만, 결코 오래 끌어 성공한 예는 없다.

해석 병사들을 한 곳에 오래 두지 않고 속력행군(速力行軍)하여 성공한 예는 많다. 그러나 한 곳에 오래 머무르게 하여 장기전으로써 성공한 예는 찾아보기가 힘들다. 손자(孫子)는 '졸속(拙速)'과 '교구(巧久)'에 대해 비교 설명했다. '졸'은 아무런 재간도 부리지 않는 것을 뜻한다. 그리고 '교'는 작위(作爲)라는 해설이 가능하다.

고사 일찍이 손자는 병사를 오래 움직이는 데에 불리한 점에 대해 설명한 바가 있다.

"전쟁이란 병거가 수천 대, 병사가 수만 명, 수송할 수 있는 수레가 수천 대가 투여된다. 이러한 인력과 장비로써 천 리 밖의 원정을 나갔다면 그 경비나 여러 가지의 어려운 점을 볼 때 막대한 비용이 소요될 것은 너무나 당연해진다. 그렇다 보니 시일을 오래 끌면 끌수록 사태는 좋아지는 것이 아니라 나빠지는 쪽으로 기울게 된다. 자연히 사기는 떨어질 수밖에 없으며 공격해 보았자 성공할 확률은 찾아보기 힘들다. 그러므로 병사를 움직일 때는 무엇보다 속전속결에 주안점을 맞춰야 한다. 이것이 승리의 지름길이다.

자원 ●兵(군사 병;八部 5획, 총 7획. soldier) : 무기 병, 재난 병, 전쟁 병, 도적 병.

●聞(들을 문;耳部 8획, 총 14획. hear) : 들릴 문, 이름날 문, 소문 문.

●拙(못날 졸;手部 5획, 총 8획. bad) : 졸할 졸, 무딜 졸, 나 졸.

●速(빠를 속;辵部 7획, 총 11획. quick) : 부를 속, 더러울 속, 서둘 속.

어의 ●兵器(병기) : 전쟁에 쓰는 모든 기구의 총칭 ●兵力(병력) : 군대의 힘 ●兵火(병화) : 전쟁으로 일어난 화재 ●聞見(문견) : 듣는 것과 보는 것 ●聞道(문도) : 도리를 들어서 앎 ●聞人(문인) : 이름이 높은 사람 ●拙劣(졸렬) : 옹졸하고 비열함 ●拙作(졸작) : 졸렬한 작품 ●速決(속결) : 빨리 끝을 맺음 ●速度(속도) : 빠른 정도 ● 速報(속보) : 빨리 알림

참조 《손자병법》의 첫머리에 이런 말이 있다.

"병사는 나라의 중요지물이다. 생사와 존망을 좌우하는 것이므로 이것을 알지 않으면 안 된다."

이것은 병사의 중요성을 신중하게 다룬 것이라 할 수 있다.

《손자》는 전략을 사용하여 기민하게 적세에 대처했을 때에 나타나는 결과를 '부절(符節;나무 등으로 만든 아군의 표식)'을 사용하여 알리는 한편 적정을 살피는 데도 이용했다. 여기에 여덟 가지가 있다.

첫째, 크게 이겨 승리하면 부절의 길이는 한 자.

둘째, 군사를 파하고 장수를 죽이면 길이가 아홉 치.

셋째, 성을 항복 받고 도읍을 얻으면 길이가 여덟 치.

넷째, 적을 물리치고 멀리 보고할 때엔 길이가 일곱 치.

다섯째, 무리를 경계하여 지키면 길이는 여섯 치.

여섯째, 양곡을 칭하고 군사를 더하면 길이는 다섯 치.

일곱째, 군사를 깨고 장수를 잃으면 길이는 네 치.

여덟째, 이(利)를 잃고 사졸을 잃으면 길이는 세 치이다.

兵 爲 死 地
군사 병　하 위　죽을 사　땅 지

출전 《사기(史記)》의 〈염파·인상여열전〉
문의 전쟁에 목숨 건다.
요점 일을 할 때엔 온 힘을 기울인다.

해석 이 말은 조(趙)나라의 명장으로 이름을 날렸던 조사(趙奢)라는 이가 처음으로 사용한 말이다. '병(兵)은 사지(死地)다'라는 것은, 전쟁은 목숨을 던질 각오로 나서야 한다는 것이다.

고사 조사는 본시 시골에서 조세를 거둬들이는 말단 관리에 불과했다. 그러나 워낙 청렴결백하고 공평무사하여 평원군의 귀에까지 들어가게 되었다. 그는 발탁된 후에도 온 힘을 경주하여 공을 세워 마복군(馬服君)이라는 칭호를 받았다.

병략가로서도 이름이 높은 그에겐 조괄(趙括)이라는 아들이 있었다. 그는 어려서부터 병법을 공부했는데 천하의 병략서에 대해 모르는 것이 없을 정도였다. 어느 날 부친과 병략에 대해 토론을 벌였는데, 오히려 조사가 쩔쩔맬 정도로 그의 식견은 탁월했다. 우쭐해하는 아들을 보며 조사는 어떤 결론도 내리지 않았다. 묵묵부답인 남편을 바라보는 그의 아내는 아들의 청산유수 같은 달변에 몹시 만족해하면서도 남편의 행동에 섭섭해 하였다.

"여보, 그럴 수가 있어요. 이렇게 똑똑한 아들에게 칭찬 한마디쯤 해줄 수 있잖아요."

답변을 떨구는 남편의 얼굴은 너무나 냉담했다.

"전쟁이란 목숨을 걸어야 하는 것, '병위사지(兵爲死地)'요. 목숨을 걸어야 한다 그 말이오. 그러나 우리 괄이란 놈은 말뿐이오. 이론만 번지르르하여 실속이 없어요. 만약 저 녀석이 대장이 되어 싸움에 나선다면 일을 크게 그르칠 것이오."

안타까워하는 아내의 얼굴을 흘낏 바라보고 나서 조사는 한숨을 길게 몰아쉬었다.

자원 ● 兵(군사 병 ; 八部 5획, 총 7획. soldier) : 무기 병, 재난 병, 병사 병.
● 爲(하 위 ; 瓜部 8획, 총 12획. for) : 다스릴 위, 어조사 위.
● 死(죽을 사 ; 歹部 2획, 총 6획. die) : 마칠 사, 위태할 사, 다할 사, 끊일 사.
● 地(땅 지 ; 土部 3획, 총 6획. earth) : 아래 지, 나라 지.

어의 ● 兵家(병가) : 병학의 전문가 ● 兵役(병역) : 국민의 의무로서 병사가 되어 군무에 종사하는 일 ● 爲國(위국) : 나라를 위함 ● 爲親(위친) : 어버이를 위함 ● 死線(사선) : 죽을 고비 ● 死胎(사태) : 뱃속에서 죽어 나온 시체 ● 地區(지구) : 어떤 땅의 한 구석 ● 地目(지목) : 지세를 징수하기 위하여 구별한 토지의 종목

참조 훗날 효성왕 7년에 조나라에 문제가 생겼다. 상당(上黨)을 합병했던 일이 화근이 되어 진나라와 전쟁이 일어났다. 그때에는 명장 조사는 이미 타계하고 없었다.

진나라의 모략에 걸려 명장 조사의 아들 조괄이 나섰다. 그는 부친의 우려대로 입술만 달싹이는 탁상공론가였다. 그는 섣불리 공격을 개시하여 단숨에 조나라의 40만 대군을 잃고 말았다. 이것은 조나라의 국력이 반 이상 기덜나는 내사선이었다.

모처럼 자신의 실력을 보이려던 조괄은 경험 부족으로 인해 40만 대군을 잃었으니 참으로 통탄할 일이었다.

誹謗之木
중얼거릴 **비** 나무랄 **방** 의 **지** 나무 **목**

출전 《사기(史記)》의 〈효문제기(孝文帝紀)〉
문의 남을 헐뜯어 비방하는 나무.
요점 군왕의 실정을 지적하여 그 잘못을 글로 적어 기둥에 써 붙여 군왕이 보게 하는 나무.

해석 요순(堯舜)시대는 법이 필요 없을 만큼 모든 것이 잘 정비되어 있다고 했다. 학자들 사이에는 그들이 전설 속의 인물이냐, 아니면 실제적인 인물이냐를 놓고 갑론을박이지만 사실 그 주장은 허허실실이어서 진위를 가리는 것은 보통 문제가 아니다. 그렇지만 요순의 두 임금이 통치자의 잣대를 이상적인 수준에 올려놓았다는 것만은 우리의 시선을 끌기에 충분하다.

고사 제요 도당씨(帝堯陶唐氏)의 성은 이기(伊祁)요, 이름은 방훈(放勛)이다. 성품은 어질었으며 총명함으로 인해 백성으로부터 늘 공경받기에 충분했다. 만백성에게 숭앙받는 그의 거처는 초가에 흙으로 된, 세 층인가 네 층의 구조로 된 지극히 검소한 처소였다.

재물이 있어도 교만하지 않았으며, 항상 선정을 베풀려고 생각을 모았다. 그런데도 혹여 자신의 정치에 잘못이 있음을 염려하여 궁문 입구에 큰 북을 매달아 두었다. 또한 문전 다리목에는 네 개의 나무로 엮은 기둥을 세웠다.

당요제가 만든 북은 감간지고(敢諫之鼓)였다. 누구든 군왕의 정치에 부족한 점이 있다고 발견되면 그 북을 두드려 의견을 말할 수 있도록 했다.

그리고 세워 놓은 나무는 비방(誹謗)의 나무였다. 군왕의 정치에 불만이 있는 자는 원하는 바를 적어 기둥에 붙여 놓으라는 뜻이었다.

자원 ●誹(중얼거릴 비 ; 言部 8획, 총 15획. slander) : 그르다 할 비.
●謗(나무랄 방 ; 言部 10획, 총 17획. blame) : 헐어 말할 방.
●之(의 지 ; ノ部 3획, 총 4획. this) : 어조사 지.
●木(나무 목 ; 木部 총 4획. tree) : 질박할 목, 뻣뻣할 목, 무명 목.

어의 ●誹笑(비소) : 비웃음 ●誹謗(비방) : 남을 헐뜯음 ●誹毁(비훼) : 명예를 손상시킴 ●謗聲(방성) : 남을 비난하는 소리 ●謗怨(방원) : 비방하고 원망함 ●謗議(방의) : 욕함 ●木竿(목간) : 장나무 ●木槿(목근) : 무궁화 ●木乃伊(목내이) : 미이라

참조 ➡ 감간(敢諫)이라는 것은 간언의 반대되는 개념이다. 즉, 간언하는 반대 의견을 내놓는 것을 뜻한다. 또한 비방이라는 것은 흉을 보고 나무라는 의미다. 이렇게 함으로써 민의를 확실하게 받아들이려는 심산이었다.
　기록에 의하면 감간지고(敢諫之鼓)는 요임금 때에 세웠으며, 비방의 나무는 순임금 때의 일이라고 씌어 있는 소전도 있다. 그런가 하면 요임금은 〈진선의 깃발〉을 세웠다고도 했다. 진선의 깃발이란 깃발 하나를 길가에 세워두고 나랏일에 대해 좋은 의견을 개진하려는 자에게는 깃발 아래에서 마음껏 토로할 수 있게 하였다.
　➡ 이익은 《성호사설》에서 다음과 같이 말한다.
　"어느 의논 석상이든 그곳에서 두 쪽의 의견이 옳지 못하다고 단정을 하면 그것은 비방하는 일에 지나지 않는다. 마찬가지로 두 쪽이 다 옳다고 단정하면 그것은 아첨하는 일에 지나지 않는다. 만약 어떤 시비(是非)에 대하여 공정을 가릴 줄 모를 바에야 차라리 비방하는 편이 나을지 모르겠다."
　☞ 置齒牙(치치아) : 치아 사이에 놓는다는 뜻. 곧 의논함.

四面楚歌

넉 사   쪽 면   초나라 초   노래 가

출전 《사기(史記)》의 〈항우본기(項羽本紀)〉
문의 사방에서 초나라의 노래 소리가 들린다.
요점 적에게 완전히 포위되어 탈출구가 없음. 사면이 적뿐이고 돕는 자가 없을 때에 사용한다.

고사 초한(楚漢)의 8년 병화도 막바지에 다다랐다. 항우는 스스로의 힘을 믿고 지략을 가볍게 여긴 탓에 범증(范增)과 같은 지략가가 그를 등지고 떠나 버렸다. 항우는 날이 갈수록 유방에게 잠식되어 갔다. 이윽고 천하를 놓고 싸우게 되었다. 장량의 계략에 의해 항우는 해하(垓下)라는 곳에서 한나라 병사들에게 완전히 포위되었다.

초나라 병사들을 둘러싼 한병들은 노래를 불렀다. 초가(楚歌)였다. 전쟁터에 나와 고향의 노래를 듣고 보니 어찌 싸울 마음이 나겠는가. 생각하느니 한숨이오, 쏟아지느니 눈물이었다. 노래를 부르는 한 병들에게 항복한 것은 구강(九江)의 병사들이었다. 항우는 탄식했다.

"아아, 사면 팔방이 모두 초가로구나!"

한 잔의 술을 들이키고 스스로 노래를 지어 불렀다.

힘은 산을 뽑고 기운이 세상을 덮어도
시운이 불리하니 추도 달리지 않네
추(항우의 말)도 가지 않는데 어찌하리
우야, 우야 너를 어찌하리

이 노래를 몇 번이나 반복해서 불렀다. 듣고 있던 우미인도 이별의 슬픔을 담은 노래를 지어 불렀다.

한나라 병사는 이미 땅을 빼앗고
들리느니 사방엔 초나라 노래라
대왕의 의기가 다 했거니
천한 첩이 어찌 삶을 원하리요.

비창한 기운이 장막 안에 가득 찼다. 우미인은 항우의 칼을 뽑아 스스로 목을 찔렀다. 항우는 8백 명을 데리고 탈출하였으나 다음 날 한병과 접전을 벌이다 사망했다. 그의 나이 서른하나였다.

자원 ●四(넉 사;口部 2획, 총 5획. four):사방 사, 네 번 사(작대기 네 개를 뜻함).
●面(쪽 면;面部 총 9획. face):얼굴 면, 향할 면, 보일 면.
●楚(초나라 초;木部 9획, 총 13획. oak):회초리 초, 가시나무 초.
●歌(노래 가;欠部 10획, 총 14획. song):노래 가.

어의 ●四角柱(사각주):네모진 기둥 ●四境(사경):사방의 경계 ●四計(사계):네 가지 계획 ●面上(면상):얼굴 ●面謁(면알):만나 봄 ●面從(면종):보는 앞에서 순종함 ●楚撻(초달):회초리로 때림 ●楚腰(초요):미인의 가는 허리 ●楚痛(초통):아프고 괴로움 ●歌客(가객):노래 잘하는 사람 ●歌聲(가성):노랫소리 ●歌頌(가송):공덕을 칭송함

참조 계절이 바뀌고 봄이 오자 우미인이 피를 흘렸던 자리에 꽃이 피었다. 〈우미인초〉다. 피처럼 붉게 핀 꽃잎이 바람에 흔들릴 때면 어쩔 수 없이 죽음에 임했던 우미인의 사연을 짐작케 한다.

四 分 五 裂
넉 사   나눌 분   다섯 오   찢어질 열

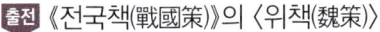

출전 《전국책(戰國策)》의 〈위책(魏策)〉

문의 넷으로 나누어지고 다섯으로 분열됨.

요점 힘이나 세력이 여러 가닥으로 분산되는 것을 뜻함.

고사 《전국책》은 주나라 원왕으로부터 진시황에 이르는 유세가들의 변론을 나라별로 기술한 책이다. 이 책에는 〈소진(蘇秦)이 합종을 설하다〉와 〈장의 (張儀)가 연형을 설하다〉라는 내용이 자세히 적혀 있다.

〈위책(魏策)〉에 의하면 소진이 조나라를 위해 합종을 하려고 위나라를 찾아와 양왕을 설득하는 대목이 나온다.

"대왕의 영지는 남으로는 홍구에서 무소의 땅에 이르고, 서쪽으로는 만리의 장성이 이루어지고 있습니다. 또한 북으로는 하외에서 산조에 이르는 땅도 가지고 있습니다. 이렇듯 천리 사방에 이르는 땅은 민가가 즐비하고 우마를 사육할 여지가 없을 정돕니다. 하지만 연횡가(連橫家 ; 장의와 같음)가 왕을 속이고 포악한 진나라와 외교를 맺게 했습니다. 위나라는 천하의 강국입니다. 그런데 지금은 서면하여 진을 섬기고 스스로 동번이라 이름하고 있습니다. 또한 진나라의 모든 제도를 답습하고 그대로 이어받고자 합니다. 이 어찌 한심한 일이 아닙니까. 월왕 구천은 지쳐 있는 3천의 병졸로 오왕 부차를 간수에서 사로잡았고, 주나라의 무왕은 3천 명의 병졸과 3백 승의 전차로 은나라 주왕(紂王)을 목야에서 깨뜨렸습니다. 지금 대왕의 병력은 구천이나 무왕의 병력보다 훨씬 강합니다. 그런데도 진나라를 섬기고 있으니 이 어찌 통탄할 일이 아닙니까. 대신들도 진나라를 섬기라고 하는 작자들은 모두 간신

모리배들입니다. 대왕마마, 초근(草根)은 어릴 때에 뿌리를 제거하지 않으면 손을 댈 수 없을 정도로 자라는 것입니다."

그러므로 본론은 6국이 종친을 하나로 합하면 강대국인 진나라로부터 벗어날 수 있다는 것이었다. 서로 연합하지 않으면 4분 5열이 된다는 주장이었다. 양왕은 무릎을 치며 즐거워했다.

"나는 무례한 놈이지만 이렇듯 훌륭한 가르침을 받은 적이 없다. 그대는 조왕의 가르침을 내게 알렸다. 나는 삼가 국운을 그대에게 걸고 따르겠노라!"

자원 ●四(넉 사;口部 2획, 총 5획, four):사방 사, 네 번 사.
●分(나눌 분;刀部 2획, 총 4획, part):쪼갤 분, 분별할 분, 찢을 분.
●五(다섯 오;二部 2획, 총 4획, five):다섯 번 오.
●裂(찢어질 렬;衣部 6획, 총 12획, be torn):비단 자투리 렬, 갈릴 렬.

어의 ●四季(사계):봄, 여름, 가을, 겨울 ●四近(사근):가까운 지방 ●四隅(사우):네 귀 ●分居(분거):여기저기 나누어 삶 ●分立(분립):갈라서서 바로 섬 ●分付(분부):많은 사람에게 나누어서 시킴 ●五季(오계):오대의 문란해진 시대를 말함 ●五畜(오축):다섯 가지의 가축. 소, 양, 돼지, 개, 닭 ●五色(오색):청황적백흑의 다섯 가지 빛깔 ●裂開(열개):찢어져서 벌어짐 ●裂光(열광):몹시 강한 빛 ●裂罅(열하):터진 곳

참조 《사기》의 〈소진열전〉에는 소진이 먼저 연(燕)나라의 문공을 설득한 것으로 나타나 있다. 그 다음으로 조(趙)·한(韓)·위(魏)·제(齊)·초(楚)의 합종책(合縱策)으로 유세를 하고 있다. 소진의 아우 소대(蘇代)·소여(蘇厲) 등도 무시하지 못할 존재였던 것은 사실이나 뛰어난 인물은 역시 소진·장의·공손연 등이다.

政治·軍事

三 顧 草 廬
석 삼   돌아볼 고   풀 초   풀집 려

출전 《삼국지연의(三國志演義)》의《제갈량전(諸葛亮傳)》
문의 초가집을 세 번 찾아가다.
요점 유비가 제갈량을 세 번 찾아가 그를 군사(軍師)로 청빙함. 머리 숙여 널리 인재를 구할 때에 사용되는 말이다.

해석 한(漢)나라 말기는 황건적이 사방에서 날뛰어 천하가 어지러웠다. 조조는 조정에서, 손권은 강동의 오나라에서, 그리고 유비는 인재를 물색할 무렵이었다. 그때 모사인 서서(徐庶)와 사마휘(司馬徽)는 학식이 풍부한 제갈량을 천거했다. 이리하여 유비와 관우·장비는 제갈량의 초가를 찾아갔다. 그것도 세 번씩이나. 삼고초려는 이를 두고 한 말이다.

고사 가는 날이 장날이라는 것은 이런 경우에 해당한다. 유비가 갔을 때에 제갈량은 출타 중이었다. 두 번째도 마찬가지였다. 다시 얼마간의 시간이 지난 뒤 유비는 관우와 장비를 불러 다시 융중으로 제갈량을 찾아갈 뜻을 내비쳤다. 관우가 말했다.

"아무래도 제갈량은 허영심이 있는 영웅을 피하는 것 같습니다. 그러니 학식과 재능이 있다고 볼 수 없으므로 찾아가는 것은 그만두는 게 좋을 듯싶습니다."

장비 역시 마찬가지였다. 그는 처음부터 제갈량의 존재를 탐탁지 않게 여겼다. 그러나 유비는 그들을 꾸짖고 융중으로 제갈량을 찾아갔다.

이날 제갈량은 외출은 하지 않았으나 낮잠을 자고 있었다. 유비는 그가 깨어날 때까지 기다렸다.

자원 ● 三(석 삼;一部 2획, 총 3획. three) : 막대기 세 개를 가리킴
● 顧(돌아볼 고;頁部 12획, 총 21획. look after) : 돌보아줄 고, 도리어 고.
● 草(풀 초;艸部 6획, 총 10획. grass) : 추할 초, 글씨 쓸 초.
● 廬(풀집 려;广部 16획, 총 19획. farmer's hut) : 농막 려, 원집 려.

어의 ● 三刻(삼각) : 세 시각, 또는 셋째 시각 ● 三骨(삼골) : 신라 때 의왕족과 귀족, 즉 성골·진골·제2골 ● 三思(삼사) : 세 번 생각함 ● 顧客(고객) : 단골 손님 ● 顧念(고념) : 돌보아 줌 ● 顧懷(고회) : 마음으로 사모함 ● 草露(초로) : 풀잎에 맺힌 이슬 ● 草食(초식) : 푸성귀만 먹음 ● 草創(초창) : 일의 처음 ● 廬落(여락) : 마을 ● 廬幕(여막) : 무덤 가까이에 두어 상제가 거처한 초막 ● 廬舍(여사) : 집, 초막

참조 제갈량은 낮잠에서 깨어나 손님을 맞이했다. 유비가 정중하게 말했다.

"지금 한나라 종실은 간사한 무리들이 판을 치고 있습니다. 이에 천하를 구할 큰 뜻을 품었으나 아직 아무런 재주가 없어 나이 쉰이 가까워 오도록 별다른 성과도 올리지 못했습니다. 선생의 가르침을 받고자 합니다. 부디 물리치지 마십시오."

제갈량이 가만 보아하니 유비의 성실함이 돋보였다. 특히 겸허한 행동과 조신한 몸놀림에 마음이 이끌렸다. 제갈량은 곧 천하의 정세를 일러주었다. 그 당시 유비는 얼마간의 부하를 거느리고 있었지만 한 치의 땅도 소유한 것은 없었다. 이를테면 그때까지 천하를 떠도는 나그네에 불과했다. 그렇기에 당시로서는 유비의 앞길에 대해 어떠한 희망도 가질 수 없었다.

그런 때였음에노 불구하고 제갈량과 같은 당대의 명사를 이끌어 낸 것은 유비에게 불가사의한 힘이 있다고 봐야 한다. 또한 이를 간파한 제갈량의 안목 역시 뛰어난 것이 분명하다.

三十六計
석삼 열십 여섯육 꾀계

출전 《남제서(南齊書)》,《진서(晉書)》의 〈왕경칙전(王敬則傳)〉

문의 서른여섯 가지의 계책.

요점 이 중에서 최우선으로 치는 것이 〈주위상(走爲上)〉이다. 형세가 불리할 때는 도망치는 것이 상책이라는 뜻이다.

고사 세력이 분포되었던 위오촉(魏吳蜀)의 삼국시대가 끝나고 천하는 진(晉)으로 통일되었다. 사십 년이 흘러 진은 내우와 외환으로 무너지고 간신히 양자강 남쪽으로 도망하여 명맥을 유지하고 있었다. 어지러운 남북조시대. 북방에서는 선비족이 세운 위(魏)가 큰소리를 내었고, 남조는 제나라의 시대였다.

송(宋)나라 마지막 임금이었던 순제(順帝)는 제나라의 임금 소도성(蕭道成)과 왕경칙(王敬則)의 압력에 못 이겨 나라를 빼앗기고 암살당했다. 왕경칙은 마지막으로 병력을 이끌고 제나라의 수도 건강(建康；남경)을 공격했다. 당시 황실 측에서 퍼뜨린 소문은 왕경칙이 도망을 하려한다는 내용이었다. 왕경칙은 코웃음을 치며 고함을 질렀다.

"흐음, 단장군의 계략은 무궁무진하더구만. 그 가운데 삼십육계는 주(走；도망)가 상책이었어. 아하하하, 네놈들이 사는 길은 서둘러 달아나는 것이야!"

그러나 왕경칙은 제나라 병사들에게 포위되어 피할 여지도 없이 목이 떨어지고 말았다. 〈삼십육계 주위상(三十六計走爲上)〉이라는 말은 그가 죽은 후 전해진 용어다.

자원 ●三(석 삼;一部 2획, 총 3획. three):막대기 세 개를 가리킴.

●十(열 십;十部 총 2획. ten):열 번 십, 완전할 십.

●六(여섯 육;八部 2획, 총 4획. six):여섯 육.

●計(꾀 계;言部 2획, 총 9획. count):셈 마칠 계, 셀 계.

어의 ●三綱(삼강):군신, 부자, 부부의 도 ●三災(삼재):수재와 화재와 풍재 ●三流(삼류):사물의 부류에 있어 가장 낮은 층 ●十霜(십상):십 년 세월 ●十字路(십자로):네 갈래로 갈라지는 길 ● 十匙一飯(십시일반):여러 사람이 힘을 합하여 한 사람을 도와줌 ●六房(육방):조선왕조 때 승정원 및 각 지방 관아에 둔 이방, 호방, 예방, 병방, 공방, 형방의 총칭 ●計巧(계교):여러 모로 빈틈없이 생각해 낸 꾀 ●計略(계략):계책과 모략 ●計測(계측):헤아림

참조 ⇨ 단도제(檀道濟)라는 장수는 송나라 초기의 명장이다. 그는 북방의 위나라와 잦은 전투에서 수차에 걸쳐 승리해 왔다. 이러한 승리의 발판이 되어 준 용병술. 그것으로 인해 단도제는 모함을 받았다. 마침내 전왕의 장례식에 관련된 일에 연루되어 억울한 누명을 뒤집어썼다. 당시의 국왕들은 자신의 밑에 있는 장수들의 세력이 커지는 것을 견제했기 때문에 단도제의 제거 음모는 자연스럽게 이루어진 것이다. 단도제는 체포되어 왕 앞에 끌려 나왔다. 이때 단도제는 자신의 두건을 움켜쥐더니 그것을 바닥에 동댕이치며 불같이 화를 냈다.

"폐하, 폐하께서 이 단도제를 죽인다면 그것은 스스로 만리장성을 무너뜨리는 것이나 다름이 없습니다."

왕은 귀를 기울이지 않았다. 단도제가 죽었다는 말을 듣고 위군은 기다렸다는 듯이 공격해 왔다. 결과는 너무 뻔했다. 송나라 군병들은 온갖 학살을 감행하였고, 집은 모두 잿더미로 변해 버렸다. 석두성에 있던 황제는 탄식했다.

"아, 단장군만 있었다면 이 난리를 충분히 극복했을 터인데!"

常 山 蛇 勢
항상 상　산 산　뱀 사　형세 세

출전 《손자병법(孫子兵法)》
문의 상산에 사는 뱀과 같은 형세.
요점 군대가 뭉쳐 있을 때엔 한 개의 유기체가 되어 움직이는 것을 뜻한다.
또는 긴밀한 문장을 뜻하기도 한다.

해석 상산(常山)에는 솔연(率然)이라는 뱀이 살고 있다. 물론 문자적으로는 '잠깐 사이'라는 뜻이다. 솔연이라는 뱀은 머리를 치면 꼬리로 덤비고, 허리를 공격하면 머리로 덤빈다. 병사의 움직임도 유기체가 되어 움직이는 것을 뜻한다(吳越同舟 참조).

고사 병법의 대가 손자(孫子)는 솔거하는 병사 전체의 움직임을 상산의 뱀과 같아야 한다고 주장한다. 일사불란한 유기체가 있어야 하기 때문이다. 그는 〈상산사세〉를 설명하면서 그 예로 오월동주(吳越同舟)를 들었다. 생명의 위협에 휩쓸리다 보면 비록 껄끄러운 상대라 해도 함께 조력하지 않으면 안 된다는 것이다. 한 사람, 한 사람이 필사적인 마음가짐을 가져야 한다.

자원 ●常(항상 상 ; 巾部 8획, 총 11획. always) : 떳떳할 상, 두길 상.
●山(산 산 ; 山部 총 3획. mountain) : 뫼 산.
●蛇(뱀 사 ; 虫部 5획, 총 11획. snake) : 별 이름 사.
●勢(형세 세 ; 力部 11획, 총 13획. power) : 권세 세, 위엄 세, 불알 세.

어의 ●常軌(상궤) : 항상 행할 떳떳하고 바른 길 ●常途(상도) : 당연한 길 ●常用(상용) : 일상생활에 늘 씀 ●山廓(산곽) : 눈동자 위로 반쪽 ●山麓(산록) : 산기슭 ●山隈(산외) : 산 모퉁이 ●蛇心(사심) : 간사하고 질투가 심한 마음 ●蛇足(사족) : 쓸데없이 덧붙임 ●蛇行(사행) : 비틀거리고 걸어감 ●勢家(세가) : 권세가 있는 집안 ●勢交(세교) : 권리나 이익을 얻기 위해 하는 교제 ●勢威(세위) : 뻗치는 형세와 위엄

참조 ⇨ 뱀 가운데 가장 신기한 것은 하늘을 나는 것이다. 이것은 대단히 희귀하다. 구경할 수 있는 장소는 자바섬이나 말레이시아이다. 리본처럼 몸을 납작하게 하여 나무에서 나무로 헤엄을 치듯이 날아가는 이상한 힘을 지니고 있다. 날고 있을 때엔 잔뜩 화가 난 독사처럼 머리를 납작하게 하고 조골(助骨)을 넓힌다. 이렇듯 기묘한 동물이 아래로 내려올 때에는 소용돌이처럼 되어 땅으로 내려선다. 이 뱀을 북부 지방으로 옮기려고 여러 번 시도했는데 죽어 버렸다. 이 뱀의 학명은 크리소 페레아올나다라고 한다.

⇨ 까우띨리야의 《실리론(實利論)》에 있는 말이다.

"사수에 의해서 쏜 화살은 어떤 한 사람을 죽일 때도 있고 죽이지 못할 때도 있다. 그러나 지자(知者)에 의해 만들어진 모략은 설령 태내(胎內)에 있다 해도 죽일 수가 있다."

⇨ 《노자(老子)》에 이런 얘기가 있다.

"좋은 선비는 무력으로 싸우지 않으며, 좋은 전략가는 화를 내서 싸우지를 않는다. 상대에게 잘 이기는 자는 상대를 상대로서 다루지 않고, 사람을 잘 쓰는 사람은 남의 밑이 되려고 한다."

☞ 七縱七擒(칠종칠금) : 일곱 번 놓아주었다가 일곱 번 잡음. 제갈량이 맹획을 잡은 고사.

☞ 將計就計(장계취계) : 상대의 계략을 역으로 이용함.

先 發 制 人

먼저 **선**   일어날 **발**   지을 **제**   사람 **인**

출전 《사기(史記)》의 〈항우본기(項羽本紀)〉
문의 먼저 착수하면 상대를 제압한다.
요점 먼저 공격하면 상대를 이긴다. 선제공격의 중요성을 이르는 말.

고사 진(秦)의 2세 황제 원년에 진섭(陳涉)이라는 위인이 대택향(大澤鄕)에서 반란을 일으켰다. 이때 항량과 그의 조카 항우는 하상(下相) 지방에서 오중으로 도망쳐 상대의 칼날을 피하고 있었다.

어느 날 회계태수 은통(殷通)이 찾아왔다. 자신을 도와 거병하여 일거에 천하의 세를 움켜쥐자는 뜻밖의 계획을 털어놓았다. 그 자리에서 항량이 말했다.

"지금 강서 일대에서는 변이 자주 일어나고 있습니다. 그러므로 선발제인(先發制人)이라면 굴복시킬 수가 있습니다. 허나 나중에 출발하면 세가 미약하여 굴복을 당합니다."

은통이 즐거운 표정으로 뒷말을 잇는다.

"그대는 초나라 장수의 후손으로 당신밖에 큰 일을 할 분이 없습니다."

항량은 은밀히 미끼를 던졌다. 이곳에는 환초(桓楚)라는 장수가 있는데 그 행방을 아는 이는 조카인 항우밖에 없다고 했다. 그렇게 말하고는 밖으로 나가 항우에게 보검을 준비하고 있다가 신호를 하면 들어와 은통을 처치해 버리라고 속삭였다. 방으로 들어간 항량의 신호를 받아 항우는 은통을 살해하고 인수(印綬)를 손에 넣었다. 관리의 신분 증명인 인수를 손에 쥐자 스스로 회계 장관이 되고, 항우는 부장이 되었다. 포악한 진나라에 대항한다는 명분 아래 군사를 모으니 그 수효가 8천에 이르렀다. 항우가 처음 거느리게 된 저 유명한 강동의 8천 자제였다.

자원 ●先(먼저 선; 儿部 4획, 총 6획. previous) : 비로소 선, 먼저 선, 이를 선. 갈 지자에 儿을 더한 글자.
●發(일어날 발; 癶部 7획, 총 12획. occur) : 찾아낼 발, 일으킬 발.
●制(지을 제; 刀部 6획, 총 8획. enactment) : 마를 제, 절제할 제.
●人(사람 인; 人部 총 2획. people) : 나랏사람 인, 성질 인, 잘난 사람 인.

어의 ●先覺(선각) : 남보다 먼저 깨달음 ●先考(선고) : 돌아가신 아버지 ●先蔭(선음) : 선조의 숨은 은덕 ●發起(발기) : 새로운 일을 꾸며내어 일으킴 ●發論(발론) : 의논을 꺼냄 ●發程(발정) : 길을 떠남 ●制可(제가) : 임금의 허가 ●制御(제어) : 억눌러 마음대로 함 ●制憲(제헌) : 헌법의 제정 ●人傑(인걸) : 뛰어난 인재 ●人德(인덕) : 사람이 갖춘 덕 ●人文(인문) : 인류의 문명과 문물

참조 항우와 항량은 8천의 강동자제를 이끌고 서쪽으로 향했다. 진나라가 있는 곳이다. 가담하는 자가 늘어났다. 어느새 수효는 10만에 이르렀다. 이들이 산동성 설 땅에 이르렀을 때에 먼저 난을 일으킨 진승의 사망 소식이 들려왔다. 천하 각지에서 인물들이 모여들었다. 70세 노인 범증(范增)의 출현도 이때였다. 그는 널리 알려진 지략가였다. 항량은 그의 헌책을 받아들여 당시 남의 집에서 목동으로 있으면서 양을 치던 초나라 희왕의 손자를 찾아냈다. 조부의 이름을 따서 초회왕이라 불렀다.

항우는 진나라를 평정한 일을 회왕에게 보고하고 지시를 청했다. 그런데 그 답안이 항우의 기대를 벗어난 것이다. 비록 본의는 아니었지만 회왕에게는 의제(義帝)라는 존칭을 수어 떠받들고, 공모를 했던 장수들에게는 봉토를 나누어 주고 열아홉 개의 왕국을 세웠다. 항우 스스로 팽성을 도읍으로 삼고 패왕(覇王)이라 칭한 것이다.

尸 位 素 餐
시동 시   자리 위   한갓 소   먹을 찬

출전 《한서(漢書)》의 〈주운전(朱雲傳)〉
문의 제사를 지낼 때 시동이 먹는 공짜 밥.
요점 하는 일 없이 높은 자리에 앉아 공짜로 녹을 먹는 사람.

고사 《시경》의 〈사의(絲衣)〉라는 시에 이런 내용이 있다.

> 깨끗이 제복을 차려입고(絲衣其紑)
> 다소곳이 고깔을 썼네(載弁俅俅)
> 당에 올랐다 내려오더니(自堂徂基)
> 소 양 있는 곳 살펴보네(自羊徂牛)

고깔을 쓴 시동(尸童)이 제단에서 내려와 주위를 둘러보는 모습이다. 공자는 《논어》에서 말한다. '조상을 제사하는 데는 조상이 있는 것 같이 하고, 신을 제사하는 데는 신이 있는 것 같이 해야 한다.'

시위(尸位)의 '시'는 시동(尸童)을 말한다. 예전에는 선조께 제사를 지낼 때에 조상의 혈통을 이어받은 어린아이를 불러왔다. 그 어린아이를 조상의 신위(神位)에 앉혀 놓고 제사를 지냈다. 당시 신위에 앉아 있는 아이가 시동이다. 아이를 그 자리에 앉히면 조상의 영혼이 접신(接神)한다. 이것은 조상의 신령으로 하여금, 어린아이의 입을 통해 마시고 싶은 것을 맘껏 마시게 하는 데에서 생겨난 관습이다.

시위(尸位)는 시동이 앉아 있는 자리다. 아무것도 모르면서 남들이 만들어 놓은 자리에 앉아 있는 것을 말하는데, 소찬(素餐)이란 맛없는 반찬을 의미한다.

자원 ●尸(시동 시;尸部 총 3획. child):주관할 시, 주검 시, 진칠 시.
●位(자리 위;人部 5획, 총 7획. position):벼슬 위, 위치 위.
●素(한갓 소;糸部 4획, 총 10획. merely):질박할 소, 빌 소.
●餐(먹을 찬;食部 7획, 총 16획. side-dish):반찬 찬, 삼킬 찬.

어의 ●尸蟲(시충):시체에서 생기는 벌레 ●尸解(시해):도가에서 몸만 남기고 육체가 사라지는 일 ●位階(위계):벼슬의 등급 ●位品(위품):관직의 품계 ●素湯(소탕):고기를 넣지 않고 끓인 국 ●素志(소지):본디 품은 뜻 ●餐食(찬식):먹음

참조 《예기》에는 제사 지내는 법이 나온다. 유우씨(有虞氏)는 상제(上帝)를 원구에서 제사를 지낼 때에 황제(黃帝)에게 지내고, 남교에 지낼 때에 제여에게 지낸다.

원구에서 지내는 것과 〈교제〉와는 같은 날인데, 신위(神位)의 고하에 따라 먼저 호천상제를 원구에 제사 지내고, 다음에야 상제에게 제사 지낸다. 조종(祖宗)이라는 것은 다같이 오행(五行)의 신을 명당에서 지내는 것을 말한다.

⇨ 제사는 공덕이 많고 적음에 따라 그 자리를 달리한다. 이를테면 하나라에서는 〈곤〉을 교(郊)로 했으며, 〈우〉를 조종으로 했다. 은나라에서는 〈설〉을 조종으로 했으며, 〈명〉을 교로 한 것 등이 그것이다.

⇨ 제사는 자주 지내면 번거롭다. 번거로우면 공경하는 마음이 적게 된다. 제사를 소홀히 하년 게을러지고, 게을러지면 공경함을 잊게 된다. 이 때문에 군자는 천도(天道)에 일치하여 예를 명한다.

제사를 위해 재계할 때는 그 마음 속으로 정성을 다해야지, 시동(尸童)을 앉힌 그런 자리여서는 안 된다는 뜻이다.

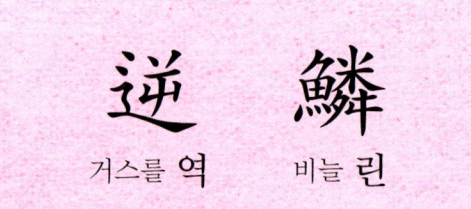

逆　鱗

거스를 역　비늘 린

출전 《한비자(韓非子)》의 〈세난편(說難篇)〉
문의 군주의 노여움.
요점 절대자의 치명적인 약점이나 허물을 건드림.

해석 중국에서는 오래전부터 불가사의한 힘을 가진 신령스러운 동물로 네 가지를 꼽았다. 용과 봉, 기린과 거북이다. 이 네 가지 가운데 비늘 달린 동물이 왕으로 군림했다. 《장자(莊子)》에 '용이란 음(陰)과 양(陽)이 호흡하는 것이다. 자연의 기운을 합하여 몸을 이루고 그 기운이 흩어져 찬란한 문채를 이루며 구름 기운을 타고 논다'는 것이다. 그러므로 용이 승천할 때는 비바람이 사납게 일렁이고 번개가 천지를 가를 듯 일어난다. 그러므로 용에 관한 여러 말들이 생겨났다.

고사 전국시대의 인물 한비(韓非)는 현실주의적인 법률가로 알려져 있다. 그는 전국시대라는 소용돌이를 주도하는 태풍의 눈 같은 문제점들을 예리한 통찰력으로 직시하고 있었다. 이를테면 임금과 신하가 믿지 못하고, 어제까지 친구인 나라가 오늘은 적이 되고, 적이었던 나라가 동맹을 맺어 어제의 친구를 쓰러뜨리는 변화를 분석했다.

　그는 이러한 정황 속에서도 나라의 기틀을 공고히 하려는 계획을 실행에 옮겼다. 그러나 그는 진(秦)나라에 억류되어 있는 동안 동문의 제자였던 이사(李斯)의 모함에 빠져 독을 마시고 죽었다. 그러한 그가 세상에 남긴 것은 《한비자(韓非子)》라는 책이다. 〈세난편〉에서 한비는 이렇게 적고 있다.

"용이란 순한 짐승이다. 길이 들면 올라탈 수도 있을 것이다. 목 언저리에 길이가 한 자쯤 되는 거꾸로 난 비늘, 역린(逆鱗)이 하나 있다. 누군가가 이것을 건드린다면 용은 반드시 그 사람을 죽여 버린다. 군주에게도 역린이 있는 것이다."

군주의 노여움을 역린으로 비유한 것이다.

자원 ● 逆(거스를 역;辶部 6획, 총 10획. oppose) : 맞을 역, 배반할 역, 어지럽게 할 역, 역적 역(辵(辶)에서 뜻을 취함).
● 鱗(비늘 린;魚部 12획, 총 23획. scales) : 물고기 린.

어의 ● 逆倫(역륜) : 인륜에서 벗어남 ● 逆順(역순) : 거꾸로 된 순서 ● 逆黨(역당) : 역적의 무리 ● 鱗鱗(인린) : 고기 비늘이 파도에 반짝이는 모습 ● 鱗然(인연) : 물건이 고기 비늘의 모양 같음 ● 鱗蟲(인충) : 비늘이 있는 동물

참조 대체로 중국의 역사에 있어 군왕들의 역린(逆鱗)은 주색에 있었다. 하왕조의 19대 제왕 사이계(姒履癸)는 시매희(施妹喜)라는 여인을 총애하여 나라를 망쳤고, 상왕조 31대 제왕 자수신(子受辛)은 소달기(蘇妲己)와의 향음에 빠져 나라를 잃었다. 그런가 하면 주왕조 12대 제왕 희궁날은 포사(褒姒)의 치마폭에 싸여 허우적거렸다.

물론 이후에도 수없이 많다. 그런데 왜 이들 군왕과 상대하는 여인과의 관계에 있어 '역린'이라는 말을 사용할 수 있는가? 그것은 군왕을 패망의 길로 이끈 여인들이 한결같이 계략에 얽히고 있었기 때문이었다.

이를테면 시매희는 하왕조와의 대회전(大回戰)을 치를 형편이 못 되었기 때문에 공물로 바쳐진 여인이었다. 또 소달기는 주문왕의 아들 주공(周公)이 계략으로써 훈련시킨 여인이었다. 여인들은 훈련과 계략을 비수처럼 가슴에 품고 들어가 황제의 약점을 찌른 것이다. 이러한 방법은 포사도 마찬가지였다. 그녀 역시 주왕실을 흔들어 국력을 3분의 2쯤 거덜내버렸다.

政治 · 軍事

緣 木 求 魚
인연 **연**　나무 **목**　구할 **구**　고기 **어**

출전 《맹자(孟子)》의 〈양혜왕편(梁惠王篇)〉
문의 나무에서 물고기를 구함.
요점 불가능한 일을 억지로 하는 사람. 무리들의 생각이나 행동.

고사 맹자가 제(齊)나라에 간 것은 오십이 넘어서였다. 그는 대륙을 삼분하다 시피 한 강대국의 하나인 제나라에 오래전부터 흥미를 느끼고 있었다. 이를 테면 제나라는 동방에 있으며, 서방에는 진(秦), 남방에는 초(楚)가 있었다. 이 당시 제나라는 진취적이고 포용력이 강한 선왕(宣王)이 다스리고 있었다. 그는 맹자에 대한 소문을 들었으므로 몹시 반겨 맞았다. 그러나 두 사람은 서로 다른 생각을 품고 있었다. 맹자는 왕도정치를 주장하는 반면 선왕이 필 요로 한 것은 부국강병에 따른 외교상의 지략이었다.

선왕을 만난 자리에서 맹자가 물었다.

"전쟁의 목적을 의식(衣食)이라 보십니까, 아니면 오락으로 보십니까? 그 것부터 말씀해 주십시오."

"내가 바라는 바는 그런 것이 아닙니다."

맹자는 선왕의 뜻을 금방 눈치챘다. 그는 특유의 변론으로 상대를 이끌어 갔다.

"영토를 확장하고 주위의 큰 나라가 문안드리러 오게 하고 나아가서는 천 하를 지배하려는 뜻을 품고 있지요? 그렇다면 왕께서는 전쟁을 일으켜 주위 의 제후들과 원한을 맺고 백성들의 목숨을 위태롭게 하기를 원하십니까?"

"그건 아니오. 나는 단지 나의 큰 뜻을 이루려는 것뿐이오."

인의(仁義)를 내세우는 맹자 앞이었기에 선왕은 직선적으로 결론을 내리지 못하고 우물거렸다.

"그것은 지나친 욕심입니다. 무력으로 천하를 얻으려는 것은 '나무에 올라가 물고기를 구하는 것'보다 더 무리한 일입니다."

무력으로 뜻한 바를 성취하려는 것은, 백성들을 잃고 나라를 잃을 뿐이지 좋은 결과를 기대할 수 없다고 못을 박았다. 이로써 대화의 주도권은 맹자 쪽으로 넘어가 버렸다.

자원 ●緣(인연 연 ; 糸部 9획, 총 15획. connection) : 인연할 연, 가선 연, 말미암을 연, 좇을 연, 두를 연.
●木(나무 목 ; 木部 총 4획. tree) : 질박할 목, 뻣뻣할 목(나무의 가지와 기둥·뿌리를 본뜬 글자.)
●求(구할 구 ; 水部 2획, 총 7획. want) : 찾을 구, 꼭 구.
●魚(고기 어 ; 魚部 총 11획. fish) : 좀 어.

어의 ●緣覺(연각) : 부처님의 가르침에 의하지 않고 스스로 깨달은 사람 ●緣起(연기) : 불교에서 보는 사물의 기원이나 유래 ●緣邊(연변) : 둘레 ●木彫(목조) : 나무를 재료로 하는 조각 ●木芝(목지) : 영지의 한 가지. 산 속의 썩은 나무에 기생함 ●木箸(목저) : 나무젓가락 ●求恩(구은) : 은총을 기구함 ●求愛(구애) : 이성에게 자기의 사랑을 고백하여 상대방이 알아주기를 바람 ●求人難(구인난) : 일할 사람을 구하기 어려움 ●魚湯(어탕) : 생선을 넣고 끓인 국 ●魚板(어판) : 나무로 만든 물고기 모양의 불교 기구 ●魚皮(어피) : 물고기 가죽

참조 맹자가 주장하는 섯은 왕도정치는 아니었다. 천하를 경륜하는 것은 결코 무력으로 누르는 것이 아니라는 점을 설파하고 있다.

烏 合 之 衆
까마귀 **오** 합할 **합** 의 **지** 무리 **중**

출전 《후한서(後漢書)》의 〈경엄전(耿弇傳)〉, 〈비동전(邳彤傳)〉
문의 까마귀가 떼를 지어 있음.
요점 어중이떠중이가 모여 질서가 없는 무리.

고사 천하는 대혼란이었다. 황실의 외척인 왕망은 권도를 휘두르며 평제(平帝)를 시역했다. 유자영(孺子嬰)을 잠시 옹립하였다가 스스로 가황제(假皇帝)라 일컫더니 나중에는 신(新) 나라를 세웠다. 그러나 정치를 잘못한 탓에 각지에서 반란군과 도둑 떼들이 봉기했다. 이때 대사마의 벼슬에 있던 유수(劉秀)가 각처에서 왕망의 군대를 격파하고 경제의 자손인 유현(劉玄)을 세웠다.

당시 한단을 근거로 삼았던 왕랑(王郎)이라는 점술가가 있었다. 그는 혼란기를 틈타 성제(成帝)의 아들인 유자여(劉子輿)라 자처하고 군사를 모아 천자라 칭했다.

유수는 병사를 이끌고 왕랑을 정복하려고 나섰다. 하북성 상곡태수인 경황은 스물한 살인 아들 경엄을 유수에게 보내 휘하에 있게 하였다.

경엄은 부친의 뜻을 따라 유수를 찾아 길을 떠났다. 그때 경엄은 왕랑의 소문을 들은 것이다. 함께 길을 나섰던 손창(孫倉)과 위포(衛包)라는 부하가 은근히 꼬드겼다.

"유자여는 성제의 아들이랍니다. 그를 두고 어디로 가시렵니까?"

경엄은 잔뜩 화난 얼굴로 그들을 향해 말했다.

"왕랑이란 자는 이름 없는 도둑이다. 그런 자가 유자여라는 엉뚱한 이름을 자처하고 난을 일으키고 있으니 참으로 웃기는 노릇이다. 내가 장안을 다녀와 상곡, 어양의 군대로써 질풍처럼 내달아 와 왕랑과 같은 오합지중(烏合之衆)을 짓밟아 버린다면, 왕랑을 사로잡는 것은 마른나무 가지를 꺾는 것보다 쉬울 것이다. 그런데도 너희들은 사리를 제대로 깨닫지 못하고 그런 헛소리를 지껄이고 있으니 한심한 노릇이 아니냐. 만약 저들과 함께 어울린다면 일족이 몰살당하고 말 것이니 차라리 너희들이 내 손에 죽는 것이 오히려 다행일 것이다."

하지만 두 사람은 왕랑의 군진으로 도망쳐 버렸으므로 경엄은 홀로 유수를 찾아 떠났다. 이 뒤에 유수를 도와 많은 공을 세워 대장군에 임명되었다.

자원 ● 烏(까마귀 오 ; 火部 6획, 총 10획. crow) : 검을 오, 어찌 오, 탄식할 오.
● 合(합할 합 ; 口部 3획, 총 6획. unite) : 같을 합, 모일 합.
● 之(의 지 ; 丿部 3획, 총 4획. this) : 어조사 지.
● 衆(무리 중 ; 血部 6획, 총 12획. many) : 많을 중, 민심 중.

어의 ● 烏鷄(오계) : 털이 까만 닭 ● 烏鷺(오로) : 까마귀와 해오라기 ● 烏有(오유) : 사물이 아무것도 없이 됨 ● 合刻(합각) : 둘 이상의 책을 한 권으로 합하여 간행함 ● 合慶(합경) : 경사스러운 일이 거듭됨 ● 合名(합명) : 이름을 같이 씀 ● 衆多(중다) : 수효가 많음 ● 衆慮(중려) : 많은 사람들의 염려 ● 衆論(중론) : 여러 사람들의 의견

참조 《후한서》에는 까마귀가 모인 것처럼 통제 불능인 군중을 가리키는 뜻으로 나타나 있다. 특히 왕랑을 가리킬 때에 자주 사용되었다.
⇨ 패공(沛公)의 상객이었던 역이기가 진류 교외에 주둔하고 있던 유방의 군대를 보고 평을 내렸다.
"그대가 까마귀 떼 무리들을 규합하여 병사들을 모을지라도 만 명은 되지 않을 것입니다."
어중이떠중이들을 속이 검은 까마귀 떼로 규정하고 있다.

臥 薪 嘗 膽

누울 **와**　섶 **신**　맛볼 **상**　쓸개 **담**

출전 《사기(史記)》의 〈월세가(越世家)〉
문의 섶에 눕고, 쓸개를 맛보다.
요점 복수를 하기 위해 온갖 어려운 일을 참고 견디다.

고사 오왕 합려(闔閭)가 취리(檇李)의 전투에서 월왕 구천에 패해 도망치다가 형(陘)이라는 곳에 이르러 숨을 거두었다. 독이 묻은 화살에 손가락 끝을 맞아 절명한 것이다. 합려는 죽기 전에 아들 부차(夫差)를 불러 간곡히 부탁했다.

"부차야, 아비의 원수를 갚아다오. 이 분함을 네가 풀어다오."

부친의 뒤를 이어 보위에 오른 부차는 장작 위에서 자며 방을 나가고 들어올 때마다 사람들로 하여금 이렇게 묻게 하였다.

"부차여, 아비를 죽인 원수를 잊었느냐?"

그러면 그는 준비된 답변을 내놓았다.

"어찌 잊을 수 있겠습니까? 삼 년 안에 반드시 원수를 갚겠습니다."

부차는 임종 때에 부친이 남긴 유언의 말을 되뇌이며 이를 갈았다. 월왕 구천은 부차가 밤낮으로 병사들을 조련하고 '섶에 누운 채' 복수를 꿈꾼다는 보고를 받고 병사를 이끌고 쳐들어왔다. 양군은 오나라의 부초산에서 격돌했다. 복수심에 불타는 부차의 정예병에게 쫓겨 월왕 구천은 회계산(會稽山)으로 도망을 쳤다. 오나라의 군사들이 그 산을 에워싸자 구천은 오나라의 신하가 된다는 조건으로 항복했다. 힘껏 싸워 죽는 것은 쉬운 일이다. 그러나 수모를 당하더라도 목숨을 부지하여 후일을 도모할 수 있다면 그 방법이 최선이다. 이것은 범려(范蠡)의 눈물 어린 충언이었다. 구천의 항복을 받은 부차는 승자의 아량으로서 목숨만은 연명하여 주고 그를 용서했다.

자원 ●臥(누울 와;臣部 2획, 총 8획. lie down) : 쉴 와. 臣+人. (사람이 신하처럼 몸을 구부려 쉰다는 뜻.)
●薪(섶 신;艸部 13획, 총 17획. brushwood) : 월급 신, 성 신, 풀 신.
●嘗(맛볼 상;口部 11획, 총 14획. taste) : 시험할 상. 일찍 상, 가을제사 상.
●膽(쓸개 담;肉部 13획, 총 17획. gall-bladder) : 쓸개 담.

어의 ●臥龍(와룡) : 누워 있는 용. 때를 만나지 못한 인재 ●臥房(와방) : 침실 ●臥榻(와탑) : 침상 ●薪遼(신료) : 모닥불 ●薪木(신목) : 땔감 ●薪炭(신탄) : 땔 나무와 숯 ●嘗味(상미) : 맛을 보기 위해 조금 먹음 ●嘗糞之徒(상분지도) : 도무지 부끄러워하지 않고 아첨을 함 ●嘗試(상시) : 시험해 봄 ●膽氣(담기) : 담력 ●膽略(담략) : 대범하고 꾀가 많음 ●膽破(담파) : 쓸개가 깨질 정도로 몹시 놀람

참조 구천은 고향으로 돌아가게 되었으나 그 나라는 이미 오의 속령에 불과했다. 지난날 부차가 섶에 누워 잤던 것처럼, 이번에는 구천이 항상 몸 가까이에 쓸개를 놓아둔 채 그것을 핥으며 재기를 노렸다. 이때 등장한 미인계의 여인이 '서시(西施)'였다.

구천은 손수 밭을 갈고 농사를 지었다. 베를 짜고 거친 음식을 먹고 힘을 비축했다. 구천이 회계산에서 항복한 지 12년, 당시 부차는 천하의 패권을 잡았다. 이로부터 4년 뒤, 만반의 준비를 끝낸 구천은 오나라를 다시 공격했다. 임택이라는 곳에서 오나라를 크게 무찌르고 오의 세력을 크게 약화시켰다. 나시 2년 후, 회계산에서 당한 치욕을 깨끗이 씻을 수 있는 영광의 날이 왔다. 오나라의 수도 고소성이 함락되고 오왕 부차의 항복을 받아 낸 것이다.

政治·軍事

蝸 牛 角 上 爭
달팽이와 소우 뿔각 윗상 다툴쟁

출전 《장자(莊子)》의 〈즉양편(則陽篇)〉, 백낙천의 《대주시(對酒詩)》
문의 달팽이 뿔 위에서의 다툼.
요점 아주 사소하고 보잘것없는 일로 싸우는 것.

해석 일반적으로 달팽이는 아주 작은 것을 의미한다. 그러다 보니 달팽이가 하는 일은 아무래도 미미하게 받아들일 수밖에 없다. 우리나라 속담에 '달팽이가 바다를 건너겠느냐?' 하는 것은 도저히 불가능한 일을 설명할 때 사용된다. 그러한 달팽이의 뿔 위에서 다툼이 일어났다. 그 얼마나 사소하고 의미 없는 것이겠는가.

고사 위 혜왕(魏 惠王)은 제 위왕(齊 威王)이 불가침 동맹을 깨뜨리자 노기가 등등하여 당장에 자객을 보내 암살해야 한다고 떠들어댔다. 이때 그런 방법보다는 정정당당하게 맞서자는 의견을 공손연(公孫衍)이 내놓았다. 병사를 휘몰아 가서 무력으로써 제나라를 제압해야 한다고 목소리를 높였다. 당연히 반대 의견을 계자(季子)가 내놓았다.
  "전쟁을 일으키는 것은 백성을 위태롭게 만드는 일이므로 상책이 아닙니다. 그들이 자기 도취에 빠져 있는데 그들이 하는 짓에 응한다면 같은 잘못을 저지르게 됩니다."
  "어떻게 하자는 것인가?"
  "도를 닦아야 합니다."
  혜왕이 말귀를 알아듣지 못하자 재상 혜자가 대진인(戴晉人)이라는 인물을 추천했다. 그는 대뜸 달팽이를 아느냐고 물었다.

"그야 알고말고."

"달팽이라는 놈의 왼쪽 뿔에는 촉씨(觸氏)라는 자의 나라가 있고, 오른쪽 뿔에는 만씨(蠻氏)라는 자의 나라가 있습니다. 두 나라 사이에는 끊임없이 영토 싸움을 계속해 왔는데 어떤 때엔 양측의 병사들이 수십만이나 살상을 당했습니다."

"허어, 그 무슨 해괴한 말씀을."

"그렇다면 다시 묻겠습니다. 이 우주는 끝이 있다고 보십니까?"

"그렇게 생각지는 않네."

"마음이 무궁한 곳에 있으면 아무리 큰 나라일지라도 하찮게 보입니다.

이것은 우주의 입장에서 본다면 위나라와 제나라의 다툼은 결국 달팽이 뿔 위에서의 다툼에 불과합니다."

그렇게 말하고 대진인은 물러갔다.

자원 ●蝸(달팽이 와 ; 虫部 9획, 총 15획. snail) : 달팽이 와.

●牛(소 우 ; 牛部 총 4획. cow) : 별 이름 우.

●角(뿔 각 ; 角部 총 7획. horn) : 찌를 각, 다툴 각, 모퉁이 각, 휘 각.

●上(윗 상 ; 一部 2획, 총 3획. upper) : 물건의 위 상, 바깥 상.

●爭(다툴 쟁 ; 爫部 4획, 총 8획. fight) : 다스릴 쟁, 분별할 쟁.

어의 ●蝸牛(와우) : 달팽이 ●蝸廬(와려) : 작은 집의 비유 ●牛臀(우둔) : 소의 볼기짝 살 ●牛馬(우마) : 소와 말 ●牛毛(우모) : 소 털 ●角燈(각등) : 네모진 등 ●角力(각력) : 힘을 서로 견주는 것 ●角抵(각저) : 씨름 ●上國(상국) : 작은 나라에서 조공을 받는 큰 나라 ●上工(상공) : 상등의 기술자 ●上計(상계) : 제일 좋은 계교 ●爭功(쟁공) : 공을 써서 다툼 ●爭權(쟁권) : 권리를 다툼 ●爭詰(쟁힐) : 서로 다투어 힐난함

참조 백낙천의 〈대주(對酒)〉라는 시에서도 인용되었다. '달팽이 뿔 위에서 무슨 일을 다투리오(蝸牛角上爭何事).'

迂直之計
굽을 우 곧을 직 의 지 셀 계

출전 《손자(孫子)》의 〈군쟁편(軍爭篇)〉
문의 돌아서 가는 계책.
요점 적군보다 늦게 출발했지만 먼저 도착한다는 계책. 이를테면 적을 안심시킨 뒤 재빨리 목적지에 도착하는 계책을 뜻한다.

고사 병법의 대가 손자(孫子)는 '전쟁이라는 것은 장수가 군왕의 명을 받들어 병사를 모으고 군을 편성하여 진지를 구축하여 적과 대치하는 순서로 들어간다'고 하였다. 그 다음으로 어려운 과정이 전투 방법이다.

전투에 있어 승패는 종이 한 장 차이라고 했다. 그래서 병가지상사다. 손자는 말한다. 승패의 요점은 우직지계를 알고 있느냐의 여부라는 것이다. 예를 들면, 원정을 갔을 때에 우직지계를 알지 못하고 밤낮으로 강행군을 한다면 체력이 약한 자는 전투력이 크게 반감된 채로 적을 맞게 된다. 승리를 기대할 수 없는 것은 당연한 이치다. 그런 이유로 손자는 말한다.

"전술의 뿌리는 적을 기만하는 데 있다."

병력의 집중과 분산이 변화무쌍한 것을 단적으로 설명해 주는 말이다. 이렇듯 신출귀몰한 전투 방식, 손자는 이것이야말로 전투의 원칙이라고 주장한다.

"빠르기는 바람 같아야 하고, 고요함은 숲처럼, 침공할 때엔 불처럼, 움직이지 않기는 태산처럼, 적이 알기 어렵게는 그림자처럼, 일단 움직일 때엔 벼락치듯 해야 한다."

옛날의 장수들이 입버릇처럼 말했던 '풍림화산(風林火山)'이라는 말은 여기에서 연유되었다.

정치·군사

자원 ●迂(굽을 우;辵部 3획, 총 7획. circuitous):굽을 우.
●直(곧을 직;目部 3획, 총 8획. honest):바를 직. 十＋目＋ㄴ(숨을 은의 옛자)
(여럿이 보면 바르게 본다는 의미).
●之(의 지; 丿部 3획, 총 4획. this):어조사 지.
●計(셀 계;言部 2획, 총 9획. count):셈 마칠 계, 꾀할 계.

어의 ●迂久(우구):오랫동안 ●迂人(우인):세상살이와는 먼 사람 ●迂廻(우
회):멀리 돌아서 감 ●直視(직시):똑바로 주시함 ●直切(직절):바르고 엄함
●直錢(직전):맞돈 ●計家(계가):바둑을 마치고 승부를 판단하기 위하여 계
산을 함 ●計巧(계교):여러모로 빈틈없이 ●計寸(계촌):촌수를 따짐

참조 손자는 또 이렇게 말한다.
　"유능한 전략가는 우선 이쪽이 패하지 아니할 자세를 갖춘 뒤에 적을 무
찌를 틈을 본다. 패하지 않는 준비는 이쪽이 할 일이며, 이길 틈은 적에게 있
는 것이다."
　⇨《풀루타크 영웅전》에 있는 말이다.
　"내가 염려하는 것은 적의 수효가 아니다. 적의 전략을 전혀 모른다는 점
이다. 전략을 모르는 자에게 전략을 부릴 수 없다. 전략의 비결은 이쪽으로
공격해 오는 적을 뜻하지 않는 쪽에서 갑자기 공격하는 것인데, 아무런 생각
도 가지고 있지 않은 적에게 뜻하지 않은 때라는 것이 없다. 마치 씨름에 있
어서 가만히 서 있는 상대를 넘어뜨릴 수 없는 것이나 마찬가지다."

동의어 攻城略地(공성약지):성을 치고 땅을 점령함.
　　　左衝右突(좌충우돌):이리저리 마구 치고받음.
　　　望風而靡(망풍이미):소문을 듣고 놀라 싸우지 않고 달아남.

遠 交 近 攻
멀 원 사귈 교 가까울 근 칠 공

출전 《전국책(戰國策)》, 《사기(史記)》의 〈범수전(范睢傳)〉
문의 먼 곳은 사귀고 가까운 곳은 공격한다.
요점 먼 곳과는 항시 친하게 지내고, 국경을 맞대고 있는 나라는 기회가 있는 대로 공격하여 먹어 치운다는 뜻.

고사 범수는 원래 위(魏)나라 사람이었다. 그는 위왕의 총애를 받는 가수(賈修)의 문객 노릇을 하고 있었다. 어느 때인가 가수가 왕명을 받고 제나라에 사신으로 간 적이 있었다. 제왕을 만난 자리에서 가수가 답변을 제대로 못하자 범수는 답변을 재치 있게 풀어냈다. 제왕은 제나라에 남아 벼슬살이를 할 것을 범수에게 종용했다.

"대왕의 뜻은 참으로 감사하오나 제가 이곳에 남게 되면 중차대한 비밀을 제나라에 넘겨주지 않았나 의심을 받게 됩니다."

일단 범수를 돌려보낸 제나라 왕은 은밀히 사람을 통해 보물을 보냈으나 이번에도 정중히 거절했다. 본국으로 돌아온 범수는 제나라의 첩자로 몰렸다. 모진 고문을 받고 기절하자 위왕은 들판에 내다 버렸다.

한 달 후 몸이 회복된 범수는 무사히 진나라로 들어갔다.

진의 소양왕은 범수가 뛰어난 재간이 있다는 말을 듣고 그를 궁 안으로 불러들였다. 그리고는 주위를 물리치고 은밀히 상대의 의중을 물었다.

"선생의 의견을 듣고 싶습니다."

범수는 대답이 없었다. 소양왕이 청했으나 대답이 없었다. 안타까운 낯으로 다시 청하자 그제야 범수는 입을 열었다.

"옛날에 태공 여상은 문왕을 만나 진언하여 주나라가 패업을 이루도록 했습니다. 그러나 비간(比干)은 자수신을 만난 자리에서 충간을 했다가 간이 꺼내지는 형벌을 당했습니다. 오늘 제가 말씀을 드린다 하여 여상처럼 되어지면 다행이나 비간처럼 된다면 공연히 화를 자초한 것이 됩니다. 그래서 감히 입 밖에 내어 말씀드리지 못한 것입니다."

"부디 좋은 계책을 일러주십시오."

"다른 나라를 건너뛰어 먼 곳을 공격하는 것은 참으로 위험합니다. 그러므로 먼 곳은 사귀고, 가까운 나라는 공격해야 합니다. 이것이 가장 이상적이고 실속 있는 계책입니다."

자원 ●遠(멀 원 ; 辵部 10획, 총 14획. far) : 심오할 원, 멀리할 원.

●交(사귈 교 ; 亠部 4획, 총 6획. intercourse) : 벗할 교, 서로 주고받을 교, 서로 만나는 교, 옷깃 교(사람이 발을 꼬고 서 있는 모습을 뜻함).

●近(가까울 근 ; 辵部 4획, 총 8획. near) : 辶+斤(물건을 달면 저울 추가 조금씩 올라가 가깝다는 뜻이 됨).

●攻(칠 공 ; 攴部 3획, 총 7획. attack) : 남의 허물을 말할 공, 익힐 공, 다스릴 공(工+攵. 연장을 들고 쳐서 다스림).

어의 ●遠客(원객) : 먼 곳에서 온 손님 ●遠隔(원격) : 멀리 떨어져 있음 ●遠景(원경) : 멀리 보이는 경치 ●交結(교결) : 서로 사귀어 정을 맺음 ●交嬌(교교) : 성교 ●近景(근경) : 가까운 지경 ●近年(근년) : 가까운 해 ●近洞(근동) : 가까운 이웃 ●攻苦(공고) : 학문 연구나 공부를 열심히 함 ●攻落(공락) : 공격하여 함락시킴 ●攻圍(공위) : 에워싸서 공격함.

참조 범수는 진나라의 객경(客卿)이 되어 나중에 재상으로 임명됐다. 훗날 응후(應侯)라는 칭호를 받았다.

殷 鑑 不 遠

은나라 은 거울 감 아니 불   멀 원

출전 《시경(詩經)》의 〈대아탕편(大雅蕩篇)〉

문의 은나라의 거울은 멀지 않다.

요점 이전의 실패를 거울로 삼는다.

고사 하나라의 마지막 왕 걸(桀)이 황음무도하여 망하고, 탕왕이 은을 세워 6백 년을 이어 내려왔다. 28대 주왕(紂王) 때에 이르러 포악한 정치를 한 탓에 화를 자초하기에 이른다.

주왕 곁에는 요화 달기(妲己)가 있었고, 어진 재상 삼공(三公)이 있었다. 역사가들은 이들의 이름을 구후(九候)·악후(鄂候)·서백(西伯)이라 하였다. 구후의 딸은 걸(桀;子受辛;주왕)이 거느린 여러 명의 비첩 가운데 한 사람이었다. 유가의 이론이나 행동 지침에 익숙하였기에 남녀관계의 미묘한 법술에는 문외한이었다. 그것이 화근이었다. 걸(자수신)은 술이 거나하게 취해 그녀를 살해하더니 그의 아버지인 구후까지 맷돌에 갈아버렸다. 악후가 막아서자 그 역시 살해하였다. 홀로 남은 서백을 죽이려 했으나 그는 온갖 어려운 일을 잘 피해 나갔다. 《시경》에는 주왕에게 간하는 내용이 실려 있다.

문왕께서 말씀하시되
아, 아 은나라여!
하늘이 나쁨이 아니라
옛법을 안 따름이여
노성한 신하 없어도

옛법을 없기야 하리
그럼에도 안 받아들이니
천명은 기울어지도다

문왕께서 말씀하시되
아, 은나라여
세상에 도는 말이 있거니
쓰러진 나무 뿌리 드러날 땐
가지 잎이 상하지 않아도
뿌리는 먼저 죽어 있다고
은의 거울 가까이 있던 것을(殷鑑不遠)
하의 망국 보는 걸 잊었도다

자원 ●殷(은나라 은 ; 殳部 6획, 총 10획. Shang dynasty) : 천둥소리 은, 많을 은.
●鑑(거울 감 ; 金部 14획, 총 22획. mirror of metal) : 비칠 감.
●不(아니 불 ; 一部 3획, 총 4획. not) : 않을 불.
●遠(멀 원 ; 辵部 10획, 총 14획. far) : 심오할 원, 멀리할 원.

어의 ●殷勤(은근) : 태도가 겸손하고 정중함 ●殷足(은족) : 재산이 풍부하고
여유가 있음 ●鑑別(감별) : 잘 관찰하고 분별함 ●鑑察(감찰) : 자세히 보아 살
핌 ●不合當(불합당) : 합당하지 못함 ●不休(불휴) : 조금도 쉬지 않고 계속함
●遠郊(원교) : 도회에서 먼 마을이나 들 ●遠配(원배) : 먼 곳으로 귀양 보냄

참조 '은감불원'이라는 고사는, 실패를 했던 일이 바로 얼마 전에 있었다는 의
미다. 이를테면 직접 실패한 것을 거울로 삼는다는 뜻이다. 즉 교훈으로 삼
는다는 것이다.

泣斬馬謖

울 **읍**　벨 **참**　말 **마**　뛰어날 **속**

출전 《십팔사략(十八史略)》,《촉지(蜀志)》의 〈제갈량전(諸葛亮傳)〉
문의 제갈량이 눈물을 흘리며 마속의 목을 베다.
요점 사사로운 정보다는 공정하게 법 집행을 하다.

고사 마속(馬謖)은 우수한 지략가였다. 그는 이족(夷族)과의 싸움에서 제갈량과 문경지교(刎頸之交)를 맺은 마량(馬良)의 아우였다. 젊고 재기가 넘친 그의 재주를 높이 사서 제갈량은 마속으로 하여금 중원 제압의 교두보인 가정(街亭) 싸움에 내보낸 것이다. 이것은 제갈량의 실책 가운데 가장 큰 것 중의 하나였다.

《삼국지연의》를 읽은 분이라면 다음의 장면을 떠올릴 것이다. 촉의 재상 제갈공명이 삼군을 이끌고 기산(祁山)의 벌판에서 사마의(司馬懿)와 대치했다. 사마의가 뛰어난 병략가라는 것을 알고 제갈량은 모든 준비를 세심하게 짜 놓았다. 그런데 한 가지 불안은 군량미 수송과 요충지인 가정의 수비였다. 이곳을 누구에게 맡길 것인가로 고심에 빠져 있을 때 마속이 앞으로 나섰다.

"가정의 수비를 이 마속에게 맡겨 주십시오 죽기를 각오하고 임무를 완수하겠습니다. 만약 가정의 수호에 실패한다면 소신의 일가족을 군법에 처해도 원망하지 않겠습니다."

"좋아. 진중엔 농담이 없는 법이다."

제갈량은 즉시 왕평(王平)을 부장으로 삼아 딸려 보냈다. 제갈량의 명은 반드시 가정의 산기슭을 사수하라고 했다. 그러나 마속은 산 위에다 진을 쳤으므로 자연히 물길을 차단당했다. 식수가 끊겨 전의를 상실한 마당에 사마의의 공격을 받자 촉한의 병사들은 가정의 사수는커녕 한중으로 퇴각하지 않으면 안 되었다. 혼잡스러움이 가라앉자 제갈량의 명이 떨어졌다.

"마속의 목을 쳐라!"

친아들처럼 귀여워하던 마속이었지만 대의를 위해서는 어쩔 수 없는 일이었다. 마속의 목이 소반 위에 담겨 오자 제갈량은 소리 내어 울었다.

"아. 마속! 마속아! 모든 허물은 내게 있도다!"

제갈량을 아는 사람들은 모두 함께 울었다.

자원 ●泣(울 읍;水部 5획, 총 8획. weep):눈물 줄줄 흘릴 읍, 부글부글 끓는 소리 읍.
●斬(벨 참;斤部 7획, 총 11획. cut):끊을 참, 죽일 참.
●馬(말 마;馬部 총 10획. horse):나라 이름 마, 아지랑이 마.
●謖(뛰어날 속;言部 10획, 총 17획. excellent):일어날 속, 꼿꼿할 속.

어의 ●泣諫(읍간):울면서 간함 ●泣血(읍혈):피눈물을 흘리며 슬피 욺 ●泣請(읍청):울면서 청함 ●斬伐(참벌):쳐서 멸망시킴 ●斬新(참신):가장 새로움 ●斬刑(참형):목을 베는 형벌 ●馬脚(마각):말 다리 ●馬術(마술):말 타는 기술 ●馬牒(마첩):옛날에 역마를 징발할 때 사용하던 징표

참조 한 장수가 제갈량에게 말했다.

"가뜩이나 장수가 부족한 이때에 마속 같은 유능한 젊은이를 죽인다는 것은 다시 생각해 봐야 합니다. 한 번의 실수는 병가지상사가 아니겠는지요, 승상!"

"아니오. 손무(孫武)가 항상 승리할 수 있었던 것은 군율이 분명했기 때문이었소. 그것이 바로 서지 않고서야 어찌 천하를 평정할 수 있겠소."

一 敗 塗 地
한 일 패할 패 더럽힐 도 땅 지

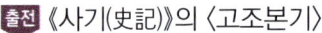

출전 《사기(史記)》의 〈고조본기〉
문의 한 번 패하여 땅을 더럽힌다.
요점 싸움에 패하여 간과 뇌가 땅에 떨어져 더럽힌다는 뜻.

고사 진나라 시황이 세상을 떠나고 천하는 온통 소용돌이에 휩싸였다. 진(秦)의 2세 호해 황제 원년. 진승(陳勝) 등이 반란을 일으켰다. 지금의 안휘성 숙주 남쪽에서 일어나 하남성 진주부에 이르러서 그는 왕위에 올라 국호를 장초(張楚)라 불렀다.

여타의 군현에서 장관들을 죽이며 호응해 온다는 소문이 패현(沛縣)에도 전해졌다. 그곳 관리들은 한결같이 진승에게 호응하는 제스처를 취했다. 당시 소하(蕭何)는 주리(主吏)였고, 조참(曹參)은 옥리(玉吏)였다.

그들은 현령에게 말했다.

"현령께서는 지금 진나라 관리로 계십니다. 이곳 패현의 자제들을 진승에게 넘겨 보았자 현령의 말을 듣지 않을 것입니다."

"그럼, 어찌 하는 게 좋은가?"

"방법을 달리 하는 게 좋을 듯싶습니다. 우선 진나라 학정에 견디지 못하여 현 밖으로 도망간 자들을 불러들여 현 내의 장정들을 협박하면 방법이 나올 듯싶습니다."

"그자가 누군가?"

"유방입니다."

"그자를 불러올 자는 누군가?"

"번쾌입니다."

그렇게 되어 현령은 번쾌를 불러 유방을 데려오게 하였다. 당시 유방은 휘하에 백여 명의 졸개가 있었다. 번쾌의 말을 들은 유방은 얼씨구나 달려왔다. 그런데 현의 사정이 바뀌었다. 패현의 현령은 번쾌를 보낸 후 이내 후회한 것이다. 그것은 반적들이 난을 일으켜 자신을 죽일지도 모른다는 불안감이었다. 장차 반군을 따라가야 할지 아니면 이곳에 남아 현을 지켜야 할지 분간을 못했다.

"망명자를 끌어들이자고 한 놈들은 소하와 조참이었지."

현령은 휘하 관원들에게 그들을 죽이라는 명을 내렸다. 둘은 급히 탈출하여 현으로 오고 있는 유방에게 달려갔다. 그리고는 그간의 사정을 자세히 말했다. 유방은 비단 폭에 현정세에 대한 글을 써 화살촉에 매달아 성안으로 날려 보냈다. 그것을 읽은 유지들은 의논했다. 그들은 문을 열고 유방을 현령으로 추대했다. 유방이 말했다.

"나는 내 몸의 안전을 위해 이런 말을 하는 것은 아닙니다. 장수를 선택하려는 지금 그것이 잘못되면 일패도지(一敗塗地)하고 맙니다."

자원 ●一(한 일 ; 一部, 총 1획. one) : 오로지 일, 순전할 일.
●敗(패할 패 ; 攴部 7획, 총 11획. defeat) : 깨어질 패, 멸망할 패.
●塗(더럽힐 도 ; 土部 10획, 총 13획. dirty) : 바를 도, 진흙 도.
●地(땅 지 ; 土部 3획, 총 6획. earth) : 아래 지, 나라 지.

어의 ●一眸(일모) : 한 번 봄 ●一半(일반) : 절반 ●敗家(패가) : 가산을 다 없앰 ●敗走(패주) : 싸움에 지고 도망감 ●塗粉(도분) : 분을 바름 ●塗炭(도탄) : 극심한 괴로움 ●地區(지구) : 어떠한 땅의 한 구역 ●地形(지형) : 땅의 생긴 모양이나 형세

참조 결국 다시 의논을 하게 되었고, 그 결과 유방이 다시 추대되있다. 장차 한(漢) 제국의 초석이었던 셈이다.

戰 戰 兢 兢
두려워할 전 두려워할 전 조심할 긍 조심할 긍

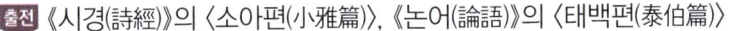

출전 《시경(詩經)》의 〈소아편(小雅篇)〉, 《논어(論語)》의 〈태백편(泰伯篇)〉
문의 〈전전〉은 겁이 나서 떨고 있는 모습, 〈긍긍〉은 몸을 삼가는 모양을 뜻한다.
요점 어떤 위기감에 의하여 몹시 두려워하는 모습을 뜻한다.

해석 서주(西周) 말엽에 모신(謀臣)들이 군주의 측근에서 옛 법을 무시하는 정치를 할 때에 그것을 개탄한 것인데, 〈전전긍긍〉은 마지막 소절에 나온다.

고사 당시의 정치 상황으로 볼 때에, 아무래도 식자들은 옛법이 무시당하자 위험하다고 판단한 듯싶다. 씨족제 봉건 사회(封建社會)의 모순으로 인해 내부가 붕괴되어 가므로 왕권은 쇠퇴의 길을 걸을 수밖에 없었다. 그러므로 옛 법을 무시한 정치를 보고 식자들은 탄식할 수밖에 없었다.

나랏일 불안해도
슬기 있고 없는 자 섞였으며
백성이 흩어져 많지는 않아도
밝고 지략 갖춘 사람도 있네

공손한 이 점잖은 이 없지 않나니
저 샘물 같은 모든 사람을
다 썩은 양 여기지 말라

맨손으로 호랑이를 잡을 수 없고
걸어서 황하를 건널 수 없네
모두 다 알고 있건만
도리어 먼 일은 모르는도다

두려이 여겨 경계하라(戰戰兢兢)
깊은 못물 임한 듯(如臨深淵)
엷은 얼음 밟는 듯!(如履薄氷!)

자원 ●戰(두려워할 전；戈部 12획, 총 16획. be afraid)：싸움 전.
●兢(조심할 긍；儿部 12획, 총 14획. caution)：공경스러울 긍, 굳셀 긍, 떨리는
데 긍.

어의 ●戰功(전공)：전쟁에 세운 공훈 ●戰亂(전란)：전쟁으로 인해 세상이 어
지러움 ●戰士(전사)：싸우는 사람 ●兢懼(긍구)：삼가고 두려워함 ●兢惶(긍
황)：조심하고 황공해 함 ●兢兢(긍긍)：두려워하고 삼가는 모양

참조 《논어》의 〈태백편〉에 나오는 얘기다. 증자가 병이 깊어지자 제자들을 불
러놓고 말했다.
　"이불을 들치고 내 발을 내어다오. 내 손도 내고 자세히 보아다오.《시경》
에 이르기를, '겁내고 삼가기를 깊은 못에 다다른 듯 엷은 얼음 건너는 듯(戰
戰兢兢 如臨深淵 如履薄氷)'이라는 구절이 있듯이 부모님께 받은 몸을 그렇게
조심해 온 나다. 그러나 지금부터는 그런 걱정을 하지 않아도 좋게 되었다.
얘들아, 그렇지 않느냐!"
　위의 말처럼 자신의 몸을 정갈히 하고 건강에 유의하는 것도 증자는 효도
(孝道)라 하였다.

朝 令 暮 改
아침 조 법령 령 저녁 모 고칠 개

출전 《사기(史記)》의 〈평준서(平準書)〉
문의 아침에 내린 영이 저녁에 바뀜.
요점 명이 일관성 없게 왔다갔다함.

고사 한고조 유방의 부인이었던 여태후가 죽자 태위 주발이 수만의 병사들을 모아 자신을 따르는 자는 왼쪽 어깨를 벗고, 여씨를 따르는 자는 오른쪽 어깨를 벗게 했다. 이것이 유명한 '좌단(左袒)이다. 병사들은 이때부터 일어나 여씨 일족들을 척살해 나갔다. 이 와중에서 번쾌의 아내였던 여수도 매를 맞아 죽었고, 그의 아들 번항까지 죽은 불상사가 벌어졌다.

이렇듯 여씨 일족에 대한 주변이 정리되자, 주발은 고조의 아들 유항(劉恒)을 맞아 보위에 올렸다. 이가 문제(文帝)다. 여기에 흥미로운 기록이 보인다. 유방은 죽기 전에 이런 말을 했었다.

"유씨를 편안케 할 자는 주발이다."

그 예언이 맞아떨어진 것이다.

문제는 중국의 역사상 검소하기로 이름난 황제였다. 그는 인정(仁政)을 베풀어 감세와 감형을 베풀었으며, 백성들의 노고를 생각하여 자주 세를 경감시켰다. 또한 형벌에서는 일족이나 형제를 연결시키는 진(秦)나라의 연좌제를 폐지하였으며, 요언이나 비방 등에 관한 정치 비판도 금지시키지 않았다. 하남성의 동부 태생이었던 조착(鼂錯)은 문제와 경제 때에 어사대부(御史大夫;부총리)를 지낸 석학으로 제후의 영토를 줄일 것과 법령 개정에 대해 자주 진언했었다. 그는 특히 변경을 넘어 침입해 오는 흉노족에 대해 헌책해

왔다. 이를테면 고조의 뜻을 받들어 흉노와 화평을 유지하며 백성들을 전쟁의 소용돌이에 휩쓸리지 않도록 하였다.

"흉노가 자주 변경을 침략하여 약탈해 오기 때문에 변방엔 곡식이 부족하기 마련입니다. 다섯 명 가족의 농가에서는 부역이 무겁기 때문에 농사를 짓는 데에 어려움이 있고, 또한 아침에 내려온 명령이 저녁에 다시 고쳐 내려오니(朝令暮改) 전답을 지닌 사람들도 그것을 반값에 팔아 없애고 남은 빚은 아녀자를 팔아 갚는다고 합니다."

이러한 폐단을 고치기 위해 세제를 크게 개정하고, 학식이 있는 자를 지방 장관으로 임명하는 현량방정(賢良方正) 제도를 실시하였다.

자원 ●朝(아침 조 ; 月部 8획, 총 12획. morning) : 이를 조, 보일 조.
●令(법 령 ; 人部 3획, 총 5획. ordination) : 시킬 령, 하여금 령.
●暮(저녁 모 ; 日部 11획, 총 15획. sunset) : 늦을 모, 더딜 모.
●改(고칠 개 ; 攴部 3획, 총 7획. reform) : 거듭할 개, 바꿀 개.

어의 ●朝來(조래) : 아침 일찍부터 ●朝野(조야) : 조정과 민간 ●令妹(영매) : 좋은 누이 동생 ●令後(영후) : 법령이 내린 뒤 ●暮境(모경) : 늙바탕 ●暮色(모색) : 해질 무렵의 경치 ●改金(개금) : 불상에 금칠을 다시 함 ●改革(개혁) : 새롭게 뜯어고침

참조 문제는 재위 23년(기원전 157년) 46세의 나이로 죽고, 뒤이어 경제(景帝)가 보위에 올랐다. 문제와 경제는 '백성에게 휴식을 제공한다'는 정책을 40년 가까이 실시하였기 때문에 사회 안정을 꾀하였다. 이 두 시대를 역사에서는 '문경지치(文景之治 ; 기원전 179~141)'라 부른다.

물론 이러한 태평시대는 그냥 얻어진 게 아니다. 여기에는 앞서 말한 조착(鼂錯)이 있었는가 하면, 낙양 사람 가의(賈誼)도 있었다. 가의는 유학과 오행설에 기초를 둔 신제도를 시행하여야 한다고 역설한 석학이었다. 나이 20의 최연소 박사였다.

衆 口 難 防

무리 **중**　입 **구**　어려울 **난**　막을 **방**

출전 《십팔사략(十八史略)》
문의 많은 사람들의 입을 막기는 어렵다.
요점 많은 사람들이 떠들어 대면 막기 어렵다는 뜻.

고사 소공(召公)이 주여왕(周厲王)의 언론 탄압에 대해 말했다. 백성들의 입을 막는 것은 내(川)를 막는 것보다 더한 것이라 했다. 내가 터지면 물이 흘러넘쳐 사람을 상하게 한다. 그러므로 예로부터 치수법(治水法)에 능한 이들은 흐르는 물은 흐르도록 하였다는 것이다. 이것은 백성들의 언로(言路)를 열어 두어야지 탄압하는 것은 옳지 않다는 주장이다.

예나 지금이나 죄업이 많은 군주들은 언론을 탄압하고 백성들의 귀와 입을 막아 버린다. 그래서 《채근담》에는 전형적인 입조심이 나온다. 《성서》에는 '입에 들어가는 것이 사람을 더럽게 하는 것이 아니다. 입에서 나온 것이 사람을 더럽게 한다'고 했다. 다시 말해 머리의 항문이 입인 셈이다.

입은 마음의 문이니(口乃心之門)
입을 지킴이 엄밀하지 못하면(守口不密)
마음의 참 기틀을 다 누설할 것이요(洩盡眞機)
뜻은 마음의 발이요(意乃心之足)
뜻을 막음이 엄격하지 못하면(防意不嚴)
마음이 옳지 못한 길로 달린다(走盡邪蹊)

　　그러나 여왕(厲王)은 소공(召公)의 말을 듣지 않았다. 계속하여 백성들에게 함구령(緘口令)을 지시했다. 그로 인해 폭동이 일어나 도망친 곳에서 평생을 지내야 하는 비운을 맞이하였다.

자원 ●衆(무리 중 ; 血部 6획, 총 12획. many) : 많을 중, 민심 중.
●口(입 구 ; 口部 총 3획. mouth) : 인구 구, 어귀 구, 말할 구.
●難(어려울 난 ; 佳部 11획, 총 19획. difficult) : 구슬 이름 난, 근심 난.
●防(막을 방 ; 阜部 4획, 총 7획. defend) : 둔덕 방, 병풍 방.

어의 ●衆口(중구) : 뭇사람의 평판이나 비난 ●衆評(중평) : 뭇사람의 소문
●口蓋(구개) : 입천장 ●口吃(구흘) : 말을 더듬음 ●難件(난건) : 감당하기 어려운 사건이나 안건 ●難易(난이) : 어려운 일과 쉬운 일 ●防守(방수) : 막고 지킴 ●防圍(방위) : 막아서 에워쌈

참조 폭동이 일어나고 이후 정치는 대신들이 합의하는 공화(共和) 정치가 되었다. 이때를 공화 정치의 시초라고 했다. 말을 한 이는 춘추시대의 인물인 송나라의 사마(司馬)라는 화원(華元)이다. 그가 성을 쌓는 책임자로 나왔을 때에 백성들은 그를 비웃었다. 화원은 한때 적국에 포로가 되어 있다가 돌아왔기 때문이었다. 그는 화를 내기는커녕 오히려 담담하게 말했다.
　　"나의 허물이 그것인데 어찌 화를 내겠는가. 그리고 많은 사람들의 입은 막기가 어려운(衆口難防) 법이거늘."
　　그의 이러한 태도는 인근 고을의 백성들에게 많은 감명을 주었다. 그의 올바른 처신으로 인해 백성으로부터 존경받게 된 것이다.
　　⇨《보감언어(寶鑑言語)》에 흥미로운 언어가 눈에 띈다. '구시상인부(口是傷人斧)'가 그것이다. 말을 함부로 하는 것은 그 사람을 망치는 도끼와 같다는 뜻이다.

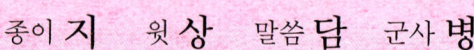

紙 上 談 兵

종이 **지**　윗 **상**　말씀 **담**　군사 **병**

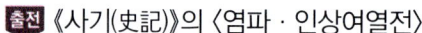

출전 《사기(史記)》의 〈염파 · 인상여열전〉

문의 탁상공론

요점 실제적으로는 전연 도움이 되지 않은 이론이나 말을 가리킴.

고사 전국시대에 조나라의 장수인 조사(趙奢)는 슬하에 조괄(趙括)이라는 아들을 두고 있었다. 조괄은 책 속의 어떤 문제를 제기하면 고금의 책들을 인용하여 그 장단점을 잘도 짚어냈다. 어찌 보면 대장군인 그의 부친보다도 용병술에 대한 탁월한 이론가였기 때문에 대다수의 사람들은 그를 무척 경하했다. 그러나 대장군 조사만은 자기 아들이 실속 없이 떠벌리고 있다는 믿음을 가지고 있었다. 이를테면 실제적으로 그의 이론을 용병술에 이용한다면 크게 낭패 볼 것이라는 우려였다.

효성왕 7년에 진나라가 조를 침공했다. 대장군 조사는 이미 세상을 떠난 후였고, 인상여는 병이 위독하여 노장 염파가 왕명을 받들어 장평이라는 곳에서 적과 대치하고 있는 상태였다. 진나라에서는 상당 시일이 경과했는데도 염파를 깨뜨리지 못하자 은밀히 간계를 꾸몄다.

그 내용이 뜻밖이었다.

"뭐니 뭐니 해도 진나라의 장수들은 조괄이라는 장수를 제일 두려워합니다. 염파 정도야 시일이 지나면 함락시킬 것이지만, 조괄이 나선다면 사정이 달라질 것이 뻔해요."

풍문을 들은 효성왕은 염파를 불러들여 파직시키고 대신 조괄을 대장으로 임명했다. 소식을 들은 조괄의 모친이 군왕에게 나아가 상서했다.

"조괄이 병서를 읽어 아는 것은 있으나 병사들을 민활하게 움직이는 데엔 무척 서툽니다. 그러니 명을 거두어 주십시오."

인상여도 같은 상서를 올렸지만 아무 소용이 없었다. 명을 받은 조괄은 장평에 도착하자 염파의 병권을 이어받았다. 그는 전략을 바꿔 즉시 진나라를 공격했다. 이때 진나라의 장수 백기(白起)는 거짓으로 패하는 척 달아나다 조괄의 군대를 두 갈래로 분산시키는 데 성공했다.

그러는데도 조괄은 그들의 뒤를 쫓았다. 그 덕분에 그의 병사들은 진나라 병사들에게 겹겹이 포위당하는 신세가 되고 말았다. 몇 번이나 포위망을 뚫으려 했으나 결국은 무참히 대패하고 말았다.

자원 ●紙(종이 지 ; 糸部 4획, 총 10획. paper) : 편지 지.
●上(윗 상 ; 一部 2획, 총 3획. upper) : 물건의 위 상, 바깥 상.
●談(말씀 담 ; 言部 8획, 총 15획. conversation) : 바둑 둘 담.
●兵(군사 병 ; 八部 5획, 총 7획. soldier) : 무기 병, 재난 병.

어의 ●紙錢(지전) : 지폐 ●紙質(지질) : 종이의 품질 ●紙筆(지필) : 종이와 붓 ●上界(상계) : 부처가 있는 곳 ●上氣(상기) : 피가 뇌로 모여 얼굴이 붉어짐 ●上舍(상사) : 좋은 집 ●談笑(담소) : 이야기도 하고 웃기도 함 ●談合(담합) : 서로 의논함 ●談話(담화) : 이야기 ●兵家(병가) : 병기의 전문가 ●兵備(병비) : 전쟁에 대한 준비 ●兵火(병화) : 전쟁으로 일어난 화재

참조 역사에는 이 전투를 〈장평지화(長平之禍)〉로 기록하고 있다. 조나라는 이 한 판의 전투로 인해 국력의 손실이 반으로 줄었다. 어디 그뿐인가. 45만의 군병이 진나라 병사들에게 목숨을 빼앗겼다. 이 얼마나 통탄할 일인가. 명나라 때에 한림학사 유삼오(劉三吾)가 쓴 풍자의 시에 '조야유과지상병(朝野猶誇紙上兵)'이라 하였다. '조야에서 지상병을 자랑한다'는 뜻이다.

投 鞭 斷 流

던질 **투** 채찍 **편** 끊을 **단** 흐를 **류**

출전 《진서(晉書)》의 〈부견재기(符堅載記)〉
문의 채찍을 던져 강의 흐름을 막음.
요점 병력이 강대함을 뜻함.

고사 동진 효무제 태원 8년에 전진왕 부견(符堅)이 병사를 일으켰다. 부견은 막내 동생 부융과 모용수에게 병력을 주어 선발대를 삼은 후 티벳의 수장 요장에게 병사를 주어 장강의 상류를 따라 공격하게 하였다.

물론 그는 전연(前燕)과 전량(前涼)을 항복시킨 여세를 몰아가고 있었다.

부견이 거느린 병사의 수효는 1백만이었다. 장안을 출발할 당시엔 온 천하가 말발굽에 진동하는 듯 천하가 소동했다. 당시 동진의 병력은 8만에 불과했으나 그곳에는 명장 사현과 사석이 버티고 있으며, 천하를 주무르는 어진 신하들이 많으니 정벌은 불가하다고 신하들은 만류했다. 어디 그뿐인가. 동진은 양자강의 험난함을 의지하고 있으니 정벌은 불가하다고 반대했다. 그러나 부견은 큰소리쳤다.

"우리 대군(大軍)의 채찍으로 강물을 차단시킬 수 있다(投鞭斷流)!"

그러나 동진과의 싸움은 생각대로 되지 않았다.

당시 동진의 장수는 낭야 왕씨와 교분이 두터운 사석이었다. 그는 원제의 협력자 가운데 실력자였던 왕도의 일족 가운데 서성으로 불리는 왕희지와 교우하는 것을 무척이나 기뻐했다.

사석은 심지가 깊은 사람이었다. 그는 전진군의 장수인 주서(朱序)를 움직여 일거에 전진군을 몰살시켰다. 더구나 부견은 유시(流矢)에 맞는 등의 온갖 수모를 당하였다.

　동진과의 싸움에 패한 부견은 겨우 목숨을 부지하여 돌아갔으나 부하 장수에게 살해되는 처참한 종말을 맞이했다.

자원 ●投(던질 투；手部 4획, 총 7획. throw)：버릴 투, 줄 투.
●鞭(채찍 편；革部 9획, 총 18획. whip)：볼기채 편.
●斷(끊을 단；斤部 14획, 총 18획. cut)：갈길 단, 결단할 단.
●流(흐를 류；水部 7획, 총 10획. flow)：번져나갈 류, 구할 류.

어의 ●投命(투명)：목숨을 내던져 버림 ●投託(투탁)：남의 세력에 의지함 ●鞭撻(편달)：채찍으로 때림 ●鞭殺(편살)：채찍으로 쳐 죽임 ●斷産(단산)：아이 낳기를 끊음 ●斷然(단연)：딱 잘라서 하는 모양 ●流落(유락)：고향을 떠나 타향에서 삶 ●流暢(유창)：하는 말이 거침이 없음

참조 이솝 우화에 이런 얘기가 있다.

　어느 농삿집에 나귀와 수탉이 같이 살았다. 하루는 나귀와 수탉이 뜰에서 놀고 있는데 무서운 사자가 울타리를 넘어 뛰어 들어왔다. 사자를 본 나귀는 죽었구나 하고 생각했다. 그런데 수탉이 사자를 보고 놀란 김에 '꼬끼오!'하고 소리쳐 울자 이 소릴 처음 듣는 사자는 소름이 끼쳐 도망갔다.

　사자가 도망을 가는 모양을 본 나귀는 쫓아가서 혼을 내줘야겠다는 생각에 달아나는 사자의 뒤를 쫓았다. 사자는 닭 소리가 들리지 않는 먼 곳까지 와서 돌아보니 뒤따라오는 것은 나귀였다. 사자는 곧 나귀에게 달려들어 물어뜯었다. 두 말할 나위 없이 나귀는 교만한 마음을 먹었다가 목숨을 잃은 것이다.

　위에서 본 나귀의 교만함이나, 본문에 나오는 부견의 교만함은 그 본류를 따지면 한 치도 어긋남이 없다.

破竹之勢
가를 파 대나무 죽 갈 지 기세 세

출전 《진서(晉書)》의 〈두예전(杜豫傳)〉
문의 대나무를 쪼개는 기세.
요점 칼로 대나무를 쪼개면 비록 마디에 이르러도 강한 기세로 인해 쪽 빌려 대나무는 잘라진다. 그렇듯 거침없이 밀고 들어가는 형세를 뜻한다.

고사 위오촉(魏吳蜀)이 세 발 솥처럼 천하를 양분하는 시대는 가고, 당시 두예가 병력을 이끌고 호북의 양양에서 중앙군을 이끌고 강릉으로 쳐들어갈 때는 이미 촉한은 망한 후였다. 천하는 위나라의 뒤를 이어 진(晉)이 들어서 멀리 남방의 오나라와 대치하고 있던 상황이었다. 진나라는 마지막으로 오나라와의 결전을 준비하고 있었다.

《손자병법》에 이르기를, '공성(攻城)은 다른 수단이 없을 때만 한다. 부득이한 경우에는 필요한 도구나 설비를 충분히 준비하지 않으면 안 된다. 그것을 하기에는 6개월이 소요된다. 만약 장군의 노여움에 맡겨서 준비 없이 공격하여 병사를 성벽에 육박시켜 그 수의 3분의 1을 죽게 하고도 끝내 함락시키지 못할 때엔 천벌을 받는다'고 하였다. 그만큼 공성에는 어려움이 많다는 것이다.

태강 원년 2월. 두예는 왕준의 군사와 합류하여 무창(武昌)을 함락시키고 최종 목적지 건업(建業:남경)을 앞에 두고 제장(諸將:여러 장수)들과 작전 회의를 벌였다. 한 장수가 말했다.

"봄이 다 갔습니다. 곧 여름이 와 우기가 되어 비가 내리면 물이 불어날 것은 정한 이치요. 무창 땅은 강물이 불어나면 머무르기가 고약한 곳이니 일단 군사를 돌렸다가 겨울에 오는 것이 좋을 듯합니다."

"아니오, 그렇지 않소. 지금 우리의 군사는 대세의 흐름을 타고 있소. 이를테면 대를 쪼갤 때(破竹)와 같이 한 매듭 두 매듭씩 내려가노라면 나중엔 칼만 대면 자연히 쪼개어져 힘들일 필요가 없는 것이오. 우리 군의 기세가 그것과 같소. 이때를 놓치면 두고두고 후회하게 될 것이오."

두예는 곧 전열을 가다듬었다. 3월이 되자 오나라의 도성으로 밀고 들어가 건업을 함락시켰다. 오나라의 왕 손호(孫皓)는 스스로 팔을 뒤로 하여 결박을 지은 채 얼굴만을 드러내고 수레에 관(棺)을 싣고 나왔다.

항복의 표시였다. 이렇게 하여 진의 통일은 이루어졌다. 두예는 공을 세웠으므로 당양후(當陽侯)가 되었다.

자원 ●破(가를 파;石部 5획, 총 10획. break):군사 패할 파, 다할 파, 깨질 파(石에서 뜻을 皮에서 음을 취함).
●竹(대나무 죽;竹部 총 6획. bamboo):피리 죽, 성 죽(대나무 줄기와 잎을 본뜸).
●之(갈 지; 丿部 3획, 총 4획. this):어조사 지.
●勢(기세 세;力部 11획, 총 13획. power):권세 세, 불알 세, 기회 세, 당연할 세(심을 예(埶)와 力을 합한 자).

어의 ●破格(파격):격식에서 벗어난 일 ●破鏡(파경):부부의 이별
●破戒(파계):계율을 깨뜨림 ●竹竿(죽간):대나무 장대 ●竹根(죽근):대나무 뿌리 ●竹器(죽기):대그릇 ●勢家(세가):권세 있는 집안 ●勢望(세망):권세와 야망

참조 두예는 성부를 볼 때나 원정을 갈 때도 언제나 손에서 책을 놓지 않았다. 그러한 두예를 보고 무제가 묻자, 스스로 '좌전벽(左傳癖)이 있다'고 대답했다.
☞ 좌전벽:춘추좌씨전(春秋左氏傳)을 손에서 놓지 않던 두예의 버릇

敗 軍 之 將

패할 **패**　군사 **군**　의 **지**　장수 **장**

출전 《사기(史記)》의 〈회음후열전(淮陰候列傳)〉

문의 싸움에 진 장수.

요점 본디 이 말은 '패군지장 불어병(敗軍之將 不語兵)'의 준말이다. 싸움에 진 장수는 병법을 논하지 않는다는 뜻으로, 일단 전투에 실패했다면 구구한 변명을 하지 않는다는 의미다.

고사 위(魏)나라를 치고 여세를 몰아 조(趙)의 공격에 나선 한신은 정경의 협도(狹道)에 이르러 고민에 빠지지 않을 수 없었다. 병력이 분산되는 어려움에 처한 한신이 섣불리 진격하지 못한 것은 조나라에 광무군 이좌거(李左車)라는 뛰어난 병략가가 있었기 때문이었다. 당시 이좌거는 성안군 진여에게 협도의 공격을 진언했다. 그러나 성안군은 자신이 유자(儒者)라는 것을 내세워 결코 기습 작전은 쓰지 않을 것이라 고집했다. 절호의 기회를 놓치지 않고 협도를 통과한 한신은 조군을 격파하고 이좌거를 생포했다.

승전 파티가 벌어졌을 때 한신은 이좌거를 불러냈다. 결박된 채로 끌려나온 이좌거를 손수 포승줄을 풀고 동향에 앉게 한 후 자신은 서향으로 앉아 그를 스승으로 예우했다. 그런 다음 그에게 술을 올리고 물었다.

"북쪽으로 연나라를 치고 동으로 제를 치려 합니다. 어떻게 해야 성공할 수 있을까요?"

이좌거는 사양했다.

"패군지장은 결코 병법을 말하지 않습니다. 어찌 망국의 대부가 존국(存國)에 대해 말하겠습니까. 패망한 나라의 포로가 어찌 대사를 꾀할 수 있겠습니까?"

한신이 설득했다.

"제가 듣기에 현인 백리해(百里奚)는 우(虞)나라에 있었지만 우는 망했습니다. 그가 진나라에 갔을 때는 진이 패자가 되었습니다. 그렇다면 백리해가 우나라에 있을 때엔 어리석었고, 진에 있을 때인 현명했을까요? 저는 그렇게 생각지 않습니다. 그의 재능을 활용하였는지 그렇지 않았는지가 문제였을 따름이지요. 만일 성안군 진여가 선생의 계략을 따랐다면 나같은 사람은 벌써 선생의 포로가 되었을 것입니다. 이것은 성안군이 선생의 헌책을 받아들이지 않았기 때문입니다. 부디 선생께선 가르침을 내려 주십시오."

이좌거가 바위처럼 꼼짝을 않자 한신은 절을 하며 가르침을 청했다.

"진심으로 선생의 계략을 따를 것입니다. 사양치 마시고 가르침을 주십시오."

자원 ●敗(패할 패; 攴部 7획, 총 11획. defeat) : 깨어질 패, 멸망할 패.

●軍(군사 군; 車部 2획, 총 9획. army) : 진 칠 군.

●之(의 지; ノ部 3획, 총 4획. this) : 어조사 지.

●將(장수 장; 寸部 8획, 총 11획. general) : 장차 장, 도울 장.

어의 ●敗亡(패망) : 패하여 망함 ●敗俗(패속) : 어지러운 풍속 ●敗訴(패소) : 재판에 짐 ●軍務(군무) : 군사에 관한 사무 ●軍情(군정) : 군대의 사정 ●軍職(군직) : 군에 종사하는 직무 ●將卒(장졸) : 장군과 사병 ●將軍(장군) : 장졸의 우두머리

참조 이좌거는 계책을 말하기 전에 이렇게 서두를 꺼냈었다.

"일천 번을 생각해도 한 번의 실수는 있고(千慮一失), 아무리 어리석은 사람도 천 번 생각하면 얻음(千慮一得)이 있습니다."

合 從 連 衡
합할 **합** 　 따를 **종** 　 이을 **연** 　 저울 **형**

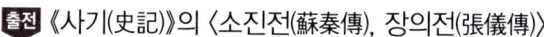

출전 《사기(史記)》의 〈소진전(蘇秦傳), 장의전(張儀傳)〉

문의 약한 나라끼리 규합하여 강대국을 대항하는 것이 합종이다. 연형은 약한 나라가 강대국과 동맹을 맺고 평안을 구하는 것을 연형이라 한다.

요점 전국시대를 살아가는 열국들이 나라의 안전을 도모하기 위해 펼치는 계책을 뜻한다. 연합하여 싸울 것이냐, 동맹하여 화평할 것이냐가 관건이다.

해석 소진(蘇秦)이 연왕(燕王)에게 진언을 한 정책이 합종(合從)이다. 즉, 연과 조, 제, 위, 한, 초 등이 세로(縱=從)인 남북으로 손을 잡고 진나라라는 강대국과 대항하는 것이다. 그런 반면 장의(張儀)의 연형(連衡)은 여섯 나라 가운데 어느 나라와 동맹을 맺고 합종을 깨뜨려 여섯 나라를 산산이 고립시킨다. 그런 다음 진나라에 대해 신하의 예를 갖추어 합병한다는 것이 연형이다. 진나라가 여섯 나라와 동맹을 맺는 것은 저울대처럼 가로로 이어지는 형태가 되므로 형(衡 ; 동서로 이어짐)이라 한다.

고사 소진과 장의는 귀곡(鬼谷) 선생을 스승으로 모시고 책사로서의 지략을 배웠었다. 그의 거처는 낙양에서 동남으로 시오리 가량이 되는 귀곡이라는 산속에 있었다. 하산을 한 소진은 연왕을 만나 합종책을 진언했다. 즉, 남북으로 여러 나라가 손을 잡고 강대국인 진나라에 대항한다는 계책이었다. 소진은 지위와 돈이 사람을 변하게 했을 만큼 위세가 높아졌다. 이때 조나라에 머물러 있던 장의가 찾아왔다. 장인은 소진이 자신을 반갑게 맞이해 줄 것이라 기대했으나, 뜻밖에도 차가운 대우를 받았다. 다행히 한 상인의 도움으로 장의는 진나라에 들어가 그 재능을 인정받아 객경으로 발탁되었다. 그제야 상인은 지금까지 있었던 모든 일이 소진의 계책이었다고 밝혔다. 소진은 장의를 위해 조나라의 한 자리를 추천할 수도 있었지만, 그가 거기에 안주하지 않고 진나라로 가서 큰 뜻을 펼치길 바랐다. 더 나아가, 소진 자신이 여섯 나라의 합종을 성사시킬 때까지 장의가 진나라에서 권력을 잡고 진나라의 무력 침공을 지연시켜 주길 바랐던 것이다.

자원 ●合(합할 합 ; 口部 3획, 총 6획. sum) : 같을 합, 모일 합, 대답할 합.
●從(따를 종 ; 彳部 8획, 총 11획. obey) : 말을 들을 종, 허락할 종, 종용할 종.
●連(이을 연 ; 辶部 7획, 총 11획. connect) : 연할 연, 끌릴 연, 붙일 연.
●衡(저울 형 ; 行部 10획, 총 16획. balances) : 수레멍에 형.

어의 ●合設(합설) : 한 곳에 합쳐 설치함 ●合祔(합부) : 합장 ●合谷(합곡) : 침 놓는 자리 ●從男妹(종남매) : 사촌 오누이 ●從軍(종군) : 군대를 따라 전지로 감 ●從當(종당) : 이 뒤에 마땅히 ●連貫(연관) : 연달아 과녁을 맞힘 ●連境 (연경) : 접경 ●連翹(연교) : 개나리 ●衡平(형평) : 균형이 잡혀 있는 일 ●衡宇 (형우) : 오두막집 ●衡香(형향) : 좋은 향기

참조 진나라에 머물던 장의는 〈연형의 계책〉을 취했다. 즉, 여섯 나라 가운데 한나라와 동맹을 맺음으로써 일단 합종을 깨뜨린다. 이렇게 되면 여섯 나라는 고립되기 마련이다. 이때 고립된 나라들을 산산이 깨뜨려 버린다.
　진나라와 여섯 나라가 동맹을 맺은 것은 형(衡)이다. 즉 저울대처럼 가로로(동서) 이어지는 것을 의미한다. 그러므로 세로인 합종에 대해 반대가 된 셈이다. 장의는 훗날 소진이 이루어 낸 합종을 완전히 깨뜨려 버렸다.

火 牛 計
불 화　　소 우　　꾀 계

출전 《사기(史記)》의 〈전단열전(田單列傳)〉
문의 쇠꼬리에 불을 붙이는 계략.
요점 소의 꼬리에 불을 붙여 적진을 돌파하는 계략.

고사 연(燕)나라의 소왕은 악의(樂毅)를 총대장으로 삼아 제(齊)나라를 쳤다. 제의 민왕은 수도를 버리고 거성(莒城)으로 도망치고, 장수 전단(田單)은 임치의 동쪽 안평(安平)으로 달아났다. 이때 전단은 자기의 종족에게 수레 축의 끝부분에 튼튼한 쇳조각을 달도록 했다. 그렇게 하면 아무리 빨리 달려도 수레바퀴가 망가지지를 않았다. 이후 연나라 군사들이 안평까지 침략해 왔을 때 성이 무너지자 도망가는 무리 중에 전단의 종족만이 무사할 수 있었는데, 그것은 수레바퀴가 빠지지 않고 온전하게 도망할 수 있는 수레 축을 쇠붙이로 감은 덕분이었다. 당시의 상황은, 연나라는 제나라의 모든 성읍을 함락시켰지만 오로지 거성과 즉묵성만 남은 채였다. 여러 해 거성을 공격했지만 함락시키지 못하자 연나라 군사들은 즉묵성으로 방향을 틀었다. 이때 성안의 사람들은 전단을 추천하여 그를 장군으로 추대했다.

　　얼마 후 연나라에서는 소왕이 죽고 혜왕(惠王)이 들어섰다. 악의와 사이가 좋지 않은 것을 안 전단은 간첩을 보내 소문을 퍼뜨렸다.

　　"이미 제나라를 함락시켰는데 악의가 귀국을 하지 않는 것은 사실은 자신이 남면(南面)하여 제왕이 되려는 의도다. 제나라 사람들이 승복하지 않기 때문에 즉묵을 공격하며 때를 기다리고 있을 뿐이다."

　　소문을 들은 연왕은 즉시 악의를 교체해 버렸다. 한편 전단은 성중의 백성들에게 명을 내려 식사할 때마다 뜰에서 각자의 선조들에게 제사를 드리게 했다. 날던 새들이 내려와 제사 음식을 먹는 것은 당연했지만 성안의 사람들은 괴이하게 여겼다. 전단은 그런 기회를 놓치지 않고 하늘이 자신에게 좋은 계책을 가르쳐 주려는 의도라고 선포했다. 그렇게 하여 한 병사를 신사(神師)로 만들어 사기를 드높인다. 신사는 제나라가 걱정하는 건 연나라가 항복한 제나라 병사들의 코를 베는 것이라고 말했다. 이를 들은 연왕은 그대로 실행하여 그 말을 사실로 만들었다.

제나라 백성들은 분노했다. 전단은 성루에 갑옷 입은 병사는 얼씬도 못하게 하고 노약자와 부녀자들로 하여금 그곳에 있게 하였다. 한편으론 연왕에게 사자를 보내 항복하겠다는 의사 표시를 하고 한 사람을 부호로 가장시켜 항복하게 하였다. 연왕은 크게 기뻐했다. 그들은 승리감에 도취하여 군기는 해이해지고 밤이 깊도록 술을 마셨다. 이때 전단은 성중의 소를 1천 마리를 모아 오색 빛깔로 용의 무늬를 칠하고, 뿔에는 날카로운 단도를 매달고 꼬리에 갈대 한 묶음을 매달아 기름을 부어 두었다. 밤이 깊어지자 이미 만들어 둔 비밀 문을 통해 소 떼를 몰면서 꼬리에 불을 붙였다.

자원 ●火(불 화;火部 총 4획. fire):사를 화, 빛날 화.
●牛(소 우;牛部 총 4획. ox):별 이름 우.
●計(꾀 계;言部 2획, 총 9획. count):셈 마칠 계, 꾀할 계.

어의 ●火攻(화공):화력으로 적을 공격하는 방법 ●火斗(화두):다리미
●火症(화증):화를 벌컥 내는 증세 ●牛步(우보):소걸음 ●牛乳(우유):소에서 짜낸 젖 ●牛心(우심):소의 심장 ●計巧(계교):여러모로 생각해 낸 꾀 ●計量(계량):분량을 계산함 ●計寸(계촌):촌수를 따짐

참조 연군은 대경실색했다. 연나라의 장군 기겁도 목숨을 잃었다. 연나라의 군사는 하상(河上)으로 쫓겨가고, 제나라는 70여 성을 되찾았다.

嚆 矢

울 효   화살 시

출전 《노자(老子)》

문의 우는 화살

요점 휘파람 소리를 내는 신호용 화살. 어떤 일에 대한 '시작'이라는 의미가 있다.

해석 어떤 일에 대한 시작을 말할 때에 '효시'라는 말을 쓴다. 노자는 유가(儒家)의 인물들에 대해 곱지 않은 눈길을 보내며 빈정거렸다. 그의 독설 가운데 "증삼(曾參)과 사어(史魚)는 하걸(夏桀)이나 도척(盜跖)의 효시일 뿐이다"라는 말이 그것이다.

증삼은 공자의 수제자인 증자다. 또한 사어는 춘추전국시대 위(衛)나라의 어진 신하다. 많은 사람들이 그들을 가리켜 성인군자라 하는데 왜 노자(老子)는 하걸과 도척에 비유를 했는가? 설명이 쉽지 않은 독설이다.

고사 전쟁터에서 이쪽과 저쪽의 사정을 알릴 때에 사용되는 화살이 있다. 신호용 화살 '효시(嚆矢)'다. 이 말은 곧 어떤 사물에 대한 시작점을 나타내기도 하는데, 이를테면 폭군의 대명사인 하걸이나 천하에 따를 자 없는 도척이라는 도적놈에게 혀를 놀릴 수 있는 빌미를 주었다는 것이다.

하걸은 사람의 간을 빼내어 회를 쳐 먹고 가난한 사람들의 다리를 잘라 다리 구조에 흥미를 가졌던 괴물이다. 그런가 하면 도척은 악당의 대명사였다. 이런 얘기가 있다. 도척의 무리 가운데 한 사람이 그에게 물었다. 그것은 도둑에게도 도(道)가 있겠느냐였다. 그의 말이 맹랑했다.

"실중(室中)에서 소장된 물건을 불의로 넘겨보지 않는 것은 성(聖)이고, 먼저 들어가는 것은 용(勇)이며, 가장 맨 뒤에 나오는 것은 의(義)이고, 가부를 판단하는 것은 지(知)며, 고루 나눠 가지는 것이 인(仁)이다."

아무래도 노자는 인의라는 것이 도적과 폭군에게 이용되어 분쟁과 폐해만 유발시켰다고 생각한 것이다. 노자의 눈과 맹자의 시선을 되짚어 볼 필요가 있다. 《맹자》의 〈진심장구 상(盡心章句 上)〉에 다음과 같은 말이 있다.

"닭이 울 무렵 일어나 꾸준히 선(善)을 추구하는 자는 순(舜)의 무리다. 닭이 울 무렵부터 일어나 꾸준히 이익을 추구하는 자는 도척(盜跖)의 무리다. 순과 도척의 구별을 알고자 한다면 다른 방법이 따로 있는 것이 아니다. 이익을 추구하느냐 선을 추구하느냐의 구별에 달려 있다."

자원 ●嚆(울 효;口部 14획, 총 17획. shout):우는 화살 효.
●矢(화살 시;矢部 총 5획. arrow):곧을 시, 소리살 시, 베풀 시, 맹세 시.

어의 ●矢口(시구):입에서 나오는 대로 맡겨둠. 양자 법언에 있는 말이다.
●矢言(시언):맹세하는 말. 시(矢)는 서(誓)와 같은 뜻으로 쓰인다. ●矢人(시인):화살을 만드는 장인 ●矢在弦上不可不發(시재현상불가불발):일을 착수하면 도중에서 중지하지 않음.

참조 ☞ 毫釐之失差以千里(호이지실차이천리):처음에 조금 틀리면 나중에는 크게 그르치고 만다는 뜻. 무슨 일이든 시초가 중요하다는 뜻이다 《진서》〈우예전〉).
☞ 蔓草猶不可除(만초유불가제):덩굴이 무성하면 제거하기가 곤란하다는 뜻. 모든 일은 시초에 처리하지 않으면 나중엔 감당하기가 어렵다는 뜻《좌전》).
☞ 有始者必有終(유시자필유종):시작이 있으면 반드시 끝나는 게 있다는 말《양자법언(楊子法言)》).

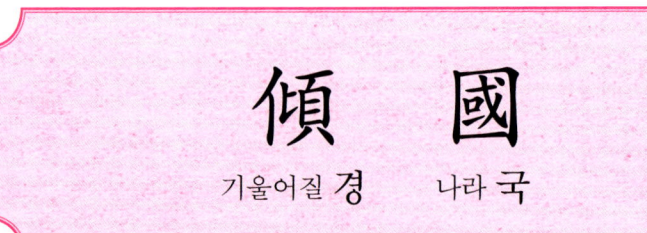

傾 國

기울어질 경   나라 국

출전 《한서(漢書)》의 〈이부인전(李夫人傳)〉
문의 나라가 기울어짐.
요점 얼굴이 빼어난 미색이어서 나라가 흔들릴 정도로 위태로움. 또는 그런 용모의 여인.

해석 한무제(漢武帝)를 섬기는 가수 중에 이연년(李延年)이라는 이가 있었다. 어느 날 그는 궁중 악사들이 연주하는 곡조에 맞추어 노래를 불렀다. '경국'이라는 말은 여기에 등장한다.

고사 이연년은 재주가 상당한 인물이었다. 그는 궁중 악사들을 거느리는 리더였다. 곡을 새롭게 만들 때엔 황제께 선을 보이는데 이날도 예외는 아니었다. 그는 심혈을 기울여 만든 곡에 아름다운 목소리를 덧입혔다. 황제는 처음 듣는 곡조에 취해 갔다. 바로 그의 누이의 아름다움에 대한 내용이었다.

> 북쪽에 아름다운 여인 있어라
> 그 모습 이 세상에 제일이어라
> 한 번 고갯짓하면 성이 기울고
> 두 번 고갯짓하면 나라가 기운다
> 성을 잃고 나라 기우는 일이야 어이 모르리오만
> 가인은 두 번 다시 얻기가 어려워라

노래를 듣고 난 한무제는 탄식했다. 과연 이 세상에 그런 미인이 있겠느냐였다. 곁에서 듣고 있던 평양 공주가 넌지시 거들었다.

"이연년의 누이가 천하 절색이란 말을 들었답니다."

한무제는 이연년의 누이를 데려오게 하였다. 그녀의 아름답고 황홀한 춤솜씨에 취해 극진히 총애하였다.

어느 때인가 황제가 머리를 감지 않아 몹시 가려웠다. 그때 그녀는 옥비녀를 뽑아 황제의 가려움증을 해소시켜 주었다. 그런 이유로 장안의 옥비녀가 하늘 높은 줄 모르고 뛰어오른 일이 있었다. 황제의 사랑을 얻은 이 여인은 아들을 낳자 시름시름 앓더니 급기야 세상을 떠나고 말았다. 슬픈 소식을 들은 황제는 장안 근교에 무덤을 만들어 영릉(英陵)이라 하였다.

자원 ●傾(기울어질 경 ; 人部 11획, 총 13획. incline) : 엎드러질 경, 무너질 경, 곁눈질할 경. 人+頃. 사람이 머리를 갸우뚱한다는 데에서 나온 말. 人에서 뜻을 취하고, 頃에서 음을 취함.
●國(나라 국 ; 口部 8획, 총 11획. nation) : 나라 국.

어의 ●傾國(경국) : 나라를 위태롭게 함 ●傾慕(경모) : 마음을 기울여 위태롭게 함 ●傾注(경주) : (액체가 들어 있는 그릇 따위를) 기울여 붓거나 쏟음. ●國忌(국기) : 임금이나 황후의 제삿날 ●國是(국시) : 나라의 정치 방침 ●國恥(국치) : 나라의 수치

참조 어느 때인가 황제는 영혼을 부르는 무사(巫師)를 불러 이씨 여인의 혼을 가져오게 하였다. 주문을 외고 신묘한 방울을 흔들자 이씨 여인이 평소와 같은 모습으로 나타났다. 황제가 급히 뛰어가 껴안으려 하자 여인의 몸은 순식간에 사라져 버렸다. 황제는 시를 지었다.

'같기도 하고, 아니 같기도 하고, 일어서 바라보니, 왜 이리 더딜까.'

그래서 생겨난 성어가 산산래지(姍姍來遲)다. 이 말은 늦게 오는 연인을 기다릴 때에 사용한다.

股 肱 之 臣
넓적다리고 팔뚝 굉　의지　신하 신

출전 《서경(西經)》의 〈익직편(益稷篇)〉
문의 다리와 팔뚝 같은 신하.
요점 군왕이 가장 신임하는 신하를 가리킴.

해석 순(舜)임금은 신하를 마치 자신의 팔과 다리, 그리고 눈과 귀처럼 생각했다. 그러므로 순임금은 자신의 귀에 잘 들리지 않는 것을 신하들이 알려주기를 원했다. 어디 그뿐인가. 모르는 것은 신하들이 알려주기를 원했으며, 너무 멀리 떨어져 있어 자신이 알아볼 수 없는 것은 신하들이 돌아보고 올바르게 처리해 주기를 원했다.

고사 순임금이 말했다.

"신하는 나의 다리요, 활이요, 귀와 눈이니 백성을 도우려 하거든 그대는 나를 도우며, 내 사방에 힘을 베풀고자 하거든 그대가 하라. 옛사람들의 상을 보아 일월(日月)과 성신(星辰), 용과 화충을 그리며 종묘의 술그릇과 물풀과 불과 흰쌀과 보 무늬(검정과 흰빛으로 그려진 도끼 모양)와 불 무늬를 수놓아 다섯 채색으로 오색을 빛나게 수놓아 그대가 밝히라. 내가 육률과 오성과 팔음을 다스리며 이로써 다섯 가지 말씀을 내며 드리고자 하거든 그대가 들으라."

왕이 백성을 다스림에 있어서 신하들의 도움이 없다면 어찌 되는가? 아무리 군왕이 무언가를 베풀려고 해도 결과를 얻지 못할 것은 자명한 이치다. 또한 신하가 신하 된 도리를 다하지 못할 때에는 적당한 제재가 가해져야 하는 것이다. 마음이 더없이 완악하고 어리석어 다른 사람의 덕(德)을 시기하고 모함하려는 자에게만 법으로 그것을 밝히고 징계한다는 것이다. 또한 신하의 선한 말은 국정 운영에 반영시키고, 그렇지 못한 때에는 위엄으로 다스려야 한다는 것이다.

자원 ●股(넙적다리 고;肉部 4획, 총 8획. thigh) : 나눌 고, 굳을 고.
●肱(팔뚝 굉;肉部 4획, 총 8획. forearm) : 팔뚝 굉.
●之(의 지;丿部 3획, 총 4획. this) : 이를 지, 갈 지, 어조사 지. 풀의 싹이 돋아나는 모습을 본뜸.
●臣(신하 신;臣部 총 6획. vassal) : 두려울 신.

어의 ●股間(고간) : 사타구니 ●股戰(고전) : 몹시 두려워 다리가 벌벌 떨림
●股本(고본) : 공동으로 하는 사업에 각각 내는 밑천 ●臣子(신자) : 신하
● 臣忠(신충) : 신하로서의 충의 ● 臣下(신하) : 임금을 섬기는 벼슬자리에 있는 사람

참조 ⇨《대학(大學)》에 이런 얘기가 있다.
"아랫자리에 있어 윗사람에게 신임을 얻지 못하면 백성을 다스려 낼 수 없다. 윗사람에게 신임을 얻는 데는 도가 없으니 벗들에게 불신받으며 윗사람에게 신임 얻지 못하리라. 벗들에게 믿음을 받는 데는 도가 있으니 어버이 마음에 들지 못하면 벗들에게 불신받으리라. 어버이 마음에 들게 하는 데는 도가 있으니 자신을 돌이켜보아 성치 못하면 어버이 마음에 들지 못하리라. 자신을 성케 하는 데는 도가 있으니 선에 밝지 못하면 자신을 성케 못하리라."
　　☞ 信及豚魚(신급돈어) : 돼지는 미련하고 물고기는 완명(頑冥)하여 모두 다 감화되기 어려운 동물인데, 믿음이 이들에게 미쳤다는 뜻이니 신의가 지극함을 이르는 말이다.
　　☞ 狼子野心(낭자야심) : 신의가 없음을 이르는 말. 이리의 새끼는 아무리 길을 들이려 해도 야수의 성질을 버리지 못한다. 길들이기 힘든 사람이나 사납고 매서운 사람을 가리킴.

高枕安眠

높을 **고**　베개 **침**　편안 **안**　잘 **면**

출전 《전국책(戰國策)》
문의 베개를 높이 하고 편히 잠을 잔다.
요점 근심이나 걱정 없이 편히 살아가는 것을 뜻함.

고사 진(秦)나라에 대항하려는 것이 소진의 합종책이다. 여섯 나라가 합종의 맹약을 체결하자 그 스스로가 맹약의 우두머리가 되어 여섯 나라의 재상이 되었다. 조나라의 숙후는 크게 기뻐하며 그를 무안군(武安君)에 봉하였다. 소진은 여섯 나라의 합종을 서명한 문서를 진나라에 보내니 이로부터 15년 동안 함곡관 밖을 엿보지 못했다. 소진의 합종설과 대립된 논리가 장의의 연횡설이다. 그는 진혜왕 10년에 재상이 되어 이로부터 7년 동안 진나라에 등용되었다.

기원전 322년. 장의는 위와의 협정을 성공시키고 진나라로 돌아왔다. 이즈음 진은 제나라를 공벌하려 했으나 당시 제는 초와 동맹을 맺고 있었으므로 이 동맹을 파하기 위해 초나라를 찾아가 소기의 목적을 달성한다. 끝없이 반대하던 굴원의 청을 물리치고 진나라와 친교하기로 정한 것이다. 그 후 장의는 한·제·조·연을 돌아다닌 끝에 마침내 '연횡의 계'를 완성시켰다.

그러나 열국의 형편은 안심하기에는 변수가 너무 많았다. 연횡의 긴 여정에서 벗어나 이를 보고하기 위해 진나라로 향하던 길에 함양에 도착하기 전 혜왕이 죽고 그의 아들 무왕이 즉위한 것이다. 무왕은 권모술수에 능한 장의를 탐탁지 않게 생각하는 인물이었다. 그러다 보니 장의를 헐뜯는 인물들도 많았다. 무왕이 그를 싫어한다는 소문이 돌자 단단하게 엮어 놓았던 연횡의 계가 흔들렸다. 그는 무왕을 찾아가 자신을 위나라로 보내 달라고 했다. 무왕이 이유를 물었다.

"제나라 왕이 소신을 미워한다는 말을 들었습니다. 신이 위나라로 가면 반드시 군사를 몰고 침공해 올 것입니다."

왕의 허락을 받아 그렇게 하였는데, 과연 장의의 말대로 되었다. 위나라 애왕이 근심하자 장의는 부하 풍희를 초나라에 보내, 일단 초나라의 사자라는 신분으로 위나라 공격을 중지하게 하였다. 애왕이 묻는다.

"진이 한나라를 설득해 우리를 공격하면 어찌 되겠소?"

"왕께서 진을 섬기면 초와 한에 대한 걱정은 없어집니다. 그러면 대왕께선 베개를 높이고 잘 수 있습니다(高枕安眠). 그러니 얼마나 좋은 일입니까."

고침안면은 여기에서 나온 것이다.

자원 ● 高(높을 고;高部 총 10획. high) : 위 고, 멀 고.
● 枕(베개 침;木部 4획, 총 8획. pillow) : 소 말뚝 침, 벨 침.
● 安(편안 안;宀部 3획, 총 6획. peaceful) : 고요할 안, 즐거울 안.
● 眠(잘 면;目部 5획, 총 10획. sleep) : 졸을 면, 지각없을 면.

어의 ● 高潔(고결) : 고상하고 결백함 ● 高峻(고준) : 산이 높고 험함
● 枕上(침상) : 베개 위 ● 枕席(침석) : 자는 자리 ● 枕邊(침변) : 베갯머리 ● 安居(안거) : 편안히 지냄 ● 安貧(안빈) : 가난한 가운데서도 마음을 편안히 먹음
● 安樂(안락) : 편안하고 즐거움 ● 眠睡(면수) : 졸음과 잠 ● 眠日(면일) : 누에가 먹기를 쉬고 탈피 준비를 하는 기간

참조 훗날의 기록이지만 열국시대의 변사(辯士)의 대명사인 소진은 그의 죽음이 잘 알려져 있지 않다. 가장 믿을 만한 것은, 제나라에서 보낸 자객의 칼에 찔려 치명상을 입고 죽은 것으로 알려져 있다.

屈臣制天下
굽을 굴 신하 신 다스릴 제 하늘 천 아래 하

출전 《사기(史記)》

문의 머리를 조아리며 천하를 잡는 법을 말하다.

요점 부하의 진언을 듣지 않는 것을 뜻한다. 신하에게 지는 것이 천하를 잡는 것이고, 신하에게 이기는 것이 천하에 지는 결과이다.

고사 전국시대에 진조(秦趙)의 장평(長平) 싸움은 대회전이었다. 진나라가 승리를 거두었으나 사상자에 대한 처리를 해주는 바람에 국고는 거의 바닥에 이르렀다. 1년이 지나 진의 소왕(昭王)은 다시 한번 조나라를 공격할 기미를 보였다. 깨끗이 구운 생선을 삼켰는데 뼈다귀가 목에 걸린 듯한 느낌이었다. 그래서 다시 한번 공격하여 밑바닥까지 드러내 버리려는 심산이었다.

소왕의 말을 듣고 무안군(武安君)이 말렸다.

"장평의 싸움에서 우리가 승리하고, 조나라는 대패했습니다. 그동안 우리는 전사자의 뒤처리로 남아 있는 국고가 손실되어 국력이 크게 약화됐습니다. 그 반면 조나라는 전사자는 물론 부상자들도 돌볼 수 없는 참담한 지경에 빠졌습니다. 그들은 나라 백성들이 슬픔을 함께 하고 나라의 부흥에 힘써 국력이 크게 향상됐습니다. 이런 때에 조나라를 공격하는 것은 도리에도 어긋날 뿐만 아니라 신민이 힘을 합해 부국강병에 노력을 기울였으므로 예전과는 크게 다릅니다. 이런 때에 조나라를 공격하는 것은 실로 모험이 아닐 수 없습니다."

그러나 소왕은 끝내 자신의 고집을 굽히지 않고 몇 차례나 조나라를 침공했다. 그러나 전쟁은 사상자만 늘어나고 피해만 커질 뿐이었다. 결국, 소왕은 무안군을 찾아갈 수밖에 없었다. 이에 무안군은 이렇게 대답했다.

"조나라의 공격을 멈춰 주십시오. 조나라를 공격하지 않고도 천하를 잡는 길은 얼마든지 있습니다. 신하에게 굽혀 천하를 다스린다(屈臣制天下)는 것은 이를 두고 하는 말입니다. 조나라를 공격하고 저를 벌주시려고 한다면, 이는 신하에게 이기고 천하에게 지는 것입니다. 저를 이겨서 폐하의 위엄을 세우는 것과 저에게 굽히고 천하를 이겨서 폐하의 자리를 빛내는 것 중 어느 쪽이 낫습니까?"

소왕은 기분이 상해 그대로 돌아왔다.

자원 ●屈(굽을 굴;尸部 5획, 총 8획. bow) : 굽힐 굴, 짧을 굴, 다할 굴.
●臣(신하 신;臣部 총 6획. vassal) : 두려울 신.
●制(다스릴 제;刀部 6획, 총 8획. govern) : 마를 제, 절제할 제, 금할 제.
●天(하늘 천;大部 1획, 총 4획. sky) : 조물주 천, 진리 천, 운명 천.
●下(아래 하;一部 2획, 총 3획. under) : 떨어질 하, 내릴 하.

어의 ●屈强(굴강) : 고집이 세어 사람에게 굽히지 않음 ●屈伏(굴복) : 항복하거나 힘이 겨워 꿇어 엎드림 ●屈指(굴지) : 손가락을 꼽음 ●臣民(신민) : 군주주의 국민 ●臣忠(신충) : 신하로서의 충의 ●臣下(신하) : 임금을 섬기는 벼슬자리에 있는 사람 ●制可(제가) : 임금의 허가 ●制度(제도) : 국가의 법률과 명령으로 만든 법칙 ●制服(제복) : 어느 단체나 기관에서 일정하게 제정한 복장 ●天界(천계) : 하늘 ●天鼓(천고) : 천둥 ●天功(천공) : 자연의 조화

참조 무안군은 이름을 백기(白起)라 한다. 소왕의 명을 따르지 않았다는 죄를 물어 비극적인 죽임을 당하였다.

綠　林
푸를 녹　　수풀 림

출전 《한서(漢書)》의 〈왕망전(王莽傳)〉, 《수호전(水滸傳)》
문의 푸른 숲.
요점 세상을 피한 호걸들이 산 속에 집단을 이루었음.

고사 전한 말엽에 대사마 자리에 있던 왕망이 나라를 빼앗아 천자가 되어 신 (新)이라는 새 나라를 건설했다. 진취적이고 개혁적인 정책을 연달아 발표하 며 민심을 얻으려 애를 썼다. 그러나 새 제도의 시행에 있어서 세부 규칙이 엇갈리는 바람에 백성들 중에는 오히려 땅을 잃고 노비가 되는 자들이 속출 했다. 새로이 제정한 화폐는 여덟 해 동안 네 번이나 변했고, 여러 정책의 시 행착오로 백성들의 살림은 더욱 어려워졌다.

반란이 일어난 것은 지극히 자연스러웠다.

이러한 때에 신시(新市)에서 왕광(王匡)과 왕봉(王鳳)도 일어났다. 둘은 관 군에게 쫓기어 도망 다니던 마무(馬武), 왕상(王常), 성단(成丹) 등을 끌어들 여 세를 규합했다. 이들은 무리를 이루어 도적질을 하며, 관아를 습격하여 소득을 얻었다. 그리하여 녹림산(綠林山)에 근거를 마련하게 되었다.

"우리는 녹림병이다!"

그들은 몇 달 사이에 8천 명으로 불어났다. 얼마 후 형주자사가 거느리는 2만의 관군들에게 공격을 받았으나 잘 물리쳤다. 상황이 이렇게 되자 천하 각지에서 어중이떠중이들이 모여들었다. 마침내 녹림병의 수효는 5만을 헤 아리게 되었다.

이때에 유수(劉秀 ; 나중에 光武帝)와 유현(劉玄)이 군대를 일으키자 왕광 등은 그들과 합세했다. 이들은 왕망군에 대항하는 세력으로 발전한 것이다.

자원 ●綠(푸를 녹 ; 糸部 8획, 총 14획. green) : 초록빛 녹.
●林(수풀 림 ; 木部 4획, 총 8획. forest) : 더불더불날 림. 나무(木)가 합하여 숲을 이룸.

어의 ●綠潭(녹담) : 푸른 연못 ●綠水(녹수) : 푸른 물 ●綠陰(녹음) : 푸른 잎이 우거진 나무 그늘 ●林野(임야) : 나무가 늘어서 있는 넓은 땅 ●林間(임간) : 수풀 사이 ●林業(임업) : 삼림을 경영하는 사업을 뜻함

참조 녹림이라는 용어는 도둑을 뜻하게 되었다. 그러나 그들이 봉기하자 자연스럽게 '녹림의 호걸'로 영웅시되었다. 바로《수호전》에 등장하는 영웅·호걸들이다.

☞ 梁山泊(양산박) : 산동성 서부의 양산(梁山). 이곳은 예로부터 앞뒤가 호수로 둘러쳐진 독립한 언덕이었다. 그곳은 교통의 요지이며 옛날 은나라의 제2의 서울이었다. 양산박이란 산 밑에 있는 늪의 이름이다. 이곳은 세월이 흐르면서 사람들의 시선에서 멀어졌다. 그러던 것이 송나라 때에 황하가 범람하여 이 늪과 연결되는 사건이 발생했다. 그때부터 작은 산 속에 근거지를 마련하여 송강(宋江)을 두목으로 삼아 26명의 의적이 모여 관군을 괴롭혔다.

⇨《수호전》이라는 소설은 이러한 사실을 각색하여 양산박의 호걸 108명의 얘기를 엮어 놓았다. 이후부터는 호걸 흉내를 내는 자들이 모이는 곳을 양산박이라 하였다.

☞ 幕天席地(막천석지) : 하늘로 막을 삼고 땅을 자리로 함. 모든 일에 주저함이 없음을 나타내는 말.

論 功 行 賞
의논할 **논**　공 **공**　행할 **행**　상줄 **상**

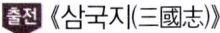

출전 《삼국지(三國志)》
문의 공을 세운 것에 대해 상을 내림.
요점 공로의 크고 작은 것을 조사하여 상을 내리는 것.

고사 이 세상에는 두 종류의 사람이 있다고 했다. 아무것도 하지 않고 상을 타는 사람과, 많은 일을 하고도 상을 타지 못하는 사람이다.

위(魏)나라의 2대 왕인 문제(文帝)는 선양의 형식을 빌어 한나라 왕실을 멸하고 보위에 오른다. 그러나 이것은 무슨 공을 세워 그렇게 된 것이 아니고, 선양의 형식을 빌었기 때문에 대단한 것이라고는 보기가 힘들었다. 이를테면 '위오촉(魏吳蜀)'의 삼국이 정립된 상태였기 때문이었다.

문제(文帝 ; 조비)는 죽기 며칠 전 조진과 조휴, 진군, 그리고 백전노장 사마의(司馬懿)에게 집안일을 부탁했다. 집안일이라는 것은 현명치 못한 명제(明帝)를 돌봐 달라는 것이다. 이때에 촉한의 재상 제갈공명이 출사표를 올리고 위를 정벌하기 위해 법사들을 이동한다. 첫 번의 전투에서는 믿었던 마속이 가정(街亭)을 지키지 못하여 패했고, 이것은 회군의 빌미를 가져왔다.

두 번째 출사표를 올리고 출병한 공명은 오장원에서 천수를 다하고 쓰러졌다. 이로써 촉한을 지탱하던 큰 기둥은 무너진 것이다.

명제가 보위에 오른 지 3개월 후, 오나라의 손권은 병적을 이끌고 위의 강하군(江夏群)을 공격했다. 이에 호응하여 제갈근 등이 양양을 침범했다. 그러나 장하에서는 태수 문빙(文聘)이 손권을 격퇴시켰으며, 사마의가 오군을 깨뜨리고 장패를 목 베었다. 그런가 하면 조휴 역시 오나라의 공격을 차단시키는 등의 공을 세운다.

명제는 이들의 전공을 세세히 조사하여 상을 주었는데,《삼국지》에는 지위에 따라 주었다고 쓰여 있다.

자원 ●論(의논할 논 ; 言部 8획, 총 15획. theory) : 말할 논, 생각 논.
●功(공 공 ; 力部 3획, 총 5획. credit) : 공치사할 공, 복 입을 공, 일할 공.
●行(행할 행 ; 行部 총 6획. do) : 갈 행, 길 행.
●賞(상줄 상 ; 貝部 8획, 총 15획. prize) : 구경할 상, 아름다울 상.

어의 ●論價(논가) : 논의할 가치 ●論述(논술) : 논하여 의견을 진술함 ●功課(공과) : 일의 성적, 사업의 진행 정도 ●功利(공리) : 공로와 이익 ●行惡(행악) : 모질고 나쁜 짓을 함 ●行子(행자) : 길을 가는 사람 ●賞金(상금) : 상으로 주는 돈 ●賞玩(상완) : 좋아서 즐기거나 구경함

참조 ⇨ 상벌 제도는 예로부터 크게 애용되어 왔다. 나라를 건국하거나 또는 내란이나 외정(外征) 등에 공을 세울 때에 공을 따져 상을 주었다. 그러다 보니 큰 공을 세우고도 작은 상을 받은 이들이 불만을 품고 난을 일으키는 일도 생겨났다. 역사적으로 보면 논공행상에는 크고 작은 시비가 일어난 경우도 많았다. 상벌이 공정하게 시행되지 않았다 하여 불만 세력이 난을 일으키는 경우는 손으로 다 꼽을 수 없을 정도다.

그래서 흥미로운 말 하나가 생겨났다. 무상무벌(無賞無罰)이 그것이다. 상을 받을 것이 없으면 벌 받을 일이 없다는 것이다. 역사적으로 신상필벌(信賞必罰)이 온전히 시행되는 것은 없었다고 보는 것이 옳다. 본디 상(賞)이라는 것은 가상히(尙) 여겨 상품(貝)을 준다는 데에서 유래를 찾을 수 있다.

多 士 濟 濟
많을 **다**　선비 **사**　건널 **제**　건널 **제**

출전 《시경(詩經)》의 〈대아(大雅)〉
문의 인재가 많다.
요점 아무리 훌륭한 사람도 인재가 없이는 일을 할 수가 없다.

고사 《시경》의 〈대아편〉에는 문왕(文王)이라는 시가 있다. 문왕이 하늘의 명을 받아 주나라를 이룩한 유래와 덕이 있어야 나라를 유지할 수 있다는 훈계를 한 내용이다.

주희(朱熹)는 이것을 성왕을 훈계하기 위해 지었다고 하는데, 이것은《여씨춘추》고악편(古樂篇)에서 시를 인용하고 주공이 지었다고 하는 데 근거를 두고 있다. 물론 이 근거는 확고하다고 단정할 수 없다.

그렇다 해도 이 곡이 주초(周初)의 것임에는 두말할 여지가 없다.

문왕께서 위에 계시어
해처럼 하늘에 빛나시도다
주(周)는 오래된 나라지만
천명은 새로운 것이거니
주나라는 크게 밝고
상제의 명이 때맞춰 내린다
문왕께선 하늘에 오르내리며
항상 상제 곁에 계신다

애쓰시니 문왕의 명성
온누리에 그칠 날이 없고
아, 이 나라 문왕의 자손
문왕은 그 현손
무궁히 뻗어가며
이 땅의 모든 신하들
대대로 섬기어 받드는도다

대대로 빛나는 치적
매사는 한층 삼가도다
아. 훌륭한 인재들이 있어
이 나라에 태어났도다
많은 인재들이 있으니
모두 나라의 기둥이로다
많은 인재들 있으니(濟濟多士)
문왕께선 마음을 놓으시라

자원 ●多(많을 다;夕部 3획, 총 6획. abundant):뛰어날 다, 마칠 다.
●士(선비 사;士部 총 3획. a scholar):벼슬 사, 일 사.
●濟(건널 제;水部 14획, 총 17획. cross):그칠 제, 단정할 제.

어의 ●多岐(다기):많은 갈래 ●多足(다족):많고 넉넉함 ●士官(사관):병졸을
지휘하는 무관 ●士族(사족):문벌이 높은 집안 ●濟生(제생):생명을 구원하
여 건져냄 ●濟化(제화):착한 방향으로 가르쳐 인도함

참조 위의 시에서는 특히 천명사상(天命思想)이 강조되고 있다. 인재들의 출
현 역시 하늘의 뜻에 따랐다는 것을 짐작할 수 있다.

大 義 滅 親
큰 대 옳을 의 멸할 멸 친할 친

출전 《춘추좌씨전(春秋左氏傳)》
문의 대의를 위해 '부자의 정'도 희생함.
요점 큰일을 도모하기 위해 사사로운 정은 희생함.

고사 위(衛)나라의 공자 주우(州吁)는 장공(莊公)의 사랑을 한 몸에 받고 태어났다. 그는 태자로 책봉되지 못한 데에 불만을 품고 기회만 엿보고 있었다. 장공의 뒤를 이어 환공(桓公)이 보위에 오르자 난을 일으켜 보위를 찬탈했다. 어수선한 민심을 수습하기 위해 송나라와 진·채 등과 연합하여 정나라를 공격하여 승리를 얻어냈다. 당시 주우의 측근에 석후(石厚)라는 이가 있었다. 그의 부친 석작(石碏)은 융화를 멀리하고 싸우기만을 고집하는 주우의 행동에 늘 걱정이었다.

"저렇게 다투기만을 고집하면 어찌 되는가? 나라에 화가 미치지 않겠는가?"

석작은 기회 있을 때마다 아들의 과격한 행위를 나무랐다. 그리고 장차 나라의 안전을 위해 싸우는 것만이 능사가 아니라는 점을 주지시켰다. 그러나 석후는 부친의 이런 충고는 전연 귀 담아 듣지 않았다.

세력의 깊숙한 곳에 들어가기 위해 반란의 선봉에 서서 주우를 도운 것이다. 모든 것이 그들의 뜻대로 되어 가는 듯싶었으나 결코 민심을 얻지는 못했다. 어느 날 석후는 부친에게 가서 방책을 물었다.

"어찌해야 민심을 얻을 수 있겠습니까?"

"황실(皇室)에 가서 천자를 뵙는 것밖에 길이 없다."

그렇게 하기 위해서는 진나라에 중재를 청하는 것이 바른 수순이라고 운을 떼었다. 일단 석후와 주우는 진나라로 출발했다.

석작은 두 사람이 떠나기에 앞서 진나라에 사자를 보내 한 통의 서찰을 전하게 했다. 머지않아 진나라를 방문하는 주우와 석후라는 자는 자기 임금을 죽인 무도한 자니 조금도 망설이지 말고 처리해 달라는 것이었다. 진나라에 두 사람이 도착하자 그들은 기다리고 있던 도부수의 칼날에 목이 달아났다.

자원 ● 大(큰 대 ; 大部 총 3획. big) : 지날 대, 높이는 말 대, 길 대.
● 義(옳을 의 ; 羊部 7획, 총 13획. right) : 의리 의, 뜻 의.
● 滅(다할 멸 ; 氵部 10획, 총 13획. ruin) : 끊을 멸, 빠뜨릴 멸, 불 꺼질 멸.
● 親(친할 친 ; 見部 9획, 총 16획. parents) : 사랑할 친, 몸소 친, 사돈 친.

어의 ● 大定(대정) : 일을 견디어 정함 ● 大釘(대정) : 대문 등에 박는 큰 못 ● 大形(대형) : 사물의 형태 ● 義旗(의기) : 의병의 군기 ● 義徒(의도) : 의를 주장하는 무리 ● 義死(의사) : 의를 위해 죽음 ● 滅私(멸사) : 사사로운 이익을 떠남 ● 滅罪(멸죄) : 선을 행하거나 참회하는 일로서 죄악을 소멸함 ● 滅後(멸후) : 석가의 사후 ● 親家(친가) : 친정, 친척의 집 ● 親命(친명) : 부모의 명령 ● 親接(친접) : 친히 나와서 접대함.

참조 《좌전》의 필자는 말한다.

"석작이야말로 고금에 등장하는 충신들의 반열에 올려놓아도 손색이 없다. 반란자인 주우를 미워하고 혈육간인 아들의 허물을 조금도 용서하지 않았다. 이것이 대의멸친(大義滅親)이다."

대의를 위한 식작의 행농을 칭송한 것이다.

大　丈　夫
큰 대　　어른 장　　사내 부

출전 《맹자(孟子)》의 〈등문공하(滕文公下)〉
문의 큰 남자.
요점 남자다운 남자. 곧 대인을 뜻함.

해석 일반적으로 대장부라고 할 때는 사내다운 사나이를 지칭한다. 즉, 남자로서의 기상이 넘치는 사내가 대장부고, 여자는 여장부다. 여자쪽으로 본다면 여걸(女傑)이라 할 수 있을 것이다. 그러나 여기에서 말하는 대장부는 그런 뜻이 아니다.

고사 경춘(景春)이라는 사람이 맹자에게 물었다.

"공손연(公孫衍)과 장의(張儀)는 대장부가 분명하지요? 그들이 한 번 성을 내면 천하의 제후들이 겁을 집어먹고, 그들이 가만있으면 천하가 조용하니까요."

공손연은 유명한 세객(說客)이다. 장의 역시 마찬가지다. 천하를 한 손에 쥐고 흔들었던 일대의 변설가들에 대해 맹자의 관점은 달랐다.

"그들이 어찌 대장부일 수 있겠는가. 그대는 예(禮)를 배우지 않았는가? 대장부는 대저 천하의 넓은 집에서 살며, 천하의 큰길에 선다. 천하의 큰 덕을 행하여 이루어지면 백성과 더불어 즐기고 뜻을 얻지 못하면 혼자 즐긴다. 부귀를 가지고도 내 마음을 그른 길로 이끌지 못하며 위세와 폭력만으로 내 마음을 꺾지 못한다. 아무리 가난하고 천한 자리에 있더라도 내 마음을 옮겨 가지 않는 것, 이것이 바로 대장부다."

그런 점에서 볼 때 장의와 공손연은 정도를 밟지 않고 옆길로 갔으며, 문으로 들어가지 않고 담을 넘었다는 것이다. 그것은 천한 사나이가 할 일이지 장부가 취할 행동은 아니라 했다.

자원 ●大(큰 대;大部 총 3획. big) : 지날 대, 길 대, 높이는 말 대(어른이 양팔을 벌리고 있는 모습).
●丈(어른 장;一部 2획, 총 3획. adult) : 어른 장(지팡이를 본뜸. 十에 又(손)을 합했음.)
●夫(사내 부;大部 1획, 총 4획. man) : 지아비 부, 어조사 부.

어의 ●大槪(대개) : 대강의 사연이나 뜻 ●大家(대가) : 학문이나 기예 등 전문 분야에 조예가 깊은 사람 ●大鼓(대고) : 큰 북 ●丈席(장석) : 학문과 덕망이 높은 사람 ●丈祖母(장조모) : 처조모 ●丈尺(장척) : 장대를 열 자 길이로 만든 자 ●夫君(부군) : 아내가 남편을 일컫는 말 ●夫婦(부부) : 남편과 아내 ●夫妻(부처) : 남편과 그 아내

참조 맹자가 대장부에 대해 정의를 내린 것엔 어떤 의미가 있을까? 먼저 그 점을 알아야 한다. 맹자 역시 공자와 마찬가지로 천하를 떠돌며 자신을 써 줄 사람을 찾아다녔다. 천하를 떠돌던 그가 희망을 걸 수 있는 인물로 제나라 선왕을 생각했다. 맹자가 도착했다는 말을 듣고 선왕은 그를 객경(客卿)이라는 자리에 임명했다. 이것은 일 년 봉록이 10만 석에 해당되는 자리였다. 맹자는 봉록을 받지 않았다. 그런데도 그가 그 자리를 지킨 것은 혹시 선왕이 나라를 맡겨줄까를 기다린 것이다.

⇨ 걸주(桀紂)가 천하를 잃은 것은, 그 백성을 잃은 까닭이다. 그 백성을 잃은 것은 그 민심을 잃은 까닭이다. 천하를 얻는 데는 방법이 있다. 그 백성을 얻으면 곧 천하를 얻을 수 있다. 그 백성을 얻는 데는 방법이 있다. 인민이 갖고 싶어 하는 것을 베푸는 것이다(《맹자》).

☞ 作文政治(작문정치) : 시정 방침을 늘어만 놓고 시행하지 못하는 정치를 비꼬는 말.

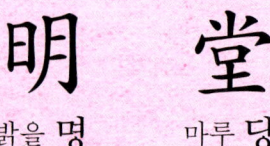

明 堂
밝을 명   마루 당

출전 《황제택경(黃帝宅經)》
문의 군왕이 사무를 보았던 대청마루.
요점 천하의 사람들에게 원성을 주었던 군왕의 집무실.

해석 명당에 대해서는 이견이 많다. 세상을 밝게 처리하기 위해 석현들이 모인 자리가 명당이다. 그런데 이 자리는 만백성 위에 군림하게 되면서 원망과 비탄을 쏟아내게 했던 곳으로 탈바꿈했다. 그것이 현대에 와서는 풍수 용어로 변한 것이다.

고사 《황제택경》에는 다음과 같은 의미심장한 구절이 있다. 산의 형태를 놓고 오행과 구성으로 따져 길흉을 헤아리는 방법이다. 그런데 이 방법은 산형이나 지형을 여인의 몸에 비유하는 것이 상당히 이례적이라 할 수 있다.

　'…살아 있는 사람의 집인 양택(陽宅)을 떠나 죽은 사람의 집인 음택(陰宅)으로 비유하여 여인의 모습을 설명한 내용이 흥미롭다. 먼저 조종산이라 부르는 두 개의 봉우리로 정기를 모으고 다시 아래로 내려와 평평한 땅과 우물을 만들어 놓는다. 여기에서 기운이 다시 뭉치니 좌청룡 우백호로 따르게 하고, 입수(入首) 끝을 슬쩍 들어 잉(孕)을 만들고 월훈(月暈)을 양편으로 가르고 그 난간에 육(育)을 그어 물을 떨궈 내리고 다시 좌우로 상수(相水)를 내어 혈토(血土)를 맺으니 자손이 꿇어앉을 전대(前臺)를 널찍하게 마련한 것이다. 또한 인목(印木)으로 하여금 혈자리를 감싸게 하였으니 이 모습이 명당이다.'

자원 ●明(밝을 명；日部 4획, 총 8획. bright)：분별할 명, 총명할 명.
●堂(마루 당；土部 8획, 총 11획. hall)：번듯할 당, 정당할 당.

어의 ●明官(명관)：어진 정치를 베푸는 수령 ●明敏(명민)：머리가 총명하고 동작이 민첩함 ●明暗(명암)：밝음과 어두움 ●堂堂(당당)：위엄스럽고 훌륭한 모양 ●堂山(당산)：토지나 마을의 수호신이 있다고 믿는 곳 ●堂兄弟(당형제)：사촌 형제

참조 ⇨ 풍수법상 명당이라는 말을 쓰는 경우는 둘로 나뉜다. 하나는 살아 있는 사람의 집터인 양택 풍수에서의 좋은 집자리를 뜻한다. 여기에는 동사택과 서사택으로 집의 좋은 위치를 살피는 방법이 있다. 주택의 구성 요소인 삼요(三要), 이를테면 대문과 안방과 부엌이 서로 어울리는 상관 작용에 의해 좋은 일과 궂은 일이 뒤바뀐다는 믿음을 가진 방법이다. 그런가 하면 집단으로 거주하는 도읍도 이에 속한다.《택경》에 이런 말이 있다. "한 집의 건물만 지을 수 있는 땅은 아무리 훌륭하여도 대지(大地)라고 하지 않는다." 그 이유는 대지가 당대뿐만이 아니라 자자손손 그 땅을 쪼개어 번영하며 살아가는 곳으로는 좁기 때문이다.

음택 풍수란 죽은 후에 묻힐 땅에 대해 길흉을 논하는 방법이다. 물론 좋은 곳을 명당이라 한다. 풍수라는 말이 낯설지 않게 등장하는 신라 말에서 고려 초로 넘어가는 시점에서 신라의 대문장가 최치원은 '신라는 황엽이요, 고려는 청송'이라 한 말이 있다. 이것은 장차 신라는 무너지고, 고려는 푸른 솔처럼 번영하리라는 말이다. 예전에는 스님들이 산으로 들어갔기 때문에 그들로 인해 죽은 사람을 매장하는 묘지 풍수가 발현한 것으로 보고 있다.

죽은 자를 소중히 다뤄줌으로써 행운을 맞이한다는 유교적인 조상 숭배도 한몫을 거든 것은 사실이다. 그렇기 때문에 묘지 풍수는 행과 불행을 전하는 움직일 수 없는 좌표가 된 셈이다. 이러한 법술이 민간에 뿌리를 내려 명당이라는 확고한 개념을 낳은 것이다.

矛 盾
창 모　　방패 순

출전《한비자(韓非子)》의 〈난일난세편(難一難勢篇)〉
문의 창과 방패.
요점 언행이 일치하지 않음.

고사 춘추전국시대에 한(韓)나라의 왕족이었던 한비자가 쓴《한비자》라는 책 속에 나오는 얘기다. 이 무렵은 주나라 황실의 권위가 날로 땅에 떨어졌다. 군웅이 난립하고 패권을 다투고자 천하는 혼란으로 치달았다. 자고 일어나면 모든 게 변해 있을 정도였으니 싸움은 하루도 그칠 날이 없었다. 이렇다 보니 병장기의 소모는 심했으며, 좋은 무기는 날개가 돋친 듯 팔려나갔다.

어느 거리에서 칼과 방패를 파는 사람이 있었다. 그는 날이 선 세모 창(矛)과 방패(盾)를 땅에 늘어놓고 소리소리 고함을 지르며 물건을 팔았다. 거리를 휩쓸던 전운이 그치고 얼마간 소강상태에 빠졌다.

사람들은 모처럼의 평화 속에 길을 오갔다. 붐비는 거리에서 사내의 목소리가 쩌렁하게 울려 퍼졌다.

"자, 여기를 보십시오. 여기에 여러분의 생명을 지켜 줄 물건이 있습니다. 이 방패는 여느 것과는 다릅니다. 방패의 명인이 만든 것이므로 이 세상의 어떤 병장기로도 뚫을 수 없습니다. 자, 병화가 일어나기 전에 어서 사십시오. 남의 눈치를 보며 기다렸다가는 늦습니다."

사내는 신이 나게 소리를 지른 다음 이번에는 곁에 놓아둔 창을 들고 고함을 질렀다.

"여러분, 여기를 보십시오. 이 창은 세상의 어느 것도 뚫을 수 있을 만큼 예리합니다. 천하에 이처럼 예리한 창은 없습니다. 자, 늦기 전에 어서 오십시오."

그 말을 듣고 있던 한 노인이 슬며시 앞으로 나섰다.

"이보시오, 나는 당신의 말을 믿을 수가 없어요. 내가 늙어 정신이 혼미해졌는지는 모르지만 당신의 말은 도무지 맞지 않아요. 당신이 자랑하는 창은 어떤 거라도 뚫을 수가 있고, 곁에 있는 방패는 어느 창이라도 막아낼 수 있다 하였소. 만약에 말이외다. 당신의 창으로 방패를 찌르면 어찌 되는 거요?"

그 말에 장사꾼 사내는 말문이 막혀 버렸다.

자원 ●矛(창 모;矛部 총 5획, spear):세모진 창 모.
●盾(방패 순;目部 4획, 총 9획. shield):벼슬 이름 순.

어의 ●矛戈(모과):창 ●矛叉(모차):세모 창 ●矛櫓(모로):창과 방패 ●盾鼻(순비):궁중에서 쓰는 방패

참조 ☞ 顯牛首賣馬肉(현우수매마육):일반 백성에게는 금하고 자신들은 그것을 한다는 뜻(《안자춘추》). 양두구육(羊頭狗肉)과 일맥상통한다.
　⇨《한비자》의 〈난세편〉에 있는 얘기다. 요(堯) 임금이 천자로 있고 순(舜)이 보좌하고 있을 때였다. 순이 농사짓는 곳에 가면 밭이랑 다툼이 없어지고, 강가에 가면 서로 어장을 양보하는 일이 벌어졌다. 그런가 하면 질그릇 만드는 곳에 가면 품질이 더욱 견고해졌다는 것이다. 배를 두드리며 격양가를 높이 부르던 태평성대에도 실정(失政)이 있었던 것을 알 수 있다. 이와 같이 상호 맞지 않은 점을 한비자는 모순이라는 것으로 바꾸어 설명하고 있는 것이다.
　　☞ 方枘圓鑿(방예원조):모가 진 자루와 둥근 구멍은 서로 맞지 아니한다는 뜻. 사물이 맞지 않음을 비유.

法 三 章

법 법　　석 삼　　법 장

출전 《사기(史記)》의 〈고조본기〉
문의 세 조목의 법.
요점 진나라의 잔혹하고 번잡스러운 법을 대신한 간단 명료한 법.

고사 기원전 208년. 항량은 진나라에 멸망당한 초나라 회왕의 손자를 찾아 왕으로 모시고 그의 조부 이름을 따 회왕(懷王)이라 하였다. 회왕은 유방이든 항우든 간에 먼저 함양에 입성한 자가 관중왕(關中王)이 된다는 언지를 주었다. 그러므로 유방과 항우는 진나라 병사들과 치열한 접전을 벌였다.

기원전 206년. 시골의 건달에 지나지 않았던 유방이 병사를 일으킨 지 4년 만에 함양의 궁전을 수중에 넣었다. 호화스러운 궁안 시설, 그것은 시선을 빼앗길 만큼 현란스러웠다. 그는 옥좌에 앉으며 결코 그곳을 떠나지 않겠다고 하였다. 번쾌가 말렸다.

"안됩니다. 나가셔야 합니다."

"어째서?"

"장군께서는 천하를 차지하셔야 합니다. 어찌하여 부자에 만족을 하십니까."

"아니야, 모든 게 번거러워. 나는 그만 쉬고 싶어."

"장군께서 함양에 입성할 수 있었던 것은 진나라가 도리에 맞지 않은 일을 저질렀기 때문입니다. 그러므로 천하를 통일하기 위해서는 무엇보다 진나라의 잔당들을 제거하시고 조의조식(粗衣粗食 : 남루한 옷을 입고 맛없는 음식을 먹음)으로 견뎌야 합니다. 함양에 입성하였다 하여 사치와 황음을 일삼

는다면 걸주(桀紂 : 중국 하나라(夏)의 걸(桀)과 은나라(殷)의 주(紂). 포악한 임금의
대표자)와 다를 바 무엇이겠습니까. 잊지 마십시오. 양약은 입에 쓴 법입니
다. 충언은 귀에 거슬리나 이로운 법입니다."

유방은 술을 잘 마시고 호색했지만 다른 사람의 말은 잘 들었다. 이같은
모든 일은 장량의 계책이었다. 어쨌거나 유방은 야영지로 돌아가면서 여러
현의 노인들과 명사를 불러 말했다.

"지금까지 진나라의 가혹한 법에 백성들이 너무 시달렸습니다. 나는 관중
에 먼저 들어왔기 때문에 이곳의 왕이 될 것이오. 해서 나는 세 가지 법만을
선포하겠소. 첫째는 사람을 죽인 자는 사형에 처하고, 둘째로 사람을 중상
입힌 자와 도적질한 자는 응분의 벌을 받을 것이오. 마지막으로 진나라의 모
든 법은 폐지하겠소. 그대들은 이같은 점을 참작하여 생활에 임해 주시오."

자원 ●法(법 법 ; 水部 5획, 총 8획. law) : 본받을 법, 형벌 법, 형상 법.
●三(석 삼 ; 一部 2획, 총 3획. three) : 자주 삼.
●章(법 장 ; 立部 6획, 총 11획. law) : 표할 장, 글 장, 장정 장.

해석 ●法規(법규) : 법률상의 규범 ●法理(법리) : 법률의 원리 ●三權(삼권) :
입법·사법·행정권 ●三不惑(삼불혹) : 심취하지 말아야 할 세 가지. 술, 여자,
재물 ●章理(장리) : 밝은 이치 ●章章(장장) : 밝은 모양

참조 법삼장(法三章). 이 법은 세계에 유래가 없는 가장 간단명료한 법이었다.
이로써 유방은 천하 통일의 발판을 굳힌 것이다.

항우는 유방과는 대조적인 행동을 취했다. 그는 궁궐을 불사르고 후궁과
부녀자와 보물을 빼앗았으므로 천하의 인심을 잃었다.

焚 書 坑 儒

불사를 분 글 서 구덩이 갱 선비 유

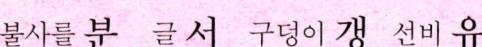

출전 《사기(史記)》의 〈진시황본기(秦始皇本紀)〉
문의 책을 불사르고 유생들을 구덩이에 묻다.
요점 서적과 학자들을 탄압하는 행위.

고사 전국시대에 천하를 통일한 진왕 정(政)은 스스로 시황제라 칭했다. 그는 봉건제도를 폐지하고 처음으로 중앙집권제를 열었다. 그러던 진시황 34년, 함양궁에 잔치를 열었다. 그때 박사 순우월(淳于越)이 황제 앞으로 나아가 의견을 내놓았다. 그것은 봉건제도가 부활해야 하는 당위성의 주장이었다. 이를 놓고 한바탕 접전이 벌어졌다.

순우월은 주장한다.

"은나라와 주나라가 일천 년 동안 유지할 수 있었던 것은 왕족이나 공신들을 제후로 봉할 수 있었기 때문입니다. 이들은 마치 병풍처럼 둘러쳐 황실을 보호한 것입니다. 그러나 지금은 폐하께서 나라 안의 여러 지방을 분할하는 군현제도를 택하셨습니다. 그렇다 보니 왕실을 뒤엎으려는 음모나 불충한 세력이 있다 해도 황실을 감싸주는 세력이 없으니 황실을 보호할 마땅한 방법이 없습니다. 모든 일은 지나간 역사에 비추어 결정하는 것이 옳은 일이라 봅니다."

황제는 그 말을 받아들여 여러 고관들의 의향을 물었다. 승상 이사(李斯)가 반대 의견을 내놓았다.

"예전에야 천하가 소란스러워도 이들을 다스릴 영웅이 없었기 때문에 도처에서 군웅이 할거했습니다. 그들은 제후들과 엎치락뒤치락 부질없는 싸움만을 되풀이했습니다. 이제는 혼란했던 천하가 통일되어 안정 속에 있습니다. 법률과 명령에 권위가 서 있는 것이 그걸 말하고 있습니다. 그런데도 지금 어떤 무리들은 도당을 앞세워 군왕의 절대적인 힘에 도전하고 있습니다. 그들을 그대로 놔둔다면 군왕의 위덕을 손상시킬 것입니다. 신이 아뢰건대 즉시 사민필수의 의약과 복술, 농경에 대한 기록과 진나라의 글을 제외한 모든 기록을 없애야 할 것입니다. 시서(詩書)의 제자백가의 글도 마찬가집니다."

진시황제는 소름끼치는 이사의 진언을 받아들여 각지의 모든 문서들과 서적을 닥치는 대로 태워 버렸다.

자원 ●焚(불사를 분 ; 火部 8획, 총 12획. burn) : 불 땔 분.
●書(글 서 ; 日部 6획, 총 10획. write) : 글씨 서, 굴 서, 편지 서.
●坑(구덩이 갱 ; 土部 4획, 총 7획. pit) : 묻을 갱, 빠질 갱.
●儒(선비 유 ; 人部 14획, 총 16획. scholar) : 난쟁이 유, 유도 유.

어의 ●焚掠(분략) : 집을 불태우고 재산을 빼앗음 ●焚蕩(분탕) : 재물을 불태워 없애 버림 ●焚香(분향) : 향료를 불에 피움 ●書庫(서고) : 책을 저장하는 곳 ●書士(서사) : 대서를 업으로 하는 사람 ●書店(서점) : 책을 파는 점포 ●坑口(갱구) : 굴의 어귀 ●抗道(갱도) : 광산 등의 갱내의 통로 ●坑陷(갱함) : 지면이 움푹 꺼져서 생긴 구덩이 ●儒敎(유교) : 중국의 전통적인 정교 일치를 주지로 하는 교 ●儒儒(유유) : 과단성이 없이 주저하는 모양 ●儒賢(유현) : 유교에 정통하고 언행이 바른 선비

참조 진시황은 초기에는 영웅적인 활동을 벌였으나 점차 나이가 들어감에 따라 신선술에 빠져들어 방사들을 불러들였다. 그 가운데 노생(盧生)과 후생(候生)이라는 자들이 있었다. 이들은 재물을 착취하고 시황제를 기만한 뒤 도망쳤으며, 결국 시황제의 분노를 샀다. 그 여파로 함양 성 내 학자들이 생매장당하는 비극이 발생했다. 이들은 거의 유교를 신봉했기 때문에 갱유(坑儒)라 하였다.

貧 者 一 燈
가난할 **빈** 사람 **자** 한 **일** 등불 **등**

출전 《현우경(賢愚經)》
문의 가난한 자가 밝힌 등불.
요점 가난하지만 정성을 다해 불을 밝힘.

고사 부처님께서 사위국(舍衛國)의 한 정사(精舍)에 계실 때였다. 그 마을에 난타(難陀)라는 가난한 여인이 살고 있었다. 부모 형제는 고사하고 의지할 곳 없는 여인이었다. 나라 안의 사람들은 크고 훌륭한 등불을 켜서 공양을 올렸다. 그러나 난타는 가진 돈이 없어 등불을 켜 공양할 수가 없었다.

그녀는 구걸을 하기 시작했다. 아침부터 저녁까지 구걸하여 모은 한 푼을 들고 기름집으로 달려갔다. 난타는 한 푼어치의 기름을 사서 정성스럽게 불을 붙였다. 점차 시간이 흘렀다. 하나 둘 불이 꺼졌다. 호화롭게 치장한 부자의 등에도 탐스럽게 치장한 사업가의 등에도 불이 꺼졌다. 그러나 꺼지지 않은 등이 있었다. 난타가 친 등불이었다. 온갖 정성을 다했기 때문에 난타의 등은 꺼지지 않고 타오른 것이다. 부처님은 그녀를 비구니로 받아들였다.

자원 ●貧(가난할 빈;貝部 4획, 총 11획. poor):구차할 빈.
●者(사람 자;耂部 5획, 총 9획. human):놈 자, 이 자, 어조사 자.
●一(한 일;一部 총 1획. one):정성스러울 일, 순전할 일.
●燈(등불 등;火部 12획, 총 16획. lamp):촛불 등, 등불 등.

어의 ●貧民(빈민):가난한 백성 ●貧寒(빈한):집안이 가난하여 쓸쓸함 ●一

括(일괄) : 한데 묶음 ● 一掬(일국) : 한 움큼 ● 燈油(등유) : 등불에 쓰는 기름
● 燈燭(등촉) : 등불과 촛불

참조 안병욱(安炳煜)의 〈행복의 미학(美學)〉에는 정성에 대한 얘기가 나온다.

'……정성은 인간이 가지는 가장 밝은 빛이요, 아름다운 향기요, 숭고한 힘이다. 우리에게 삶의 기쁨을 주는 것은 정성이다. 정성스러운 마음에서 우러나오는 정성스러운 말씀과 정성스러운 행동은 우리의 생활을 훈훈하게 해주고, 우리의 정신을 즐거움으로 가득 차게 한다. 인생에게 보람과 희망을 주는 것은 진실로 정성이다. 인간의 정성 중에서도 제일 지극한 정성은 아마 부모님의 자식에 대한 정성일 것이다.'

⇨ 정성을 들였다고 하여 마음을 놓지 말라는 얘기가 있다. 정성을 다했는데도 오히려 헛수고를 한 결과를 초래한 《백유경》의 얘기다.

소금이라는 것은 간을 맞추는 데 필요한 것이다. 음식이 구수하고 맛이 있다는 것은 간이 잘 맞는다는 얘기가 된다. 어떤 사람이 잔치에 초대되었다. 잔칫집에서는 많은 음식이 나왔는데 한결같이 맛이 없었다.

간이 맞지 않았다는 얘기다. 그 사람이 주인에게 따지듯 말했다.

"무슨 음식이 이렇게 맛이 없어요? 이래 가지고서야 음식을 먹을 수 있겠어요?"

그 말을 들은 주인의 얼굴이 해쓱해졌다. 주인은 손수 음식 맛을 보더니 간이 맞지 않았다는 것을 알았다. 다른 사람을 시켜 소금을 가져오게 하여 간을 맞추었다. 단번에 음식 맛이 달라진 것이다. 그 사람은 몹시 기뻐하며 생각했다. '소금을 조금 넣었는데도 이런 맛을 냈으니 많이 넣으면 얼마나 맛이 있을까.'

그는 모든 음식에 무조건 소금을 많이 넣었다. 음식은 맛이 있기는커녕 찌기민 힐 뿐이었나.

先 覺 者
먼저 선 깨달을 각 놈 자

출전 《맹자(孟子)》

문의 먼저 깨달음을 얻은 자.

요점 시대에 앞서서 깨달음을 얻은 자. 또는 사물의 도리를 먼저 깨닫는 자.

해석 일찍이 맹자는 이윤의 말을 인용하여 스스로를 선각자(先覺者)라 하였다.

"하늘이 이 세상에 사람을 내놓을 때엔 앞서 진리를 얻은 자가 나중 사람들에게 그것을 자각하도록 촉구하는 일을 맡겼다. 나는 '선각자'다. 요순(堯舜)의 도로써 백성을 깨우칠 작정이다. 그렇게 할 사람은 나 외에는 없다."

이러한 자각은 사회 개혁에 몸을 내던진 맹자 자신의 것이었다.

고사 이윤(伊尹)은 탕왕(湯王) 때 시골에 은거하여 은둔 생활을 즐겼다. 몇 번이나 왕이 불렀으나 결코 응하지 않다가, 수차례에 걸쳐 사자가 오자 별수 없이 따라나섰다. 탕은 이윤의 도움으로 국력을 뻗쳐 나갔다. 이때는 하왕조의 사이계(姒以癸;桀)의 천하였다. 그는 폭군이었으나 탕은 신하의 도리를 지켜 충성을 다했다. 어떻게든 어지러운 세상에 평화를 심으려고 노력했다. 그런 점을 인정받아 사이계는 탕을 방백(方伯)으로 임명했다. 이 당시의 방백은 '제후국의 장(長)'이었다. 방(方)이란 어떤 방향의 토지나 지역의 경계를 뜻하는 것이며, 백(伯)은 패(覇)와 같은 뜻이다. 이렇듯 세력의 가지를 떨친 탕을 도와 이윤은 마침내 폭군의 나라를 뒤엎고 은(殷)나라를 세웠다. 당시 이윤의 자각은 '나는 선각자다!'였다.

자원 ● 先(먼저 선; 儿部 4획, 총 6획. previous) : 비로소 선, 선조 선, 앞 선, 이를 선(之(갈 지)에 儿(어진 사람 인)을 더한 글자).

● 覺(깨달을 각; 見部 13획, 총 20획. perceive) : 깨우칠 각, 밝힐 각, 클 각.

● 者(사람 자; 耂部 5획, 총 9획. man) : 이 자, 어조사 자.

어의 ● 先考(선고) : 돌아가신 아버지 ● 先代(선대) : 조상의 대 ● 先給(선급) : 삯이나 대금을 먼저 줌 ● 覺得(각득) : 깨달아 얻음 ● 覺醒(각성) : 잘못을 깨닫고 정신 차림 ● 覺悟(각오) : 도리를 깨달음

참조 근대 중국의 혁명가 손문(孫文)은 그의 저서 《삼민주의(三民主義)》에서 세상의 모든 사람들을 세 종류로 분류했다. 첫째는 선지선각(先知先覺)이다. 이에 해당하는 이를 발기인으로 표현했다. 그 다음이 후지후각(後知後覺)이다. 여기에 해당하는 이는 선전가다. 나머지가 부지불각(不知不覺)으로 건축으로 비유하면 설계사라는 것이다.

⇨ 어느 날 탕(湯)이 몇 사람의 시종을 거느리고 한적한 교외로 나갔다. 그때 한 사람의 사냥꾼을 만났다. 사냥꾼은 들판에 높다랗게 장대를 세운 채 동서남북으로 그물을 쳤다. 그런 다음 사냥꾼은 열심히 간구하였다.

"하늘에서 내려오는 새, 땅에서 날아오르는 새들은 모두 내가 친 그물에 걸려라!"

이것을 보고 탕은 세 방면의 그물을 걷게 한 후 말했다.

"이대로 두었다가는 머지않아 새들의 씨가 마를 것이다. 그러니 사냥꾼은 이렇게 외쳐라. 왼쪽으로 가려거든 왼쪽으로 날아라, 오른쪽으로 가려거든 오른쪽으로 날아라. 명령을 어기는 자는 내 그물에 걸려라!"

제후들은 그의 덕이 이미 극에 달했음을 눈치챘다.

羊 頭 狗 肉

양**양** 머리**두** 개**구** 고기**육**

출전 《안자춘추(晏子春秋)》, 〈광무제(光武帝)〉의 조서, 《질문쇄사집(軼聞瑣事集)》의 〈이정편(理政篇)〉

문의 양 머리를 걸어놓고 개고기를 판다.

요점 겉에는 좋은 품질을 내놓고 나쁜 물건을 파는 것. 사실과 다른 선전과 판매.

해석 〈양두구육〉의 어원은 본시 '양 머리를 걸어놓고 말 머리를 판다'로 쓰여 있다. 어느 것이든 이것은 좋은 물건을 눈요기로 내놓고 나쁜 물건을 파는 것으로 되어 있다. 《후한서》의 〈광무제가 내린 조서〉에는

"양 머리를 걸어놓고 말 고기를 팔고 있으며, 도척(盜跖)이 공자의 어(語)를 행한다"로 되어 있다. 여기에서 '도척이 공자의 어'를 행한다는 것은 춘추 시대에 천하의 대도둑 도척이 공자의 말을 자신의 말인 양 주절거리며 돌아다닌 것을 뜻했다. 사마천이 탄식을 거듭했던 도척이란 인물은 어떤가? 그는 수천의 도둑 떼를 이끌고 다니며 무고한 백성들을 괴롭히고 재물을 탈취했다. 그런데도 도척은 제 수명을 다 채우고 죽었기에 사마천은 탄식했다.

고사 제나라의 영공은 남장 여인을 좋아했다. 그러다 보니 이것이 제나라에 대유행이 되어 민간의 집에까지 남장 여인의 풍습이 만연했다.

당연히 군왕은 지엄한 금지령을 내렸다. 그런데도 이 명은 씨알도 먹히지 않아 여전히 민간의 풍습은 소란스러웠다. 군왕의 명이 떨어졌는데도 이렇다 할 효과가 없자 제영공은 안자(晏子)를 불러 화난 목소리로 떠들었다.

"군왕의 명이 떨어졌는데도 백성들에게서 아무 효과가 없으니 이 어찌된 일이오?"

그러자 안자는 답했다.

"당연한 일입니다. 폐하께서 안으로는 이를 묵인하고 밖으로는 엄히 금하고 있으니 명이 먹히지 않은 것입니다. 이는 소머리를 문밖에 걸어 놓고 말머리를 파는 것이나 다름없습니다."

영공은 이 말을 듣고는 궁중에서도 남장 여인을 금했다. 그 결과, 점차 나라 안에서도 남장 여인이 사라지게 되었다.

자원 ● 羊(양 양 ; 羊部 총 6획, sheep) : 노닐 양, 상양새 양.
● 頭(머리 두 ; 頁部 7획, 총 16획, head) : 위 두, 두목 두, 시초 두.
● 狗(개 구 ; 犬部 5획, 총 8획, dog) : 강아지 구.
● 肉(고기 육 ; 肉部 총 6획, meat) : 몸 육.

어의 ● 羊酪(양락) : 양의 젖 ● 羊肉(양육) : 양고기 ● 羊皮(양피) : 양가죽 ● 頭角(두각) : 머리 끝 ● 頭緖(두서) : 일의 단서 ● 頭酒(두주) : 좋은 술 ● 狗馬之心(구마지심) : 개나 말처럼 충성을 다함 ● 狗尾草(구미초) : 강아지 풀 ● 狗儒(구유) : 융통성이 전혀 없는 유학자 ● 肉塊(육괴) : 고기덩이 ● 肉德(육덕) : 몸에 살이 많아서 덕스러움 ● 肉味(육미) : 고기로 만든 음식

참조 제나라의 선왕이 제물로 바쳐지는 소가 끌려가며 눈물을 흘리는 것을 보고 측은한 생각이 들었다. 여간 마음자리가 불편하여 시종을 불러 말했다.

"저 소 대신 염소를 잡도록 하라."

이 얘기를 전해 들은 맹자는 옳지 않다고 하였다. 제선왕이 소의 죽음을 측은하게 여기는 것은 참으로 귀한 마음이지만, 소와 염소를 바꾸는 것은 제물(祭物)을 그렇게 한 것이니 백성들이 보기에는 인색할 뿐이라는 것이다. 불쌍하기는 소나 염소나 마찬가지이기 때문이다.

國家·社會

柔 能 制 剛
부드러울 **유** 능할 **능** 마를 **제** 굳을 **강**

출전 《삼략(三略)》의 〈군참(軍讖)〉
문의 부드러운 것이 강함을 제압한다.
요점 부드러우면 온화하여 다투지 않는다. 그러므로 그 덕으로 부러지기 쉬운 굳음을 제어한다.

해석 〈군참〉이라는 옛 병서에 부드러움이 강함을 능히 제어할 수 있다고 하였다. 또한 약한 것이 강한 것을 제압할 수 있다고 했다. 유한 것은 착하고 아름다운 덕이다. 강한 것은 사물이나 사람을 살상하는 악덕이다.

　보라, 약한 자는 사람이 돕지만 악한 자는 모두 공격하지 않는가.

고사 부드러움을 덕이라고 하는 것은 그렇게 마음가짐을 함으로써 상대에 대한 적개심을 버릴 수가 있다. 그러므로 많은 사람들이 감복한다.

　그것이 덕이다. 다음의 예화에서 '미소가 가장 무서운 검(劍)이다'라는 것을 느낄 수 있다.

　신라 말의 혼란기를 틈타 영웅호걸들이 일어섰다. 신라 왕족의 후예인 궁예는 세력을 얻자 함부로 신민들을 살상했다. 아첨하는 자들을 가까이 두다 보니 차츰 사람을 못 믿게 되었다. 하루는 궁예가 왕건을 불러 물었다.

　"경이 사람들을 모아 반란을 획책하고 있다는데 그게 사실인가?"

　궁예의 싸늘한 눈초리를 느끼며 왕건은 극구 변명했다.

　"아닙니다. 잘못 들으신 겁니다."

　그러자 궁예는 더욱 날뛰었다. 누군가 왕건에게 충고했다. 그 말을 듣고 왕건은 태도를 바꾸었다.

"그런 일이 있습니다. 이 몸을 죽여 주십시오. 정말 마마의 관심법은 놀랍습니다."

그제야 궁예는 껄껄 웃으며 왕건의 솔직함에 만족해하며 상을 내렸다. 부드럽게 대처한 왕건이 악한 궁예를 이긴 것이다.

자원 ●柔(부드러울 유 ; 木部 5획, 총 9획. soft) : 편안할 유.
●能(능할 능 ; 肉部 6획, 총 10획. able to) : 착할 능, 곰 능.
●制(마를 제 ; 刀部 6획, 총 8획. enactment) : 지을 제, 절제할 제.
●剛(굳을 강 ; 刀部 8획, 총 10획. firm) : 굳셀 강, 꼬장할 강.

어의 ●柔毛(유모) : 부드러운 털 ●柔撫(유무) : 어루만지고 달래고 위로함 ●柔媚(유미) : 연약하고 예쁨 ●能幹(능간) : 솜씨 ●能官(능관) : 재주있는 관리 ●能當(능당) : 능히 감당함 ●制可(제가) : 임금의 허가 ●制令(제령) : 정해진 법령 ●制止(제지) : 말리어 못하게 함 ●剛耿(강경) : 강하고 명확함 ●剛辯(강변) : 강건하고 변론에 능숙함 ●剛毅(강의) : 강직하고 굴하지 않음

참조 ⇨ '부드러우면 온화하여 다투지 않고 그 덕으로 하여 부러지기 쉬운 굳음을 제어한다'. 이것이 〈군참〉에 있는 내용이다. 이것을 사람으로 비유해 보자. 사람도 어릴 적엔 뼈가 잘 부러지지 않는다. 허나 늙으면 조그만 충격을 가해도 부러진다. 굳센 것을 적이라 한 것은 이유가 있다. 굳센 것은 간섭하기 쉽고 부러지기 쉽다. 그렇기 때문에 때로는 우왁스럽고 사나워 다른 사람에게 원망을 산다. 그렇다면 약한 자를 왜 돕는 것일까? 약한 자는 겸손하고 사양하기를 잘한다. 그런 연유로 대다수의 사람들에게서 동정을 사서 도움을 받는다. 많은 사람들이 강한 자를 공격 대상으로 삼은 것은, 강한 자는 고집이 세고 어진 마음이 적은 탓이다. 《노자》가 '이는 빠졌는데 혀는 아직 있다'고 한 것은 강한 것은 일찍 없어지지만 부드럽고 약한 것은 오래 간다는 뜻이다.

異 端
다를 이 　 끝 단

출전 《논어(論語)》의 〈위정편(爲政篇)〉

문의 다른 것. 정통이 아닌 것.

요점 성인의 도가 아닌 따로 학설을 이루는 것. 이를테면 양자(楊子)와 묵자(墨子) 같은 것을 말한다.

해석 《논어》의 〈위정편〉에 '이단을 치는 것은 손해가 있을 뿐'이라는 말에서 연유한다. 여기에서 이단을 친다는 것은 '연구한다'는 의미다. 따라서 이단의 설을 연구하는 것은 전혀 도움이 안 되는 필요 없는 일이라 했다.

고사 원문에 대한 해석을, 〈攻乎異端 斯害也已(이단을 치면 해가 멈춘다)〉로 보면 당연히 이단과의 투쟁하는 것을 의미한다. 그러므로 투쟁하기 위해서는 이단에 대한 연구가 따라야 하고, 그 허실을 탐지하여야만 해를 물리칠 수 있는 것으로 본다. 그렇게 본다면 이단의 설을 연구하는 것이 전혀 도움이 안 된다는 해설 편의 내용과는 자못 상반된 의미가 짙다. 어떻게 보든 간에 《논어》 안엔 이단에 대한 특별한 용례가 없기 때문에 이것이라고 비점(批點)을 찍을 수는 없다.

　그렇다면 현대에는 어떤가? 오늘날 우리가 사용하는 '이단'의 의미는 아무래도 주자(朱子)의 주(註)에 유래할 것이다. 즉, 옳지 않는 학설이나 그릇된 도로서 사용되는 것을 의미한다. 다시 말해 시류에 맞지 않는 사상이나 학설로서 전통적인 권위에 대항하는 것을 뜻한다.

자원 ● 異(다를 이 ; 田部 6획, 총 11획. different) : 괴이할 이, 나눌 이, 기이할 이 (畀(줄 비)+廾(손잡을 공). 탈을 쓰고 두 손을 든 채 춤추는 모습을 본뜸).
● 端(끝 단 ; 立部 9획, 총 14획. correct) : 바를 단, 메 단, 실마리 단, 살필 단, 근본 단(立+耑. 곧게 서서 돋아나는 새싹의 모습).

어의 ● 異見(이견) : 다른 생각 ● 異名(이명) : 본래 이름 외에 다르게 부르는 이름 ● 異色(이색) : 다른 빛깔 ● 端詳(단상) : 바르고 착함 ● 端緖(단서) : 일의 실마리

참조 슈바이처는 '이단'에 대해 다음과 같이 말한 바 있다.

"최대의 이단은 교의상(敎義上)의 이단에 있는 것이 아니다. 형제를 사랑하지 않는 것이 이단이다. 산상수훈에 나타난 기독교적 도덕, 그것은 신의 사랑의 선포다. 기적을 믿는다든가 안 믿는다든가, 삼위일체의 신이냐 일위의 신이냐? 이런 것이 중요한 문제가 아니다."

그 이유는 신이 곧 사랑이기 때문이라는 것이다.

⇨ '이단'이라는 말은 우리나라에서는 해방 이후 신교 각파에서 심도있게 사용되어 왔다. 각 교파 간에 이해 득실로 분열되기 시작하였고, 이단이라는 용어가 성행되었다. 종교에 대한 글을 살펴볼 필요가 있다.

• 나는 종교를 근엄성에 비례하여 평가한다. 만일 근엄하지 않으면 신이 한 번 손을 대자 부서지는 어린이 장난감으로밖에 보이지 않는다.
그러나 아무리 근엄하더라도 어떤 종교건 진리보다 근엄해서는 안 된다고 생각한다. 'B.러셀'.

• 많은 종교가 서로 상반되어 있음을 본다. 그러므로 하나를 제하고 다른 것은 모두 허위다. 어떤 종교도 그 자신의 권위에 바탕을 두고 믿어질 것을 바라고 신앙이 없는 것을 위협한다. 'B.파스칼'.

• 종교는 간접적으로나 직접적으로나 교의로서나 비교의로서나 아직 한 번도 하나의 진리를 내포한 적이 없다. 그것은 어떤 종교도 불안과 욕구에서 나왔기 때문이다. 'F.W.니체'.

指 鹿 爲 馬
가리킬 지 사슴 록 할 위 말 마

출전 《사기(史記)》의 〈진시황본기〉
문의 사슴을 가리켜 말이라 한다.
요점 어떤 일을 위압적으로 속이려 드는 일을 말한다.

고사 진시황(秦始皇)이 기원 37년 7월 순행하는 중에 사구(沙丘)라는 곳에서 목숨을 잃는다. 당시 진나라에 떠돌던 요언에는 '진나라는 머지않아 호(胡) 때문에 망한다'고 하였는데, 대다수의 사람들은 진나라를 괴롭혀 온 오랑캐 때문에 위태로워질 수도 있다는 판단을 했다. 왜냐하면 오랑캐의 침략을 막기 위해 진시황은 만리장성을 쌓았기 때문이었다.

이러한 중에 진시황은 목숨을 잃었다. 그는 죽기 전에 만리장성 밖으로 쫓겨난 태자 부소(扶蘇)에게 급히 서울로 돌아와 장례를 치르라는 유지를 남겨 놓았다. 이른바 다음 보위를 잇는 후계자를 지명한 셈이다. 조서를 맡은 환관은 늙은 너구리 조고(趙高)였다. 그는 유언을 거짓으로 짜 맞추어 어린 호해(胡亥)를 제2대 황제로 떠받들었다. 호해는 즉위하자마자 엉뚱한 포부를 지껄였다.

"나는 천하의 모든 즐거움을 누릴 것이다."

환관 조고는 내심 쾌재를 불렀다.

"폐하, 그렇게 하자면 아무래도 법을 엄히 해야 할 것입니다. 형벌을 가혹하게 하여 건방지게 입만 나불거리는 작자들을 모두 구덩이에 쳐박아야 합니다. 인재는 많습니다. 폐하의 주변에 젊은 인재로 가득 채움이 옳은 줄 아옵니다."

그렇게 하여 조고는 자기의 경쟁자인 이사(李斯)를 죽이고, 진시황 때부터 나라의 기둥이 되었던 재상이며 장군들을 하나씩 몰아냈다. 자기 편이 아닌 자는 무작정 궁에서 축출한 것이다. 이렇게 되고 보니 용상마저 탐이 났다. 거기에 앉자면 궁내의 동향이 자신에게 기울어졌는지를 살피는 것이 무엇보다 중요했다. 그는 어느 날 호해 황제 앞으로 한 마리의 사슴을 끌고 와 말했다.

"폐하, 천하에 둘도 없는 말을 헌상합니다."

"허어, 승상은 이상합니다. 그건 사슴이 아니오?"

조고는 발끈했다. 분명히 말이라는 것이다. 그렇게 하여 신하들에게 말인지 사슴인지를 묻게 되었다.

자원 ●指(가리킬 지;手部 6획, 총 9획. finger):손가락 지, 뜻 지.
●鹿(사슴 록;鹿部 총 11획. deer):모신 곳 집 록, 작은 수레 록.
●爲(할 위;爫部 8획, 총 12획. do):하여금 위, 어조사 위.
●馬(말 마;馬部 총 10획. horse):아지랑이 마, 벼슬 이름 마.

어의 ●指頭(지두):손가락 끝 ●指向(지향):지정하여 그쪽으로 향하게 함 ●鹿角(녹각):사슴의 뿔 ●鹿柴(녹시):가시 울타리 ●爲先事(위선사):조상을 위하는 일 ●爲先(위선):우선 ●馬鐵(마철):말편자 ●馬場(마장):말을 놓아 기르는 곳

참조 신하들은 둘로 나뉘었다. 사슴이라고 하는 자도 있고, 그 반대도 있었다. 호해는 느닷없는 상황에 어리둥절했다. 그러나 조고는 사슴이라고 말을 한 대신을 기억해 두었다가 엉뚱한 죄를 씌워 죽여 버렸다. 그때부터 궁 안에는 조고의 밑에 반대하는 신하가 없었다.

⇨ 궁 안이 이 모양이니 천하가 시끄러워지는 것은 너무나 당연했다. 천하 각지에서 반란이 일어났다. 진승과 오광의 난을 필두로 유방과 항우도 궐기했다. 조고는 호해를 죽이고 부소의 아들 자영을 황제로 세웠다. 그러나 그는 자영에게 피살되는 운명을 맞이했다.

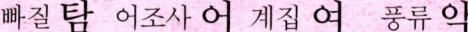

耽 於 女 樂
빠질 **탐** 어조사 **어** 계집 **여** 풍류 **악**

출전 《한비자(韓非子)》의 〈십과편(十過篇)〉
문의 여자의 풍류놀이를 탐하다.
요점 여악에 빠져 정사를 소홀히 하는 것을 뜻함.

해석 역대의 제왕들이 여악(女樂)으로 인해 나라를 망친 예는 너무나 흔했다. 큰 폐해를 준 것은 손을 꼽을 수 없을 정도고, 망국으로 치닫는 예는 진(陳)나라의 후주 숙보에게서도 찾을 수 있다. 그는 〈옥수후정화〉라는 여악 놀이에 취해 정사를 뒷전으로 미루는 바람에 결국 수나라에 공략되고 말았다.

고사 공자께서 노나라의 중도 땅의 읍장을 지낸 지 1년여 만에 요즘으로 말해 검찰총장이 되었다. 나라를 다스린 지 3개월 만에 거리에 물건이 떨어져도 자기 것이 아니면 줍는 사람이 없었다. 백성들은 태평가를 부르니, 이웃 제(齊)나라의 경공(景公)은 근심이 이만저만이 아니었다.

경공의 신하 여서는 별일이 아니라는 투였다.

"중니(공자)를 노나라에서 제거하는 것은 터럭을 불어 버리는 것과 같습니다. 크게 걱정할 일이 아닙니다."

"방법이 있나?"

"대왕께서는 중니를 후한 봉급과 높은 지위를 약속하여 이 나라로 초빙하십시오."

"그리하면 되는가?"

"또한 노나라의 정공(定公)에게는 여악(女樂)을 보내면 됩니다."

"그게 무슨 말인가?"

"그리하면 교만한 정공은 여악에 미혹되어 정사를 뒷전으로 할 것입니다."

"옳거니!"

경공은 무릎을 치며 반색했다. 며칠 후 경공은 여악 28인을 노나라 정공에게 보냈다. 정공은 여악을 즐기고 정치를 뒷전으로 미루었다. 더구나 정공이 교외에 제사를 지낼 고기를 보내지 않자 공자는 즉시 이견을 제시하고 나섰다. 그런데도 정공이 듣지 않자 공자는 노나라를 떠나 초나라로 향했다.

자원 ●耽(빠질 탐 ; 耳部 4획, 총 10획. pleasure) : 웅크리고 볼 탐.

●於(어조사 어 ; 方部 4획, 총 8획. on) : 거할 어, 대신할 어.

●女(계집 여 ; 女部 총 3획. female) : 딸 여, 별 이름 여.

●樂(풍류 악 ; 木部 11획, 총 15획. music) : 풍류인 악, 사람 이름 악.

어의 ●耽讀(탐독) : 책을 즐겨 읽음 ●耽悅(탐열) : 깊이 즐기고 좋아함 ●女傑(여걸) : 호걸다운 여자 ●女主(여주) : 여자 임금 ●樂聖(악성) : 음악계에서 성인이라 이를 만한 대음악가 ●樂匠(악장) : 음악에 통달한 사람

참조 여악을 이용한 풍류놀이는 결국 망국으로 가는 지름길이었던 셈이다. 그것은 마치 스며드는 흙탕물처럼 군왕의 마음을 더럽혀 버렸다.

그러다 보니 왕도정치를 꿈꾸었던 공자로서는 더 이상 노나라에 있어야 할 명분을 잃은 것이다.

☞ 詩酒風流(시주풍류) : 시와 술로 운치 있게 노는 일.

☞ 洛陽淸歌(낙양청가) : 낙양은 하남성에 위치한 곳으로 풍류로 유명한 곳이다. 또한 청가는 악기의 반주 없이 부르는 노래를 뜻한다.

☞ 呑花臥酒(탄화와주) : 《운선잡기(雲仙雜記)》에 전하는 풍류 용어. 꽃을 사랑하고 술을 좋아하는 풍류의 기질.

太 公 望
클 태　　어른 공　　바랄 망

출전《십팔사략(十八史略)》

문의 조부께서 기다리는 사람.

요점 어진 현자가 나타나기만을 조부는 기다렸다. 천하를 얻기 위해서였다.

고사 기원전 1147년인 상왕조(商王朝) 31대 제왕인 자수신(子受辛)은 달기의 치마폭에 빠져 천하를 다스리는 일을 공기놀이쯤으로 생각했다.

그의 포악한 정치로 말미암아 은왕조의 권위는 날로 땅에 떨어져 곤두박질했다. 당시 자수신에겐 세 명의 대신이 있었는데 후세의 사가(史家)들은 구후(九候)와 악후(顎侯)·서백(西伯)을 삼공(三公)이라 하였다. 구후와 악후는 죽임을 당한 후 맷돌에 갈아져 버렸고, 서백은 감옥에 갇힌 채 죽을 날만을 기다리다 겨우 풀려나 목숨만을 부지하였다. 문왕의 조부 고공단부(古公亶父)는 말했다. '우리 주나라에 반드시 성인 한 사람이 올 것이며 그로 인해 크게 번창한다'는 것이었다.

은왕조가 패망하고 주문왕이 즉위하여 서백(서방 제후의 우두머리란 뜻. 주문왕을 이름)이 되었을 때엔 천하의 3분의 1이 그의 수중에 있었다. 바로 그 무렵에 여상(呂尙) 태공망(太公望)은 동해 바닷가에서 낚시를 하는 중이었다.

물론 이것은 서백이 덕이 높다는 것을 알고 여상이 일부러 간 것이라 볼 수 있다. 어느 날 사냥을 나가려던 서백은 점쟁이를 불러 사냥감을 점쳤다.

"오늘 잡히게 될 물건은 용도 아니고 곰도 아닙니다. 반드시 대왕에게 도움이 될 것입니다."

그렇게 하여 주문왕은 위수의 북쪽 강가에서 태공망을 만났다. 그 옛날 태공께서 주나라에 성인이 올 것이라 한 예언이 맞아떨어진 것이라 하여 여상을 수레에 태우고 돌아왔다. '태공망'이란 조부가 기다리는 현인이라는 뜻이다. 나중에 주무왕이 병사들을 맹진으로 진격시켜 8백여 명의 제후와 회동했다. 승산을 묻자, 태공망의 답변이 떨어졌다.

"10분의 8"

주무왕은 즉시 군사를 돌려버렸다. 성공할 확률이 높았지만 실패할 확률도 2할이었다.

자원 ● 太(클 태 ; 大部 1획, 총 4획. big) : 굵을 태, 심할 태, 처음 태(큰 대(大)에 丶를 더한 글자. 참으로 크다는 뜻).

● 公(어른 공 ; 八部 2획, 총 4획. senior) : 한가지 공, 공변될 공, 아비 공, 존댓말 공.

● 望(바랄 망 ; 月部 7획, 총 11획. hope) : 볼 망, 원망할 망, 우러러볼 망, 보름달 망.

어의 ● 太高(태고) : 몹시 높음 ● 太公(태공) : 조부 ● 太過(태과) : 지나침 ● 公決(공결) : 공정한 결정 ● 公課(공과) : 국가나 공공단체가 개인에게 부과하는 조세 ● 公權(공권) : 공법상의 권리 ● 望見(망견) : 멀리 바라봄 ● 望九(망구) : 여든하나 ● 望軍(망군) : 망 보는 일을 맡아보는 사람

참조 기원전 1122년. 주부락을 위시한 연합군 4만5천 명이 4천여 대의 전차를 이끌고 맹진(孟津)에서 출병했다. 황하를 건너 상왕조의 수도 조가(朝歌)로 진격해 온다는 보고를 받고 은왕조에서는 70만의 대군을 모아 목야(牧野)에서 대치했다. 이 싸움에서 패한 자수신은 자신의 성으로 돌아와 보물 창고의 문을 열고 녹내(鹿臺) 위에 올라가 기름을 뿌리고 뛰어들었다. 후세의 사람들이 자수신을 말할 때에 '주제(紂帝)'라 부른다. 그것은 충신만을 골라 죽이는 폭군이라는 뜻이다.

罷 露 臺

파할 **파**　　이슬 **로**　　대 **대**

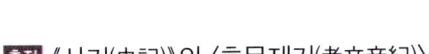

출전 《사기(史記)》의 〈효문제기(孝文帝紀)〉
문의 지붕 없는 정자 만들기를 그만두다.
요점 정자 하나를 만드는 예산이 열 집의 재산과 같으므로 그만두었다는 것
이다.

고사 효문황제는 고조의 여덟 아들 가운데 넷째다. 이른바 중자(中子)다. 고조
가 11년 봄에 진희의 군사를 대파하면서 산서성을 평정해 대왕(代王)으로 봉
하였다. 그는 박태후(薄太后)의 아들이다.

당시는 유혈극이 심심찮게 벌어졌으므로 한시도 안심할 수 없었다. 여씨
(呂氏)들의 득세로 천하가 소동되는 가운데 대왕은 어느 날 박태후에게 보
고하고 어찌할 것인가에 골몰했다. 그러나 결론을 내리지 못하고 망설였다.
그래서 귀갑(龜甲)을 태워 점을 쳤는데, '대횡(大橫)'이라는 괘사를 얻은 것
이다.

'……대횡이라는 점괘가 나타났으니 이는 머지않아 대왕이 천자가 될 징
조입니다. 하왕조의 우왕을 계승하여 제위(帝位)에 오른 계(啓)처럼 부업(父業)
을 빛낼 것입니다.'

과연 그의 말대로 대왕은 천자의 자리에 올랐다.

그는 모든 일에 솔선했다. 백성들을 사랑하는 마음을 한층 더하게 하였
다. 그러는 황제가 지붕 없는 정자를 만들려는 계획을 세웠다. 예산을 세워
공사를 하려는데 공사비가 만만치 않았다. 정자 한 채를 짓는 데에 중산층의
10집의 재산과 맞먹는다는 것이다. 황제는 공사를 중지시켰다. 그리고 더욱

민정(民政)에 마음을 썼다. 그런 이유로 파로대(罷露臺)라는 말이 생겨났다.

자원 ●罷(파할 파；网部 10획, 총 15획. stop)：내칠 파.
●露(이슬 로；雨部 13획, 총 21획. dew)：드러날 로, 드러낼 로.
●臺(대 대；至部 8획, 총 14획. building)：종 대, 코골 대.

어의 ●罷軍(파군)：군대의 진영을 풀어 헤침 ●罷病(파병)：피곤하고 괴로워
함 ●罷場(파장)：시장이 파함 ●露骨(노골)：조금도 가식이 없이 있는 그대
로를 드러냄 ●露呈(노정)：어떤 일이나 사실을 드러냄 ●露地(노지)：지면
●臺本(대본)：연극의 각본 ●臺帳(대장)：토대가 되는 원부 ●臺卓(대탁)：밥
상. 식탁

참조 효문제는 재위시에 낙양 사람 가의(賈誼)를 중임했다. 그는 비록 나이가
어렸지만 시문에 능했다. 초나라의 애국 시인이었던 굴원의 인품을 사모하
는 열혈남아였으며, 제자백가의 서(書)를 두루 섭렵하였다.

효문제는 주위의 걱정은 안중에도 없이 그를 불러 박사에 임명했다. 당시
의 나이가 20세였으니 최연소 박사였던 셈이다. 문제는 가의가 진언하는 여
러 정책을 깊이 들었다. 그러나 그것을 마음에 새겨 둘 뿐 온건한 정치 방향
을 뜯어고치지는 않았다.

문제는 중국의 역사상 검소하기로 정평이 난 군왕이다. 그의 어진 정책으
로 세금과 형은 줄어들었다. 농업은 국민 생활의 기본이라 하여 전답에 부여
하는 과세는 자주 반감시키고 면해 주었다. 당시까지의 인두세(人頭稅)라는
것은 1년에 120전이었는데, 문제 때에 이르러 2분의 1이나 3분의 1로 감소되
어 1년에 고작 40전에 불과했다. 그러는 한편으로 부역은 한 사람이 1년에
한 번 1개월이넌 것을 3년에 한 번 1개월로 바꾸었다. 이것은 농민의 부담을
크게 덜어 주는 정책이었으며, 경제를 회복시키는 계기가 되었다. 형벌에서
도 가혹하기 둘도 없는 진나라의 법률을 폐지하고 가볍게 했다.

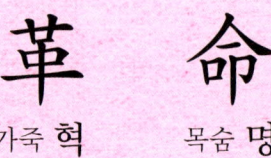

革　命

가죽 혁　　목숨 명

출전 《십팔사략(十八史略)》
문의 하늘의 명을 뜯어고침.
요점 종래의 것을 인위적으로 바꾸는 것.

해석 '하늘의 명을 뜯어 고친다'는 것은 어떤 의미인가? 우리는 가까운 근대사에서 4·19 혁명이니 5·16 혁명이라는 말을 듣는다. 본래의 의미인 하늘의 명을 뜯어고친다는 혁명이란 어떤 것인가?

고사 혁(革)은 본디 《주역》에 있는 괘의 이름이다. 마치 연못 속에 불덩이가 가라앉아 있는 모습이다. 물과 불은 상극이다. 그러므로 무언가가 뒤집어 놓아야 한다. 그런 괘가 혁이다. 그런 의미로 혁명은 '명을 뜯어 고친다'는 의미를 담고 있다.

역사적으로 보면 사이계(姒以癸 ; 桀)라는 정신 빠진 군주나 자수신(子受辛 ; 紂)의 행동 반경으로 짐작할 수 있다. 사이계가 날마다 주지육림 놀이에 취해 정신없이 행동하자 좌상으로 있던 관룡봉이 진언했다.

"폐하, 고정하시옵소서. 날마다 주지육림에 빠져 계시면 장차 이 나라는 멸망하고 말 것입니다."

사이계는 코웃음을 치며 힐책했다.

"그 무슨 당찮은 소리냐? 무릇 천자란 하늘의 명을 받아 나오는 법이다. 천자가 멸망하는 것은 하늘의 해가 없어져야만 운수가 다했다고 하는 법이야."

놀이가 어디 그뿐인가. 다음에는 포락지형(炮烙之刑)이라는 것을 만들었다. 불에 달군 구리 원주 위를 죄인으로 하여금 걸어가게 하여 불길에 휩싸여 타 죽게 하는 것이었다. 사이계가 좌상 관룡봉에게 묻는다.

"어떤가 좌상, 재미있는가?"

"재미있습니다."

"사람들이 고통 속에서 죽어 가는데 재미가 있다?"

"천하의 모든 사람들이 괴로워하는데 폐하 한 사람만 즐거워하고 있습니다. 신하는 모시는 군주의 지체라 했습니다. 몸이 즐거워하는데 어찌 팔 다리가 재미없다 하겠습니까?"

관룡봉은 곧 근위 무사에게 끌려나와 불에 달군 구리 원주 위를 걷다가 불구덩이 속에 떨어져 죽었다. 사이계가 흉폭해지자 상부락의 추장 자천을 은 이윤과 손을 잡고 하왕조를 공격하여 무너뜨렸다. 하늘의 명을 뜯어고친 혁명인 셈이다.

자원 ●革(가죽 혁 ; 革部 총 9획. hides) : 고칠 혁, 날개 벌릴 혁, 갑주 혁.
●命(목숨 명 ; 口部 5획, 총 8획. life) : 시킬 명, 명령할 명, 이름 명.

어의 ●革命(혁명) : 이전의 왕조를 뒤집고 다른 왕조가 들어서는 일 ●革囊(혁랑) : 가죽 주머니 ●革言(혁언) : 일을 변혁하자는 연설 ●命官(명관) : 조선 왕조 때에 전시(殿試)를 주관하던 시험관 ●命權(명권) : 생명의 근본 ●命利(명리) : 명예와 이익

참조 ⇨ 혁명은 즉흥적인 것이 아니며 개인이 임의로 만드는 것이 아니라고 M.A. 바쿠닌은 말한 바 있다. 그것은 환경의 힘에 의해 발생하며, 어떤 고의적 의지나 음모와는 전연 무관하다고 했다. 그것은 예상될 수는 있으나 그 폭발 시기는 결코 촉진될 수 없다는 것이다.

일찍이 아리스토텔레스는 《정치학》에서 혁명 그 자체는 작은 일이 아니지만, 작은 일에서 발생한다고 하였다.

☞ 馬上得之(마상득지) : 군대의 힘으로 세상을 얻음.

顯 忠 日
드러낼 현　충성 충　날 일

출전 《기삼왕세가(記三王世家)》
문의 선열들의 충절을 기리는 날.
요점 나라와 민족을 위해 몸을 바친 순국 선열들의 충절을 기리는 날을 말한다.

해석 현(顯) 자에서 혈(頁)은 얼굴을 포함한 머리 모양이다. 그리고 왼편은 일(日)과 사(糸)의 합성어다. 평소에는 눈에 잘 띄지 않지만 따뜻한 햇살 아래에서는 선명히 드러난다는 의미를 담고 있다. 무엇을 드러낸다는 것인가? 바로 충(忠)이다. 충은 가운데 중(中)과 마음(心)이다. 한가운데 마음이라는 의미다. 어떤 상황에도 굴절되지 않은, 나라를 사랑하는 마음. 그 마음을 기리는 날이 현충일이다.

고사 나라를 위한다는 것이 특정한 한 가지 뿐이겠는가만은, 제 목숨을 초개처럼 여기며 나라를 위해 몸과 마음을 바친다는 것은 쉽지 않은 일이다. 이러한 고사를 멀리 중국에서 찾을 필요는 없다고 본다. 우리나라에도 얼마든지 충신·열사들이 있다. 역대의 장군들이 있었고, 오직 나라를 위해 죽음을 두려워하지 않았던 사육신도 있었다.

　본 항목에서는 충성심의 발로가 어떤 것인지를 보여준 중추부사(中樞府事) 홍일동(洪逸童)의 예화를 소개한다.

　홍일동은 일찍이 세조 앞에서 불사(佛事)를 강론한 사람이었다. 자신의 죄과를 씻기 위해 세조는 부처님의 힘을 빌리고자 불사를 몹시 숭상했다. 그러나 홍일동은 불사의 그릇됨을 주장했다. 세조는 거짓으로 화를 내며 홍일동을 공격했다.

"저런 무엄한 놈이 있느냐! 당장 저 놈의 목을 베어 부처님 앞에 올려야겠다."

좌우의 무신들이 달려 나왔으나 홍일동은 얼굴색 하나 변치 않았다.

신하들은 일동의 목에다 칼을 겨누었다. 그러나 홍일동은 전연 두려워하는 기색이 아니었다. 세조가 물었다.

"너는 죽음이 두렵지 않느냐?"

"죽고 사는 것은 하늘에 달렸거늘 어찌 두려워하겠습니까?"

세조는 그를 곧은 신하라고 생각하며 법의를 벗어 하사했다. 죽음을 두려워하지 않은 기백을 높이 산 것이다.

자원 ●顯(드러낼 현;頁部 14획, 총 23획, appear):밝을 현, 통달할 현, 높을 현.
●忠(충성 충;心部 4획. 총 8획. loyalty):곧을 충, 공변될 충.
●日(날 일;日部 총 4획. day):하루 일, 먼저 일.

어의 ●顯考(현고):돌아가신 아버지의 신주의 첫머리에 쓰는 말 ●顯達(현달):벼슬 등이 세상에 드러남 ●顯著(현저):뚜렷이 드러남 ●忠告(충고):충심으로 남의 허물을 고함 ●忠直(충직):성실하고 정직함 ●忠君(충군):임금에게 충성을 다하는 군신 ●日刊(일간):날마다 발간함 ●日暮(일모):날이 저물 무렵

참조 ☞ 蹇蹇匪躬(건건비궁):충성심으로써 임금을 섬기고 자기의 이해를 돌아보는 것.
☞ 耿耿丹忠(경경단충):빛나는 충성.
☞ 忠膽義肝(충담의간):충의로운 속마음.
☞ 月幾望(월기망):그늘이 빛을 받는 것이 달이 햇빛을 받는 것과 같다는 뜻이다. 이것은 오직 군왕을 위하여 몸과 마음을 바쳐 충성을 다하겠다는 뜻이다.

桀犬吠堯

임금 **걸**　개 **견**　짖을 **폐**　임금 **요**

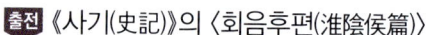

출전 《사기(史記)》의 〈회음후편(淮陰侯篇)〉

문의 걸왕의 개가 요왕을 보고 짖는다.

요점 대립되는 상대가 훌륭해도 자기 편을 따른다는 것.

해석 개는 주인을 따르기 마련이다. 그런 점에서 상대가 아무리 훌륭해도 주인에게 해를 입히면 주인을 위해 짖는다. 이것은 한나라 초기에 괴통(蒯通)이라는 모사가 주인(한신)을 위해 헌신한 것을 뜻한다.

고사 천하를 통일한 유방은 측근에 있던 장수들을 하나 둘 지워 나가기 시작했다. 이것은 황후인 여치(여태후)의 작품이었다. 첩자들의 보고를 받은 유방이 장수 한신을 잡기 위해 장안으로 왔으나 특별히 잘못했다는 증거를 찾을 수 없었다. 그러나 일단 기선을 제압하기 위해 초왕에서 회음후로 작위를 깎아 버렸다. 또한 한신은 뒤에 다시 역적으로 몰려 여치의 손에 목숨을 빼앗겼다.

그때 한신은 탄식했다.

"내가 괴통의 지략을 따르지 않은 것을 후회할 따름이다. 이것이 어찌 운명이 아니겠는가."

괴통의 지략이란 어떤 것인가? 그것은 항우가 남쪽을, 유방이 서쪽을 차지하고 있을 때에 한신이 움직이는 여하에 따라 천하 대세가 가름짓는다는 것이었다. 그러므로 괴통은 어느 쪽에도 가담하지 않고 세 발 솥(鼎)처럼 삼분 천하하여 대세를 관망하라는 것이었다.

한신의 탄식을 들은 유방은 곧 괴통을 잡아들였다. 유방은 결박된 괴통에게 다그쳤다.

"네가 한신에게 반역하라 했느냐?"

"그렇습니다. 한신 그 철부지가 소인의 지략을 따르지 않았기에 죽음을 당한 것입니다. 나의 지략을 따랐다면 어떻게 죽임을 당하겠습니까?"

유방은 대노했다. 고약한 괴통을 삶아 죽이라는 명을 내렸다. 괴통이 냉소를 흘리며 물었다.

"내가 죽어야 할 이유가 뭡니까?"

"배반하라고 하지 않았느냐."

"진나라가 천하를 잃은 뒤 온 천하가 이를 쫓았습니다. 물론 결과적으로는 폐하의 것이 됐습니다. 폐하, 도척이 기르는 도둑놈의 개도, 폭군 걸왕의 개도 요 임금을 보면 짖습니다. 요 임금이 어질지 않아서가 아니라 개는 주인이 아니면 짖습니다. 소신은 한신만을 알고 있을 뿐 폐하는 알지 못했습니다. 폐하, 천하 만민이 폐하와 반대되는 생각을 가진다면 모두 삶아 죽이시겠습니까?"

유방은 그 말을 옳게 여기어 괴통을 살려주었다.

자원 ●桀(임금 걸;木部 6획, 총 10획. king):찢을 걸, 빼어날 걸, 사나울 걸.
●犬(개 견;犬部 총 4획. dog):큰 개 견. 개의 모양을 본뜸.
●吠(짖을 폐;口部 4획, 총 7획. bark):땅이름 폐.
●堯(임금 요;土部 9획, 총 12획. king):멀 요, 요임금 요.

어의 ●桀桀(걸걸):무성한 모양 ●桀惡(걸악):추악함 ●犬馬(견마):개와 말 ●犬馬之勞(견마지로):임금이나 나라에 충성을 다 하는 노력 ●犬猫(견묘):개와 고양이

참조 동양의 고전에 있는 말이다. '세 치 혓바닥이 사람을 살리기도 하고 죽이기도 한다.'

自然·環境

孤 城 落 日

외로울 고 성 성 떨어질 낙 날 일

출전 왕유(王維)의 시

문의 고립된 성과 해가 지는 낙조.

요점 세력이 쇠하여 점차 고립무원의 상태를 의미함.

고사 왕유(王維)의 자는 마힐(摩詰)이다. 지금의 산서성 출신으로 개원(開元) 초기 진사에 급제하여 벼슬이 상서우승(尚書右丞)에 이르렀다.

그는 음악에 정통하고 시를 잘 지었다. 어디 그뿐인가, 그림 또한 상당한 수준이었다.

왕유의 시작(詩作) 가운데 요새 밖의 쓸쓸한 정경을 노래한 시가 있다.

물론 이 시는 고립무원(孤立無援)의 상태에 떨어져 원군(援軍)이 오기를 기다리는 절박한 상황은 아니다. 그러나 그런 상태를 빗대어 멀리 전장터에 있는 친구를 생각하여, 도움을 줄 수 없는 자신의 마음을 거기에 대입한 것이다.

장군을 따라 우현을 취하고 하니
모래밭으로 말을 달려 거연(居延)으로 향하네
멀리 한나라 사자가 소관 밖에 오는 것을 아니
근심스러운 것은 고성낙일(孤城落日)이라

자원 ●孤(외로울 고 ; 子部 5획, 총 8획, solitude) : 아비 없을 고, 배반할 고.
●城(성 성 ; 土部 6획, 총 9획, castle) : 보루 성, 재 성.

- 落(떨어질 낙 : 艸部 9획, 총 13획. fall) : 마을 낙, 하늘 낙.
- 日(날 일 : 日部 총 4획. day) : 하루 일, 먼저 일.

어의 ● 孤高(고고) : 혼자만 유달리 고상함 ● 孤魂(고혼) : 의지할 곳 없이 외로이 떠도는 혼 ● 城市(성시) : 성이 있는 도시 ● 城址(성지) : 성터 ● 落望(낙망) : 희망이 없어짐 ● 落差(낙차) : 물이 떨어지는 높낮이의 차이 ● 日課(일과) : 날마다 하는 일, 또는 그 과정 ● 日沒(일몰) : 해가 짐

참조 불교를 신봉한 왕유는 이름자에 '유마힐(維摩詰)'의 '마힐'을 따서 붙일 정도였다. 그런 점에서 시불(詩佛)이라 칭하였다. 이를테면 시선일치(詩仙一致)에 도달했다고 보는 것이 무난하다는 말이다. 왕유는 망천이라는 별장에 머물며 많은 시를 지었다. 또한 맹호연과 함께 도연명의 풍류를 도입시켜 당시(唐詩)에 새로운 사조를 열어 놓았다.

다음은 왕유의 〈소년행〉이다.

신풍의 미주는 한 말에 10관문이나 되는 비싼 술이다
함양 협객들 중에는 소년이 많은데
서로 만나면 의기를 존중하여 상대가 권하면 서로 나누어 마신다
그들은 타고 온 말을 높은 건물 앞 수양버들에 매어두기 일쑤다

新豊美酒斗十千(신풍미주두십천)
咸陽遊俠多少年(함양유협다소년)
相逢意氣爲君飮(상봉의기위군음)
繫馬高樓垂柳邊(계마고루수류변)

君 子 豹 變
스승 군 아들 자 표범 표 변할 변

출전 《역경(易經)》의 〈혁괘사(革卦辭)〉

문의 표범의 가죽이 아름답게 변해가는 것처럼 군자도 뚜렷한 태도로 옮겨간다.

요점 오늘날에는 이 성어가 안면을 몰수하는 소인들의 잡스러운 행위로 바뀌는 것을 말한다.

해석 군자는 자신의 과오를 발견하면 즉시 이를 고쳐 바르게 한다. 마치 날랜 표범과 같이. 이 말의 근거가 되는 것은 《역경》으로 '군자는 자신의 허물을 고치는 데에 몹시 빠르고 그 결과는 표범의 무늬가 확실한 것처럼 외면에도 나타난다.'

고사 소인의 경우는 물론 다르다. 군자처럼 자기 변혁을 꾀하지도 못하지만 빠르게 변하는 오늘날의 날씨처럼 표정이 변하기 마련이다. 그래서 요즘에는 오히려 능력 있고 재주 있는 처세술의 일인자로 통할지 모른다.

그렇다면 대인은 어떤가? 대인은 호변(虎變)한다는 것이다. 물론 대인은 군자에 비해 몇 단계 위다. 호랑이는 표범에 비한다면 힘이나 용력이 대단하다. 그 가죽도 표범에 비한다면 상당하다. 그런 이유로 대인은 호변한다고 했다.

자원 ● 君(스승 군 ; 口部 4획, 총 7획. teacher) : 아버지 군, 아내 군, 남편 군, 선조 군.

● 子(남자 자 ; 子部 총 3획. man) : 종자 자, 당신 자.

●豹(표범 표 ; 豸部 3획. 총 10획. leopard) : 아롱범 표.

●變(변할 변 ; 言部 16획. 총 23획. change) : 고칠 변, 재앙 변.

어의 ●君子國(군자국) : 풍속이 아름답고 예절이 바른 나라. 곧 우리나라 ●君主制(군주제) : 세습의 군주를 국가 원수로 하는 정치 체제 ●君寵(군총) : 임금의 총애 ●子姪(자질) : 아들과 조카 ●子年(자년) : 태세의 지지가 자(子)로 시작된 해 ●子痢(자리) : 임신 중인 부인이 앓는 이질 ●豹變(표변) : 마음과 언동이 돌변함 ●豹紋(표문) : 범의 가죽에 있는 무늬 ●變報(변보) : 어떠한 변을 알리는 보고 ●變辭(변사) : 먼저 한 말을 이리저리 고침 ●變位(변위) : 물체가 위치를 바꿈

참조 그렇다면 군자(君子)는 어떤 사람인가? 그 변혁을 살펴볼 필요가 있다. 공자는 《논어》에서 이렇게 주장한다.

'군자는 이것을 자기에게서 구하고, 소인은 이것을 타인에게 구한다. 군자는 모든 것을 자기 탓으로 한다.'

군자가 두려워하는 일은 어떤 것인가?

'군자는 세 가지 두려워하는 것이 있다. 천명을 두려워하며, 대인을 두려워하며, 성인의 말씀을 두려워한다. 소인은 천명을 알지 못하여 두려워하지 않고, 대인을 존경하지 않으며, 성인의 말씀을 업신여긴다.'

군자에게 있는 삼계는 어떤 것인가?

'군자의 삼계는 이런 것이다. 젊을 때는 혈기가 아직 정해지지 못하므로 경계할 일은 여색이다. 장년 시대에는 혈기가 강해지므로 경계할 일은 투쟁이다. 노년기엔 혈기가 쇠퇴하므로 경계할 일은 재물이다.'

다음으로 군자가 생각하는 아홉 가지는 무엇인가?

'…시(視)는 밝아야 함을 생각하며, 청(聽)은 총명해야 함을 생각하며, 안색은 온화해야 함을 생각하며, 용모는 공손해야 함을 생각하며, 말에는 신의가 있어야 함을 생각하며, 일을 행함에는 정성스러워야 함을 생각하며, 의심나면 물어야 함을 생각하며, 분하면 환란있을 것을 생각하며, 이득을 보면 옳은가를 생각한다.'

騎 虎 之 勢

탈 기　범 호　어조사 지　기세 세

출전 《수서(隋書)》의 〈독고황후전(獨孤皇后傳)〉
문의 범의 등에 올라탄 형세.
요점 달리는 범의 등에 올라탔으니 어찌 내릴 수 있겠는가. 이것은 도중에 그만두고 물러설 수 없는 형세를 뜻한다.

고사 위오촉(魏吳蜀)의 삼국시대가 막을 내리고 천하는 위나라의 수중으로 들어갔다. 위나라 역시 세월의 무게를 어쩌지 못하고 그 뒤를 진(晉)이 이어받았다. 그러나 진나라는 고작 오십 년의 치세였다. 오랑캐의 침공으로 나라가 망하자 지난날 오나라의 수도였던 건업(建業 ; 남경)에는 동진(東晉)이 둥지를 틀었다. 다시 천하는 소용돌이에 휩싸였다. 진(晉)나라의 옛땅은 흉노, 갈, 선비, 저, 강의 오호(五胡)에 의해 점령되었고, 이들은 한민족(漢民族)에 대항하여 무려 130년 동안 열여섯 개나 되는 나라가 생겨났다 망했다. 이것을 5호 16국 시대라고 한다.

　이어 동진은 내란으로 망하고 뒤를 이어 제(齊), 양(梁), 진(陳)이 나타났다. 이때 북방에서는 선비가 후위를 세웠고, 다시 동위, 서위, 북주 등으로 이어졌는데 이 시대를 역사상 남북조시대(南北朝時代)라 부른다.

　북조 최후의 왕조인 북주(北周)의 의제가 세상을 떠나자 외척이 되는 한민족의 양견(楊堅)이 궁 안으로 들어갔다. 의제의 아들은 나이가 어렸으므로 실권은 양견에게 있었다. 그는 마침내 어린 황제를 폐하고 수(隋)나라를 세웠다. 이로부터 여덟 해가 지나 천하를 통일했는데, 바로 수문제(隋文帝)다.

　문제의 황후는 독고씨였다. 그녀는 오래전부터 남편이 큰 뜻을 품고 있다는 것을 알고 있었다. 의제가 죽고 북주의 천하가 손에 들어오기 일보 직전이므로 남편에게 사람을 보내 격려의 말을 아끼지 않았다.

"지금 당신은 호랑이의 등에 올라탄 형국입니다. 하루에 천 리를 달리는 호랑이 등에 올라탄 이상 도중에 뛰어내릴 수는 없습니다. 도중에 뛰어내린다면 필경은 호랑이에게 잡아먹히게 될 것입니다. 어떤 일이 있더라도 끝까지 호랑이와 같이 가야만 뜻을 이룰 수 있습니다."

양견은 아내의 격려에 힘을 얻었음은 두 말할 여지가 없다.

자원 ●騎(탈 기 ; 馬部 8획, 총 18획. ride) : 말 탈 기(馬에서 뜻을, 奇에서 음을 취함).
●虎(범 호 ; 虍部 2획, 총 8획. tiger) : 범 호.
●之(어조사 지 ; 丿部 3획, 총 4획. this) : 갈 지, 이를 지.
●勢(기세 세 ; 力部 11획, 총 13획. power) : 권세 세, 기회 세.

어의 ●騎馬(기마) : 말을 탐 ●騎射(기사) : 말 타는 기술과 활 쏘는 기술 ●騎從(기종) : 말을 타고 떠나감 ●虎狼(호랑) : 범과 이리 ●虎漆(호피) : 호랑이 가죽 ●虎鬚(호수) : 호랑이 수염 ●勢威(세위) : 떨치는 위엄 ●勢門(세문) : 세도가 ●勢力(세력) : 남을 누르고 자기 마음대로 행동할 수 있는 힘.

참조 한 번은 이런 일이 있었다. 이민족의 금붙이 장사꾼이 8백 금이나 나가는 보석을 그녀에게 가지고 와서 사기를 권했다. 그러자 그녀는, "지금은 외적의 침공을 받고 있는 때요. 장병은 그것을 막느라고 지쳐 있는데, 구슬을 사는 데 8백 금이나 든다니 말이 되는가. 그 돈이면 공을 세운 백성들에게 나눠줄 것이오." 하였다. 모든 기록에는 그녀를 여장부라 칭한다.

⇨ 《수서(隋書)》에는 〈기호지세(騎虎之勢)〉가 아니라 〈기수지세(騎獸之勢)〉로 씌어 있다. 그것은 수문제의 이름자에 범 호(虎)자가 들어갔기 때문이었다.

奇 貨 可 居

기이할 기   재물 화   옳을 가   살 거

출전 《사기(史記)》의 〈여불위열전(呂不韋列傳)〉
문의 기이한 보화니 잘 두면 큰 이득을 얻음.
요점 사람에게도 투자하면 장차 큰 이득을 얻는다는 말.

고사 전국시대 말엽, 여불위(呂不韋)라는 거상이 있었다. 그는 사통팔달에 정보라는 귀를 가지고 있었으므로 어느 것이든 손을 대면 막대한 이문을 남겼다. 이를테면 천하의 상권을 떡 주무르듯 하는 배포가 있었다. 그러다 보니 거금은 더욱 막대한 이득을 안겨 주었다. 이러한 여불위에게 아쉬운 것은 그에게 특별한 관직이 없다는 것이었다. 그러나 방법은 있을 것 같았다.

여불위는 자신이 가지고 있는 막대한 자금을 투자할 인물을 찾아 보았다. 그는 천하의 지도를 펼치고 손가락으로 진(秦)나라를 가리켰다.

당시 진나라는 소왕(昭王)이 즉위하여 50년이나 되었는데, 실제 정치는 그의 아들 안국군(安國君)이 하고 있었다. 여불위는 그 안국군의 서자인 이인(異人) 공자가 조나라에 볼모로 잡혀 있다는 사실을 알아낸 것이다.

여불위는 손바닥을 마주치며 즐거워했다.

"참으로 진귀한 보물이야(奇貨可居). 잡아 두어야겠다."

이렇게 생각하고 계책을 꾸며 나갔다.

안국군에게는 아들이 20명이나 있었다. 그러나 안국군이 총애하는 화양부인(華陽夫人)에게는 피붙이가 없었다. 여불위는 이 점에 착안한 것이다. 이를테면 이인 공자를 화양부인의 양자로 삼아 장차를 도모하자는 계책이었다.

그 당시 이인 공자는 조나라의 대부 공손건(公孫乾)의 집에 머물러 있었다. 여불위는 그 집을 찾아갈 때마다 많은 선물과 재물을 가져가 환심을 샀다. 그리고 이인 공자와 둘이서만 자리를 같이하게 되었을 때 언질을 받았다.

"내가 진나라로 들어가 그대를 화양부인의 양자로 삼은 후 이곳을 탈출해 장차 진나라의 왕이 되도록 최선을 다할 것입니다. 그리되면 장차 나의 공을 잊지 말아 주십시오."

이인은 뒷날을 굳게 약속한 후 여불위와 헤어졌다.

자원 ●奇(기이할 기;大部 5획, 총 8획. strange) : 괴술 기, 숨길 기.
●貨(재물 화;貝部 4획, 총 11획. property) : 선물할 화, 팔 화, 물건 화.
●可(옳을 가;口部 2획, 총 5획. right) : 허락할 가, 가히 가.
●居(살 거;尸部 5획, 총 8획. dwell) : 곳 거, 앉을 거, 항상 있을 거.

어의 ●奇計(기계) : 기묘한 꾀 ●奇品(기품) : 빼어난 인품 ●貨賂(화뢰) : 뇌물 ●貨物(화물) : 물증 ●可決(가결) : 의안을 옳다고 결정함 ●可人(가인) : 쓸만한 사람 ●居間(거간) : 사이에 들어 흥정을 붙임 ●居喪(거상) : 부모상을 당하고 있음

참조 당시 여불위는 거대한 음모를 품고 있었다. 당시 기방에서 춤과 노래로 이름이 난 조희(趙姬)라는 여자를 사들여 동침하였는데 아이를 잉태했다. 잉태한 그녀를 이인 공자에게 시집을 보내 장차 진나라를 수중에 넣으려는 원대한 계획을 꾸민 것이다.

모든 일은 여불위의 계획대로 착착 진행되었다. 그녀는 적당한 날을 택하여 이인에게 시집을 갔고, 얼마 후 사내아이를 낳았다. 이때가 소왕 18년이었다. 아이의 이름은 정(政)이라 하였으며, 장차 천하를 통일한 진시황 그 사람이다. 결국 여불위라는 장사꾼의 손에 의해 이인이나 조희의 값은 폭등한 셈이다.

濫 觴
떠울 남 잔 상

출전 《순자(荀子)》의 〈자도편(子道篇)〉
문의 큰 강도 처음에는 한 잔 정도였다.
요점 무릇 모든 일의 시초는 가장 작은 것에서부터 시작됨.

고사 공자의 제자 가운데 자로(子路)라는 이가 있었다. 그는 나이가 아홉 살 아래였는데, 성질이 괄괄하고 과격한 편이었다. 용력은 있었으나 지혜가 부족하여 스승의 말을 듣고 이해하지 못하는 경우가 많았다. 이런 사람일수록 칭찬해 주면 어린애처럼 좋아하는 것이 고금의 진리다.

"온통 찢어지고 낡은 옷을 입고도, 표범 가죽으로 만든 값비싼 옷을 입은 사람과도 나란히 서서 부끄러워할 줄을 모르는 이가 있다면 아마도 자로일 것이다."

칭찬인지 핀잔인지 분간이 안 되는 내용이지만 자로는 그런 말을 듣는 것으로 기분이 좋았다. 그래서인지 공자는 자신의 뜻대로 되어지지 않을 때에 탄식한다.

"내 도(道)가 행치를 못하니 차라리 배를 타고 정처 없이 떠나고 싶다. 나를 따라나설 사람은 자로밖에 없다."

평상시에는 사치를 멀리하던 자로가 분에 넘치는 호사스러운 옷을 입고 나타났다. 공자는 그를 향해 꾸짖었다.

"자로야, 화려한 옷은 어찌 된 것이냐?"

자로는 아무 말도 못하고 멍하니 공자를 바라보았다. 아무래도 자신을 꾸짖는 것 같아 답변을 찾지 못한 것이다.

"양자강의 근원은 민산(岷山)에서 시작되었다. 그 시작은 극히 미미했지. 분량도 적었고 물의 흐름도 고요했어. 이를테면 겨우 잔(觴)을 띄울(濫) 정도라고나 할까. 그러나 아래로 내려올수록 점점 물의 양이 불어서 빠름이 급해지자 사람들은 배를 타고 다니면서도 빠질까를 두려워했지. 세상의 모든 이치가 이같은 것이다. 처음에는 선한 일을 하지 않고 나쁜 쪽으로 기울어지면 나중에는 걷잡을 수 없을 지경에 처해지는 것이야. 지금 너는 좋은 옷을 입고 좋아하고 있으니 그 허물을 말할 사람은 나밖에 없는 것 같다."

자로는 자리에서 일어나 밖으로 나갔다. 곧 좋은 옷을 벗어버리고 평소에 입던 옷으로 갈아입고 들어왔다. 그것을 보고 공자는 다시 말했다.

"내 얘기를 잘 들어라. 말을 꾸미는 자는 마음이 바르지 못하다. 행동을 꾸미면 자랑이 앞서며, 재주를 드러내면 소인이다. 군자는 알고, 그렇지 못한 것을 구별하여 아는 것은 안다고 하고, 모르는 것은 결코 안다고 하지 않는다. 행할 수 있는 것은 행할 수 있다고 하고, 그렇지 못한 것은 행할 수 없다고 한다. 먼저 것은 지혜 있는 사람이오, 뒤엣것은 덕이 있는 사람이다."

자원 ●濫(띄울 남;氵部 14획, 총 17획, over flow):담글 람, 번질 남, 낭설 람(氵(水)에서 뜻을, 監에서 음을 취함).
●觴(잔 상;角部 11획, 총 18획, wine cup):술 마실 상.

어의 ●濫伐(남벌):나무를 함부로 베어냄 ●濫法(남법):법을 어지럽게 함 ●濫捧(남봉):수량을 함부로 더 받음 ●觴詠(상영):술 마시며 시가를 읊음 ●觴政(상정):술을 마시는 자리에서 곁에 앉아 권하는 사람.

참조 《순자》의 자도편(子道篇)에 나오는 얘기지만, 이것은 공자의 말을 순자가 약간 부연했을 가능성이 짙다. 다시 말해 위의 경우처럼 《논어》의 내용에 가필한 것으로 보인다.

狼 狽

이리 **낭**　　이리 **패**

출전 《후한서(後漢書)》〈이고전(李固傳)〉
문의 다리 없는 두 마리의 이리가 처한 곤경.
요점 조급한 나머지 다급하여 조치를 잘못함.

해석 '낭패'라는 말은 우리의 일상생활 중에 자주 쓰이는 말이다. 어떤 일을 도모했을 때 잘 풀리지 않아 처지가 고약하게 꼬이는 경우에 사용한다.

고사 '낭'이나 '패'는 한결같이 犭(犬) 변으로 이뤄졌다. 옥편을 뒤적이면 한자에서 犭(犬) 변이 있는 글자는 모두 동물이거나 또는 동물의 특성을 함축한 글자다. 예를 들면 여우 호(狐), 개 구(狗), 삵쾡이 리(狸), 돼지 저(猪), 고양이 묘(猫) 등등이다.

　물론 狼과 狽도 마찬가지다. 낭패는 전설상의 동물이다. 낭은 태어날 때부터 뒷다리 두 개가 없거나 아주 짧다. 그런가 하면 패는 앞다리 두 개가 없거나 짧다. 그런 이유로 두 녀석이 걸으려면 어지간히 사이가 좋지 않고서는 넘어지기 일쑤다.

　이 두 녀석의 성품을 분석해 보면, 낭은 성질이 흉포하지만 지모(智謀)가 부족하다. 반대로 패는 순한 듯 싶은데도 지모가 뛰어나다. 그래서 함께 먹이를 찾으러 나갈 때엔 패의 지시를 받을 수밖에 없다. 그러다가도 마음이 엇갈리면 문제가 생긴다. 서로 고집을 피우면 움직일 수가 없다. 그러므로 꼼짝없이 굶어 죽을 수밖에 없다.

자원 ●狼(이리 낭;犬部 7획, 총 10획. wolf) : 어수선할 낭, 땅 이름 낭, 낭패 낭.
●狽(이리 패;犬部 7획, 총 10획. wolf) : 이리 패.

어의 ●狼貪(낭탐) : 이리와 같이 탐욕이 많음 ●狼呑(낭탄) : 이리와 같이 남의 것을 함부로 삼킴 ●狼毒(낭독) : 독초의 이름 ●狼食(낭식) : 이리와 같이 탐식함 ●狼煙(낭연) : 봉화 ●狼藉(낭자) : 여기저기 함부로 흐트러짐

참조 ⇨ 교활(狡猾)이라는 말이 있다. 이것 역시 犭(犬) 변이다. 교나 활은 모두 동물 이름이다. 물론 실존하는 것은 아니며 전설상의 동물이다. 《산해경》이라는 책에 모습을 드러내는 이 동물에 대한 특성이 있다.

교는 옥산(玉山)에 살며, 개와 같지만 표범 무늬를 하고 있다. 머리에는 쇠뿔을 달고 있으니 그 형상이 괴이하다. 울음소리 역시 개와 비슷하다고 적혀 있다. 한 가지 특별한 것은 이놈이 나타나면 그해엔 여지없이 풍작이다. 그런 점에서 교는 길조이며 어느 누구나 반긴다.

교의 주변에는 활이 있다. 이놈은 아주 간악하다. 사는 곳은 요광산(堯光山)인데 몸뚱이에는 돼지털이 나 있으며, 동굴 안에서 겨울잠을 잔다. 한소리 기합을 지르듯 울어대면 온 천하가 큰 혼란에 빠져 버린다.

사람들은 모두 흉조의 상징이기 때문에 활을 두려워한다.

교나 활은 산 속에서 호랑이 같은 맹수를 만나면 스스로의 몸을 구부려 공처럼 만들어 버린다. 호랑이가 입을 벌리고 삼키려 들면 재빨리 입 안으로 들어가 내장으로 굴러가 그것을 파먹는다. 배가 아파 호랑이가 날뛰면 맘껏 내장을 뜯어먹는다. 그리고 호랑이가 죽으면 그제야 유유히 뱃속에서 빠져 나온다.

⇨ 유예(猶豫)라는 말도 동물에서 나왔다. 유(猶)는 의심이 많은 동물이다. 이놈은 바스락거리는 소리만 나도 나무 위로 숨어 버린다. 유의 본래 뜻은 원숭이다. 예(豫)는 상(象) 자가 있으므로 코끼리다. 아마 지금의 큰 코끼리보다 더 컸을 것이다.

多岐亡羊
많을 **다** 갈림길 **기** 잃을 **망** 양 **양**

출전 《열자(列子)》의 〈설부편(說符篇)〉
문의 갈림길이 많아 양을 잃다.
요점 학문에는 길이 많으므로 목적을 망각하지 말라는 뜻.

고사 양자(楊子)의 이웃 사람이 양 한 마리를 잃어버렸다. 그러자 양자는 모든 하인을 밖으로 내보냈다. 이웃 사내가 물었다. "이렇듯 많은 사람을 왜 내보내십니까?" 그러자 양자가 말했다. "갈림길이 많기 때문입니다." 그러나 밖으로 나간 하인들은 양을 찾지 못하고 돌아왔다. 갈림길 속에 또 다른 갈림길이 있었기 때문이다.

한 제자가 심도자(心都子)에게 물었다. 그는 맹양손과 함께 양자에게 물었다.

"오래전에 세 아들이 유학을 떠났는데 그들이 공부를 마치고 돌아왔답니다. 그래서 셋을 앞히고 인의(仁義)에 대해 물었습니다. 이에 대해 큰아들은 '몸을 소중히 하고 이름을 뒤로 미루는 것'이라고 말했지요.

그리고 둘째 아들은 '내 몸을 죽여 이름을 남기는 것'이라 했구요. 마지막으로 셋째 아들은 '몸과 명성을 온전히 얻는 것'이라 했습니다. 과연 누가 옳은 대답을 한 것입니까?"

그러자 양자는 선문답 같은 답변으로 오히려 물어왔다.

"어떤 이가 황하 기슭에서 살고 있었다. 아주 헤엄을 잘 치기 때문에 배로 사람을 건네다 주고 돈을 받았지. 그래서 많은 사람들이 그에게 헤엄을 배우러 왔어. 그런데 말이야. 어떤 이가 헤엄을 배우다가 물에 빠져 죽고 말았어.

그들은 헤엄을 배우러 왔지 물에 빠져 죽으려고 오지는 않았단 말씀이야. 여기에 차이가 있지 않은가. 돈을 버는 사람과 목숨을 잃은 사람. 그대는 어느 쪽이 좋고 나쁘다 할 수 있는가?"

둘은 밖으로 나왔다. 맹손양이 투정을 부렸다.

"당신의 물음과 선생님의 대답은 도무지 알아들을 수가 없어. 도무지 뭐가 뭔지 알 수가 없단 말이야."

그러자 심도자가 말했다.

"큰 도는 얻기까지 여러 갈래의 방법이 있다는 뜻이지. 그러므로 양을 갈림길에서 잃어버린 것처럼 본성을 찾기가 어렵거든. 선생님께선 그것을 말하고 계시네."

자원 ●多(많을 다 ; 夕部 3획. 총 6획. abundant) : 뛰어날 다, 마침 다.
●岐(갈림길 기 ; 山部 4획, 총 7획. crossroads) : 높을 기, 산 이름 기.
●亡(잃을 망 ; 亠部 1획, 총 3획. perish) : 죽일 망, 망할 망.
●羊(양 양 ; 羊部 총 6획. sheep) : 노닐 양, 상양새 양.

어의 ●多岐(다기) : 많은 갈래 ●多半(다반) : 절반 남짓 ●多幸(다행) : 운수가 좋음 ●岐岐(기기) : 지혜가 있고 어진 모양 ●岐路(기로) : 갈림길 ●亡骨(망골) : 주책이 없는 사람 ●亡失(망실) : 없어지거나 잃어버림 ●亡魚(망어) : 삼치 ●羊角(양각) : 양의 뿔 ●羊棗(양조) : 대추나무 ●羊皮(양피) : 양가죽

참조 학문에 대한 어려움을 설파하고 있다. 아래의 〈권학문〉을 주의 깊게 살펴보자. 주문공(朱文公)의 권학문이다.

"오늘 배우지 않아도 내일 있다고 하지 말라. 올해 배우지 않아도 내년이 있다고 말하지 말라. 날과 달은 간다. 나로 하여 늦추지 않나니 아아, 늙었구나. 이 누구의 허물인가."

☞ 鏃礪括羽(족려괄우) : 학문을 닦고 예지를 연마하여야 훌륭한 사람이 된다는 뜻.

自然·環境

斷　腸
끊을 단　창자 장

출전 《세설신어(世說新語)》
문의 창자가 끊어짐.
요점 창자가 끊어지는 듯한 비통한 슬픔. 또는 그럴 만큼 마음의 상처를 입는 다는 뜻.

해석 흔히 '단장'이라는 말을 '단장지사(斷腸之思)'라고 한다. 애가 끊는 심정은 이를 두고 한 말이다.

고사 진나라의 환온(桓溫)이 촉나라로 가던 중 삼협(三峽)을 지날 때였다. 시종하던 사내가 숲속에서 원숭이 새끼 한 마리를 잡아 배로 돌아왔다. 배가 떠나자 어미 원숭이는 슬피 울면서 울부짖었다. 뱃길은 백여 리를 훨씬 지나 포구에 이르렀는데, 먼 길을 달려온 어미 원숭이가 훌쩍 배에 올라탔다. 그러나 어미 원숭이는 이내 죽고 말았다. 배 안에 있던 자들이 배를 갈라보니 창자가 한 치 길이로 토막토막 끊겨 있었다.
　어찌나 슬퍼했던지 창자가 끊긴 것이다. 소식을 들은 환온은 시종을 크게 꾸짖고 쫓아 버렸다.

자원 ●斷(끊을 단 ; 斤部 14획, 총 18획. cut) : 조각낼 단, 갈길 단.
●腸(창자 장 ; 肉部 9획, 총 13획. intestines) : 마음 장, 나라 이름 장.

어의 ●斷交(단교) : 교제를 끊음 ●斷念(단념) : 생각을 끊음 ●斷房(단방) : 방사

를 끊음 ●腸肚相連(장두상련) : 협력하여 일을 함 ●腸腎(장신) : 창자와 신장
●腸胃(장위) : 창자와 밥통

참조 백낙천(白樂天)의 〈장한가(長恨歌)〉에는 단장지사에 대한 구절이 보인다.
　(……황색 먼지가 사방으로 흩어지고 바람이 쓸쓸하게 부는 길을 따라 피
난을 가는데, 구름이 뭉게뭉게 피어오르는 봉우리의 험한 길을 돌고 돌아 검
각산(劍閣山)을 올라간다. 촉나라의 명산인 아미산(峨嵋山)이 바로 보이는 산
밑에는 사람의 통행조차 드물고 도망가는 길이라 깃발도 빛을 잃었고, 햇빛
조차 밝지 않았다……)
　당의 현종이 안록산의 난을 만나 촉 땅으로 도망치는 과정이다. 그 와중
에 고력사(高力士)의 손을 빌어 양귀비를 액살시키는 비운을 접하게 된다. 사
랑하는 양귀비는 다시 돌아올 수 없으니 슬픔이 더한다.

　촉강수벽촉산청(蜀江水碧蜀山靑)
　성주조조모모정(聖主朝朝暮暮情)
　행궁견월상심색(行宮見月傷心色)
　야우문령장단성(夜雨聞鈴腸斷聲)

　촉나라 산과 물은 푸르렀건만
　성주의 마음은 아침저녁으로 어떠했을까
　행궁에서 달을 보니 상심은 더하고
　밤비에 방울 소리 들으니 창자가 에이누나

　⇨ 참고로 〈장한가〉는 이야기 체(體)로 된 낭만적인 시다. 제1단은 객관적
인 서술, 제2단은 현종의 주관적인 애정을 독백 형식으로 읊었으며, 제3단
은 신비적인 영계 방문과 옥진(玉眞 ; 양귀비)의 말이 있으므로 극적인 요소를
더하고 있다. 전편에 미사여구를 쓴 것은 아무래도 미화(美化)된 전설 탓으로
보면 무난하다.

螳 螂 拒 轍

사마귀 **당** 사마귀 **랑** 막을 **거** 바퀴 자국 **철**

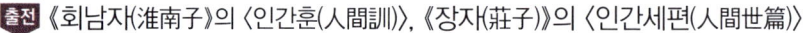

출전 《회남자(淮南子)》의 〈인간훈(人間訓)〉, 《장자(莊子)》의 〈인간세편(人間世篇)〉
문의 사마귀가 앞발로 수레바퀴를 막음.
요점 분수를 모르고 날뛰는 것을 비유.

고사 제장공(齊莊公)은 춘추시대 제나라 국왕이며 영공(靈公)의 아들로 이름은 광(光)이다. 어느 날 장공이 사냥을 나가자 백성들은 혹여 방해라도 될세라 수레에서 멀찌감치 떨어져 행차를 범치 않으려고 애를 썼다. 신록이 푸른 계절에 즐기는 사냥, 군왕의 즐거움을 깨뜨리지 않으려는 백성들의 행동에 장왕은 몹시 흡족해 하였다. 마차가 성 밖에 이르렀을 때였다. 풀빛 색깔을 가진 벌레 한 마리가 기다란 몸을 쳐들고 다가왔다. 그 벌레는 쌍칼 같은 팔을 휘저으며 기재 좋게 덤벼들었다. 수레바퀴가 그 벌레를 깔아 뭉개려는 순간, 장공은 급히 마부에게 방향을 틀게 하였다.

어려서부터 궁 안에서 자란 장공으로서는 처음 보는 희한한 일이었다. 더구나 그 벌레는 처음 보았다. 머리는 삼각형이고 눈알은 튀어나왔으며 촉각이 기다란 것이 마치 두 개의 채찍과 같았다. 앞가슴은 가늘었으며, 복부는 비대하고 앞발은 길었다. 그 발은 마치 톱니 달린 낫과 같았다. 장공이 물었다.

"저놈이 무슨 벌레인고?"

한 신하가 대답했다.

"사마귀(螳螂)라 합니다."

"사마귀?"

"그리하옵니다. 저놈은 앞으로 나아갈 줄만 알 뿐 도무지 물러서는 법을 모릅니다."

"허허허, 무엄한지고. 이같이 생겼기로 감히 내 수레를 두 발로 막으려 했단 말인고? 그래, 죽으려고 환장을 했다 그말이로구만."

"그런 줄 아옵니다. 제 힘만 믿고 분수를 모르고 날뛰고 있습니다."

"아무리 그렇다 해도 그 정신만은 높이 사야겠구먼. 저렇듯 용감하다면 진정한 용사로다."

제장공은 수레를 돌려 사마귀가 다치지 않도록 한 다음 목적지를 향해 떠나갔다.

자원 ●螳(사마귀 당;虫部 11획, 총 17획. mantis) : 버마재비 당.

●螂(사마귀 랑;虫部 10획, 총 16획. mantis) : 말똥구리 랑.

●拒(막을 거;手部 5획, 총 8획. refuse) : 맞설 거, 다다를 거.

●轍(바퀴 자국 철;車部 12획, 총 19획. wheel-marks) : 바퀴 자국 철.

어의 ●螳螂(당랑) : 사마귀 ●拒否(거부) : 승낙하지 않고 물리침 ●拒逆(거역) : 윗사람의 명을 거스름 ●轍迹(철적) : 수레바퀴 자국

참조 제장공은 사마귀를 용사로서 대우하여 수레를 비켜 간 것이다. 물론 군왕다운 치도다.

《장자》의 〈인간세편〉에는 다음의 얘기가 나온다. 어느 날 장자는 질문을 받았다. 그에 대한 물음과 답변이다.

"광포하기 이를 데 없고 지혜 없는 군왕을 섬기는데 어떻게 하면 좋습니까?"

"우선은 신중하게 자신의 행동을 바로잡아서 상대방으로 하여금 감화하도록 힘을 써야 한다. 상대를 대할 때에 사마귀(당랑)처럼 두 발을 치켜들고 수레바퀴에 덤비는 듯한 행동은 제 소임을 다하지 못한다."

道 不 拾 遺
길도 아니불 주을습 잃을유

출전 《사기(史記)》의 〈상군전(商君傳)〉
문의 길에 떨어진 것을 줍지 않는다.
요점 나라가 잘 다스려지니 길에 떨어진 남의 물건을 함부로 줍지 않는다.

고사 전국시대에 진나라의 효공이 상앙(商鞅)을 써서 부국강병을 한 것은 잘 알려진 사실이다. 그는 집권하자 혹독한 법령을 만들고, 그것을 시행하기에 앞서 3장(三丈 ; 한 장은 여섯 자)이나 되는 나무를 도성의 남문에 세웠다. 거기에 씌어 있는 내용은, '이것을 옮겨서 북문에 세우는 자는 10금을 준다. 그러나 백성들은 이상하게 여겨 건드리지를 않았다. 그러자 이번에는 50금을 준다고 했다. 그때 어떤 사람이 그것을 옮겼다. 상앙은 그를 불러 50금을 주고 나서 백성을 속이지 않았음을 분명히 했다. 그런 다음 신법(新法)을 공표했다.

부국강병의 신법이 발표되면서 진나라는 부강해졌다. 그러나 그의 신법에 대한 평가는 두 갈래였다. 연좌제와 신상필벌을 실시하는 것이 좋다는 자도 있었고, 나쁘다고 하는 자도 있었다. 나쁘다고 말하는 자는 변방으로 쫓아 버렸다. 그런데 그 법을 태자가 범했다. 어떻게 처리할 것인가에 관심 있게 지켜보던 사람들의 시선을 전연 개의치 않고, 상앙은 보육관(保育官)인 공자 건에게 벌을 내리고, 사부인 공손가(公孫賈)를 자자형(刺字刑)에 처했다.

법령이 시행된 지 10년. 진나라의 백성들은 마음으로 복종하게 되었다. 길에 떨어진 물건을 줍는 자가 없고(道不拾遺), 산에는 도적이 없었다. 생활은 풍족해졌으며 전쟁에는 용감하였다.

자원 ●道(길 도；辵部 9획, 총 13획. way)：이치 도, 순할 도, 도 도.
●不(아니 불；一部 3획, 총 4획. not)：아닐 부, 아닐 불.
●拾(주을 습；手部 6획, 총 9획. pick up)：거둘 습, 팔지 습.
●遺(잃을 유；辵部 12획, 총 16획. survive)：남을 유, 더할 유.

어의 ●道力(도력)：도의 힘 ●道路(도로)：길 ●道中(도중)：길을 걷고 있는 동안 ●不拘(불구)：오래 되지 않음 ●不屈(불굴)：뻗대고 굽히지 아니함 ●不倫(불륜)：인류에서 벗어남 ●拾得(습득)：주음 ●拾遺(습유)：떨어뜨린 것을 주음 ●拾掇(습철)：주어서 가짐 ●遺憾(유감)：마음에 섭섭함 ●遺民(유민)：망해 없어진 나라의 백성 ●遺品(유품)：기념으로 남겨 놓은 물건

참조 공손앙은 본디 위왕(衛王) 첩의 소생이었다. 처음에는 위(衛)나라의 관리였으나 인정을 못 받았다. 그런 때에 진나라의 효공이 널리 인재를 찾는다는 말을 듣고 진으로 가서 충신인 경감을 통해 왕에게 접근하였다. 대화를 나눈 결과 효공은 그의 비상함을 알았다. 인재로 등용하니 진나라의 부국강병을 위해 개혁을 해야 함을 주장하였다. 무엇보다 낡은 법률을 뜯어고쳐야 한다는 것이었다.

이러한 주장의 이면에는 분명한 이유가 있었다. 일찍이 그가 위나라의 관리로 있을 때에 이회의 개혁에 의해 위나라의 국력이 크게 신장되었다. 그는 이를 목격하고 깊이 연구를 했기 때문에 신법으로서 부국하는 데엔 자신이 있었다.

효공은 곧 공손앙을 좌서장으로 삼아 법률 제도 개정령을 공표하였다. 이에 공손앙은 신법을 만들고 공표하기에 앞서, 백성들이 법을 지키면 상을 받고, 지키지 아니하면 벌을 준다는 것을 본보기로 한 후 시행해 나갔다.

桃 源 境

복숭아 **도**　　근원 **원**　　지경 **경**

출전 도연명(陶淵明)의 〈도화원시병기(挑花源詩並記)〉
문의 속세를 떠난 별천지.
요점 이상향의 세계를 뜻함.

해석 도원경은 〈무릉도원(武陵挑源)〉처럼 선경(仙境)으로 사용되어 왔다. 인간의 영원한 숙제인 죽음에 대한 묘수풀이와 같은 말이다. 도원경에 들어가면 신선계에 들어 영원히 죽음을 멀리할 수 있다는 전설상의 지명이다.

고사 진(晉)나라 태원(太元) 연간에 무릉(武陵)에 한 어부가 살고 있었다. 여느 때와 마찬가지로 고기를 잡기 위해 작은 배를 저어 골짜기의 강을 따라 올라갔다. 얼마나 멀리 왔는지 모르지만 정신을 차리고 주위를 둘러보았을 때는 낯선 곳이었다. 근처에는 복숭아나무 숲이 있었는데 넓이는 눈대중으로 보아 몇백 보(步)가 되었다. 잡목 하나 없는 복숭아나무 숲으로 들어가자 그윽한 향기가 코를 찔렀다. 어부는 불현듯 숲 안쪽으로 들어가고 싶어 다시 배를 저어 안으로 들어가자 막다른 곳에 이르렀다. 약간 떨어진 곳에 동굴이 하나 있어 어부가 그 안으로 한동안 들어가니 비로소 닭 울음소리와 개 짖는 소리가 들려왔다. 사람들을 발견한 어부는 멍하니 선 채 오가는 사람들을 바라보았다. 그들은 진(秦)나라 때에 시황제의 폭정을 피해 산으로 숨었던 사람들이었다.

"우리 조상들이 처자 권속을 데리고 이곳으로 온 후 한 번도 절경 밖에 나간 적이 없습니다. 결국은 다른 사람과는 상종할 기회가 없어진 것이지요."

그렇다 보니 한(漢)나라도 모르고 위(魏)와 진(晉)에 대해서도 알지 못했다. 그들은 어부의 설명에 감개가 무량한 표정들이었다. 그곳에서 얼마간 지내다가 어부가 돌아올 즈음에 이르러,

"우리에 대한 얘기는 하지 말아 주십시오."

신신당부했지만 어부는 군데군데 표시를 해두었다. 집으로 돌아오자 우선 관가에 들러 자신이 경험했던 일을 죄다 얘기했다. 흥미를 느낀 관장이 사람을 보내 그곳으로 들어가게 하였으나 예전에 갔던 길을 찾을 수가 없었다.

자원 ●桃(복숭아 도;木部 6획, 총 10획. peach) : 앵두 도, 대나무 이름 도(木에 兆를 더한 자. 귀신 쫓는 역할을 하는 나무. 즉, 복숭아나무를 뜻함).

●源(근원 원;水部 10획, 총 13획. source) : 계속할 원(氵(水)에 厂과 泉을 합한 자. 언덕(厂) 밑의 샘(泉)이 물(氵)의 근원이 된다).

●境(지경 경;土部 11획, 총 14획. boundary) : 마칠 경, 곳 경.(土에 竟을 합한 자. 국토의 끝이 되는 가장자리.)

어의 ●桃李(도리) : 복숭아와 오얏 ●桃紅(도홍) : 복숭아꽃 같은 엷은 분홍빛 ●桃花酒(도화주) : 복숭아꽃을 넣은 술 ●源源而來(원원이래) : 물이 끊임없이 흐르는 것 ●源委(원위) : 근본과 줄거리 ●源淸則流淸(원청즉유청) : 윗물이 깨끗하면 아랫물도 깨끗함 ●境界(경계) : 사물의 구별이 되는 데가 맞닿은 곳 ●境致(경치) : 한 곳의 풍치 ●境內(경내) : 일정한 지경의 안

참조 어느 때인가 남양에 사는 유자기(劉子驥)라는 이가 이 얘기를 전해 듣고 무척 기뻐하였다. 그는 〈무릉도원〉을 찾아가려고 준비를 서둘렀으나 그만 병이 들어 죽고 말았다. 그 후부터 이곳을 찾아가려는 사람은 나타나지 않았다.

獨 眼 龍

홀로 독   눈 안   용 용

출전 《오대사(五代史)》

문의 척안(隻眼)으로 용기 있는 사람.

요점 사납고 용맹한 장수를 일컬음.

고사 당나라 희종(僖宗) 말년에 대홍수와 가뭄이 있었다. 자연히 천하는 어지러울 수밖에 없었다. 주(州)와 현(縣)의 가혹한 세금 징수는 농민들의 반감을 사기에 이르렀고, 암상인이었던 왕선지(王仙芝)와 황소(黃巢)가 난을 일으켰다. 본래 그들은 《수호지》로 유명한 산동성 서부의 양산박이 자리한 거야(鉅野)의 늪이 있던 곳에서 소금 밀매를 하다가 의기 투합한 사이였다.

앞서 말한 바처럼 이들의 거병은 거북이 등처럼 갈라지는 지독한 한발(旱魃)과 지독한 조세가 그 이유였다. 황소는 방향을 설정하지 못한 농민과 떠돌이들을 규합하여 그들의 우두머리로 군림하였다.

왕선지야 처음부터 내세울 것이 없는 인물이었으나, 황소는 과거에 나가 시험을 치를 만큼 상당한 학문이 있었다. 거기다 용맹스러웠으므로 당시 비적들의 말처럼 그는 문무(文武) 겸존의 장수였다.

이들 반란군은 여주를 치고 광주와 신주로 나아가 마침내는 15주를 차례로 공격했다. 이때 계주자사에 배악(裵偓)이라는 인물이 있었는데, 이 사람은 여주에서 왕선지의 포로가 된 여주자사 왕료와 친분관계가 있었으며 또한 왕탁의 스승이기도 했다. 왕탁은 배악과 의논하여 동생 왕료를 살릴 작정으로 왕선지에게 관직을 주겠다고 현혹했다. 그가 받은 것은 하위직인 감찰어사였다. 왕선지는 좋아했으나, 학식이 있는 황소는 관직을 거부하였다. 이

들은 왕선지파와 황소파로 나뉘어졌다가도 필요하면 다시 합해져 농단하는 바람에 조정은 골치를 썩었다. 당의 군력은 약해졌으므로 조정에선 사타(沙陀) 부족에게 구원을 청하였다. 부족의 추장은 이국창(李國昌)으로 본래의 성씨는 주야(朱耶)였다. 당나라 조정에 공을 세워 이씨 성을 하사받고 절도사에 임명되었으며, 그의 아들 이극용(李克用) 역시 절도사에 제수되었다.

그는 천하가 환란에 휩싸이자 기병을 거느리고 나가 황소군 15만을 격파하였다. 당시 이극용의 군대는 모두 검은 옷을 입었으므로 사람들은 그들을 '까마귀 부대'라 불렀다.

자원 ●獨(홀로 독; 犬部 13획, 총 16획. solitary) : 외로울 독.
●眼(눈 안; 目部 6획, 총 11획. eye) : 볼 안, 과실 이름 안.
●龍(용 용; 龍部 총 16획. dragon) : 귀신 이름 용, 별 이름 용.

어의 ●獨梁(독량) : 외나무다리 ●獨占(독점) : 독차지 ●眼孔(안공) : 눈구멍 ●眼昏(안혼) : 시력이 흐림 ●龍馬(용마) : 힘 세고 뛰어나게 좋은 말 ●龍床(용상) : 임금이 앉은 평상

참조 장안을 탈출한 황소는 뒤를 쫓는 주전충·이극용의 군대와 1년 이상을 싸웠으나 연전연패를 거듭함으로써 그 세력은 크게 꺾이었다.

겨우 살아남은 1천여 명은 낭호산으로 도망쳐 목숨을 구걸하였다.

독안은 본시 '애꾸눈'을 뜻한다. 이극용의 한쪽 눈이 감기다시피 찌그러졌기 때문에, 당시 사람들이 그의 무용담을 말할 때엔 독안용이라는 말을 자주 했다. 이극용의 사나운 추적에 힘이 소진된 황소는 그의 고향 근처인 태산동 남랑호 근처에서 부하에게 피살되었다. 난은 막이 내렸지만 장안은 너무나 큰 타격을 입은 깃이다.

同 病 相 憐
한가지 동 병들 병 서로 상 불쌍할 련

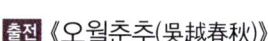

출전 《오월춘추(吳越春秋)》
문의 같은 병을 앓고 있는 사람끼리 서로 동정한다.
요점 처지가 비슷한 사람끼리 상대를 동정함.

고사 아버지와 형이 역적으로 몰려 죽임을 당하고 간신히 목숨만을 건져 초나라로 도망쳐 온 오자서(吳子胥)는 관상을 잘 보는 피리(被離)라는 이의 추천에 의해 오나라의 공자 광에게 안내된다. 자신의 힘으로 오나라의 왕이 되려 했던 공자 광은 오자서의 지략에 의해 왕이 되어 이름을 합려(闔閭)로 고쳤다.

오자서가 오나라의 사실적인 실권자가 되었을 때에 초나라에서 한 인물이 찾아온다. 억울하게 부친이 누명을 쓰고 세상을 떠난 백비라는 장수였다. 오자서는 그를 합려에게 추천하여 대부 벼슬을 제수받게 하였다. 어느 날 관상가 피리가 찾아와 물었다.

"당신은 어찌하여 백비를 한 번 보고 믿는 것이오?"

"나와 같은 처지에 있기 때문이오."

"처지라니오?"

"그런 노래가 있잖소."

오자서는 나직이 가사를 읊조렸다.

같은 병은 서로 불쌍히 여기고(同病相憐), 같은 근심은 서로 구원한다(同憂相求). 어디 그뿐인가. 나는 새는 서로 따라서 날고, 여울 아래 물은 함께 흐른다고 하였다. 오자서의 낭랑한 목소리는 계속되었다.

"호마는 북쪽 바람을 향해 서고, 월나라 제비는 햇빛을 찾아 노는 법이오. 육친을 잃고 슬퍼하지 않는 사람이 어디 있겠소?"

피리는 고개를 저었다.

"내가 보기에 백비의 눈은 매와 같고, 걸음걸이는 범을 닮았소. 이는 사람 죽이기를 보통으로 하는 아주 잔인한 상이오. 절대로 마음을 주어선 아니됩니다."

그러나 오자서는 피리의 충고를 무시하고 백비를 중용하게 하였다. 피리의 예언이 맞아 떨어졌다. 백비는 오자서의 은혜를 악으로 갚았다.

자원 ●同(한가지 동;口部 3획, 총 6획. same) : 모을 동, 무리 동.
●病(병들 병;疒部 5획, 총 10획. illness) : 근심할 병, 괴로울 병, 곤할 병.
●相(서로 상;目部 4획, 총 9획. mutual) : 바탕 상, 볼 상, 도울 상.
●憐(불쌍할 련;心部 12획, 총 15획. pitiful) : 사랑할 련, 가련할 련.

어의 ●同感(동감) : 느낌이 같음 ●同牢(동뢰) : 부부가 서로 음식을 같이 먹는 일 ●病客(병객) : 늘 병을 잘 앓는 사람 ●病的(병적) : 정상적인 상태를 벗어나 건전하지 못한 것 ●相見(상견) : 서로 봄 ●相衝(상충) : 맞지 않고 서로 어긋남 ●憐悼(연도) : 죽은 사람을 불쌍히 여김 ●憐愛(연애) : 불쌍히 여겨 사랑함

참조 훗날 합려의 아들 부차(夫差)는 월나라를 멸할 기회를 잡았으나 월나라로부터 뇌물을 받아먹은 백비의 반대에 부딪치자, 오자서는 비통의 눈물을 흘린다.

"나는 그대의 아버지 합려를 패자로 만들었고, 그대 집안의 여러 공자 가운데서 그대를 딕해 보위를 잇게 하였다. 그런데 어찌하여 아첨배의 말은 믿으면서도 내 말은 듣지 않는가. 아, 참으로 어리석고 한심한 위인이로다. 머지않아 오나라는 망하고 말 것이다."

오자서의 예언대로 오나라는 월나라에 먹히고 말았다.

盤 根 錯 節

소반 **반**　뿌리 **근**　섞일 **착**　마디 **절**

출전 《후한서(後漢書)》의 〈우후전(虞詡傳)〉
문의 구부러진 뿌리가 많이 내려 마디가 얽혀 있다.
요점 세력의 뿌리가 깊어 제거하기 어려운 상태를 말함.

고사 후한의 안제(安帝)가 보위에 오른 것은 13세 때였다. 나이가 어린 만큼 자연스레 그의 어머니 등태후(鄧太后)가 섭정이 되었다.

팔이 안으로 굽는다는 것은 이런 경우에 예외 없이 통했다. 등태후는 섭정의 자리에 오르자 오빠 등즐(鄧騭)을 대장군으로 삼아 군권을 일임했다.

이때에 서북을 위협하던 이민족이 변경을 위협해왔다. 그들은 변경을 넘어 양주(涼州)와 병주(并州)를 침입했다. 그들의 세력이 만만치 않음을 이유로 등즐은 양주를 포기하고 병주만을 방어하자는 훈령을 내놓았다. 우후(虞詡)가 반대하고 나섰다. 그는 어려서 부모를 여의고 홀로 남은 할머니를 극진히 모시고 있었다.

"그대는 어찌하여 내 명을 거역하는가?"

"예로부터 함곡관 서쪽에서는 장군이 나오고, 동쪽에선 재상이 나온다고 했습니다. 우리의 옛 기록을 더듬어 찾아도 양주 출신의 뛰어난 무인들이 많습니다. 그런 땅을 이민족에게 맡긴다는 것은 어불성설입니다."

"그렇습니다."

좌중의 인사들이 우후의 의견을 좇자 등즐의 제안은 희미해져 버렸다. 결국 이 사건으로 등즐은 우후를 미워하였다. 어떻게 하면 우후를 험지로 몰아 갈 수 있을까에 촉각을 곤두세웠다.

　그런 때에 조가현(朝歌縣)에서 좋지 않은 소식이 전해졌다. 비적들이 군장(群長)을 죽이고 고을을 장악하여 폭력을 휘둘렀다는 것이다. 등즐은 우후를 그곳에 보내 조가현의 장으로 임명했다. 우후의 친구들은 이 소식을 듣고 한결같이 죽은 목숨이라고 조문(弔問)을 했다. 기세가 오른 적과 싸워 살아난다는 보장이 없다는 것이다. 그러나 우후는 대수로운 일이 아니라는 듯 웃어댔다.

　"그게 무슨 대수겠는가. 관직에 나간 이상 크고 작은 어려움이 있기 마련이야."

　우후는 말했다.

　"구부러진 뿌리가 내려 엉클어진 것이 머리에 부딪치지 않으면 날카로운 칼날의 진가를 알 도리가 없거든."

자원 ●盤(소반 반;皿部 10획, 총 15획. vessel) : 즐길 반, 어정거릴 반, 목욕통 반.
●根(뿌리 근;木部 6획, 총 10획. root) : 밑 근, 시작할 근.
●錯(섞일 착;金部 8획, 총 16획. confused) : 버무를 착, 갈아들일 착, 맷돌 착.
●節(마디 절;竹部 9획, 총 15획. joint) : 절제할 절, 일 절.

어의 ●盤結(반결) : 서려서 얽힘 ●盤松(반송) : 키가 작고 가지가 옆으로 퍼진 소나무 ●根氣(근기) : 참고 견디는 정력 ●根治(근치) : 병은 근본적으로 고침 ●錯誤(착오) : 잘못, 실수 ●錯雜(착잡) : 뒤섞임, 엉망이 됨 ●節減(절감) : 절약하여 줄임 ●節士(절사) : 지조가 굳은 선비

참조 우후는 조가현에 도착하여 폭도들을 제압했다. 그리고 다시 중앙으로 복귀히여시 외척이나 환관늘의 전횡에 맞서 싸웠다. 그런 이유로 반근(盤根)은 반근(槃根)으로도 쓴다.

杯 中 蛇 影
잔 배 가운데 중 뱀 사 그림자 영

출전 《진서(晉書)》의 〈악광전(樂廣傳)〉
문의 잔 속에 비친 뱀 그림자.
요점 쓸데없이 의심하여 근심을 만듦.

해석 의심을 하면, 아무것도 아닌 일인데도 크게 생각하고 스스로 그 속에 갇혀 버린다. 그러다가 의심이 더욱 짙어지면 스스로 탄식하며 절망의 늪에 빠져 버린다.

고사 진(晉)나라 때에 악광이라는 사람이 하남(河南) 태수로 있을 때였다. 평소 인의 지덕이 넘친 사람으로 소문이 난 탓에 주위에 친구들이 많았다. 어느 날 친구가 찾아와 술자리를 하였는데, 다음날 그 친구가 몸이 아파 누워 있다는 전갈을 받았다.

"이상한 일이구만. 어제까지만 해도 정정하던 친구가 갑자기 몸이 아프다니 말이 되는가."

아무리 이모저모로 생각해도 그 이유를 알 수 없었다. 하루 전에 자기와 술자리를 하고 건강미 넘치게 얘기를 나누었던 친구가 갑자기 병이 났다는 것은 납득할 수 없었다. 이 생각 저 생각으로 골몰해 있는데 햇살이 벽을 비추었다. 그러자 벽에 걸린 활 그림자가 기다랗게 모양을 그려냈다. 그것을 보고 악광은 무릎을 쳤다.

"어허, 저것이로구만."

그의 시선이 달린 곳은 활에 새긴 뱀 조각이 마치 살아 있는 것처럼 그림자를 만들어 흔들렸기 때문이었다. 악광은 즉시 사람을 보내 그 친구를 데려오게 하였다.

"자, 오늘도 한 잔 해야지."

악광의 말에 친구가 머뭇거렸다.

"어찌 그러신가. 자네도 술을 좋아하잖은가. 자, 잔을 들게. 술잔 안에 뱀이 있을 것이야. 어제 자네가 본 것과 똑같은 뱀이야. 사실은 말일세. 그것은 활 그림자라네."

친구는 비로소 의혹이 풀리는 눈빛이었다. 그는 언제 그랬느냐 싶게 손에 든 술잔을 입안에 털어 넣었다.

자원 ●杯(잔 배 ; 木部 4획, 총 8획. cup) : 국바리 배.
●中(가운데 중 ; ㅣ部 3획, 총 4획. midst) : 안쪽 중, 마음 중.
●蛇(뱀 사 ; 虫部 5획, 총 11획. snake) : 별 이름 사.
●影(그림자 영 ; 彡部 12획, 총 15획. shadow) : 초상 상.

어의 ●杯盤(배반) : 술을 마시는 잔과 그릇 ●杯酒(배주) : 잔에 부은 술 ●中堅(중견) : 단체나 회사 경영에 중심이 되는 중요한 사람 ●中略(중략) : 문장을 인용할 때 중간 부분을 줄임 ●蛇蝎(사갈) : 뱀과 전갈 ●蛇足(사족) : 쓸데없는 일을 하다가 도리어 실패함 ●影子(영자) : 그림자 ●影職(영직) : 실제로 근무를 하지 아니하고 이름만 빌리는 벼슬

참조 그런가 하면 후한(後漢) 때에 응소(應邵)라는 이가 쓴 《풍속통(風俗通)》에도 비슷한 얘기가 나온다. 물론 주인공은 이름이 다르다. 악광의 얘기처럼 활 그림자가 술잔에 비쳤는데, 그것이 영락없이 뱀의 그림자라는 것이다.

⇨ 위의 경우가 발전하여 의심암귀(疑心暗鬼)가 된다. 도끼를 잃어버린 사내가 사람들을 볼 때에 느끼는 시각을 다루었다. 《열자(列子)》의 〈설부편〉에 나온다.

付 驥 尾
붙을 **부**　　천리마 **기**　　꼬리 **미**

출전 《사기(史記)》의 〈백이열전(伯夷列傳)〉
문의 천리마 꼬리에 붙다.
요점 명마의 꼬리에 붙었으니 멀리 갈 수 있다는 말.

고사 사마천이 《사기》를 집필할 때 굳이 〈백이열전〉을 첫머리에 놓은 것은, 그들을 큰 인물로 보고 후대의 명현으로 하여금 부기미(付驥尾)를 삼으려 한 것이다.

　백이와 숙제는 고죽국(孤竹國)의 왕자였다. 왕은 둘째인 숙제를 임금으로 세우려는 계획이었는데, 그만 세상을 떠났다. 당연히 아우는 형에게 그 자리를 양보하려 들었다.

　"당치 않는 소리, 생전에 아버님께서 계획하셨던 것을 어찌 우리가 고치겠느냐?"

　동생에게 보위를 양보하기 위해 백이는 국외로 떠났다. 숙제 또한 형의 핑계를 대고 나라를 떠나니 대신들은 부득이 다른 왕자로 하여금 보위에 오르게 하였다. 백이와 숙제는 주문왕(周文王 ; 서백창)이 노인을 따뜻하게 모신다는 말을 듣고 찾아갔다. 그러나 이미 주문왕은 이 세상 사람이 아니었다. 그들이 주나라에 도착했을 때엔 그의 아들 무왕이 은(殷)의 주왕(紂王)을 치기 위해 출병하려던 참이었다. 그들은 말 고삐를 잡고 간청했다.

　"이거 보십시오. 부왕의 장례를 치르기도 전에 전쟁을 벌이시렵니까? 이것은 도리에 맞지 않습니다."

　무엇이 잘못인지를 무왕이 물었다.

"이것은 효가 아니오. 더구나 신하된 몸으로 군주를 시역하려 드는 것은 인(仁)이 아니오."

무왕의 신하들이 칼을 뽑아 들었다. 단숨에 둘을 벨 기세였다. 황급히 저지한 것은 태공망 여상(呂尙)이었다.

"그들은 의인(義人)이다. 정중히 모셔라!"

주무왕이 은을 멸하자 천하 만민이 그를 우러렀다. 그러나 백이와 숙제는 호화로운 궁 안을 벗어났다. 그들은 수양산에 올라가 숨어 살며 한 수의 시를 지었다.

오늘도 서산에 올라 고사리 캤네
폭력 없앤다고 폭력을 쓰고도
그 그릇됨을 모르누나
신농과 순과 우의 호시절은 갔네
이제 우리 어디로 갈거나
아아, 가자 죽음의 길로
우리 목숨도 쇠잔하였구나

자원 ●付(붙을 부 ; 人部 3획, 총 5획. stick to) : 줄 부, 부탁 부.
●驥(천리마 기 ; 馬部 16획, 총 26획. swift horse) : 천리마 기.
●尾(꼬리 미 ; 尸部 4획, 총 7획. tail) : 뒤 미, 끝 미.

어의 ●付上(부상) : 편지나 물건을 윗사람에게 부침 ●付送(부송) : 물건을 부쳐 보냄 ●驥尾(기미) : 천리마의 꼬리 ●驥足(기족) : 천리마의 발 ●尾蔘(미삼) : 인삼의 잔뿌리 ●尾骶骨(미저골) : 꽁무니뼈

참조 《후한서》에는 전한 말(前漢末)의 인물인 장창(張敞)의 편지가 시선을 끈다. '파리는 열 걸음밖에 날지 못하나, 천리마의 꼬리에 붙으면 천 리 길도 쉽게 갈 수 있다.'

自然 · 環境

附 和 雷 同

붙을 **부**　좇을 **화**　우레 **뇌**　같을 **동**

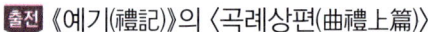

출전 《예기(禮記)》의 〈곡례상편(曲禮上篇)〉
문의 우레가 응하면 만물이 응한다.
요점 다른 사람의 말에 앞뒤 생각 없이 경솔히 따르는 것을 가리킨다.

해석 예(禮)라는 것은 망령되게 사람을 즐겁게 하지 않으며 말을 함부로 하지 않는다고 하였다. 어느 정도의 절도를 넘지 않으며 남을 침범하거나 모욕을 주지 않는다는 것이다.

고사 그런 의미에서 손윗사람에 대한 예절을 다음같이 말하고 있다.

"사람의 자식된 자는 나아갈 때엔 반드시 나아간다고 말을 해야 하고, 돌아와서는 반드시 뵙고 인사를 드리며, 노는 곳은 또한 일정해야 하고, 익히는 것도 반드시 일정한 업이 있어야 한다고 했다. 또한 평상시의 말에 늙었다고 일컫지 않는다."

그렇다면 부모에 대해서는 어떤가?

"무릇 사람이 자식이 되어 부모를 섬기는 예는 겨울에는 따뜻하게 해드리고 여름에는 서늘하게 해 드리며, 저녁에는 잠자리를 봐 드리고, 아침에는 문안을 드려야 하며, 친구들과 다투지 않는다."

일반적으로 말을 할 때엔 함부로 다투어서도 안 되고, 또한 쉬이 다른 사람의 의견에 동조하지도 말아야 한다. 뇌동(雷同)이라는 게 어떤 것인가? 어떤 일에 대해 옳고 그른지를 헤아리기도 전에 무조건 동조하는 것을 말한다. 경솔하게 부화(附和)하는 것을 의미한다.

자원 ●附(붙을 부 ; 阜部 5획, 총 8획. adhere) : 의지할 부, 가까울 부.
●和(좇을 화 ; 口部 5획, 총 8획. peaceful) : 순할 화, 화할 화.
●雷(우레 뇌 ; 雨部 5획, 총 13획. thunder) : 조화신 뇌, 북 이름 뇌.
●同(같을 동 ; 口部 3획, 총 6획. same) : 모을 동, 무리 동.

어의 ●附加(부가) : 있던 것에 덧붙임 ●附近(부근) : 근처 ●附帶(부대) : 곁붙여서 따름 ●和白(화백) : 신라의 여섯 촌 부족장이 모여 나랏일을 걱정하고 의논하던 기구 ●和同(화동) : 서로 사이가 벌어졌다가 합해짐 ●和尙(화상) : 수행을 많이 한 중 ●雷公(뇌공) : 천둥 ●雷雨(뇌우) : 우레와 더불어 오는 비 ●雷聲(뇌성) : 우레 소리 ●同系(동계) : 같은 계통 ●同衾(동금) : 이불을 같이 함 ●同列(동열) : 같은 항렬

참조 ⇨ 공자의 제자 가운데 한 사람인 증삼(曾參)은 말했다. 맹자는 이것을 인용하여 추목공(鄒穆公)의 질문에 대답했다.

추나라가 노나라와 싸워 참패를 당했다. 이때 추나라의 목공이 맹자에게 이렇게 물었다.

"장수가 서른네 명이나 이번 전투에 죽었습니다. 그런데 병사는 한 사람도 죽지 않았습니다. 이것은 상관이 죽는 것을 보고 가만있었다는 것과 다름없습니다. 어찌 반역이 아니겠습니까? 이들을 모두 죽이자니 숫자가 너무 많고, 그냥 내버려 두자니 다음날 징계가 되지를 않습니다.

그러니 어찌하는 게 좋겠습니까?"

이 물음에 맹자는 증자가 한 말을 인용하여 답해 주었다.

"흉년이 들어 백성들이 먹을 것을 찾아 이리저리 오갔습니다. 거리와 들판에 사람들이 죽어 넘어졌지만, 임금의 창고에는 먹을 것이 넘쳐났습니다. 이것은 임금을 부필하는 신하들이 백성들의 죽음을 바라만 보고 있었다는 얘기가 됩니다. 결국 백성들은 그 분풀이를 이번 기회에 한 셈이니 자기가 준 것을 다시 받은 것뿐입니다. 임금은 그들을 벌할 게 아니라 착한 정치를 하십시오. 그러면 앞상서 임금을 보호합니다."

牝 鷄 之 晨
암컷 빈 닭 계 의 지 새벽 신

출전 《서경(西經)》의 〈목서편(牧誓篇)〉
문의 암탉이 새벽을 알린다.
요점 이치가 바뀌면 집안이 망할 징조라는 것.

고사 은 왕조 말기. 소(蘇) 부락에 아름다운 미인이 있다는 말을 듣고 주공(周公 ; 주나라 문왕의 아들. 무왕의 동생)은 입버릇처럼 미인의 딸을 얻고 싶다고 했다. 무왕은 주공이 생각하는 것이 무엇이건 그 청을 이루어 주었다. 미인은 곧 가려 뽑은 남자와 혼인하여 딸을 낳았다. 절세의 미녀에게 딸이 태어나자 주공은 그때부터 계략을 짜기 시작했다. 그는 자신의 이름인 단(旦)에 계집 녀를 붙여 '달(妲)'이라 했다. 그녀는 곧 소부락의 추장에게 보내졌고 그곳에서 성장했다. 본래의 이름이라면 당연히 소기(蘇己)라고 해야 하지만, 워낙 생김생김이 어여쁘고 또 주공과의 관계가 얽히어 있어 달기(妲己)라 불렀다. 일찍이 소부락에서는 천자인 자수신(子受辛 ; 紂帝)의 비위를 상하게 한 후 화친의 명목으로 달기를 내놓았었다. 그녀를 한 번 본 자수신은 정신이 오간 곳이 없게 되었다. 그만큼 달기의 모든 것이 마음에 든 것이다.

자수신은 폭군이었다. 그가 무엇을 좋아하고 무엇을 싫어하는지를 세세히 분석한 후 그에 맞추어 훈련을 받아 온 달기였다. 그랬기 때문에 그녀가 걷거나 앉거나 웃는 것까지도 모두가 자수신의 눈에는 멋있고 황홀하게 보일 수밖에 없었다. 이것은 요즘의 부부처럼 일생을 살아가면서 서로 간에 부족한 것을 맞추는 것이 아니라 철저하게 한 사내를 겨냥하여 훈련해 왔기 때문에 어느 것 하나 자연스럽지 않은 것이 없었다. 자수신이 달기에게 빠진

후 폭정과 황음은 극으로 치달았다.

《시경》의 〈목서(牧誓)〉는 목야의 맹세라는 뜻이다. 무왕은 제후들이 모인 자리에서 병사를 일으킬 수밖에 없는 이유를 천명해 나갔다.

"……아아 우리 우방의 종군과 일을 맡아 다스리시는 사도와 사마와 사공과 그리고 상대부와 여러 제후들이여! 그대들은 창을 들며 그대들은 방패를 견주며 그대들의 창을 세우라. 내 그 맹세를 하리라, 옛사람이 말하되 '암탉은 새벽을 알리지 않는 것이니, 암탉이 새벽을 알림은 집안이 망함(牝鷄無晨 牝鷄之晨)'이라 하리까……."

위의 글에서 말한 암탉이 바로 계략에 얽히어 있던 달기라는 여인이었다.

자원 ●牝(암컷 빈;牛部 2획, 총 6획, female of animals):골 빈, 열쇠 구멍 빈.
●鷄(닭 계;鳥部 10획, 총 21획, cock):닭 계.
●之(의 지;丿部 3획, 총 4획, this):어조사 지.
●晨(새벽 신;日部 7획, 총 11획, dawn):아침을 아뢸 신, 샛별 신.

어의 ●牝鷄(빈계):암탉 ●牝馬(빈마):크게 자란 암말 ●牝鹿(빈록):암사슴
●鷄犬(계견):닭과 개 ●鷄冠花(계관화):맨드라미꽃 ●鷄肋(계륵):닭의 갈비. 먹을 것은 없으나 버리기엔 아까운 일에 대한 비유 ●晨旦(신단):아침
●晨夜(신야):이른 아침과 저문 밤 ●晨征(신정):아침 일찍 나아감

참조 목야의 싸움에서 승리한 무왕은 조가에 입성한 후 자수신의 시체에 세 개의 화살을 쏘고 경려(輕呂)라는 명검으로 벤 다음 황색 도끼로 목을 잘랐다. 그런 다음 임무를 충실히 수행한 달기의 목이 몸에서 떨어져 나갔다. 아무리 주공이 그녀를 구해 주고 싶었으나 제후들이 모인 자리에서 소리를 높인 '목야의 맹세'를 저버릴 수가 없었다.

氷 炭 不 相 容

얼음 빙 숯 탄 아니 불 서로 상 얼굴 용

출전 《사기(史記)》의 〈골계전(滑稽傳)〉

문의 얼음과 불은 용납을 못한다.

요점 서로 상반되어 도저히 융화될 수 없음.

고사 한나라 무제 때에 동방삭(東方朔)이라는 위인이 있었다. 그는 제(濟)나라 출신이었는데 옛 서적을 즐겨 읽고 경학(經學)을 사랑하였으며 경사에도 밝았다. 그는 처음에 장안으로 들어와 상소문을 취급하는 관직에 있었는데 언제나 황제의 측근에서 기쁘게 했다. 황제는 때때로 조칙을 내려 동방삭으로 하여금 어전에서 식사를 할 수 있게 배려했다. 그는 식사가 끝나면 언제나 남은 고기를 품에 넣고 나갔다. 그로 인해 옷이 더러워지는 것은 너무나 당연했다.

동방삭은 박식했다. 그는 초(楚)나라 때의 정치가이며 시인인 굴원(屈原)의 《초사(楚辭)》를 높이 평가했다. 그 초사에는 '칠간(七諫)'이 수록되어 있는데, 내용엔 빙탄(氷炭)이라는 말이 나와 있다. 동방삭은 그를 추모하여 글을 지었다.

얼음과 숯이 같이 할 수 없음이여(氷炭不可以相並兮)
내 본래 목숨 길지 못함을 알았노라(吾固知乎命之不長)
홀로 외로이 죽어 낙이 없으니(哀獨苦死之無樂兮)
내 나이를 다하지 못함을 슬퍼하노라(惜予年之未央也)

위의 시를 풀이하면 '굴원은 간신 모리배의 모함을 받아 멀리 귀양을 가서 죽었다'는 것이다. 그를 모함하는 간신과는 얼음과 숯처럼 도저히 뜻을 같이 할 수 없다는 것을 명백히 하고 있다.

자원 ● 氷(얼음 빙;水部 1획, 총 5획. ice): 시통 뚜껑 빙.
● 炭(숯 탄;火部 5획, 총 9획. charcoal): 불통 탄, 볶일 탄.
● 不(아니 불;一部 3획, 총 4획. not): 않을 불.
● 相(서로 상;目部 4획, 총 9획. mutual): 바탕 상, 볼 상, 도울 상.
● 容(얼굴 용;宀部 7획, 총 10획. figure): 모양 용, 놓을 용, 용납할 용.

어의 ● 氷結(빙결): 얼음이 얼음 ● 氷魂(빙혼): 매화의 다른 이름
● 炭抗(탄갱): 석탄을 파는 굴 ● 炭火(탄화): 숯불 ● 不拘(불구): 거리끼지 않음 ● 不利(불리): 이롭지 못함 ● 相隔(상격): 서로 떨어져 있음 ● 相議(상의): 일이나 물건을 서로 믿고 의논함 ● 容納(용납): 너그러운 마음으로 들어줌 ● 容忍(용인): 용서해 주고 찾음

참조 동방삭을 지변(智辯)의 인사로 높이 평가하는 것은 박학다식하여 사물을 뚫어 보는 뛰어난 혜안이 있었기 때문이다. 한 번은 건장궁(建章宮) 후문에 이상한 동물이 나타난 적이 있었다. 그것은 고라니와 비슷했다. 소문을 들은 한무제가 직접 그 장소로 나가 이상한 동물을 관찰했다. 무슨 동물인지를 주위에 물었으나 아는 사람이 없었다. 이때 경학에 정통한 동방삭이 불려왔다.
"저 동물이 무엇인지 알고 있습니다. 말을 하기 전에 좋은 쌀로 지은 밥을 실컷 먹고 싶습니다."
뜻을 이루자 그 동물에 대해 설명했다.
"그 동물은 추아(騶牙)라는 것으로, 먼 나라에서 의(義)를 사모해 귀순할 때에 나타납니다."
다음 해 흉노의 혼야왕(渾邪王)이 십만의 군사를 이끌고 투항해 왔다.

殺 風 景

죽일 **살**　　바람 **풍**　　경치 **경**

출전 《잡찬(雜纂)》

문의 경치를 파괴하는 행위.

요점 도덕적인 기본 질서를 무시하거나 꼴불견의 행위를 하는 경우, 또는 그런 사람.

해석 요즘으로 말하면 얌체족이라고 표현하는 것이 옳을 것 같다. 당나라 후기에 유미주의(唯美主義) 정신으로 난해한 시를 쓴 이상은의 《잡찬》이라는 책에 나오는 내용이다. 한 마디로 눈살을 찌푸리게 하는 행위다.

고사 인간 자체와 인간의 행위는 별개의 것이라 했다. 선행은 당연히 칭찬을, 악행은 비난을 일으킨다. 그러므로 행위자는 악인이든 선인이든 간에 그 행한 경우대로 존경을 받거나 불쌍히 여김을 받는 것이 당연하다. 이상은은 《잡찬》에서 여섯 가지의 살풍경(殺風景)을 제시했다.

　요즘으로 말해 눈꼴이 시려 말을 못해 주는 경우다.

　첫째는 청천탁족(淸泉濯足)이다. 약수터에서 발을 씻는 행위다.

　둘째는 화상건군(花上乾裙)이다. 아름다운 꽃 위에 빨래를 널어 말리는 행위다.

　셋째는 배산기루(背山起樓)이다. 산을 등지고 집을 지어 산세를 조망할 수 없도록 하는 경우다.

　넷째는 분금자학(焚琴煮鶴)이다. 거문고를 불쏘시개 삼아 학을 삶아 먹는 행위다.

　다섯째 대화상차(對花嘗茶)이다. 꽃을 감상하면서 술을 마시지 않고 차만 홀짝거리는 행위다.

　여섯째 송하갈도(松下喝道)이다. 청량한 바람이 불어오는 소나무 아래에서 쉴 때에 불현듯 사또 행차를 알리고 지나가는 행위다.

　다시 말해 살풍경은 한마디로 은근하고 고적한 분위기를 가위질해 버린 것으로 볼 수 있다.

자원 ●殺(죽일 살 ; 殳部 7획, 총 11획. kill) : 살촉 살, 어수선할 살, 흩어질 살. 나무 막대기로 풀을 쳐 넘기듯, 살아있는 것을 쳐(殳) 죽임.
●風(바람 풍 ; 風部 총 9획. wind) : 흘레할 풍, 울릴 풍, 경치 풍. 벌레 위로 바람이 스쳐 가는 모양을 본뜸.
●景(경치 경 ; 日部 8획, 총 12획. view) : 밝을 경, 클 경, 형상할 경. 日에서 뜻을 취하고, 京에서 음을 취함.

어의 ●殺菌(살균) : 균을 죽임 ●殺意(살의) : 사람을 죽이려는 마음 殺人(살인) : 사람을 죽임 ●風霜(풍상) : 바람과 서리. 세상의 고난 ●風俗(풍속) : 예로부터 사회에서 행해지는 의식주와 그 밖의 생활 습관 ●風信(풍신) : 바람의 방향 ●景氣(경기) : 물건의 매매나 거래가 잘 이루어지는 형편 ●景慕(경모) : 우러러 사모함 ●景致(경치) : 산수 등의 자연계의 아름다운 현상

참조 《채근담(菜根譚)》에 있는 말이다.

　"군자는 그 자신의 처지에 마땅하게 처신할 뿐이오, 처지 밖의 것은 바라지 않는다. 부귀에 처해서 부귀에 마땅하게 처신하고, 빈천에 처해선 빈천에 마땅하게 처신하고, 오랑캐에 대해선 오랑캐에 마땅하게 처신하고, 환난에 처해서는 환난에 마땅히게 처신하니 군자에겐 들어가 자득하지 못할 것이 없다."

　☞ 渴不飮盜泉水(갈불음도천수) : 아무리 목이 말라도 샘물을 훔쳐 먹지 말라는 뜻이다 《육기》의 〈맹호행(猛虎行)〉).

三人成虎
석삼 사람인 이룰성 범호

출전 《전국책(戰國策)》의 〈위책(魏策)〉

문의 세 사람이 거리에 호랑이가 나타났다고 하면 믿게 된다.

요점 뜬소문이 진상을 덮는다.

해석 같은 말도 여러 사람이 우기게 되면 그것이 진실인 양 호도될 수가 있다.

고사 전국시대에는 서로가 약조를 굳게 하였다가도 자국의 이해 득실에 따라 그것이 빈번히 깨뜨려지는 경우가 비일비재했다. 그러다 보니 비교적 높은 자리에 앉았다 해도 그것이 잠시 동안에 뒤바뀌는 경우가 생겨났다. 그런 이유로 위나라의 방총(龐蔥)이 외교 관계의 관례에 따라 태자를 모시고 한단으로 가면서 왕의 관심이 자신에게서 멀어질 것을 걱정하여 위혜왕에게 물었다.

"어떤 사람이 달려와 거리에 범이 나타났다고 하면 대왕께서는 믿으시겠습니까?"

"못 믿겠네."

"그렇다면 두 사람이 그런 말을 하면 어찌시렵니까?"

"글쎄, 반신반의하겠지."

방총이 다시 물었다.

"세 사람이 나타났다고 하면 믿겠습니까?"

"그렇다면 믿겠지."

그제야 방총은 나직이 말했다.

"거리에 범이 나타나는 것은 있을 수 없습니다. 그런데도 세 사람이 소문을 퍼뜨리면 믿게 됩니다. 조나라의 한단과 위나라의 수도 대량과의 거리는 여기보다 한층 더 멉니다. 그러니 소신을 비난하는 사람이 한두 명이 아닐 것입니다. 대왕께서는 이 점을 명찰하시기 바랍니다."

그리고 나서 방총은 떠났다. 그리고 얼마 후 방총이 태자를 데리고 귀국했다. 그러나 위혜왕은 다시는 그를 만나지 않았다.

자원 ●三(석 삼;一部 2획, 총 3획. three):막대기 세 개를 가리킴.
●人(사람 인;人部 총 2획. man):사람 인, 성질 인, 잘난 사람 인.
●成(이룰 성;戈部 2획, 총 6획. achieve):평할 성, 거듭할 성.
●虎(범 호;虍部 2획, 총 8획. tiger):호랑이가 입을 크게 벌리고 몸에 무늬가 있음을 본뜸.

어의 ●三曹(삼조):호조와 형조와 공조 ●三足烏(삼족오):중국의 신화에 나오는 다리가 셋 달린 까마귀 ●三足盤(삼족반):다리가 셋 달린 소반 ●人目(인목):사람의 눈 ●人夫(인부):막벌이꾼 ●人物(인물):사람과 물건 ●成規(성규):성문화된 규칙 ●成器(성기):좋은 그릇 ●成人(성인):인격과 교양이 구비된 사람 ●虎狼(호랑):욕심 많고 잔인한 사람 ●虎網(호망):호랑이의 침입을 막기 위해 집 근처에 치는 올이 굵은 그물 ●虎視(호시):기회를 노림

참조 거리는 사람들이 많이 모이는 곳이다. 그러므로 범이 있을 수는 없다. 그러나 사람들의 유언비어나 기만의 목소리는 순식간에 퍼져 나가 사물의 진상을 제대로 파악할 수 없게 만든다.

'삼인성호'는 위혜왕의 무지를 단석으로 꼬집은 말이다. 아무리 거짓말이라도 참말로 둔갑하기 쉽다는 것을 직설적으로 나타내 보이고 있다. 일의 진위(眞僞)를 분별하는 세심한 주의를 요하는 대목이다.

相 思 病
서로 상   생각 사   병 병

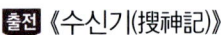

출전 《수신기(搜神記)》

문의 사랑을 이루지 못해 생긴 병.

요점 서로가 애틋하게 생각하는 병.

고사 송(宋)나라는 춘추시대에는 대국이었다. 그런 송이 세월의 무게를 이기지 못해서일까. 전국시대 말 강왕(康王) 때에 이르러서는 나라의 기틀이 통째로 흔들렸다. 무도하고 황음한 강왕의 행패 때문이었다.

강왕의 행패는 술과 여자였다. 충언하는 신하들의 언로를 차단하고 기분 내키는 대로 나라를 이끌었다. 자연 충언하는 신하가 늘어났다. 그럴 때마다 왕은 충간하는 신하를 처형했다.

당시 강왕의 시종에 한빙(韓憑)이라는 신하가 있었다. 그는 부부간에 금슬이 무척 좋았다. 더구나 한빙의 부인은 천하절색이었다. 왕은 그녀를 강제로 궁으로 데려와 후궁으로 삼고, 죄 없는 한빙은 변방의 형(刑)에 처했다. 형이라는 것은 낮에는 도적을 지키고, 밤에는 성을 쌓는 일을 하는 죄수를 말한다. 이때 그의 부인 하씨는 남편 한빙에게 짤막한 편지를 써 보냈다.

비는 그칠 줄 모르고(其雨淫淫)
강은 크고 물은 깊으니(河大水深)
해가 나오면 맞겠다(日出當心)

그런데 이 편지는 남편이 아닌 강왕의 수중에 들어갔다. 소하(蘇賀)라는 자가 편지를 해석했다.

"편지의 내용은 이렇습니다. 남편을 그리워하는 마음은 강보다 깊은데 방해자가 있으니 어찌할 수 없다는 내용입니다."

그러던 얼마 후 한빙이 자살했다는 보고가 들어왔다. 그때 하씨는 성벽 위에서 떨어져 죽었는데, 그녀가 남긴 편지에는 부디 한빙과 합장해 달라는 것이었다.

자원 ●相(서로 상 ; 目部 4획, 총 9획. mutual) : 바탕 상, 도울 상.
●思(생각 사 ; 心部 5획, 총 9획. think) : 원할 사, 의사 사.
●病(병 병 ; 疒部 5획, 총 10획. illness) : 근심 병, 앓을 병.

어의 ●相反(상반) : 서로 반대됨 ●相換(상환) : 서로 교환함 ●思慮(사려) : 마음을 써서 생각함 ●思潮(사조) : 한 시대 사람들의 사상의 일반적인 경향 ●病暇(병가) : 병으로 인하여 얻는 휴가 ●病症(병증) : 병의 증세

참조 강왕은 화가 나 편지를 동댕이쳤다. 그러나 많은 사람이 유언의 내용을 알고 있으니 그냥 내버려 둘 수도 없었다. 그렇다고 하씨의 청을 그대로 들어줄 수도 없었다.

"좋아, 너희들이 죽어서도 사랑을 하겠다면 그리 해주마. 어디 너희 사랑이 어느 정도인지 보리라."

강왕은 무덤을 마주 보는 위치에 만들었다. 그런데 괴이한 일은 하룻밤이 지나고 나서 일어났다. 밤 사이에 두 그루의 노나무가 무덤 끝에 나더니 점점 자라났다. 나무는 열흘이 못 가서 위로 가지가 얽히고 아래로 뿌리가 맞닿았다. 이른바 연리지(連理枝)다.

나무 위에는 한 쌍의 원앙새가 앉아 서로의 목을 비비며 구슬피 울어댔다. 사람들은 모두 눈물을 흘리며 한빙 부부의 넋이라고 탄식했다. 이때부터 송나라 사람들은 그 나무를 상사수(相思樹)라 하였다.

桑 田 碧 海
뽕나무 **상** 밭 **전** 푸를 **벽** 바다 **해**

출전 《신선전(神仙傳)》,《태평어람(太平御覽)》
문의 뽕나무밭이 바다로 변하다.
요점 세상이 몰라볼 정도로 바뀌다.

고사 마고 선녀가 왕방평에게 말했다.

"곁에서 모신 이래 동해가 세 번이나 뽕나무밭으로 변한 것을 보았습니다."

그러자 왕방평이 대답했다.

"그래서 성인들은 말했었지요. 바다라는 녀석들이 먼지를 일으키고 있다구요."

위의 말은 능곡지변(陵谷之變)·창해상전(滄海桑田)·수유개(須臾改)란 뜻으로도 널리 알려졌다.

어느 날 바다에서 세 노인이 한자리에 모여 서로 나이를 물었다. 한 노인이 말했다.

"내가 기억하기로는 반고(盤古)가 있을 때에 안과 밖의 경계가 있었다오."

예로부터 전해 오는 전설에는 천지가 개벽을 할 때에 그 형상이 마치 달걀과 같았는데, 반고는 여기에서 태어났으며 뒤에 하늘이 점차 높아지고 땅이 점차 두터워져 반고는 하늘 땅과 같이 자랐다고 했다. 그것으로 볼 때에 노인이 태어난 시기는 천지가 개벽할 때와 가까웠다.

두 번째 노인이 말했다.

"푸른 바다가 뽕밭으로 변할 때마다 그 변하는 횟수를 기억해 두었는데,

그것이 열 칸이나 되는 집에 꽉 찼소이다."

창해(滄海)는 끝없는 바다, 상전(桑田)은 뽕밭이다. 이 말로 보면 지형이 커다란 변화를 일으킨다는 뜻이다. 마지막 노인이 말했다.

"나의 스승님이 반도(蟠桃)를 잡수신 후 그 반도의 씨를 곤륜산 기슭에 버렸는데, 지금 그 복숭아나무가 자라서 곤륜산 높이와 맞먹습니다."

전설에 의하면 동해 바다의 어느 섬에 산이 있는데, 이름이 도색산(度索山)이었다. 거기에 복숭아 한 그루가 자라 그 뿌리가 수천 리에 어려 있는데, 열매는 3천 년이 지나야 맺는다고 했다.

자원 ●桑(뽕나무 상;木部 6획, 총 10획. mulberry tree):동쪽 상.
●田(밭 전;田部 총 5획. farm):사냥할 전, 북 이름 전.
●碧(푸를 벽;石部 9획, 총 14획. blue):청강성 벽.
●海(바다 해;水部 7획, 총 10획. sea):세계 해, 많을 해.

어의 ●桑實(상실):뽕나무 열매인 오디 ●桑耳(상이):뽕나무 버섯
●田畓(전답):밭과 논 ●田地(전지):경작되는 토지 ●碧空(벽공):푸른 하늘
●碧海(벽해):푸른 바다 ●海空(해공):바다와 하늘 ●海恕(해여):넓은 마음으로 용서함

참조 위의 얘기는 허무맹랑한 구석이 많다. 물론 이 고사를 인용한 이도 고의적으로 창작한 것은 결코 아닐 것이다. 한편으로 볼 때 노인들이란 경험이 많다. 경험 많은 노인들이 보는 세상, 그것은 변화가 무쌍하다는 것을 한마디로 설명해 준다.

⇨ 노나라의 추호자(秋胡子)는 혼인을 한 지 닷새 만에 집을 떠나 여러 해 뒤에 부귀의 몸으로 돌아왔다. 우연히 길가에서 뽕을 따는 여인을 보고 마음이 혹하여 많은 돈으로 꾀었으나 여자는 쳐다보지도 않았다.

그런데 집에 돌아와 보니 뽕을 따던 여인이 바로 아내였다. 그 여인은 남편을 크게 꾸짖고 자살해 버렸다.

脣亡齒寒

입술 순   없을 망   이빨 치   찰 한

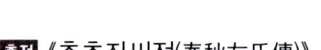

출전 《춘추좌씨전(春秋左氏傳)》

문의 입술이 없으면 이가 시리다.

요점 이해관계가 얽히어 있는 사이에서 한쪽이 망하면 다른 쪽도 잘못된다는 것.

고사 춘추시대 초기에 진(晉)나라 헌공(獻公)이 괵국(虢國)을 정벌하기 위해 가는 길목에 위치한 우(虞)나라에 길을 열어 달라고 사신을 보냈다. 사신으로 온 순식(荀息)은 천하에 둘도 없는 명마와 야명주라는 구슬을 우왕에게 헌납하여 간청했다.

"이번에 길을 빌려주시면 우리 진나라와 귀국은 우의를 다시 한 번 돈독하게 맺을 수가 있습니다."

우왕은 썩 내키지 않은 청이었으나 진나라에서 보내온 예물이 탐이나 순식의 청을 우호적으로 받아들였다.

이때 충신 궁지기(宮之奇)가 나섰다.

"그것은 아니 될 일입니다. 결코 진나라의 청을 받아들여서는 아니됩니다."

"그게 무슨 말이오. 진나라에서는 좋은 말과 야명주를 내게 보내 형제의 우의를 맺고자 하지 않은가. 한데 어찌하여 그들의 청을 가납치 말라는 것인가?"

"대왕마마, 만약 괵나라가 망하면 우리 우나라도 결코 순탄치를 못합니다. 속담에 이르기를 '덧방 나무와 수레는 서로 의지한다 하였습니다. 또한 입술이 없어지면 이가 시리다(輔車相依 脣亡齒寒)'고 하였으니 이는 우리나라와 괵국을 지칭하는 것이나 다름없습니다. 결코 진나라의 군사를 통과시켜서는 아니됩니다."

그러나 우왕은 궁지기의 말을 듣지 않았다. 순식이 가져온 명마와 구슬에 현혹되어 진나라의 요청을 받아들인 것이다. 궁지기는 나라가 망할 것을 알고 집으로 돌아가 가족들을 불러 앉혔다.

"이제 우나라는 1년이 가기 전에 망할 것이다."

그리고 나서는 다른 나라로 떠나 버렸다. 과연 궁지기의 예언대로 진나라는 괵국을 정벌하고 돌아오던 길에 우나라도 점령해 버렸다. 순식이 가져온 향기로운 미끼는 다시 진나라의 수중으로 들어가 버렸다.

자원 ●脣(입술 순;肉部 7획, 총 11획. lip):입술 순.
●亡(없을 망;亠部 1획, 총 3획. perish):죽일 망, 없어질 망, 망할 망.
●齒(이빨 치;齒部 총 15획. teeth):나이 치, 벌 치, 같을 치.
●寒(찰 한;宀部 9획, 총 12획. cold):추울 한, 떨릴 한, 사무칠 한.

어의 ●脣齒(순치):입술과 이 ●脣頭(순두):입술 끝 ●脣音(순음):입술 소리 ●亡骨(망골):주책이 없는 사람 ●亡德(망덕):자기 몸과 집안을 망칠 못된 짓 ●亡身(망신):잘못하여 자기의 지위나 명예를 망침 ●齒聲(치성):혀끝과 이 사이에서 조절되는 소리 ●齒車(치거):톱니바퀴 ●齒痛(치통):이앓이 ●寒極(한극):지구상에서 가장 추운 곳 ●寒卵(한란):추운 겨울에 낳는 달걀 ●寒雷(한뢰):겨울의 한랭전선이 통과함에 따라 발생하는 우뢰

참조 ⇨ 순망치한은 보거상의(輔車相依) 순치보거(脣齒輔車)라는 표현으로 대신하기도 한다. 이빨은 그 자체로서 존재할 것 같지만 입술이 울타리가 되어 준다는 평범한 진리를 망각할 때에 재난이 닥친다는 것을 말하고 있다.

神 出 鬼 沒
귀신 신　날 출　귀신 귀　숨을 몰

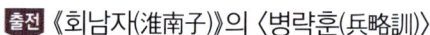

출전 《회남자(淮南子)》의 〈병략훈(兵略訓)〉
문의 신이 나타나고 귀신이 돌아다닌다.
요점 귀신같이 출입이 자유자재여서 예측할 수가 없음.

해석 공자의 《논어》에는 '군자는 위험한 곳에 가지 않고 귀신을 떠받들어서 멀리하라'고 씌어 있다. 〈병략훈〉은 도가 사상을 기본 이념으로 한 전략을 논한 것이다.

고사 이를테면 적군이 어찌 나올 것인가를 놓고 이쪽에서 어떤 식으로 계략을 세울 것인가를 논하는 것은 용병의 교묘한 것이 못 된다고 쓰여 있다. 여기에서 병사의 출입에 있어서의 교묘함은 다음같이 설명할 수 있다.

　"병사들이 움직이는 것은 귀신이 나타나고 귀신이 돌아다니는 것과 같이 하늘의 별처럼 운행하는 것이다. 그 나아가고 물러섬, 굽히고 펴는 것은 아무런 진전이나 형태도 없는 것이다."

　여기에서 신출귀행(神出鬼行)으로 표현되고 있다.

자원 ●神(귀신 신;示部 5획, 총 10획. god) : 영검할 신, 신명 신.
●出(날 출;凵部 3획, 총 5획. appear) : 토할 출, 도망할 출, 보일 출.
●鬼(귀신 귀;鬼部 총 10획. ghost) : 귀신 귀.
●沒(숨을 몰;水部 4획, 총 7획. sink) : 다할 몰, 지날 몰, 잠길 몰.

어의 ● 神經(신경) : 중추의 신경을 몸의 곳곳에 전달하는 기관 ● 神技(신기) : 신묘한 기술 ● 神通(신통) : 모든 일을 신기하게 통달함 ● 出嫁(출가) : 처녀가 시집을 감 ● 出口(출구) : 나가는 곳 ● 出金(출금) : 돈을 내어 씀 ● 鬼工(귀공) : 세상에 보기 드문 솜씨 ● 鬼子(귀자) : 어머니를 닮지 않은 자식 ● 鬼才(귀재) : 사람이 한 것이라 믿지 않을 만큼 뛰어난 재주 ● 沒頭(몰두) : 한 가지 일에 정신을 쏟음 ● 沒死(몰사) : 모두 죽음 ● 沒人情(몰인정) : 인정이 아주 없음

참조 ⇨ 토인비는 이렇게 말했다.

"나는 신을 믿는다. 인간은 이 우주 안에서 최고의 존재는 아닌 것이다. 인간은 만물의 영장도 아니다. 우리가 마치 최고의 존재인 것처럼 행동을 한다면 우리는 가장 비참한 처지에 떨어질 것이다. 반대의 관점에서 보면 인간보다 훨씬 높은 영적인 존재가 우주 안에는 반드시 있다고 믿는다."

이것은 신에 관한 그의 소견이다.

⇨ 괴테는 이렇게 말했다.

"단순히 외부로부터 세계를 움직일 수 있는 신이란 무엇인가? 그 손 끝으로 우주를 회전시키는 신이란 무엇인가? 세계를 내부로부터 움직임으로써 참 신이다. 자연을 자기 속에 지니고, 자기를 자연 속에 포함시키고, 그 속에 생동하고 존재하는 전부가 그의 힘을 나타내고 그의 정신을 마음에 새겨 지킴으로써 참 신이다."

⇨ 그런가 하면 세네카는 다음과 같이 말한다.

"그대는 인간의 마음이란 것을 구경하지 못한 것 같이 신도 보지 못했을 것이다. 그러나 그대는 신의 모든 창조물을 통해서 그 속에서 신을 볼 수 있을 것이다. 그리고 그대는 마음 속에 있는 신의 힘을 무시할 수 없을 것이다."

☞ 夜不談鬼(야불담귀) : 밤에는 귀신 얘기를 하지 않는다는 말.

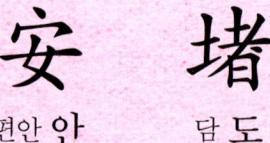

安　　堵

편안 안　　담 도

출전 《사기(史記)》의 〈전단열전(田單列傳)〉
문의 담장 안에서 편히 쉴 수 있다.
요점 아무 걱정 없이 편히 쉴 수 있음을 말함.

해석 전단(田單)에 관한 성어도 앞서 소개한 바 있다. 그러나 부분적으로 어원을 따져가면 나름대로 풀이의 묘미가 있는 것이 성어(成語)를 해설하는 즐거움이다.

고사 전국시대 후기에 연(燕)나라의 재상 악의(樂毅)가 진나라를 위시하여 동맹했던 6국을 이끌고 제나라를 공격하였다. 5년여가 지나는 동안 제나라의 70여 성이 악의의 수중에 떨어지고 남은 것은 즉묵성(卽墨城)과 거성(莒城)뿐이었다.

오랫동안 거성을 공격했지만 소득이 없자 악의는 병력을 즉묵성으로 돌렸다. 성안의 군민들은 일사분란하게 전단의 지시를 따른 탓에 그런 대로 방어를 해나갔다.

바로 그 무렵에 연나라에서는 소왕이 죽고 혜왕(惠王)이 즉위했다. 소식을 접한 전단은 간첩을 보내 악의와의 사이를 이간시켰다.

"악의가 오랫동안 즉묵성을 공격하고도 함락시키지 않은 것은 능력이 없어 그러는 것이 아니라 이곳에 오래 남아 있으면서 장차 제나라의 왕이 되려는 생각이 있기 때문이다."

악의와 사이가 좋지 않던 혜왕은 즉시 야전 사령관을 교체해 버린다. 때를 같이하여 전단은 제나라 군사들의 사기를 높이기 위해 사졸들의 일을 분담시키고 처첩들을 투입하여 그들의 수발을 들게 하였다. 또한 연나라 병사들의 시선을 다른 곳으로 돌리기 위해 돈과 재물을 그들에게 보내면서 당부하는 것도 잊지 않았다.

"우리가 항복하면 집안 사람들과 처첩들을 손대지 말고 안심하고 집안에서 살 수 있도록(安堵) 해주십시오."

연나라의 군사들은 안심했다. 이제 제나라는 그들 수중에 들어온 것이라 여기고 병장기를 놓고 날이 새도록 술을 마셨다. 한밤중에 전단은 소 꼬리에 불을 붙여 적진을 유린하는 화우계(火牛計)를 이용해 쾌승을 거두었다.

자원 ●安(편안 안 ; 宀部 3획, 총 6획. peaceful) : 고요할 안, 무엇 안.
●堵(담 도 ; 土部 9획, 총 12획. wall) : 저것 도, 편안히살 도.

어의 ●安價(안가) : 염가 ●安享(안향) : 하늘이 내린 복을 평안히 누림 ●堵列(도열) : 죽 늘어섬 ●堵牆(도장) : 담, 울타리

참조 연나라가 처음에 제나라에 쳐들어갔을 때 획읍(畫邑)에 왕촉(王蠋)이라는 현인이 있다는 말을 듣고 군중에 영을 내렸다.

"획읍을 중심으로 30리 안으로는 들어가지 마라."

그런 연후에 사람을 보내 왕촉을 달랬다.

"제나라에선 당신의 절의를 높이 평가하고 있소이다. 우리 장군께서 당신을 부장으로 삼고 만호의 봉토를 내리시겠다고 합니다. 의향이 어떻습니까?"

왕촉은 굳게 사양하며 말했다.

"충신은 두 임금을 섬기지 않으며, 정숙한 여인은 두 남편을 섬기지 않습니다."

그들은 말을 듣지 않으면 획읍을 쑥밭으로 만들겠다고 으름장을 놓았다. 그리자 왕촉은 절의를 잃고 살아가기보다 죽음으로써 형벌을 지키겠다 하여 목을 매어 죽었다.

眼 中 之 釘

눈안 가운데중 의지 못정

출전 《오대사보(五代史補)》

문의 눈 속의 못.

요점 눈엣가시 같은 사람.

고사 절도사 조재례(趙在禮)의 치부엔 일화가 많다. 그는 모든 것을 긁어모으는 것이 취미며 도락이 있을 뿐, 인정은 눈꼽 만큼도 없었다.

한번은 기름 장사 유씨(劉氏)가 인사를 하러 오지 않자, 눈 내리는 한겨울에 바둑 한판 두자고 청했다. 그렇게 해서 절도사 관저로 나갔는데, 바둑은 두지 않고 온종일 눈바람 몰아치는 곳에 세워 두는 것이었다. 그러나 관원 한 사람이 뇌물을 좀 집어 주라고 귀띔을 해주었다. 다음 날 기름 장사 유씨가 금 두 덩이를 바치자 바둑은 무승부로 정해 버렸다.

인근 백성들에게 못할 짓을 저지른 조재례는 이후에 후양(後梁)·후당(後唐)·후진(後晉)에 걸쳐 절도사를 역임했다. 그는 몹시 간사하고 약삭빠른 사람으로, 송주(宋州)에서 백성들의 고혈을 짜내더니 영흥(永興)으로 옮겨가게 되었다.

"아이구 눈에 박힌 못이 빠진 것 같구만."

백성들은 춤을 추며 즐거워했다. 소문을 들은 조재례는 발끈했다. 그는 송주 백성들의 행동에 대한 앙갚음으로 1년만 더 있겠다고 조정에 뇌물을 썼다. 다시 송주 절도사로 눌러앉은 조재례는 집집마다 1년 동안 1천 전씩을 '발정전(拔釘錢)' 명목으로 바치게 했다.

"눈에 박힌 못을 빼내려거든 1천 전을 써라. 그렇다면 이곳 송주 땅을 깨끗이 떠나 주마."

　이렇게 하여 그는 1년 동안에 백만 관의 돈을 거둬들였다.

자원 ● 眼(눈 안 ; 目部 6획, 총 11획. eye) : 볼 안, 과실 이름 안.
● 中(가운데 중 ; ｜部 3획, 총 4획. midst) : 안쪽 중, 마음 중, 응할 중.
● 之(의 지 ; ノ部 3획, 총 4획. this) : 어조사 지.
● 釘(못 정 ; 金部 2획, 총 10획. nail) : 창 정, 불린 금 정.

어의 ● 眼孔(안공) : 눈구멍　● 眼力(안력) : 시력 혹은 사물의 요긴한 곳이나 시비·선악을 분간하는 힘　● 中曆(중력) : 겉장을 잘 꾸미지 않은 달력　● 中飯(중반) : 점심　● 釘倒蟲(정도충) : 장군벌레　● 釘頭(정두) : 못 대가리

참조 《채근담》에 있는 말이다.

　"관직에 있는 이들을 위하여 두 마디 말이 있으니 가로되 '오직 공정하면 명지(明智)가 생기고, 오직 청렴하면 위엄이 생긴다' 함이 그것이요. 집에 있는 이를 위하여 두 마디 말이 있으니 '오직 너그러우면 불평이 없으며, 오직 검소하면 모자람이 없다'고 하였다."

　⇨ "목자(牧者)가 백성을 위하여 있는가, 백성이 목자를 위하여 있는가, 백성이라는 것은 곡식과 피륙을 제공하여 목자를 섬기고 또 가마와 쌀을 제공하여 송영(送迎)하는 것이다. 결국 백성은 피와 살과 정신까지 바쳐 목자를 살찌게 하는 것이니, 이것으로 본다면 백성이 목자를 위하여 존재하는 것이 아닌가. 그러나 절대 그런 것이 아니다. 목자가 백성을 위하여 존재하는 것이다. '정약용의 원목(原牧)'

殃 及 池 魚

재앙 **앙**　미칠 **급**　못 **지**　고기 **어**

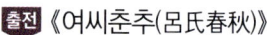

출전 《여씨춘추(呂氏春秋)》
문의 재난이 못 속의 고기에 미친다.
요점 뜻하지 않은 곳에 재난이 미침을 뜻함.

해석 《당서》의 〈고지주전(高知周傳)〉에 그런 말이 있다. 빨리 오르려고 하면 오히려 엎어지기 쉽다는 뜻이다. 이것은 급히 서둘러서 재난이 생겼음을 알 수 있다. 즉, 재주를 피운 탓에 일어난 것이다. 그러나 특별한 잘못이 없는데도 재난은 닥친다.

고사 춘추시대 송나라에 사마환(司馬桓)이라는 이가 있었다. 그는 대단히 훌륭한 보주(寶珠)를 가지고 있었는데, 죄를 짓자 재빨리 그것을 가지고 도망을 쳤다.

　왕은 평소에 그가 지닌 보주에 욕심을 냈으므로 사마환을 힘들여 찾은 후 보주가 있는 곳을 물었다.

　"네가 보주를 선선히 내어 준다면 목숨만은 살려주마."

　"지금은 없습니다."

　"어디에 있느냐?"

　"다른 곳에 두었습니다."

　"다른 곳이라니?"

　"몸을 피할 때에 연못에 던졌습니다."

　"어디에 있는 연못이냐?"

"전에 살던 집에 있는 연못입니다."

왕은 많은 사람을 동원하여 연못의 물을 퍼내게 했다. 그런데도 보주는 없었다. 애꿎은 물고기만 죽게 된 셈이다.

자원 ● 殃(재앙 앙 ; 歹部 5획, 총 9획. misfortune) : 재앙 앙, 벌 내릴 앙.
● 及(미칠 급 ; 又部 2획, 총 4획. reach) : 죄 미칠 급, 찰 급, 때가 올 급.
● 池(못 지 ; 水部 3획, 총 6획. pond) : 섞바꿔 나를 지, 풍류 이름 지.
● 魚(물고기 어 ; 魚部 총 11획. fish) : 좀 어.

어의 ● 殃慶(앙경) : 재난과 경사 ● 殃禍(앙화) : 죄의 갚음으로 받은 재앙 ● 及其也(급기야) : 필경에는 ● 及第(급제) : 시험에 합격함 ● 池塘(지당) : 연못 ● 池苑(지원) : 못과 동산 ● 魚群(어군) : 물고기 떼

참조 ⇨ 춘추시대의 일이다. 어느 날 성문에 불이 일어났다. 사람들이 우왕좌왕하며 불을 껐다. 이때 성문 옆에는 연못이 하나 있었는데 사람들이 불을 끄려고 연못의 물을 다 퍼냈기 때문에 그곳에 있는 물고기는 모두 죽고 말았다. 자신의 허물이 없는데도 다른 일로 인해 화를 입은 것이다.

⇨ 춘추시대의 일이다. 초나라의 왕궁에서 기르던 원숭이가 어느 날 도망쳐 버렸다. 그 원숭이는 나무가 빽빽한 곳으로 숨어 버렸다. 병사들은 왕명에 따라 숲의 나무들을 모두 베었다. 아름답던 숲은 순식간에 허허벌판으로 변해 버렸다.

⇨ 재해에는 두 종류가 있다고 했다. 자신에게는 불운을, 다른 사람에게는 행운을 주는 것이 그것이다. 《맹자》에서 말하고 있다. 하늘이 내린 재난은 피해야 하고, 스스로 초래한 재난은 피하지 말라는 것이다.

⇨ 복이 너무 지나치면 새난을 부른다. 그러므로 재난을 피하려고 하면 안 된다. 그것을 용감히 돌파해야 한다.

養 虎 貽 患
기를 **양**　범 **호**　끼칠 **이**　근심 **환**

출전 《사기(史記)》의 〈항우본기(項羽本紀)〉
문의 호랑이를 길러 근심한다.
요점 공연히 화근을 만들어 걱정하는 것을 말함.

해석 이 성어는 여러 갈래의 뜻이 있다. 우리나라 속담에 '내 밥을 먹은 개가 발 뒤축을 문다'라든가 '삼 년 먹여 기른 개가 주인을 문다'든가 또는 '믿는 도끼에 발등을 찍힌다' 등이다. 화근을 길러 근심을 사는 경우는 어떤 것인가.

고사 진(秦)나라 말기에 유방과 항우는 각기 군대를 거느리고 진나라를 공격했다. 진의 수도 함양은 유방의 손에 떨어졌다. 화가 난 항우는 분개하여 유방을 공격했다. 유방은 그의 세를 감당할 수가 없자 부득이 적진을 탈출하여 지금의 형서 남부로 물러났다.

　그러나 훗날 유방은 세가 강해졌다. 그런 반면 항우의 세가 약해지자 유방은 사신을 보내 하남성에 위치한 홍구(鴻溝)를 경계로 불가침 조약을 맺자고 했다. 세가 약한 항우는 이 제의를 받아들였다. 이후 항우는 병력을 이끌고 동쪽으로 갔고, 유방도 서쪽으로 가려고 했다. 그러나 장량과 진평이 말렸다.

　"지금 폐공은 천하의 3분의 2를 차지하고 있습니다. 모두들 폐공을 따르고 있습니다만, 항우는 지친데다 군량마저 떨어져 병사들의 사기는 땅바닥에 곤두박쳤습니다. 항우의 세력은 지금이 가장 약합니다."

　"하면, 지금 공격하자는 것인가?"

"그렇습니다."

"그것은 사리에 맞지를 않네."

"그렇지가 않습니다. 만약 지금 그를 없애지 않으면 호랑이 새끼를 길러 숲으로 보내는 것과 같습니다. 지금 제거하지 않으면 머지않아 공께서 해를 입으실 것입니다."

유방은 그들의 의견을 받아들였다. 불가침 약속을 어기고 공격했다. 이때 한신과 팽월도 협공하자 항우는 오강에서 자살하고 말았다.

자원 ●養(기를 양;食部 6획, 총 15획. bring up):마음 수란할 양.
●虎(범 호;虍部 2획, 총 8획. tiger):호랑이가 입을 크게 벌리고 몸에 무늬가 있는 모양
●貽(끼칠 이;貝部 5획, 총 12획. give):줄 이, 검은 자개 이.
●患(근심 환;心部 7획, 총 11획. anxiety):재앙 환, 병들 환.

어의 ●養女(양녀):수양 딸 ●養生(양생):건강에 주의함 ●養正(양정):바른 길을 닦음 ●虎口(호구):범의 입 ●虎將(호장):호랑이처럼 용맹스러운 장수 ●虎穴(호혈):범이 사는 굴 ●貽謀(이모):자손을 위해 남긴 꾀 ●貽憂(이우):남에게 근심을 끼침 ●貽弊(이폐):남에게 폐를 끼침 ●患難(환난):근심과 재난 ●患憂(환우):근심과 걱정 ●患悔(환회):근심하고 뉘우침

참조 물론 위의 고사는 드러난 결과만을 가지고 성어가 이뤄진 것이다. 그러나 이보다 앞서 항우가 홍문(鴻門)에서 유방을 만나 범증의 간언대로 일 처리를 했다면 중국의 역사는 크게 달라졌을 것이다. 그런 점에서 본다면 호랑이를 길러 산으로 보냈다고 한 것은, 범증이 대세를 탄식하며 혼잣말처럼 중얼기린 깃으로 봐도 무난하다. 이 당시 항우의 군세는 40만, 유방은 10만이었다. 항우의 군사는 완전한 정예부대인 반면 유방의 군대는 오합지졸이었다. 숫자 면에서 비교될 수 없지만 기회를 놓친 항우에게 천하 통일의 영광은 오지 않았다.

五里霧中

다섯 **오**　마을 **리**　안개 **무**　가운데 **중**

출전 《후한서(後漢書)》의 〈장해전(張楷傳)〉
문의 오리 사방이 안개 속이다.
요점 뭐가 뭔지 알 수가 없음. 어디에 있는지 찾을 수 없거나 갈피를 잡을 수 없음.

해석 짙은 안개가 끼어 있으니 갈피를 잡을 수 없는 것은 당연하다. 이를테면 범죄가 일어났을 때 범인의 행방이 요원할 때에 쓴다.

고사 장해의 부친은 장패(張覇)다. 그가 태어났을 때엔 환관들이 천하를 어지럽힐 무렵이었다. 세상살이에 야합하지 않고 깨끗하게 살려는 선비였기 때문에 조정에서 몇 번이나 사람을 보내 불렀지만, 결코 나가지를 아니했다. 장해 역시 부친의 뜻을 따라 그렇게 살 결심을 굳히고 있었다. 그러나 당시 조정에는 고문상서(古文尙書)에 능한 학자가 장씨 부자 외엔 없었다. 특히 문하에는 학도가 백여 명이나 되었는데, 모두 그의 아들 장해에게 계승되었다. 자연스럽게 장해는 동반자들에게 떠받들어져 황금 물고기 비늘처럼 번쩍거렸다. 조정에서는 장해와 교분을 갖기 위해 별의별 수단을 썼다. 환관은 환관대로, 관리들은 관리들대로, 그런가 하면 학자들은 그들 나름대로 장해와 교분을 나눌 통로를 만들기에 급급했다. 그런데도 이들 부자는 세상 명리를 초개(하찮은 것)처럼 여기고 고향으로 돌아가 버렸다. 처음에는 치안국장 격인 사예(司隷) 벼슬에 있던 자가 천거하여 장릉의 지방 장관으로 임명했으나 이를 거절했다. 조정에서는 다시 그를 다른 자리에 천거하자 번거로움을 피해 홍농산(弘農山) 깊은 골짜기에 은거해 버렸다. 그런데도 많은 학자들이 뒤를 따라왔으므로 저자를 이룰 정도였다.

나중엔 화음산(華陰山) 아래 은거하며 한 마리의 고고한 학처럼 생활했다. 소문을 들은 선비와 재주 있는 사람들이 찾아오는 바람에 산 밑에 시장이 생겨났다. 장해의 자(字)는 공초(公超)다. 그러므로 새로이 생겨난 시장은 공초시(公超市)였다.

그는 몇 번이나 나라에서 특사를 보냈으나 결코 벼슬길에 뜻을 두지도 않았으며 나가지도 아니했다. 많은 특사들이 내려왔지만 결코 그를 만나지 못했던 것은 일신에 지닌 도술이 한몫 거들었다. 그 당시 관서지방에 도술을 하는 사람 가운데 배우(裴優)라는 이가 있었다. 그는 안개를 일으켰으나 범위는 3리였다.

그는 장해의 소문을 듣고 찾아갔다. 안개를 오리나 일으킨다는 장해에게 가르침을 받아 보려는 의도였다. 그러나 장해가 오리 안개를 일으켜 숨어 버리는 바람에 헛걸음할 수밖에 없었다.

자원 ●五(다섯 오;二部 2획, 총 4획. five):다섯 번 오.
●里(마을 리;里部 총 7획. village):마을 리.
●霧(안개 무;雨部 11획, 총 19획. fog):안개 자욱할 무.
●中(가운데 중;丨部 3획, 총 4획. midst):마음 중, 응할 중.

어의 ●五感(오감):눈, 코, 입, 귀, 피부 ●五金(오금):금, 은, 철, 동, 연 ●五穀(오곡):찰, 보리, 콩, 조, 수수 ●里巷(이항):마을 ●里諺(이언):속담 ●里程漂(이정표):구역표지판 ●霧旦(무단):안개 낀 아침 ●霧露(무로):안개와 이슬 ●霧散(무산):안개가 갬 ●中段(중단):한 편의 글의 가운데 단락 ●中斷(중단):중간에서 끊어짐 ●中大門(중대문):중문

참조 황제(皇帝) 헌원씨가 지남철 수레를 만들어 안개 속에서도 방향을 탐지하여 적군을 물리쳤다는 의미로도 사용된다.

五 日 京 兆

다섯 오   날 일   서울 경   조짐 조

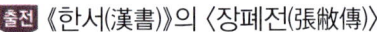

출전 《한서(漢書)》의 〈장폐전(張敞傳)〉

문의 잘해야 닷새 정도다.

요점 관직에 올랐다가 빠른 시간에 쫓겨남. 지나치게 변경이 빠르다.

고사 서한(西漢) 왕조 선제(宣帝) 때의 일이다. 도성 안에 도적 떼가 들끓었다. 백성들은 제법 살만하다 싶으면 도둑을 맞지 않은 집이 없을 정도여서 경조윤(京兆尹;시장)으로 부임한 장폐는 여러 방향으로 조사하고 도둑을 검거하여 평온을 되찾았다.

수년 동안 경조윤을 하는 중에 그의 친구들이 죄를 얻어 중벌에 처해졌다. 이를테면 둘도 없는 친구 양훈이 대역무도한 죄를 얻어 사형을 당했으며, 그의 친구들도 줄줄이 엮어져 벌을 받았다. 그런 면에서는 양폐도 마찬가지였다. 도성 안에는 얼마 후 장폐가 벼슬길에서 쫓겨날 것이라는 소문이 돌았다.

이때 그의 수하 중에 서순(絮舜)이라는 자가 있었다. 직책이 부리(府吏)였는데 사건 처리 담당이었다. 접수된 사건 처리를 지시했는데, 그는 차일피일 미루더니 주위 사람들에게 떠벌리고 다녔다.

"앞으로 장공이 경조윤 자리를 얼마나 할 것 같은가? 내 생각엔 길어야 닷새야! 그런데 무엇 때문에 그를 위해 일을 한단 말인가!"

이 말을 들은 장폐는 항명죄로 그를 구속하여 구금시켰다가 수일 만에 처형해 버렸다.

자원 ● 五(다섯 오 ; 二部 2획, 총 4획. five) : 다섯 번 오.
● 日(날 일 ; 日部 총 4획. sun) : 하루 일, 먼저 일.
● 京(서울 경 ; ㅗ部 6획, 총 8획. capital) : 클 경, 언덕 경.
● 兆(조짐 조 ; 儿部 4획, 총 6획. symptoms) : 뫼 조, 많을 조.

어의 ● 五加皮(오가피) : 오갈피 ● 五冬至(오동지) : 음력 5월과 동짓달 ● 五房
(오방) : 재래의 잡화를 파는 가게 ● 日記(일기) : 날씨 ● 日文(일문) : 일본 글
● 日暮(일모) : 해가 저묾 ● 京洛(경락) : 임금이 살고 있는 도읍 ● 京耗(경모) :
서울 소식 ● 京華(경화) : 번화한 서울● 兆物(조물) : 많은 물건 ● 兆民(조민) :
많은 인민 ● 兆朕(조짐) : 길흉이 일어날 기미가 미리 보이는 변화

참조 《삼일천하》라는 말도 같은 맥락이다. 〈오일경조〉는 벼슬자리에 올라 오
랫동안 지키지 못하거나 사퇴를 하고 물러나는 경우에 많이 사용된다. 선량
에게 있어서는 백성을 위해 좋은 일을 하고, 탐관오리는 쉬이 물러난다는 뜻
으로도 사용된다.

그렇다면 관리는 어떤 태도를 취해야 하는가? 이 물음에 대한 답변은《채
근담》에 있다.

"벼슬자리에 있을 때는 편지 한 장이라도 절도가 있어야 한다. 이렇게 함
으로써 요행을 바라고 모여드는 무리에게 틈을 주지 않으며, 물러나 시골에
살 때는 지나치게 높이 굴지 말 것이니 스스로의 마음을 헤쳐 놓아 옛날의
정을 두텁게 해야 한다."

➡ 우리나라의 소설《춘향전》에는 탐관을 징치하는 이도령이 지은 풍자시
가 있다.

금잔의 미주는 천 사람의 피요
옥반의 안주는 만백성의 기름이라
황촉의 눈물 떨어질 때 백성의 눈물 떨어짐이요
노랫소리 높은 곳에 백성들의 원성 또한 높다

玉 石 混 淆

구슬 옥   돌 석   섞일 혼 어지러울 효

출전 갈홍(葛洪)의《포박자(抱朴子)》
문의 옥과 돌이 함께 섞이다.
요점 좋은 것과 나쁜 것이 섞이면 좋고 나쁨을 구별하지 못한다.

고사 갈홍의 자(字)는 치천(稚川)이다. 어릴 때부터 유학(儒學)을 배웠으나 신선이 되는 선술과 양기술에 흥미를 느끼고 그 길로 정진했다.

그러므로 조부의 사촌인 갈현(葛玄)은 선인이 되어 갈선옹(葛仙翁)이라는 칭호를 받았고, 갈홍은 소갈선옹(小葛仙翁)이라 불리었다. 갈홍은 스스로 자호하기를 포박자(抱朴子)라 하였다.

갈홍은 그가 지은《포박자》라는 책 속에 다음같이 밝히고 있다.

'정통적인 경전, 이를테면《시경》이나《서경》등이 도의의 큰 바다라고 한다면 제자백가의 책들은 강물을 깊게 하는 강이나 물줄기다. 설사 방법이 다르다 해도 덕(德)을 목적으로 삼는 데는 다름이 없다. 옛사람들이 곤산의 구슬이 아니라 해서 야광주를 버린 것은 스스로가 재능이 부족한 것을 한탄한 것으로 볼 수 있다. 즉, 성인의 가르침이 아니라고 하여 수양에 도움이 되는 책들을 버리는 일들이 많아졌다. 한위(漢魏) 이래 좋은 말이 적지 않게 나왔지만, 그것을 추리고 가려낼 만한 성인은 나타나지 않았다. 그 대신에 좁은 소견에 사로잡힌 피상적인 책들이 나타났는데, 이것은 자의(字義)를 해석하는 데에만 급급하고 기이한 것을 가벼이 여기거나 불필요한 것이라 단정했다. 이를테면 그것들은 소도(小道)이므로 생각할 가치가 없다는 것이다……

포박자는 티끌이 모이면 뫼를 이루고, 많은 빛깔이 모이면 현란한 아름다움을 자아내는 것을 그들은 모른다고 탄식한다.

　'…참(眞)과 거짓(僞)이 뒤바뀌고 구슬과 돌이 뒤섞이는(混淆) 것으로, 아악이 속악인 양, 아름다운 의복을 남루한 의복으로 똑같이 생각하여 깨어날 줄을 모르니 한심한 생각이다.'

자원 ● 玉(구슬 옥;玉部 총 5획. jewel) : 사랑할 옥, 이룰 옥, 구슬 셋을 끈에 꿴 모양.
● 石(돌 석;石部 총 5획. stone) : 저울 석, 단단할 석. 바위 밑에 있는 돌을 뜻함.
● 混(섞일 혼;水部 8획, 총 11획. mix) : 덩어리질 혼, 흐릴 혼, 오랑캐 혼. 氵(水) +昆. 여러 갈래의 물이 같은 곳으로 모여 뒤섞임.
● 淆(어지러울 효;水部 8획, 총 11획. confused) : 흙탕질 효, 잡될 효.

어의 ● 玉階(옥계) : 대궐 안의 섬돌 ● 玉稿(옥고) : 타인의 원고에 대한 존칭 ● 玉堂(옥당) : 아름다운 집 ● 石案(석안) : 무덤 앞의 네모난 석상 ● 石造殿(석조전) : 석재로 지은 궁전 ● 石印(석인) : 돌에 새긴 인장 ● 混同(혼동) : 뒤섞임 ● 混紡(혼방) : 성질이 다른 섬유를 섞어 짠 방직 ● 混用(혼용) : 섞어서 씀 ● 淆薄(효박) : 인정이나 풍속이 경박함 ● 淆雜(효잡) : 혼잡함

참조 갈홍은 원제(元帝)가 재상으로 있을 때에 그 휘하에서 공을 세웠다. 관내후(關內侯)에 봉해졌으나 교지(交趾;지금의 월남)에서 단사(丹砂)가 나온다는 말을 듣고 그곳 나부산으로 가서 신선이 되는 공부를 했다. 어느 날 존경하는 광주자사 등악에게 "스승을 찾아 멀리 떠나려 하오. 날짜를 정해 출발할 테니 그렇게 아시오."하여 정해진 날에 등악이 그곳에 달려가 보니 갈홍은 잠든 것처럼 꼼짝하시 않았다. 얼굴은 살아 있는 사람처럼 똑같았고, 굳지도 않았는데 그의 주검을 관속에 넣으려고 옮기자 새털처럼 가벼웠다고 한다. 이른바 〈시해선(尸解仙)〉이다.

自然・環境

遼 東 豕

멀 요　　　동녘 동　　　돼지 시

출전 《한서(漢書)》
문의 요동의 돼지.
요점 귀한 것인 줄 알았으나 너무나 평범한 것임.

고사 왕망(王莽)이 세운 나라가 신(新)이다. 그는 종래의 정치 틀에서 벗어나 무언가 색다른 면을 천하에 알리고 싶었다. 이른바 개혁이다. 때를 같이 하여 일어난 반란의 무리들, 녹림(綠林)의 패거리들도 그 세가 만만치를 않았다. 천하가 어수선하자 저마다 천자가 되어 보겠다고 날뛰자 중원은 하루도 편할 날이 없었다.

당시 외곽 지대에서 세를 규합한 것이 광무 황제다. 그는 지혜가 출중한 인물이었다. 우선 각 고을에 있는 창고를 열어 도탄에 빠진 백성들을 기아에서 구하려고 애를 썼다. 그런가 하면 덕이 있는 선비들을 발탁하여 행정 계통의 일을 맡겼다. 이런 일에 아주 적임자가 바로 유주(幽州)의 목(牧)으로 있던 주부(朱浮)라는 장수였다.

주부가 하는 일을 반대하고 나선 것은 어양 태수 팽총(彭寵)이었다. 그는 광무제를 도운 공이 있었으므로 제 공이 제 일인 것처럼 거들먹거렸다. 천하가 안정되지 않은 지금의 시점에서 창고의 곡식을 푸는 것은 옳지 않다는 것을 주장한 것이다. 그가 창고의 곡식을 풀지 말라는 명을 내린 것은 심중에 담은 역심 때문이었다. 스스로 천자가 되겠다는 욕심이 있었다. 그러나 주부는 불응했다. 당연히 팽총은 말머리를 돌려 주부를 치려고 했다. 주부는 즉시 편지를 써 보냈다.

"당신은 태수의 지위에 앉아 식량을 아끼고 있으나 나는 나라의 도둑을 무찌르기 위해 식량이 필요한 것이오. 내가 일을 잘못 처리한 것 같으면 직접 천자께 글을 올려 탄핵하시오. 이런 얘기를 들은 적이 있습니까? 옛날 요동의 어떤 사람이 머리가 흰 돼지 새끼를 얻게 되었소. 그것을 바치려고 서울로 가던 중 강동에 이르렀는데 그곳에는 돼지의 머리가 한결같이 하얀 것뿐이었소. 그는 몹시 부끄러워하며 돌아갔소. 지금도 공을 내세워 조정에 있는 공신들과 비교한다면 당신은 한낱 요동 돼지에 불과할 뿐이오."

주부는 이렇게 혹평한 다음 팽총이 반란을 꿈꾸는 것을 질책하고 나섰다.

"지금 천하가 얼마나 넓은지 당신은 모를 것이오? 어찌 조그마한 어양 땅을 가지고 천자와 원수가 되려는 것이오."

그러나 팽총은 말을 듣지 않았다. 그는 스스로 연왕(燕王)을 칭하여 난을 일으켰다가 두 해가 지나기 전에 무너져 버린다.

자원 ●遼(멀 요 ; 辵部 12획, 총 16획. far) : 강 이름 요, 나라 이름 요.
●東(동녘 동 ; 木部 4획, 총 8획. east) : 日+木(아침 해가 나무 저쪽에서 떠오르는 모양.)
●豕(돼지 시 ; 豕部 총 7획. pig) : 집 돼지, 멧돼지 등의 총칭.

어의 ●遼隔(요격) : 멀리 떨어져 있음 ●遼遠(요원) : 멀고도 멂 ●遼河(요하) : 강 이름 ●東籬(동리) : 동쪽 울타리 ●東籬君子(동리군자) : 국화 ●東班(동반) : 문관의 반열 ●豕心(시심) : 돼지처럼 욕심이 많음 ●豕突(시돌) : 앞뒤 분간 없이 막무가내로 덤빔 ●豕交獸畜(시교수축) : 사람 대접을 예로써 하지 않음

참조 ☞ 求田問舍(구전문사) : 논밭과 집을 구하고 문의하여 산다는 뜻. 일신상의 이익에만 급급하고 국가의 일은 돌보지 않음.
☞ 鷄鶴之慾(계학지욕) : 한없이 큰 욕심.

轉 禍 爲 福
구를 전　재앙 화　할 위　복 복

출전 《십팔사략(十八史略)》

문의 화가 도리어 복이 됨.

요점 일시적으로 화가 닥쳐도 절망할 필요가 없다. 때가 지나면 그것이 오히려 복이 된다는 뜻이다.

고사 소진(蘇秦)과 장의(張儀)는 귀곡선생의 제자로, 언변으로 세상을 풍미했던 일대의 세객(說客)들이다. 처음에 소진은 한(韓)나라의 선혜왕에게 '닭대가리는 되어도 소 꼬리는 되지 말라'고 하였다. 이른바 합종(合從)이었다. 그 반면에 장의는 한나라를 찾아가 합종을 깨뜨리고 연횡(連衡)을 내세웠다. 소진의 합종에 귀를 기울이며 '다시는 죽는 한이 있어도 진나라를 섬기지 않겠다'고 맹세했지만, 선혜왕의 뒤를 이어 양왕(襄王)이 보위에 오르자 상황이 달라진 것이다.

진나라의 압력이 거세지자 양왕은 견디기 힘들었다. 이때 진나라에서 온 인물이 장의였다. 그는 소진의 합종을 정면에서 부정했다.

"한나라의 강산을 돌아보면 대체로 산이 많은 편입니다. 이것은 나라 안에서 나는 산물이 적다는 것과 같습니다. 그렇기 때문에 오랜 전쟁에 대비하여 많은 식량을 저장할 일이 여의치 않습니다. 어디 그뿐입니까. 인구가 적으니 병사의 수효가 작으므로 약소국에 불과합니다."

양왕은 묵묵히 듣고 있었다. 여전히 장의의 기세는 완강했다.

"지금 한나라의 국력으로 진나라의 군사들을 맞아 싸운다는 것은 계란으로 바위를 치는 것이나 진배없습니다. 그러므로 진나라를 대적하는 것보다는 차라리 섬기는 쪽이 훨씬 이로울 것입니다. 나라의 산물이 적고 인구가 적으니 이것이야말로 나라를 구할 수 있게 된 홍복이 아니겠습니다. 이른바 전화위복이지요."

소진의 열변에 이끌려 양왕은 그만 진나라에 선양(宣陽)의 땅을 바치고 나라를 보전했다.

자원 ●轉(구를 전;車部 11획, 총 18획. roll):옮길 전, 돌아누울 전, 변할 전, 굴릴 전(車에서 뜻을, 專에서 음을 취함).
●禍(재앙 화;示部 9획, 총 14획. calamity):앙화 화(示에 입 비뚤어질 괘(咼)를 더한 자. 입이 비뚤어질 정도로 신의 노여움을 삼).
●爲(할 위;爫部 8획, 총 12획. do):다 드릴 위, 하여금 위, 인연 위, 이를 위.
●福(복 복;示部 9획, 총 14획. fortune):아름다울 복, 착할 복, 상서 복(신(示)과 찰 복(畐)을 합한 자).

어의 ●轉嫁(전가):자기의 허물이나 책임 따위를 남에게 넘김 ●轉動(전동):굴러 움직임 ●轉位(전위):위치가 바뀜 ●禍亂(화란):재앙과 세상의 어지러움 ●禍厄(화액):재앙과 액운 ●禍運(화운):화근 ●爲計(위계):주로 편지 투에 '예정임'을 나타내는 말 ●爲民(위민):백성을 위함 ●爲先(위선):우선 ●福過災生(복과재생):복이 너무 지나치면 도리어 재앙을 부른다는 말 ●福德(복덕):행복과 이익 ●福力(복력):복을 누리는 힘

참조 《회남자》의 〈인간훈〉에 새옹지마(塞翁之馬)라는 말이 있다. 북방 근처에 살았던 점쟁이의 말이 하루는 국경을 넘어 도망쳤는데 몇 달 후 좋은 말 한 필을 끌고 왔다. 어느 날 아들이 말 타기를 하다 다리가 부러졌는데 그 덕분에 전장터로 나가지 않게 돼 목숨을 부지했다. 이렇듯 인간의 영고성쇠가 변화무쌍하여 길한 듯하지만 흉하고, 흉한 듯하지만 길하다는 말.

井 中 之 蛙
우물 정 가운데 중 의 지 개구리 와

출전 《후한서(後漢書)》, 《장자(莊子)》의 〈추수편(秋水篇)〉
문의 우물 안 개구리.
요점 소견이 좁은 사람을 말함. 또는 견문이 좁은 경우에도 비유.

고사 전한(前漢)이 망하자 왕망은 신(新)이라는 나라를 세웠다. 뒤를 이어 후한이 일어섰다. 이 무렵, 마원(馬援)이라는 인걸이 있었다. 자(字)는 문연(文淵)으로 전한 무제 때에 선조가 벼슬살이를 했었다. 당분간 벼슬길에 나가려고 하지 않은 것은 천하가 소란스러웠기 때문이었다. 그러다가 군장(群長)이라는 자리에 있었는데, 호송하던 죄인을 풀어 주고 자신도 북방으로 몸을 피해 버렸다. 세월이 흘러 그는 상당한 재산가가 되었다. 자신을 위해 일을 한 사람들에게 재산을 나누어주고 스스로 헌 옷을 입고 일에만 열중하였다. 그의 소문을 들은 농서(隴西)의 외효가 마원을 막료로 불러들였다.

공손술(公孫述)이라는 자가 있었다. 촉 땅에서 스스로 제(帝)를 칭하는 자였다. 공손술의 그릇이 어느 정도인지를 알기 위해 외효는 마원으로 하여금 그를 찾아가게 하였다. 마원은 공손술이 같은 고향 사람이기 때문에 맨발로 뛰쳐나올 줄 알았는데 결과는 딴판이었다.

"네가 나를 찾아올 줄 몰랐다. 어쨌든 옛정을 생각해 장군으로 특채할 것인즉 이곳에 머물거라."

마원은 크게 실망했다. 아직도 천하는 누구의 것인지 정해지지 않은 상태였다. 가장 시급한 것은 어진 인재를 등용하는 것인데, 작은 재주에 자만하여 거드름을 피우는 공손술은 이에 미치지 못하는 인물이었다.

"공손술 그 자는 우물 안 개구립니다. 상대를 않는 게 좋습니다."

그 다음으로 마원이 만난 인물은 광무제(光武帝)였다. 그를 만난 자리에서 광무제가 물었다.

"그대는 처음에 촉제(蜀帝)를 만나고 지금에야 나를 만나는 이유가 무엇인가?"

"지금은 신하가 군주를 고르기도 하고, 군주가 신하를 고르는 때이기도 합니다. 공손술은 무장 병사들을 도열시킨 자리에서 나를 만났지만, 폐하께서는 제가 자객인지 알 수 없는 상황에서도 호위 없이 상면하므로 감격했습니다."

"나도 그렇네. 그대가 자객이 아닌 세객이라는 것을 알고 있지. 그런 눈은 내게도 있다네."

자원 ●井(우물 정;二部 3획, 총 4획. well):단정할 정, 천정 정, 잇닿을 정(나무로 네모지게 짠 우물의 틀 모양).
●中(가운데 중;丨部 3획, 총 4획. midst):마음 중, 응할 중.
●之(의 지;丿部 3획, 총 4획. this):어조사 지.
●蛙(개구리 와;虫部 6획. 총 12획. frog):음란할 소리 와.

어의 ●井間(정간):정자 모양의 간살 ●井臼(정구):물을 긷고 절구질을 함 ●井井(정정):질서와 조리가 있음 ●中間浪說(중간낭설):당사자가 없는 제3자끼리의 헛소리 ●中古(중고):역사상 시대 구분의 하나 ●中宮(중궁):황후 ●蛙鳴蟬噪(와명선조):개구리와 매미가 시끄럽게 울어댐 ●蛙聲(와성):개구리 울음소리 ●蛙瓜(와과):개구리 참외

참조 《장자》의 〈추수편〉에 있는 얘기나. "우물 안 개구리가 바다를 말하지 못한 것은 자기가 살고 있는 곳밖에 모르기 때문이며, 여름 벌레가 얼음에 대한 지식이 없는 것은 여름밖에 생각하지 않기 때문이다."

創業有艱

비롯할 **창**　업 **업**　있을 **유**　어려울 **간**

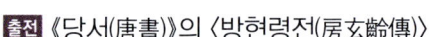

출전 《당서(唐書)》의 〈방현령전(房玄齡傳)〉
문의 창업은 어렵다.
요점 온갖 고초를 겪지 않고서 사업은 이룩할 수 없다.

해석 본시 이 말은 '창업은 쉽고 수성이 어렵다'는 것에서 파생되었다. 무슨 일을 하여 그것을 일으키기는 쉬우나 끝까지 지켜 나가는 것은 결코 쉽지 않다는 뜻이다.

고사 수나라를 이어 당(唐)이 들어서고 태종이 즉위 후 정관치세(貞觀治世)로 후대에까지 성군으로 이름이 기록되었다. 흔히 말하는 태평성대를 이룩한 것이다. 아무 곳에서나 노숙을 할 수 있고, 길가에 물건이 떨어져 있어도 자기 물건이 아니면 줍는 자가 없으며, 세금을 절감했으니 백성들의 살림은 살이 찔 수밖에 없었다. 어느 날 태종은 많은 신하들이 모인 어전에서 왕규에게 물었다.

"그대는 방현령(房玄齡) 이하 여러 대신들과 비교하여 어떻다고 생각을 하는가?"

왕규의 대답에 막힘이 없었다.

"이 나라의 중신이면서 떳떳이 입을 열어 간하지 못함에는 방현령을 따르지 못하고, 재능에 있어서는 문무를 겸비한 이정(李靖)을 따르지 못합니다."

어디 그뿐인가. 군왕이 요순 같지 못함은 신하된 자의 잘못이고, 주저 없이 간을 하지 못한 것으로는 위징(魏徵)을 따를 수 없다고 했다.

이번에는 방현령에게 물었다.

"창업과 수성은 어느 쪽이 쉽고 어려운가?"

방현령의 대답도 거침이 없었다.

"옛날에는 뭇 영웅들이 천지 사방에서 우글우글 일어나고 수백 번 또는 수천 번을 다투어 공격하고, 항복을 받으려고 목숨 걸고 싸웠습니다.

그렇게 본다면 창업이 수성보다 어렵지 않을까 생각해 봅니다."

위징이 의견을 달리한다.

"예전에는 제왕들이 갖은 고난을 겪은 후에 보좌를 차지하였다가 안일한 생각으로 인해 이를 쉽게 잃어버렸습니다. 그런 점에서 본다면 오히려 지키는 것이 더 어려울 것입니다."

태종은 결론을 내렸다.

"두 분의 의견은 그 뜻이 다르지만 다 같이 옳은 말이오. 나 역시 백 가지 일을 겪으면서 창업이 얼마나 어려운 것인가를 깨달았으니까."

자원 ●創(비롯할 창;刀部 10획, 총 12획. begin):날에 다칠 창.
●業(업 업;木部 9획, 총 13획. work):일 업, 위태할 업.
●有(있을 유;月部 2획, 총 6획. is):얻을 유, 취할 유.
●艱(어려울 간;艮部 11획, 총 17획. hard):근심 간.

어의 ●創立(창립):처음으로 설립함 ●創意(창의):새로운 생각 ●創作(창작):자기의 생각으로 처음으로 만들어 냄 ●業務(업무):직업으로 하는 일 ●業績(업적):일의 성과 ●業火(업화):악업의 갚음으로 받는 지옥의 맹렬한 불 ●有故(유고):사고가 있음 ●有史(유사):역사가 시작됨 ●有爲(유위):능력이 있음 ●艱困(간곤):구차하고 곤궁함 ●艱易(간이):어려운 것과 쉬운 것 ●艱患(간환):근심, 괴로움

참조 창업도 어렵지만 그에 못지않게 수성 역시 어렵다. 사업의 성취를 이룩하는 것이 얼마나 어려운가를 뜻하는 것이 '창업유간'이다.

天 道 是 非
하늘 천 　 길 도 　 옳을 시 　 아니 비

출전 《사기(史記)》의 〈태사공자서(太史公自序)〉, 〈백이열전(伯夷列傳)〉
문의 하늘을 의심한다.
요점 하늘을 우러러 피눈물로 호소한다.

해석 〈이릉(李陵)의 화(禍)〉라는 것은 용맹한 장수 이릉이 오천의 결사대로 흉노족과 맞서다가 그들에게 포로가 된 사건에 기인한다. 태사령으로 있던 사마천(司馬遷)은 그의 집안이 멸문되는 것을 막기 위해 극력으로 변호하다 거세당하는 궁형(宮刑)에 처해진다. 그는 하늘을 향해 통곡했다. 과연 '하늘엔 도(道)가 있는가, 없는가?'

고사 옳은 일을 정당하게 주장하다 벌을 받은 사마천이 굴욕적인 삶을 이어가며 《사기》를 완성한 것은 부친의 권면 때문이었다. 그렇기 때문에 자신의 손으로 정확하고 정당한 역사 기록을 남기고자 정력을 쏟았다.

그러다 보니 《사기》의 전편에는 아무래도 사마천의 뜨거운 호흡이 어리기 마련이었다. 그가 남긴 기록 가운데 특히 〈백이열전(伯夷列傳)〉은 많은 사람으로 하여금 깊은 사색에 빠져들게 한다.

'…흔히 천도는 정실이 없으며 항상 착한 사람을 돕는다(天道無實 常與善人)고 말하는 사람이 있다면, 이는 사람이 부질없이 하늘에 기대는 이야기에 지나지 않는다. 정작 하늘이 언제나 선한 자를 돕는다면 이 세상엔 선인만이 번영해야 할 일이다. 그러나 실제로는 어떤가. 백이와 숙제는 인을 쌓고 행실이 깨끗하였음에도 그들은 먹을 것이 없어 끝내 굶어 죽었다. 또한 공자의 제자 가운데 극구 칭찬을 받았던 안연(顏淵)은 어떠했는가? 그는 불우하고 가난하여 쌀겨조차 배불리 먹지 못하여 젊은 나이에 영양실조에 걸려 죽지 않았는가. 그런데도 유명한 악당 도척(盜跖)은 죄 없는 백성들을 수없이 살상하고 재물을 약탈하였는데도 수많은 도둑떼를 거느리고 황제 못지 않은 생활을 누린 것은 무슨 까닭인가? 도대체 무슨 덕을 쌓았기 때문에 그런 호사를 누렸는가?'

자원 ●天(하늘 천;大部 1획, 총 4획. sky) : 조물주 천, 진리 천, 운명 천, 아버지 천. 一에 大를 더한 글자.
●道(길 도;辵部 9획, 총 13획. way) : 순할 도, 이치 도, 도 도, 말할 도.
●是(옳을 시;日部 5획, 총 9획. right) : 바를 시, 곧을 시, 이 시.
●非(아니 비;非部 총 8획. not) : 나무랄 비, 어길 비, 없을 비(새의 두 날개가 좌우로 서로 등지고 있는 모양으로 부정의 뜻).

어의 ●天工(천공) : 하늘의 조화로 이루어진 재주 ●天氣(천기) : 하늘에 나타난 조짐 ●天女(천녀) : 직녀성 ●道冠(도관) : 도사가 쓰는 관 ●道伯(도백) : 관찰사 또는 도지사 ●是非(시비) : 옳고 그름 ●是非曲直(시비곡직) : 일의 옳고 그름 ●是日(시일) : 이날 ●非公式(비공식) : 공식이 아니고 사사로움 ●非公開(비공개) : 공개하지 않음 ●非農家(비농가) : 농사를 짓지 않는 집

참조 이 세상에는 선과 악이 공존한다. 모든 일은 선한 자가 승리하는 것으로 되어 있다. 그러나 그것은 학문적인 것이지 실제로는 그렇지가 못하다. 악한 자가 판을 치며 득세하고 있는 것이다. 평생을 못된 짓을 하고 지내면서 모은 재물을 자자손손에게 전하는 자가 많은데, 과연 '천도(天道)는 시(是)냐 비(非)냐?' 이것은 하늘을 의심한다는 뜻이다.

淸 談
맑을 **청**　말씀 **담**

출전 《십팔사략(十八史略)》

문의 명예와 이권을 떠난 얘기.

요점 세상 명리에 초연한 노장 철학을 연구하던 거사들의 얘기.

고사 위(魏)에서 진(晉)으로 넘어갈 때엔 정치가 불안정한 시기다. 일기가 고르지 못한 때엔 행동이나 말 한마디를 잘못하면 엉뚱한 불벼락을 맞기 마련이다. 당시 〈죽림칠현(竹林七賢 ; 산도, 완적, 혜강, 완함, 유영, 상수, 왕융)〉이라는 선비들이 정치에 염증을 느끼고 노장의 철학이나 고상한 한담을 나누며 술과 자연을 벗 삼아 지내고 있었다.

이들 일곱 사람은 급히 돌아가는 정치 상황에 염증을 느끼고 자연 속에서 청담으로 세월을 보내고 있었다.

청담(淸談)이란 무엇인가? 아마 고상한 얘기였을 것이다. 세상의 찌꺼기가 묻어 있는 기름기 오른 그런 얘기가 아니라 참으로 고결하고 청아한 얘기였을 것이다. 이럴 때에 필요한 것은 무엇보다 술이었다. 세속적인 재미를 누리기 위해서가 아니라 속진을 털어 버리기 위해, 세상 명리를 초월하기 위해 술이 필요했을 것이다. 잔뜩 술에 취해 유영이라는 인물은 이렇게 말했다고 한다.

"내게 있어서 천지는 집안이며, 이렇듯 넝마와 같은 집안에 있는 것은 나의 속옷 속으로 들어오는 것과 같다. 도대체 어쩌고 나의 속옷 속으로 들어오는가?"

이것은 자신의 집을 찾아온 손님을 힐책하는 말이다.

이들 죽림칠현들은 가식으로 범벅이 된 얼굴을 달빛으로 씻고 무리를 이
룬 학처럼 고아한 풍취를 즐겼다. 바로 이들이 나누는 한담을 세상 사람들은
청담이라 했다.

자원 ●淸(맑을 청 ; 水部 8획, 총 11획. clear) : 고요할 청, 조촐할 청. 氵(水)에서
뜻을 취하고, 靑에서 음을 취했음.
●談(말씀 담 ; 言部 8획, 총 15획. converse) : 바둑 둘 담.

어의 ●淸儉(청검) : 결백하고 검소함 ●淸曲(청곡) : 맑은 가곡 ●淸陰(청음) :
서늘한 그늘 ●談笑(담소) : 이야기하고 웃기도 함 ●談合(담합) : 서로 의논함
●談話(담화) : 이야기

참조 ⇨ 공자의 손자인 자사(子思)가 위나라에 있을 때였다. 그는 학식이 높았
으나 말할 수 없이 가난한 생활을 하고 있었다. 보다 못해 전자방(田子方)이
라는 이가 여우의 흰 털로 만든 좋은 옷을 선물하려고 했다.
　　전자방은 자신의 선물을 자사가 받지 않을 것을 알고 있었으므로 심부름
을 하는 사람에게 다음과 같은 말을 전하게 했다.
　　"전자방은 사람에게 무엇을 주면 잊는 버릇이 있고, 사람에게 물건을 주
면 버리는 것이나 마찬가지로 생각하는 사람입니다."
　　그렇게 전하고 물건을 주었지만 자사는 받지 않았다. 하인이 애원했다.
　　"이쪽은 남아 돌아가니 받아 두시는 것이 좋을 것입니다."
　　"아니오, 어서 가져가시오."
　　"받지 않으시면 제가 곤란합니다."
　　그러자 자사는 표정을 굳히며 말했다.
　　"쓸데없이 사람에게 물건을 줄 바엔 도랑 속에 넣어 버리는 것이 낫습니
다. 내 비록 가난하지만 내 몸을 도랑으로 만들고 싶진 않습니다."

青 天 霹 靂
푸를 청 하늘 천 벼락 벽 벼락 력

출전 육유(陸游)의 시
문의 맑은 하늘에서 치는 벼락.
요점 뜻밖의 재난이나 변고를 뜻함.

해석 재난을 뜻하는 말엔 흥미로운 것이 많다. 이렇듯 예기치 않은 재난에는 옥석(玉石)의 구분이 없다는 것이다. 이것은 사람이나 짐승이나, 악한이든 선인이든 갑자기 닥친 재난에는 구분이 없다. 특히 죽음(死)에 대해서 파자를 하면, '어느 날(一) 밤(夕)에 느닷없이 날아온 비수(匕)에 찔리는 것'을 뜻한다.

고사 남송 때의 시인 육유는 붓끝에 바람을 달고 다닐 정도로 필치가 뛰어났다. 사람들의 칭송이 자자하자 그는 거만스럽게 자평하며 시를 읊었다.

방옹이 병든 채 가을을 지나다가
홀연히 일어나 취한 붓을 놀린다
오랫동안 웅크렸던 용처럼
푸른 하늘에 벽력이 일어난다
비록 이 글을 괴이하게 여기나
가엾게 여긴다면 볼만도 하리
하루아침에 이 사람이 죽기라도 한다면
천금을 구해도 얻지 못하리라

자원 ●靑(푸를 청;靑部 총 8획. blue):대껍질 청, 젊을 청.

●天(하늘 천;大部 1획, 총 4획. sky):조물주 천, 진리 천, 운명 천.

●霹(벼락 벽;雨部 13획, 총 21획. thunder-clap):벼락 벽.

●靂(벼락 력;雨部 16획, 총 24획. thunder-clap):벼락 력.

어의 ●靑龍(청룡):동쪽의 방위를 상징하는 짐승 ●靑空(청공):청천 ●靑甓
(청벽):푸른 벽돌 ●天統(천통):천자의 혈통 ●天造(천조):하늘의 조화 ●天
柱(천주):하늘을 괴고 있는 상상의 기둥 ●霹靂(벽력):벼락 ●霹靂手(벽력
수):민첩하고 재능이 뛰어난 사람

참조 뜻밖의 불길한 소식이나 재앙에 대해 '청천벽력'이라 한다. 우리나라 속
담에도 '모진 놈 곁에 있다가 덩달아 횡액을 당한다'고 할 때에도 쓰는 말이
다.

⇨《채근담》에 있는 말이다.

"예로부터 재앙은 총애 속에서 자라나니, 득의한 때에 모름지기 빨리 머
리를 돌리라. 세상에는 혹시 실패 뒤에 공을 이루는 수가 있나니 마음 먹은
대로 안 되는 곳이라 하여 이내 손을 놓지 마라."

⇨ 재난에 대해 이런 예화가 있다.

빅토리아 시대의 2대 정치가였던 디즈레일리와 글렛스텐은 앙숙이었다.
흔한 말로 개와 고양이 사이였다. 어떤 사람이 디즈레일리에게 이렇게 물었
다.

"불운과 재난이 어떻게 다릅니까?"

"그게 그러니까……, 이렇게 설명할 수 있겠구만. 글렛스텐 군이 만약에
템즈강에 빠졌다면 그것은 불운이라고 하지. 그런데 말이야, 누구가가 강에
떠밀었다면 재난이라고 하는 거야."

☞ 速登者易顚(속등자이전):빨리 오르려고 하면 엎드려지기 쉽다는 뜻이
다. 너무 재주를 피우면 화를 당하기 쉽다는 의미다.《당서》의 〈고지주
전〉에 전한다.

焦眉之急

태울 **초** 눈썹 **미** 의 **지** 급할 **급**

출전 《오등회원(五燈會元)》
문의 눈썹에 액이 떨어진 상태.
요점 눈썹에 불이 붙은 상태. 아주 화급한 상태.

해석 눈과 눈썹은 인체에서 가장 민감한 곳이다. 눈에는 조그만 이물질이 들어와도 사물을 바로 보지 못한다. 그러한 눈을 보호하는 눈썹에 불이 붙었다면 이야말로 가장 화급한 지경이라는 것이다.

고사 불혜선사(佛慧禪師)는 고승이다. 그의 수행은 당대의 어느 고승보다 뛰어나다는 평을 받았다. 그러한 그가 왕명을 받고 대상국 지혜선사라는 절에 주지승으로 임명되었다. 어명을 받고 그는 사문을 불러 모아 물었다.
"내가 명을 받들어 주지로 가는 것이 옳으냐, 아니면 이곳에 눌러앉아 불도에 정진함이 옳으냐?"
대답하는 자가 없었다. 그러자 선사는 붓을 들어 게(偈)를 썼다. 사르르 눈을 감더니 앉은 채 입적하여 사문을 놀라게 했다. 선사는 살아 있을 때에 사문으로부터 많은 질문을 받고 답해 주었다.
어느 날 한 사문이 물었다.
"선사님, 이 세상에서 가장 다급한 상태가 많을 것입니다만, 어느 경지가 가장 다급합니끼?"
선사가 말했다.
"그것은 눈썹을 태우는 일이다."

원문대로 하면 화소미모(火燒眉毛)다. 그 말이 소미지급(燒眉之急)이 되고, 그것이 다시 초미지급(焦眉之急)으로 변했다.

●焦(태울 초;火部 8획, 총 12획. scorch):그슬릴 초, 구울 초.
●眉(눈썹 미;目部 4획, 총 9획. eyebrow):둘레 미.
●之(의 지;丿部 3획, 총 4획. this):어조사 지.
●急(급할 급;心部 5획, 총 9획. rapid):빠를 급, 좁을 급.

●焦心(초심):속을 태움 ●焦灼(초작):속이 탐 ●焦土(초토):불에 타서 없어진 자리 ●眉間(미간):양미간 ●眉字(미자):이마의 눈썹 언저리 ●眉睫(미첩):눈썹과 속눈썹 ●急減(급감):급히 줄어듦 ●急務(급무):급히 할 일 ●急設(급설):급히 시설함

⇨ 〈J. F. 케네디〉는 이렇게 말했다.
"만약 위기가 존재한다면 그것은 현존하는 평화가 위협받고 있기 때문이며, 현존하는 자유로운 사람들의 사회가 압박당하기 때문이며, 엄숙한 협정이 냉정하게 위협되고 있기 때문이다."
⇨《열자》의 〈양주 편〉에 있는 얘기다.
살고 죽는 것이 거짓이다. 태고의 사람들은 이 진리를 알고 있기 때문에 마음이 가는 대로 행동을 하고 자연스럽게 거스르는 법이 없었다. 다시 말해 스스로의 즐거움을 버리려 하지 않았다는 것이다. 명리에 구애됨이 없이 모든 것을 있는 그대로 살았다. 그런데 지금 사람들은 악착스럽게 한때의 거짓 이름을 사서 서로 차지하려고 죽은 뒤의 좋은 이름까지도 염두에 두고 있다. 무엇이 그리도 화급한가? 왜 남의 눈치를 보는가? 이것이야말로 세상의 참다운 즐거움을 버리게 된다.
☞ 人急計生(인급계생):급하면 무슨 방법이 생긴다는 말.
☞ 轍鮒之急(철부지급):수레바퀴 지국에 고인 물에 붕어가 오래지 않아 말라 죽는 것과 마찬가지로 사람이 아주 위태롭게 되었음을 이르는 말이다.

他 人 鼾 睡

남 **他** 　사람 **인**코고는 소리 **한**잘 **수**

출전 《송사(宋史)》

문의 다른 사람의 코 고는 소리.

요점 다른 세력 옆에 있는 것은 참을 수 없다는 것.

고사 당(唐)나라 말(末)과 이후 왕조를 거치는 동안, 난이 일어나고 따라서 약탈이 자행되었는데, 이를 정시(靖市)라 하였다. 눈앞의 이익에만 셈질하기에 급급한 반란군 장병들에게는 '정시'의 권리를 포기하고 있었다. 여기에서 주목할 사실은 조광윤이 보낸 사자를 맞은 석수신·왕심기 등의 군 수뇌부가 조광윤을 반란군으로 간주해 그를 몰아칠 것을 강구하지 않고 모반을 도왔다는 점이다. 그렇게 하여 무혈혁명이 성공하고 도성은 평화가 찾아왔다.

천하 각지를 대부분 다독거리고 황제의 자리에 올랐으나 송태조의 근심은 양자강 남쪽에 있었다. 그곳 강남 일대에는 이욱(李煜)이란 자가 금릉 일대를 세력권에 둔 채 버티고 있었다. 송태조는 사신을 보내는 등, 평화적으로 일을 해결하려고 했으나 그는 듣지 않았다. 오히려 그는 한 수 더 떴다. 서현(徐鉉)을 보내 상대를 설득하려 든 것이다.

"강남은 아무 잘못이 없습니다. 그러니 우리를 이대로 내버려두십시오. 그것만이 서로에게 도움이 될 것입니다."

서현은 고집이 세고 융통성이 없는 인물이다. 그는 막무가내로 강남무죄(江南無罪)를 반복하여 중얼거렸다. 이렇게 되고 보니 모든 것을 평화적으로 해결하려는 송태조는 발끈했다.

"나도 그 점은 알고 있다. 그러나 침상 곁에서 다른 사람이 드르렁거리며

코 고는 소리를 차마 들을 수 없다."

두 눈을 부라리며 칼자루를 힘있게 잡자 서현은 핏기가 가신 낯으로 그곳을 물러났다. 그로부터 얼마 후 이욱은 항복했다.

자원 ●他(남 타 ; 人部 3획, 총 5획. other) : 다를 타, 다른 마음 타.
●人(사람 인 ; 人部 총 2획. people) : 성질 인.
●鼾(코골 한 ; 鼻部 3획, 총 17획. snore) : 코를 곯아댈 한.
●睡(잘 수 ; 目部 8획, 총 13획. sleep) : 졸음 수.

어의 ●他界(타계) : 다른 곳의 세계 ●他人(타인) : 자기 이외의 사람 ●人權(인권) : 인간으로서의 당연한 기본 권리 ●人望(인망) : 사람들이 바라고 원하는 것 ●鼾睡(한수) : 코를 골며 잠을 잠 ●睡魔(수마) : 못 견디게 오는 졸음 ●睡鄕(수향) : 꿈나라

참조 송나라 때의 국가 기구는 황제를 정점으로 하여 문관과 무관의 이원 조직으로 구성되었다. 여기에서 주목할 점은 태조 조광윤이 절도사 출신이라는 것이다. 바꾸어 말해 군벌 출신이다. 그러나 태조는 자신이 군벌 출신인데도 무관보다 문관에 대한 예우에 각별했다. 그것은 군벌의 폐해가 어떤 것인지 너무나 잘 알았기 때문이다.

이것은 물론 후주 세종의 제도를 이어받은 것이지만 태조는 중앙군에 대한 강화에 힘쓰고, 지방군의 지휘자인 절도사에게 일말의 허점이라도 발견되면 문관으로 교체하는 방침을 도입했다. 그러다 보니 아무리 공이 많은 장군이라 해도 그 권한을 직접 군을 지휘하는 것에 국한시킨 것이다. 즉 정권의 안정을 도모하는 데에 절도사를 도태시키고 황제권(皇帝權)을 강화시킨 것이다.

☞ 一場華胥夢(일장화서몽) : 한바탕의 아름다운 꿈. 황제가 꿈 속에 화서 나라에서 놀고 왔다는 꿈.
☞ 一枕江湖夢(일침강호몽) : 한잠에 꾸는 강호의 꿈.

破 瓜 之 年

깨뜨릴**파** 외**과**   의**지**   해**년**

출전 〈정인벽옥가(情人碧玉歌)〉
문의 여자의 나이 16세.
요점 첫 경도가 있게 되는 나이를 의미한다.

해석 〈파과지년〉에 관한 구분은 시대에 따라 차이가 날 수 있다. 지방에 따라서는 열넷(14세)으로 셈하기도 한다. 그러나 대체적으로 열여섯의 나이를 파과지년으로 간주한다.

고사 〈파과지년〉은 천계(天癸;월경)가 열리는 시기라고 했다. 이 시기가 되어서야 소녀는 비로소 처녀로 변모한다. 이를테면 어른이 되는 첫 관문에 들어섰다는 것이다.

　　푸른 구슬 참외를 깨칠 때
　　님과 사랑으로 넘어져 뒹굴었네
　　님에게 감격하여 부끄러움을 전연 몰라
　　몸을 돌려 님의 품에 안겼네

　위의 내용이 진(晉)나라 때에 손작이 쓴 파과시다. 《황제내경》에는 남녀가 어른이 되는 시기를 구분해 놓고 있다. 여자는 열여섯 살이고 남자는 열넷이다. 그렇다면 왜 여인의 몸에서 경도가 나오는 시기를 열여섯으로 구분했는가? 그것은 중국인 특유의 파자법 때문이다. 과(瓜)는 파자법상으로 보면 팔

(八)을 두 개 겹친 모습이다. 그러므로 열여섯 살이라 한 것이다.

자원 ●破(깨뜨릴 파;石部 5획, 총 10획. break):군사 패할 파, 다할 파, 깨질 파.
●瓜(외 과;瓜部 총 5획. cucumber):오이 과.
●之(의 지;丿部 3획, 총 4획. this):어조사 지.
●年(해 년;干部 3획, 총 6획. year):나이 년, 나갈 년.

어의 ●破門(파문):파수의 끝으로 보이는 지점 ●破談(파담):의논이 깨어짐
●破毒(파독):독기를 없앰 ●瓜葛(과갈):외와 칡은 다같이 넝쿨로 자란다
는 뜻에서 일가라는 말 ●瓜期(과기):기한이 참 ●瓜分(과분):오이를 쪼개듯
이 국토를 여러 사람에게 나눠줌 ●年給(연급):1년으로 정한 봉급 ●年年(연
년):해마다 ●年利(연리):1년에 얼마로 정해진 이자

참조 일찍이 중국에서는 〈파과지년〉에 대한 해석을 몇 갈래로 내린 바 있다.
《황제내경》이라는 의서에는 여자는 7의 수를 따른다고 했다. 7세가 되면 신
기(腎氣)가 형성되는데, 그에 대한 표현으로 영구치가 돋고 머리에 숱 또한
무성해지고 길어진다.

　나이가 14세가 되면 생식 능력이 생긴다. 임맥이 완전히 유통되고 충맥도
성대하므로 월경이 정기적으로 내리게 된다. 다시 말해 아이를 잉태할 능력
이 생긴다는 뜻이다.

　21세가 되면 신기가 온몸을 균등하게 돈다. 따라서 사랑니가 나고, 이로
써 치아는 완전히 구비된다. 28세가 되면 근골이 단단해지고 모발도 많아진
다. 여성으로서는 신체가 가장 이상적인 상태다.

　35세가 되면 얼굴에 주름이 잡히는 등 쇠퇴의 징후가 보인다. 약간씩 모
발이 빠진다. 49세가 되면 임맥이 공허하여 충맥도 쇠퇴한다. 혈이 적어지므
로 마침내 월경도 끝난다. 따라서 의서에서 말한 〈파과지년〉은 14세의 나이
를 뜻한다.

平 地 風 波
편할 **평**　땅 **지**　바람 **풍**　물결 **파**

출전 유우석(劉禹錫)의 〈죽지사(竹枝詞)〉
문의 고요한 땅에 바람과 물결을 일으킨다.
요점 공연한 일을 만들어 사태를 시끄럽게 만듦.

고사 유우석(劉禹錫)은 자가 몽득(夢得)이다. 지금의 하북성 출신으로 박학굉사의 과거에 급제하였다. 그는 왕숙문을 따라 탁지원외랑의 벼슬에 올랐으나, 숙문이 정치에서 밀려난 후 연주자사로 좌천되었다. 백낙천과 깊이 사귀었으며, 시명이 높았다.

〈죽지사〉 9수에 이런 내용이 있다.

구당의 시끄러운 열두 여울
사람들은 말한다네, 길이 예로부터 어렵다고
아, 안타까워라 인심이 물만도 못하니
생각이 부족하여 평지에 풍파를 일으키는 것을.

위의 시는 파촉 일대의 민요로 알려져 있다. 그것을 유우석이 새롭게 쓴 것으로 볼 수 있다. 삼협(三峽)의 하나로 일컬어지는 구당에는 열둘이나 되는 여울이 있는데, 참으로 이곳은 지나다니기가 어렵다고 했다.
그 길은 가파르고 산이 험하니 비가 오면 순식간에 여울이 생기는 것은 당연지사였다.

자원 ● 平(편할 평;干部 2획, 총 5획. flat):평탄할 평, 바를 평.

● 地(땅 지;土部 3획, 총 6획. earth):뭍 지, 아래 지.

● 風(바람 풍;風部 총 9획. wind);울릴 풍, 풍속 풍.

● 波(물결 파;水部 5획, 총 8획. wave):물 젖을 파, 눈 광채 파.

어의 ● 平價(평가):표준이 되는 값 ● 平牀(평상):나무로 만든 침대의 한 가지 ● 平溫(평온):보통 온도 ● 地官(지관):집터와 묏자리를 잡는 사람 ● 地久(지구):땅이 영원히 변하지 않음을 일컬음 ● 地力(지력):땅의 생산력 ● 風光(풍광):경치 ● 風聞(풍문):근거 없이 떠도는 말 ● 風疾(풍질):미치광이 ● 波及(파급):어떠한 일의 여파나 영향이 차차 전하여 멀리 미침 ● 波狀(파장):물결의 기복 형상 ● 波市(파시):고기가 한창 잡힐 때 바다 위에서 열리는 생선 시장

참조 다음은 《명류(銘類)》에 나오는 유우석의 〈누실명(陋室銘)〉이다. 명류라는 것은 금석 기물에 새겨 경계 또는 반성시키기 위한 글이다.

물론 지금은 공덕을 기려 후대에 전하는 내용으로 씌어지게 되었다.

'……산은 높은 데 있는 것이 아니고, 신선이 있으면 유명하다. 또한 물은 깊음에 있는 것이 아니며, 용이 있으면 영(靈)한 것이다. 비록 허름한 누실이 지만 나의 덕이 있기에 향기롭다. 반점 같은 이끼는 층계에 올라 푸르고 초 색을 발에 비쳐 파랗다. 담소하는 사람들은 대학자들이고, 왕래를 하는 사람 중에는 무위 무관의 천민은 아무도 없다. 장식 없는 거문고 줄을 고르면서 탈 수 있고, 금처럼 귀한 경서도 읽을 수 있다. 흥청거리는 사죽(絲竹)의 악 기 소리가 귀를 어지럽히는 일도 없고, 관청의 공문서나 편지 등이 몸을 수 고롭게 하는 일도 없다. 그러니 매우 조용하고 편하다…….)

이렇게 보면 하남성 남양에 있었던 제갈량의 초려나, 사천성 성도에 있었 던 한 대의 양자운의 정자 등, 고래의 명사들의 운치 있는 암자에 비길 만하 다 하겠다. 집은 비록 좁으나 군자의 덕이 있으니 더러울 것이 없다는 것이 다.

風 聲 鶴 唳

바람 **풍**　소리 **성**　학 **학**　울 **려**

출전 《진서(晉書)》의 〈사현전(謝玄傳)〉
문의 바람소리와 학의 울음소리.
요점 아무것도 아닌데 공연히 놀라 겁을 집어먹는 것.

고사 동진의 효무제 태원 8년에, 전진왕 부견(符堅)이 천하통일을 꿈꾸며 군사를 일으켰다. 막내동생 부융과 모용수란 장수에게 27만의 병력을 주어 장강 하류를 따라 내려가게 하였다. 한편으로 자신은 보병 60만과 기병 27만을 이끌고 장안을 출발하여 동진 정벌에 나섰다.

1백만의 병사가 일으키는 먼지가 뽀얗게 일어났다. 당시 동진의 병력은 8만으로 지휘 장수는 사석(謝石)과 사현(謝玄)이었다. 그는 부견이 병사를 일으켰다는 보고를 받고 계책을 마련했다.

전진군 가운데 예전에 동진의 장수였던 주서(朱序)라는 장수가 있었다. 예전에 주서는 양양(襄陽) 전투에서 성문을 굳게 잠그고 전진의 군사와 맞섰다. 그러나 휘하의 부장이라는 자가 적과 내통하는 바람에 성이 함락되었다. 그런데 전진왕 부견은 뜻밖에도 주서의 행위를 높이 평가하여 목숨을 살려주었다.

어디 그뿐인가. 이후 그를 요직에 중용하였다. 자신을 위해 목숨을 돌보지 않고 싸울 것으로 믿었던 부견의 생각과는 달리, 그의 마음은 항시 동진에 있었다. 공을 세워 고국으로 돌아가야겠다는 생각을 늘 하고 있었다. 淝水(비수)와 회수(淮水)가 만나는 수양(壽陽)에 이르렀을 때 주서가 아뢰었다.

"폐하, 호랑이를 초원에 몰아내어 싸우는 것은 우리도 피해를 입게 되는 일입니다. 소장의 생각은 동진의 군사들을 함정으로 끌어들이는 것이 옳으리라 믿습니다. 우리가 준비해 둔 지점에 이르기까지 거짓으로 퇴각하는 것입니다. 누가 보더라도 그것이 사실인 것처럼 보여야 합니다."

부견은 승낙했다. 동진의 군사들이 강을 건너오면 일제히 공격한다는 지략이었다. 그러나 이 전투에 함정이 있는 줄은 까맣게 몰랐다.

자원 ●風(바람 풍 ; 風部 총 9획. wind) : 울릴 풍, 풍속 풍.
●聲(소리 성 ; 耳部 11획, 총 17획. sound) : 풍류 성, 명예 성.
●鶴(학 학 ; 鳥部 10획, 총 21획. crane) : 두루미 학, 새털함치를 학.
●唳(울 려 ; 口部 8획, 총 11획. quack) : 기러기 소리 려.

어의 ●風紀(풍기) : 풍기 또는 풍속에 관한 기율 ●風貌(풍모) : 풍채와 용모 ●聲價(성가) : 좋은 평판 ●聲明(성명) : 공언하여 뜻을 밝히는 것 ●鶴禁(학금) : 왕세자의 궁전 ●鶴步(학보) : 학과 같이 천천히 걸음

참조 계획대로 전진의 군사들은 후퇴했다. 그들을 쫓아 동진의 군사들이 강을 건넜다. 부견은 회심의 미소를 지은 채 손을 높이 들었다. 백만의 대군이 이 신호를 계기로 대반격을 감행한다는 작전계획이었다.

그런데 전진의 군사들은 후퇴를 계속했다. 아무리 부견이 고함을 질러대도 소용없었다.

물론 여기에는 연유가 있었다. 양양의 선전을 높이 평가하여 목숨을 구걸해 준 주서가 작전 기밀을 동진군에게 누설시키고, 자기 진영을 돌아다니며 '패하였으니 빨리 도망가라'고 소리쳤던 것이다.

한편으로 전진군들이 동진의 병사와 싸우고 싶지 않은 것도 이유의 하나였다. 이러한 염전(厭戰) 기분이 주서의 계략과 맞아떨어진 것이다.

부견은 패주하는 도중 유시(流矢)에 맞았으나 목숨이 위태로운 것은 아니었다. 하지만 바람 소리와 학의 울음소리에도 동진의 군사가 쫓아오는 줄 알고 겁을 집어먹었다고 한다.

風　水
바람 풍　　물 수

출전 《음양오행학(陰陽五行學)》
문의 바람과 물.
요점 바람과 물은 풍수 사상에서 중요하게 사용된다.

해석 풍수에는 살아 있는 자를 위해 사용하는 양택 풍수와 죽은 자를 위해 사용되는 음택 풍수가 있다. 양택 풍수라는 것은 살아 있는 사람이 집을 짓거나 살고 있는 곳이 음양오행으로 보아 길흉이 어떻게 나타나는지를 헤아리는 것이고, 음택 풍수는 이미 돌아가신 분을 길한 자리에 모시어 후손들이 부귀영달을 누리는 것을 뜻한다.

고사 죽은 사람이 생기를 타야만이 후손들에게 복록을 줄 수 있다는 믿음은 아주 오래된 것이다. 수나라 때엔 독고황후가 세상을 떠나자 부친(수문제)이 빨리 죽게 해 달라는 묏자리에 모후의 주검을 묻었다. 그런 자리에 묻으면 장차 3년 안에 태자인 광(廣;수양제)이 황제의 자리를 이어받을 것이라는 예언 때문이었다. 예언은 이어졌다. 장차 수나라는 2천 년(二千年)의 치세가 이루어질 것이라고 하였다. 이것은 대단한 파자(破字)였다. '二千年'을 세로로 쓰면 파자법상 '三十年'이 된다. 예언가의 말처럼 수나라는 고작 33년 만에 망해 버렸다.

자원 ●風(바람 풍;風部 총 9획. wind):경치 풍.
●水(물 수;水部 총 4획. water):강 수, 홍수 수.

참조 우리나라에 풍수 사상이 뿌리를 내리기 시작한 것은 아무래도 신라 말
고려 초일 것이다. 물론 크게 성행한 것은 고려조에서 조선조로 이어졌지만,
그 시작은 아무래도 도읍 풍수에서 찾을 수 있다. 김관의(金寬毅)의 《편년통
록(編年通錄)》에는 고려 왕씨의 발상 전설을 다음과 같이 기록해 놓고 있다.

고려 왕 씨의 원조인 호경(虎景)이 아들을 낳아 강충(康忠)이라 하였는데,
장성하여 혼인할 즈음에 서강의 영안촌 부자의 딸 패치의를 아내로 맞아 오
관산 마하갑에서 살았다. 이때 신라의 감우 팔원(八元)이 찾아와 산형을 살펴
보고 말했다.

"이곳은 산형이 뛰어나지만 나무가 없는 민둥산입니다. 이러한 산은 있는
복도 빼앗아가므로 마땅히 이곳에 소나무를 심어 산을 푸르게 해야 합니다. 흉
한 암석이 드러나지 않는다면 분명히 삼한을 통유할 인재가 나타날 것입니다."

강충은 이 말을 받아들여 군민을 동원하여 민둥산에 소나무를 옮겨 심었
다. 그리고는 군(郡)을 송악군이라 하였다. 그렇다면 여기에서 의문이 생긴
다. 왜 소나무를 심으라고 한 것일까?

예로부터 소나무는 풍수에서 중요한 역할을 해왔다. 이는 소나무가 뿌리
가 깊고 강인하며, 사시사철 푸른 생명을 유지하기 때문이다. 사람들은 부와
명예, 건강이 소나무처럼 변치 않기를 바라며 이를 선호해왔다.

신라말 풍수도참에 뛰어난 도선(道詵)은 《송악명당기》에서 송악을 만월형
의 길지로 표현하고 있다. 그러므로 개성은 북으로는 송악을 비롯하여 천마
산과 성거산 등의 하늘이 내린 천험의 산이 있다. 날개를 펼친 듯한 좌우에
는 임진강과 예성강의 두 강이 흐르고 있으니, 저 멀리 앞바다에는 방파제처
럼 섬들이 널려 있는 것이다.

우리나라는 수근목간(水根木幹)의 땅이다. 그렇기에 색깔로 나누면 흑(黑)
을 부모로 하고, 청(靑)을 몸으로 한다. 백두산에서 출발한 지맥은 반드시 자
손이 목간(木幹)에 있어야 융성한다는 것이다.

解 語 花
풀릴 해　　말씀 어　　꽃 화

출전 《개원천보유사(開元天寶遺事)》
문의 말하는 꽃.
요점 용모가 절색인 미인을 가리킬 때에 쓰는 말.

고사 당나라 도성 안에 봄이 찾아왔다. 당연히 황궁 안에 있는 연못 태액지에도 연꽃이 만개했다. 현종 황제는 비를 거느리고 그곳을 지나가다가 문득 걸음을 멈추었다. 싱그러운 봄의 물가에는 붉고 흰 연꽃이 마치 꿈속의 것인 양 아름다웠다.

현종은 주위에 늘어선 근시들을 향해 말했다.

"어떠냐, 연꽃의 아름다움도 '말을 하는 꽃(解語花)'에는 미치지 못하잖느냐."

과연 지당하신 말씀이라고 신하들은 허리를 굽혔다. 아름다운 비는 누구인가. 바로 며느리이자 나중에 자신이 첩으로 삼은 양귀비였다. 현종은 아들의 부인이었던 양귀비를 보는 순간부터 밤잠을 이루지 못했다. 마침내 그녀를 자신의 소유로 만들고야 말았다. 현종이 얼마나 그녀를 애틋하게 여겼는지는 다음의 한 귀절에서 짐작할 수 있다.

"봄밤은 너무 짧아 해가 높이 뜬 뒤에야 일어난다."

이후 권세는 양씨 일족에게로 기울어진다. 양씨라는 것만으로 높은 관직을 주다 보니 결국은 안록산의 난이 일어났다. 그녀는 마외파라는 곳에서 액살당하는 비운을 맞이한다. 〈장한가〉는 현종이 죽을 때까지 양귀비를 그리워하며 연민의 정을 쏟은 노래라 할 수 있다.

자원 ●解(풀릴 해 ; 角部 6획, 총 13획, untie) : 쪼갤 해, 깨우쳐 줄 해.
●語(말씀 어 ; 言部 7획, 총 14획, word) : 말할 어.
●花(꽃 화 ; 艸部 4획, 총 8획, flower) : 꽃필 화, 천연두 화.

어의 ●解決(해결) : 문제를 풀어 결말을 지음 ●解禁(해금) : 금하던 일을 풂
●解悟(해오) : 깨달음 ●語句(어구) : 말과 구절 ●語文(어문) : 언어와 문장
●語訓(어훈) : 말하는 투 ●花紋(화문) : 꽃의 무늬 ●花信(화신) : 꽃이 피었다
는 소식 ●花釵(화채) : 꽃비녀

참조 현종은 개원의 치를 구가할 만큼 명군이었다. 그의 치세는 참으로 참으
로 대단한 것이었다.

총애하던 무비(武妃)가 죽은 후 현종은 아들인 수왕이모의 부인, 양옥환을
귀비로 책봉하였다. 양귀비에 대한 총애가 지극하여 그의 일족들은 모두 영
달을 꾀했으며, 종조형 양쇠(楊釗)에게는 국충(國忠)이라는 이름을 하사할 정
도였다. 그런 이유로 민간에서는 흥미로운 말이 떠다녔다.

男不封候女作妃(남불봉후여작비)
君看女却是門楣(군간여각시문미)

위의 시에서 말하는 '문미'라는 것은 문의 윗 설주다. 이것은 가문을 나타
낸다. 시의 내용을 종합적으로 풀어내면 집안을 일으켜 세운 것은 '여아'라
는 것이다. 이렇듯 위세 있게 집안을 부흥시킨 양귀비는, 과연 천하 절색의
용모를 갖춘 미인이었다. 춘색이 완연한 어느 봄날, 현종은 양귀비와의 연락
(宴樂)을 즐기기 위해 화청지에 놀잇배를 띄우고 함께 걸었다. 조신하게 걸음
을 옮길 때에 그녀를 바라보는 현종의 마음은 그저 신선계에 오른 듯 아득할
뿐이다. 화사하기만 한 한 떨기의 살아 있는 꽃, 현종의 눈에 비친 그녀는 말
을 하는 꽃이었다.

狐 假 虎 威
여우 호 빌릴 가 호랑이 호 위엄 위

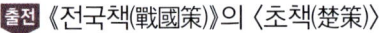

출전 《전국책(戰國策)》의 〈초책(楚策)〉
문의 여우가 호랑이의 위엄을 빌어 제 위엄으로 삼는다.
요점 남의 권세를 빌어 위세를 부림.

고사 제나라와 초나라가 대립하자 송나라가 중립을 취했다. 그러자 제나라가 송나라를 위협하였으므로 송나라는 제나라 편이 되었다. 그러자 초나라의 신하 자상(子象)이 송왕에게 말했다.

"초나라는 부드럽게 대했기 때문에 송나라를 잃었습니다. 따라서 이제부터는 제나라든 송나라든 언제든지 위협할 것입니다."

어느 날 초나라의 선왕(宣王)이 군신들에게 물었다.

"북방의 육국은 우리의 소해휼(昭奚恤 ; 당시 초나라의 실권을 쥐고 있던 세 가문 중 하나, 소씨 집안의 최고 실권자)을 두려워하고 있다는데, 그게 사실인가?"

즉석에서 대답한 사람은 없었다. 그 가운데 강을(江乙)이라는 이가 말했다.

"호랑이는 모든 짐승을 잡아먹습니다. 어느 날 여우를 만나 잡아먹으려 하자 여우가 말했습니다. 하늘의 신이 여우인 자신을 백수의 왕으로 삼았으니 지금 호랑이가 잡아먹는다면 하늘의 신이 내린 명령을 어긴 것이라 한 것입니다. 거짓말이라고 생각을 하시거든 자신이 앞서 갈 테니 뒤를 따라와 보라고 한 것입니다."

호랑이는 그렇게 하였다. 여우를 본 동물들은 모두 도망쳤다. 그것을 본 호랑이는 여우의 말을 옳게 여겼다.

강을의 말은 이어진다.

"호랑이는 짐승들이 자신을 두려워한다는 사실을 모르고 있었던 겁니다. 지금 대왕의 영지는 사방 5천 리에 이르고, 병사의 수효는 1백만에 이릅니다. 그런데 이를 모두 소해휼에게 맡겨져 있습니다. 지금 육국이 소해휼을 두려워하는 것은 그 뒤에 대왕이 있기 때문입니다."

자원 ●狐(여우 호 ; 犬部 5획, 총 8획. fox) : 의심할 호.

●假(빌릴 가 ; 人部 9획, 총 11획. borrow) : 거짓 가, 잠시 가.

●虎(호랑이 호 ; 虍部 2획, 총 8획. tiger) : 범 호.

●威(위엄 위 ; 女部 6획, 총 9획. dignity) : 세력 위, 으를 위, 거동 위.

어의 ●狐媚(호미) : 여우가 사람을 홀리듯 아양을 떨며 미혹시킴 ●狐疑(호의) : 의심이 많고 결단성이 없음 ●假量(가량) : 어림짐작 ●假託(가탁) : 다른 사실을 핑계로 삼음 ●虎口(호구) : 범의 입 ●虎患(호환) : 범에게 당하는 해 ●威權(위권) : 위엄과 권세 ●威脅(위협) : 위력으로 으르고 협박함

참조 강을이 소해휼을 비방하는 말을 올렸다.

"충실하게 집을 지킨다고 하여 기르는 개를 귀여워하는 사람이 많습니다. 그 개가 어느 때인가 우물에 오줌을 쌌습니다. 이를 본 이웃 사람이 주인집에 가서 이를 알리려고 들자 개는 노여워하여 문 있는 곳에서 물려고 했습니다. 이웃 사람은 그 개가 무서워 끝내 일러바치지 못했습니다. 소해휼은 본시 위나라 사람입니다. 그는 위나라에서 뇌물을 받고 있으므로 초병을 진군시키려 들지 않습니다."

강을은 쐐기를 박았다.

"그리힌 비밀을 소인이 알고 있으므로 소해휼은 소신이 대왕을 만나지 못하도록 막은 것입니다."

換骨奪胎

바꿀 환   뼈 골   빼앗을 탈   태 태

출전 《냉제야화(冷濟野話)》
문의 뼈를 바꾸고 태를 멀리한다.
요점 용모가 몰라보게 달라지거나, 문장이 남의 손을 거쳐 전혀 새로움을 갖게 되는 것.

해석 작시가(作詩家)의 술어라고 할 수 있는 것으로 고인의 시문(詩文)을 본떠 어구를 만드는 것을 환골(換骨)이라 한다. 또한 고시의 뜻을 본따 어구를 짓되, 원시와 다소간에 뜻을 달리 하는 것을 탈태(奪胎)라고 한다.

고사 황정견은 소동파와 함께 북송(北宋)을 대표하는 시인이다. 그의 시 세계는 박학다식하여 독자적인 경지를 창출하였다. 환골탈태라는 것은 그가 도가(道家)의 용어를 잠시 빌려 표현한 말이다.

이를테면 그의 시 가운데 두보(杜甫)를 평함에 있어 '두보의 붓에 걸리기만 하면 그 흔한 경치도 아름다운 자연으로 변한다는 것이다'. 그것은 마치 도가에서 말하는 연금술과 같다고 했다. 도가의 연금술사가 한 알의 금단을 흔한 쇠에 녹여 내면 그것들은 순식간에 황금으로 변하는 것과 같다는 말이다. 그러므로 보통 사람의 뼈를 선골(仙骨)로 만들어 환골이 되는 것이며, 어머니 뱃속에 있는 태(胎)를 나의 것으로 삼아 변화시키는 것을 탈태라 하였다.

이런 이유로 남송의 중 혜홍(惠洪)은 《냉제야화》에서 뜻을 바꾸지 않고 말을 바꾸는 것을 환골이라 하였으며, 그 뜻을 달리 하는 것을 탈태라 하였다.

자원 ●換(바꿀 환;手部 9획, 총 12획. exchange) : 교역할 환, 방자할 환.

●骨(뼈 골;骨部 총 10획. bone) : 신라 귀족 골, 요긴할 골.

●奪(빼앗을 탈;大部 11획, 총 14획. rob) : 잃어버릴 탈, 좁은 길 탈.

●胎(태 태;肉部 5획, 총 9획. conceive) : 애벨 태, 처음 태.

어의 ●換氣(환기) : 공기를 바꿈 ●換言(환언) : 말을 바꿈 ●骨格(골격) : 뼈대
●骨品(골품) : 신라 때 있던 혈통 상의 계급적 등급 ●奪氣(탈기) : 놀라거나
겁에 질려 기운이 아주 빠짐 ●奪取(탈취) : 빼앗아 가짐 ●胎氣(태기) : 아이를
밸 기미 ●胎夢(태몽) : 잉태한 징조의 꿈

참조 소동파가 해남(海南)으로 귀양 가자 그때의 재상이었던 왕규(王珪)·채확
(蔡確) 등이 그를 죽이려고 천자에게 모함을 했다. 당시 소동파는 해주로 귀
양 갔다가 3년 동안 있으면서 도연명의 시에 화답하는 시를 109수나 지었다.
그는 도연명을 천 년에 하나 나올까 말까 한 대시인이라 하였다. 그렇게 본
다면 그의 시에 화답한 소동파는 백 세에 숭앙받을 스승이 분명했다. 다음은
〈자첨 적해남〉이라는 시다.

소동파가 해남으로 귀양 가자
그때의 재상이 그를 죽이려 하더라
동파는 해주의 밥을 물리도록 먹으며
애오라지 도연명의 시에 화답하길 즐겼다
도연명은 천년에 한 사람의 시인이오
동파는 백 세의 스승이라
출처는 같지 않되
기질은 서로 같더라

啓 發

가르칠 **계**   일어날 **발**

출전 《논어(論語)》의 〈술이편(述而篇)〉
문의 뜻을 열어 줌.
요점 지식을 넓혀 주며 사물의 이치를 밝게 해줌.

해석 《논어》의 〈술이편〉에는 '不憤不啓 不排不發'이라는 말이 있다. 여기에서 나오는 분(憤)이란 마음에 맞는 것을 구하는데 아직 얻지 못하였음을 나타낸다. 배(排)는 말하려고 하는데 아직 말하지 못한 것을 뜻한다. 그리고 계(啓)는 뜻을 편다는 것을 의미하고, 발(發)은 말을 다 함을 뜻한다.

고사 공자의 교육 방법은 요즘으로 말하자면 사숙(私塾)이다. 자유스러운 토론 방식을 통해 제자들을 연마시켰다. 즉, 공자의 교육 방법은 어디까지나 상대의 자발성을 기대했다. 예를 들어 다음과 같이 설명하고 있다.

　'…애써 공부하여 왔는데 바로 눈앞에 이르러 무언가 거치적거리는 것이 있다. 무언가 알 듯 모를 듯하여 주저하거나 머뭇거리는 상태가 아니면 암시를 줄 수 없다(不憤不啓). 또 하고 싶은 말이 머릿속에 있으나 어떻게든 표현이 안 되어 답답해하고 있는 상태가 아니면 도와줄 수 없다(不排不發). 이쪽에서 예를 들어주면 즉시 다른 유형을 제시하지 않으면 지도를 해줄 수가 없다.'

　이것은 한 마디로 자발적인 학습 방법을 뜻한다.

　그래서인지 공자는 질문을 하는 사람이 무엇을 물어야 할지 모를 때에는 여러 유형의 반문을 거듭한 후 묻고자 하는 바를 자세히 일러주는 방법을 택하고 있다.

자원 ●啓(가르칠 계 ; 口部 8획, 총 11획. teach) : 열어 볼 계, 인도할 계, 여쭐 계 (회초리로 때려 가르쳐 우매함을 깨우치게 함).
●發(일어날 발 ; 癶部 7획, 총 12획. occur) : 찾아낼 발, 일으킬 발, 펼 발.

어의 ●啓上(계상) : 윗사람에게 말씀을 올림 ●啓示宗敎(계시종교) : 신의 은총을 기초로 하는 종교 ●啓請(계청) : 임금에게 아룀 ●發柬(발간) : 초대하는 편지를 냄 ●發券(발권) : 승차권 등을 발행함 ●發怒(발로) : 노기를 발함

참조 《채근담(菜根譚)》에 있는 말이다.

"제자를 가르치는 것은 규중의 처녀를 가르치는 것과 같다. 출입을 엄하게 하고 교유를 삼가게 하여야 하나니 만일 한번 나쁜 사람과 접촉하게 되면, 기름진 논밭에 썩은 종자를 뿌림과 같다. 종신토록 좋은 곡식을 심기가 어렵다."

⇨ 한자의 가르칠 '교(敎)'는 둥글 월 문(文)에 효(孝)자를 합친 글자다. 본래 '둥글 월 문' 변은 '때린다, 친다'라는 뜻을 나타낸다. 그렇기 때문에 敎는 '때려서 효를 가르친다'는 의미다.

☞ 括垢磨光(괄구마광) : 사람의 흠을 없애고 실행의 빛을 내도록 한다는 뜻. 인재를 길러냄을 뜻한다.

☞ 勿謂今日不學而有來日(물위금일불학이유래일) : 오늘 배우지 아니하고 내일이 있다고 말하지 말라. 시간은 빨리 흘러가는 것이므로 배우는 것을 내일로 미루지 말고 지금 당장 열심히 하라는 뜻.

☞ 敎猱升木(교노승목) : 원숭이는 나무에 오르는 성품이 있다. 그러므로 가르치면 나무에 잘 오른다. 사람의 마음에도 인의(仁義)가 있으므로 잘 가르치면 진전한다.

功 名 垂 竹 帛

공공 이름명 드리울수 대죽 비단백

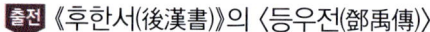

출전 《후한서(後漢書)》의 〈등우전(鄧禹傳)〉
문의 공명을 대나무와 비단 폭에 드리운다.
요점 공을 세워 역사에 길이 그 이름을 날린다는 뜻.

고사 남양 출신인 등우는 장안에서 공부를 할 때에 사귄 친구가 유수(劉秀;훗날 광무제)였다.

등우는 유수의 인품을 사모하여 업(鄴;하남성) 땅에 이르렀다. 등우가 유수에게 말했다.

"제가 이곳까지 온 것은 공의 위엄이 사해에 떨치기를 바랄 뿐입니다. 나는 얼마 안 되는 힘이나마 바쳐 공명을 죽백에 드리울 뿐입니다. 보아하니 경시제는 비상한 인물임엔 틀림없으나 천하를 다스릴 재목은 아닙니다. 뭇 영웅들을 다스릴 줄 아는 인물은 공밖엔 없습니다."

등우의 말을 들은 유수는 크게 기뻐하며 그를 장군으로 발탁했다. 한번은 유수가 광아성(廣阿城;거록)을 점령했을 때였다. 그는 도망가는 왕랑의 뒤를 쫓아 목을 베었다. 그리고는 성중에 들어와 왕랑과 지방 호족간에 오갔던 비밀 문건을 그들이 보는 앞에서 불살라 버렸다. 이때 등우는 진언했다.

"이 기회에 경시제를 떠나 사해를 평정하고 천자의 자리에 올라야 합니다. 이것이 장군이 취할 행동입니다."

그 말을 듣고 유수는 돌아가지 않고 하북에 있으면서 강력한 반란군들을 포양에서 격파하고 항복을 받아냈다.

자원 ●功(공 공;力部 3획, 총 5획. services) : 공치사할 공, 복 입을 공.
●名(이름 명;口部 3획, 총 6획. name) : 이름 지을 명, 공 명, 사람 명, 명령할
명.
●垂(드리울 수;土部 5획, 총 8획. hang down) : 별방 수, 미칠 수.
●竹(대 죽;竹部 총 6획. bamboo) : 피리 죽, 성 죽.
●帛(비단 백;巾部 5획, 총 8획. silk fabric) : 폐백 백, 죽백 백.

어의 ●功課(공과) : 일의 성적 ●功候(공후) : 일의 정도 ●名工(명공) : 이름난
장인 ●名唱(명창) : 뛰어나게 노래를 잘 부르는 사람 또는 그 노래 ●垂教(수
교) : 가르침을 내림 ●垂訓(수훈) : 후세에 전하는 교훈 ●竹杖(죽장) : 대나무
로 만든 지팡이 ●竹針(죽침) : 대바늘

참조 그 무렵 적미군(반란군)은 하남에서 승리를 거두고 있었다. 그러나 전쟁
이 계속되자 병사들은 고향으로 돌아가고 싶어 했다. 적미군의 대장 번숭은
만약 그렇게 된다면 기강이 해이해질 것은 뻔하므로 차라리 장안을 공격하
는 것이 이탈을 막는 방책이라 생각했다.

유수는 장안이 함락되면 관중으로 오는 것은 시간 문제였으므로 이에 대
비하여 등우를 전장군(前將軍)으로 삼아 정병 3만과 함께 관중에 들어가 그
곳을 지키는 한편 연과 조를 공격하여 난을 평정하였다.

25년 9월.

적미군이 장안을 공격했다. 경시제는 고릉(高陵)으로 도망쳤고, 모든 군신
들은 적미군에게 항복했다. 피신을 했던 경시제는 얼마 후 장안으로 돌아와
적미군에게 항복했다. 그는 장산왕에 봉해졌으나 다시 경시제로 옹립될 기
미가 다분하다 하여 옛 부하인 사록(謝祿)이라는 인물에게 살해되었다.

鬼 魅 最 易

귀신 **귀** 도깨비 **매** 가장 **최** 쉬울 **이**

[출전] 《한비자(韓非子)》

[문의] 귀신 도깨비가 가장 쉽다.

[요점] 그림을 감상하는 자가 모르므로 귀신이나 도깨비를 그리는 것이 가장 쉽다.

[해석] 공자는 《논어》에서 '군자는 위험한 곳에 가까이 가지 않고 귀신은 떠받들어 멀리하라'고 하였다. 양웅(揚雄)은 '귀신은 찬(盈) 것을 해하고 겸손한 것에 복을 준다'고 했다. 그러나 귀신에 대한 실체를 속속들이 알아냈기에 그런 말을 한 것은 아니다. 그렇다면 도깨비는 어떤가? '도깨비 음모같다'느니 '도깨비 대동강 건너듯 한다'느니 하는 것으로 봐선 그 실체가 애매한 것은 분명하다. 사물의 미세하고 부정(不淨)함을 뜻하는 말에 '도깨비 쓸개'라는 게 그런 것이다.

[고사] 옛사람들이나 지금이나 표현에 다소의 차이는 있지만 그림에 대해 평하기를 '그림은 말 없는 시'라 한다. 또한 그림은 사상(思想)이나 물상(物象)의 매개자라 했다. 그렇다면 화가들에게 '어떤 그림이 그리기가 가장 어렵습니까?'하고 묻는다면, 당사자는 자신이 그리는 것이라 말할 것이다. 이번에는 다시 '어떤 그림이 그리기가 가장 쉽습니까?' 묻는다면 그 답변이 자못 기다려질 수밖에 없다.

제(濟)나라 임금이 자신을 위해 그림을 그리는 화공에게 물었다.

"화공은 어떤 그림이 그리기가 가장 어려운가?"

화공은 머뭇거리지 않았다.

"사람들이 자주 보는 것입니다."

"자주 보는 것이라?"

"이를테면 개나 소, 닭과 같은 것입니다."

"그렇다면 어떤 그림이 그리기 쉬운가?"

"귀신이나 도깨비 같은 게 가장 쉽습니다(鬼魅最易)."

"허어, 어째서 그런가?"

"개나 소 같은 것은 사람들이 잘 아는 것입니다. 그러나 도깨비는 구경한 사람도 많지 않고, 또 그것을 전하는 이의 말이 한결같지가 않습니다. 어떻게 그리든 시비 걸 일이 없기 때문에 그리기가 쉬운 것입니다."

자원 ●鬼(귀신 귀;鬼部 총 10획. ghost) : 도깨비 귀, 뜬것 귀.
●魅(도깨비 매;鬼部 5획, 총 15획. ghost) : 산매 매.
●最(가장 최;日部 8획, 총 12획. superior) : 극진할 최, 나을 최.
●易(쉬울 이;日部 4획, 총 8획. easy) : 편할 리, 쉽게 여길 이.

어의 ●鬼工(귀공) : 세상에 보기 드물게 뛰어난 솜씨 ●鬼市(귀시) : 숨어서 몰래 무역을 함 ●魅力(매력) : 남의 마음을 홀리게 하는 힘 ●魅了(매료) : 완전히 매혹됨 ●最前(최전) : 맨 앞 ●最好(최호) : 가장 좋아함 ●易易(이이) : 쉬운 모양 ●易行(이행) : 행하여 나가기 쉬움

참조 ⇨ 카르르 쇼륜이 뮌헨의 어떤 화랑에서 그의 대작인 〈노아의 홍수〉를 전시하였다. 구경꾼들과 같이 모리츠 폰 슈빈트도 섞여 있었다. 그는 화랑 한쪽 구석에 앉아 그림을 감상하다가 갑자기 큰 소리로 외쳤다.

"정말 굉장하다. 훌륭하다. 정말 무섭다."

이 감격적인 소리는 곧 화가에게 전해졌다. 소식을 들은 쇼륜이 달려와 유명한 선배에게 감삿말을 전했다. 그 말에 모리츠는 답했다.

"보시오, 얼마나 좋습니까. 보기 싫은 것들이 모두 물 속으로 들어가니 기뻐 죽겠습니다."

洛 陽 紙 價
서울 낙   볕 양   종이 지   값 가

출전 《진서(晉書)》의 문원전(文苑傳)》

문의 낙양의 종이 값이 오르다.

요점 출판된 저서가 호평을 받아, 그 내용을 종이를 사서 베끼므로 종이 값이 오른다는 뜻.

고사 삼국시대에 좌사(左思)라는 이가 있었다. 그의 부친도 하급 관리에서 전중시어사를 역임하였다. 그러나 좌사는 선천적으로 얼굴이 못 생긴 추남인 데다 말까지 더듬었다. 그렇다 보니 가까운 친구가 있을 리 만무였다. 그러나 그는 시재(詩才)가 있었다. 붓을 들면 그의 시는 장엄한 폭포의 물줄기처럼 쏟아져 나왔다. 그는 홀로 1년여를 외로움 속에서 제 나라의 수도였던 임치의 모습을 운문으로 엮은 제도부(齊都賦)의 창작에 몰두했다.

그 결과 그는 이름이 알려지면서 다시 시작(詩作)에 몰두했다. 이번에는 삼국시대 때에 촉나라의 서울이었던 성도(成都)와 오나라의 건업(建業), 위나라의 수도 업(鄴)을 노래하는 삼도부(三都賦)를 완성시킨다는 계획이었다.

그 당시 육기(陸機)라는 유명한 작가가 있었다. 그는 동생인 육운(陸雲)에게 보낸 편지글에서 '여기 어디에 비천한 자가 삼도부를 쓴다는데 그가 다 쓰면 그걸로 술 항아리를 덮어야겠다'는 내용이었다.

그의 문장이 형편없을 것이라는 비아냥거림 속에 좌사는 10년이나 걸려 삼도부를 완성했다. 그러나 뜻밖에 이 작품을 알아주는 사람이 없었다. 그러다가 당대의 유명한 시인 장화(張華)가 우연히 이 시를 읽고 격찬하는 바람에 당시의 귀족이며 부자들이 사본을 만들기 위해 앞다투어 종이를 사자 마침내 낙양의 종이 값은 폭등하기 시작했다.

자원 ●洛(서울 낙 ; 水部 6획, 총 9획. capital) : 물 낙.
●陽(볕 양 ; 阜部 9획, 총 12획. sunlight) : 밝을 양, 거짓 양, 양양할 양.
●紙(종이 지 ; 糸部 4획, 총 10획. paper) : 편지 지.
●價(값 가 ; 人部 13획, 총 15획. value) : 가치 가.

어의 ●洛石(낙석) : 담쟁이 넝쿨 ●洛陽(낙양) : 중국 동주 등의 서울 ●洛花(낙화) : 모란의 별명 ●陽光(양광) : 햇빛 ●陽和(양화) : 화창한 철 ●陽物(양물) : 남자의 성기 ●紙價(지가) : 종이의 값 ●紙筆(지필) : 종이와 붓 ●紙榜(지방) : 종이 조각에 글을 써서 만든 신주 ●價格(가격) : 값 ●價金(가금) : 팔고 사는 물건의 값 ●價値判斷(가치판단) : 주관의 가치의식으로 하는 판단

참조 후일에 황보 밀(皇甫謐)이라는 학자가 세 편의 부에다 서문을 썼다. 장화는 이 시부를 읽고 평하기를 '웅대한 구상, 화려하고 다양한 생각의 갈림, 유려한 필치는 적어도 반고(班固)나 장형(張衡)의 영역을 넘어서고 있다'고 평했다.
　반고는 후한 때에 〈양도부〉를 썼고, 동한 시대의 인물 장형은 〈양경부〉를 썼었다.
　☞ 桃李不言 下目成蹊(도리불언 하자성혜) : 복숭아와 오얏은 꽃이 곱고 열매가 맛이 좋아 찾아오는 사람이 많다. 그러므로 길이 절로 난다.
　　성인 군자는 변설을 쓰지 않아도 사람이 스스로 귀복한다.
　☞ 豹死留皮(표사유피) : 표범은 아름다운 가죽을 남기고 죽고, 사람은 이름을 남기고 죽어야 한다.

壟　斷

언덕 **농**　　절단할 **단**

출전 《맹자(孟子)》의 〈공손축장구 하(公孫丑章句 下)〉

문의 높이 솟은 언덕.

요점 시장 등에서 이익을 독점하듯이 권력을 한 손에 쥐고 좌지우지하는 것.

고사 맹자가 제선왕(齊宣王)을 떠나 고향으로 돌아가려 할 때였다.

"오래전부터 만나려고 하였으나 기회를 찾지 못하다가 이제야 만날 수 있게 됐습니다. 예전에는 조정에서 만날 수 있어 무척 기뻤습니다만, 고향으로 돌아가신다 하니 어찌해야 좋을지를 모르겠습니다."

무슨 말인가를 더 하고 싶었지만, 제선왕은 분위기 때문인지 그대로 물러나올 수밖에 없었다.

어느 날 왕이 시자(時子)라는 신하에게 조건을 붙여 맹자에게 보냈다. 시자가 말했다.

"대왕께서는 나라 한가운데에 집을 마련해 주시고 선생님에게 만종의 녹을 주시어 제자들을 가르칠 수 있도록 하시겠답니다. 그리하여 백성들로 하여금 본보기를 보이시겠답니다."

맹자가 말했다.

"어허, 어찌 그런 일을 하겠는가. 만약 나로 하여금 부를 원케 하였다면 십만 종을 사양하고 만 종을 받겠는가."

여기에서 말하는 10만 종이란 객경이라는 벼슬자리를 사임한 것을 말한다. 맹자는 덧붙였다.

"옛날에 계손이라는 이가 자숙의(子叔疑)를 이렇게 평했다. '자신의 뜻

이 맞지 않으면 물러나면 그만이지 어찌 그 제자로 하여금 대신하게 하는가'
하고. 누구나 부귀를 마다할 리 없다. 그러나 마음이 천한 사나이가 있어서
반드시 '우뚝한 지점(壟斷)'을 찾아가 거기에서 좌우로 보면서 시장의 이득을
독점했었다. 사람들이 그것을 천하게 생각했으므로 그런 행위에 따라 세(稅)
를 징수하게 된 것이다."

그러니까 세를 징수하게 된 것은 바로 그 천한 사나이 때문이라는 것이
다.

참조 맹자는 첫 번째 요청에는 승낙했으나 두 번째엔 거절한다. 이 거절은 제
선왕의 정치에 대한 실망으로 나타난다. 한편으로는 자신이 나라의 봉록을
받는 것에 대한 해명이 된다. 그 점을 설명하기 위해 과세(課稅) 제도를 입에
올린 것은 그것이야말로 인의(仁義)정치를 구현하는 데에 큰 장해물이었기
때문이다.

⇨《맹자》에 있는 말이다.

"걸왕과 주왕이 나라를 잃게 된 직접적인 원인은 무엇인가? 그것은 탕에
게 공격을 받은 것에 있지만, 근본을 따지면 백성을 배반하는 그릇된 정치와
행동 때문이었다."

이것을 뒤집어 말하면, 천하를 얻으려면 먼저 백성을 얻어야 한다. 백성
을 얻는다는 것은 백성의 마음을 얻어야 하는 것이다. 그들이 좋아하는 것을
장려하고 싫어하는 것을 제거한다. 백성들의 마음은 물이 아래로 흐르는 것
처럼 정치를 하는 데로 찾아간다. 그러나 걸과 주는 백성들의 반대편에서 모
든 것을 좌지우지했다.

能 書 不 擇 筆
능할 능 쓸 서 아니 불 택할 택 붓 필

출전 《당서(唐書)》의 〈구양순전〉
문의 글씨에 능한 사람은 붓을 가리지 않는다.
요점 참다운 서가(書家;서예가)는 도구에 구애받지 않는다는 뜻.

고사 당나라는 중국의 남북 문화를 융합하여 서역·인도·로마에 이르기까지 총체적인 문화를 이룩하였다. 그러므로 이 시기에는 문화적인 부흥기였기에 학문과 예술 면에서 많은 학자와 시인·화가 등이 배출되었다.

당시엔 서도(書道)의 달인 우세남(虞世南)을 비롯하여 저수량·안진경·구양순 등이 유명했다. 그 중 구양순은 수나라 때에 태상박사라는 자리에 있었고, 당 태종 때에는 홍문관 박사가 되었다. 흔히 말하기를 그의 서체는 〈솔경체(率更體)〉라 불렀다. 웅장한 필력은 스승인 왕희지를 능가할 정도였다는 평이 붙어 있다.

그의 아들 통(通)도 서도의 달인이었다. 그런 탓에 〈소구양(小歐陽)〉이라 일컬었다. 세상 사람들은 이 부자의 서체를 '대소구양체(大小歐陽體)'라 부르며 소중히 여겼다.

《당서》의 〈구양순전〉에는 흥미로운 부분이 눈에 띈다.

'저수량은 좋은 붓과 먹이 없으면 글을 쓰려 하지 않았다'

어느 때인가 저수량이 우세남에게 물었다.

"나의 글을 구양순의 것과 비교한다면 어느 쪽이 더 낫겠소?"

우세남이 대답했다.

"구양순은 종이나 붓에 대해 일절 불평을 하지 않고 어떤 붓으로나 아무

종이에서 썼네(不擇筆). 그런데도 어떤 내용이든 자유자재로 됐다네. 자네는 아직도 붓이나 종이에 구애를 받는 모양이니 아직은 구양순에게 따르지 못할 듯 싶네."

저수량은 손을 들고 말았다.

자원 ●能(능할 능;肉部 6획, 총 10획. able to):착할 능, 곰 능.
●書(쓸 서;日部 6획, 총 10획. write):글씨 서, 글 지을 서.
●不(아니 불;一部 3획, 총 4획. not):앓을 불.
●擇(택할 택;手部 13획, 총 16획. select):차별할 택.
●筆(붓 필;竹部 6획, 총 12획. writing brush):오랑캐 이름 필.

어의 ●能當(능당):능히 감당함 ●能手(능수):일에 능란한 사람 ●書庫(서고):서적을 저장한 창고 ●書帖(서첩):이름난 이의 글씨를 모은 책 ●不敬(불경):예의를 잃음 ●不況(불황):경기가 좋지 못함 ●擇吉(택길):좋은 날을 가림 ●擇差(택차):인재를 골라 벼슬을 시킴 ●筆答(필답):글을 써서 답함 ●筆致(필치):글씨나 문장을 쓰는 솜씨

참조 〈왕긍당필진(王肯堂筆塵)〉에는 흥미로운 부분이 보인다.
"능서는 붓을 가리지 않는다는 속담은 구양(歐陽)까지이며, 그 이후부터는 사람들이 종이와 붓을 문제 삼았다."

그런가 하면 주현종의《논서》에는 이런 내용도 있다.

"글을 잘 쓰는 자는 붓을 가리지 않는다(能書不擇筆)는 얘기가 있는데, 이 것은 통설이라고 할 수 없다. 해서나 초서를 쓰는 자에게는 그렇게 말할 수 있을 것이다. 그러나 전서나 예서를 쓸 경우에는 붓에 따라 잘되고 못 되고 가 있으므로 붓을 가리지 않을 수 없다."

그러나 그림이나 글씨에 능한 달인은 종이나 붓 등의 도구에는 불평을 하지 않는다.

陶 朱 之 富

질그릇 도 붉을 주 의 지 부자 부

출전 《사기(史記)》의 〈화식전(貨殖傳)〉

문의 도주공의 부(富).

요점 중국에서 최고의 부자를 뜻하는 말.

고사 월왕 구천은 강한 오나라에 복수를 하고 무력을 중국에까지 떨치며 오패(五霸)로 호칭되었다. 구천을 패자로 만든 범여는 어느 날 탄식했다. "일곱 가지의 계책 가운데 다섯만으로도 구천은 패자가 되었다. 그의 관골을 보아하니 구천은 환난은 같이 할 수 있어도 부귀는 함께 할 수 없다. 계연의 계책을 나라에서 실시해 보았으나 이것을 집에서 실시해 보지는 않았다. 이제라도 시험해 볼 생각이다."

범여는 조각배를 타고 서호(西湖)로 나갔다. 제나라에 가서는 치이자피(鴟夷子皮)라 변성명을 했고, 산동성 정도현으로 가서는 주공(朱公)이라 칭하면서 돌아다녔다.

"이곳은 천하의 중심이다. 장사를 하기에는 더없이 좋은 곳이다."

그곳에 정착한 주공은 장사를 시작했다. 그는 결코 서두르는 법이 없었다. 화물을 사들였다가 적당한 시기에 내다 팔았다. 시세를 잘 타서 많은 이익을 거두었다.

주공은 19년 만에 세 차례나 천금을 모았다. 두 차례는 가난한 친구나 소원했던 형제들에게 나누어주었다. 부유해지면 즐겨 덕을 행하였다. 그래서 부를 말할 때에 도주공을 앞자리에 놓았다.

자원 ●陶(질그릇 도 ; 阜部 8획, 총 11획. pottery) : 통할 도, 불쌍히 생각할 도.
●朱(붉을 주 ; 木部 2획, 총 6획. red) : 붉을 주.
●之(의 지 ; ノ部 3획, 총 4획. this) : 어조사 지.
●富(부자 부 ; 宀部 9획, 총 12획. rich) : 많을 부, 충실할 부.

어의 ●陶器(도기) : 질그릇 ●陶甓(도벽) : 오직 벽돌 ●陶土(도토) : 도기를 만드는 원료 ●朱丹(주단) : 곱고 붉은 색 ●朱鷺(주로) : 따오기 ●朱顔(주안) : 미인의 얼굴 ●富籤(부첨) : 복권 ●富戶(부호) : 부잣집 ●富源(부원) : 재물이 생길 근원

참조 공자의 제자 가운데 자공(子貢)이라는 이는 위나라에서 벼슬살이를 했다. 그는 조나라와 노나라에서 물자를 축적했다가 제때에 팔아 많은 이익을 남겼다. 그러므로 공자의 70 제자 가운데 가장 부유했다. 그에 비해 같은 동문인 원헌(原憲)은 지게미나 쌀겨조차 먹기 어려울 정도로 가난했다.

공자가 길을 나설 때에 사두마차를 몰았던 것은 모두가 자공의 힘이었다. 그는 보기에도 어마어마한 기마행렬을 앞세우고 비단 꾸러미를 선물로 가지고 다녔다. 당연히 여러 제후들에게 환대를 받았으며 초청도 잦았다. 그가 방문하는 나라의 제후들은 몸소 뜰로 내려와 대등한 예를 취한 것이다.

공자가 천하에 이름을 널리 알린 것은 재물이 넉넉한 자공이 잘 모시고 다녔기 때문이다. 그로 인해 '세력을 얻어 세상에 드러낸다'는 적절한 표현과 맞아떨어진 것이다.

☞ 陶朱猗頓(도주의돈) : 사마천은 《사기》의 〈월세가(越世家)〉 편에서 자세히 다루고 있다. 본문에 나오는 도주는 도주공이니 범여의 이름이며, 의돈은 황하 기슭 의씨(猗氏)라는 곳 남쪽에서 소와 양을 크게 모았다 하여 의돈이라 이르니 둘다 춘추시대의 이름난 부자다. 오늘날 부자의 대명사로 쓰인다.

銅　　臭

구리 동　　냄새 취

출전 《십팔사략(十八史略)》,《구당서(舊唐書)》
문의 돈(동전) 냄새가 난다.
요점 돈으로 관직을 산 사람을 비웃을 때 쓰는 말.

해석 돈으로 관직을 산다는 것이 어제 오늘의 얘기가 아니지만, 후한의 영제 때에도 국정이 어지러워졌다. 당시 최열이라는 이는 5백만 금이라는 거액으로 사도(司徒)의 자리에 올라 거드름을 떨었다. 어느 때인가 최열이 아들 균을 불러 자신의 평판에 대해 물었다. 균의 대답이 시큰둥했다. "아버지께서 사도에 자리에 오르신 후 세상 사람들은 저를 멀리합니다. 아마 동취 때문일 것입니다."

세상 사람들은 정당하게 권력과 부를 향유하는 것은 멀리하지 않는다. 그러나 돈으로 벼슬을 사고 팔았던 것은 예나 제나 싫어했다.

고사 무사확이라는 인물은 수나라 말기의 상인이었다. 그는 태원을 근방으로 발호하던 이연 일파에게 거금을 밀어 주어 뒷날 당나라가 들어섰을 때에 이주도독이라는 자리에 올랐다. 이를테면 당시 강북 지역을 시감하는 지방 장관이었던 셈이다. 그는 돈을 뿌려 빠른 속도로 고관의 지위에 올랐다. 그는 늘 생각했다. 조용히 눌러 있으면 문벌 귀족들이 제자리를 찾는 날이 있을 것이므로 그때를 기다린다는 것이다. 그러나 일각에서는 그를 '동취(銅臭)'라 놀렸다. 이것은 과거의 신분을 깔보는 비웃음이었다. 그는 반드시 동취를 씻어 내겠다고 결심했다. 그렇게 되기 위해서는 귀족과 혼인을 해야만 했다.

몰락한 귀족과 인연을 맺는다는것, 그것이야말로 출세의 지름길이라 본 것이다. 일단 마음이 정해지자 무사확은 조강지처를 가차 없이 버리고 후한의 광무제(光武帝) 누님이 되는 어린 양씨를 후처로 맞아들였다.

자원 ●銅(구리 동 ; 金部 6획, 총 14획. copper) : 산골 동.
●臭(냄새 취 ; 自部 4획, 총 10획. smell) : 향기 취, 썩을 취.

어의 ●銅鑛(동광) : 구리를 캐는 광산 ●銅絲(동사) : 구리 철사 ●銅牌(동패) : 구리로 만든 패 ●臭敗(취패) : 냄새가 나도록 부패함 ●臭汗症(취한증) : 겨드랑이 등에서 나는 냄새

참조 이연이 당나라를 세우자 무사확의 딸이 궁으로 들어간다. 무조(武照), '당나라 3대 후에 천하는 무씨의 손으로 들어간다'는 이순풍의 예언처럼 무조는 처음에 당태종을 모시고, 나중에는 그의 아들을 섬긴다. 자식을 낳고 황비(皇妃)의 자리에 올라, 훗날 중국 천하를 움켜쥐고 좌지우지하는 여황제로 등극한다. 이른바 측천무후다.

그녀의 성은 무(武)이고, 이름은 조(照)다. 이유가 어찌되었건 그녀의 부친 무사확은 벼슬자리에 올랐으나 눈총을 받은 것은 사실이었다. 왜냐하면 당나라는 엄연히 귀족 사회였고 문벌을 중요시했기 때문이다.

649년에 태종이 병사하자 무조는 머리를 깎고 비구니가 되었다. 보위에 오른 고종은 왕비 왕씨 이외에 소숙비라는 여인을 사랑했다. 그녀에게 돌아간 황제의 마음을 되돌리기 위해 왕씨는 무조라는 여인을 이용했다. 비구니가 되어 있는 그녀에게 환속할 것을 명하고 머리를 기르게 하였다. 무조는 궁 안으로 복귀한 후 언행을 삼가고 상냥한 행동으로 황후의 신임을 얻게 되어 소의 자리에 오른나. 왕황후와 한편이 되어 소숙비를 몰락시켜 버린다. 왕황후는 무척 시원해 하였지만 무조에게 있어 다음의 표적은 바로 그녀였다. 결국 그녀는 무조의 계책에 빠져 왕후의 자리에서 폐위되고 말았다.

得 魚 忘 筌

얻을 득 물고기 어 잊을 망 통발 전

출전 《장자(莊子)》의 〈외물편(外物篇)〉

문의 고기를 잡으면 통발을 잊어버린다.

요점 어떤 일에 대한 목적이 달성되면 그것을 위해 사용한 것을 잊어버린다는 것.

해석 전(筌)이라는 것은 대나무로 엮어 만든 물고기를 잡는 도구다. 이른바 통발이다. 통발은 물고기를 잡고 나면 그 쓰임새가 다하여 금방 잊어버린다. 그렇다면 책은 어떤가? 책도 마찬가지다. 뜻하였던 소기의 목적을 달성하면 필요 없다. 따라서 위의 성어는 어떤 목적을 달성했을 때엔 그 수단은 잊어버려도 좋다는 뜻을 함축하고 있다.

고사 《장자》에 이런 내용이 실려 있다.

"성인이 천하를 움직이는 연유에 대해 신인은 문제 삼지 않고, 현인이 세상을 움직이는 연유에 대해 성인은 문제 삼지 않으면, 군자가 나라를 움직이는 연유에 대해 현인은 문제 삼지 않는다. 소인이 때에 따르는 것을 군자는 문제 삼지 않으며, 소인은 군자에 미치지 못하고, 군자는 현인에 미치지 못하며, 현인은 성인에 미치지 못한다. 또한 성인은 신인에 미치지 못하기 때문이다."

자원 ●得(얻을 득 ; 彳部 8획, 총 11획. gain) : 탐할 득, 상득할 득, 만족할 득.
●魚(물고기 어 ; 魚部 총 11획. fish) : 생선 어, 좀 어.

●忘(잊을 망;心部 3획, 총 7획, forget):깜짝할 망, 기억이 없을 망, 없애 버릴 망.

●筌(통발 전;竹部 6획, 총 12획, weir):통발 전.

어의 ●得功(득공):성공함 ●得談(득담):남에게 비방이나 구설을 들음 ●得失(득실):잃음과 얻음 ●魚卵(어란):물고기 알 ●無雷(어뢰):모양이 물고기 같으며 공격용 수뢰의 하나 ●魚肉(어육):물고기와 짐승의 고기 ●忘却(망각):잃어버림 ●忘年(망년):나이를 잊음. 또는 그 해의 다사다난했던 일들을 잊음 ●忘我(망아):어떤 일을 열중함 ●筌緒(전서):일의 실마리를 헤아림 ●筌蹄(전제):목적을 이루기 위한 방편

참조 ⇨ 성천자였던 요(堯) 임금은 천하를 다스리는 보위를 허유(許由)에게 주려 했으나 그는 받지 않고 달아나 버렸다. 그런가 하면 은나라의 탕왕도 현인이었던 무광에게 천하를 주려 했으나 그는 그 말을 듣고 제자들을 모두 이끌고 관수(潈水)로 들어가 은거해 버렸다. 그로 인해 제후들은 삼 년이나 섭섭하게 생각하였다는 것이다.

⇨ 통발은 고기를 잡는 데에 사용한다. 그러나 일단 고기를 잡은 뒤에는 잊는다. 어디 그뿐인가. 덫을 놓아 토끼를 잡았다면 의당 덫은 잊어버린다. 그렇다면 말(言)은 어떤가? 말은 뜻을 전할 뿐, 그 소임을 다했으면 잊어버린다.

⇨《전등록》에 이런 말이 있다. "뜻을 얻으면 말을 잊는다. 이치를 깨달으면 가르침을 잊는다. 그것은 물고기를 잡고 통발을 잊는 것이나 토끼를 잡고 덫을 잊는 것과 같다."

☞ 魚綱鴻離(어망홍리):물고기를 잡으려고 쳐 놓은 그물에 새가 걸린다는 뜻. 구하는 것이 아닌 다른 것을 얻음.

☞ 取適非取魚(취적비취어):어떠한 행동을 함에 있어서 목적이 거기에 있지를 않고 다른 데에 있음을 이르는 말.

☞ 資章甫適越(자장보적월):뜻하는 바와 정반대의 일을 함.

物 議

견줄 물　　의논 의

출전 《한서(漢書)》의 〈사기경전(謝幾卿傳)〉
문의 여러 사람의 평판을 뜻함.
요점 세상 사람들의 공론. 또는 논의.

고사 사기경(謝幾卿)은 양나라 무제 때에 상서좌승(尙書左丞)의 자리에 있었다. 그는 성격이 대범하여 자잘한 일에는 도무지 신경을 쓰지 않았다. 그러다 보니 조정의 규정 같은 것은 그에겐 전연 소용이 닿지 않은 일이었다.

그는 잔치에 갔다 하면 크게 취하여 돌아왔다. 그는 길을 가는 중에 사람을 만나면 수레를 한 켠에 세워 놓고 술을 마실 정도로 호담한 사내였다. 그의 이러한 술버릇 때문에 무제는 전장터로 내몰았다. 그러나 그곳에서도 여전히 술버릇이 지나치자 봉고 파직시켜 버렸다.

사기경이 집에 왔다는 소문을 듣고 선배 동도들은 술병을 들고 찾아왔다. 그러다가 우연히 좌승으로 있던 유중용도 집에 돌아와 있었는데 그들은 함께 어울리며 세월을 보냈다. 그들에게 있어 세상의 평판은 아무런 장애가 되지 않았다.

자원 ●物(견줄 물；牛部 4획, 총 8획. thing)：만물 물, 일 물.
●議(의논 의；言部 13획, 총 20획. discuss)：말할 의, 꾀할 의

어의 ●物價(물가)：물건의 값 ●物故(물고)：죄 지은 사람을 죽임
●物理(물리)：만물의 이치 ●議件(의건)：건의할 안건 ●議定(의정)：의논하

여 정함 ●議事(의사) : 회의에서 의논해야 할 사항

참조 〈물의〉라는 것은 아무래도 정도를 벗어난 경우를 뜻한다. 다시 말해 사람들의 입에 자주 오르내리는 경우다. 더구나 술을 마시는 경우는 동서가 따로 없고 한국이나 중국이나 마찬가지다.

⇨ 삼국시대에 강동의 손권 밑에 있는 정천(鄭泉)이라는 위인은 술을 무척 좋아했다. 그래서 그는 친구들에게 묘한 유언을 남겼다.

"내가 죽거든 자네들은 내 주검을 질그릇 만드는 굴 곁에 묻어 두게. 백년쯤 지나 백골이 삭아서 흙이 되면 누가 아는가? 그 흙을 파다가 술병을 만든다면 내 소원이 이루어지는 것일세."

이렇게 되면 주벽(酒癖)이라고 해야 옳을 듯 싶다.

⇨ 진나라 하동 땅에 사는 유백수라는 이는 술을 잘 만들었다. 어느 누구든 그 술을 마시면 며칠씩 깊은 잠에 떨어져 버린다. 한 번은 청주칙사 모홍빈이 임지로 가서 마시려고 그 술을 얻어 가지고 가는 중에 그만 도둑을 만나 털려 버렸다. 행구 속에 있는 술을 보고 도둑들은 웬 떡이냐고 마셔 댔는데 그들이 깨어 보니 모두 결박되어 있었다. 그래서 유백의 술은 도둑 잡는 술로 유명하다.

⇨ 좋지 못한 술은 평원독우(平原督郵)라 부르고 좋은 술을 청주종사(靑州從事)라 부르는데, 그것은 평원에 격현이 있고, 청주에 재현이 있는데 좋지 못한 술은 가슴에서 오르내리고, 좋은 술은 배꼽까지 내려간다는 뜻으로 그런 은어를 술에 붙인 것이다.

⇨ 우(禹)의 의적(儀狄)이 처음으로 술을 만들어서 우에게 바쳤다. 우임금이 마셔 보고 후세에 반드시 술로써 나라를 망하는 자가 있겠다 하고 의적을 멀리했다. 그리고 그 술을 없애 버리라고 명했다.

☞ 自酌自歌(자작자가) : 혼자 술을 마시며 노래함.

☞ 濁交溪邊(탁교계변) : 막걸리를 따라 마시며 노는 강놀이.

☞ 飛羽觴而醉月(비우상이취월) : 술잔을 돌리면서 달에 취한다는 뜻. 술을 한잔 마신 은근한 기분을 이르는 말.

未 然 防
아닐 미   그럴 연   막을 방

출전 《문선(文選)》, 《시경(詩經)》
문의 미리 막음.
요점 어떤 일이 잘못되기 전에 미리 막음을 뜻함.

고사 서진(西晉)의 시인인 육기(陸機)는 화려한 시부로 후대에까지 문명을 날렸다. 그는 조식(曹植) 이후의 제1인자라고 할 만큼 시부에 뛰어났다. 《문선》에 기록된 그의 시부 가운데 《군자행(君子行)》이 있다. '모름지기 군자는 일을 미연(未然)에 막고 혐의 사이에 두지 않는다'는 내용이다.

'군자는 모든 일을 미연에 막는다'. 이것이 미연방(未然防)이다.

《시경》의 〈치효편〉에 다음 같은 내용이 있다.

올빼미야 올빼미야
내 자식 뺏었거든
내 둥우리는 헐지 마라
알뜰살뜰 길러내던
어린 자식 불쌍하다
하늘 흐려 비 오기 전
풀뿌리를 벗겨다가
창과 문을 엮었거니
사람들이 쳐다보며
어찌하여 얕보는가

이 두 손을 바삐 놀려
갈대 이삭 뽑아다가
하루 모고 이틀 모고
입 부리도 병들었네

내가 쉴 곳 없었기에
내 날개는 늘어지고
내 꼬리는 맥 빠졌네
내 둥우리 위태롭게
비바람이 흔드나니
슬픈 울음 절로 나네

위의 시에 나오는 '상토주무(桑土綢繆)'가 미연방에 해당한다. 비가 오기 전에 미리미리 구멍을 막아 닥쳐올 환난을 미연에 방지한다는 비유의 말이다.

자원 ● 未(아닐 미 ; 木部 1획. 총 5획. not) : 못할 미, 여덟째지지 미.
● 然(그럴 연 ; 火部 8획. 총 12획. so) : 사를 연, 허락할 연.
● 防(막을 방 ; 阝部 4획. 총 7획. defend) : 둔덕 방, 병풍 방.

어의 ● 未擧(미거) : 철이 나지 아니하여 아주 둔함 ● 未久(미구) : 오래 되지 않음 ● 未知(미지) : 알지 못함 ● 然諾(연락) : 청하는 바를 들어줌 ● 然贊(연찬) : 그러겠다고 찬성함 ● 然後(연후) : 그런 뒤 ● 防奸(방간) : 간사한 짓을 못하게 막음 ● 防圍(방위) : 막아서 에워쌈 ● 防火(방화) : 화재를 예방하는 것

참조 ☞ 曲突徙薪(곡돌사신) : 화재 예방하기 위하여 굴뚝을 굽히고 섶나무를 옮긴다는 뜻의《한서》에 있는 말.

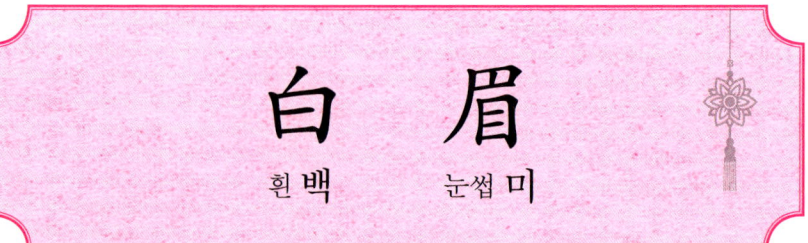

白　　眉

흰 백　　눈썹 미

출전 《삼국지(三國志)》의 〈마량전(馬良傳)〉
문의 흰 눈썹. 흰 눈썹을 가진 사내.
요점 여럿 가운데서 뛰어남을 이르는 말.

고사 유비(劉備)가 적벽대전 후에 형주와 양양, 남군을 얻은 후 군신들을 한 자리에 모이게 하여 장차 어떻게 해야 하는지를 물었다. 이때 유비를 두 차례나 구해 주었던 이적(伊籍)이 말했다. "새로 얻은 땅들을 오래 지키려면 첫째, 어진 선비를 구해야 할 것입니다." 어진 선비가 누구냐고 유비가 물었다. 그러자 이적은 "마씨 오상(五常) 중의 한 사람으로 하얀 눈썹을 가진 자입니다."

눈썹이 하얀 사내는 바로 마량(馬良)이었다. 그에게는 본래 다섯 형제가 있었는데 자(字)에 '상(常)'이라는 글자가 들어갔으므로 오상이라 불렀다. 형제들은 한결같이 슬기롭고 총명했다. 모두들 고향에서는 평판도 좋았다. 그러나 이들 가운데에 특별히 빼어난 인물이 있었다. 흰 눈썹의 사나이로 통하는 마량이다.

당시의 천하는 위오촉(魏吳蜀)이 세 발 솥(鼎)처럼 세력의 균형을 유지하고 있을 무렵이었기 때문에 유비에겐 마량과 같은 인재가 절실히 필요했다. 그런 때에 마량을 만날 수 있었으니 이것은 마치 용이 비를 만난 것과 같은 이치였다. 이것이 연유가 되어 여럿 가운데 뛰어난 것을 가리켜 '백미(白眉)'라 한다.

자원 ● 白(흰 백 ; 白部 총 5획. white) : 분명할 백, 맑을 백, 깨끗할 백, 말할 백, 아무것도 없을 백. (태양(日)이 구름 등에 가려졌을 때 빛이 희다는 말).
● 眉(눈썹 미 ; 目部 4획, 총 9획. eyebrow) : 둘레 미.

어의 ● 白江(백강) : 금강 하류. 일명 백마강 ● 白駒(백구) : 망아지 ● 白面書生(백면서생) : 글만 읽고 세상 이치에는 경험이 없는 선비 ● 眉間(미간) : 양미간 ● 眉目(미목) : 눈썹과 눈 ● 眉壽(미수) : 눈썹이 세도록 삶

참조 여럿 가운데 뛰어난 것이 백미만이 아니다. 《진서(晉書)》〈혜소전(嵆紹傳)〉에 인용된 군계일학(群鷄一鶴)도 같은 맥락이다. 혜소의 자는 연조(延祖)인데 죽림칠현의 명성을 떨친 위나라의 중산대부 혜강(嵆康)의 아들이다. 혜소는 부친이 죄를 뒤집어쓰고 형장으로 사라지자 이후 홀어머니를 모시고 근신했다. 이때 죽림칠현의 한 사람인 산도(山濤)가 무제에게 청을 넣었다.

"강고(康誥 ; 서경의 편명)에 이르기를, 아비의 죄는 아들에게 미치지 않는다고 했습니다. 또한 아들의 죄 역시 아비에게 미치지 않는다고 했습니다. 혜소는 혜강의 아들입니다만 슬기로운 것을 말하자면 춘추시대 진(晉)나라의 각결(郤缺)보다 앞섰다고 봅니다. 아무쪼록 폐하께서는 그를 불러 비서랑 벼슬을 주십시오."

"경이 추천할 정도면 랑보다는 승(丞)을 주어도 좋겠지."

이렇게 말하고 나서 비서랑보다 한 직급 위인 비서승으로 발탁했다.

혜소가 처음으로 낙양에 들어갔을 때, 어떤 사람이 죽림칠현의 한 사람인 왕륭에게 말했다.

"연전에 거리에서 혼잡한 사람들 틈에서 혜소를 보았습니다. 어찌나 의젓한지 마치 한 마리의 고고한 학(鶴)과 같았습니다. 많은 닭 속에 의연히 서 있는 학과 같았다니까요."

군계일학·계군일학·학립계군(鶴立鷄群)도 같은 내용이다.

門前成市
문문 앞전 이룰성 저자시

출전 《한서(漢書)》의 〈손보전(孫寶傳)〉, 〈정숭전(鄭崇傳)〉

문의 문 앞이 저자와 같다.

요점 세도가 있어 찾아오는 사람이 많아 마치 시장 바닥처럼 붐빈다는 뜻.

고사 후한(後漢)의 애제(哀帝) 때엔 나라가 파탄 직전에 이르렀다. 나이가 어린 애제는 정치에는 관심이 없고 오로지 동현(董賢)이라는 미소년 등과 동성애에 빠져 세월 가는 줄 몰랐다. 그러다 보니 조정 안엔 외척들이 득시글했다. 이를테면 세력의 판도는 왕씨에서 애제의 조모인 전씨(傅氏), 애제의 어머니 정씨(丁氏) 손으로 넘어갔다.

중국의 유명한 고대의 언어학자인 양웅(楊雄)에게 상당한 연구비를 지불하여 방언을 완성케 한 성제(成帝). 그 성제 때의 대사마였던 왕망(王莽)이 밀려나고 조정은 전희·정명 등이 실권을 장악했다. 여러 충신들이 충고하여 간(諫)을 하였듯 상서복야(尙書僕射)의 자리에 있던 정숭(鄭崇)이 나섰다.

"폐하, 정태후의 동생을 중용하는 것은 참으로 불가한 일이옵니다."

정숭의 입에서 이런 말이 나오자 애제의 배후에 있던 정태후가 가만히 있지 않았다. 그러나 정숭은 어떤 어려움에도 굴하지 않고 계속 애제의 비행을 추궁했다. 이러는 와중에도 애제의 음행은 도를 더해 갔다.

나라와 황실을 위해 온 힘을 기울이는 데도 돌아온 것은 생트집과 애제의 심상치 않은 독단이었다. 기다렸다는 듯이 상서령 조창(趙昌)이라는 자가 비난하고 나섰다.

"정숭은 대궐 밖에 있는 종족들과 내통하고 있습니다. 그자를 특별히 조사하고 경계하여야 할 것으로 보입니다. 황실에 무슨 문제가 일어나기 전에 단호한 조치를 해야 될 것으로 보입니다."

애제는 곧 정승을 불러들였다.

"너의 집 대문간이 시장 바닥처럼 사람들이 모여든다는데 사실이냐?"

"비록 소신의 집 문전이 시장 바닥처럼 소란스러울지 모르나 소신의 마음은 물과 같습니다."

애제는 즉각 정승을 옥에 가두었다. 소식을 듣고 사례로 있던 손보(孫寶)가 탄원서를 올려 조창의 무고를 탄핵했다. 그러나 애제는 오히려 손보의 관직을 박탈하여 서민으로 떨어뜨렸다.

자원 ●門(문 문;門部 총 8획. gate):집 문, 집안 문, 가문 문(두 문짝의 모습).
●前(앞 전;刀部 7획, 총 9획. front):앞 전(止에 舟를 더했음).
●成(이룰 성;戈部 2획, 총 6획. achieve):평할 성, 거듭 성, 마칠 성.
●市(저자 시;巾인 2획, 총 5획 city):흥정할 시, 집이 많을 시.

어의 ●門客(문객):식객 ●門生(문생):제자 ●門戸(문호):집의 출입구 ●前却(전각):앞으로 나아가는 것과 물러서는 것 ●前途(전도):가는 앞길 ●前古(전고):지나간 옛날 ●成家(성가):따로 집을 이룸 ●成規(성규):문장으로 작성된 규칙 ●成器(성기):좋은 그릇 ●市況(시황):시장의 매매 거래 경기의 상황

참조 《전국책》에는 '많은 신하가 앞다투어 간하기에 궁궐 문안은 장마당 같았다'고 하였다. 이후 문전성시는 '높은 자리에 있는 자가 교제를 청해 오는 자에게 직접 간접으로 끌어들이는 일'로 바뀌었다.
   ⇨ 대소적인 말은 〈문외작라(門外雀羅)〉이다.

經濟·文化

私　　聚
사사 사　　모을 취

출전 《삼국지(三國志)》

문의 사사로이 모음.

요점 자기의 노력에 의한 것이 아니라 사사로이 재물을 모으는 것을 말함.

고사 동탁(董卓)은 감숙성 임조(臨洮) 사람이다. 그는 강궁을 잘 쏘고 완력이 그만하여 강(羌)과 흉노를 상대로 공을 세워 인망을 떨쳤다. 이때 동탁이 천자를 옹위하고 돌아오자 그 세력은 낙양을 위압할 정도였다고 역사서에는 기록되어 있다. 동탁은 진번·두무 등 당고의 화로 희생된 당인들의 명예와 직위를 회복시키는 조치를 취했다.

동탁은 스스로 승상이 된 후 다시 상국이 되었다. 전한을 건국한 공신 소하가 상국이 된 이래 전한과 후한을 통해 상국이 된 사람은 하나도 없었으나, 동탁은 금기까지 무시하며 자신이 정권을 휘둘렀다. 그리고는 도읍의 귀족·부호의 저택을 마음대로 불 지르고 재물과 부녀자를 약탈하는 등의 만행을 저질렀다.

날이 갈수록 동탁의 잔학상은 그 도를 높여 갔다. 백성들은 치를 떨었으며 계급의 내부에서도 분열이 일어났다. 그는 자신의 세력이 강해지자 서방의 장안으로 도읍을 옮기기로 하고 이동을 감행하였다. 백성들을 강제로 이주시켰으며, 부호의 재물을 약탈하는 등의 만행을 거침없이 저질렀다. 궁성을 비롯하여 인가 등의 2백 리 안팎에 불을 놓아 개와 닭조차 살 수 없게 한 것이다. 황제의 능도 남기지 않았으며, 낙양은 그야말로 일망무재의 폐허로 변해 버렸다.

동탁이 상국이 되자 맨 처음 서둘렀던 것은 후일을 대비한 고육지책이었다. 그것은 미(郿)라는 땅에 마을 하나를 만들고 그곳에 사적으로 곡식을 모았다(私積聚穀).

"천하를 도모하다 만년에는 이곳으로 들어와 지키리라."

그러나 여포(呂布)에게 죽임을 당한 후 시체를 시장에 널어놓으니 그의 꿈은 아침 이슬처럼 덧없었다. 그때 어떤 사람이 살이 통통하게 찐 동탁의 배꼽에 큰 초를 세우고 불을 질렀는데, 며칠간 탔다는 흥미로운 기록이 삼국지에 전한다.

경제·문화

자원 ●私(사사 사;禾部 2획, 총 7획. private) : 나 사, 간살할 사.
●聚(모을 취;耳部 8획, 총 14획. collect) : 고을 취, 걷을 취, 쌓을 취.

어의 ●私見(사견) : 자기 개인의 의견 ●私誼(사의) : 개인 사이에 오래 사귀어온 정분 ●聚哈(취령) : 모아 거둠 ●聚土(취토) : 흙을 거두어 모음

참조 《한비자》에 이런 얘기가 있다.

어떤 사람이 딸을 시집보내면서 귀띔했다.

"시집을 가거든 무엇보다도 재물을 모아야 한다. 그래야 힘이 생기는 거야."

그의 딸은 부모의 말대로 재물을 모았다. 그 시어머니는 며느리가 사취(私聚)를 하였다고 쫓아냈다. 딸은 친정으로 돌아올 때엔 시집을 갈 때 가지고 갔던 재물의 두 배나 되었다. 그의 부친은 딸 아이의 잘못을 잘못 가르친 것을 묻지 않고, 더욱 많은 재물을 가져온 것은 지혜가 있기 때문이라고 여겼다.

한비자는 덧붙인다.

"지금 벼슬자리에 있는 자들이 그렇다. 그랬기에 주나라는 망하게 된 것이다."

識 字 憂 患
알 식　　글자자　근심우　근심환

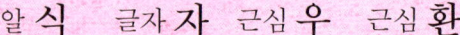

출전 《삼국지연의(三國志演義)》

문의 글자를 아는 것이 오히려 근심이다.

요점 서투른 지식 때문에 오히려 일을 망치게 되었음을 비유하는 말.

고사 이 부분은 삼고초려(三顧草廬)가 있기 전의 일이다. 유비는 제갈량을 얻기 전이므로 당시의 군사(軍師)는 서서(徐庶)였다. 그는 빼어난 지략으로 조조를 괴롭혔다. 이에 조조는 모사 정욱과 함께 계략을 꾸미기에 이른다.

서서의 어머니 위부인은 학식이 깊고 필력이 뛰어났다. 여장부라고 불릴 만큼 의리가 투철했기 때문에 서서는 그의 어머니 영향을 많이 받았다. 조조는 위부인의 필체를 흉내 내어 서서로 하여금 돌아오게 하였다.

'……서야, 서야. 별고 없느냐. 이 어미도 무사하다만 네 아우 강(康)이 일찍 세상을 떠나 버려 외롭기 그지없구나. 게다가 조승상의 명으로 이 몸은 허도로 불리워 왔다. 아들이 역신과 어울렸다는 죄명으로 오랏줄을 받을 뻔 했다. 그러나 다행히 정욱의 힘으로 무사하게 되어 편안히 지내기는 하지만 제발 너도 한시 바삐 어미 곁으로 오거라. 내게 얼굴이라도 보여다오…….'

구구절절이 자식을 그리워하는 내용을 서서는 끝까지 읽지 못하고 울음을 터뜨렸다. 별수 없이 유비의 곁을 떠날 수밖에 없음을 고한 것이다. 그런데 위부인은 자식이 돌아온 것을 알고 낙심천만이었다.

"오호라, 여자가 글씨를 안다는 것 자체가 근심을 낳게 한 원인이로다(女子識字憂患)." 자신으로 인해 자식의 앞길을 막은 것을 두고두고 탄식하였다.

자원 ●識(알 식;言部 12획, 총 19획. know):알 식.

●字(글자 자;子部 3획, 총 6획. letter):시집 보낼 자, 젖 먹일 자.

●憂(근심 우;心部 11획, 총 15획. anxious):걱정할 우, 상체될 우.

●患(근심 환;心部 7획, 총 11획. anxiety):재앙 환, 병들 환.

어의 ●識見(식견):학식과 견문 ●識認(식인):인정하여 앎 ●識字(식자):글자를 아는 일 ●字句(자구):글자와 글귀 ●字義(자의):글자의 뜻 ●字恤(자휼):백성을 어루만져 사랑함 ●憂慨(우개):근심하고 개탄함 ●憂世(우세):세상 일을 탄식하고 걱정함 ●憂愁(우수):걱정하고 근심함 ●患難(환란):근심과 재난 ●患者(환자):병을 앓는 사람 ●患候(환후):웃어른의 병을 높이는 말

참조 소동파의 시에 '인생은 배움이 있고부터 우환이 시작되었다'고 읊고 있다.

⇨《페스탈로치》는 이렇게 말했다.

"지식은 사람에게 필요한 무기다. 그러나 무기를 잘못 쓰면 도리어 자신을 해치듯이 지식도 진실이라는 받침이 없다면 식자우환이라는 말처럼 오히려 몸을 망치기 쉽다. 진정한 지식은 꾸밈새 없는 순진한 마음에서 솟아나는 것이다. 진실과 동행하는 지식은 불행을 물리칠 수 있는 힘이 된다. 어디 그 뿐이랴. 순탄하고 행복한 환경에 있을 때에도 결코 참된 지식에서 멀어져서는 안 된다. 그 이유는 맑은 진심의 분출됨이 없이는 행복이 금세 파괴되기 때문이다."

⇨《여씨춘추(呂氏春秋)》에 있는 말이다.

"지지(至知)는 지(知)를 버리고, 지인(至仁)은 인(仁)을 잊고, 지덕(至德)은 덕(德)이 아니다."

弱 冠
약할 **약**   관 관

출전 《예기(禮記)》〈곡례상편(曲禮上篇)〉

문의 스무 살.

요점 아직도 몸이 건강하지 못하기 때문에 붙인 이름이다. 비로소 성인이 되었다는 뜻.

해석 공자께서는 《예기》의 〈곡례상편〉에서 사람이 태어나 죽을 때까지의 생활 과정을 설명하고 있다. 이 생활 과정에 의해 '예(禮)'의 근본을 배우는 것이다.

고사 공자께서 말씀하셨다.

"사람이 태어나 열 살이 되면 어린이(幼)라 하여 배워야 한다. 스무 살이 되면 약(弱)이라 하여 성인식을 해야 한다. 서른이 되면 장(壯)이라 하여 아내를 맞이하고, 마흔 살이 되면 강(强)이라 하여 벼슬에 나아간다. 쉰이 되면 애(艾)라 하여 정치에 참여하고, 예순 살이 되면 기(耆)라 하여 사람에게 지시하여 일을 한다. 일흔 살이 되면 노(老)라 하여 집안의 모든 것을 자식에게 물려준다. 그리고 여든 살, 아흔 살이 되면 모(耄)라 한다. 일곱 살은 애처롭다는 뜻으로 도(悼)라 하는데, 도와 모의 나이는 죄를 짓더라도 형벌을 가하지 않는다. 그리고 백 살은 기(期)라 하여 부양을 받는다.

자원 ●弱(약할 약 ; 弓部 7획, 총 10획. weak) : 못생길 약, 어릴 약. 나약할 약, 절름발이 약, 패할 약.

● 冠(관 관; 一部 7획, 총 9획. crown) : 볏 관, 갓 쓸 관, 어른이 될 관.

● 弱年(약년) : 나이가 젊음 ● 弱劣(약렬) : 힘이 약하고 용렬함 ● 弱者(약자) : 약한 사람 ● 冠草(관초) : 관리 ● 冠童(관동) : 어른과 아이 ● 冠玉(관옥) : 관 앞을 장식한 옥

《예기》〈곡례상편(曲禮上篇)〉에서 '곡'이란 위곡(要曲)이라는 의미다. 즉 자세하다는 뜻이다. 일설에 '곡'은 사(事), 즉 일이라는 뜻이니 오체(五體)의 일을 말하는 것이라 했다. 여기에서 말하는 오체는 길례(吉禮), 흉례(凶禮), 빈례(貧禮), 군례(軍禮), 가례(嘉禮)를 가리킨다.

⇨ 약관의 나이는 사람에게 있어 싱그러운 봄날에 해당된다. 그래서 청춘(青春)이라는 말을 사용했다. 모든 신록이 제 모습을 자랑하는 때가 그 무렵이다.

청춘은 일 년의 시작(青春受謝)
햇살이 눈부시게 내리쬐이네(白日昭只)

〈초사(楚辭)〉에 나오는 작자 미상의 시다. 신록이 푸르른 계절 즉 청춘의 반대를 백일로 한 것은 아무래도 무더운 여름을 뜻하기 때문으로 풀이된다. 젊음을 뜻하는 청춘이 지금과 같은 내용으로 바뀌게 된 것은 서진(西晉)의 시인 반니(潘尼)에 의해서였다.

나는 황혼에 들었지만(子涉素秋)
그대는 아직도 봄날일세(子登青春)

시의 내용은 은애하는 후배 육기(陸機)가 출사하게 되자 그에게 보낸 것인데, 내용으로 보면 분명 청춘의 반대는 소추(素秋)다. 이때로부터 청춘은 젊은이의 의미를 품게 되었다. 그러나 아직은 봉우리가 여물지 않은 시기다.

一 網 打 盡
한 일 그물 망 칠 타 다할 진

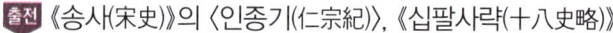

출전 《송사(宋史)》의 〈인종기(仁宗紀)〉, 《십팔사략(十八史略)》
문의 한 번 그물질로 모두 잡음.
요점 죄 지은 자를 하나도 남김없이 잡음.

고사 송나라는 태조 이래 줄곧 대외정책에 실패했다. 그러다 보니 제 4대 인종 때에는 달리 정책을 강구하지 못하고 그저 북쪽의 거란이나 남쪽의 안남에 대해 회유하는 정책으로 일관하는 것을 최선으로 여겼다.

그러나 국내 정치는 활발히 전개되어 역량 있는 정객들이 조야에 등장했다. 이를테면 당대의 명신이었던 한기(韓琦)·구양수(歐陽修)·사마광(司馬光)·주돈이(周敦頤) 같은 이들이다.

당시 송나라의 정객들은 두 가닥으로 나뉜 당파의 줄기를 잡고 갑론을박 치받았다. 그런데도 내정이 게으르지 않게 흘러간 것은 그들이 노련한 정객이었기 때문이었다.

바로 이럴 즈음에 재상으로 발탁된 인물이 두연(杜衍)이었다. 이 당시의 성지(聖旨 ; 왕의 뜻. 곧 명령)는 내리기만 하면 그대로 시행되는 게 오랜 관습이었다. 그런데 두연이 재상 자리에 오르면서부터는 사정이 달라졌다. 그날그날 내렸던 명령서를 두연은 일주일 남짓 모아 두었다가는 아무 말 없이 그것을 되돌려 주었다.

"군신간에 어떠한 담합도 이루어지지 않은 이런 문건이 나라를 망치게 하는 오랜 관습입니다."

그런 이유로 문건을 10여 일 남짓 가지고 있다가 되돌려 주었으니, 군왕의 입장으로서는 황당하기 이를 데 없었다.

어느 날 왕은 구양수를 만나 탄식했다.

"내가 대신들과 의논을 하지 않고 나랏일을 처리해 온 것은 인사 문제요. 그런데 새로 재상이 된 두연은 내 명을 전연 따르지 않고 그것을 10여 일간 가지고 있다가 다시 내게로 가져오니 이 무슨 행팬가 그 말이오."

이렇게 되면 당장 문제가 일어나지 않을 수 없다. 제아무리 재상이라 해도 군왕의 명을 묵살했다면 그것은 중벌에 처해도 할 말이 없었다. 그런데 일이 고약스럽게 얽히느라 두연의 사위 소순흠(蘇舜欽)이라는 자가 공금을 유용하고 파당을 만들어 그 폐해가 적지 않았다. 당시 두연에 대해 탄핵서를 접수받았던 왕공진(王拱辰) 어사는 이러지도 못하고 저러지도 못한 채 눈치만 살폈다. 그런 차에 소순흠의 죄가 불거졌으니 기회는 무르익은 것이다.

자원 ●一(한 일;一部 총 1획. one):정성스러울 일, 오로지 일.
●網(그물 망;糸部 8획, 총 14획. net):법 망, 온통 망.
●打(칠 타;手部 2획, 총 5획. beat):두드릴 타.
●盡(다할 진;皿部 9획, 총 14획. exhaust):마칠 진, 비록 진.

어의 ●一団(일단):한 무리 ●一向(일향):한결같음 ●網膜(망막):안구의 가장 안쪽에 있는, 시신경이 분포(分布)되어 있는 막 ●網紗(망사):그물과 같이 성기게 짠 깁 ●打倒(타도):쳐서 거꾸러뜨림 ●打電(타전):전보를 침 ●盡言(진언):생각하는 바를 기탄없이 말함 ●盡日(진일):하루 종일

참조 왕공진이 연루자들을 색출하여 취조하는 과정에서 두연이 물러났다. 그때 왕공진은 한소리를 터뜨렸다.

"내가 일망타진(一網打盡)했다."

그물을 한 번 쳐서 많은 물고기를 잡았다는 뜻이다. 죄인을 모조리 검거했을 경우에 널리 쓰인다.

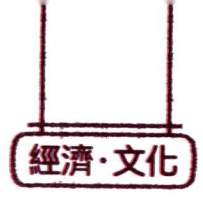

錢 可 通 信

돈 전   옳을 가   통할 통   믿을 신

출전 《당서(唐書)》

문의 금전으로 신을 움직인다.

요점 돈의 힘은 일의 결과를 좌지우지한다.

고사 당나라에 장연상(張延賞)이라는 관리가 있었다. 그는 경사를 많이 읽어 정치를 하는 데 정통하였다. 그는 능력을 인정받아 승진에 승진을 거듭하여 칭송이 자자했다. 그가 하남 땅의 부윤(府尹)이라는 벼슬을 할 때 중요한 사건을 접하였다.

거기에는 지방 유지들을 비롯하여 황제의 친척까지도 있었다. 장연상은 재판의 공정을 기하기 위해 그의 부하직원들에게 아직 관청에 출두하지 않은 범인들을 체포하도록 엄한 명을 내렸다. 그러자 관리 한 사람이 청을 넣었다.

"이것은 너무 심하다고 봅니다."

"그렇지 않아. 나는 황제의 녹을 먹는 관리일세. 황제의 명을 받고 있는데 부호나 황제의 친척들의 눈치를 본단 말인가? 그것은 아니 될 말이야. 그래서야 황제의 권위가 서겠는가?"

명이 하달된 다음 날 편지 한 통이 장연상에게 배달됐다.

"3만 관의 돈을 바치오니 고충을 헤아려 주십시오. 본 사건을 추궁하지 말아 주십시오."

장연상은 안색이 돌변했다. 그는 치미는 분노를 참지 못하고 종이를 발기발기 찢어 내던졌다.

그런데 그 다음 날 책상 위에 또 한 통의 편지가 놓여 있었다. 거기에는 〈십만관(十萬貫)〉이라고만 씌어 있었다.

그리고는 그날 밤에 십만 관의 돈이 전해졌다. 장연상은 이 사건을 흐지부지 처리해 버렸다. 평생을 감옥에 갇히거나 목이 떨어질 중죄인의 사내는 감옥에서 나와 한가한 생활을 할 수 있었다.

자원 ● 錢(돈 전 ; 金部 8획, 총 16획. money) : 돈 전.
● 可(옳을 가 ; 口部 2획, 총 5획. right) : 허락할 가, 가히 가, 착할 가.
● 通(통할 통 ; 辵部 7획, 총 11획. through) : 형통할 통, 사귈 통.
● 信(믿을 신 ; 人部 7획, 총 9획. believe) : 밝힐 신, 맡길 신.

어의 ● 錢渴(전갈) : 돈이 잘 융통되지 않음 ● 錢路(전로) : 돈이 융통되는 길 ● 可約(가약) : 약분할 수 있음 ● 可變(가변) : 변할 수 없음
● 通典(통전) : 일반적으로 적용되는 규칙 ● 通士(통사) : 사리에 정통한 사람
● 信口(신구) : 입에서 나오는 대로 함부로 말함 ● 信終(신종) : 믿고 따름

참조 이 사건이 사람들의 머리에서 거의 지워졌다고 생각하는 어느 날 부하 직원이 물었다.

"부윤께서는 당시 뇌물을 받고 범인을 풀어 준 것으로 알고 있습니다. 그 경위를 듣고 싶습니다."

장연상은 아무렇지 않다는 듯이 말했다.

"3만 관의 돈이라면 모르지만, 10만 관이란 거금이야. 그런 뇌물이라면 능히 귀신도 살 수 있어(錢可通信). 그러니 내가 못할 일이 어딨겠는가. 만약에 말일세. 내가 반대를 했다면 누군가는 나도 죽였을 것이네."

징연싱은 너무나 사신감이 넘치게 말을 했다.

본래 이 성어는 유전능사귀추마(有錢能使鬼推磨)와 통한다. 돈만 있으면 귀신을 불러서라도 능히 연자 맷돌을 돌리게 할 수 있다는 뜻이다.

뇌물에 대한 차원 높은 풍자다.

釣 而 不 網
낚시 조 말 이을 이 아니 불 그물 망

출전 《논어(論語)》의 〈술이편(述而篇)〉
문의 낚시질은 해도 그물질은 하지 않는다.
요점 〈술이편〉에 나오는 원문은 '낚시질은 해도 그물질은 하지 않았고, 주살질은 해도 자는 것을 쏘지는 않았다'고 했다.

해석 여기에 나오는 망(網)이라는 것은 적당한 간격을 두고 여러 개의 실을 달아 실 끝에 낚시를 장치한 것이다. 강물을 가로질러 설치하면 고기가 유영하다 걸려든다. 줄낚시라고도 하지만 이해를 돕기 위해 그물질이라 표현했다.

고사 공자 당시에 불교가 있었다고 가정해 본다. 거기에 나오는 살생계(殺生戒)는 어느 정도였을까? 단언하건대 어느 정도는 따르고 그 이상은 좇지 않았을 것이 확실하다.

낚시의 경우, 고기를 많이 낚는 데에 목적이 있었던 것이 아니다. 그런 이유로 낚시질은 당연히 유한(幽閑)한 경지를 즐기는 것으로 족한 것이었다. 그래서 줄낚시(그물질)는 하지 않는다.

또한 새를 잡을 때에도 주살로 잡을 수는 있지만 자고 있는 것은 결코 쏘지 않았다. 이른바 중용지도(中庸之道)다.

자원 ●釣(낚시 조 ; 金部 3획, 총 11획. fishing with a hook) : 낚을 조, 구할 조.
●而(어조사 이 ; 而部 총 6획. and) : 너 이, 말 이을 이, 같을 이. 새의 두 날개를 본뜬 글자.

● 不(아니 불 ; 一部 3획, 총 4획. not) : 뜻을 정하지 않을 부. 새가 하늘로 올라
간 후 내려오지 않음을 뜻함.
● 網(그물 망 ; 糸部 8획, 총 14획. net) : 그물칠 망, 법 망, 망태기 망. 糸(그물에
단 '벼리'를 뜻함)에서 뜻을 취하고, 罔(없을 망)에서 음을 취함.

어의 ● 釣竿(조간) : 낚시대 ● 釣鉤(조구) : 낚시 바늘 ● 釣魚(조어) : 낚시질
● 網絡(망락) : 하나도 빠짐없이 얽어 넣음

참조 ⇨ 자사(子思)가 위(衛)나라에 있을 때에 어떤 이가 동어(鮦魚)를 낚아 왔
다. 그 크기가 수레에 가득 찼다. 자사는 낚기 어려운 동어를 어떻게 낚았느
냐 물었다. 그가 말했다.

"처음에 방어를 미끼로 했더니 저놈이 보고만 가더군요. 그래서 돼지를
잡아 그 절반으로 미끼를 만들어 낚시를 던졌더니 물게 되었습니다."

자사가 말하기를, 잡기 어려운 동어가 먹이를 탐내다 죽었구나, 마찬가지
로 선비가 도를 지켜야지 지나치게 녹을 탐내면 죽는 것이라 하였다《孔子》.

⇨ 성인은 도덕으로 낚시줄을 삼고 인의(仁義)로써 미끼를 삼아 그것을 천
지간에 던지는 것이다. 만물 중에 어느 한 가지가 그의 소유가 아닌 것이 있
겠으며, 천하에 그물을 펴고 강해(江海)에 그물을 펴는데 어조(魚鳥) 간에 놓
친 것이 있겠느냐《淮南子》.

⇨ 진나라 자장은 평생 벼슬을 싫어했다. 젊었을 때는 낚시와 사냥을 좋
아했으나 중년 이후엔 낚시만 했다. 어떤 사람이 말했다.

"살생이라는 점에 있어서는 같지 않겠습니까? 사냥을 그만두고 낚시만 하
신다니 이해가 안 됩니다."

"사냥이란 내가 따라가면서 쏘는 것이지만 낚시는 저쪽에서 따라오거든.
둘 다 그만두면 좋겠지만 그럴 수는 없고 저편에서 따라오는 낚시 쪽이 훨씬
편해."

知 之 者
알 지　　의 지　　사람 자

출전 《논어(論語)》의 〈위정편(爲政篇)〉
문의 진리를 아는 사람.
요점 천도나 인도를 잘 식견하여 슬기롭게 대처하는 사람.

해석 위정편은 제1장의 첫 글자를 따서 이름을 삼고 있다. 도합 24장 중 정치를 테마로 하는 장과 효도를 이야기하는 장이 보인다. 효도를 이야기하는 장 역시 간접적인 영향을 정치에 미치는 것으로 본다.

고사 공자의 제자 자로(子路)는 솔직 담백하고 용기 있었지만 경박했다. 무슨 일을 할 때엔 앞뒤를 가리지 않고 덮어놓고 큰소리를 치다가 공자에게 꾸중을 들었다. 이런 모습이 《논어》에는 여러 번 나타난다. 공자가 말했다.
　"자로야, 너에게 안다는 것이 무엇임을 가르쳐 주리라. 자기가 아는 것은 남에게 이야기를 해도 무방하다. 자기가 모르는 일은 남에게 모른다고 해야 한다. 이것이야말로 아는 것이다."
　무슨 말이냐 하면 평소 큰소리를 뻥뻥 치는 자로에게 아는 것이 무엇인가를 설명하고 있다. 이 경우, 알고 있는 것이 무엇인지를 모르면서도 아는 척하는 것을 지적한다.

자원 ●知(알 지;矢部 3획, 총 8획. know):깨달을 지, 생각할 지, 이를 지, 하고자 할 지, 주장할 지. 知는 口와 矢(화살)를 더한 글자. 입에서 나온 말은 화살처럼 빠르다는 뜻. 그것은 상대에게 상처를 입히게 된다는 의미도 있다.

- 之(의 지; ノ部 3획, 총 4획. this) : 어조사 지.
- 者(사람 자; 耂部 5획, 총 9획. man) : 이 자, 어조사 자.

어의 ●知德(지덕) : 지식과 덕성 ●知力(지력) : 지식의 능력 ●知面(지면) : 만나서 서로의 얼굴을 알아봄

참조 ⇨ 《채근담》에 있는 말이다. "병이 들어 누워 보아야 비로소 건강의 고마움을 알고, 난세를 당해 보아야 비로소 평화의 고마움을 알아서는 민첩하다고 할 수 없다. 건강할 때에 건강의 고마움을 모르는 것은 불행한 일이며, 편안할 때 평화의 고마움을 깨닫지 못하는 것은 불행한 일이다. 사람은 잠시 한 걸음 물러서서 뒤를 돌아볼 필요가 있다. 행복을 찾아 달리다가는 도리어 불행을 몰고 온다는 것을 깨달아야 한다. 자기만은 언제까지 살 것이라고 생각하는 것도 오히려 생명을 탐하고 파 먹는 것이 된다. 이 점을 깨닫는 것이 인생의 가장 높은 지식이다.

⇨ 《장자》는 이렇게 말했다.

세상에서 지혜라는 것은 큰 도둑의 심부름꾼이 되어 물건을 거둬들이며 모으는 것과 다를 바 없다는 것이다.

세상 사람들은 재물을 도둑맞지 않으려고 주머니 끈을 단단히 묶어둔다. 그리고 장롱이나 금궤에 단단히 자물쇠를 채운다. 이것이 그들이 말하는 지혜라는 것이다. 그러나 큰 도둑은 그런 것을 고맙게 생각한다.

왜냐하면 모아 둔 것을 한꺼번에 가져갈 수 있기 때문이다. 그렇게 되면 남아 있는 것은 하나도 없다.

⇨ 공자가 제자인 자공과 길을 가는데 한 노인이 우물에서 물을 긷고 있었다. 노인은 일일이 우물의 수면이 있는 곳까지 가서 물을 퍼서 가져왔다. 지공이 두레박을 내달아 우물 바닥까지 가지 않고 편히 물을 길을 수 있는 방법을 일러주었다. 그러자 노인이 말했다.

"기계가 있으면 기사가 있고, 기사가 있으면 반드시 기심(機心)이 있다. 기심이 가슴 속에 있으면 순백(純白)이 갖춰지지 않는다."

千 里 眼
일천 천   마을 리   눈 안

출전 《위서(魏書)》의 〈양일전(楊逸傳)〉
문의 천 리를 내다보는 눈.
요점 일종의 정보 정치를 뜻하는 말이다. 먼 곳에서 일어나는 일을 잘 알아냄.

해석 남북조시대의 북위(北魏) 장제(莊帝) 때의 일이다. 광주 지사가 된 양일을 사람들은 천리안(千里眼)이라 하였다. 그는 여느 관리들이 해왔던, 사치스러운 향락과 축하연을 물리치고 오로지 백성들의 살림이 어떠한지에만 관심이 있었다. 어느 누가 가르쳐 주지도 않았는데도 직접 본 것처럼 일을 처리했다. 더구나 뇌물도 없었다. 당연히 백성들이 이상히 여길 것이 뻔했다. "양 장관은 천 리를 내다보는 힘이 있다네. 어느 누구도 그를 속이지는 못해." 양일의 입장에서 본다면 백성들이야말로 나라의 근본이 된다고 일찍부터 생각해 왔었다. 그렇기에 백성들을 닥달하는 게 아니라, 그들의 어려운 곳을 찾아내 시원하게 뒷감당해 주는 것이 지방관장이라 생각한 것이다.

고사 양씨 집안이라면 명문 거족이다. 양일이 지방 장관에 부임했을 때엔 고작 스물아홉이었다. 요란스러운 모든 행위를 차단하고 조용한 가운데 주(州) 안의 일을 처리했다. 백성들 사이에서 그에 대한 의구심이 일어나는 것은 당연했다.

"장관께서는 낮엔 먹는 것도 잊고 밤엔 주무시지도 않고 정무를 본다시는구만."

비록 부하 직원이라도 관을 나설 때엔 어김없이 전송을 했다. 그렇다 보니 법령이 온전히 시행된 것은 지극히 당연했다. 전란은 잊을 만하면 일어났고, 항상 그 뒤에는 기근이 따랐다. 그는 많은 백성들이 굶고 있다는 보고에 중앙정부의 허락도 없이 식량을 보관하고 있던 창고를 열어 백성들에게 나누어 주었다.

"나라의 근본은 백성이다. 백성들이 기근으로 죽어 나가는데 어찌 두고 보겠는가."

가까운 곳에 있는 백성들은 불러들여 직접 밥을 지어 먹였다. 그래서 어느 때부터인가 양일이 천리안을 가졌다는 소문이 돌았다. 양일은 관리나 군인들이 권력을 배경으로 전횡을 휘두르는 것을 용서치 않았다.

주내의 곳곳에 정보원을 두어 관과 군인의 동태를 주시해왔다. 그러다 보니 먼 곳의 일까지 알아낸다는 뜻으로 그런 별명이 붙은 것이다.

자원 ● 千(일천 천 ; 十部 1획, 총 3획. thousand) : 많을 천, 길 천.
● 里(마을 리 ; 里部 총 7획. village) : 근심할 리, 이웃 리.
● 眼(눈 안 ; 目部 6획, 총 11획. eye) : 눈동자 안. (눈(目)에서 뜻을, 그칠 간(艮)에서 음을 취함.)

어의 ● 千劫(천겁) : 오랜 세월 ● 千念(천념) : 1천 8백 개의 구슬을 꿴 긴 염주 ● 千秋(천추) : 오랜 세월 ● 里門(이문) : 마을 입구 ● 里數(이수) : 거리를 리의 단위로 헤아린 수 ● 里會(이회) : 동리 안의 일을 의논함 ● 眼界(안계) : 눈으로 바라볼 수 있는 거리 ● 眼中釘(안중정) : 눈 속의 가시 ● 眼昏(안혼) : 시력이 흐림

참조 이것은 현대의 정치인들에게 귀감이 될 만한 좋은 소재다. 자기가 돌봐야 하는 주내의 각처에 정보원을 두어 백성들의 실정을 파악한다는 것은, 그들의 고충이 어디에 있는지를 탐지하기 위해서였다. 그들을 사찰하기 위한 목적이 아니라는 점에 주목할 필요가 있다.

浸 潤 之 讒

적실 침   젖을 윤   의 지   참소할 참

출전 《논어(論語)》의 〈안연편(顔淵篇)〉

문의 물이 스며들 듯 교묘한 참소.

요점 대체적인 뜻은 중상모략이다.

고사 자공(子貢)이 정치에 대해 물었을 때 공자께서는 이렇게 말했다.

"먹을 것과 군비를 충분히 하여 백성들에게 신뢰를 받아야 한다."

"만약에 부득이한 사정으로 그 셋 가운데 어느 것을 제거해야 한다면 어느 것을 먼저 해야 합니까?"

"마땅히 군비다."

"만약에 부득이한 사정으로 그 둘 가운데 하나를 제거해야 한다면 어느 것입니까?"

"먹을 것을 제거할 수밖에 없다. 옛날부터 죽지 않는 사람은 없다. 그러나 나라가 유지되지 않는 바에야 무슨 필요가 있으랴."

이번에는 자장(子張)이 물었다.

"선생님, 총명이란 무엇입니까?"

공자가 답했다.

"물처럼 스며드는 남의 중상(浸潤之讒)과, 피부에 와 닿는 멀쩡한 사람을 죄로 모는 모사가 통하지 않을 정도라면 총명하다고 해도 좋으리라. 또한 물처럼 스며드는 남의 중상과, 멀쩡한 사람을 죄로 모는 호소가 통하지 않을 정도라면 멀리 보는 식견을 가졌다 해도 좋다."

자원 ●浸(적실 침;水部 7획, 총 10획. soak) : 잠길 침, 불릴 침.
●潤(젖을 윤;水部 12획, 총 15획. wet) : 윤택할 윤, 더할 윤.
●之(의 지; 丿部 3획, 총 4획. this) : 어조사 지.
●讒(참소할 참;言部 17획, 총 24획. slander) : 간악할 참.

어의 ●浸洽(침흡) : 물이 스며들어 젖음 ●浸漬(침지) : 물에 담가 적심 ●浸入(침입) : 물이 스며듦 ●潤色(윤색) : 윤을 내어 꾸밈 ●潤滑(윤활) : 광택이 나고 반질반질함 ●讒言(참언) : 남을 헐뜯는 말 ●讒嫉(참질) : 질투하여 참소함 ●讒陷(참함) : 참소하여 남을 죄에 빠지게 함

참조 ⇨《플루타크 영웅전》에 있는 말이다.

"영리한 사람은 우둔한 사람보다 더 많은 이득을 본다. 왜냐하면 영리한 사람은 어리석은 사람의 잘못을 피하나, 어리석은 사람은 영리한 사람의 좋은 점을 흉내내지 못하기 때문이다."

그런가 하면 소동파(蘇東坡)는 〈세아시(洗兒詩)〉에서 총명이 어떤가를 이렇게 노래한다.

사람들은 모두 자식이 총명하기를 바라지만(人皆養子望聰明)
나는 총명함으로써 일생을 그르쳤다(我被聰明誤一生)
오직 이 아이만은 어리석고 둔하여서(惟願孩兒愚且魯)
재앙이나 난관 없이 공경에 오르길 바란다(無灾無難到公卿)

☞ 見機明哲(견기명철) : 기회를 잘 헤아리는 총명함.
☞ 千羊之皮不如一狐之腋(천양지피불여일호지액) : 천마리의 양 가죽우 한 마리 여우의 겨드랑이털보다도 못하다는 뜻.《사기》의 〈조세가〉에 나오는 말로 우둔한 사람 천 명은 총명한 한 사람만 못하다는 뜻.
☞ 聞一知十(문일지십) : 하나를 듣고 열을 안다는 뜻.《논어》의 〈공야장편〉에 나온다.

經濟·文化

泰　　斗
클 태　　별 이름 두

출전 《당서(唐書)》의 〈한유전(韓愈傳)〉

문의 태산과 북두칠성.

요점 어떤 분야에서 빼어나 사람들이 우러러보는 존재. 어떤 분야의 권위자를 뜻하기도 함.

고사 한유는 자(字)를 퇴지(退之)라 하며 이백(李白), 두보(杜甫), 백거이(白居易)와 더불어 당대(唐代)의 4대 시인이다. 그는 하남성 태생으로 어릴 때에 부모를 여의고 열악한 환경 속에서 자라났다. 그럼에도 불구하고 학문에 전념하여 약관의 나이에 진사에 올랐으며, 벼슬길은 이부시랑에 이르렀다. 천성이 강직한 그에게 시련이 닥친 것은 불골(佛骨 ; 사리) 사건이었다.

헌종 때에 불골이라는 것을 궁 안에 사흘간 안치하였다가 사찰로 보냈는데 한유가 통박하고 나섰다.

"불교는 사교(邪敎)이므로 부처님의 뼈다귀 같은 것은 강물에 던져 멀리 흘려 보내야 합니다."

불교 신자였던 헌종은 크게 노했다. 아무리 지지 기반이 넓은 학자라 해도 그냥 넘어갈 수 없었다. 결국 한유는 광동 땅의 조주좌사로 좌천되었다. 사실상의 정배(귀양)였다. 그는 가는 길에 남관(藍關)에 이르러 시 한 수를 지었다. 〈질손의 상(湘)에게 보이노라〉는 내용으로 후대에까지 명문으로 알려진 내용이다.

구름은 태령에 누웠는데 집은 어디쯤 있나(雲橫泰嶺家何在)

흰 눈이 남관을 뒤덮어 말은 갈 길을 모르네(雪擁藍關馬不前)

한유가 조정에 복귀한 것은 4년 후인 목종(穆宗) 때였다. 관직이 시랑에까지 이르렀으며 쉰일곱 해를 살면서 벼슬길이나 시인으로서의 생활에 한 점의 티도 없었다. 한유의 문장이 〈당송활대가문(唐宋八大家文)〉의 앞머리에서 6권까지 차지하고 있음이 예사로운 일이 아니다.

자원 ●泰(클 태 ; 水部 5획, 총 10획, huze) : 통할 태, 심할 태, 너그러울 태(국자 모양을 본뜸).
●斗(별 이름 두 ; 斗部 총 4획, star name) : 글씨 두, 말 두.

어의 ●泰然(태연) : 흔들리지 않는 모양 ●泰運(태운) : 태평한 운수 ●泰平(태평) : 몸이나 마음이 평안함 ●斗落(두락) : 논밭의 면적 단위 ●斗量(두량) : 말로 분량을 셈 ●斗室(두실) : 아주 좁은 방

참조 《당서》의 〈한유전〉에는 다음과 같은 기록이 있다.

'…당나라가 일어난 후 한유는 육경(六經)의 문장을 가지고 많은 학자를 가르치고 인도하는 자가 되었다. 그리하여 그가 죽은 뒤에는 그의 학문과 문장이 더욱 흥성하여 사람들은 그를 태산북두(泰山北斗)처럼 우러러보았다.'

태산은 중국에서 가장 높은 산으로 알려졌다. 실제로 산동성에 소재한 이 산의 우뚝함은 타의 추종을 불허할 정도다. 오랜 옛날부터 이 산은 시인이나 묵객들의 시문에 오르내리며 신령스러운 대접을 받아왔다. 그리고 북두는 북신(北辰), 즉 북극성을 뜻한다. 《논어》에 이르기를 '북극성은 제자리에 있어도 뭇별들이 그를 바라본다'고 할 정도다. 그러므로 태산북두라고 하면 모든 일에 뛰어난 자를 의미한다. 그의 준말이 '태두(泰斗)'다.

干 將 莫 耶

막을 **간** 장성할 **장** 깎을 **막** 그런가 **야**

출전 《순자(荀子)》의 〈성악편(性惡篇)〉

문의 명검도 사람의 손이 가야만 빛이 난다.

요점 사람도 교육을 통해 선도해야만 역량을 발휘할 수 있다.

해석 순자가 주장하는 성악설은 어떤 것인가? 사람은 본시 악하다는 것이다. 따라서 선한 것은 거짓(僞)임을 주장한다. 본시 인간은 악하기 때문에 후천적인 노력이 없으면 천성인 '악'이 그대로 남는다는 것이다.

맹자의 성선설과 순자의 성악설. 이론은 상반되지만 서로 목적하는 바는 같다.

고사 맹자는 사람의 본성은 착한 것이라 했다. 그런 것이 물욕(物慾)에 가리워져 어두워졌다는 것이다. 따라서 이것을 제거하면 본래의 선으로 돌아갈 수가 있다는 주장이다.

이렇게 본다면, 제환공의 총(蔥)이나 강태공의 궐(闕), 주문왕의 녹(錄), 초장왕의 홀, 오왕 합려의 간장과 막야 같은 좋은 칼도 숫돌에 갈지 않으면 날카롭게 되지 못한다는 것이다.

자원 ●干(막을 간;干部 총 3획. shield) : 방패 간, 범할 간.

●將(장성할 장;寸部 8획, 총 11획. future) : 장차 장, 거의 장.

●莫(깎을 막;艸部 7획, 총 11획. not) : 없을 막, 정할 막.

●耶(그런가 야;耳部 3획, 총 9획. particle) : 어조사 야.

● 于戈(간과) : 창과 방패 ● 干滿(간만) : 간조와 만조 ● 干與(간여) : 관계함
● 將來(장래) : 앞날 ● 將兵(장병) : 장교와 병정 ● 將指(장지) : 가운뎃손가락
● 莫大(막대) : 더할 수 없이 큼 ● 莫甚(막심) : 대단히 심함 ● 莫非(막비) : 아닌
게 아니라 ● 耶蘇敎(야소교) : 예수교 ● 耶孃(야양) : 아버지와 어머니 ● 耶枉
(야왕) : 사악함

사물을 관찰하는 데 있어, 관찰하는 사람이 이것저것 의혹을 품게 되면
사물을 제대로 판단할 수 없다. 순자는 그 예로 다음 같은 예를 들었다.

하수(夏首) 남쪽에 연촉량(涓蜀梁)이라는 사나이가 살고 있었다. 그는 지혜
가 여느 사람 같지 못하고 겁이 많았다. 달이 훤히 밝은 어느 날 밤, 급히 밤
길을 갈 일이 생겼다. 길을 가다 문득 앞을 내려다보니 자신의 그림자가 귀
신처럼 보였다. 깜짝 놀란 그는 다시 위를 쳐다보았다.

그의 헝클어진 머리카락이 마치 귀신처럼 산발하고 있는 모습이었다. 그
는 걸음아 날 살려라 하고 집으로 달려왔다. 얼마나 놀랐던지 집에 도착했을
때엔 숨이 끊어져 있었다.

⇨《논어》에 이런 얘기가 있다.

공자가 위(衛)나라에 갔을 때 염유(苒有)가 수레를 몰고 따랐다. 공자가 말
했다.

"나라와 인민이 번성하구나."

"선생님, 이미 번성한데 또 무엇이 번성하다는 말씀이십니까?"

"부유하게 해라."

"그런 다음에는 무엇을 해야 합니까?"

"그 다음에는 가르쳐야 하리라."

아무리 작은 것이라도 그것을 만들지 않으면 얻을 수가 없다. 또한 아무
리 총명하더라도 배우지 않으면 깨닫지 못한다. 이를테면 노력과 배움이 있
어야만 인생의 등불을 환히 밝힐 수 있다는 말이다.

우리나라 속담에 '귀여운 애한테는 매를 주고, 미운 애한테는 엿을 준다'
고 했다. 이것은 매를 때려서라도 교육을 시킨다는 의미다.

蓋 棺 事 定

덮을 개   관 관   일 사   정할 정

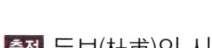

출전 두보(杜甫)의 시

문의 관 뚜껑을 덮고서야 모든 일을 안다.

요점 사람은 죽은 뒤에 정당한 평가를 받는다는 뜻.

해석 두보는 친구의 아들인 소혜(蘇徯)에게 편지를 대신하여 한 편의 시를 보냈다. 시의 내용을 보면 길가에 버려진 낡은 못도 옛날에는 그 속에 용이 들어 있었고, 넘어진 오동나무도 백 년이 지난 후엔 값비싼 거문고의 재료로 쓰인다 했다. 그렇다면 사람은 어떤가? 살아 생전에는 잘 모르지만 죽은 뒤에는 정당한 평가를 받을 수 있다 하였다.

고사 사람들의 삶은 얼마나 변화무쌍한가. 겉으로는 선인인 듯 싶은데, 어느새 사회적인 상황에 따라 악인으로 변모해 가지 않던가. 그러면서도 자신은 항상 도덕군자처럼 행동하는 사람. 그런 자들은 의당 죽은 후에 올바른 재평가를 받을 수 있다는 의미다.

이 시는 두보가 사천성의 동쪽인 기주 땅에 있을 때 지은 것으로 알려져 있다.

그대는 보지 못하였는가 길에 버려진 못을
그대는 보지 못했는가 부러져 넘어진 오동나무를
백 년 뒤 죽은 나무가 거문고로 쓰이게 되고
한 섬의 오래된 물은 교룡이 숨기도 한다

장부는 관 뚜껑을 덮어야 모든 일이 결정된다
그대는 아직 늙지 않았거늘
어찌 원망하리 초췌해 있음을
심산유곡은 살 곳이 못 된다
벼락과 도깨비와 미친 바람이 불고 있으니.

자원 ●蓋(덮을 개;艹部 10획, 총 14획. lid) : 이엉 개, 가리울 개.
●棺(관 관;木部 8획, 총 12획. coffin) : 널 관, 염할 관.
●事(일 사; 亅部 7획, 총 8획. work) : 섬길 사, 벼슬 사.
●定(정할 정;宀部 5획, 총 8획. arrange) : 바를 정, 편안할 정.

어의 ●蓋愆(개건) : 선행을 하여 죄악을 씻고 덮음 ●蓋世(개세) : 위력이 세상을 뒤덮을 만한 큰 권세 ●蓋印(개인) : 관인을 찍음 ●棺槨(관곽) : 송장을 넣는 널 ●棺柩(관구) : 널 ●棺板(관판) : 관을 만드는 데 쓰는 넓고 긴 널빤지 ●事故(사고) : 뜻밖에 일어난 탈 ●事理(사리) : 일이 일어난 이치 ●事親(사친) : 어버이를 섬김 ●定見(정견) : 일정한 의견 ●定規(정규) : 정해진 규칙 ●定論(정론) : 움직일 수 없는 의론

참조 ⇨ 평가라는 것은 어떤 기준이다. 스스로가 낮게 자신을 평가하는 것은 다른 사람도 그렇게 평가한다는 것을 염두에 두어야 한다고 오스카 와일드는 말했다.
"남자는 반드시 그 행위에 의해서 평가할 수 없다. 법률을 준수하지만 쓸모없는 남자가 있고, 법률을 잘 지키지 못하지만 훌륭한 사람이 많기 때문이다."
☞ 名不知姓不知(명부지성부지) : 이름도 성도 모르는, 도무지 모르는 사람이라는 뜻.
☞ 人材名虎在皮(인재명호재피) : 사람은 죽으면 이름이 남고, 호랑이가 죽으면 가죽이 남는다는 뜻. 그러므로 사람은 모름지기 좋은 일을 하여 덕을 후세에까지 끼쳐야 한다는 뜻.

乞 骸 骨

빌 걸　　뼈 해　　뼈 골

출전 《사기(史記)》의 〈항우본기(項羽本紀)〉

문의 해골을 청한다.

요점 자신의 몸이나 온전히 가게 해 달라는 뜻.

고사 초한전은 항우의 일방적인 우세 속에 전개되었다. 그러나 항우는 덕이 없었다. 매사를 독단적으로 처리했으므로 그의 주위에는 충간하는 신하가 머물지 않았다. 그런 반면 유방(한왕)은 주위에 병략가가 들끓었다. 한신이 있었고 소하·진평·장량이 그러했다.

초군은 팽성에서 승리한 이래 패주하는 한군을 추격해 곤궁으로 몰아넣었다. 당연히 제후들은 초나라에 가담했다. 한군은 형양에 주둔한 채 오창의 곡식을 운반하여 명맥을 유지했다. 그러나 이따금씩 공격해 오는 초군의 기세에 밀려 급기야 식량은 바닥나고 말았다. 때를 놓치지 않고 책사 범증이 간한다.

"현재의 한군은 다루기 쉽습니다. 지금 형양의 땅을 취하지 않는다면 나중에 후회하게 됩니다."

항왕도 그 말을 옳게 여기어 범증과 함께 형양을 포위했다. 유방의 참모 진평이 황금 4만 금을 써서 둘 사이를 이간한 것은 그 무렵이었다. 항왕의 사자가 도착하자 태뢰(太牢 ; 소와 돼지와 양을 갖춘 요리)를 갖추어 환대하려 하다가 사자를 보고 놀라는 척하면서 말했다.

"나는 아부(범증)의 사자인 줄 알았는데 그렇지 않고 항왕의 사자로구만."

그러더니 태뢰를 가져가고 그 대신 조악한 음식을 내놓았다. 돌아간 사자가 입침을 튀기며 보고하자 항우는 범증이 유방과 내통하는거라 의심하여 권한을 축소시켰다. 범증이 크게 노했다.

"천하의 형세는 결정되었습니다. 이제부터는 군왕 스스로 해 나가십시오. 원컨대 이 자리를 사임하고 해골을 빌어(乞骸骨) 무관의 백성으로 돌아가고자 하오."

항우가 이를 허락했다. 범증은 형양을 떠나 팽성에 닿기도 전에 등에 난 악성 종기가 터져 죽고 말았다. 바로 이 틈을 타서 유방은 성을 탈출하였다.

자원 ●乞(빌 걸 ; 乙部 2획, 총 3획. beg) : 빌 걸.
●骸(뼈 해 ; 骨部 6획, 총 16획. skeleton) : 뼈 해.
●骨(뼈 골 ; 骨部 총 10획. born) : 뼈 골.

어의 ●乞不並行(걸불병행) : 요구하는 사람이 많으면 한 사람도 얻기 어렵다는 말 ●乞士(걸사) : 중 ●乞食(걸식) : 빌어서 얻어먹음 ●骸骨(해골) : 신체의 뼈 ●骨格(골격) : 뼈대 ●骨山(골산) : 돌로 에워싼 산 ●骨子(골자) : 뼈

참조 한왕은 형양을 탈출하여 하남성 완으로 도망을 쳤다가 다시 성으로 달아나더니 구강왕 경포를 만났다. 그리고 행군하는 중에 성고에 입성하고는 이를 확보했다. 초한 전쟁은 처음부터 승부가 났던 것은 아니다. 모든 조건은 항우에게 유리했지만 병사를 움직이는 군왕으로서의 권위는 유방이 한수 위였다. 그의 밑에는 장량이 있었고, 소하가 있었으며, 대장군 한신이 있었다. 마지막 싸움에서 패한 항우는 만감이 교차하는 애틋한 심경으로 노래를 불렀다.

"힘은 능히 산을 뽑고 기개는 세상을 덮었었노라 / 때가 이롭지 않은지 추는 갈 줄을 모르네 / 주(騅)가 달리지 않으니 어쩔 수 없구나 / 우(虞)여, 우여, 너를 장차 어찌하리요."

教育·人生

管 見
관 관　　　볼 견

출전 《장자(莊子)》의 〈추수편(秋水篇)〉, 《사기(史記)》의 〈편작전(扁鵲傳)〉
문의 붓 대롱 속으로 내다본다.
요점 좁은 소견을 가리킴.

해석 위모(魏牟)와 공손룡(公孫龍)과의 문답에 나온다. 위모는 통렬하게 꼬집어 말했다. 땅속 깊이 발을 넣고 위로 허공에까지 차올라 있는데 허둥대며 서투른 구변으로 이를 밝히려 한 것은 마치 붓 대롱을 가지고 하늘을 바라보고 송곳으로 땅을 가리키는 것이라 말한다.

고사 다음은 《사기》의 편작전에 나오는 얘기다. 편작이 괵국(虢國)에 갔을 때였다. 태자가 방금 죽었다고 중서자(中庶子)가 허둥거렸다. 어떤 병을 앓다 죽었느냐 묻자 그는 아는 체를 했다.

"태자의 병은 혈기가 불규칙하게 뒤엉켰다가 갑자기 폭발하는 통에 몸이 상했습니다. 정기가 사기(邪氣)를 누를 수 없으니 나쁜 기운이 체내에 쌓여 음기가 역상하여 죽었습니다."

"그게 언젭니까?"

"닭이 울 무렵이었습니다."

"입관했소?"

"아직 안했습니다."

"그렇다면 참으로 다행입니다. 듣고 보니 태자의 병을 치료할 수 있을 것 같습니다."

"예에? 그토록 근거 없는 말씀을 하시는 게 아닙니다. 제가 듣기에는 옛날 유부(俞跗;황제 때의 명의)도 병을 치료할 때엔 환자의 옷을 벗겨 증상을 확인한 연후에 오장의 수혈 상태를 보고 피부를 잘라 막힌 맥을 터놓았습니다. 신체를 조정하는 데에도 여러 방법이 필요했는데, 선생은 태자의 시신을 보기도 전에 살릴 수 있다 하였으니 어린애라도 그 말을 믿겠습니까?"

편작이 말했다.

"당신이 환자를 보는 방법은 마치 대롱으로 하늘을 보는 것 같습니다. 어찌 되었건 태자는 죽지 않았습니다."

편작은 곧 태자가 누워 있는 곳으로 가서 제자 자표(子豹)를 시켜 오분의 고약을 만들고, 팔감의 약재를 만들어 양쪽 겨드랑이에 번갈아 붙였다. 마침내 태자가 일어나 앉게 되었다.

자원 ●管(관 관; 竹部 8획, 총 14획. tube):쌍피리 관, 주관할 관, 열쇠 관.
●見(볼 견;見部 총 7획. see):당할 견, 만나 볼 견.

어의 ●管轄(관할):권한에 의하여 지배함 ●管轄權(관할권):관할하는 권한
●管轄法院(관할법원):특정 사건에 대한 관할권을 갖는 법원 ●見孚(견부):
남에게 신용을 받음 ●見失(견실):잃음을 당함 ●見地(견지):사물을 보는 입장

참조 편작은 말했다. 태자와 같은 증세는 피가 거꾸로 솟아 죽은 것처럼 보이는 것이라 했다. 대체로 양기는 밑으로 내려가 음기 속으로 들어간다. 거기에서 양맥과 음맥이 엉키어 하초인 방광으로 내려간다. 위로 올라간 음기는 음의 작용을 못하니 결국 양기가 끊어진 낙맥이 있는 셈이다. 또한 밑으로는 음기가 파손된 적맥이 있다. 맥의 어지러움 때문에 움직일 수 없는 것이지, 결코 죽은 것이 아니라는 편작의 진맥은 정확한 것이었다.

九 牛 一 毛

아홉 구 소 우 한 일 터럭 모

출전 《한서(漢書)》의 〈문선(文選)〉

문의 아홉 마리 소 가운데 한 개의 터럭.

요점 많은 것들 중에서 극히 작은 한 개. 대단한 것이 못됨.

고사 《사기》라는 대작을 쓴 사마천이 스스로를 '아홉 마리 소 가운데 한 개의 터럭'이라 비하했던 데엔 상당한 이유가 있었다. 전한 무제 때에 이릉(李陵)이라는 장수가 이사장군(貳師將軍) 이광리(李廣利)의 별동대가 되어 흉노정벌에 나섰다. 이릉은 불과 5천의 병사만으로 몇십 배나 되는 흉노의 기병(騎兵)을 맞아 분전했다. 그러나 이광리가 원군을 보내주지 않는 바람에 이릉은 생포되었다. 패배만으로도 황제의 심기가 어지러울 터인데 수천 리를 달려온 전령이 이릉이 투항했다고 보고하자 황제는 그의 일족들을 몰살시키려 들었다.

　신하들은 일신의 안전을 위해 그렇지 않다는 것을 말하지 못했다. 여차하여 입을 잘못 놀렸다가는 황제의 노여움을 불러들일 것이고, 이로 인해 집안이 토막나는 것은 불을 보듯 뻔했기 때문이었다. 이때 역사가로서 사태 파악에 예리한 통찰력이 있었던 사마천이 진상을 간파하고 나섰다. 이릉은 소수의 병력으로 흉노의 대군을 맞아 싸우다가 생포되었다는 점을 강조했다. 이렇게 된 데에는 이사장군 이광리가 원군을 보내지 않은 결과라고 아뢰었다. 사마천은 또 만약에 이릉이 항복을 하였다면 그것은 훗날 한나라 조정에 보답을 하기 위함이 분명하다고 간언했다. 그것이 무제를 자극하여 사마천은 궁형에 처해지고 말았다. 궁형이란 사내의 심벌을 거세하는 형벌이다. 자신이 그렇게 되었는데도 신하들이 입을 다물자 그는 탄식했다.

"세상 사람들이 내가 이런 형벌을 받는다 해도 눈썹 하나 까딱하지 않는다. 마치 아홉 마리의 소가 터럭 하나를 잃은 것 정도로 느낄 것이다."

사내로서 가장 치욕적인 형벌을 당했는데도 사마천은 죽지 않았다.

그것은 '통사(通史)'를 기록하라는 부친 사마담(司馬談)의 유훈에 따라 《사기》를 완성시키기 위함이었다.

자원 ●九(아홉 구 ; 乙部 1획, 총 2획. nine) : 아홉 구(열 십(十) 자에서 가로줄 하나를 쳐지게 하여 하나를 모자라게 함).
●牛(소 우 ; 牛部 총 4획. ox, cow) : 별 이름 우.
● 一 (한 일 ; 一部 총 1획. one) : 정성스러울 일, 순전할 일, 오로지 일.
●毛(터럭 모 ; 毛部 총 4획. hair, far) : 나이 차례 모, 반쯤 셀 모, 양 모, 퇴할 모.

어의 ●九皐(구고) : 깊은 못 ●九冬(구동) : 겨울철 90일 동안 ●牛車(우거) : 소가 끄는 짐 수레 ●牛耕(우경) : 소로 밭을 갊 ●牛膽(우담) : 소의 쓸개 ●一家(일가) : 한 집안 ●一刻千金(일각천금) : 매우 짧은 시간도 천금과 같이 쓰라는 말 ●一去(일거) : 한 번 떠나가 버림 ●毛骨(모골) : 터럭과 뼈 ●毛孔(모공) : 털구멍 ●毛錐(모추) : 털붓

참조 사마천이 〈임안(任安)에게 보답하는 글〉에 의하면, '죽음은 때로 태산보다 무겁고 혹은 기러기 털보다 가볍다'고 하였다. 이것은 죽음을 중히 보고 가볍게 목숨을 버리지 못할 때가 있으며, 또 죽음을 가볍게 보고 한 목숨을 쉽게 버리는 때가 있다는 말로, 어떤 때에 선택하느냐의 문제다.
☞ 累經風霜(누경풍상) : 연거푸 고통을 겪음.
☞ 救死不瞻(구사불첨) : 곤란이 극도에 달해 다른 일을 못 돌아봄.

君子三樂

스승 군 남자 자 석 삼 즐거울 락

출전 《맹자(孟子)》의 〈진심장(盡心章)〉
문의 군자의 세 가지 즐거움.
요점 군자 삼락이 곧 인생 삼락으로 통한다.

해석 맹자는 가족의 무사·양심적인 생활·수재에 대한 교육을 인생의 가장 행복된 것으로 표현하였다. 그러나 맹자는 왕자의 생활은 여기에 포함되지 않는다고 했다. 그런 점을 보면 맹자는 반골 정신이 짙다고 하겠다.

고사 평소 맹자는 지식층에 대한 인품을 넷으로 나누었다. 군왕을 섬기는 자에서 대인까지 그 단계가 한 층씩 높아갔다고 보면 무난하다.

천하에 도를 펴는 것으로도 족할 것이라 생각하지만, 맹자는 그 위에 대인(大人)이라는 단계를 설명했다. 특히 맹자는 덕을 완전히 닦으면 그 감화가 자연에까지 미치게 된다는 것을 강조했다. 이것이 천인상관(天人相關)의 사상이다.

맹자가 말했다.

"군자에게는 세 가지의 즐거움이 있다. 그러나 군왕으로서 천하에 군림하는 것은 이 속에 포함되지 않는다."

이렇게 운을 뗀 맹자의 말은 계속된다.

"부모가 함께 계시고 형제가 무고한 것, 이것이 첫째 즐거움이다. 다음으로는 행하는 것이 공명정대하고 하늘에 우러러 한 점 부끄러움이 없이 굽어보아도 사람들에게 창피하지 않는 것이 둘째 즐거움이다. 그리고 천하의 수재들을 만나 교육하는 것이 셋째 즐거움이다."

이러한 세 가지 즐거움. 군자가 즐기는 세 가지 즐거움은 왕으로서 천하에 군림하는 일은 결코 포함되지 않는다고 다시 한 번 강조한다.

자원 ● 君(스승 군 ; 口部 4획, 총 7획. teacher) : 군주 군, 아버지 군.
● 子(남자 자 ; 子部 총 3획. man) : 종자 자, 당신 자.
● 三(석 삼 ; 一部 2획, 총 3획. three) : 자주 삼.
● 樂(즐거울 락 ; 木部 11획, 총 15획. joyful) : 풍류 악, 사람 이름 악.

어의 ● 君臨(군림) : 가장 높은 자리에 섬 ● 君子(군자) : 학식과 덕망이 높은 사람 ● 子宮(자궁) : 여성 생식기의 하나인 아기집 ● 子孫(자손) : 아들과 여러 대의 손자 ● 三省(삼성) : 자주 반성함 ● 三靑(삼청) : 하늘빛처럼 푸른 빛깔 ● 樂曲(악곡) : 음악의 곡조 ● 樂地(악지) : 즐거운 곳

참조 공자의 《논어》에 의하면 군자에겐 세 가지 변모(變貌)가 있다고 했다. 멀리서 바라보면 씩씩하고 가까이하면 부드러우나 그 말을 들으면 엄숙하다.

그런가 하면 사마천의 《사기》엔 다음 같은 말도 있다.

"군자는 교제가 끊어져도 나쁜 말을 입 밖에 내지 않으며, 충신은 나라를 떠나도 그 이름을 깨끗이 한다."

《채근담(菜根譚)》에 있는 말이다.

"매는 서 있는 것이 조는 것 같고, 범의 걸음은 병든 것 같으니 바로 이것이 사람을 움켜잡고 사람을 무는 수단이다. 그러므로 군자는 총명을 나타내지 말며 재주 빛남을 뚜렷이 하지 말아야 하느니 이것이 큰 얼을 두 어깨에 메일 역량이 된다."

☞ 鷄栖鳳凰食(계서봉황식) : 닭과 같은 하찮은 것이 사는 둥지에 훌륭한 봉황이 보금자리를 틀고 있다는 것으로, 군자가 하찮은 지위에서 일을 하고 있음을 뜻함.

教育·人生

君子與小人
스승 군 남자 자 더불 여 작을 소 사람 인

출전 《논어(論語)》

문의 학식과 덕행이 높은 사람을 군자라 하고, 덕이 없고 천한 사람을 소인이라 한다.

요점 자신을 낮추어 말할 때 쓰는 말.

해석 군자에 대한 설명은 너무 많다. 예를 들어 《논어》에는 '군자는 한 가지 일밖에 못하는 그릇 같은 존재가 아니다(君子不器).'라고 하였는가 하면, '군자는 두루 사귀어 편파치 않으며, 소인은 교만할 뿐 태연하지 못하다(君子泰而不驕而不泰)'고 하였다.

고사 왕께서 당상에 앉아 계실 때에 소를 끌고 그 아래로 지나가는 자가 있었다. 왕이 묻는다.

"어디로 끌고 가느냐?"

소를 끌고 가던 자가 아뢴다.

"제사를 지내는 데 쓰려는 것입니다."

"그만두어라. 나는 그 소가 부들부들 떨면서 죄없이 사지로 가는 것을 도무지 못 보겠다."

"어찌하라는 분부십니까?"

"양과 바꾸어라."

맹자는 묵묵히 앉아 있더니 이윽고 입을 열었다.

"왕께서 소가 사지로 끌려가는 것을 불쌍히 여겼다면 어찌 소와 양의 구별이 있겠습니까?"

왕이 웃으며 말했다.

"그것이 무슨 마음에서인가. 나는 재물이 아까워 소와 양을 바꾼 게 아니오. 그렇지만 백성들이 나를 보고 인색하다고 생각한다면 그 역시 어쩔 수 없는 일이오."

다시 맹자가 말했다.

"왕께서는 비관하실 일이 아닙니다."

"어째서 그렇소?"

"그것이야말로 인술(仁術)입니다. 소는 눈으로 보시고 양은 미처 못 보신 까닭입니다. 군자가 금수를 대함에 있어서는 살아 있는 모습을 보고는 그 죽어가는 꼴을 차마 보지 못하고, 비명을 듣고는 차마 고기를 먹지 못합니다. 그런 까닭으로 군자는 푸줏간을 멀리하는 것입니다."

자원 ● 君(스승 군 ; 口部 4획. 총 7획. teacher) : 아버지 군, 아내 군, 남편 군.
● 子(남자 자 ; 子部 총 3획. man) : 종자 자, 어르신네 자, 당신 자.
● 與(더불 여 ; 臼部 7획. 총 14획. together) : 어조사 여, 좋아할 여, 허락할 여.
● 小(작을 소 ; 小部 총 3획. small) : 잘 소, 짧을 소.
● 人(사람 인 ; 人部 총 2획. people) : 성질 인, 나랏 사람 인.

어의 ● 君子(군자) : 학식과 덕망이 높은 사람 ● 君主(군주) : 임금 ● 子規(자규) : 소쩍새 ● 子弟(자제) : 남의 아들의 존칭 ● 與信(여신) : 금융기관에서 고객에게 신용을 부여하는 일 ● 與知(여지) : 그 일에 참여함 ● 小過(소과) : 조그만 잘못 ● 小技(소기) : 조그마한 재주 ● 人格(인격) : 사람 됨됨이 ● 人德(인덕) : 사람이 갖춘 덕

참조 열자(列子)는 〈성인군자의 경지〉를 다음과 같이 나타낸다.

"삶을 보는 것이 죽음과 같고, 부를 보는 것이 가난함과 같고, 사람을 보는 것이 돼지와 같고, 나를 보는 것이 남과 같다."

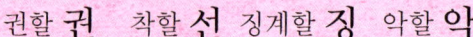

勸 善 懲 惡
권할 **권** 착할 **선** 징계할 **징** 악할 **악**

출전 《춘추좌씨전(春秋左氏傳)》

문의 착한 행실은 권하고 악한 행위는 징계함.

요점 선한 사람을 권면하고 악한 행위를 하는 자를 책망함.

고사 진문공(晉文公)의 누이 조희(趙姬)가 남편(조최)을 보고 이렇게 말했다.

"총(寵)을 얻어 옛(舊)을 잊으면 무엇으로 다스리겠는가?"

전말은 이렇다. 진문공이 19년간의 망명 생활을 마치고 돌아온 뒤 공신인 조최에게 누이를 시집보냈다. 조최는 그의 본부인 숙외(叔隗)가 적(翟)이라는 나라에서 살았지만, 군왕의 누이를 아내로 맞은 탓에 감히 데려오지 못했다. 그러나 조희는 자신으로 인해 다른 여인이 희생하는 것을 바라지 않았다. 그래서 기회만 있으면 남편에게 숙외를 데려오게 했으나 조최는 아내의 마음을 몰라 단안을 내리지 못했다. 그래서 그녀는 남편을 공격했다.

"새로 맞이한 사랑에 빠져 옛 부인을 버린다면, 그런 정신 상태로 어떻게 한 나라의 재상 자리에 앉을 수 있겠는가."

조최는 머뭇거리고 이 일을 왕에게 고했다. 동생의 마음을 알고 있는 진문공으로서는 수락하지 않을 수 없었다.

노나라의 성공(成公) 14년에 제나라에 공녀를 맞이하러 갔던 선백(宣伯)이 부인 강씨(姜氏)를 데려왔다. 강씨를 데려온 선백을 교여(僑如)라 했다. 그런데 선백이 제나라에 공녀를 맞으러 갔을 때에는 그를 군주(君主)의 사자라는 뜻으로 숙손(叔孫)이라 했다. 물론 상대를 높임말이다. 사관은 말한다.

"춘추시대의 존칭은 어려운 것 같지만 기실은 알기 쉽고, 뜻이 깊고 정돈

되어 있다. 노골적인 표현을 쓰지만 품위가 있으며, 선을 권하고 악을 징계한다(勸善懲惡).

자원 ● 勸(권할 권;力部 18획, 총 20획. advise) : 도울 권, 가르칠 권.
● 善(착할 선;口部 9획, 총 12획. good) : 길할 선, 많을 선.
● 懲(징계할 징;心部 15획, 총 19획. punish) : 징계할 징.
● 惡(악할 악;心部 8획, 총 12획. evil) : 더러울 악, 나쁠 악.

어의 ● 勸戒(권계) : 가르치며 훈계함 ● 勸學(권학) : 학문을 힘써 배우도록 함
● 善待(선대) : 잘 대접함 ● 善政(선정) : 훌륭한 정치 ● 懲惡(징오) : 못된 사람을 징계함 ● 懲治(징치) : 징계하여 다스림 ● 惡口(악구) : 남을 헐어 말함 ● 惡日(악일) : 운이 좋지 못한 날

참조 불의(不義)를 범하면 넘어지는 예는 너무 많다. 정장공(鄭莊公)은 역사상 간웅(奸雄)으로 알려진 군주다. 그의 어머니 무강(武姜)은 성격이 여느 여인과는 달랐다. 어떻게든 큰아들인 장공을 쫓아내고 그 자리에 둘째인 단(段)을 앉히려고 요모조모로 잔 재간을 모아 일을 꾸몄다.

그 첫단계의 공작이 큰아들 장공에게 강요하여 옛 서울인 경성(京城)을 둘째(단)의 봉지로 주자는 것이었다. 신하들이 결사적으로 반대하고 나섰다. 공자 원(元)이 까닭을 묻자 장공은 말없이 웃으면서 말했다.

"많은 불의를 범하면 스스로 넘어지는 것이오."

과연 장공의 말처럼 단은 이웃 성을 멋대로 점령하더니 나중에는 어머니와 내통하여 난을 일으켰다. 그러나 결국에는 장공에게 폐해 자살하고 말았다. 어머니는 아들 볼 낯이 없다 하여 별궁으로 옮겼다. 그러나 사람들은 장공을 나쁘다고 평하지 않았다.

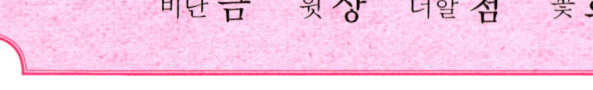

錦 上 添 花
비단 금　윗 상　더할 첨　꽃 화

출전 왕안석(王安石)의 시 〈즉사(卽事)〉
문의 비단 위에 수를 놓는다.
요점 좋은 일에 좋은 일을 더한다.

고사 왕안석의 자(字)는 개보(介甫)다. 강서성 임강군에서 태어난 그의 부친은 왕익(王益)으로 주의 부지사까지 지냈으며, 형제들은 화락하며 면학 분위기가 넘쳤다. 왕안석은 23세 때 과거에 급제하였으며 임관된 후 지방 장관을 역임하였다. 신종이 즉위한 후 한림학사로 발탁되었는데, 왕안석은 신종의 의도를 알아차리고 신법(新法)이라 불리는 부국 강병책을 내세웠다. 그 당시 왕안석의 힘은 너무 미약했다. 이러한 신법에 맞선 쪽이 구법파였다. 신법이 빈농과 가난한 상인을 구제하는 것을 목표로 했다면 구법은 부민(富民)의 재산을 분산시키는 것을 목적으로 했다. 주도자는 사마광(司馬光)이었다.

이렇듯 신법을 실시한 왕안석은 그의 만년에 번거로운 도심을 떠나 한가로운 곳에서 여흥을 즐겼다. 그러한 때에 지은 것으로 추정되는 시가 즉사(卽事)다.

강은 남원을 지나 서쪽으로 흐르는데
바람엔 맑은 빛이 이슬에는 화려함이 있네
문 앞의 버들은 옛 도령의 집이오
우물가의 오동은 예전 총지의 거처라
좋은 모임에서 술잔을 거듭 비우려는데

아름다운 노래는 비단 위에 꽃을 더한 듯하네
문득 무릉의 술과 안주를 즐기는 객이 되어
내 근원에 의당 붉은 노을이 적지 않으리

자원 ●錦(비단 금 ; 金部 8획, 총 16획. silk) : 비단 금.
●上(윗 상 ; 一部 2획, 총 3획. upper) : 물건의 위 상, 바깥 상, 임금 상.
●添(더할 첨 ; 水部 8획, 총 11획. add) : 더할 첨.
●花(꽃 화 ; 艸部 4획, 총 8획. flower) : 꽃질 화, 천연두 화, 써 없앨 화.

어의 ●錦綺(금기) : 아름다운 옷 ●錦衣(금의) : 비단 옷 ●錦貝(금패) : 빛깔이 누런 투명한 호박의 한 가지 ●上監(상감) : 임금의 존칭 ●上界(상계) : 부처가 있는 곳 ●上味(상미) : 음식의 좋은 맛 ●添加(첨가) : 더하여 불림 ●添附(첨부) : 더함 ●添書(첨서) : 원본에 더 써서 넣음 ●花宴(화연) : 환갑 잔치 ●花片(화편) : 흩어진 꽃잎이나 꽃의 떨어진 조각

참조 왕안석의 신법은 '청묘법(靑苗法)' '모역법(募役法)' 혹은 '면역법(免役法)' '시이법(市易法)' 등을 기본으로 한다. 이 가운데 가장 중요한 것이 청묘법이다. 이 법은 계절이 바뀌어 곡식이 떨어지고 햇 곡식이 나올 시기에 국가가 낮은 이자로 농민에게 곡식과 돈을 빌려주어 농민을 고리대금의 착취로부터 구제하는 데 있다.

이 법이 시행되기 이전에는 농민이 자금이 부족할 경우 볍씨와 식량, 또는 금전 등을 지주에게 빌릴 때는 6할에서 7할이 보통이었다. 10할이 넘는 경우도 부지기수였다. 그러나 청묘법 시행 이후 정부에서는 농민에게 2할의 금리로 대부해 주었고, 그것을 변제하는 방법은 금전이든 곡물이든 상관이 없었다.

起死回生

일어날 **기** 죽을 **사** 돌아올 **회** 목숨 **생**

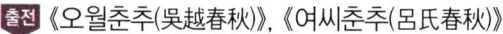

출전 《오월춘추(吳越春秋)》, 《여씨춘추(呂氏春秋)》
문의 죽었다가 살아남.
요점 죽음에 다다른 환자를 살리는 것. 또는 그러한 은혜를 베푸는 뜻으로도 쓰인다.

고사 월(越)나라는 구천(句踐)의 아버지 윤상(允常) 때에 눈부신 발전을 했다. 그 후 보위를 이어받은 구천은 합려의 아들 부차와 한 판 승부를 벌인 것으로 유명하다. 월왕 구천이 합려의 공격을 받자 능란한 작전을 펼쳐 오왕 합려에게 부상을 입혔다. 이러한 전과를 올린 것은 모두가 3열의 자살 부대 덕분이었다. 오나라 진영에 투입된 자살 부대는 오나라 진영 앞에서 갑자기 제 목을 찔러 분수처럼 피를 쏟으며 넘어졌다. 오나라 진영에서는 영문을 몰라 어리둥절하고 있는데, 물밀듯이 월나라 군사들이 내쳐 와 승리를 낚아챈 것이다. 이때에 부상을 입은 합려는 태자인 부차를 앉혀 놓고 물었다.

"너는 월나라의 구천이 아비를 죽인 것을 잊을 터이냐?"

부차가 답했다.

"어찌 잊겠습니까. 3년 안에 반드시 복수를 하겠습니다."

합려는 그 말을 듣고 편안히 눈을 감았다.

이때로부터 부차는 매일 장작더미 위에서 잠을 자며 부친의 원한을 생각했다. 밖으로 군비를 정돈하고 내정을 단단히 한 다음 복수의 때가 무르익기를 기다렸다.

마침내 기원전 494년. 오왕 부차는 정병을 이끌고 월나라를 공격했다. 부초산에서 크게 월나라 병사들을 깨뜨리자 구천은 5천의 정병을 이끌고 회계 산으로 물러났다. 그러나 시일이 흐를수록 대세가 그른 것을 알자 화의를 청했다. 구천 자신은 오왕의 신하가 되고 그의 부인은 오왕의 첩으로 바치겠다는 굴욕적인 항복이었다. 그러자 오자서가 반대했다.

"반드시 나중에 화를 입게 됩니다."

그러나 부차는 오자서의 충언을 물리치고 구천의 목숨을 살려주었다. 그러자 구천이 말했다.

"대왕께서 신을 살려주신 것은 마치 죽은 사람에게 살을 입혀 일으켜 세운 것과 같습니다(起死人). 그러니 그 깊은 은혜를 어찌 잊을 수 있겠습니까!"

다시 말해 부차는 백골에 살을 붙여 살리듯이 구천의 목숨을 회생시켜 준 것이다.

자원 ●起(일어날 기;走部 3획, 총 10획. rise) : 기동할 기, 설 기, 일으킬 기.
●死(죽을 사;歹部 2획, 총 6획. die) : 끊일 사, 마칠 사.
●回(돌아올 회;口部 3획, 총 6획. turn) : 돌이킬 회, 간사할 회.
●生(목숨 생;生部 총 5획. life) : 잊지 않을 생, 낳을 생.

어의 ●起居(기거) : 살아가는 형편 ●起兵(기병) : 군대를 일으킴 ●起草(기초) : 글의 초안을 잡음 ●回國(회국) : 귀국 ●回忌(회기) : 꺼려서 기피함 ●回護(회호) : 과실을 덮어 주거나 변호하는 일 ●生男(생남) : 아들을 낳음 ●生徒(생도) : 중등학교 이하의 학생 ●生態(생태) : 살아가는 모양

참조 《여씨춘추》〈별루편〉에는 공손작(公孫綽)이 죽은 사람을 살릴 수 있다고 호언한 부분이 눈에 띈다. 반신불수를 고치는 약을 두 배로 하면 능히 죽은 사람을 살릴 수 있다(起死回生)는 것이다.

落　魄

떨어질 낙　　넋 백

출전 《사기(史記)》의 〈역생육가열전(酈生陸賈列傳)〉

문의 혼백이 땅에 떨어지다.

요점 뜻을 얻지 못한 처지에 있는 사람을 뜻함.

고사 역(酈)선생 이기(食其 ; 酈生)는 진류현의 고양 사람이다. 독서를 즐겨 했으나 워낙 가난하여 먹을 것이 없었다(家貧落魄 無以爲依食業)고 씌어 있다. 그가 어떤 능력을 가지고 있었는지 성안의 호걸들은 그를 알아보지 못했다는 것이다. 모두가 그를 미치광이 선생이라 조롱했다. 그 무렵에 진승과 오광이 봉기했다. 역이기는 위세 등등하게 고양 성문을 나서는 장수들을 바라보았다. 그것은 자신의 몸을 의탁할 만한 인물을 찾기 위해서였다.

그 후 유방이라는 자가 군사를 이끌고 진류 땅을 공략하고 있다는 소문을 들었다. 고향 청년에게 유방이 어떤 사람인지를 물었다. 그러자 청년은 한 손을 내저었다.

"패공께서는 유생들을 싫어하십니다. 선비들을 아주 싫어해요. 어느 정도냐 하면요. 선비가 찾아오면 얼른 그 갓을 벗겨 거기에 오줌을 누거든요. 그래도 만나시겠어요?"

"만나야지. 가서 그자를 만나거든 그렇게 전해라. 저의 고향에 역선생이라는 사람이 있는데, 나이는 예순이고 신장은 여덟 자인데, 사람들이 그를 미치광이라고 하는데, 진짜는 미치광이가 아니라고 말을 해주게."

청년의 도움으로 역이기는 유방이 쉬고 있는 여사(旅舍)에 들어갔다. 그때 유방은 두 여자가 발을 씻기고 있는 중이었다. 역이기는 자신을 소개했다.

그러나 유방은 못 들은 척했다.

"그대는 지금 진나라를 도와 봉기한 제후들을 치는 중이오?"

"무어라? 이런 미친놈이 있나!"

"미친놈? 나는 미치지 않았네."

유방은 칼칼한 어조로 쏘아붙였다.

"천하가 진나라의 학정에서 벗어나려고 봉기하는 판에 돼먹지 않은 말을 지껄이고 있으니 어찌 미친놈이 아닌가."

그제야 역이기는 껄껄 웃었다.

"그렇게 잘 아는 놈이 나이 먹은 연장자를 그렇게 퍼질러 앉아 맞이한단 말인가?"

유방은 그제야 태도를 고치고 정중하게 역이기를 맞아들였다.

자원 ●落(떨어질 낙; 艸部 9획. 총 13획. fall) : 마을 락, 하늘 락.
●魄(넋 백; 鬼部 5획. 총 15획. soul) : 넋 잃을 탁.

어의 ●落命(낙명) : 생명을 잃음 ●落差(낙차) : 글이 떨어지는 높낮이 ●落後(낙후) : 남보다 뒤떨어짐

참조 발을 씻기던 여인들을 물리치고 유방은 정중하게 역이기와 대좌했다. 그는 진나라를 물리칠 계략이 역이기에게 있는가를 물었다. 역이기의 혀가 부드럽게 풀렸다.

"옛적 6국이 합종이니 연형이니 하던 시대의 형세를 분석해 볼 테니 들어 보시겠소."

유방은 귀가 솔깃해졌다. 물이 흐르는 듯한 역이기의 달변을 좇아 힘 한 번 들이시 않고 진류성을 항복받았다. 그 공으로 역생은 광야군(廣野君)이라 부르게 되었다.

⇨ 인도의 속담에 이런 말이 있다. '어리석은 자는 자기 마음을 혓바닥 위에 두고, 현명한 사람은 자기의 혀를 마음속에 둔다.'

南 柯 一 夢
남쪽 남　가지 가　한 일　꿈 몽

출전 이공좌(李公佐)의 《남가기(南柯記)》, 탕현조(湯顯祖)의 희곡 〈남가기(南柯記)〉

문의 남쪽으로 뻗은 나뭇가지 아래에서의 꿈.

요점 인생의 부귀영화가 덧없음.

고사 당나라 덕종(德宗) 때에 광릉 지방에 순우분(淳于棼)이라는 사람이 있었다. 그의 집 남쪽에는 큰 느티나무가 있었다. 순우분은 술에 취하면 이따금씩 느티나무 고목이 만들어 주는 그늘에서 잠을 자곤 하였다. 하루는 친구들과 술을 마시고 그 나무 그늘에서 잠이 들었는데, 자줏빛 의복을 입은 사람이 나타났다.

그 사내는 땅속 나라 괴안국(槐安國) 사람이었다. 순우분이 그를 따라가니 장엄한 성문이 있고 그 현판에는 〈대괴안국(大槐安國)〉이라고 씌어 있었다. 성문이 열리고 몇 차례 전갈이 오락가락하더니 마치 오래된 친구처럼 국왕이 뛰어나오며 반겼다. 이곳에서 순우분은 국왕의 사위가 되었다. 그러던 어느 날 이런 말을 순우분에게 넌지시 떨구었다.

"요즘 남가 지방의 정치가 말이 아닌 모양이오. 당분간 그곳 태수로 부임하여 백성들을 돌봐 주시오."

순우분은 옛친구 둘을 심복 부하로 삼아 그곳 태수로 부임했다. 백성들이 무엇을 필요로 하는지를 세세히 신경 쓰자 그곳은 오래지 않아 살기 좋은 고장으로 변해 갔다. 해가 지남에 따라 그곳 지방에서는 순우분의 송덕비를 세웠다. 괴안국 왕은 크게 기뻐하며 그에게 땅을 주고 재상으로 삼았다. 바로 그 무렵에 단라국(檀羅國)의 군대가 쳐들어왔다. 나라에서는 순우분을 총사령관으로 삼아 막게 했다. 그러나 적을 깔본 나머지 첫 번째 격전에서 참패를 하고 말았다. 아내마저 이름 모를 병을 얻어 죽고 말았다. 순우분은 황폐한 그곳을 다시 복구시키고 중앙으로 올라갈 뜻을 내비쳤다. 군왕의 허락을 받아 중앙으로 온 순우분은 날이 갈수록 세력이 커졌다.

　누군가가 군왕에게 견제의 말을 던졌다.

　"시국이 불안한 것은 순우분의 세력이 커졌기 때문입니다."

　국왕은 그를 가두었다. 그러나 순우분이 부당하다고 항의하자 집으로 돌려보냈다. 그 와중에 순우분은 잠에서 깨어났다.

자원 ●南(남쪽 남 ; 十部 7획, 총 9획, south) : 남녘 남, 앞 남, 남쪽에 갈 남.
●柯(가지 가 ; 木部 5획, 총 9획, branch) : 도끼 자루 가.
●一(한 일 ; 一部 총 1획, one) : 정성스러울 일, 순전할 일, 오로지 일.
●夢(꿈 몽 ; 夕部 11획, 총 14획, dream) : 어두울 몽, 환상 몽.

어의 ●南國(남국) : 남쪽에 위치한 나라 ●南人(남인) : 남쪽나라 사람 ●南向(남향) : 남쪽으로 향함 ●柯葉(가엽) : 가지와 잎 ●柯條(가조) : 나뭇가지 ●一考(일고) : 한 번 더 생각해 봄 ●一郡(일군) : 한 무리 ●一向(일향) : 한결같음 ●夢事(몽사) : 꿈에 나타난 일 ●夢想(몽상) : 꿈에서까지 생각함 ●夢遊(몽유) : 꿈에서 놀음

참조 꿈에서 깨어난 순우분은 느티나무 밑동을 내려다보았다. 그는 하인에게 도끼를 가져오게 하여 나무의 밑동을 헤쳐 보았다. 그곳에는 널따란 공간이 있었다. 자세히 보니 거기에는 많은 개미들이 있었다. 머리가 유난히 큰 두 마리의 개미가 있었는데, 그들이 괴안국의 국왕과 왕비였다. 이 얘기는 《이문집》에서도 나와 있다.

囊 中 之 錐
주머니 **낭** 가운데 **중** 의 **지** 송곳 **추**

출전 《사기(史記)》의 〈평원군열전(平原君列傳)〉

문의 주머니 속의 송곳.

요점 유능한 사람은 어디에 숨어 있어도 그 존재가 드러난다는 것.

고사 진나라가 조(趙)나라와 싸워 크게 이기자, 다음 해에 다시 조나라를 치기 위해 군사를 일으켰다. 적군이 수도 한단을 포위하자 왕은 급히 평원군을 초나라에 보내 동맹을 맺게 하고 원병을 청하게 하였다.

　나라의 위난을 구하기 위해 그동안 먹여 살렸던 식객들 중에서 문무 겸존의 인물 스무 명과 동행하기 위해 평원군은 여러 조건을 붙여 그들을 뽑았다. 이렇게 하여 선발된 인원은 열아홉 명이었다. 처음의 계획대로라면 한 명이 부족한 셈이다. 이때 식객 중의 한 사람인 모수(毛遂)라는 이가 평원군을 찾아왔다.

　"시생이 듣기에는 동행할 식객이 한 사람 부족한 것으로 압니다. 부디 시생을 데려가 주십시오."

　평원군은 힐끗 모수를 내려다보았다. 처음 보는 얼굴이다. 혹시 자신이 알지 못하는 공을 세운 인물인가 싶어 한동안 생각을 굴려 보았다. 그래도 낯설었다.

　"그대는 우리 집에 온 지 얼마나 되었는가?"

　"3년입니다."

　"3년이라, 3년이면 짧은 세월이 아닌데 그대의 얼굴을 그려낼 수 없네. 그래, 무슨 공을 세웠는가?"

"그런 적 없습니다."

"3년 동안 내 집에 있으면서 무위도식했다는 것은 능력이 없다는 말과 같잖은가. 특별한 재주가 없어 그런 것이니 어찌 그대를 탓하겠는가. 그러니 이번 일엔 나서지 말고 집에 있기 바라오."

"그건 그렇지 않습니다."

"어허, 고집 피울 일이 아니라도 그러는구만."

"저를 주머니에 넣어 주었다면 일찍 뚫고 나왔을 것입니다만, 애석하게도 제겐 그런 기회가 주어지지 않았습니다. 그러므로 오늘은 주머니에 넣어줍시사 부탁을 드린 것입니다. 단언하건대 그 끝만 뚫고 나오지는 않을 것입니다."

평원군은 그의 기개가 마음이 들어 함께 동행하였다.

자원 ●囊(주머니 낭;口部 19획, 총 22획. sack):자루 낭, 큰 구멍 낭, 떠들썩할 낭.

●中(가운데 중; ㅣ部 3획, 총 4획. midst):안쪽 중, 가운데 중.

●之(의 지; 丿部 3획, 총 4획. this):어조사 지.

●錐(송곳 추;金部 8획, 총 16획. gimlet):송곳 추.

어의 ●囊刀(낭도):주머니칼 ●囊乏(낭핍):주머니가 텅 비어 있음 ●中單(중단):남자의 상복 속에 받쳐 입는 소매 넓은 두루마기 ●中隊(중대):군대 편성의 한 부분 ●錐花(추화):도자기의 몸에 송곳으로 판 무늬

참조 평원군은 결정을 내렸다. 그의 기개에 마음이 움직인 것이다. 식객 모수가 스스로를 평원군에게 추천하는 부분까지가 성어의 〈모수자천(毛遂自薦)〉이다. 그리고 자신이 스스로 송곳이 되기를 원하는 부분이 〈낭중지추(囊中之錐)〉다. 평원군은 모수와 동행하여 초나라로 들어간다. 그곳에서 임기응변에 능한 모수의 행동으로 소기의 목적을 달성한다. 평원군이 모수를 상객으로 대우한 것은 결코 이상한 일이 아니었다.

内 憂 外 患
안 내　근심 우　바깥 외　근심 환

출전 《십팔사략(十八史略)》

문의 안의 근심과 밖의 재난.

요점 근심·걱정 속에 사는 것을 뜻함.

고사 송나라에 화원이라는 대부가 있었다. 그는 지성을 다해 진(晉)·초(楚)를 설득하여 기원전 579년에 송나라의 서문 밖에서 양국의 대표자가 맹약을 조인케 하였다. 그 맹약의 주된 내용은 서로 침범하지 않을 것을 기본 골격으로 하고, 환란이 있을 때엔 서로 도우며 복종하지 않는 나라가 있을 때에는 두 나라가 연합하여 공벌한다는 내용이었다.

이것은 남북을 대표하는 두 나라가 평화를 유지함으로써 천하의 소란을 가라앉히려는 데 목적이 있었다.

맹약이 깨어진 것은 3년이 지나서였다. 초나라가 정나라를 침략함으로써 맹약은 깨어지고 이듬해인 575년에는 진의 영공과 초의 공왕 사이에 충돌이 일어나 언릉(鄢陵)이라는 곳에서 대치했다. 이 싸움에서 초나라의 공왕은 눈에 화살을 맞고 패주하여 초나라의 기세가 크게 꺾이는 비운을 맞이했다.

그런데 이보다 앞서 낙서(樂書)라는 이는 진나라에 항거하는 정나라를 치기 위해 동원령을 내렸었다. 이때 초나라와 싸울 것을 주장하자 범문자가 반대했다.

"제후로 있던 자가 반란하면 이를 토벌하여야 함이 마땅한 것이지 그를 돕게 되면 나라가 혼란해지는 것이오."

낙서가 말했다.

"성인이라면야 밖으로의 재난을 견딜 수 있겠지만, 우리는 밖으로의 재난이 없으면 반드시 안으로 우환이 있을 것이오. 그러니 그것을 어찌 견디겠소."

내우외환(內憂外患)은 이렇게 유래되었다.

자원 ●內(안 내 ; 人部 2획, 총 4획. inside) : 방 내, 우리나라 내, 마음 내.
●憂(근심 우 ; 心部 11획, 총 15획. anxious) : 걱정될 우, 상제될 우.
●外(바깥 외 ; 夕部 2획, 총 5획. outside) : 다를 외, 다른 나라 외.
●患(근심 환 ; 心部 7획, 총 11획. anxiety) : 재앙 환, 병들 환.

어의 ●內剛(내강) : 겉으로 보기보다 속으로 마음이 굳음 ●內示(내시) : 겉으로는 드러나지 않게 알림 ●憂慨(우개) : 근심하고 개탄함 ●憂色(우색) : 걱정스러운 안색 ●外家(외가) : 어머니의 친정 ●外軍(외군) : 다른 나라의 군대 ●患悔(환회) : 근심하고 뉘우침 ●患候(환후) : 웃어른의 병을 일컬음

참조 ⇨ 좋은 집에 살면서 집 없이 한데 잠을 자는 사람을 생각하고, 좋은 음식을 먹으면서 호구도 못하여 굶는 사람을 생각하며, 시원한 곳에 있을 때에는 더운 날 농부들의 고생을 생각하고, 따뜻한 곳에 있을 때에는 옷 없이 헐벗은 사람을 생각해야 한다고 〈처주식당기(處州食堂記)〉에 밝히고 있다. 그래서 셰익스피어는 말한다. 사람은 마음이 즐거우면 종일 걸어도 싫증나지 않지만, 마음에 근심이 있으면 불과 십 리를 걸어도 싫증난다는 것이다.

老 馬 之 智
늙을 **노**　말 **마**　의 **지**　지혜 **지**

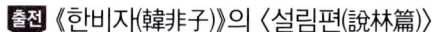

출전《한비자(韓非子)》의〈설림편(說林篇)〉
문의 늙은 말의 지혜.
요점 세상살이는 경험에 의하여 축적된 지혜가 난관 극복에 도움이 된다는
뜻. 노마지교(老馬之敎)라고도 한다.

해석 관중(管仲)이나 습붕(隰朋)처럼 지혜가 많은 사람으로 소문이 난 사람도
자기가 모르는 것, 미치지 않은 것이 있다면 하찮은 미물이라 할지라도 스승
으로 삼고 인생의 가르침을 받는다는 것이다. 요즈음 젊은 이들은 머리에 든
것이 별무신통이면서도 무엇 하나 가르침을 받으려 들지 않으니 안타까운
일이다.

고사 어느 봄날, 제환공(齊桓公)의 재상 관중이 대부 습붕과 함께 고죽국의 정
벌에 나섰다. 이 전투는 한겨울까지 오랫동안 시일을 끈 싸움이었다. 당시
정벌을 나갔을 때에는 봄이었지만 어느새 겨울이 왔으므로 길을 잃은 것은
당연했다.

"이런 때는 늙은 말의 지혜를 빌려야 합니다."

관중은 늙은 말을 풀어놓았다. 처음엔 어슬렁거리던 늙은 말이 곧 길을
찾아 천천히 걸어 나갔다. 어느 때인가는 깊은 산 속에서 먹을 물이 떨어져
곤욕을 치렀다. 그러자 습붕이 말했다.

"개미는 겨울엔 산의 양지쪽에 살고, 여름에는 음지에 있기 마련입니다.
만약에 개미집이 땅 위의 한 치 높이에 있으면 반드시 여덟 자 밑에 물이 있

습니다."

　과연 습붕의 말대로 개미집을 찾아 그 아래쪽을 팠더니 물을 얻을 수 있었다. 하찮은 미물의 움직임을 예의 관찰하여 위기를 넘긴 것이다.

자원 ● 老(늙을 노 ; 老部 총 6획. old) : 늙은이 노, 어른 노, 익숙할 노(허리가 구부러진 늙은이가 지팡이를 짚고 있는 모습).
● 馬(말 마 ; 馬部 총 10획. horse) : 아지랑이 마, 추녀 끝 마.
● 之(의 지 ; ノ部 3획, 총 4획. this) : 어조사 지, 갈 지.
● 智(지혜 지 ; 日部 8획, 총 12획. wisdom) : 슬기 지. (知에 日을 더한 자. 사리를 밝게(日) 앎).

어의 ● 老客(노객) : 늙어 보이는 손님 ● 老枯革(노고초) : 할미꽃 ● 老姑(노고) : 나이 많은 여자 ● 馬房(마방) : 마굿간을 갖춘 주막집 ● 馬癬(마선) : 말 버짐 ● 智力(지력) : 슬기의 힘 ● 智術(지술) : 지혜의 깊은 꾀 ● 智勇(지용) : 지혜와 용기

참조 '산지식'이란 경험에 의해서 우러나온다. 자연환경에 대해 예민한 움직임을 보이던 미물에 대해 예의 주시해 왔거나 직접 그러한 경험이 없었다면 풀어나가기 힘든 과제였을 것이다. 그래서 경험은 항상 '반성의 앞잡이'다.
　⇨ 소설가 킹슬리(Kingsley Charles)는 터너의 화랑에서 〈해상의 폭풍우〉라는 그림을 보고 반해 버렸다. 아니 그 그림에 홀렸다는 표현이 적합했다. 그는 "어떻게 이런 그림을 그리셨습니까?" 하고 물었다. 그러자 화가는 "제가 어부에게 부탁을 했었답니다. 폭풍우가 불거든 배를 태워 달라고 했었지요. 거센 폭풍우가 몰아치던 날 저는 배에 올라 마스코트에 결박해 달라고 했습니다. 아주 거칠고 사나운 폭풍우였으니까요. 저는 배에서 다시 내리고 싶었습니다. 그러나 결박당해 있었기 때문에 내릴 수는 없었지요. 결국 나는 폭풍우와 마주 서서 그것을 직접 피부로 느끼고 폭풍우가 내 몸을 감싸 안자 그의 일부가 되었답니다." 그렇게 해서 그린 그림이 〈해상의 폭풍우〉였다. 듣고 있던 킹슬리는 눈물이 글썽해졌다.

勞 而 無 功

수고할 **노** 말 이을 **이** 없을 **무**   공 **공**

출전 《장자(莊子)》의 〈천운편〉
문의 공연히 애만 씀.
요점 수고를 했는데 공이 없음을 뜻함.

고사 공자가 위나라에 갔을 때 위나라의 사금(師金)이라는 이가 공자의 제자 안연(顏淵)에게 말했다.

"노와 주는 수레와 배만큼의 차이가 있습니다. 그런데 지금 주나라 때에 행해졌던 도(道)를 노나라에서 행하려 하고 있으니, 이것은 마치 배를 육지에서 밀고 있는 것과 다름없는 일입니다. 공연히 힘만 쓸 뿐 아니라 몸에도 반드시 화가 미칠 것입니다."

그런가 하면 《순자》의 〈정명편〉에도 어리석은 사람의 말은 갈피를 잡을 수 없다고 했다. 말은 전연 통일되지 않았으며 요령 또한 없으며, 그런 이유로 열심히 무언가를 말하려고 하지만 공이 없다는 것이다.

또한 《관자》의 〈형세편〉에도 옳지 못한 것에는 편을 들지 말라는 경고의 말이 있다. 이것은 수고스럽기만 할 뿐 전연 공이 없기 때문이라는 것이다.

자원 ●勞(수고할 노;力部 10획, 총 12획. work):일할 노, 고단할 노, 부지런할 노.
●而(말 이을 이;而部 총 6획. and):같을 이, 어조사 이.
●無(없을 무;火部 8획, 총 12획. none):아닐 무, 말 무.
●功(공 공;力部 3획, 총 5획. services):공치사할 공, 복 입을 공, 일할 공.

어의 ● 勞苦(노고) : 수고하고 애씀 ● 勞作(노작) : 수고하여 만듦 ● 而后(이후) : 지금부터 ● 無怯(무겁) : 무서워하거나 주저함 ● 無量(무량) : 한없이 많음 ● 功成(공성) : 공이 이루어짐 ● 功罪(공죄) : 공과 죄

참조 우리나라의 연산조 때에 학문이 높았던 조지서(趙之瑞)라는 이가 있었다. 부왕인 성종의 일시적인 과오로 세자인 연산군이 자꾸만 비뚤어지자 그를 훈육했다. 본래는 착하고 행실이 고왔었지만 왕조로 이어 내려온 비화(悲話)를 연산은 감당하기 어려웠다.

연산은 세자 시절 부왕이 뽑아준 학자에게서 가르침을 받았다. 혈기가 그만한 나이에는 글 읽는 것이 달가운 것만도 아니었지만, 스승인 조지서는 귀가 따갑도록 잔소리를 퍼부어대며 엄하게 굴었다. 이를테면 성질이 무척 꼬장꼬장했던 것이다.

요즘으로 말해 바늘로 찔러도 피 한 방울 나지 않을 성품이었던 것 같다. 그런데 허침(許琛)이라는 학자는 달랐다. 그는 성종 때에 필선(弼善)이라는 벼슬에 있었는데, 연산을 가르칠 때면 항상 부드러운 말로 타일렀다. 그랬기 때문에 연산은 두 분 스승 가운데 허침을 더 좋아했다.

조지서는 공부할 때엔 잠시도 한눈파는 것을 용납하지 않았다. 그러나 학문에는 별반 취미가 없는 연산이고 보니 자리에 앉으면 공부는 뒷전이고 하품부터 쏟아질 수밖에 없었다. 그러면 강직하기가 대나무 같다는 조지서는 그냥 두지 않았다. 본래 연산의 그런 성격을 싫어한 데다 기회있을 때마다 상감(성종)에게 간한다고 을러댔으니 기가 죽을 수밖에 없었다. 물론 이때엔 그냥 넘어갔지만 먼 훗날 연산이 보위에 오르자 사정이 달라졌다. 연산은 어릴 때의 일을 생각하여, 벼슬을 그만두고 깊은 산속에 은거한 스승(조지서)을 잡아 와 살해한 것이다. 이것이야말로 전형적인 노이무공(勞而無功)인 셈이다.

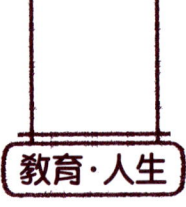

大 器 晚 成
큰 대   그릇 기   늦을 만   이룰 성

출전 《삼국지(三國志)》〈위지 최염전(魏志 崔琰傳)〉, 《후한서(後漢書)》〈마원전 (馬援博)〉, 《노자(老子)》의 〈대방(大方)〉

문의 큰 그릇은 늦게 만들어진다.

요점 큰일이나 큰 인물은 쉽게 만들어지지 않고 온갖 어려움을 거친 후에야 비로소 이루어진다.

해석 《노자》의 〈도덕경〉에는 세 종류의 선비에 대한 풀이가 나온다. 상등(上等)의 선비는 도를 들으면 힘써 행하고, 중등의 선비는 도를 들으면 듣는 것 같기도 하고 그렇지 않은 것 같기도 하며, 하등의 선비는 도를 들으면 크게 웃는다는 것이다. 이러한 선비에 대한 풀이로서 '큰 그릇은 늦게 이루어진다 (大器晚成)'고 하였다.

고사 위(魏)나라에 최염(崔琰)이라는 장수가 있었다. 수염은 넉 자나 되고 대인의 기품이 있는 산동성 태생의 호걸이다. 무제(武帝; 曹操)의 신임을 받는 최염에게 최림(崔林)이라는 사촌 동생이 있었다. 최림은 젊었을 때에 주위로부터 업신여김을 받았다. 그때마다 최염은 그의 됨됨이를 한눈에 꿰뚫고 도와주었다.

　"큰 종(鐘)이나 큰 솥(鼎)은 쉽게 만들어지는 게 아니다. 최림 역시 큰 그릇이 오래 걸려 만들어지는 것 같이 그런 타입의 인물이다(此所謂大器晚成者也)."

　과연 최염의 예측대로 최림은 훗날 삼공(三公)이 되어 천자(天子)를 보필하는 위치에까지 오르게 되었다.

●大(큰 대 ; 大部 총 3획. big) : 지날 대, 길 대, 높이는 말 대(양팔을 벌리고 있는 모습이 크다는 것을 나타냄).
●器(그릇 기 ; 口部 13획, 총 16획. vessel) : 도량 기, 쓰일 기, 그릇다울 기, 중히 여길 기(여러 사람의 입(四口)에 犬을 합한 글자. 개고기를 여러 사람이 나누어 먹던 그릇을 뜻함).
●晚(늦을 만 ; 日部 7획, 총 11획. late) : 저물 만, 뒤질 만, 저녁만, 끝날 만(日에 免을 합친 글자. 해가 지고 저녁이 되었다는 뜻).
●成(이룰 성 ; 戈部 2획, 총 6획. achieve, complete) : 평할 성, 거듭 성, 마칠 성, 사방 십리 땅 성, 될 성, 화목할 성(戊에 丁을 합한 글자. 혈기가 왕성한(戊) 장정(丁)이 뜻한 바대로 일을 이룸).

●大家(대가) : 큰 집. 또는 학문과 예술이 뛰어난 사람. ●大奸(대간) : 아주 간사스러운 사람 ●大怯(대겁) : 크게 두려워함 ●器局(기국) : 재능과 도량 ●器機(기기) : 기구나 기계 등의 총칭 ●器遇(기우) : 재능을 아껴 소중히 대우함 ●晚景(만경) : 저녁 경치 ●晚秋(만추) : 늦가을 ●晚得(만득) : 늦게 자식을 얻음 ●成句(성구) : 이미 만들어진 구절 ●成服(성복) : 초상이 나서 사흘이나 닷새 후에 상복을 처음 입는 일 ●成習(성습) : 버릇처럼 됨

후한(後漢) 광무제(光武帝) 때에 복파장군(伏波將軍) 마원(馬援)이 시골의 벼슬을 얻어 떠날 때였다. 인사차 찾아온 그에게 형(兄)은 격려의 말을 아끼지 않았다.
“너는 대기만성형이다. 양공(良工)은 다듬지 않은 재목을 함부로 보이지 않고 스스로 마음에 들도록 다듬는다. 너도 자신의 재질을 잘 닦으면 나라의 큰 동량이 될 것이다.”
과연 동생은 형의 격려처럼 그렇게 되었다.
☞ 才秀名成(재수명성) : 재주가 뛰어나 성공함.
☞ 指日可期(지일가기) : 다른 날 성공할 것을 믿음.

大 團 圓
큰 대　둥글 단　둥글 원

출전 《당서(唐書)》
문의 보름달처럼 둥근 양귀비의 얼굴.
요점 일의 마무리를 둥글넓적하게 마무리 짓는다.

해석 중국 사람들의 전통적인 우주관은 무엇인가? 바로 천원사상(天圓思想)이다. 즉, 하늘은 둥글고 땅은 네모났다는 것이 그것이다. 그런 이유로 하늘의 도를 중요시한다. 이른바 둥근 도다.

고사 당 현종과 낭만적인 사랑을 나눈 양귀비(楊貴妃). 그녀의 본래 이름은 양옥환(楊玉環)이다. 고아 출신인 그녀는 양씨 집안에 양녀로 들어간 인연으로 양씨 성을 얻었다. 그녀는 장성하여 수왕 이모(李瑁)의 비가 되었다. 현종과 무혜비 사이에서 태어난 여덟 번째 아들인 수왕 이모. 그는 남달리 아름다운 양옥환을 아내로 맞아들이면서 불행을 맞이한다. 그 옛날 당고종이 부황인 태종의 후궁 무씨를 은애하여 왕후로 맞아들이면서 당나라의 비극이 시작되었듯이, 그것은 어김없이 지나간 비극의 역사를 되짚어갔다.
　현종은 양귀비를 본 순간 그녀만을 총애하였다. 그 당시 현종은 56세였으며, 양귀비는 33세였다. 현종은 양귀비를 후궁으로 삼기 위해 그녀를 여도사(女道士)로 삼아 남궁에 살게 하고, 태진(太眞)이라는 호를 내려 거처를 태진궁이라 하였다. 비록 그녀가 귀비였지만 그 권세는 황후와 다름없었다. 그녀는 남다른 관능미가 있었다. 그러한 육체의 미묘함 때문에 현종은 양귀비에게서 헤어나지 못했다. 둘은 추야장 깊은 밤을 가볍게 흘려보내고, 서교의 온천에서 행복한 나날을 보냈다.

　사랑이 뜨거울수록 봄밤이 짧듯 나라는 점점 쇠약해졌다.

자원 ● 大(큰 대 ; 大部 총 3획. big) : 지날 대, 길 대, 높이는 말 대.
● 團(둥글 단 ; 囗部 11획, 총 14획. group) : 모을 단, 덩이질 단.
● 圓(둥글 원 ; 囗部 10획, 총 13획. round) : 원반할 원, 둘레 원.

어의 ● 大奸(대간) : 아주 간사스러운 사람 ● 大吉(대길) : 매우 길함
● 團結(단결) : 많은 사람이 뭉쳐 행동하는 일 ● 團焦(단초) : 조그마한 암자
● 圓覺(원각) : 완전무결한 깨달음 ● 圓卓(원탁) : 둥근 탁자

참조 백낙천은 《장한가》에서 '온천수활세응지(溫泉水滑洗凝脂)'라 하여 '미끄
러운 온천물에 옥 같은 살결을 씻고 있다'고 읊었다.

　양귀비가 비록 현종의 마음을 사로잡았으나 그녀의 질투심은 하늘을 찌를
듯 높았다. 그로 인해 양귀비는 두 번이나 궁에서 폐출될 뻔한 위기를 맞기
도 하였다.

　양귀비가 잠깐 자리를 비우면 현종은 맥이 달아나버린 사내에 불과했다.
궁 안 생활은 암흑이며 지옥이었다. 그러다 보니 매사에 의욕이 있을 수 없
었다. 현종은 서둘러 양귀비를 불러들였다. 다시 궁 안에 들어온 양귀비는
온갖 교태로써 현종의 마음을 사로잡았다.

　조정에서는 이임보, 양국충 등의 간신배들이 날뛰었으며, 현종은 양귀비
에게 정신을 빼앗긴 채 정사는 아예 뒷전이었다. 이렇게 되니 초기에 이룩했
던 '개원의 치'는 황폐해져 갈 뿐이었다. 결국 황폐한 정치는 안록산의 난을
불러들였고, 양귀비는 고역사(高力士)에게 액살당하는 비운을 맞이한다. 사
람이 처세하는 데엔 여러 가지가 있지만 크게는 둘로 나뉜다. 하나는 절도
있는 행동이다. 이를테면 일말의 허도 나타내 보이지 않는 절도 있고 대쪽
같은 행동을 말한다. 다른 하나는 둥글둥글한 원만한 행동이다. 모난 데 없
이 매사에 원만한 양귀비의 얼굴같은 이른바 대단원(大團圓)이다.

大 同 小 異
큰 대   한가지 동   작을 소   다를 이

출전 《장자(莊子)》의 〈천하편(天下篇)〉
문의 크게는 같고 작게는 다르다.
요점 그것이 그것 정도로 쓰임.

해석 장자는 〈천하편〉에서 묵가와 법가의 학설을 비판하고 도가의 사상을 선양했다. 장자의 친구 혜시(惠施)는 다음같이 말했다. '하늘은 땅보다 낮고 산은 연못보다 평평하다. 해는 중천에 뜨지만 장차 기울어지고, 만물은 태어나지만 장차엔 죽는다. 크게 보면 한 가지지만 작게 보면 각기 다르다.'

고사 만물은 모두 같고 모두 다르다고 하는 것이 대동소이(大同小異)다. 〈소요유편〉에 의하면, 인간의 육체적인 감각기능에만 들을 것을 못 듣고 볼 것을 못 본다는 것은 아니다. 정신적인 지각 능력에도 그와 똑같다는 것이다. 소경에겐 아름다운 것이 보이지 않는다. 귀머거리에는 아름다운 소리가 들리지 않는다. 이와 마찬가지로 사람에겐 한없이 아름다운 생각과 천박한 지식으로 인해 귀가 어두워지고 생각이 어두워진다고 했다. 그러므로 세상에서 말하는 지혜는 큰 도둑의 심부름꾼이라는 것이다. 주자도 중용장구(中庸章句)에서 대동소이라는 말을 쓴다. 이것 역시 '크게는 같고 작게는 다르다'는 뜻이다.
　《장자》의 〈제물편〉에 의하면, 모든 존재는 저것과 이것으로 구분된다. 그러나 저쪽 편에서 보면 이것이 저것이 되고 저것이 이것이 된다. 이것과 저것은 상대적인 개념이다.

●大(큰 대 ; 大部 총 3획. big) : 지날 대, 길 대.

●同(한 가지 동 ; 口部 3획, 총 6획. same) : 모을 동, 부리 동.

●小(작을 소 ; 小部 총 3획. small) : 잘 소, 짧을 소.

●異(다를 이 ; 田部 6획, 총 11획. different) : 괴이할 이, 나눌 이.

어의 ●大奸(대간) : 아주 간사스러운 사람 ●大名(대명) : 크게 소문난 이름 ●大智(대지) : 뛰어난 슬기 ●同衾(동금) : 같이 잠 ●同一視(동일시) : 똑같은 것으로 봄 ●同鄕(동향) : 같은 고향 ●小過(소과) : 조그만 잘못 ●小話(소화) : 짤막한 이야기 ●異見(이견) : 남과는 다른 생각 ●異才(이재) : 남다른 재주 ●異鄕(이향) : 낯선 고장

참조 군자의 도를 닦는 모든 사람이 선비의 옷차림을 하고 다니는 것은 아니다. 옷차림이라는 것은 형식일 뿐 실질은 아니다. 노나라의 애공이 말했다.

"군자의 도를 닦지 않은 사람으로 선비의 옷을 입고 다니는 사람은 사형에 처한다."

이런 명이 떨어지자 닷새 후 나라 안에는 선비 옷을 입은 사람이 하나도 없었다는 것이다. 대동소이한 일이다.

⇨《장자》에 있는 말이다.

"모든 사물을 있는 그대로의 모습으로 관찰하면 어느 것 하나 같은 것이 없다. 우리의 몸, 한 곳에 붙어 있는 간과 쓸개도 초나라와 월나라만큼 간격이 있다. 그러나 차별의 배후에 있는 근거를 파고들면 모든 사물은 결국 하나에 지나지 않는다. 즉, 각기 하나의 사물은 그 자체가 잠시 동안도 쉴새 없이 변화를 한다. 인간의 지혜라는 것도 이러한 일시적인 모양을 절대적이나 고정적인 것으로 보고 있다.

☞ 同明相照(동명상조) : 대개 비슷한 무리들끼리 어울린다는 뜻.《사기》의 〈백이전〉에 출전이 보인다.

登 龍 門
오를 등   용 용   문 문

출전 《후한서(後漢書)》〈이응전(李膺傳)〉
문의 입신 출세의 관문을 나타냄.
요점 뜻을 크게 펴서 영달하는 것에 비유.

해석 등용문엔 상당한 의미가 포함되어 있다. 사마천의 《사기》는 그가 궁형(宮刑)에 처해진 후 씌어졌다. 사내로서 구실을 할 수 없으므로 조상을 욕되게 하였으니 차라리 죽음으로 대신해야겠다는 유혹을 물리치고 완성시킨 것이다. 그러므로 《사기》를 《용문사(龍門史)》라 한다. 그렇게 이름을 붙인 것은 그가 태어난 곳이 황하 상류의 협곡 '용문'이었기 때문이다. 그곳은 물살이 빠르고 뾰족한 돌이 많았다. 그러므로 전설이 생겨났다. 수백, 아니 수천 마리의 잉어가 협곡에 도전하여 난관을 뚫은 잉어만이 용이 된다는 전설이었다. 그런 이유로 수많은 잉어들은 죽음을 두려워하지 않고 용문의 협곡을 뛰어넘었다.

고사 후한(後漢) 말엽은 환관들의 세상이었다. 그들이 조정을 망치고 세상을 혼란으로 몰아가자 정의파 인물의 한 사람인 이응(李膺)이 그들과 맞서 싸웠다. 그는 영천 태생으로 자(字)는 원례(元禮)였다.
한때 하남 지방 장관으로 쫓겨났으나 선배인 진번(陳藩)의 천거로 다시 사례교위(司隷校尉 ; 치안국장)의 자리에 올랐다. 당시 궁 안은 환관들이 판을 치고 있었다. 나라의 기강은 허물어지고 조정은 부패와 퇴폐 풍조가 만연하였다. 이러한 때에 절조를 굽히지 않고 부패한 환관들과 싸웠기 때문에 '천하의 모범은 이원례'라는 말이 생겼고, 그 성명이 천하에 자자했다.

등용문이라 하면 '용문에 오른다'는 뜻으로, 어려운 난관을 돌파하여 도약의 발판을 삼을 기회를 의미한다. 이응의 휘하에 모여든 선비나 장수들은 자기도 이름을 나타내어 정의로운 정치에 몸을 바친다는 결의를 다졌다.

자원 ●登(오를 등 ; 癶部 7획, 총 12획. rise) : 나아갈 등, 벼슬에 오를 등, 높일 등(걸을 발(癶)부에서 시작된 등은 좌우에서 발자국 모양으로 디딤돌(豆)을 딛고 올라간다는 의미).
●龍(용 용 ; 龍部 총 16획. dragon) : 귀신 이름 용, 별 이름 용, 말 이름 용, 임금님 용.
●門(문 문 ; 門部 총 8획. gate, door) : 집 문, 집안 문, 가문 문, 길문.

어의 ●登降(등강) : 오르내림 ●登仙(등선) : 신선이 되어 하늘로 올라감 ●登朝(등조) : 조정에 출사함 ●龍駕(용가) : 임금의 수레 ●龍淚(용루) : 임금이 흘리는 눈물 ●龍簪(용잠) : 용의 머리 장식을 새긴 비녀 ●門樓(문루) : 문 위에 세운 다락집 ●門族(문족) : 집안의 겨레붙이 ●門齒(문치) : 앞니

참조 등용문의 반대되는 뜻은 점액(點額)이다. 점은 상처를 낸다는 것이고 액은 이마다. 물살이 거친 용문의 협곡을 거슬러 올라가는 잉어는 관문을 뛰어넘으면 용이 되지만, 온 힘을 다해 솟구쳤는데도 바위에 부딪쳐 비늘이 벗겨지거나 긁히어 상처를 입게 되는 경우가 점액이다. 이렇게 되면 하류로 떠밀려 숨이 끊긴다. 그런 이유로 점액은 '낙오자'를 의미한다.

⇨ 자수성가를 뜻하는 건 평지돌출(平地突出)이다. 평지에 우뚝 솟았다는 뜻이니, 곰곰이 음미해 보면 아무도 돌봐 주는 사람 없이 미천한 집안에서 출세하였다는 의미다.

萬 事 休 矣
일만 **만**　일**사**　쉴 **휴**　어조사 **의**

출전 《송사(宋史)》의 〈형남고씨세가(荊南高氏世家)〉

문의 체념의 상태.

요점 온갖 수단과 방법을 사용해 보았지만 해결할 수 없는 상태에 직면했을 때에 사용하는 말.

고사 당나라 때에 황소의 난이 일어나자 천하는 온통 소란스러웠다. 그렇게 보면 당나라의 명운도 거의 다 된 것으로 평가할 수 있다. 뒤를 이어 군웅할거 시대가 도래했다. 송나라가 일어나기까지 왕조는 무려 다섯 번이나 갈렸다. 약소국이 많았던 그 무렵은 끝없이 찬탈이 반복적으로 이뤄졌으므로 군주는 무장이 아니면 도둑이어야 했다.

형남(荊南)이라는 나라도 약소국이었다. 나라를 열었던 고계창(高季昌 ; 후에 '고계흥'으로 개명함)은 후량(後梁)의 태조를 섬겼다. 당의 마지막 임금 애제를 폐하고 주전충이 후량의 태조로 등장하면서 형남 절도사로 임명되었다. 그리고 여섯 해가 지나, 발해왕이 되었으며 후량이 망하고 후당(後唐)이 들어섰을 때에 남평왕(南平王)으로 봉지를 받았다.

이후 세 해가 지나 명종의 공격을 받았고, 장종이 시해되자 이번에는 오나라에 붙었다. 그러나 그의 아들 종회는 지략이 뛰어나 후당에 줄을 대어 남평왕의 자리를 고수했다. 그러나 남한(南漢)·민·촉 등의 나라에서는 그들을 천하게 여겨 '고무뢰(高無賴)'라는 별명을 지어 보내 야유할 정도였다.

종회의 아들 보융, 또 그의 아들 보훈 대에 이르러 후주가 무너지고 송나라가 들어섰다. 바로 이 보훈 때의 일이다. 그는 어릴 때부터 종회의 맹목적인 편애 속에서 성장했다. 그런 이유로 누군가가 화를 내어도 그는 언제나 싱글벙글이었다. 그런 이유로 사람들은 그의 미소를 볼 때마다 이제는 정말로 끝났다고 탄식했다. 이른바 '만사휴의(萬事休矣)'라는 것이다.

자원 ●萬(일만 만;艸部 9획, 총 13획. ten thousand) : 벌 만, 춤 이름 만, 많을 만.
●事(일 사;亅部 7획, 총 8획. work) : 섬길 사, 다스릴 사.
●休(쉴 휴;人部 4획, 총 6획. rest) : 아름다울 휴, 기쁠 휴.
●矣(어조사 의;矢部 2획, 총 7획.) : 말 그칠 의.

어의 ●萬却(만겁) : 영원한 세월 ●萬頃(만경) : 한없이 너름 ●萬金(만금) : 많은 돈 ●事根(사근) : 일의 근본 ●事機(사기) : 일의 중요한 고비 ●事事(사사) : 모든 일 ●休燈(휴등) : 가설한 설비는 그대로 두고 전등만 켜는 일 ●休眠(휴면) : 쉬고 활동을 안 함 ●休務(휴무) : 직무를 하루나 한동안 쉼

참조 그는 보위에 오르자 모든 일을 물리치고 누각을 지었다. 기생들을 뽑고 장정들을 불러 모아 한자리에서 벌거벗고 뒹굴었다. 자신은 여러 첩들을 거느리고 어둠 속에 앉아 은밀하게 눈초리를 팔랑거리며 바라보는 것으로 즐거워했으니 자연히 정치는 안중에도 없었다.

"다 틀렸어. 고계흥이 형남 절도사로 출발한 이래 57년만에 이 지경이야. 만사휴의로세."

형남 임금이었던 고종회가 사직의 안전을 위해 단단히 이르지 않은 결과라 할 수 있다.

⇨ 보들레르는 '사람이 어떤 입장을 포기하는 것은 또 다른 입장을 취함으로 무엇을 느낄 것인가를 알아보기 위해서'라고 하였다.

☞ 自暴自棄(자포자기) :《맹자 이처(孟子 離妻)》참조.

孟 母 三 遷
맏 맹　어머니 모　석 삼　옮길 천

출전 《후한서(後漢書)》의 〈열녀전(烈女傳)〉

문의 맹자의 어머니가 자식의 교육을 위해 세 번 이사했다.

요점 맹자(孟子)는 일찍 부친을 여의고 어렸을 때부터 어머니 슬하에서 자랐다. 그의 어머니는 아주 평범한 여인이었다. 그러나 자식의 교육을 위해서는 어떤 희생을 겪고라도 훌륭한 인간으로 키우고자 노력하였다. 그러한 집념의 일환이 아들을 위해 세 번이나 이사하게 된 것이다.

고사 '맹모삼천'은 현모양처의 대명사다. 어머니의 집념이 유학의 대가 맹자를 탄생시킨 것이다. 성인으로 추앙받는 공자의 다음 가는 유학의 중심 인물인 맹자는 〈현철(賢哲)〉, 〈아성(亞聖)〉으로 불리는 추(鄒)나라 태생의 인물로 본명은 맹가(孟軻)다.

맹자는 그의 어머니와 함께 묘지 근처에서 살고 있었다. 그래서 언제나 보았던 것처럼 동네 아이들과 늘 상여를 메고 나가는 놀이를 하며 지냈다. 어떤 때는 흙무덤을 만들어 그 앞에서 곡(哭)을 하기까지 하였다. 그의 어머니는 시장 근처로 이사했다. 그러자 이번에는 장사하는 사람의 흉내를 내며 놀았다. 그곳 역시 자식의 교육상 좋은 곳은 아니어서 이번에는 서당 곁으로 옮겼다. 눈만 뜨면 글 읽는 소리가 낭랑히 들려 오는 곳. 맹자는 비로소 서당의 아이들처럼 단정히 앉아 글을 읽었다. 그제야 어머니는 안도의 한숨을 몰아쉬었다. 자식을 바르게 키울 수 있는 장소를 찾아낸 것으로 본 것이다. 맹자는 서당 근처에서 책을 펼치고 공부하는 놀이를 함으로써 훗날 현철이 되는 길로 접어들게 된 것이다.

자원 ● 孟(맏 맹 ; 子部 5획, 총 8획. eldest) : 첫 맹, 힘쓸 맹, 클 맹.

● 母(어머니 모 ; 母部 총 5획. mother) : 장모 모, 암컷 모, 몸체 모.

● 三(석 삼 ; 一部 2획, 총 3획. three) : 석 삼, 세 번 삼, 자주 삼.

● 遷(옮길 천 ; 辵部 11획, 총 15획. remove) : 바뀔 천, 옮을 천, 귀양보낼
천.

어의 ● 孟浪(맹랑) : 아주 거짓이 많아 믿을 수 없음 ● 孟母(맹모) : 맹자의 어
머니 ● 孟春(맹춘) : 음력 정월의 다른 이름 ● 母系(모계) : 어머니 쪽의 계통
● 母校(모교) : 출신 학교 ● 母兄(모형) : 동복 형 ● 三綱(삼강) : 군신, 부자, 부
부의 도리 ● 三流(삼류) : 사물의 부류에 있어 가장 낮은 층 ● 三災(삼재) : 수
재, 화재, 충재 ● 遷都(천도) : 서울을 옮김 ● 遷移(천이) : 옮김 ● 遷善(천
선) : 나쁜 짓을 고쳐 착하게 됨

참조 맹자 어머니의 교육 방법 중에 〈맹모단기지교(孟母斷機之敎)〉라는 게 있
다. 맹자가 열두어 살쯤 어머니의 곁을 떠나 타관으로 공부하러 갔을 때였
다. 너무나 어머니가 보고 싶어 잠시 집에 들렀을 때 어머니는 베틀에 앉아
무명을 짜고 있었다.

"어머니!"

맹자는 반가움에 문을 열고 벅찬 목소리로 어머니를 불렀다. 베틀에 앉았
던 어머니는 흘끗 한 번 돌아봤을 뿐 여전히 굳은 얼굴로 물었다.

"공부를 다 마치고 왔느냐?"

"아닙니다. 어머니가 보고 싶어 왔습니다."

맹자의 대답에 어머니는 손 칼을 빼어 여러 길이나 짜 놓은 무명을 싹둑
잘리 버렸다. 그리고 나서 꾸짖었다. 맹자가 공부를 중단하고 돌아온 것은,
이렇듯 여러 길이나 짜 놓은 무명을 잘라 버린 것과 같다는 것이다.

잘려 나간 무명은 쓸모가 없다. 무명은 완성되지 않으면 쓸모가 없듯 공
부 역시 마찬가지라는 얘기였다.

盲人摸象

장님 **맹** 사람 **인** 본뜰 **모** 코끼리 **상**

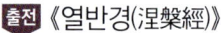

출전 《열반경(涅槃經)》

문의 눈먼 소경이 코끼리를 만짐.

요점 눈먼 소경 여럿이서 코끼리를 만지고 자신이 만진 부분으로 전체를 알려고 함. 또는 그런 주장을 뜻함.

고사 옛날 인도의 어떤 임금이 좌우에 있는 신하들에게 말했다.

"어느 분이 가서 코끼리 한 마리를 끌고 오시오."

대신 한 사람이 나가자 이번에는 맹인 몇 사람을 데려오게 하였다.

"맹인들로 하여금 코끼리를 만져 보도록 하시오."

임금의 명이 떨어지자 이내 코끼리 한 마리를 끌고 왔다. 명을 받은 소경들이 안으로 들어와 코끼리의 이곳저곳 부위를 만지기 시작했다. 얼마간의 시간이 흐른 뒤 임금은 소경들을 불러 물었다.

"너희들이 만진 부위에 대해 말해 보아라. 너희들이 만진 코끼리는 무엇과 비슷하다 보느냐?"

코끼리의 이빨을 만져 본 소경이 말했다.

"코끼리의 형상은 굵고 큰 무와 같습니다."

이번에는 귀를 만져 본 소경이 말했다.

"코끼리의 형상은 쌀을 까부는 키와 같습니다."

이번에는 코끼리의 발을 만져 본 소경이 말했다.

"코끼리의 형상은 절구질을 하는 절구통과 같습니다."

코끼리의 등을 만져 본 소경도 말했다.

"제가 보기에 코끼리는 평탄한 침대와 같다고 봅니다."

이번에는 뱃가죽을 만져 본 소경이 말했다.

"코끼리의 형상은 배가 튀어나온 옹기와 같습니다."

마지막으로 꼬리를 만져 본 소경이 말했다.

"이제까지 다른 맹인들이 하는 말을 들으니 이러쿵저러쿵 시답잖은 말을 하고 있습니다만, 제가 보기에 코끼리의 형상은 굵은 밧줄과 같습니다."

이들은 모두 자기의 주장이 옳다고 우겨댔다.

자원 ● 盲(장님 맹；目部 3획, 총 8획. blind)：어둘 맹, 몽매할 맹.

● 人(사람 인；人部 총 2획. people)：잘난 사람 인, 나랏사람 인.

● 摸(본뜰 모；手部 11획, 총 14획. model)：규모 모.

● 象(코끼리 상；豕部 5획, 총 12획. elephant)：법 받을 상, 빛날 상, 형상 상.

어의 ● 盲信(맹신)：옳고 그름을 가리지 않고 덮어놓고 믿음 ● 盲進(맹진)：앞 뒤를 살피지 않고 마구 나아감 ● 人格(인격)：사람의 됨됨이 ● 人夫(인부)：막 벌이꾼 ● 摸索(모색)：더듬어 찾음 ● 摸出(모출)：들추어 냄 ● 象牙(상아)：코 끼리 위 턱의 길게 뻗은 두 개의 앞니 ● 象形(상형)：물건의 형상을 시늉함

참조 ⇨ 반 고흐가 말했다. 세상에는 가끔, 편견과 인습의 사슬에 얽매인 사람들이 있다. 이러한 인간이 지배권을 잡으면 그들은 자기들의 위치를 확보하고, 다른 사람들을 배척하려고 한다. 내가 몇 년 동안 실업한 이유의 하나가 그들과 상이한 생각을 갖고 있다는 것이다. 그들은 잘난 체하고 나의 몸차림을 비난했지만 결코 복장의 문제가 아니며, 보다 더 중요한 일인 것이다.

⇨ 묵은 편견은 새 편견보다 해가 적다. 묵은 편견은 햇수를 거듭함에 따라 닳고 지워져 연마되었거니와 거의 죄 없는 것이 되었다.

名 落 孫 山

이름 **명** 떨어질 **락** 손자 **손** 산 **산**

출전 《과정록(過庭綠)》
문의 손산(孫山)의 이름이 마지막이다.
요점 시험에 붙지 못하고 과거에 떨어지다.

고사 송(宋)나라 때 강소(江蘇) 지방에 유명한 재자(才子)가 있었다. 평소에 그와 시회를 즐겼던 사람들은 그의 뛰어난 재주를 인정하여 손산(孫山)이라는 이름보다 골계재자(滑稽才子 ; 익살꾼)라는 별명으로 부르기를 좋아했다.

어느 때인가 손산이 과거를 보러 가게 되었다. 소문을 듣고 같은 마을의 어떤 사람이 그를 찾아와 부탁했다.

"이보게. 이참에 자네가 과거를 보러 간다는 말을 들었네. 그 동안 내 아들도 시험 준비를 해왔네만 도성까지는 워낙 먼 길이 아닌가. 그러니 자네가 내 아들을 데려가 주게."

단 한 번도 서울이라는 곳을 가본 적이 없으니 손산과 동행해 달라는 청이었다. 손산은 쾌히 승낙했다. 그렇게 되어 함께 과거 시험을 보기 위해 서울로 출발했다.

이윽고 서울에 도착하여 시험을 치렀다. 손산은 방이 나붙자 합격의 유무를 알아보기 위해 발표하는 곳으로 나갔다. 거기에서 손산은 자신의 이름이 맨 마지막에 씌어 있는 것을 발견했다. 다시 말해 자신이 마지막으로 턱걸이하듯 붙은 것이다. 비록 꼴찌였지만 합격한 것이므로 그 기쁨은 이만저만이 아니었다. 그러나 동행했던 시골 친구는 낙방한 것이 분명했다.

자원 ●名(이름 명 ; 口部 3획, 총 6획. name) : 이름지을 명, 사람 명.
●落(떨어질 락 ; 艸部 9획, 총 13획. fall) : 마을 락, 쌀쌀할 락.
●孫(손자 손 ; 子部 7획, 총 10획. grandson) : 겸손할 손, 순할 손.
●山(산 산 ; 山部 총 3획. mountain) : 메 산.

어의 ●名曲(명곡) : 유명한 악곡 ●名實(명실) : 표면상의 명성과 실제 ●落款 (낙관) : 글씨나 그림에 자기의 이름을 쓰고 도장을 찍음 ●落穗(낙수) : 다 베 어들인 뒤에 떨어져 있는 곡식의 이삭 ●孫女(손녀) : 아들의 딸 ●孫行(손 항) : 손자뻘 되는 항렬 ●山脚(산각) : 산기슭 ●山流(산류) : 경사가 급한 땅 위 에 흐르는 내

참조 손산은 혼자 고향에 돌아왔다. 자신이 합격한 것을 알리고 주위 사람들 에게 축하 인사를 받았다. 그때 낙방한 사람의 부친이 찾아와 물었다.

"이보시게, 내 아들은 어찌 됐는가?"

동행했던 아들의 합격 여부를 물어 온 것이다. 손산은 빙그레 웃더니 두 귀의 시를 읊었다.

합격자 명단의 마지막이 손산이오(解名盡處是孫山)
댁의 아드님은 손산 밖입니다(賢朗更在孫山外)

다시 말해 손산 자신은 간신히 합격했을 따름이고, 귀하의 자제분은 과거 시험에 떨어졌다는 해학이었다. 참으로 익살스러운 답변이었다.

⇨ 이극구당(履屐俱當)이라는 말이 있다. 마른 날에는 신으로 쓰이고 비오 는 날에는 나막신으로 쓰인다는 말이다. 이것은 재주가 있어서 어떤 경우에 나 다할 수 있음을 나타낸다.

目 不 識 丁
눈 목　아니 불　알 식　당할 정

출전 《당서(唐書)》의 〈장홍정전(張弘靖傳)〉
문의 아무것도 모르는 무식한 사람.
요점 일자무식.

고사 당나라 때에 장홍정(張弘靖)이라는 이는 보모의 덕택에 벼슬길에 나갔다. 그의 부친 장연상(張延賞)이 조정에 끼친 공적이 그만하여 그 자식은 순탄하게 층계를 오르듯 벼슬길이 높아졌다. 여러 요직을 두루 섭렵하다 형부상서(刑部尚書)의 자리에 올랐으며, 나중에는 동평장사(同平章事)라는 재상의 자리에까지 오르게 되었다.

그러나 그는 지극히 평범한 사람이었다. 그런 그가 벼슬길에 오르자 사람이 달라졌다. 장경(長慶 ; 당나라 목종의 연호) 초년에 그는 노룡(盧龍)의 절도사로 파견되었다.

당시 황하 이북의 하삭 지방에는 사병과 장수가 한 자리에서 고락을 함께 하는 생활을 하고 있었다. 이를테면 장수라 하여도 좋은 음식과 잠자리를 찾지 않았다. 사병들이 먹는 거친 음식과 좋지 않은 잠자리 속에서도 한결 우의를 다지고 있었다. 그런데 장홍정이 절도사로 부임해 온 뒤에는 기름진 음식을 먹고 교외로 사냥을 나가 즐기기 일쑤였으며, 심심찮게 사병들을 괴롭혔다. 자연히 인근 백성과 사병들의 불만은 컸다.

그들의 불만과 불평을 전해 들은 장홍정은 자신의 허물을 고칠 생각은 않고 오히려 부하들을 몰아붙였다.

"개 돼지만도 못한 자식들. 세상은 아무 일도 없는데 너희는 밤낮 백근이나 되는 활을 들고 있으니, 글자를 모르는 목불식정(目不識丁)만도 못하다."

사람들은 분노했다. 마침내 그가 유주로 순찰을 나갔을 때에 부하들은 반란을 일으켜 그를 가두었다. 그리고는 주극융(周克融)으로 하여금 직무를 맡아보게 하였다.

조정에 소식이 전해지자 왕은 장홍정의 직무를 박탈하고 길주 자사로 강등시켰다. 그리고 그 자리엔 주극융으로 하여금 맡아보게 하였다. 관내의 백성들과 사졸에게 냉소하듯 뱉었던 목불식정(目不識丁)의 소란이 그친 것이다.

자원 ●目(눈 목 ; 目部 총 5획. eye) : 조목 목, 제목 목.
●不(아니 불 ; 一部 3획, 총 4획. not) : 않을 불.
●識(알 식 ; 言部 12획, 총 19획. know) : 알 식.
●丁(당할 정 ; 一部 1획, 총 2획. adult) : 넷째 천간 정, 장정군 정.

어의 ●目禮(목례) : 눈짓으로 인사함 ●目下(목하) : 지금 ●不可缺(불가결) : 없어서는 안 됨 ●不吉(불길) : 길하지 못함 ●識別(식별) : 잘 알아서 분별함 ●識子(식자) : 견식이 있는 사람 ●丁艱(정간) : 부모상을 당함 ●丁倒(정도) : 뒤바뀌어짐

참조 〈목불식정〉은 낫 놓고 기역자도 모른다는 의미와 상통하는 것으로, 무식한 사람들을 비웃는 말이다. 다른 말로는 불식일정(不識一丁)이라고도 한다. 물론 비슷한 성어는 있다. 〈불식지무(不識之無)〉를 비롯하여 〈흉무점묵(胸無點墨)〉이라는 것도 같은 의미다.

　☞ 倭子看戱(왜자간희) : 키가 작은 사람이 큰 사람의 틈에 끼어 앞사람의 이야기만 듣고 스스로 아는 체한다는 뜻. 자신은 아무것도 모르면서 남이 그렇다고 하니까 덩달아서 그렇다고 하는 일.
　☞ 馬牛襟裾(마우금거) : 말이나 소에 의복을 입혔다는 뜻으로 학식이 없는 사람을 조롱하는 말.

木 鐸

나무 **목**　　방울 **탁**

출전 《논어(論語)》의 〈팔일편(八佾篇)〉
문의 나무 방울.
요점 문교의 명령 때에 울리는 방울.

고사 공자가 노나라를 떠나 위나라로 들어가 14년에 걸쳐 열국들을 돌아다녔다. 위나라는 다섯 번이나 찾아간 것으로 되어 있다. 여기에 나오는 얘기는 물론 첫 방문에 관한 것이다. 국경을 수비하는 관원의 이름은 나와 있지 않으나 공자를 보고 단번에 알아차린 것을 본다면 그 역시 예사 인물이 아님을 알 수 있다.

위(衛)나라의 국경수비관이 입경(入境)하는 공자에게 뵙기를 청하였다. 연유를 묻는 공자에게 국경수비관이 말했다.

"이곳을 지나가시는 훌륭한 분은 언제나 제가 뵙기를 청했습니다. 그럴 때마다 그분들은 저를 만나 주셨습니다."

"그래요? 그렇다면 어디 얘길 해보시오."

국경수비관은 공자를 뵙고 여러 가지 말을 나누었다. 그런 다음 국경 수비관은 초소에서 나와 공자의 제자들에게 말했다.

"여러분, 여러분은 이번 망명길에 대해 아무런 걱정도 하실 필요가 없습니다. 지금은 천하가 도의를 잃고 있습니다. 하늘은 이번 망명을 통해 여러분의 선생님으로 하여금 도의를 회복하도록 천하에 알리는 목탁(木鐸)으로 삼으시려는 것입니다."

자원 ● 木(나무 목 ; 木部 총 4획. tree) : 질박할 목, **뻣뻣할 목.**
● 鐸(방울 탁 ; 金部 13획, 총 21획. bell) : 목탁 탁, 요령 탁. 나뭇가지와 기둥, 그리고 뿌리를 본뜸.

어의 ● 木刻(목각) : 나무에 서화를 새김 ● 木工(목공) : 나무로 물건을 만드는 장인 ● 木槿(목근) : 무궁화

참조 목탁이란 나무로 만든 방울이다. 나라에서 백성들을 모이게 하여, 새 법이나 명령문을 공표할 때에 흔드는 나무로 혀를 본뜬 작은 종이다. 이 말은 정치나 선각자를 가리킬 때에도 곧잘 사용된다.

⇨《논어》의〈위영공편〉에는 도의(道義)에 대해 다음과 같이 설명을 한다.

"사어(史魚)는 곧은 사람이다. 국가에 도의가 있으나 없으나 화살같이 곧다. 거백옥(遽伯玉)은 군자다. 나라에 도의가 있으면 나아가 일하고, 나라에 도의가 없으면 물러가 몸을 숨길 수 있는 사람이다."

도의에 대해 세네카는 이렇게 말했다.

"법에 위배되지 않는 행동이면 무슨 행동이고 괜찮다고 생각한다면 그건 잘못이다. 법률은 사회 공동체에서 여러 사람들이 지켜야 할 것을 정한 것이다. 그러나 그 외에도 사람들이 지켜야 할 점은 많다. 이러한 것까지 일일이 법으로써 규제하지 않은 것은 각자에게 도의심과 염치심이 있기 때문이다."

그런가 하면 G.B. 쇼오는《인간과 초인》에서 이렇게 말한다.

"도의심도 정열 중의 하나다. 이 세상의 재미와 마찬가지로 정열도 악마의 소유라고 생각하면 틀림없다. 만약 도의심이 정열이 아니라면 다른 정열들이 집단으로 몰려와서 폭풍의 낙엽처럼 도의심을 날려 버린다."

그러기에 숨어 사는 숲속에는 영화도 없고 욕됨도 없다. 또한 도의의 길 위에는 인정의 변덕이 없다고 했다. 그러므로 법에 위배되지 않는 행동이면 어떤 행동도 괜찮다고 한 것은 잘못이라는 뜻이다.

☞ 古誼忠肝(고의충간) : 만고불변의 도의와 불요의 충성심을 말함.

聞 一 知 十
들을 문   한 일   알 지   열 십

출전 《논어(論語)》의 〈공야장편〉
문의 하나를 들으면 열을 안다.
요점 한 부분을 통해 전체를 안다는 뜻.

고사 공자께서는 공야장(公冶長)을 평하기를, "공야장이라는 사람은 사위를 삼아도 좋은 인물이다. 죄수로서 감옥에 들어간 경험은 있지만 원죄(冤罪)였었다" 하시고 그를 사위로 삼았다.

공야장이라는 제자가 일찍이 죄수로 복역한 줄을 뻔히 알았으면서도 사위를 삼았다는 것은, 《논어》 이외에는 어떤 사료에도 나오지 않는다. 그러므로 그가 어떤 인물이었는지는 짐작할 수 없다. 만약 그가 유능한 제자였다면 반드시 《논어》에 나와야 했다. 그렇게 볼 때 공자의 제자 가운데에서 명성을 얻기까지에는 학문이 부족하였던 것으로 평가된다. 그렇다면 어느 쪽인가? 필경은 무명의 제자였을 것이다.

어느 날 공자께서 자공(子貢)에게 묻는다.

"너는 안회와 비겨 누가 낫다고 생각하느냐?"

자공이 대답했다.

"제가 어찌 안회를 바랄 수 있겠습니까. 안회는 하나를 들으면 열을 알지만(聞一知十), 저는 하나를 듣고 겨우 둘을 깨달을 뿐입니다."

공자께서 말했다.

"못 미치느니라, 나도 너도."

위의 대화를 보면 자공은 자긍(自矜)의 빛이 있음을 알 수 있다. 자신을 낮추어 대답했다. 그러나 하나를 듣고 열을 아는 안회의 학문적 성취도에 대해 공자 역시 솔직히 시인했다. '못 미치느니라, 너도나도.' 이것은 대단히 중요한 평가다.

자원 ●聞(들을 문；耳部 8획, 총 14획. hear)：들릴 문, 이름날 문, 소문 문.
●一(한 일；一部 총 1획. one)：오로지 일, 순전할 일.
●知(알 지；矢部 3획, 총 8획. know)：깨달을 지, 생각할 지.
●十(열 십；十部 총 2획. ten)：완전한 십, 열 배 십.

어의 ●聞人(문인)：이름이 높은 사람 ●聞風(문풍)：뜬소문을 들음 ●一進(일진)：한 걸음 나아감 ●一力(일력)：힘을 한 번 씀 ●知分(지분)：제 본분을 앎 ●知者(지자)：사물의 도리에 밝은 사람 ●十霜(십상)：십 년 세월 ●十寸(십촌)：같은 5대 조의 자손

참조 공야장(公冶長)은 성이 공야이며, 이름이 장이다. 자(字)는 말할 것도 없고, 그에 대한 어떤 것도 알려져 있지 않다. 여타의 기록을 종합하여 보면 노나라의 태생이라고 하나 제(齊)나라에서 태어났다는 기록도 있다.

⇨ 황간(皇侃)은 〈의소(義疏)〉에서 그에 관해 이렇게 평한다.

"공야장은 새의 말을 이해하는 기이한 능력이 있다. 어느 때인가는 그 능력으로서 행방불명된 유아의 주검을 가족에게 이야기한 것이 살인 혐의를 뒤집어쓴 계기가 되었다. 그러나 감옥에서 새의 말을 이해하는 능력이 증명되어 풀려 나왔다."

황간의 의소는 공자가 제자들을 차례차례 평가해 나간다. 그런데 자공은 자신만을 부르지 않으므로 직접 스승에게 말을 걸었다.

"선생님 저는 어떻습니까?"

"너는 그릇이다. 종묘의 제물을 담는 호련(瑚璉) 그릇이다."

자공을 높이 평가하고 있음을 알 수 있다.

勿 忘 在 莒

없을 물　잊을 망　있을 재　볏단 거

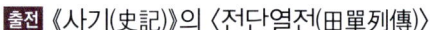

출전 《사기(史記)》의 〈전단열전(田單列傳)〉

문의 거성(莒城)에 있을 때를 잊지 말라.

요점 부귀영달을 할수록 곤란을 겪었을 때를 잊지 말라는 뜻.

해석 앞서 설명한 고사성어인 화우계(火牛計)와 맥을 같이 한다.

고사 전국시대에 연나라의 장수 낙의(樂毅)가 대군을 이끌고 제나라를 침공했다. 파죽지세로 몰아쳐 제나라의 70여 성을 접수하고 남은 곳은 고작 거성(莒城)과 즉묵성(卽墨城)뿐이었다.

연나라 병사들이 5년 동안 계속해서 공격했지만 거성은 함락되지 않았다. 이때 연나라의 장군 낙의는 제나라의 주된 병력이 거성에 있고, 즉묵성이 고립되었다는 것을 눈치채고 공격의 목표를 즉묵성으로 돌렸다.

낙의가 즉묵성을 공격한다고 정보를 입수한 성 안의 백성들은 전단(田單)을 수비대의 장군으로 추대했다. 장군으로 추대된 전단은 수비를 공고히 한 후 수하로 하여금 유언비어를 퍼뜨렸다. 창국군(昌國君 ; 낙의의 봉호)이 제나라 사람을 잡아도 죽이지 않으니 누구 하나 두려워하지 않는다는 것이다. 제나라 사람들은 코를 베는 것을 두려워하니 그렇게 한다면 무기를 버리고 항복할 것이라고도 했다.

낙의는 즉시 제나라의 포로들의 코를 베어 성 밑으로 데려갔다. 이를 본 제나라 군민들은 극도로 화가 치솟았다. 다시 유언비어가 퍼졌다. 낙의는 제나라 왕이 될 욕심으로 오래도록 머물고 있다는 것이다. 얼마 후 연나라에서는 소왕이 죽고 혜왕이 들어섰다. 왕은 낙의를 즉시 교체해버렸다.

이때 전단은 연나라에 사자를 보내 항복할 뜻을 비쳤다. 연나라에서는 오랫동안의 전쟁이 그쳤다는 생각에 밤 늦도록 술을 마시고 흥겹게 놀았다.

밤이 깊어지자 전단은 준비해 둔 일천 마리의 소를 끌어내 몸에는 오색찬란한 용 무늬를 그리고, 양 뿔에는 날이 선 단도를 매달았다. 또한 꼬리에는 갈대 한 묶음씩을 매달아 듬뿍 기름을 뿌려 두었다. 성곽 주위에 수십 개의 구멍을 파고 소 꼬리에 불을 붙이자 연나라의 진중은 아비규환으로 변해 버렸다. 이 전투에서 연군의 시체는 산을 이루었고, 흘린 피는 내를 이루었다.

자원 ●勿(없을 물 ; 勹部 2획, 총 4획. don't) : 말 물, 깃발 물.
●忘(잊을 망 ; 心部 3획, 총 7획. forget) : 깜박할 망, 기억 없을 망.
●在(있을 재 ; 土部 3획, 총 6획. stay) : 살 재, 살필 재.
●莒(감자 거 ; 艸部 7획, 총 11획. potato) : 나라 이름 려(여).

어의 ●勿禁(물금) : 관청에서 금한 일을 특별히 허가함 ●勿問(물문) : 묻지 아니함 ●忘却(망각) : 잊어버림 ●忘懷(망회) : 생각을 버림 ●在家(재가) : 집에 있음 ●在中(재중) : 속에 있음

참조 춘추시대 때에 제나라에 내란이 일어나자 포숙아는 공자 소백을 모시고 거국(莒國)으로 달아나 피신했다. 그 후 소백은 귀국하여 제환공(齊桓公)이 되었다. 어느 때인가 제환공이 음식을 차리고 관중·포숙아·영척 등을 불러 놀다가 포숙아에게 덕담으로 축복해 달라고 하자 그가 말했다.

"예에. 저는 성상께서 거국으로 피신을 가서 곤궁을 겪었던 때를 잊지 않으셨으면 합니다(勿忘在莒)."

⇨ 다빈치의 어록에 이런 게 있다. 지혜는 경험의 딸이다. 경험에 의하여 지탱되어 있지 않은 사색가의 교훈은 피하라고 했다.

白 駒 過 隙

흰 백　　망아지 구　지날 과　　틈 극

출전 《장자(莊子)》

문의 흰 망아지가 틈새로 지나가는 시간.

요점 인생의 지나감이 빠름을 나타내는 말.

해석 사마천이 쓴 《사기》의 〈유후세가〉에는 여태후가 유후(留侯 ; 장량)에게 탄식의 말을 흘리고 있다.

"인생이라는 한 세상이 어쩌면 이렇게 흰 말이 틈을 지나는 것처럼 빠른가. 어허, 어찌 스스로 괴로워하다 이와 같음에 이르는가."

고사 《장자》는 〈지북유편〉에서 말했다.

"사람이 하늘과 땅 사이에 사는 것은, 흰 말이 달려가는 것을 문틈으로 보는 순간일 뿐이다."

이 얼마나 허망한 말인가. 그렇게 본다면 불가에서 말하는 것처럼 인생은 한 조각 구름이 일어나는 것과 같고, 죽음이란 그 구름이 스러지는 것이라 할 수 있다.

자원 ●白(흰 백 ; 白部 총 5획. white) : 분명할 백, 밝을 백.

●駒(망아지 구 ; 馬部 5획, 총 15획. foal) : 말 구.

●過(지날 과 ; 辵部 9획, 총 13획. pass) : 그릇할 과, 허물 과.

●隙(틈 극 ; 邑部 10획, 총 13획. gap) : 성 극.

어의 ●白骨(백골):흰 뼈 ● 白米(백미):흰쌀 ●駒隙(구극):세월은 빨리 흘러 가고 인생은 덧없음 ●駒馬(구마):망아지와 말 ●過去(과거):이미 지나간 때 ●過敏(과민):지나치게 예민함 ●隙宇(극우):빈 집

참조 인생은 윷놀이와 같은 것이라 하였다. 원하는 말이 안 나오더라도 우연히 나온 말로 수정한다면 그것만으로 좋다는 것이다. 그래서 니체는 이렇게 말한다.

"인생의 목적은 끊임없는 전진이다. 앞에는 언덕이 있고, 냇물이 있으며, 진흙도 있다. 걷기 좋은 평지만 있는 것이 아니다. 먼 곳으로 항해하는 배가 풍파를 만나지 않고 조용히 갈 수만은 없다. 풍파는 언제나 전진하는 자의 벗이다. 그 고난 속에 인생의 기쁨이 있다. 풍랑 없는 항해, 얼마나 단조로운 것인가. 고난이 심할수록 내 가슴은 뛴다."

그런가 하면 카네기는 다음같이 말한다.

"인생이라는 것은 잇따라 영구히 즐거운 일만 계속되는 야외 여행이나 드라이브가 아니다. 빛과 그늘과 산과 골짜기와 명암이 엇갈리는 변화가 넘치는 도정(道程)인 것이다. 불행이나 괴로움은 그것과 직접 얼굴을 맞대기가 싫다 해서 담요를 뒤집어쓰고 눈을 가리고 있으면 없어져 버리는 유령 같은 것이 아니다. 불행히도 괴로움은 그것 나름대로 없앨 수 없는 인생의 한 부분이므로 우리의 성장과 성숙은 그것들에 대한 우리의 태도와 밀접하게 연결되어 있는 것이다."

⇨ 《중용》에 있는 말이다.

"널리 배우며 자세히 물으며 신중히 생각하며 밝게 변별하며 독실히 행할 일이다. 배우지 아니함이 있을지언정 배울 바엔 능숙해지지 않고서는 그만두지 아니하고, 생각하지 아니함이 있을지언정 생각할 바엔 얻지 않고서는 그만두지 아니하고, 행하지 아니함이 있을지언정 행할 바엔 독실하지 않고서는 그만두지 아니하며, 남이 한 번에 능하거든 나는 백 번을 하고 남이 열 번을 하거든 나는 천 번에 할 일이다. 과감히 이 도를 능히 해낸다면 비록 우매한 것이라 해도 반드시 영민하게 될 것이오. 유약하더라도 강의(剛毅)하게 될 것이다."

伯 仲 之 勢
맏 백　버금 중　의 지　형세 세

출전 위문제(魏文帝)의 〈전론(典論)〉

문의 우열을 가릴 수 없는 형세.

요점 어느 한쪽으로 승부가 기울지 않고 팽팽한 상태를 말함. 이를테면 힘이 비슷한 상태다.

해석 〈백중숙계(伯仲叔季)〉라는 말이 있다. 이것은 형제의 순서를 나타내는 말이다. 백은 장형이고, 중은 다음 형, 숙은 그 다음이고, 계가 막내 동생이다. 예를 들어 우리가 자주 쓰는 말 중에 삼촌(三寸)에 해당하는 경우를 보자. 아버지의 형은 백부(伯父)지만 그 아래 삼촌은 숙부(叔父)라 한다.

고사 한(漢)나라 시대의 대문장가인 부의(傅毅)와 반고(班固)는 실력이 비슷하여 우열을 가리기 힘들었다. 〈전론(典論)〉은 당시의 작가들을 평한 것이었는데, 그 가운데에 문제(文帝)는 '부의지어반고 백중지간(傅毅之於班固 伯仲之間)'이라 하였다. 부의와 반고는 어느 한쪽으로 실력이 쏠리지 않고 막상막하이기 때문에 우열을 가리기 힘들다는 뜻이다.

다시 말해 문제는 실력이 어느 한쪽으로 기울지 않았다는 것을, 형제의 눈으로 비교하여 나타낸 것이다.

자원 ●伯(맏 백 ; 人部 5획, 총 7획. chief) : 벼슬 이름 백, 백부 백, 형 백, 세간 백.

●仲(버금 중 ; 人部 4획, 총 6획. medium) : 가운데 중, 악기 이름 중, 중개 중.

● 之(의 지; ノ部 3획, 총 4획. this) : 갈 지, 이를 지, 이 지. 풀의 싹이 땅으로부터 솟아나는 모습.

● 勢(형세 세; 力部 11획, 총 13획. power) : 권세 세, 기세 세.

● 伯氏(백씨) : 남의 맏형을 이르는 말 ● 伯兄(백형) : 맏형 ● 仲冬(중동) : 겨울이 한창 ● 仲父(중부) : 둘째 아버지 ● 仲商(중상) : 음력 8월 ● 勢所固然(세소고연) : 일의 형편이 그럴 수밖에 없음 ● 勢焰(세염) : 불꽃 같은 기세 ● 勢威(세위) : 기세와 위엄

참조 L.A. 세네카는 〈분노에 대하여〉라는 글에서 '비교'에 대해 말한 적이 있다. 사람들은 자기의 것을 남의 것과 비교하는 데에서 즐거움을 느낀다 했다. 다른 사람이 보다 더 행복하다는 것을 갖고 괴로워한다는 것이다. 물론 그 사람은 행복할 수가 없다. 《근사록》에 이런 말이 있다.

"글을 쓰는 것은 도를 해치게 됩니까? 그렇지 않습니까?"

"도를 해치게 된다. 대개 글을 쓰는데 외곬으로 마음을 쏟지 않으면 공교로운 문장을 만들지 못한다. 그렇다고 글에만 애오라지 정신을 쏟는다면 정신의 범위는 글에만 국한된다. 이렇게 된다면 정신이 어찌 위대하다 할 수 있으리."

그런 점에서 글이란 사부(詞賦)를 잘 짓던 사마상여처럼 기의 관대와 비슷한 것이라 하였다.

☞ 驚神泣鬼(경신읍귀) : 매우 비장한 글은 귀신을 감동시킨다.

☞ 計較錙銖(계교치수) : 조그만 일을 재어 보고 비교함(안씨가훈 〈치가편〉).

☞ 莫上莫下(막상막하) : 어느 것이 위이고 어느 것이 아래인지 구별할 수 없을 때 쓰는 말.

☞ 難兄難弟(난형난제) : 누구를 형이라 하고 누구를 아우라 해야 할지를 모름. 우열을 가리기 힘이 듦(《세설》).

不入虎穴

아니**불** 들**입** 범**호** 굴**혈**

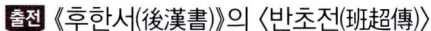

출전 《후한서(後漢書)》의 〈반초전(班超傳)〉
문의 호랑이 굴에 들어가야 호랑이 새끼를 잡는다.
요점 일단의 모험을 하지 않는 한 아무것도 얻을 수 없다는 뜻.

고사 반초는 후한 초기의 문인이다. 그의 형 반고(班固)는 《한서》를 집필하였고, 누이동생 반소(班昭)도 뛰어난 문장가였다. 그는 문필가의 집안에 태어났으나 흉노가 득세하자 원정군 사령관 두고를 따라 서역에 사자로 파견되었다.

이때 그와 동행한 병사의 수효는 고작 서른여섯 명이었다. 그들이 신선국에 도착했을 때 처음엔 대접이 융숭했으나 차츰 소홀해졌다.

그것은 흉노국 사자가 신선국의 왕에게 압력을 넣었기 때문이었다.

"이대로 시일이 흐르면 필경 신선국 왕은 우리를 잡아 흉노에게 넘길 것이다."

그 동안 흉노의 압박에 지친 신선국 왕을 생각한다면 얼마든지 일어날 수 있는 흉칙한 가상이었다. 반초는 동행한 관원들을 불러 은밀히 계책을 강구했다.

"호랑이 새끼를 잡으려면 호랑이 굴에 들어가야 한다. 지금 당장 흉노족 사자를 죽이지 않는다면 우리의 생명은 물론 서역이 저들의 손에 들어갈 것이다."

반초는 그날 밤 수행원들과 함께 흉노의 사자가 묵고 있는 숙소를 급습하여 서른 명의 사자와 수행원들을 죽여 버렸다. 소식을 들은 신선국 왕은 한

나라에 복종하겠다고 맹세를 하였다.

자원 ●不(아니 불;一部 3획, 총 4획. not) : 뜻을 정하지 않을 부.
●入(들 입;入部 총 2획. enter) : 넣을 입, 드릴 입.
●虎(범 호;虍部 2획, 총 8획. tiger) : 범 호.
●穴(굴 혈;穴部 총 5획. hole) : 웅 혈, 틈 혈.

어의 ●不顧(불고) : 돌아보거나 돌보지 않음 ●不屈(불굴) : 뻗대고 굽히지 아니함 ●不悉(불실) : 편지 끝에 쓰는 말 ●入閣(입각) : 내각 조직의 일원으로 참가함 ●入滅(입멸) : 죽음 ●入會(입회) : 어떤 회에 가입하여 그 회의 회원이 됨 ●虎牙(호아) : 호랑이의 이빨 ●虎列剌(호열자) : 콜레라 ●虎患(호환) : 범이 사람·가축에게 끼치는 해 ●穴居(혈거) : 동굴에 삶 ●穴見(혈견) : 좋은 식견 ●穴鼻(혈비) : 토끼의 다른 이름

참조 이후 반초는 계속하여 우전과 소록을 평정하고 천산남로(天山南路)의 여러 나라를 복속시켰다. 이렇게 하여 왕망이 쇠한 이래 65년간이나 끊겼던 서역과의 교통이 부활되었다.

⇨ 다음은 까뮈의 〈비망록〉에 있는 말이다.

위대한 영혼을 소유한 자는 다만 절망을 알고 나서 모험적인 행동에 들어갈 뿐이다.

⇨ 앙드레 지드는 이렇게 말했다.

"나는 내 운명에 대해 나서련다. 모험, 그 얼마나 아름다운 말인가. 내게 다가오는 것들, 나를 기다리는 그 희한한 것들을 향해 나서련다."

☞ 入火拾栗(입화습률) : 불 속에 들어가 밤을 줍는다는 뜻. 작은 이익을 위해 큰 모험을 무릅쓴다는 말.

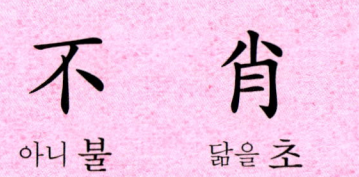

不 肖
아니 불   닮을 초

출전 《맹자(孟子)》의 〈만장편 상(萬章篇 上)〉

문의 닮지 않았다.

요점 아버지를 닮지 않아 현명하지 못하고 어리석음.

고사 《맹자》의 〈만장편〉에 이런 대화가 나온다.

만장(萬章)이 물었다.

"요 임금이 천하를 순 임금에게 주었다는 것이 사실입니까?"

"아니다. 천자는 천하를 남에게 주지 못한다."

"순이 천하를 차지한 것은 누가 준 것입니까?"

"하늘이 준 것이다."

"하늘이 주었다는 것은 하늘이 천하를 주라고 이리저리 명령을 한 것입니까?"

"아니다. 하늘은 말을 하지 않는다. 행동과 일로써 그 뜻을 보여줄 뿐이다."

그 전으로 거슬러 올라가면 순(舜)이 섭정으로 요(堯) 임금을 28년 동안이나 도왔었다. 그러나 그것은 사람이 하는 일이 아니라 하늘이 시킨 것이라고 맹자는 말한다.

요 임금이 죽고 3년상을 치른 후 순은 요 임금의 아들을 피해 남하(南河)의 남쪽으로 갔다. 사람들은 요 임금의 '불초한 아들(단주)'에게 가지를 않고 순에게 갔다. 또한 소송을 하는 사람들은 요 임금의 아들한테 가지를 않고 순에게 갔다. 만약 요 임금이 돌아가셨을 때에 군왕의 자리에 순이 올랐다면 그것은 하늘이 준 것이 아니고 찬탈이라고 맹자는 설명을 마쳤다.

자원 ● 不(아니 불;一部 3획, 총 4획. not) : 뜻을 정하지 않을 부.
● 肖(닮을 초;肉部 3획, 총 7획. similar) : 작을 초, 같지 않을 초.

어의 ● 不可能(불가능) : 할 수 없음 ● 不及(불급) : 미치지 못함 ● 不仁(불인) : 어진 마음이 없음 ● 肖似(초사) : 매우 닮음 ● 肖像(초상) : 사람의 얼굴이나 모양을 그림

참조 ⇨ 《맹자》에 있는 말이다.

닭이나 개를 잃었다고 가정해 보자. 별 게 아니다. 그러나 그것이 없어지면 기를 쓰고 찾는다. 그런데 사람에게 없어서는 안 될 올바른 마음이 욕심이라는 괴물에게 쫓기기 시작하면 이것을 다시 불러들이려는 노력을 하지 않는다. 그러므로 학문을 하는 길은 다른 데에 있는 것이 아니다.

물질적인 것으로부터 달아나 버린 우리 본연의 마음을 불러들이는 것이 무엇보다 중요하다.

맹자는 위와 같은 점을 무수히 지적했다. 손가락 하나가 구부러져 붙은 것은 일을 하는 데 조금도 지장이 없다. 그러나 이것을 펴는 사람이 있다면 천 리 길을 멀다 않고 찾아간다. 그러나 마음이 구부러 붙으면 사람이 사람 구실을 못한다. 그런데 대다수의 사람들은 구부러진 마음을 고쳐 준다면 화를 낸다. 어느 것이 중하고 어느 것이 그렇지 않은지를 모르기 때문이다.

또한 세상 사람들은 부귀와 영달을 꾀하기 위해 남이 보이지 않은 곳에서 온갖 추태를 부린다. 스스로는 남이 보지를 않았다고 하여 자신의 출세를 자랑으로 여길지 모른다. 그러나 출세를 하기까지의 전 과정을 그 가족이 안다면 서로 손을 잡고 통곡을 할 것인가? 아무래도 없다는 것이 맹자의 판단이다. 오늘의 부귀한 사람들이 집에 들어오면 큰소리를 낸다.그러면서도 남이 보면 자신이 가장 거룩한 체한다는 섯이다.

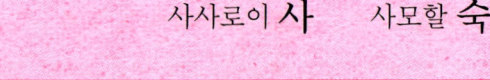

私 淑

사사로이 **사**　　사모할 **숙**

출전 《맹자(孟子)》의 〈이루편하(離妻篇下)〉

문의 개인적으로 배움.

요점 옛사람의 어진 덕이나 학문을 직접 가르침을 못 받아도 그 사람을 표본으로 하여 자신의 인격을 수양하는 것.

고사 맹자는 제나라의 남쪽에 위치한 노나라 근방에서 태어났다. 그는 공자의 손자인 자사(子思)의 제자가 되어 유학(儒學)을 배웠는데, 그는 왕도정치(王道政治)를 내세웠다. 왕도정치의 핵심은 인(仁)과 의(義)였다. 인은 사랑을 뜻하고, 의는 정의다.

맹자는 인의 사상과 왕도정치의 기본을 인민에게 두었다. 최초로 인민이라는 말을 쓴 것도 맹자였다. 인민의 의사에 반대하여 정치하는 사람은 왕으로서의 정치를 상실한 것으로 당연히 갈아치워야 한다는 논지다. 이러한 맹자가 공자를 그리워하며 말한 것이다.

"군자가 끼친 덕은 다섯 대에 끊어지고, 소인이 끼친 은덕도 마찬가지다. 나는 비록 공자님의 제자가 되지 못하였지만 이를 통하여 사숙(私淑)하였다."

자원 ●私(사사로이 사;禾部 2획, 총 7획. private) : 사사 사, 나 사, 간사할 사.
●淑(사모힐 숙;水部 8획, 총 11획. love) : 착할 숙, 합할 숙.

어의 ●私計(사계) : 자기 혼자의 계획 ●私沓(사답) : 개인 소유의 논 ●淑景(숙

경) : 좋은 봄 경치 ●淑湫(숙추) : 쓸쓸함

참조 한 세대를 30년으로 치면 다섯 세대는 150년이다. 군자나 소인이 끼친 은덕은 150년에서 막을 내린다는 말이다.

⇨ 맹자는 말한다.

"도가 아니면 한 그릇 밥도 남에게 받아서는 안 된다. 만일 도라면 순(舜)이 요(堯)의 천하를 받아도 과하다고는 않는다."

위의 말은 그렇다. 정당한 방법이 아니라면 아무리 작은 것이라도 받아서는 안 된다는 것이다. 물론 그럴 만한 이유가 있다면 순임금이 요 임금에게서 천하를 받았어도 그것이 지나치다고 말할 사람은 없다는 것이다. 이 말은 맹자가 제자인 팽갱(彭更)에게 한 말이다.

어느 날 팽갱은 맹자의 생활 방식에 대해 의문을 가지고 그런 질문을 했었다. 그는 하는 일이 없이 수십 개의 수레에 제자와 몰려다니며 제후(諸侯)의 신세를 지는 것이 잘못된 것이 아닌가 하는 의문이었다. 이 점에 대해 맹자는 자신을 변호한다.

"농사꾼이나 미장이가 노동을 하고 생활하는 것과 마찬가지로 나 역시 인의와 도덕을 전파하고 그것을 지도하고 다닌다. 그러므로 제후들에게 그 정도의 대접을 받는 것은 전혀 무리가 아니다."

이를테면 맹자는 자신의 사상을 전파한 대가로 그만큼의 대접을 받는다고 생각한 것이다.

⇨ 맹자는 말한다.

"백성이 귀하고 사직이 그 다음이며, 군왕은 가볍다."

맹자의 민본사상(民本思想)을 여실히 드러내게 하는 대목이다.

천자의 신임을 아무리 받아 보아야 제후밖에 더 되지 않는다. 또한 제후의 신임을 받아 보아야 대신밖에 더 되겠는가. 그러나 백성의 신임을 받으면 천자가 될 수 있다고 맹자는 강변한다.

"백성의 소리가 하늘이다."

하늘의 뜻을 알려거든 민의가 어디에 있는지를 아는 게 중요하다.

喪 家 之 狗
초상 상　집 가　의 지　개 구

출전 《사기(史記)》의 〈공자세가〉

문의 상갓집 개.

요점 초라한 모습으로 먹을 것을 찾아 이쪽저쪽으로 헤매는 사람.

고사 공자가 노나라의 법무장관으로서 선정에 힘을 기울였으나 끝내 삼환씨(三桓氏)와 뜻이 맞지 않아 그곳을 떠나야 했다. 이로부터 공자는 십수 년 동안 위(衛)·조(曹)·송(宋)·정(鄭)·진(陳)·채(蔡) 등을 떠돌며 그의 이상 정치를 실현시킬 곳을 물색하였다.

공자가 정나라에 갔을 때였다. 우연한 일로 제자들과 길이 어긋나 헤어지게 되었다. 공자는 동문 앞에 우두커니 서서 제자들이 찾아오기만을 기다렸다. 그 모습을 길 가던 정나라 사람이 보았는데, 공자의 제자들이 묻자 이렇게 대답했다.

"글쎄, 그 사람이 당신네 스승인지 어쩐지는 모르겠소이다만 이마는 요(堯) 임금과 비슷하고, 목덜미는 고요(순과 우를 섬긴 어진 재상)씨 같았고, 어깨는 자산(공자보다 먼저 나온 정나라의 재상)을 닮았습디다. 그러나 허리께에서 그 아래로는 우에 미치지 못함이 세 치가 되고, 지쳐 있는 모습이 영락없이 상갓집의 개와 같습디다."

"그래요? 그렇다면 틀림없는 우리 스승님이십니다."

제자들이 동문으로 달려가니 과연 거기에는 공자가 있있다. 제자 중 한 사람이 정나라 사람의 말을 공자에게 전했다. 빙그레 웃은 공자가 이렇게 말했다.

"모습에 대한 비유를 전부 옳다고 할 수는 없다. 그러나 나를 상갓집의 개라고 한 것만은 적절한 표현 같구나."

공자는 이렇게 떠돌아다녔지만 그를 인정해 주는 군주를 만나지는 못했다. 흉중에 품고 있는 사상을 온전히 펼치지도 못한 채 마치 상갓집 개처럼 천하를 떠돌아다니다 노나라로 돌아갔다.

자원 ●喪(초상 상;口部 9획, 총 12획. lose):죽을 상, 없어질 상.
●家(집 가;宀部 7획, 총 10획. house):가문 가, 남편 가, 속 가.
●之(의 지;丿部 3획, 총 4획. this):어조사 지.
●狗(개 구;犬部 5획, 총 8획. dog):강아지 구.

어의 ●喪家(상가):사람이 죽은 집 ●喪笠(상립):방갓 ●喪失(상실):잃어버림 ●家故(가고):집안에 생기는 탈 ●家基(가기):집터 ●家內(가내):집안 ●狗膽(구담):개의 쓸개 ●狗肉(구육):개고기 ●狗皮(구피):개가죽

참조 이규보가 쓴 〈바둑 시〉 한 편을 음미해 보자.

봄날의 따사로움이 길기도 해라
적수 만나 한 판의 승부 있을 법한데
싸움에 진 것이야 높은 수 때문이지
한 번 패하였기로 영욕조차 잊겠는가
왕강의 야화세를 반드시 보이리니
도개(到漑)의 풍추(風椎)를 이루지 마시오
이번에야 그대는 항복의 기를 들리라
진나라 원수 갚듯 벼르고 또 벼르네

위의 시에 나오는 도개라는 이는 양무제 때의 바둑 고수였다. 별명이 '상갓집 개'와 '바람에 매달린 방망이'였다.

先 入 見
먼저 선　　들 입　　볼 견

출전 《한서(漢書)》의 〈식부궁전(息夫躬傳)〉
문의 먼저 들어온 생각.
요점 고정관념으로 인해 다른 의견을 받아들이지 않음.

고사 한(漢)나라 애제(哀帝) 때에 식부궁이라는 변사(辯士)가 있었다. 세 치 혀를 놀려 난제를 해결하는 일가견이 있었으므로 이쪽저쪽에 여러 가닥의 줄을 가지고 있었다. 그는 애제의 장인인 공향후(孔鄕候) 부안(傅晏)과는 동향이었다. 그러다 보니 교제하는 인물들의 범위가 넓었다. 어느 날 애제에게 열변을 토했다. 그것은 머지않아 흉노가 침입해 올 것이라는 심상치 않은 발언이었다.

한(漢)무제 이래 흉노들은 조정의 골칫거리였다. 그러다 보니 애제로서는 바짝 긴장할 수밖에 없었다. 즉시 승상 왕가(王嘉)를 불러 상의했다. 안절부절못하는 애제와는 달리 왕가는 냉담한 어조로 말문을 열었다.

"폐하, 이는 전혀 근거 없는 낭설입니다."

"그게 무슨 말인가, 낭설이라니?"

"무릇 정치를 하는 사람은 아첨하는 말, 부정하고 음험한 말, 귀가 간지러울 정도로 듣기 좋은 말 등을 조심해야 합니다. 이러한 말은 군왕의 덕을 깨고 아랫사람으로 하여금 원한을 갖게 하며 정도(正道)를 파괴하며 군왕의 은혜를 손상시킵니다."

애제는 눈을 가늘게 뜨고 듣고 있었다.

"폐하, 그 옛날 진(秦)나라 목공(穆公)은 백리혜의 주장을 물리치고 정나라를 치려 한 까닭에 효(殽)에서 대패하고 말았습니다. 이후로는 입살이 가벼운 자들을 멀리하고 정도만을 말하는 자를 가까이 한 덕분으로 좋은 군주가 되었습니다. 폐하, 폐하께오서도 부디 허튼소리에 귀가 말리는 일이 없도록 하시옵소서!"

"당치 않는 소리, 그만 물러가라!"

애제는 왕가의 말을 듣지 않았다. 그러나 얼마 후에 식부궁의 말이 거짓이라는 것을 알고 그를 잡아넣어 옥사(獄死)시켰다.

자원 ● 先(먼저 선 ; 儿部 4획, 총 6획. previous) : 비로소 선, 앞선 선, 이를 선.
● 入(들 입 ; 入部 총 2획. enter) : 넣을 입, 드릴 입, 빠질 입.
● 見(볼 견 ; 見部 총 7획. see) : 만나 볼 견, 당할 견.

어의 ● 先覺(선각) : 남보다 먼저 깨달음 ● 先考(선고) : 돌아가신 아버지 ● 先山(선산) : 조상의 무덤이 있는 곳 ● 入學(입학) : 학교에 들어감 ● 入納(입납) : 편지를 드린다는 뜻 ● 入丈(입장) : 장가를 들음 ● 見孚(견부) : 남에게 신용을 받음 ● 見失(견실) : 잃음을 당함 ● 見地(견지) : 사물을 보는 입장

참조 ⇨ 선입견(先入見)은 선입지어(先入之語)·선입주(先入主)·선입관(先入觀)이라고도 쓴다.

⇨ 무념무상(無念無想)이라는 말이 있다. 아무것도 마음에 와닿지를 않고 아무것도 생각나지 않는다는 뜻이다. 사람은 목석이 아닌 이상 글자 그대로 무념무상의 경지를 터득하려고 해도 뜻대로만은 되지 않는다. 만약 글자 그대로 아무것도 마음에 담지를 않고 아무것도 생각지 않는다면 그것은 스스로 나무나 돌이 되어 버리기 마련이다. 우리는 어떠한 생각이 들어오는 것을 막을 도리는 없다. 중요한 것은 쓸데없이 떠오른 좋지 못한 생각들을 마음에 담아 두지 말고 물처럼 흘려 버리어 마음을 깨끗이 해 두는 것이 좋다. 《채근담》에 있는 말이다.

首 丘 初 心
머리 **수** 언덕 **구** 처음 **초** 마음 **심**

출전 《예기(禮記)》의 〈단궁상편(檀弓上篇)〉
문의 여우가 죽을 때엔 자기가 살던 곳을 향해 머리를 둔다.
요점 근본을 잊지 않음.

고사 주나라의 문왕과 무왕을 도와 패업을 이룬 태공망(太公望) 여상(呂尙). 그는 제나라 왕에 봉해졌으나 계속하여 주나라 황실을 맡아 보다가 죽었다. 그는 주나라 땅에 묻혔기 때문에 그의 후손들은 계속적으로 주나라 땅에 보내져 묻히게 되었다. 이러한 인정이 예악의 도였다.

《예기》에 의하면 음악은, 사람이 태어날 수 있었던 본원(本源)에서 비롯된다고 하였다. 이를테면 선조에게 감사하고 생활을 즐기는 데서 비롯된다는 것이다.

순(舜) 임금은 자기의 왕업이 요(堯)의 덕을 입은 것을 즐거워하여 그 악(樂)의 이름을 대소(大韶)라 하였으며, 우(禹)는 자신의 왕업이 홍수를 잘 다스려 중국의 땅을 넓혔다 하여 그 악의 이름을 대하(大夏)라 하였다.

이러한 것은 모두가 본원(本源)을 잊지 않은 것이라 하였다. 그리고 여우가 죽을 때에 자기가 살던 굴이 있던 곳으로 머리를 똑바로 하는 것은, 비록 짐승이지만 근본을 잊지 못하는 본능적인 행동이라는 것이다. 이것을 사람에게 견주면 인(仁)에 적합하다는 것이다. 다시 말해 태어난 자리로 돌아가려는 본능적인 행위는 사람이나 짐승이나 다를 바 없다는 것이다.

자원 ●首(머리 수;首部 총 9획. head) : 먼저 수, 비롯할 수, 임금 수.

● 丘(언덕 구 ; 一部 4획, 총 5획. hill) : 구릉 구.

● 初(처음 초 ; 刀部 5획, 총 7획. beginning) : 근본 초, 이전 초, 맨 앞 초.

● 心(마음 심 ; 心部 총 4획. mind) : 가운데 심, 염통 심, 근본 심.

● 首尾(수미) : 일의 처음과 끝. 머리와 꼬리 ● 首府(수부) : 서울 ● 首唱(수창) : 앞장 서서 주창함 ● 初耕(초경) : 논밭을 애벌로 갈음 ● 初面(초면) : 처음으로 대하여 봄 ● 初昏(초혼) : 땅거미가 질 무렵 ● 心理(심리) : 정신 상태 ● 心腹(심복) : 가슴과 배 ● 心血(심혈) : 심장의 피, 마음껏

참조 ⇨ 세계의 철강왕 카네기가 소년 시절에 피츠버그에서 전보 배달부를 하였다. 배달 지역의 지도와 상점의 이름이 기억나지를 않아 밤에는 집에 가서 그것들을 외웠다. 그 즈음 가끔 전보를 쳐서 전신국에 들리는 펜실베이니아의 철도 회사 중역 토마스 스코트가 이 소년에게 좋은 감정을 가지고 물었다. 카네기는 자기가 스코틀랜드 사람이라고 하자 토마스는 자신의 동향임을 알고 그를 자기 회사의 사원으로 채용하여 여기에서 착실히 돋음하여 성공의 발판을 쌓았다.

⇨《사문유취(事文類聚)》에 이런 얘기가 있다. 당나라 때에 적인걸(狄仁傑)이 태행산(太行山)에 올랐을 때의 일이다. 그는 멀리 흰 구름을 바라보며 말했다.

"저 구름 밑에 우리 부모의 집이 있을 것이다."

고향을 그리워하는 지극한 마음이다.

☞ 故山終勝他山好(고산종승타산호) : 지극한 애향심.

☞ 越鳥巢南枝(월조소남지) : 남쪽에서 온 새는 언제나 고향 가까운 곳에 앉아 있다. 고향을 잊기 어려움을 비유하는 말.

實 事 求 是
참실 일사 구할구 옳을시

출전 《한서(漢書)》
문의 참다운 일과 옳은 것을 찾음.
요점 사실을 토대로 진리를 구함.

해석 진리를 등불로 하고, 진리를 의지할 곳으로 하라. 다른 것을 의지하지 말라는 것이 석가(釋迦)의 말이다. 공자 역시 《논어》에서 '사람이 도를 넓히는 것이지, 도가 사람을 넓히는 것은 아니다'라고 했다(人能弘道 非道弘人). 이것은 진리를 위해 인간이 있는 것이 아니라, 인간을 위해 진리가 있다는 뜻이다.

고사 〈하간헌왕덕전(河間獻王德傳)〉에 있는 말이다.
"학문을 닦아 옛것을 좋아하며 일을 참되게 하여 옳은 것을 찾는다(修學好古 實事求是)."
여기에서 말하는 '실사구시' 운동은 새로운 의미의 학문하는 자세를 뜻한다. 청대 고증학의 학문 방법론인 실사구시는 경전의 일자일구(一字一句)에 대해 정확한 훈고를 하는 것을 주로 한다. 즉, 한·명대(漢·明代)의 훈고학풍과 비슷한 경향을 지닌다는 말이다.

자원 ● 實(참 실 ; 宀部 11획, 총 14획. fruit) : 열매 실, 넉넉할 실, 실상 실.
● 事(일 사 ; 亅部 7획, 총 8획. work) : 일삼을 사, 섬길 사, 벼슬 사.
● 求(구할 구 ; 水部 2획, 총 7획. get) : 구걸할 구, 찾을 구.

●是(옳을 시 ; 日部 5획, 총 9획. this) : 바를 시, 곧을 시, 이 시.

●實家(실가) : 자기가 난 집 ●實證(실증) : 확실한 증거 ●事煩(사번) : 일
이 많아 번거로움 ●事績(사적) : 이루어 놓은 일 ●求心(구심) : 중심으로 향하
여 쏠리는 힘 ●求解(구해) : 양해를 구함 ●是日(시일) : 이날 ●是正(시정) : 잘
못된 것을 바르게 고침

우리나라에서는 조선 후기에 김정희(金正喜)의 실사구시론이 유명하다.
　"실사구시라는 것은 학문을 하는 데 가장 요긴한 방법이다. 만약에 실사
(實事)를 일삼지 않고 공소한 학술만을 편히 여긴다면, 또한 그 옳음을 구하
지 않고 옛사람들의 말만을 위주로 한다면 그것은 성현의 도에 배치된다."
　실사구시는 청조 때의 양명학(陽明學)에 대한 반동으로 일어났는데, 훗날
실학(實學)이란 학파를 낳았다.
　⇨《탈무드》에는 다음 같은 말이 있다.
　"학문이 있고 그 위에 신을 사랑하는 사람은 누구를 닮았을까? 그는 연장
을 든 명공(名工)과 같다. 학문은 있으나 그 마음이 신의 사랑으로써 채워져
있지 않은 사람은 연장이 없는 공인(工人)과 같다. 신을 사랑하고는 있으나
학문을 돌보지 않는 사람은 연장을 가지고 있으나 일을 돌보지 않는 공인과
같다."
　⇨《순자》는 말한다.
　"상학(上學)은 신으로 듣고, 중학(中學)은 마음으로 듣고, 하학(下學)은 귀
로 듣는다."
　최상의 학문하는 태도는 정성들여 듣고, 그 다음이 그것을 마음에 새기
고, 가장 나쁜 것은 귀에 담는 것이라 했다. 그런가 하면《서경(書經)》에는,
"먹줄에 따르면 똑바로 된다"고 하였다. 아무리 삐뚤어진 나무도 먹줄을 그
어 깎으면 똑바로 된다. 사람도 배움으로써 행위를 올바르게 할 수 있다는
것이다.

仰 天 大 笑
우러러볼 **앙** 하늘 **천**   큰 **대**   웃음 **소**

출전 《십팔사략(十八史略)》

문의 하늘을 우러러 크게 웃음.

요점 당치 않은 생각이나 행동을 보고 어이없어 크게 웃음.

고사 제(齊)나라의 위왕(威王)이 실정하자 주위의 나라들이 공격해 왔다. 급기야 왕 8년에 초나라의 군사가 쳐들어왔다.

"조나라에 사신을 보내야 합니다."

"적임자가 누군가?"

"순우곤이라 봅니다."

왕은 곧 순우곤으로 하여금 조나라에 사신으로 다녀올 것을 청했다.

"선생께서 그리해 주신다면 사례는 충분히 할 것입니다."

"예물은 얼마나 준비했습니까?"

"금 백근(百斤)과 말 네 필을 준비했습니다."

그 말을 듣는 순간 순우곤은 하늘을 향해 크게 웃음을 터뜨렸다.

영문을 모르겠다는 표정으로 왕이 물었다.

"어찌 웃으십니까?"

순우곤이 웃음을 그쳤다. 그는 왕의 얼굴을 물끄러미 바라보았다.

"어찌 그러시오, 예물이 적어서 그러십니까?"

순우곤은 그 말에 대답을 하지 않고 말 꼬리를 돌렸다.

"신이 입궐을 할 때 보았더니 길 가에서 농사가 잘 되라고 빌고 있는 농부를 보았습니다."

"그런데요."

"신이 언뜻 보았더니 그 농부는 돼지 발굽 하나와 술 한 병을 놓고 빌고 있었습니다. 비록 좋지 않은 땅이지만 곡식 그릇에 가득하게, 수레가 넘치도록 오곡이 잘 되어 수확이 넘치기를 바라는 것입니다."

순우곤은 한 호흡을 가다듬고 뒷말을 이었다.

"신이 보기에 그렇습니다. 신에게 올리는 제물은 빈약하기 이를 데 없는데, 원하는 것은 너무 크지 않습니까. 너무 어이없다는 생각에 웃음이 터져 나왔습니다."

왕은 그제야 금 천 근과 흰 구슬 십상과 거마 백사를 예물로 내놓았다.

자원 ●仰(우러러볼 앙;人部 4획, 총 6획. respect) : 사모할 앙, 의뢰할 앙.
●天(하늘 천;大部 1획, 총 4획. heaven) : 만물의 근본 천, 조물주 천.
●大(큰 대;大部 총 3획. large) : 지날 대, 길 대.
●笑(웃음 소;竹部 4획, 총 10획. laugh) : 웃음 소.

어의 ●仰見(앙견) : 우러러봄 ●仰婚(앙혼) : 자기보다 문벌이 높은 사람과 결혼하는 것 ●天良(천량) : 타고난 선한 마음 ●天命(천명) : 하늘의 명령, 혹은 운명 ●大忌(대기) : 크게 꺼림 ●大吉(대길) : 매우 길함 ●笑談(소담) : 농담 ●笑話(소화) : 우스운 이야기

廬 山 眞 面

농막집 려(여) 산 산 　 참 진 　 얼굴 면

출전 소식(蘇軾)의 시
문의 여산의 진면목.
요점 사물의 진상이나 속셈을 알 수 없을 때 이르는 말.

고사 여산(廬山)은 중국의 강서성 구강시(九江市)의 성자현(星子縣) 서북쪽에 자리 잡은 산이다. 양자강과 파양호 사이를 잇고 있으며, 주위는 2백 리에 이른다. 가장 높은 봉우리가 고우령(牯牛嶺) 위의 한양봉이다. 해발 1,500미터에 달하며, 형세가 웅장하고 주변 경치가 크게 뛰어났다.

주(周)나라 무왕(武王) 때에 광속(匡俗)이라는 은자(隱者)가 이 산에 은거하고 있었다. 몇 간 안 되는 모옥을 짓고 신선이 되는 술법을 익히는 중이었다. 주무왕이 사신을 보내 그를 맞아 중임하려 했으나 그의 행방이 묘연했다. 인적은 자취 없고 몇 간의 초옥만이 남아 있었다.

그런 이유로 당시 사람들은 이 산을 광려(匡廬)·광려산(匡廬山)·또는 여산(廬山)이라 불렀다. 이곳에는 백록동(白鹿洞)·묵지(墨池)·옥연(玉淵)·빙천(氷泉) 등 명승고적이 많다.

이 산봉우리는 오로(五老)와 향로(香爐) 봉이 유명하다. 샘으로는 삼첩천(三疊泉)이 있는데, 물맛은 기이할 정도로 뛰어나다. 또한 동림사에서 사르는 향 내음이 온 산에 진동할 만큼 강렬한 향내를 풍긴다.

고우령의 풍취는 한마디로 신선계다. 여름에는 평균 기온이 화씨 75도이다 보니 가장 이상적인 피서지로 손꼽힌다. 여산에는 일 년 열두 달 짙은 안개로 덮이어 실제의 모습을 분별할 수 없는 게 안타까운 일 중의 하나다.

송나라 때에 문호 소식은 여산을 한 번 돌아보고 산의 깊은 정취에 취하여 아름다운 시를 썼다.

가로 보면 재를 이루고 가까이 봉우리를 이뤘네(橫看成嶺側成峯)
멀고 가까움 높고 낮음이 저마다 다르고(遠近高低各不同)
여산의 참모습을 알 수 없음은(不識廬山眞面目)
이 몸이 산 중에 묻혀 있기 때문이로다(只緣身在此山中)

여산은 항상 안개 속에 묻혀 있기 때문에 그것이 재인지 구름인지 알 수 없다는 것이다.

자원 ●廬(농막집 려(여);广部 16획, 총 19획. farmer's hut) : 오두막 려(여)
●山(산 산;山部 총 3획. mountain) : 뫼 산.
●眞(참 진;目部 5획, 총 10획. true) : 진실할 진, 바를 진.
●面(얼굴 면;面部 총 9획. face) : 앞 면, 향할 면.

어의 ●廬幕(여막) : 무덤 가까이에 지은 초막(草幕) ●山家(산가) : 산 속에 있는 집 ●山氣(산기) : 산에 낀 운기(雲氣) ●眞價(진가) : 참된 값어치 ●眞心(진심) : 참된 마음 ●面鏡(면경) : 얼굴을 비치는 작은 거울 ●面接(면접) : 직접 대함

참조 참조 한 눈으로 분간할 수 없는 여산의 진면목. 두터운 구름 속에 가리운 채 제 모습을 드러내지 않은 모양은 영락없이 진실을 드러내지 않은 사람들의 마음에 비유된다.
☞ 一心可以事百君(일심가이사백군) : 신하는 진실만 있으면 백군(百君)을 섬길 수 있다는 뜻.

令 尹 子 文

법령 **영** 벼슬아치 **윤** 아들 **자** 글월 **문**

출전 《논어(論語)》
문의 자문이 영윤(벼슬이름) 자리에 오르다
요점 어느 자리에 있든 동요가 없다, 진정한 인(仁)이란 무엇인가.

해석 인(仁)이라는 것은 먼저 고난을 겪고 난 뒤에 얻게 되는 것이다. 그래야만 인이라 할 수 있다고 했다. 그렇다면 지혜는 어떤 것인가? 남이 알아주지 않는 것을 근심하지 말고, 내가 남의 재능을 알아줄 만한 슬기가 없음을 근심하는 것이라 하였다.

고사 자장(子張)이 공자에게 물었다.

"초나라의 자문(子文)이 세 번이나 영윤(令尹) 자리에 올랐으나 기쁜 내색이 없으며, 세 번 파면을 당하였으되 원망하는 빛이 없이 구(舊) 영윤의 정사를 신(新) 영윤에게 보고하였으니 어떻게 생각하십니까?"

공자가 말했다.

"진실하다 말할 수 있다."

"그렇다면 인자라 할 수 있습니까?"

"그를 자세히 모르는데 어찌 인자라 단언하겠느냐."

"최자(崔子)라는 이가 제나라의 군주를 죽이자 진문자가 말 14두나 되는 가산을 버리고 떠났습니다. 다른 나라에 가서도 몹쓸 신하가 있음을 보고, 여기도 우리 대부 최자와 같다 하고 떠났습니다. 또 다른 나라에 가서도 마찬가지였습니다."

"그는 결백하다."

"그를 인자라 할 수 있습니까."

"그를 잘 알지 못하는데 어찌 인자라 할 수 있겠느냐."

공자는 널리 사랑하는 것을 인(仁)이라 하였다. 그렇다면 널리 사랑하는 사람을 인자라 할 수 있다. 또 지혜에 대해 공자는 말한다.

"남이 나를 속이리라 지레짐작할 것이 아니며, 남이 나를 믿지 않으리라 억측을 아니할 것이니 대저 그의 옳고 그름을 먼저 깨닫는 자가 슬기롭다."

자원 ●令(법령 영 人部 3획, 총 5획, law) : 하여금 령
●尹(다스릴 윤 尸部 1획, 총 4획, govern) : 미더울 윤, 바로잡을 윤
●子(아들 자 子部 총 3획, son) : 자식 자
●文(글월 문 文部 총 4획, letter) : 글 문, 글자 문

어의 ●令狀(영장) : 명령의 뜻을 기록한 서장 ●子正(자정) : 밤 12시 ●子婦(자부) : 며느리 ●文明(문명) : 인류가 물질적, 기술적, 사회적, 문화적 등등으로 이룩한 것 ●文體(문체) : 문장의 개성적 특성

참조 ⇨ 사마우(司馬牛)가 인(仁)에 대해 묻자 공자가 답했다.

"인자는 말함을 어려워한다."

"말함을 어려워함을 인자라 합니까?"

"행함이 어렵거늘 어찌 말이 어렵지 아니하랴."

⇨ 공자는 《논어》에서 이렇게 말했다.

"부와 귀를 사람마다 원하지만 부정으로 얻은 부귀를 탐하여선 안 된다. 빈천은 사람마다 싫어하나 도의적인 빈천이면 기피하지 아니한다.

군자가 인간애를 믿고 어찌 군자의 명예를 지키겠는가. 군자는 식사 중이라도 인을 어김이 없으니 혼란 시에도 인을 잊지 않고 환난 시에도 인을 생각하느니라."

그렇게 보면 아무리 어진 사람이라도 인이 없으면 바보와 같다. 그러나 어질게 살고 싶거든 힘을 길러야 함을 강조한다. 인이 불의에 이기는 것은 마치 물이 불에 이기는 것과 같기 때문이다.

吳 越 同 舟
나라 이름 **오** 월나라 **월** 같을 **동** 배 **주**

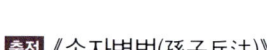

출전 《손자병법(孫子兵法)》

문의 오와 월나라 사람이 한 배를 타다.

요점 서로 원수처럼 지내는 사이나 좋지 않은 사람들이 한자리에 있게 한 것을 의미한다.

고사 《손자병법》은 전국시대의 손빈(孫臏)이 저자(著者)라고도 하나, 대부분의 기록에는 춘추전국시대(春秋戰國時代)에 오(吳)나라에 있던 손무(孫武)라고 밝힌다. 손무는 오왕 합려(闔閭)를 섬기며 초나라를 함락하고 제나라와 진(晉)을 격파하여 이름을 날렸다. 이렇듯 공을 세운 그의 병법은 한 마디로 금과옥조였다.

병(兵)을 쓰는 방법에는 아홉 가지가 있다고 했다. 특히 아홉 번째는 사지(死地)라고 한다. 귀에 익은 내용이지만 아주 흥미롭다. '죽기를 각오하고 싸우면 살아나는 길이 있고, 겁을 내면 망하고 마는 필사(必死)의 지(地)다.' 병을 여러 곳에 두고 싸울 때 어떻게 해야 하는가의 설명이다.

"용병을 잘하는 자는, 예를 들면 솔연(率然)과 같다. 솔연은 상산(常山)의 뱀이다. 목을 때리면 꼬리로 덤비고, 꼬리를 때리면 머리로 덤빈다. 병을 움직이는 것도 이와 마찬가지다. 오나라와 월나라 사람들은 옛날부터 원수 간이다. 그들은 백성들까지도 미워하고 있다. 그러나 오와 월의 사람이 함께 배를 타고 강을 건널 때에 바람이 불어와 배가 뒤집히게 됐다면 어찌해야 하는가? 둘은 당연히 평소의 감정을 잊고 서로 도와야 한다."

오월동주란 여기에서 나왔다.

●吳(나라 이름 오 ; 口部 4획, 총 7획. Country name) : 큰소리할 오, 성 오.
●越(월나라 월 ; 走部 5획, 총 12획. State of Yue) : 넘을 월, 건널 월. 뛸 월, 떨어질 월.
●同(같을 동 ; 口部 3획, 총 6획. same) : 한 가지 동, 가지런할 동. 무리 동, 화할 동.
●舟(배 주 ; 舟部 총 6획. ship) : 잔디 주, 배 주.

어의 ●吳蛙(오와) : 오나라 미인 ●吳子(오자) : 주나라의 오기가 지은 병서 ●吳回(오회) : 불의 신 ●越江(월강) : 강을 건넘 ●越權(월권) : 자기의 권한 밖의 일을 함 ●越境(월경) : 국경을 넘음 ●同價紅裳(동가홍상) : 기왕이면 다홍치마라는 뜻 ●同感(동감) : 느낌이 같음 ●同甲(동갑) : 같은 나이 ●舟橋(주교) : 배다리 ●舟人(주인) : 뱃사람 ●舟楫(주즙) : 배와 노

참조 춘추전국시대에 오나라의 손무(孫武)가 쓴 《손자(孫子)》라는 병서가 있다. 오왕 합려(闔閭)를 섬기던 손무는 서쪽으로 초(楚)나라 도의 수를 함락시키고 북으로 제나라와 진(晉)을 격파한 명장이었다.

혹은 다른 의견도 있다. 전국시대에 제나라에 있던 손빈(孫臏)이 《손자》의 저자라는 설이다. 이 사람은 두 다리를 잘린 기구한 운명의 사나이였다. 그러면서도 대장군의 자리에 올랐으니 대단한 사람임엔 틀림이 없다. "적을 알고 나를 알면 백전백승이다"라는 유명한 명구도 이 책에서 나왔는데 오월동주(吳越同舟) 역시 그 가운데 하나다.

☞ 欲食其肉(욕식기육) : 그 사람의 고기를 먹고 싶을 만큼의 큰 원수. 반드시 원수를 갚겠다는 뜻이다.

溫 故 知 新

익힐 **온** 　옛 **고** 　알 **지** 　새로울 **신**

출전 《논어(論語)》〈위정편(爲政篇)〉
문의 옛것을 익혀 새것을 앎.
요점 오래된 것을 배워둔 후 새로운 것을 익히면 가히 다른 사람의 스승이 된다는 뜻.

해석 《논어》의 〈위정편〉에 나오는 말이다. 고(故)라는 것은 과거의 사상(事象) 즉, 역사다. 그리고 온(溫)은 고기를 모닥불에 끓여 국을 만든다는 의미다. 이를테면 역사를 깊이 탐구함으로써 새로운 사태를 정확히 파악할 수 있다는 것이다.

고사 어느 날 자장(子張)이 십대(十代) 후의 왕조 형편을 지금부터 추측할 수 있는지를 묻자 공자께서 답했다.

"은(殷) 왕조는 하왕조의 모든 예의와 제도를 이어받았다. 그러므로 서로를 비교해 보면 무엇이 같고 다른지를 알 수 있다. 뒤를 이어 주왕조의 예제를 보면 그 역시 같고 다름을 알 수 있다. 이렇게 하여 미래로 연결해 나가면 백대까지도 예측할 수가 있다."

그러나 공자는 탄식한다. 그가 세운 설(說)은 뒷받침할 만한 증거가 없기 때문에 실증을 확실히 할 수 없다는 것이다. 그렇기에 오늘을 알기 위해서는 과거를 알아야 하고, 과거를 알아야만 내일에 대한 계획을 세울 수 있다. 다시 말해 과거에 대해 아무것도 모르는 사람은 후진들에게 장차에 대한 올바른 판단을 세울 수 없다는 것이다.

자원 ●溫(익힐 온;水部 10획. 총 13획. boil):데울 온. 더울 온, 화할 온, 부드러울 온, 샘 이름 온, 온자할 온.(氵(水)에 昷을 더한 글자. '물이 따뜻하다'는 뜻.)
●故(옛 고;攴部 5획, 총 9획. reason, ancient):연고 고, 일 고, 사건 고, 변사 고, 옛 습관 고, 죽을 고. 까닭 고, 그러므로 고, 짐짓 고, 과실 고, 초상날 고, 글의 뜻 고(古에 攵을 더한 글자. 지난 일을 꼼꼼히 따져 그 까닭을 알아봄).
●知(알 지;矢部 3획, 총 8획. know):깨달을 지, 생각할 지, 기억할 지, 이를 지, 하고자 할 지, 주장할 지(口에 矢를 더한 글자).
●新(새로울 신;斤部 9획. 총 13획. new):고울 신, 새롭게 할 신. 옛 나라 이름 신(도끼(斤)로 나무(木)를 찍어 잘라진(辛) 자리에서 싹이 새롭다는 뜻).

어의 ●溫氣(온기):따뜻한 기운 ●溫情(온정):따뜻한 인정, 정다운 마음
●溫厚(온후):성질이 온화하고 덕이 있음 ●故舊(고구):오래 전부터 사귀어 온 친구 ●故都(고도):옛 도읍 ●故老(고로):늙은이 ●知覺(지각):깨달음
●知舊(지구):오랜 친구 ●知命(지명):천명을 앎 ●新舊(신구):새것과 묵은 것 ●新穀(신곡):햇곡식 ●新官(신관):새로 임명된 관리

참조 《사기》에 '도리불언하자성혜(挑李不言下自成蹊)'라는 말이 있다. 복숭아나 오얏나무 같은 과실이 익게 되면 사람을 부르지 않아도 그 과실을 따 먹기 위해 모여든다. 그러므로 덕과 학식이 있는 사람은 자신을 내세우지 않아도 사모하는 사람이 모여든다는 것이다.

☞ 博古通今(박고통금):옛일을 널리 알고 현재를 통달함.
☞ 開卷有得(개권유득):책을 펴고 글을 읽으면 새로운 지식을 얻음(《宋書》).
☞ 滑稽之雄(골계지웅):제일 가는 지식이 있는 사람.
☞ 齊東野人(제동야인):사리를 모르는 시골 사람.

日 暮 途 遠
날일 저물모 길도 멀원

출전 《사기(史記)》의 〈오자서열전(伍子胥列傳)〉
문의 날은 저물고 길은 멀다.
요점 상황이 너무 늦어 뜻하는 바를 이루기가 힘들다는 뜻.

고사 초나라 평왕 때에 소부(少傅)라는 벼슬자리에 있던 비무기(費無忌)라는 자가 있었다. 그는 진나라에서 데리고 온 여자를 평왕에게 바쳐 환심을 산 후 자신을 못마땅해 하는 태자를 모함하여 곤경으로 빠뜨리는 장난질을 계속했다. 태자가 제후들과 모의하여 왕을 몰아내는 역적질을 한다는 고변(告變)이었다. 물론 그 배후에는 조정 중신들이 있다 하여 대부 오사(伍奢)가 잡혀가 문초를 당했다. 소식을 들은 태자는 송나라로 도망쳐 버렸다.

비무기는 안 되겠다 싶었던지 오사의 아들 형제인 오상(伍尙)과 오자서(伍子胥)를 불러들여 살해하려는 계략을 꾸몄다. 그들을 남겨 두었다가는 아무래도 후환이 두려워서였다. 평왕은 방을 써 붙였다.

"너희들이 자진하여 출두하면 아비를 살려줄 것이나 그렇지 아니하면 아비를 죽이겠다."

오상은 아버지와 함께 죽을 결심을 하고 평왕 앞에 나타났으나 오자서는 아버지의 원수를 갚겠다는 일념 아래 나라 밖으로 망명해 버렸다.

오상은 예감했던 대로 부친과 함께 처형당했다. 그러나 오자서는 송나라로 도망을 친 태자 건을 만나 정나라를 거쳐 오나라를 찾아갔다.

오자서는 이곳에 와서 한동안 왕의 주위를 탐색했다. 그러다가 공자 광(光)이 은근히 보위에 눈독을 들이고 있음을 감지해 냈다. 또한 남몰래 자객을 구하고 있다는 것도 알아냈다. 오자서는 전제(專諸)라는 자객을 찾아내 광에게 소개시켰다. 그리고는 자신은 초야에 묻혀 공자의 계획이 성공하기만을 기다렸다. 6년여의 세월이 흘러 오나라에는 요왕이 들어섰으나 공자 광은 전제를 보내 암살하고 보위에 올랐다. 이가 바로 오왕 합려(闔閭)다.

합려왕 9년. 오자서는 꿈에도 소원이던 초나라 정벌에 나섰고, 수도를 함락시키는 데 성공했다. 하지만 부친을 살해한 평왕은 이미 운명을 다한 후였고, 그 후계자인 소왕은 운(鄖) 방면으로 달아나 버린 뒤였다. 원한에 복받친 오자서는 평왕의 무덤을 파헤쳤다. 뼈를 들춰낸 후 곤장 3백 대를 때려 원한을 해소시켰다.

소문을 들은 옛친구 신포서가 편지를 보내왔다. 복수가 너무 잔인하지 않느냐였다. 편지를 읽은 오자서가 넋두리하듯 흘려 냈다.

"일모도원(日暮途遠)이로세."

해가 저물었는데 갈 길은 멀다는 말이다. 이것은 할 일은 태산같이 많은데, 자신은 이렇게 늙었다는 뜻이다.

자원 ●日(날 일;日部 총 4획. sun):하루 일, 먼저 일.

●暮(저물 모;日部 11획, 총 15획. sunset):늦을 모, 더딜 모.

●途(길 도;辵部 7획, 총 11획. road):길 도.

●遠(멀 원;辵部 10획, 총 14획. far):멀리할 원.

어의 ●日吉辰良(일길신량):날이 길하고 때가 좋음 ●日來(일래):날 사이 ●日氣(일기):날씨, 천기 ●暮年(모년):노년 ●暮境(모경):늙바탕 ●暮雪(모설):저녁 때 날이 저물어 내리는 눈 ●途上(도상):길 위. 중도. ●遠郊(원교):도회에서 멀리 떨어진 시골 ●遠心(원심):중심으로부터 멀어져 감 ●遠裔(원예):먼 자손

참조 《사기》의 〈오자서전〉에 나오는 이 말은 이치와 도리를 따지는 것은 너무 늦는다는 것을 암시한다.

一 日 三 秋

한 일　　날 일　　석 삼　　가을 추

출전 《시경(詩經)》 왕풍(王風)의 〈채갈편(采葛篇)〉

문의 하루가 삼 년 같다.

요점 하루가 너무 길다. 기다림에 대한 심리적 비유.

해석 '일일여삼추(一日如三秋)'라고도 한다. 삼추(三秋)에는 세 가지 뜻이 있다. 첫째는 일추(一秋)를 일 년으로 간주한다. 모든 농작물은 1년에 한 번 수확한다. 곡식은 모름지기 가을이 되어야 익는다. 그렇기에 가을이 한 번 오는 것을 1년으로 보고, 삼추가 곧 3년이라는 의미다. 둘째 해석은 삼계(三季)다. 9개월이라는 의미다. 나머지가 가을 3개월을 뜻하는 삼추(三秋)다. 어느 것이든 기다리는 것이 너무 지루하다는 심리적인 비유다.

고사 여인은 사랑에 도취되어 있다. 그런데도 자신의 심정을 직접 표현하지 않고 칡과 쑥 등을 캐러 가는 행위에 의존하며 시치미를 뗀다.

여인의 은근한 행동을 나타내는 시의 내용은 다음과 같다.

칡을 캐러 갈거나(彼采葛兮)
하루를 못 보아도(一日不見)
석 달이나 지난 듯(如三月兮)
사철 쑥을 캘거나(彼采蕭兮)
하루를 못 보아도(一日不見)
세 해 가을 지난 듯(如三秋兮)

약쑥이나 캘 거나(彼采艾兮)

하루를 못 보아도(一日不見)

삼 년이나 지난 듯(如三歲兮)

자원 ●一(한 일; 一部 총 1획. one) : 정성스러울 일, 순전할 일, 오로지 일, 같을 일, 만약 일, 첫째 일 등등이다.(손가락 하나를 내뻗거나 선이나 막대기 하나를 그어 '하나'를 나타냄)

●日(날 일; 日部 총 4획. sun) : 해의 모양을 본뜸.

●三(석 삼; 一部 2획 총 3획. three) : 막대기 세 개를 가리킴.

●秋(가을 추; 禾部 4획. 총 9획. autumn) : 禾+火로 결합된 글자. 태양의 열(火)을 받아 곡식(禾)이 익은 계절이 가을이라는 뜻이다.

어의 ●一刻如三秋(일각여삼추) : 몹시 기다려지거나 지루한 느낌을 주는 말 ●一見如舊(일견여구) : 사귐이 두터움 ●一塊肉(일괴육) : 한 덩어리의 고기 ●日久月深(일구월심) : 날이 오래되고 달이 깊어짐 ●日附印(일부인) : 서류 봉투에 그날그날에 찍은 도장 ●日午(일오) : 정오. 한낮 ●三家(삼가) : 춘추시대 노나라의 삼경. 곧 맹 손과 숙손, 그리고 계손을 말함 ●三戒(삼계) : 세 가지의 경계할 일 곧 '청년의 색(色)' '장년의 투(鬪)' '노년의 득(得)' ●三關(삼관) : 조심하여야 할 세 가지의 일. 곧 입과 귀와 눈이다. ●秋耕(추경) : 가을걷이 ●秋氣(추기) : 가을의 기운 ●秋天(추천) : 가을 하늘

참조 《여씨춘추순설(呂氏春秋順說)》에 연경거종(延經擧踵)이라는 말이 있다. 목을 길게 빼고 발꿈치를 들고 기다린다는 뜻이다. 그래서 옛사람들은 백난지중대인난(百難之中待人難)이라 했다. 수많은 일 중에서 사람을 기다리는 것이 가장 어렵다는 뜻이다. 《좌전(左傳)》에도 부질없는 기다림을 '하청봉명(河淸鳳鳴)'이라 하였다. 황하의 누런 황토물이 맑아지고, 봉황새가 울기를 기다린다는 뜻이다. 부질없는 희망은 매사마골(買死馬骨)이다. 죽은 말의 뼈를 사는 것처럼 쓸모없다는 뜻이다.

才 高 八 斗
재주 재 높을 고 여덟 팔 말 두

출전 조식(曹植)의 시
문의 재주의 뛰어남이 여덟 말이다.
요점 문인의 재질이 뛰어나다.

고사 위오촉의 삼국 대립이 막을 내리고 영웅들은 역사의 무대 저편으로 사라졌다. 한헌제(漢獻帝) 건안(建安) 20년 봄. 조조가 병사하고 그의 아들 조비가 위왕(魏王)이 되어 건안 25년을 연강(延康) 원년으로 고쳤다. 그가 비록 권좌에 올랐으나 항시 염두에 두는 경계의 인물은 그의 동생 조식(曹植)이었다. 왜냐하면 그의 왕위 계승권을 위협하는 존재였으므로 장차 대세가 그에게 기울어질 것을 걱정한 것이다. 부친(조조)의 문상을 문제 삼아 대장 허도로 하여금 4천의 병사를 솔거하여 그를 체포하게 한 것이다.

조비의 모친 잡씨(卞氏)가 나선 것은 이 무렵이었다. 그녀는 눈물을 흘리며 조비에게 애걸했다.

"너의 동생 식이가 재학은 높으나 권좌에 뜻이 없다는 것을 너 역시 알고 있잖으냐. 그러니 여하한 잘못이 있더라도 목숨만은 보존시켜라."

모친의 간곡한 청을 물리치지 못하고 조비는 승낙했다. 이때 조식이 편전에 들었다는 말을 듣고 상국 허흠이 찾아왔다.

"조식의 재주는 기이하게 사람을 따르게 합니다. 서둘러 그를 제거하지 않으면 장차 대왕께선 큰 화를 입으실 것입니다."

조비는 고개를 저었다. 모친과 약속한 바가 있었기 때문이다. 분위기를 읽은 상국 허흠이 방책을 내놓았다.

"사람들이 그를 따르는 것은 재학입니다. 그는 뛰어난 문재인 것이 분명합니다. 전하께서 사람을 시켜 그의 재지(才智)를 시험해 보시어 시답(詩答)을 분명히 하지 못하면 멀리 귀양을 보내시어 다시는 문인들의 입에 오르내리지 않게 하십시오."

이렇게 하여 조식은 형제간의 우의를 제목으로 한 글을 짓게 되었다. 한 걸음 걸을 때마다 시를 짓게 하였으므로 〈칠보시(七步詩)〉라는 이름이 붙었다. 물론 시구에는 형제라는 말을 써서는 안 된다. 조식은 즉흥적으로 한 수의 시를 지어 화를 면했다.

자원 ● 才(재주 재 ; 手部 총 3획. talent) : 능할 재, 현인 재.
● 高(높을 고 ; 高部 총 10획. high) : 위 고, 멀 고.
● 八(여덟 팔 ; 八部 총 2획. eight) : 여덟 팔.
● 斗(말 두 ; 斗部 총 4획. korean measure) : 글씨 두, 별 이름 두.

어의 ● 才骨(재골) : 재주 있게 생긴 골상 ● 才量(재량) : 재주와 도량 ● 才色(재색) : 뛰어난 재능과 아름다운 얼굴 ● 高給(고급) : 액수가 높은 급료 ● 高覽(고람) : 남이 봄의 존칭 ● 高邁(고매) : 일반 사람보다 훨씬 높고 뛰어남 ● 八角(팔각) : 여덟 모 ● 八眉(팔미) : 팔자 모양의 눈썹 ● 八日(팔일) : 음력 사월 초여드렛날 ● 斗落(두락) : 논밭의 면적 따위 ● 斗室(두실) : 아주 좁은 방 ● 斗護(두호) : 돌보아 줌

참조 조식의 〈칠보시〉는 즉흥적으로 지었다기보다는 신기에 가까웠다. 〈콩을 볶는데 콩깍지를 태우니, 콩은 솥 안에서 운다. 본래는 다 같은 뿌리에서 났거늘, 서로 볶기를 그다지도 빨리하는가?〉

조비 역시 이 시를 듣고 눈물을 흘렸다. 남조(南朝)의 사영운(謝靈運)이 그를 칭찬하여 말했다.

〈천하의 재지가 전부해야 한 섬인데(天下才共一石), 자건 혼자서 여덟 말을 얻었다(子建獨得八斗).〉

助 長
도울 조   길 장

출전 《맹자(孟子)》의 〈공손축편(公孫丑篇)〉
문의 자라도록 도와줌.
요점 억지로 힘을 무리하게 쓰는 것은 일을 그르치게 한다. 그러므로 그 사물이나 사람에 맞게 도와 성장시킨다.

고사 이 단락은 '호연지기(浩然之氣)' 항목을 참고하는 것이 좋다. 제나라에 있는 맹자를 찾아온 공손축은 왕년의 명재상이었던 관중(管仲)과 안자(晏子)의 패업에 대해 물었다. 왕도정치를 내세우는 맹자는 당연히 백성들을 괴롭히는 학정에서 벗어나 인정(仁政)을 베풀어야 할 절호의 기회라 설명했다. 공손축은 물었다. 만약 맹자가 제나라의 재상이 되는 정치적인 성공을 거두어도 마음이 움직이지 않겠느냐는 물음이었다. 맹자는 망설임이 없었다. 자신에게는 부동심(不動心)이 있는데 바로 말귀를 잘 알아듣는 것과 호연지기를 기르는 것이라 했다.

호연지기에 대해 맹자는 설명한다.

"호연지기라는 것을 기르기 위해서는 무엇보다도 도의(道義)에 맞아야 한다. 기(氣)만을 목적으로 길러서도 안 되며, 그렇다고 기를 기르는 것을 잃어버리는 것도 좋지 않다는 것이다. 송나라 사람처럼 억지로 안절부절 못하여 조장(助長)하는 것은 좋지 않기 때문이다."

모든 것은 성장 속도에 따라, 즉 마음속의 도의에 따라 서서히 길러 갈 필요가 있다는 것이다.

맹자가 인용한 송나라 사람은 누구인가? 그는 춘추시대의 인물로 평범한 농부였다. 농부가 모를 심었는데 잘 자라지를 않았다. 어떻게 하면 빨리 자랄 수 있는지에 고심하다 문득 모를 하나씩 잡아당겨 주어야겠다는 생각을 하고 실행에 옮겼다. 그는 일을 마치고 집으로 돌아가 집안 식구들에게 너스레를 떨었다.

"오늘은 굉장히 피곤한데 그래. 모가 하도 작기에 빨리 자라도록 도와주고(助苗長) 왔지."

이 말을 들은 아들이 깜짝 놀라 논으로 달려갔다. 모는 벌써 죽어 있었다. 이 부분을 들려준 맹자는 말한다.

"이 세상에는 모를 빨리 자라게 한다고 쓸데없는 짓을 하는 사람들이 많다. 그러므로 처음부터 기를 기르는 것이 소용없는 일이라고 내버려두지만 이것은 모를 심어 놓고 김을 매지 않는 모습이다. 이 또한 모는 잘 자라지 않는다. 그렇다고 모를 잡아당기는 것은 도무지 이익이 되지 않는 일이다."

맹자는 이 역시 근본을 망쳐 버리는 무익한 일이라고 일침을 놓았다.

자원 ●助(도울 조；力部 5획, 총 7획. help)：자리할 조, 유익할 조. ●長(길 장；長部 총 8획. long)：늘 장, 클 장, 착할 장, 넉넉할 장.(수염과 머리카락이 긴 노인이 지팡이를 짚고 있는 모습을 본뜸.)

어의 ●助命(조명)：목숨을 건져 줌 ●助淫(조음)：남녀의 음욕을 즐김 ●助護(조호)：도와서 보호함 ●長竿(장간)：장대 ●長計(장계)：뛰어난 계략 ●長舌(장설)：수다스러움

참조 ☞ 同惡相助(동악상조)：악인은 악을 이루기 위하여 서로 돕는다. 즉, 같은 동류끼리의 도움을 뜻한다. 출전은 《사기》다.
　☞ 《同袍(동포)：한 두루마기를 둘이 같이 씀. 친구 사이에 서로 곤궁함을 도와준다는 의미다.
　☞ 一臂之力(일비지력)：남을 도와줄 때에 보잘것없는 힘이라고 낮추어 말하는 말.

滄 海 一 粟

큰바다 창 바다 해   한 일   좁쌀 속

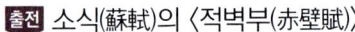

출전 소식(蘇軾)의 〈적벽부(赤壁賦)〉
문의 망망한 바다 속의 좁쌀 한 알.
요점 지극히 미약하여 보잘것이 없다.

고사 당송팔대가의 한 사람인 소식이 친구와 함께 뱃놀이를 즐겼다. 그때가 임술년(壬戌年) 가을이었다. 맑은 바람이 불어오고 창파 위를 미끌어진 배는 어느새 적벽 아래에 이르렀다. 평상시엔 잊었던 그 옛날의 영웅호걸의 모습이 한순간 눈앞을 스쳐 갔다. 그 옛날 조조와 손권의 부하였던 주유가 한판 승부를 벌였던 곳이 바로 이곳이었다.

소식은 동행했던 친구에게 말했다.

"그 해에 조조는 형주를 함락하고 강릉으로 쳐들어갔네. 장강을 따라 동오로 진격할 때에 전함에 꽂은 깃발은 천 리를 이어졌었다네. 전쟁이었다 해도 얼마나 장관이었겠는가. 일세의 영웅이었지. 그런데 지금은 어디로 갔는가? 이보시게 자네와 나, 이렇게 뱃전에서 술잔을 기울이고 있으니 새삼 인생은 무상한 것이네. 우리의 삶이란 결국 하루살이처럼 천지에 기생하고 있잖은가."

"그렇지. 우리의 몸이라는 것도 따지고 보면 깊고 넓은 바다 한가운데에 던져진 좁쌀 알갱이 같은 것이야. 아니 그런가."

훗날 소식은 적벽부를 쓸 때에 이런 내용을 담아 놓았다.

'손이 말하기를 달은 밝고 별은 드문데 오작이 남쪽으로 날아간다 함은 조명덕의 시가 아니냐. 서쪽으로 하구를 바라보고 동으로 무창을 바라보니 산천이 서로 얽히어 무성하고 창창하니, 이는 조맹덕이 주유에게 수모를 당한 곳이다. 바야흐로 형주를 깨뜨리고 강릉에 내려와 수류를 따라 동으로 갈 때, 축로 천 리에 정기가 하늘을 덮었더라. 술을 마시며 강에 임하여 창을 비껴 놓고 시를 읊으니 진실로 일세의 영웅이라. 그런데 지금 어디 있는가? 하물며 나와 그대, 강서의 언저리에서 일엽편주를 타고 서로 잔을 들어 권하며 부유를 천지에 부이니 아득한 창해의 일속(滄海一粟)들 뿐이랴…….'

자원 ●滄(큰바다 창 ; 水部 10획, 총 13획, cold) : 물 이름 창, 찰 창.
●海(바다 해 ; 水部 7획, 총 10획, sea) : 많을 해, 세계 해.
●一(한 일 ; 一部 총 1획, one) : 정성스러울 일, 오로지 일, 순전할 일.
●粟(좁쌀 속 ; 米部 6획, 총 12획, millet) : 겉곡식 속.

어의 ●滄浪(창랑) : 맑은 물결 ●滄茫(창망) : 물이 푸르고 넓은 모양 ●滄波(창파) : 넓은 바다의 물결 ●海陽(해양) : 큰 바다 ●海隅(해우) : 바다의 한 귀퉁이 ●海程(해정) : 바다의 뱃길 ●一堂(일당) : 한 회당 ●一旦(일단) : 한 번 ●一到(일도) : 한 번 다다름 ●粟豆(속두) : 조와 콩 ●粟散(속산) : 작고 많은 것에 비유 ●粟米(속미) : 조와 쌀

참조 이날 소식은 술잔을 기울이면서 손님과 함께 세상의 온갖 호화로움을 멀리하고 날개 달린 신선처럼 등선(登仙)하는 기쁨을 누리었다.
그들은 도도한 여흥에 겨워 뱃전을 두드리며 감흥에 취해 갔다. 그리고 외쳤다.
"계수나무의 노와 목란(木蘭)의 상앗대, 공명을 치고 유광을 거슬러 올라간다. 아득히 나는 생각하되 미인을 하늘 한쪽에 바라본다"면서.
소식이 해남도로 귀양을 가자 당시의 재상이었던 왕규와 채확이 그를 죽이려고 천자에게 모함의 말을 아뢰었다. 또한 처음에는 혜주로 귀양을 갔는데, 그곳 생활에 적응하며 3년 동안 머물면서 도연명의 시에 화답하는 1백 9수를 지었다.

靑 天 白 日
맑을 청　하늘 천　흰 백　날 일

출전 한유의 여최군서(與崔郡書)
문의 맑은 하늘에서 비치는 햇빛
요점 무죄를 의미함.

해석 《법구경》에는 '나보다 나은 것 없고, 내게 알맞은 길벗 없거든 차라리 혼자 가서 착하기를 지켜라.'라고 하였다. 이것은 어리석은 사람의 길동무가 되지 말라는 뜻이다. 그러나 인생의 행로는 먼 곳에 다다르면 이전에는 별것 아니라고 느꼈던 사람들이 이제와서는 맹우(盟友)였다는 것을 알게 되는 경우가 흔하다.

고사 한유(韓愈)의 친구 중에 최군(崔群)이라는 위인이 있었다. 특별히 허물을 지적할 수 없었는데도 그는 양자강 남쪽에 위치한 선성으로 좌천되었다. 그가 쫓겨가자 한유는 편지를 썼다. 세상 사람들이 그를 보는 관점에서 시작하여, 그들에게 들려주었던 자신의 말을 종합하여 그것을 서찰에 기록한 것이다.
　'……봉황과 지초는 그것이 상서로운 조짐임을 알리고 있고, 청천백일은 노예라도 그 청명함을 알고 있습니다…….'
　인품이 훌륭한 인물은 누구든지 알아본다는 뜻이다.

자원 ●靑(맑을 청 ; 靑部 총 8획. blue) : 푸를 청, 대껍질 청.
●天(하늘 천 ; 大部 1획, 총 4획 sky) : 조물주 천, 진리 천, 운명 천, 아버지 천.

一에 大를 더한 글자. 세상에서 가장 큰 것이 하늘이라는 뜻.

● 白(흰 백 ; 白部 총 5획. white) : 분명할 백, 밝을 백.

● 日(날 일 ; 日部 총 4획. sun) : 해의 모양을 본뜸.

어의 ● 靑果(청과) : 채소나 과일 따위의 속칭 ● 靑潭(청담) : 깊고 맑은 연못 ● 靑史(청사) : 역사 서적 ● 天長地久(천장지구) : 하늘과 땅은 영원함 ● 天障 畫(천장화) : 천장에 그린 그림 ● 天定(천정) : 하늘이 미리 정함 ● 白蓮(백련) : 흰 빛깔의 연꽃 ● 白麵(백면) : 메밀국수 ● 白狸(백리) : 북극 지방에 사는 흰여 우 ● 日課(일과) : 날마다 하는 일, 또는 그 과정 ● 日給(일급) : 하루하루 주는 급료 ● 日益(일익) : 나날이 더욱

참조 ⇨ 서정(徐整)의 〈삼오역기(三五歷紀)〉에는 하늘을 다음과 같이 나타낸 다.

'…하늘이 서북으로 부족하기 때문에 서북방을 음이라 한다. 사람으로 말 하면 오른쪽 눈이 왼쪽 눈과 같이 밝지 못한 것 같다. 땅이 동남으로 불만하 기 때문에 동남방을 양이라 한다. 사람의 오른손이 왼손과 같이 힘없는 것과 같다. 천지의 혼돈이 달걀과 같아 반고(盤古)가 먼저 그중에 생기고 대략 팔 천 세가 되어 비로소 천지가 개벽한다….'

그 뒷부분은 다음같이 씌어 있다.

양은 청(淸)한 것이므로 천(天)이 되고, 음은 탁한 것이므로 지(地)가 된다. 천은 하루에 한 발씩 높아지고, 반고는 하루에 한 발씩 자란다.

이렇게 하여 팔천 세가 되면 천수는 극고해지고, 지수는 극심하여 반고는 극장(極長)해진다. 여기에서 삼황수가 1에서 기동하여 3에서 확립하고 5에 서 완성된다 7에서 무성(茂盛)하여 9에 처하므로 하늘을 9만 리라고 하는 것 이다.

☞ 天上白玉京(천상백옥경) : 하늘 위의 궁전. 옥황상제가 사는 곳.

☞ 天心(천심) : 하늘의 중심. 일반적으로 하늘은 사람(人)의 머리 위에 있 는 허공(一)을 나타낸다.

青 出 於 藍
푸를 **청**　날 **출**　어조사 **어**　쪽 **람**

출전 《순자(荀子)》의 〈권학편(勸學篇)〉

문의 쪽풀에서 나온 푸른색이 쪽보다 더 푸르다.

요점 제자가 스승보다 뛰어나다. 뛰어난 제자를 평할 때 쓰는 말.

해석 전국시대의 사상가인 순황(荀況)이 이렇게 말한 바 있다.

"학문은 언제까지나 멈추지 말라. 청(靑)은 남(藍)에서 나오지만 남보다 더 푸르고, 얼음은 물에서 나오지만 물보다 더 차다."

일러 말하기를 이 말은 제자가 스승보다 더 낫다 하여 출람(出藍), 또는 출람지예(出藍之譽)라 한다.

고사 남옥(藍玉)은 염색에 이용한다. 이것을 잘 짓이겨서 독 속에 물을 넣고 풀어놓는다. 며칠 후에 기다란 나무 몽둥이로 독 안의 물을 휘저으면 뽀얀 거품이 떠오르기 마련이다. 그 거품은 순식간에 수면 위에 덮인다. 이 거품을 남물이라고 하는데, 바로 이 거품에 하얀 실이나 헝겊 등을 적시면 바로 푸른색으로 물이 든다. 이른바 염색이다.

남옥은 1백 프로 푸른빛은 아니다. 엄밀히 분석해 보면 검정에 가까운 남빛이다. 이 남빛이 짓이겨진 채 물에 풀어지면 화학반응을 일으켜 흰 천에 옮겨지는데, 빛깔은 본바탕 색보다 더 짙은 청색이다.

《북사(北史)》에 나오는 〈이밀전(李謐傳)〉에 이런 얘기가 있다. 그는 본디 공번(孔璠) 선생에게 학문을 배웠다. 날이 갈수록 그의 학문은 놀랄 만큼 진보되었다. 다시 몇 해가 흘렀다. 이제는 스승의 학문을 이밀이 능가했다. 당시 공번의 동문(同門)에서는 '출남(出藍)'이라는 용어를 사용하여 이밀의 학문을 한껏 높여 평했다.

자원 ●靑(푸를 청 ; 靑部 총 8획. blue) : 대껍질 청, 젊을 청.
●出(날 출 ; 凵部 3획, 총 5획. come out) : 토할 출, 도망할 출, 보일 출, 낳을 출, 물러갈 출.
●於(어조사 어 ; 方部 4획, 총 8획. on, at) : 거할 어, 갈 어, 대신할 어, 여기 어, 땅이름 어.
●藍(쪽 람 ; 艸部 14획, 총 18획. indigo plant) : 옷 헤질 람, 절 람.

어의 ●靑衿(청금) : 유생을 일컬음 ●靑氣(청기) : 푸른 기운 ●靑鹿(청록) : 백두산 사슴 ●出家(출가) : 집을 떠남 ●出嫁(출가) : 처녀가 시집을 감 ●出系(출계) : 양자가 되어 다른 집으로 감 ●於心(어심) : 마음속 ●於焉間(어언간) : 알지 못하는 사이에 ●於音(어음) : 돈 지불을 약속한 종이 ●藍樓(남루) : 누더기 ●藍碧(남벽) : 진한 초록 ●藍本(남본) : 근거로 삼음. 원본.

참조 이사(李斯)라는 이는 진시황제 재위 시에 승상의 자리에 있었다. 비록 그의 이름에 반비례하여 악법을 제정한 것으로 평가되었지만, 진나라의 입장에서 본다면 오히려 모든 제도가 견실하여 생산성이 제고되어 마침내 천하 통일을 이루게 되었다. 그래서인지 이사에게 〈출남지예〉가 있었다고 많은 학자들이 평했다. 제자가 스승보다 낫다는 것은 간단한 듯싶지만 사실은 그렇지 않다. 순자(荀子)는 공자의 가르침을 멀리 받았으면서도 그 아래로 이사와 한비자 등으로 흐름을 잡고 있다.

"인간의 본성은 악(惡)이다. 그러므로 인위(人爲)로써 선하게 만들지 않으면 안 된다."

공자는 평생을 자기의 이상 정치를 실현해 보려고 열국을 돌아다녔으나 뜻을 이루지는 못했다. 춘추시대에는 공자의 이론을 아주 위험하게 내다본 것이다. 이에 반해 한비자나 이사의 정치철학은 전국시대의 군왕들을 움직였다.

打 草 驚 蛇

두드릴 **타**   풀 **초**   놀랄 **경**   뱀 **사**

출전 《개원유사(開元遺事)》

문의 풀밭을 두드려 뱀을 놀라게 한다.

요점 긁어 부스럼을 만든다. 또는 생각 없이 한 행동이 뜻하지 않은 결과를 초래하다.

해석 풀밭을 두드려 뱀을 놀라게 하는 것은 또 다른 의미로는 한 친구가 다른 친구를 각성시키기 위해 일을 꾸밀 때에도 사용한다.

고사 《수호전》에 이런 장면이 나온다. 양산박(梁山泊)에 웅거한 송강(宋江)의 무리가 동평부를 공격할 무렵, 구문룡(九紋龍) 사진(史進)이 계책을 내놓았다. 성안에 있는 이서란(李瑞蘭)이라는 기생의 집을 거점으로 만들어 움직이자는 것이었다. 송강의 승낙을 받아 낸 일행들이 찾아가 계획대로 일을 진행시키는데, 어느 날 이서란은 뚜쟁이 할멈과 잡담을 나누다가 그런 말을 해 버렸다. 할멈은 몹시 화를 냈다.

"이거 봐, 속담에 말이야. 벌이 몸 안에 들어오면 옷을 벗고 쫓아낸다는 말이 있어. 그런데 이게 뭐야? 그 자는 나라에서 방을 내건 중죄인이 아니냐 말이야. 서둘러 관가에 고발해야 하는데 왜 끼고 도는 거야?"

옆에서 듣고 있던 할멈의 남편이 끼어들었다.

"그야 그렇지만 돈까지 받았는데 그럴 수 있나."

"어라, 이 양반 좀 봐. 그런 말을 한단 말이야? 우린 사람을 속여 밥을 먹고 있잖아. 그런데 무슨 말라빠진 의리고 돈이야?"

할멈은 다짜고짜 관가로 달려갈 기세였다. 남편은 별수 없다는 생각에 소란이나 막아 볼 생각을 했다.

"할 수 없지. 그렇다면 서란으로 하여금 술을 가지고 들어가 만취를 시켜 도망을 못 가도록 해야지. 풀밭을 두드리면 뱀을 놀라게 하거든. 알겠소, 할멈?"

평소와 다른 서란의 행동이 수상했지만, 사진은 대수롭지 않게 여겼다. 술을 마시고 서란과 희희낙락 수작을 벌이다 결국 관원들에게 잡히는 신세가 되었다.

자원 ●打(두드릴 타 ; 手部 2획, 총 5획, beat) : 칠 타.
●草(풀 초 ; 艸部 6획, 총 10획, grass) : 추할 초, 글씨 쓸 초.
●驚(놀랄 경 ; 馬部 13획, 총 23획, astonish) : 말 놀랄 경, 두려울 경.
●蛇(뱀 사 ; 虫部 5획, 총 11획, snake) : 이무기 타.

어의 ●打開(타개) : 헤쳐 얻음 ●打倒(타도) : 쳐서 거꾸로 쓰러뜨림 ●打令(타령) : 음악 곡조의 한 가지 ●草茅(초모) : 풀과 띠 ●草廬(초려) : 초가집 ●草露人生(초로인생) : 풀잎에 맺힌 이슬방울 같은 덧없는 인생 ●驚怯(경겁) : 놀라고 두려워함 ●驚倒(경도) : 무척 놀람 ●驚血(경혈) : 놀란 피 ●蛇蝎(사갈) : 뱀과 전갈 ●蛇毒(사독) : 뱀독 ●蛇心(사심) : 간사하고 질투가 심함.

참조 풀밭을 두드리면 당연히 뱀이 놀란다. 놀란 뱀은 풀밭을 건드린 자를 물려고 할 것이다. 《플루타크 영웅전》에 이런 얘기가 있다.

스파르타 왕 클레오메네스가 사형을 당하자 뱀 한 마리가 머리에 감겨 있어 솔개가 날아오지 못했다. 소식을 들은 새 왕은 미신적인 공포에 사로잡혔다. 그것은 하나님이 특별히 사랑한 사람을 죽인 데에 대한 공포였다. 궁 안에 있는 사람들이 고사를 드리고 학자들이 모여 일의 전말에 대한 연유를 만들었다. 이를테면 소의 시체에선 벌, 당나귀에서는 말벌, 말의 시체에서는 등에, 사람의 시체에서는 뱀이 생긴다고 했다. 그러므로 온갖 짐승 가운데 유독 뱀만이 영웅과 관계가 깊다.

兎 死 狗 烹

토끼 **兎** 　 죽을 **死** 　 개 **狗** 　 삶을 **烹**

출전 《십팔사략(十八史略)》

문의 토끼가 죽으니 사냥개가 삶긴다.

요점 목적하는 바 뜻을 이루고 나서 측근들을 처벌할 때에 비유로 쓰이는 말이다.

고사 천하가 혼란으로 휘몰아 가던 진(秦)나라 말기. 진승과 오광이 거병한 이래 곳곳에서 의병들이 일어났다. 대부분 호족들의 식객이 되어 그 무용(武勇)으로써 경호원 같은 구실을 하게 되었는데, 이들은 은혜를 입은 사람을 위해 목숨을 내놓는 규범이 철저했다. 그래서 세상에서는 이들을 '유협(遊俠)의 무리'라 하였다. 진승과 오광이 거병할 때에 '왕후장상은 씨가 있는 것이 아니다!'라고 외친 것처럼 유협의 무리들에게 최대의 꿈은 바로 왕후장상이 되는 것이었다.

하층 계통의 '유협의 무리'를 이끌던 유방도 그런 부류였다. 그는 초한 상쟁에서 승리하여 황제의 자리에 올랐다. 자신을 도와 공을 세운 장수들은 지방 사정을 고려하여 왕과 후에 봉하였다. 그러다 보니 문제가 생겼다. 균등하게 상을 주기 위해 제후와 왕에 봉했지만, 영토는 분리되어 다시 전국시대로 돌아간 듯한 형세였다.

유방은 봉건제와 군현제의 장점만을 뽑은 군국제(郡國制)를 실시하기에 이르렀다. 이때 제왕에 봉해진 것은 여태후와 혼인하기 전, 전처인 조씨와의 사이에 태어난 아들 비(肥)였다.

바로 이 무렵에 초왕으로 있던 한신이 모반한다는 정보를 입수했다. 초는 춘추전국시대에 제일 큰 나라였다. 그러기 때문에 직접 나서서 토벌할 자신이 없었다. 유방은 진평에게 계교를 짜게 하여 한신을 유인한 후 체포해 버렸다. 한신은 낙양으로 향하는 수레에서 하늘을 우러르며 탄식했다.

"역시 세상 사람들이 하는 말은 옳았다. 날쌘 토끼가 없어지면 사냥개가 잡아먹히고(兎死狗烹), 높이 나는 새가 없으니 활이 버림을 받고…… 적국이 멸망하면 충신이 죽임을 당한다 하였거늘, 이제 천하가 평정되었으니 내가 죽는구나."

자원 ● 兎(토끼 토 ; 儿部 6획, 총 8획. rabbit) : 토끼 토.
● 死(죽을 사 ; 歹部 2획, 총 6획. die) : 끊일 사, 마칠 사.
● 狗(개 구 ; 犬部 5획, 총 8획. dog) : 강아지 구.
● 烹(삶을 팽 ; 火部 7획, 총 11획. boil) : 요리 팽

어의 ● 兎缺(토결) : 언청이 ● 兎罝(토저) : 토끼를 잡는 그물 ● 兎皮(토피) : 토끼 가죽 ● 死諫(사간) : 죽기를 각오하고 간함 ● 死守(사수) : 목숨을 걸고 지킴 ● 死活(사활) : 죽기와 살기 ● 狗尾草(구미초) : 강아지풀 ● 狗寶(구보) : 병든 개의 쓸개 ● 狗吠(구폐) : 개가 짖음 ● 烹茶(팽차) : 차를 달임 ● 烹卵(팽란) : 삶은 달걀

참조 한대(漢代)의 군국제는 군현제와 봉건제를 결합시킨 것이다. 진나라가 군현제를 급진적으로 실시하여 멸망한 것을 거울삼아 군사적으로 중요한 지역에는 직할지로서 군(軍)을 두었으며, 그 일족들을 분봉(分封)하여 황실의 번병(藩兵)으로 삼았다.

한편으로는 신법을 시행하여 10년이 되어서야 실효를 거두었다. 바야흐로 길가에 물건이 떨어져 있어도 그것이 자신의 것이 아니면 줍지 않을 만큼 국민의 의식도 개혁되었다. 내정은 정비되었으며 부국강병이 자연스럽게 이뤄졌다. 이 공로에 의해 공손앙은 상(商)에 봉해지고 이로부터 그를 상군(商君)이라 부르게 되었다.

教育·人生

邯鄲之夢
조나라 **한** 조나라 **단** 의 **지** 꿈 **몽**

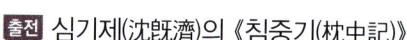

출전 심기제(沈旣濟)의 《침중기(枕中記)》
문의 한단에서 꾼 꿈.
요점 인생의 부귀영화가 뜬구름처럼 덧없음을 이르는 말.

해석 인생이란 한 조각 구름이 일어났다 사라지는 것이라 했다. 세상의 명리와 부귀영화가 덧없다는 뜻이다. 그런 점에서 부귀와 영욕, 그리고 죽음을 경험한 한 자락의 꿈은 장차 세상을 살아가는 젊은이에게 하나의 귀감이 되어 준다. 영고성쇠의 덧없음을 비유하는 한단의 꿈에서 '일취(一炊)의 꿈'과 '황량(黃粱)의 꿈'을 음미해 볼 필요가 있다.

고사 당(唐)나라 현종 때에 여옹(呂翁)이라는 도사가 한단(邯鄲)이라는 주막집에서 쉬고 있었다. 그때 초라한 옷을 입은 노생(盧生)이라는 젊은이가 방으로 들어와 신세 한탄을 늘어놓았다.

"나는 재수가 없어요. 무엇을 하려 해도 자본이 있는 것도 아니고, 어떤 일을 해도 실패만 거듭되니 세상을 살아갈 재미가 있어야지요."

한동안 자질구레한 주변 얘기를 늘어놓던 노생은 여옹이 빌려준 도기(陶器)로 된 베개를 베고 잠이 들었다. 베개는 양쪽이 뚫려 있었는데 노생이 잠을 자는 동안 그 구멍은 점점 커졌다. 구멍 속으로 들어가니 안에는 훌륭한 집이 있었다. 그곳에서 당대의 명문인 청하(淸河)의 최씨(崔氏) 딸과 혼인하고 이후 진사 시험에 합격하여 관리가 되었다.

관운도 좋았다. 점점 출세하여 경조윤(京兆尹; 시장)이 되었으며 한때는 군인의 신분으로 출정하여 오랑캐를 무찔렀다. 벼슬은 갈수록 높아졌으나 한 재상의 모함을 받아 단주자사(端州刺使)로 좌천되었다. 그곳에서 삼 년여를 지내다 다시 조정으로 돌아왔다. 그 후 십 년 동안 천자를 훌륭히 보필하여 만인지상의 자리에 올랐는데, 돌연 음모에 휘말려 역적 누명을 썼다. 변방의 오랑캐와 결탁하여 나라를 위태롭게 했다는 죄목이었다. 노생은 자살하려 했으나 아내의 만류로 그러지를 못했다.

역모에 휘말린 사람은 모두 죽었으나 어느 환관의 도움으로 목숨을 연명했다. 그리고 세월이 흘러 천자는 그가 죄가 없다는 것을 알게 되었다.

그를 불러 중서령(中書令)으로 삼고 연국공(燕國公)에 봉하였다. 그의 다섯 아들은 높은 벼슬을 하고 슬하에는 손자들이 주렁주렁했다.

세월이 흐를수록 몸은 쇠약해졌다. 그가 병이 들자 환관이며 관리들이 문안을 왔다. 그러나 천명이 다하여 죽게 되었는데 바람처럼 흘러간 50년의 세월이었다. 노생이 눈을 떠보니 자신은 여전히 한단의 그 주막집에 누워 있었다. 주막집 주인은 그가 잠들기 전에 수수를 찌고 있었는데, 아직도 수수는 익지 않은 채였다.

자원 ●邯(조나라 서울 한;邑部 5획, 총 8획. capital) : 조나라 한.

●鄲(조나라 서울 단;邑部 12획, 총 15획. capital) : 조나라 단.

●之(의 지;丿部 3획, 총 4획. this) : 어조사 지, 갈 지.

●夢(꿈 몽;夕部 11획, 총 14획. dream) : 어두울 몽, 환상 몽(夕에서 뜻을, 몽에서 음을 취함).

어의 ●夢兆(몽조) ; 꿈자리 ●夢中說夢(몽중설몽) : 꿈속에서 얘기하는 것 같은 종잡을 수 없는 얘기 ●夢幻(몽환) : 꿈과 허깨비(환상)

참조 ☞ 夢裡靑春(몽리청춘) : 꿈 속의 청춘.

☞ 萬事皆如夢(만사개여몽) : 이 세상의 모든 일이 꿈과 같다.

☞ 相思夢(상사몽) : 서로 사랑하고 사모하여 꾸는 꿈.

☞ 一枕江湖夢(일침강호몽) : 한잠에 꾸는 강호의 꿈.

螢雪之功
반딧불 형　눈 설　의 지　공 공

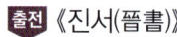

출전 《진서(晉書)》

문의 반딧불과 눈빛으로 이룬 공.

요점 역경 속에서도 굴하지 않고 학문을 닦아 대성함.

해석 형설은 반딧불과 눈을 말한다. 생활 형편이 어렵다 보니 여름에는 반딧불로, 겨울에는 창가에 앉아 눈빛으로 공부한 것을 말한다. 이에 대한 보람이 있었다는 것이다.

고사 진(晉)나라 때에 차윤(車胤)이라는 사람이 있었다. 워낙 집이 가난하여 밤이 되면 등불을 켜지 못할 정도였다. 여러 날을 고심하다 묘안을 생각해 냈다. 여름밤에는 연랑(練囊)이라는 하얀 명주 자루에, 수십 마리의 반딧불을 넣어 불 대신에 쓰고, 낮에는 물론이려니와 밤에도 책 읽기에 열중하였다.

　그러한 보람이 있어선지 차윤은 마침내 상서랑(尙書郎)이라는 벼슬자리에 나아갈 수 있었다. 이 자리는 천자를 가까이서 모시며 칙서 등을 취급했다.

자원 ●螢(반딧불 형；虫部 10획, 총 16획. firefly) : 개똥벌레 형.

●雪(눈 설；雨部 3획, 총 11획. snow) : 씻을 설.

●之(의 지；丿部 3획, 총 4획. this) : 어조사 지.

●功(공 공；力部 3획, 총 5획. services) : 공치사할 공, 복 입을 공, 일할 공.

어의 ●螢光(형광) : 반딧불　●螢石(형석) : 파랑, 초록, 빨강의 빛깔을 지닌 광

석 ●雪客(설객):해오라기 ●雪憤(설분):분풀이 ●功利(공리):공로와 이익
●功效(공효):공들인 보람

참조 차윤과 같은 무렵에 손강(孫康)이라는 위인이 있었다. 그 역시 집이 가난
하기는 차윤과 별반 다를 바 없었다. 밤이 되면 걱정인 것은, 그 역시 등잔에
넣을 기름이 없었다. 그런 이유로 늘 눈빛이나 월광으로 글을 읽었다. 그는
어릴 때부터 마음이 맑고 고왔다. 그릇된 친구와는 사귀지도 않았으며, 스스
로 마음 문을 굳게 잠근 채 옳은 일이 아니면 행하지를 아니하였다. 그 역시
보람이 있어 오늘날의 치안국장인 어사대부(御史大夫) 자리에 올랐다.

⇨〈진종황제〉의 권학문엔 다음 같은 내용이 실려 있다.

'…집을 부하게 하려고 논밭을 살 필요가 없다. 책을 많이 읽어 입신을 하
면 녹을 받을 수 있으니, 책 가운데 천종의 곡물이 있는 셈이다.

또한 평안하게 살려고 훌륭한 저택을 지을 필요도 없다. 책을 많이 읽어
출신(出身)을 하면 좋은 집을 살 수 있다. 그렇게 본다면 글 가운데 황금으로
장식한 집이 있는 셈이다. 출입할 때 수행하는 사람이 없음을 한탄할 것이
아니다. 독서로 입신을 하면 그런 것은 자연이 뒤따르게 된다.

그러니 책 가운데 거마(車馬)가 무리지어 있다는 것이 빈말이 아닌 것이
다. 또한 아내를 취하는 데 중매인이 없지 않을까 걱정하지 말라는 것이다.
책을 읽어 출세하면 아내도 얻을 수 있으니, 글 가운데 구슬 같은 아름다운
미인이 있는 셈이다.'

그러므로 사나이는 한평생 뜻을 펴려 하면 창가에 앉아 육경(六經)을 부지
런히 읽으라는 것이다.

⇨《고문진보전집》에는 왕안석(王安石)의 권학문이 있다. 그 주에 형창설
안(螢窓雪案)이 나온다. 이 말은 창가에 앉아 조용히 글을 읽는 것을 뜻한다.
가난하다면야 당연히 겨울에는 눈빛(雪光)으로, 여름에는 반딧불을 이용해야
한다.

華胥之夢
빛날 화　함께서　의 지　꿈 몽

출전 《열자(列子)》의 〈황제편(黃帝篇)〉
문의 화서에서의 꿈.
요점 길몽을 이름.

고사 아주 오래 전, 그러니까 태고적의 황제(童帝) 헌원씨(軒轅氏)가 황제의 자리에 오른 지 열다섯 해가 지났다. 이때 헌원은 좀더 지혜를 얻기 위해 온 힘을 기울이던 중 몸은 더욱 쇠약해졌다. 헌원은 스스로를 돌아보며 온갖 쾌락을 물리치고 석 달 동안 나라의 운영을 다른 사람에게 맡겨 둔 채 오로지 심신 수양에만 힘썼다. 그러던 어느 날 꿈을 꾸었다.

그곳은 화서(華胥) 지방이었다. 그 나라의 위치는 엄주(弇州) 땅의 서쪽 태주(台州)의 북쪽에 위치한다. 중국 본토에서 본다면 수천 리 떨어진 곳에 위치해 있는 셈이다.

화서에는 군왕이니 추장 같은 것은 없었다. 모든 것이 자연 그대로였다. 삶을 즐길 줄도 모르고, 죽음을 싫어할 줄도 몰랐다. 그들은 자신을 소중히 여기며 어떤 이해관계에 얽매어 머리가 깨지도록 다투지도 않았다. 그저 물이 흐르듯 인생을 순리적으로 살아갔다.

그러다 보니 당연히 사랑하고 미워하는 애증의 사연도 없었고 물에 빠져 죽거나 불에 들어가도 화상을 입지 않았으며, 칼로 베어도 상처가 나지 않았다. 허공에 누워도 침대에 누운 것처럼 편안할 수 있고, 물건을 줍거나 도둑질하는 자도 없었다. 어디 그뿐인가, 험준한 산이나 물 위라도 자연스럽게 걸을 수 있으니 이것은 신의 경지였다.

황제는 꿈에서 깨어났다. 그리고는 가까운 신하를 불러 꿈을 들려 주고 이렇게 말했다.

"내가 석 달 동안 들어앉아 오로지 심신 수양에만 힘을 썼으나 끝내 좋은 생각은 떠오르지 않았다. 내가 잠시 꿈을 꾸었는데 아무리 연구를 거듭해도 알 수 없는 일들이 꿈을 통해 비로소 깨달을 수 있었다. 그러나 그것을 전해 줄 수 없으니 참으로 안타깝구나."

자원 ●華(빛날 화;艸部 7획, 총 11획. brilliant):쪼갤 화, 꽃필 화, 나라 이름 화.
●胥(함께 서;肉部 5획, 총 9획. together):서로 서, 다 서, 도울 서, 도적 잡을 서.
●之(의 지;丿部 3획, 총 4획. this):어조사 지.
●夢(꿈 몽;夕部 11획, 총 14획. dream):어두울 몽, 환상 몽(夕에서 뜻을 취하고 몽에서 음을 취함).

어의 ●華甲(화갑):61세 ●華僑(화교):해외에 거주하는 중국인 ●華閥(화벌):세상에 드러난 높은 문벌 ●胥吏(서리):관청의 급사 ●胥失(서실):서로 잘못함 ●胥宇(서우):서로 같이 삶 ●夢幻(몽환):현실이 아닌 꿈 같은 현상 ●夢裡(몽리):꿈 속 ●夢寐(몽매):잠을 자며 꿈을 꿈

참조 ⇨ 꿈에 관한 흥미로운 일화 한 토막이다. 스티븐슨의 소설은 곧잘 꿈속에서 소재를 얻은 경우가 많다. 어느 날 아침, 잠자리에서 무서운 비명에 놀라 그의 아내는 잠이 깨었다. 아내는 스티븐슨의 몸을 흔들어 깨웠다. 그러자 그는 아주 곤란한 표정으로 나무랐다.
"아주 중요한 대목인데 깨우면 어떻게 해. 멋진 괴담을 꾸고 있었어."
"뭐라구요?"
스티븐슨이 화를 낸 그 꿈은 훗날 《지킬 박사와 하이드》가 되었다.

後 生 可 畏
뒤 후　날 생　옳을 가　두려울 외

출전 《논어(論語)》의 〈자한편(子罕篇)〉

문의 뒤에 난 사람이 두렵다.

요점 학문에 정진하며 수양 과정에 있는 사람이 두렵다는 뜻.

고사 공자께서 말했다.

"젊은이들이 두렵다. 이제부터 나오는 사람들이 어찌 우리만 못하다고 생각할 수 있는가. 그러나 마흔이나 쉰이 되었는데도 이렇다 할 이름이 알려져 있지 않다면 두려워할 것이 못 된다."

공자가 두려워한 사람은 뒤에 태어난 사람이었다. 역주(譯註)에 따라서는 안연(顔淵)을 가리키는 것이라고도 하나 반드시 그런 해석이 필요한 것은 아니다.

공자가 이 말을 한 것은 만년이다. 노(魯)나라에 돌아왔을 때, 그의 주위에는 자유·자장·자하·증자가 지키고 있었다. 당시 그들은 이십대였다. 공자께서 뒤에 태어난 사람을 두려워하라고 했던 것은 아무래도 이들에게 마흔이나 쉰이 될 때까지 열심을 내어 학업에 정진하라는 뜻이었다.

자원 ●後(뒤 후；彳部 6획, 총 9획. late)：늦을 후, 뒤질 후.

●生(날 생；生部 총 5획. born)：익지 않을 생, 살 생, 저절로 생.

●可(옳을 가；口部 2획, 총 5획. right)：허락할 가, 가히 가, 마땅할 가, 착할 가.

●畏(두려울 외；田部 4획, 총 9획. dread)：겁낼 외, 놀랄 외.

어의 ●後學(후학) : 뒤늦게 배움 ●後日(후일) : 다음 먼 날 ●生計(생계) : 살아 나갈 방도 ●生氣(생기) : 만물이 자라나는 힘 ●生來(생래) : 나면서부터 이 제까지 ●可決(가결) : 의안을 옳다고 결정함 ●可能性(가능성) : 가능한 성질 ●可憎(가증) : 얄미움 ●畏敬(외경) : 두려워하며 공경함 ●畏友(외우) : 마음이 통하고 존경하는 벗 ●畏忌(외기) : 두려워하고 꺼림

참조 공자는 안연이 죽었을 때 극도로 마음 아파하며 통곡하였다. 한 제자가 위로의 말을 꺼냈다.

"스승님, 너무 상심하지 마십시오. 몸에 해롭습니다."

공자는 울음을 그치고 망연한 눈길로 허공을 쏘아보며 혼잣말처럼 중얼거렸다.

"내가 이 사람을 위하여 통곡을 하지 않고 누굴 위하여 통곡한단 말이냐?"

위의 대화는 《논어》의 〈선진편〉에 나온다.

어느 때인가 안연이 인(仁)에 대해 물었었다. 공자가 말했다.

"내 몸을 삼가 예의 규범으로 돌아가는 것이 인이다. 하루라도 몸을 삼가 예의 규범으로 돌아가면 천하가 인을 지닌 사람에게로 돌아올 것이다. 인의 덕을 행하는 것은 자신에게 달렸다. 어찌 남을 의지하겠느냐."

안연이 물었다.

"부디 요점을 일러주십시오."

"예에 어긋난 것은 보지 말며, 예에 어긋난 것은 듣지 말며, 예에 어긋난 것은 말하지 말며, 예에 어긋난 것은 행하지 않는다."

"제가 비록 불민하지만 그 말만은 반드시 지키겠습니다."

☞ 高弟(고제) : 뛰어난 제자(《시기》의 〈예서〉).

☞ 高足弟子(고족제자) : 우수한 제자(《세설》의 〈문학상편〉).

佳 人 薄 命

아름다울 가 사람 인 메마를 박 목숨 명

출전 소식(蘇軾)의 시

문의 아름다운 여인은 단명하다.

요점 아름다운 여인일수록 운명이 기박함을 일컫는 말.

고사 이 시를 쓴 소식은 아호가 동파(東坡)다. 송의 사천성 미산 출신으로 아버지는 순(洵)이다. 부친의 자는 명윤이고, 호는 노천(老泉)이다.

그런가 하면 동생 철(轍)의 자(字)는 자유다. 세 부자를 삼소(三蘇)라고 하는데 한결같이 당송팔대가에 들어간다.

동파가 항주와 양주 등에 있을 때였다. 신종 황제 때에 왕안석과 뜻이 맞지 않아 황주 등에 유배되었는데, 거기 동파(東坡)에 집을 짓고 동파거사라 하였다. 어느 날 집 앞을 지나가는 여승의 빼어난 미색을 보고 사르르 일어나는 감흥을 주체치 못하고 한 수 시를 지었다.

두 뺨은 우윳빛, 머리칼은 옻칠한 듯
눈빛이 발로 들어와 구슬처럼 빛나네
본시 하얀 비단으로 선녀의 옷을 만들고
붉은 연지가 어찌 바탕을 더럽히리
말소리는 부드럽고 앳되기만 한데
한없는 인간의 근심을 알 수 없구나
예로부터 가인의 운명 기박하다 했지만
문을 닫은 채 봄이 가면 버들꽃도 시들겠지

자원 ●佳(아름다울 가 ; 人部 6획, 총 8획. good) : 기릴 가.

●人(사람 인 ; 人部 총 2획. man) : 나랏사람 인, 성질 인.

●薄(메마를 박 ; 艸部 13획, 총 17획. thin) : 적을 박, 가벼울 박, 모을 박.

●命(목숨 명 ; 口部 5획, 총 8획. life) : 시킬 명, 명령할 명, 이름 명.

어의 ●佳境(가경) : 경치가 좋은 곳 ●佳配(가배) : 좋은 배우자 ●佳辰(가신) : 경사스러운 날 ●人間苦(인간고) : 사람으로서의 고통 ●人傑(인걸) : 뛰어난 인재 ●人巧(인교) : 사람의 교묘한 솜씨 ●薄明(박명) : 희미하게 밝음 ●薄暮(박모) : 땅거미 ●命門(명문) : 명치 ●命名(명명) : 이름 지어 붙임 ●命分(명분) : 운수

참조 흔히 미인박명으로도 불리는 이 말은 역사적 교훈으로도 얼마든지 증거를 댈 수 있다. 미인을 노래하는 글에 '무색(無色)하다'라는 말이 있다. 이것은 얼굴빛이 핼쑥하다든가 또는 면목을 잃는다고 했을 때에 쓰이는 말이다. 백낙천(白樂天)이 현종 황제와 양귀비와의 사랑을 노래한 서사시 〈장한가〉엔 '얼굴을 돌려 한 번 웃으면 백 가지 미태가 생긴다. 육궁의 분 바른 여자들은 얼굴에 빛이 없다(無色也).'고 적혀 있다.

　이것은 양귀비의 아름다움으로 인해 다른 미인의 미태가 빛에 가려졌음을 뜻하는 말이다.

　⇨ '무색(無色)하다'라는 말이 있다. 이것은 얼굴빛이 핼쑥해진다거나 면목을 잃을 때에 쓰인다. 백낙천이 현종 황제와 양귀비의 사랑을 노래한 〈장한가〉 중에 '얼굴을 돌려 한 번 웃으면 백 가지 미태가 생긴다.

　육궁의 분 바른 여자들이 얼굴에 빛이 없다(無色顔)'고 하는 것이 출전이다. 이것은 양귀비의 아름다움에 눌려 육궁에 거처하는 많은 미인들이 빛이 바랜 존재가 되었음을 뜻한다.

　바로 이 무안색(無顔色 ; 얼굴에 빛이 없다)에서 더 준말이 '무색하다'인 것이다.

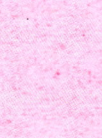

兼 愛

겸할 **겸**　　사랑 **애**

출전 《묵자(墨子)》의 〈경주편(耕柱篇)〉

문의 누구에게나 평등한 사랑.

요점 사람은 누구에게나 평등하고 차별을 두지 말아야 한다.

해석 묵자의 주장이 겸애(兼愛)다. 제후는 자기가 다스리는 땅을 위하는 것처럼 다른 제후가 다스리는 땅도 위하고, 경(卿)·대부(大夫)들이 자기 집안을 위하는 것처럼 다른 집안도 위해야 한다. 상대방을 자기 몸처럼 생각할 수 있다면 전쟁은 일어나지 않는다. 이것이 묵자가 주장하는 '천하(天下)의 이(利)'다.

고사 《묵자》의 〈경주편〉에 실려 있는 얘기다.

무마자(巫馬子)가 묵자에게 말했다.

"선생님, 저는 선생님과 달라서 겸애라는 가르침을 실천할 수 없습니다. 왜냐하면 저는 지금도 남쪽 지방의 야만족보다는 이웃 추나라 백성을 더 좋아합니다. 또한 추나라 백성보다는 우리 노나라 사람을, 노나라 중에서도 우리 마을 사람을, 우리 마을 사람 중에서도 가족을, 가족 중에서도 부모를, 부모보다는 나를 더 사랑합니다. 언제나 나와 가까운 사람을 사랑하지 않습니까? 자기가 매를 맞으면 고통을 느끼지만 남이 그렇게 되면 오히려 시원한 개방감을 느낀다니까요. 그러니 어떻게 선생님 말씀인 겸애를 실천할 수 있겠습니까?"

"그렇다면 그런 생각은 혼자서 마음에 품고 있는가?"

"아닙니다. 내 생각을 남에게 터놓고 주장합니다."

묵자의 눈빛이 날카로워졌다.

"만약에 한 사람이 그대의 주장을 받아들였다면 자신의 이익을 위해 그대를 살해할 뜻을 가질 것이야. 또한 열 사람이 받아들였다면 그 모두가 자신들의 이익을 위해 그대를 살해하려 들 것이야. 반대로 생각해도 마찬가지지. 한 사람이라도 그대의 주장을 반대하는 자가 있다면 그는 자네를 위험한 사상을 소유했다고 할 것이야. 세상 사람 모두 다 반대한다면 그 모두는 자네를 살해하려고 혈안이 될 것이야. 그렇게 볼 때 자네는 어느 쪽으로든 발을 붙일 수가 없게 돼. 그러고 보면 자네의 주장은 허공에 소리친 것에 불과하거든."

자원 ●兼(겸할 겸 ; 八部 8획, 총 10획. combine) : 얻을 겸, 붙을 겸, 모을 겸.
●愛(사랑 애 ; 心部 9획, 총 13획. love) : 친할 애, 어여삐 여길 애, 사모할 애.

어의 ●兼務(겸무) : 두 가지 이상의 일을 겸하여 보는 사무 ●兼備(겸비) : 아울러 겸하여 가짐 ●兼愛(겸애) : 모든 사람을 한결같이 사랑함
●愛敬(애경) : 존경하고 사랑함 ●愛讀(애독) : 즐겨서 읽음 ●愛惜(애석) : 아까워 중히 여김

참조 겸애라는 것은 자기 자신보다는 널리 사랑하는 것을 의미하기도 한다. 다시 말해 공리적(功利的)인 상호부조(相互扶助)의 사상이라고 해도 좋다.

☞ 愛及屋烏(애급옥오) : 남을 사랑하면 그 집의 지붕에 있는 까마귀도 사랑스럽다는 뜻.

☞ 舐犢(지독) : 늙은 소가 새끼 송아지를 핥아서 사랑한다는 뜻. 제 자식을 사랑하는 것을 비유하는 말.

☞ 莫知其子之惡(막지기자지악) : 자기 잘못을 모른다는 뜻이다. 어버이에 대한 맹목적인 사랑을 뜻함.

口 蜜 腹 劍
입구 꿀밀 배복 칼검

출전 《십팔사략(十八史略)》

문의 입에는 달콤한 꿀을 머금고 뱃속에는 검이 있다.

요점 겉으로는 부드럽고 달콤하게 대하지만 속으로는 상대를 몰아칠 흉측한 생각을 품음.

고사 현종(玄宗)은 당(唐)나라 6대 임금이다. 학문과 글재간이 뛰어나고 정치에 힘을 써 '개원(開元)의 치(治)'를 구가하였다. 재위는 45년으로 만년에 이르러 정치에 싫증을 내기 시작했다. 사치와 방탕을 밥 먹듯 하여 국정은 갈수록 혼란스럽고, 직언하는 어진 재상 장구령(張九齡)을 내쫓고 이임보(李林甫)를 기용하였다.

그는 무조건 아첨했다. 황제를 가까이 모시는 신하에게 자신을 칭찬하게 하고 현종에게는 어떠한 말도 못하도록 언로를 차단했다. 어느 때인가 신하들의 비위를 탄핵하는 어사에게 은근히 압력을 넣었다.

"황제께서는 고금에 둘도 없는 명군이시오. 그러니 신하된 자로서 이러쿵저러쿵 번거로운 말을 아뢰는 것은 불경죄에 해당되오. 저기 의장대를 보시오. 언제나 말없이 묵묵히 서 있으니 탈이 일어나지 않고 좋질 않습니까. 어느 누구건 단 한마디라도 쓸데없이 지껄인다면 가만히 두지 않을 것이오."

이임보는 현종에게 가까이 가는 신하들의 걸음도 차단시켰다. 그러나 뜻있는 선비들은 이임보의 횡포를 두려워하지 않고 조정 안팎의 어지러운 일들을 혀끝에 올려 탄핵했다. 그럴수록 이임보의 간계는 악랄해져 현종의 총비(寵妃)인 무씨·환관 등과 결탁하여 국정은 날로 어지러워졌다. 충신들은 자연이 쫓겨나게 되었다. 주야로 황제 곁을 지키며 접근하는 신하들을 막았다. 간혹 운 좋게 황제를 접근한 자들은 다음날 주살당하거나 귀양 가는 신세로 떨어졌다. 그래서 당시 사람들은 말하기를,

"이임보는 혀끝으로는 좋은 말을 하지만 뱃속에는 칼이 있다(口蜜腹劍)."

는 말로 위험한 사람으로 취급했던 것이다.

그가 한밤중에 언월당(偃月堂)에 들어앉아 골똘히 생각에 잠겼다면 다음 날은 반드시 누군가의 목숨이 끊어졌다. 궁 안에서 권도를 마음껏 휘둘렀으므로 심지어는 황태자들까지도 두려워하였다.

자원 ●口(입 구 ; 口部 총 3획. mouth) : 인구 구, 어귀 구, 구멍 구, 실마리 구. 입의 모양을 본뜸.

●蜜(꿀 밀 ; 虫部 8획, 총 14획. honey) : 꿀벌 밀.

●腹(배 복 ; 肉部 9획, 총 13획. belly) : 두려울 복, 안을 복.

●劍(칼 검 ; 刀部 13획, 총 15획. sword) : 칼로 찔러 죽일 검, 칼을 쓰는 검.

어의 ●口燕(구벽) : 입버릇 ●口邊(구변) : 입가 ●口腹(구복) : 음식을 먹는 입과 배 ●蜜蜂(밀봉) : 꿀벌 ●蜜月(밀월) : 결혼 초의 즐겁고 달콤한 한 달 동안 ●蜜酒(밀주) : 벌꿀로 만든 술 ●腹部(복부) : 배의 부분 ●腹誹(복비) : 마음 속으로 꾸짖음 ●腹案(복안) : 마음 속에 품고 있는 생각 ●劍光(검광) : 칼날의 빛 ●劍道(검도) : 검술을 닦는 무도의 한 부분 ●劍術(검술) : 칼을 잘 쓰는 수법

참조 이임보는 죽은 뒤에 벌을 받았다. 그가 세상을 떠난 지 넉 달 뒤에 호인(好人)과 내통하여 반란을 꾀하려 했다는 죄목으로 작위가 박탈되고 자손들은 귀양길에 올랐다. 물론 그의 시체도 치욕스러운 처분을 당했다. 이임보가 살아 있을 때엔 그의 위세 때문에 꼼짝하지 못했던 안록산이 때가 왔다는 듯 반란을 일으킬 준비를 서두른 것도 이 무렵이었다.

群 盲 評 象

무리 **군**   장님 **맹**   평할 **평**   코끼리 **상**

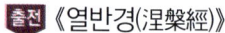

출전 《열반경(涅槃經)》

문의 여러 사람이 코끼리를 만지고 평하기.

요점 자신의 좁은 소견으로 전체를 아는 것처럼 떠들거나 우기는 것.

해석 사람의 좁은 소견을 나타내는 경구는 많다. 그 가운데《북송열반경》의 〈사자후 보살품〉에 나오는 불교 설화의 얘기다.

고사 어느 나라 왕이 대신들에게 맹인 몇 사람을 데려오게 했다. 그런 다음 명을 내렸다.

"여봐라, 맹인들 앞에 코끼리를 놓아두고 각기 만져보도록 해라."

왕의 명이 떨어지자 맹인들은 코끼리를 만져보았다. 그런 다음 그들을 향해 물었다.

"만져보니 어떻던고?"

상아를 만져 본 맹인이 말했다.

"코끼리는 무와 같습니다."

머리를 만져 본 맹인이 말했다.

"코끼리는 바위와 같습니다."

이번에는 코를 만져 본 맹인이 말했다.

"꼬끼리는 방앗공이와 같습니다."

다리를 만져 본 맹인이 말했다.

"코끼리는 나무토막과 같습니다."

등을 만져 본 맹인이 말했다.

"코끼리는 널빤지와 같습니다."

이렇듯 제각각이었다. 코끼리는 하나인데 만진 부위에 따라 대답이 다른 것이다.

자원 ●群(무리 군 ; 羊部 7획, 총 13획. flock) : 많을 군.

●盲(장님 맹 ; 目部 3획, 총 8획. blind) : 어두울 맹, 몽매할 맹.

●評(평할 평 ; 言部 5획, 총 12획. criticize) : 평론할 평, 고칠 평, 헤아릴 평.

●象(코끼리 상 ; 豕部 5획, 총 12획. elephant) : 벌 받을 상, 빛날 상.

어의 ●群起(군기) : 떼를 지어 일어남 ●群雄(군웅) : 많은 영웅 ●盲信(맹신) : 옳고 그름을 가리지 않고 덮어놓고 믿음 ●盲爆(맹폭) : 목표 없이 함부로 폭격하는 것 ●評論(평론) : 사물의 좋고 나쁨을 비평하여 논함 ●評定(평정) : 의논하여 정함 ●象牙(상아) : 코끼리의 윗턱에 길게 뻗은 두 개의 앞니 ●象形(상형) : 물건의 형상을 시늉함

참조 이 얘기에서는 부처님을 코끼리로, 중생을 맹인으로 나타냈다. 이들은 열심히 부처님에 대해 아는 듯이 떠들지만 기실은 어느 한 부분만을 설명하고 있을 뿐이다. 인간은 사물에 대해 아주 현명하게 대처하고 있는 것 같지만 사실은 전연 그렇지 못할 때가 있다. 《백유경》에 나오는 이 얘기가 더욱 그러하다.

옛날 어느 곳에 아버지와 아들이 살고 있었다. 그들은 어느 날 바닷가에 놀러갔다가 물 속에 잠겨 있는 오래된 귀한 나무를 발견하게 되었다. 물 속에서 나무를 건진 부자는 그것을 싣고 돌아왔다.

"아무리 봐도 귀한 나무야. 시장에 나가면 비싸게 팔 수 있겠는 걸."

아버지의 말을 들은 아들은 며칠 후 시장에 나가 나무를 내려놓고 비싼 나무를 사려고 소리를 질렀다. 그러나 사람들은 거들떠보지도 않았다. 바로 옆에서 숯장사가 파는 숯은 순식간에 팔려 나갔다. 아들은 나무를 태워 숯으로 만들어 내다 팔았다. 그러나 그 값은 나무의 10분의 1에 불과했다.

讀 書 亡 羊
읽을 독　책 서　잃을 망　양 양

출전 《장자(莊子)》의 〈병무편〉

문의 책을 읽는 바람에 양을 잃어버림.

요점 어떤 일에 정신을 빼앗겨 중요한 것을 잃어버림.

고사 장(臧)은 하인이며, 곡(穀)은 하녀다. 그 둘이 한 집에 살면서 양을 돌보고 있었다. 그런데 어느 날 둘은 똑같이 양을 잃어버렸다. 그래서 양을 잃어버린 연유를 묻자 둘은 해명을 한다.

먼저 장이 말했다.

"사실을 말씀드리자면 그렇습니다. 제가 들고 있는 이 대나무에 씌어 있는 글을 읽고 있었는데, 그만 양이 사라져 버린 겁니다."

이번에는 곡이 말했다.

"저는 주사위 놀이를 하고 있었는데, 한참이 지나 보니 양이 보이지를 않았습니다."

둘의 경우는 서로 하는 일은 달랐지만, 양을 놓쳐 버린 것은 같다고 지적했다. 이를테면 책을 읽거나 또는 주사위 놀이를 하다가 양을 잃어버렸다는 것은 정신을 빼앗긴 결과다. 이것은 마음이 밖에 있어 도리를 빼앗긴 결과다.

자원 ●讀(읽을 독；言部 15획, 총 22획. read)：풍류 이름 독.

●書(책 서；日部 6획, 총 10획. write)：글 지을 서.

●亡(잃을 망；亠部 1획, 총 3획. lost)：없어질 망, 망할 망.

● 羊(양 양 ; 羊部 총 6획. sheep) : 노닐 양, 상양새 양.

● 讀經(독경) : 소리 내어 경문을 읽는 것 ● 讀習(독습) : 글을 읽어 스스로 익힘 ● 書童(서동) : 글방에서 글을 배우는 아이 ● 畫林(서림) : 서적을 출판하 거나 파는 곳 ● 亡德(망덕) : 자기의 몸과 집안을 망칠 못된 짓 ● 亡友(망우) : 죽은 벗 ● 羊酪(양락) : 양의 젖 ● 羊皮(양피) : 양의 가죽

날이 맑으면 밭을 갈고 비가 오면 독서를 하는 사람이 있는가 하면, 맑 으나 비가 오나 책을 읽는 사람이 있다.

그런데 날이 맑으나 궂거나를 가리지 않고 책이라는 것은 한 번도 들여다 보지 않는 위인이 있는가 하면, 낮엔 밭을 갈고 밤엔 책을 읽는 사람도 있다. 또한 낮과 밤을 가리지 않고 책을 읽는 이들도 있으니 그 버릇으로 말한다 면, 어떤 이는 감옥에 들어가야만 책 읽기를 그치는 사람도 있고, 또 어떤 이 는 소변을 보러 화장실에 가는 데에도 책을 들고 가기도 한다.

송나라 인종 때에 군왕의 총애를 받던 송공수(宋公垂)라는 사람은 당시 석 학으로 유명했다. 그가 화장실에 갈 때에는 으레 책을 가지고 들어가 읽었 다. 독서를 하여도 그냥 조용히 눈대중으로 훑거나 정독을 하는 것이 아니 고, 큰 소리로 읽어 내려가니 인근 사람들은 그의 글 읽는 소리가 나면 분명 히 화장실에서 용변을 보고 있다고 생각하게 되었다.

☞ 韋編三絶(위편삼절) : 공자가 《주역》을 너무나 여러 번 읽었으므로 책을 맸던 가죽끈이 세 번이나 끊어졌다는 말. 출전은 《포박자》다.
☞ 乘牛讀漢書(승우독한서) : 소를 타고 길을 가면서 책을 읽는다는 뜻. 독 서에 여념이 없음을 나타내는 말.
☞ 鷄窓(계창) : 송나라 때에 서재의 창 밑에 기르던 닭이 왕의 말을 이해하 고 도왔다는 고사.

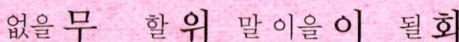

無 爲 而 化
없을 무 할 위 말 이을 이 될 화

출전 《노자(老子)》의 〈도덕경(道德經)〉
문의 행위가 없이 되어진다.
요점 뚜렷한 행위가 없이 감화에 의해 이룩되는 것.

해석 《노자(老子)》는 지은이나 연대가 확실치 않은 것으로 알려져 있다. 일반적으로 전국 초기에서 중기에 되었을 것으로 추정한다. 그러한 《노자》의 기본 사상은 냉철한 자연 철학에 있다. 이를테면 유와 무, 대와 소를 무한으로 반복해 나가는 데에 불과한 것으로 보고 있다. 그런데도 사람들이 아름다운 것은 항상 아름다운 것으로, 추한 것은 항상 추한 것으로 보고 있다. 이것이야말로 사람이 갖는 취약한 단면인 자기 상실이라는 것이다.

고사 《노자》의 제37장에는 '무위(無爲)로써 하지 못하는 것이 없다'고 하였다. 무위라는 것은 아무 일도 하지 못하는 것이 아니다. 무위야말로 많은 일을 할 수 있는 것이다. 사람의 일이나 활동은 자연의 법칙을 거스르기 때문에 일을 하는 것보다 망치는 쪽에 가깝다. 그러므로 인간의 반대작용을 제거함으로써 모든 것이 정상으로 돌아갈 수 있는 것이다.

특히 《도덕경》에는 도구가 풍성할수록 나라가 혼란해짐을 강조한다. 또한 법률이 정밀해질수록 죄인은 많아진다. 그러기에 노자는 '도는 언제나 무위하면서도 하지 않는 것이 없다. 일체를 하고 있다'고 설파한다.

또한 성인은 말한다. "내가 하는 것이 있으면 백성은 스스로 화하고 내가 움직이지 않고 가만히 있으면 백성은 절로 잘 살게 된다"는 것이다.

자원 ● 無(없을 무; 火部 8획, 총 12획. none) : 아닐 무, 말 무.

● 爲(할 위; 爪部 8획, 총 12획. do) : 하여금 위, 어조사 위.

● 而(말 이을 이; 而部 총 6획. and) : 너 이.

● 化(될 화; 匕部 2획, 총 4획. be come) : 화합 화, 변화 화.

어의 ● 無怯(무겁) : 무서워하거나 주저함이 없음 ● 無恥(무치) : 부끄러움이 없음 ● 爲先(위선) : 우선 ● 爲業(위업) : 생업으로 함 ● 而後(이후) : 지금부터 ● 化急(화급) : 대단히 급함 ● 化筒(화통) : 기차·공장 등의 굴뚝

참조 《노자》 제 65장에는 이런 내용이 있다. 공연한 지식은 사람을 그릇된 곳으로 이끌어 가기 쉽다는 것이다. 사람의 지식이란, 양쪽 날을 가진 칼과 같다고 했다. 그것은 사람을 살릴 수도 있고 죽일 수도 있다.

이 지식을 참되게 백성을 위해 쓸 수 있는 사람은 오직 성인뿐이다. 그러므로 섣부른 지식은 백성들을 혼란스럽게 할 뿐이다. 그러한 이유로 백성들을 어리석은 그대로 놔두는 것이 좋다.

또한 성인은 일정한 자기 주장이 없다고 제49장에서 주장한다. 백성들이 무엇을 원하는가 그것을 살피고, 원하는 바를 그대로 받아들여 자신의 마음으로 삼는다. 성인의 마음은 거울과 같다. 그렇기에 백성들의 마음을 비쳐볼 수 있는 것이다. 백성을 살피고 다스리는 위정자들에게 그 마음은 거울과 같아야 한다. 거울과 같은 마음으로 백성을 지도하면 백성들 역시 사심이 없는 본성으로 돌아가게 된다. 그렇게 하는 것이 천하를 평탄하게 하는 것이다.

⇨ 다음은 《노자》 제20장의 '절학무우(絕學無憂)'라는 내용이다.

"지식을 일삼는 것이 결국에는 걱정을 만들어 내는 시초가 된다. 사람은 자기의 지식에 의해 자기들이 만들어 낸 제도와 문명에 의해 빈부·상하·귀천 등의 불공평을 만들어 낸다. 그러는 한편으로 권모와 술수·전쟁과 피해망상증에 사로잡혀 불안에 떨고 있다."

百發百中

일백 **백**　쏠 **발**　일백 **백**　가운데 **중**

출전 《사기(史記)》

문의 백 번 쏘아 백 번 맞히다.

요점 일이나 계획하고 있던 바가 뜻한 대로 적중하다.

고사 주나라 난왕 때에 진(秦)나라가 백기 장군을 시켜 한(韓)나라와 위(魏)나라를 격파하고 여세를 몰아 도읍인 양(梁)을 공격하려 들었다.

이곳이 함락된다면 주나라가 위태로워져 종횡가인 소려(蘇厲)가 난왕에게 백기 장군을 설복해 보자고 한 것이다. 설복할 내용은 양유기(養由基)에 관한 것이었다.

초(楚)나라에 양유기라는 장수가 있었다. 그는 활을 보면 백 보 앞의 버들잎을 쏘아 맞힐 정도로 활쏘기의 명수였다. 그가 시범을 보일 때면 수백, 수천의 관중이 구름처럼 모여들었다. 그들은 양유기가 화살을 쏘아 과녁을 적중시킬 때마다 함성을 지르며 잘 쏜다고 하였다.

그때 한 사나이가 곁을 지나가는 양유기를 향해 말했다.

"정말 잘 쏘는구만, 당신에게 활을 가르쳐 줄만 해."

양유기가 활을 집어던지며 소리쳤다.

"뭐야?"

허리께에 찬 칼을 뽑아 들 기세였다.

"다시 한번 말해 보시오. 어떻게 당신이 나를 가르칠 수 있는지."

그 사내가 말했다.

"나는 양장군에게 활로 기술을 가르쳐 준다고 한 게 아니오."

"그럼, 뭘 가르치겠다는 것이오?"

"장군께서 설령 백 보 앞의 버들잎을 쏘아 맞혔다고 해도 사람은 기력에 한계가 있는 것이오. 다시 말해 안 맞는 화살도 있을 것이라 그 말입니다. 항상 백발백중을 자랑하다가는 과거의 공이 무산될 수도 있다는 말입니다. 이처럼 백기 장군이 과거에 큰 공을 세웠으나 한 번이라도 실수하면 과거의 공은 무산되고 마는 것입니다. 그러니 당신으로서는 몸이 아프다는 핑계로 출전치 않는 게 상책일 것이오."

자원 ● 百(일백 백; 白部 1획, 총 6획. hundred) : 일백 백.
● 發(쏠 발; 癶部 7획, 총 12획. occur) : 일으킬 발, 필 발, 일어날 발.
● 中(가운데 중; ㅣ部 3획, 총 4획. midst) : 안쪽 중, 마음 중.

어의 ● 百劫(백겁) : 오랜 세월 ● 百計(백계) : 온갖 꾀 ● 發見(발견) : 처음으로 찾아냄 ● 發端(발단) : 일이 처음으로 일어남 ● 百代(백대) : 오랜 세대 ● 百般 (백반) : 여러 가지 모두 ● 中間(중간) : 두 사물의 사이 ● 中傷(중상) : 사람을 상하게 함

참조 감승(甘蠅)이라는 사람은 옛날에 활쏘기로 유명한 사람이었다. 그의 제자 중에 비위(飛衛)라는 자가 있었는데 스승 못지 않았다. 비위에게는 기창(紀昌)이라는 제자가 있었다. 비위가 기창에게 활을 가르칠 때에 '지극히 작은 것을 굵게 보는 연습을 하여 네 눈에 작은 것이 크게 보이고, 가는 게 굵게 보이거든 오라'고 하였다. 기창은 그날부터 집에 돌아와 이(虱) 한 마리를 실에 매달아 놓고 노려보기를 하였더니 3년 만에 뜻을 이루어 비위를 찾아갔다. 마침내 비위의 궁시법을 터득하게 된 기창은 스승을 없애려 했다. 비위는 제자의 속셈을 알고, 내기를 허락하였다. 비위의 손에서 화살이 떨어지고 기창은 하나가 남았다. 승리감에 도취된 그가 화살을 쏘았다. 그러나 비위는 곁에 있는 가시나무 덩굴의 가시 하나로서 그것을 막아 버렸다. 그제야 기창은 사죄했다.

鵬 程 萬 里

붕새 **붕**　길 **정**　일만 **만**　마을 **리**

출전《장자(莊子)》

문의 붕새는 단숨에 만 리를 날아간다.

요점 원대한 계획이나 사업.

해석 장자(莊子)의 독특한 사상은 유가의 인의예지(仁義禮智)를 부르짖으면서 부정적인 사변(四辯)을 철저히 하는 데 있다. 하나의 예를 들어보자. 〈소요유편〉에 있는 내용이다. 사람의 육체적인 감각 기능에만 들을 것을 못 듣고 보지 못하는 불구자가 있는 것이 아니다. 정신적인 지각 기능에도 그러한 문제는 있다.

소경에게는 아름다운 것이 보이지 않는다. 귀머거리에는 아름다운 소리가 들리지 않는다. 이와 마찬가지로 사람에게는 한없이 아름다운 세계를 두고도 속되고 천한 생각과 천박한 지식으로 인하여 심경의 눈이 어두워지고 아름다운 것을 보지 못한다는 것이다.

고사 북해에 곤(鯤)이라는 고기가 있다. 그 고기는 길이가 몇 천 리가 되는지 몰랐다. 그런데 이 고기는 변하여 붕새가 된다. 당연히 붕새의 등은 그 길이가 클 수밖에 없다. 몇 천 리나 되는 붕새의 등은 한 번 날면 하늘을 온통 뒤덮어 버린다. 그것은 마치 구름처럼 일체의 모든 것을 보지 못하게 한다.

이 붕새가 남해 바다로 갈 때에는 날개짓을 3천 리, 높이 오르는 것을 9만 리 한다. 그리고 여섯 달이 지나서야 비로소 날개를 쉰다. 단숨에 9만 리를 나는 붕새를 보고 작은 새 척안(斥鷃)은 비웃었다.

"도대체 저놈은 어디로 가는 거야. 우리는 고작 대여섯 자의 숲 위를 날 뿐인데. 그런데도 나는 데엔 흥미가 있거든."

이것은 작은 새가 어찌 큰 새의 뜻을 알겠느냐는 비유로 사용된다.

자원 ●鵬(붕새 붕;鳥部 8획, 총 19획. a kind of roc) : 붕새 붕.
●程(길 정;禾部 7획, 총 12획. road) : 과정 정, 헤아릴 정.
●萬(일만 만;艸部 9획, 총 13획. ten thousand) : 벌 만, 많을 만.
●里(마을 리;里部 총 7획. village) : 근심할 리.

어의 ●鵬鯤(붕곤) : 매우 큰 사물. 영웅 ●鵬際(붕제) : 까마득한 하늘 ●程度(정도) : 알맞은 한도 ●程里(정리) : 길의 거리 ●萬國(만국) : 모든 나라들 ●萬態(만태) : 여러 가지로 변화하는 상태 ●里數(리수) : 거리를 리의 단위로 헤아리는 수 ●里巷(이항) : 마을

참조 《장자》의 〈덕충부편(德充符篇)〉에 있는 말이다.

세상에서 가장 못생긴 애태타(哀駘它)라는 사내가 있었다. 이 사내는 얼굴만 보기 싫은 게 아니라 돈도 권세도, 심지어는 사내로서 어떤 주의나 주장도 없이 남의 의견에 동조했다. 그런데 괴이한 것은 그와 접촉한 사람이면 남녀를 불문하고 반해 버리는 것이다. 행세깨나 하는 집안의 딸들이 "다른 사람의 아내가 되는 것보다 차라리 애태타의 첩이 되고 싶어요"하며 정신없이 들떠 야단이었다.

노나라 임금 애공(哀公)은 소문을 듣고 그를 불러 재상으로 앉히려 했다. 의당 기뻐할 줄 알았던 그는 아무런 관심도 갖지 않았다. 그러더니 어느 날 오다 간다는 말도 없이 슬며시 자취를 감춰 버렸다. 애공은 서운하고 허전하기도 하여 일이 손에 잡히지 않았다.

공자가 그를 평하여 말하기를 "그 사람은 그 어느 것에도 구애됨이 없이 사물을 있는 그대로 받아들이고 그것을 안에 가지고 있을 뿐 드러내지 않는 사람이다."라 하였다. 어느 누구도 심원한 애태타의 마음을 알 수 없었지만, 공자만큼은 단숨에 꿰뚫을 수 있었던 것이다.

事半功倍
일사 　 반반 　 공공 　 배배

출전 《맹자(孟子)》
문의 일은 반만 하고 공은 배로 세움.
요점 포악한 군주 뒤에 선정을 베풀면 사반공배 격이 된다는 말.

해석 무력으로 여러 나라를 제압하면서 인(仁)을 가장하는 것은 패자(覇者)다. 패자는 반드시 큰 영토를 가지고 있어야 한다. 은나라의 탕왕은 70리, 주나라의 문왕은 백 리 사방 밖이다. 그들이 그렇게 된 것은 덕으로 남을 복종시킨 탓이다. 그러므로 《시경》에,

　서에서 그리고 동으로부터
　남이나 북이나 가릴 것 없이
　고개 숙여 모두 무릎을 꿇다

이렇게 노래한 것은 그것을 말함이다. 즉, 어려운 일을 당하여 어진 정치를 하면 공은 반드시 배가 된다(事半功倍).

고사 전국시대에 초나라가 진(陳)나라를 공격했다. 그러자 오나라에서 구원병을 보냈다. 초와 오는 30리 간격을 두고 서로 대치했다. 비가 왔다. 처음엔 부슬거리던 빗발은 10여 일이 지나서야 밤하늘에 별빛을 그려냈다. 초나라 좌사 이상이 자기(子期) 장군에게 말했다.
"장군, 비가 열흘이나 내렸으니 군대와 장비가 정돈되었을 것입니다. 분

명 오나라 군대가 공격해 올 것입니다. 그러니 우리는 방어 태세를 갖춰야 합니다."

즉시 방비의 진용을 짰다. 과연 오나라의 군병이 밀고 왔다. 그들은 초나라가 방비의 진용을 갖췄다고 보았는지 즉시 물러갔다. 다시 좌사가 말했다.

"그들은 먼길을 돌아왔습니다. 그런데다 그들은 60리를 가야 휴식을 취할 수 있습니다."

"60리라 하면?"

"우리는 30리만 가면 쉴 수 있습니다."

"30리?"

"그렇습니다, 장군. 우리가 가서 기다리면 됩니다. 그들은 60리를 오면 반드시 쉬어야 합니다. 우리는 먼저 가서 기다리고 있다가 공격하면 됩니다. 분명 사반공배(事半功倍)가 될 것입니다."

자기 장군은 그 말대로 했다. 여지없이 좌사의 계책은 들어맞아 오나라 군대를 크게 깨뜨렸다.

자원 ●事(일 사; 亅部 7획, 총 8획. work) : 일삼을 사, 섬길 사, 벼슬 사.
●半(반 반; 十部 3획, 총 5획. half) : 조각 반, 가운데 반, 조금 반.
●功(공 공; 力部 3획, 총 5획. services) 공치사할 공, 복 입을 공, 일할 공.
●倍(배 배; 人部 8획, 총 10획. double) : 겸할 배, 더욱더 배.

어의 ●事機(사기) : 일의 중요한 고비 ●事事(사사) : 일마다 ●半個(반개) : 한 개의 절반 ●半子(반자) : 반자식, 사위 ●功狀(공상) : 공적의 내용 ●功名心 (공명심) : 공을 세워 이름을 떨치려는 마음 ●倍加(배가) : 갑절을 더함 ●倍前 (배전) : 전보다 더함

참조 사반공배(事半功倍)는 영리를 추구하는 것이 목적인 듯 보이지만 삶을 영위하는 데에 깊이 생각해 볼 문제다.

視 子 蚤 虱
볼 시 당신 자 벼룩 조 이 슬

출전 《한비자(韓非子)》의 〈설림상편(說林上篇)〉

문의 사람 보기를 벼룩이나 이를 보듯 하는 것.

요점 큰 인물을 본 후에 작은 인물을 보면 벼룩이나 이처럼 보인다는 말.

해석 사람의 힘과 지식에는 한계가 있다. 많은 사람들이 일을 하고 있지만 임금은 다 알 수 없다. 그러므로 신하의 일은 신하가 할 수 있도록 만들어야 한다. 예컨대 정치를 하는 사람은 자기의 개인적인 능력에 의지하지 말고 정치적인 기구와 제도를 먼저 완비해야 한다. 이것은 정치가로서 정평이 있는 정나라의 재상 자산(子産)을 두고 한 말이다.

자산이 우연히 길을 가다가 여자의 울음소리를 듣게 됐다. 자산은 여자의 울음소리를 듣는 순간 그 여인이 남편을 독살하고 거짓 울음을 울고 있다는 것을 감지했다. 그래서 사람들은 자산의 총명을 칭찬했다. 그러나 한비자는 그가 정치인으로서의 자질이 없다고 한 것이다. 왜냐하면 자신이 진정한 정치인이라면 법을 완비하여 범인을 법관이 발견하도록 힘써야 옳은 탓이다.

고사 송나라의 대부 자어(子圉)가 공자와 송나라의 태재(太宰 ; 재상)를 만나도록 알선했다. 자어가 태재에게 물었다.

"공자를 만나니 어떻습니까?"

태재가 말했다.

"내가 공자를 본 후에 당신을 보니 마치 벼룩이나 이처럼 보입니다. 이제 임금님을 만나도록 주선하겠소이다."

자어는 공자가 임금에게 잘 보일 것을 두려워하며 한마디 했다.

"만약 태재께서 공자를 임금님께 보인다면 결과가 좋지 않을 것입니다."

"그게 무슨 말이오?"

"생각해 보십시오. 임금님께서 공자를 만나고 난 후 태재를 본다면 마치 벼룩이나 이처럼 잘게 보일 게 아니오."

그 말을 듣고 태재는 공자를 임금께 데려가지 않았다.

자원 ●視(볼 시;見部 5획, 총 12획. look) : 견줄 시, 복 받을 시.

●子(당신 자;子部 총 3획. man) : 아들 자, 종자 자.

●蚤(벼룩 조;虫部 4획, 총 10획. flea) : 일찍 조.

●虱(이 슬;虫部 2획, 총 8획. louse) : 이 슬.

어의 ●時務(시무) : 사무를 봄 ●視察(시찰) : 실지 사정을 돌아다니며 살펴봄 ●子孫(자손) : 아들과 여러 대의 손자 ●子息(자식) : 아들과 딸의 총칭 ●蚤 夭(조요) : 젊어서 죽음 ●蚤歲(조세) : 젊은 시절 ●虱官(슬관) : 나라를 좀 먹는 관리

참조 영특한 임금은 두 자루(柄)를 손에 잡고 있으므로 신하들을 올바로 통솔해 나간다고 하였다. 두 자루라는 게 무언가? 그것은 형(刑)과 덕(德)이다. 형은 형벌이고, 덕은 상급이다. 다시 말해 형벌이 공평해야 신하들을 올바로 통솔할 수 있다는 말이다. 만약 이것을 임금이 신하에게 맡기는 날이면 그날부터 임금은 거꾸로 신하들에 의하여 제재를 받게 된다. 이런 임금이 나라를 다스린다면 어찌 망하지 않겠는가.

⇨ 사물에 대해 올바른 지식을 갖는다는 것은 어려운 일이 아니다.

문제는 올바로 알고 난 다음 이것을 어떻게 적절히 처리하느냐 하는 문제가 따른다. 세상만사는 지식이 아니라 활용에 있는 것이다.

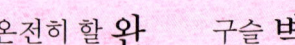

完 璧

온전히 할 **완**   구슬 **벽**

[출전] 《사기(史記)》의 〈인상여열전(藺相如列傳)〉

[문의] 티 없는 구슬.

[요점] 모자라거나 부족함이 없어 흠잡을 데가 없음.

[고사] 전국시대 말. 조(趙)나라 혜문왕(惠文王) 시대에 유현(劉玄)이라는 내시가 있었다. 왕의 총애를 받은 그는 환자령(宦者令 ; 요즘으로 말해 대통령 비서실장)이라는 자리에 올랐는데, 어느 날 다른 나라에서 온 상인에게 5백 금이라는 돈을 주고 구슬을 샀다. 장사꾼이 간 뒤 유현은 옥공(玉工)을 불러 감정했는데, 바로 화씨벽(和氏璧)이라는 구슬이었다. 일종의 야광주(夜光珠)다. 그것은 초나라의 왕이 소양(昭陽)이라는 정승에게 준 구슬이었다. 언제 그랬는지 모를 정도로 구슬을 잃어버렸으므로 그것을 찾기 위해 천금을 상으로 걸었었다. 우연히 이 구슬을 구경한 옥공이 진(秦)나라에 들어가 진소양왕(秦昭襄王)의 부탁으로 옥을 가다듬다 화씨벽에 대한 얘기가 흘러나왔다. 욕심이 생긴 진왕은 궁리 끝에 조나라 땅이던 유양(酉陽)의 열다섯 성과 바꾸자는 구실을 붙여 사신을 조나라로 보낸 것이다.

진나라에서 사신이 오자 조나라에서는 큰 골치를 앓게 되었다. 구슬을 주자니 속을 것 같고, 그렇다고 보내지 않으면 강대국인 진나라가 군사를 일으킬 명분을 주게 돼 두려웠다. 이때 환자령 유현이 추천한 인상여(藺相如)가 구슬을 가지고 진나라로 떠나게 되었다.

진소양왕은 구슬이 왔다는 말을 듣고 벌써 자신의 소유가 되는 양 즐거웠다. 신하들을 모은 다음 인상여를 불러들였다. 세상을 떠들썩하게 한 구슬이 진왕의 손을 거쳐 신하들이 한차례 감상을 하고, 다음으로 후궁에 들어가 눈요기를 했다. 얼마 후 구슬은 비단 보자기에 싸여져 다시 진왕의 손으로 돌아왔다. 한편 인상여가 아무리 기다려도 성을 준다는 말이 없었으므로 분명 속았다고 심증을 굳혔다. 인상여는 천천히 진왕 앞으로 나아가 머리를 조아렸다.

"화씨벽에는 잘 보이지 않는 티가 하나 있습니다. 신이 왕께 가르쳐 드리겠습니다."

진왕은 좌우를 시켜 구슬을 인상여에게 다시 건넸다. 구슬을 받아 든 인상여는 몇 걸음 뒤로 물러나 기둥을 앞에 두고 마주 섰다. 그리고는 노기등등한 낯으로 진왕을 향해 말했다.

"대왕의 행동으로 보아 전연 유양의 열다섯 성읍을 돌려줄 기미가 없음을 알았습니다. 약속을 지키지 않으시고 소신을 핍박한다면 저는 이 구슬을 벽에 던져 깨뜨릴 것입니다."

급해진 진왕은 열다섯 성읍을 조나라에 준다고 허둥지둥 말했다. 인상여는 믿지 않았다. 인상여는 목욕재계하고 닷새 후 구슬을 받으라고 말한 후 은밀히 조나라로 구슬을 빼돌렸다. 구슬을 얻지 못하고 인상여만 죽인다면 소문이 나빠질까봐 봐 진왕은 결국 풀어 주었다.

자원 ●完(온전히 할 완;宀部 4획, 총 7획. perfect) : 끝날 완, 지킬 완, 꾸밀 완, 지을 완, 튼튼히 할 완. 宀에서 뜻을, 元에서 음을 취함.
●璧(구슬 벽;玉部 13획, 총 18획. round jade) : 옥 벽.

어의 ●完美(완미) : 완전한 아름다움 ●完熟(완숙) : 무르익음 ●完人(완인) : 병이 완전히 나은 사람 ●璧門(벽문) : 옥으로 장식해 놓은 문 ●璧帛(벽백) : 옥과 비단 ●璧侑(벽유) : 옥으로 만든 잔.

참조 화씨벽(和氏璧)이 그토록 유명했던 것은 구슬이 있는 백보 인에는 파리와 벌레가 들어오지 못하고 여름엔 부채가 필요없었기 때문이다.

運 籌 帷 幄
궁리할 운   꾀 주   휘장 유   장막 악

출전 《사기(史記)》의 〈고조본기〉

문의 장막 속에 산가지를 놀린다.

요점 들어앉아서 기획하는 일.

고사 천하가 안정되자 고조는 낙양에 도읍했다. 제후들은 모두 신하로써 고조를 따랐다. 이전에 회강왕 환(驩)이 항우에게 가담하여 한나라를 배반했었다. 그때 노관과 유가로 하여금 진압케 했다. 환은 좀처럼 항복하지 않다가 여러 개월 후에 항복했다. 그리고 나서 5월에 군을 해산하여 집으로 돌려보냈다.

고조가 낙양의 남궁에서 주연을 베풀며 물었다.

"열후나 제장들은 나에게 기탄 없이 얘기를 해보시오. 내가 천하를 얻게 된 이유가 무엇이며, 항우가 천하를 잃게 된 이유는 무엇이겠소?"

고기(高起)와 왕릉(王陵)이 대답했다.

"폐하께서는 성을 공격하게 하고 항복시킨 자에게 그것을 주어 천하의 사람들과 이익을 같이 합니다. 그러나 항우는 현명한 자를 질투하고 유능한 자를 미워합니다. 공이 있는 자에게 해를 주고 어진 이를 의심했습니다. 항우는 땅을 점령해도 이익을 나누어주지를 않았습니다."

그것이 천하를 잃게 된 이유라는 것이었다. 그러자 고조가 대꾸했다.

"귀하는 하나만 알고 둘은 알지 못하는구려. 본진의 군막 가운데에서 작전을 세워 천리 밖의 전투에서 승리를 얻게 하는 데에는 자방(子房;장량)만 못하고(夫運籌帷幄之中 決勝於千里之外 吾不如張良), 국가를 진정시키고 백성들을 어루만지며 군량을 공급하고 양도가 끊기지 않도록 하는 데엔 소하(蕭何)만 못하여, 백만 군사를 이끌어 싸우면 반드시 이기는 것은 한신만 못하오. 이 세 인물은 모두가 걸출하오. 이 세 인물을 쓸 수가 있었소. 이것이 내가 천하를 얻게 된 이유일 것이오. 항우는 단 하나의 걸출한 인물 범증이 있었으나 그것조차도 쓰지를 못했소. 이것이 그가 나에게 사로잡힌 이유일 것이오."

자원 ●運(궁리할 운 ; 辵部 9획, 총 13획. carry) : 움직일 운, 옮길 운.
●籌(꾀 주 ; 竹部 14획, 총 20획. ruse) : 셈 놓을 주, 모략할 주.
●帷(휘장 유 ; 巾部 8획, 총 11획. curtain) : 장막 유.
●幄(장막 악 ; 巾部 9획, 총 12획. curtain) : 군막 악.

어의 ●運送(운송) : 물건을 운반하여 보냄 ●運會(운회) : 운수와 기회 ●籌決(주결) : 좋고 나쁨을 헤아려 정함 ●籌策(주책) : 이해관계를 헤아려 생각한 꾀 ●帷子(유자) : 밑으로 떨어뜨리는 휘장 ●帷房(유방) : 휘장을 친 방 ●幄幕(악막) : 진중에 친 장막 ●幄次(악차) : 임금의 거동 때에 쉬도록 장막을 둘러친 곳

참조 고조는 낙양에 영구히 도읍을 정하려 했다. 그러나 제나라 사람 유경(劉敬)이 간했고, 또 장량도 관중에 도읍하도록 권했으므로 그날로 수레를 몰고 가 관중에 자리를 잡았다.

6월에는 천하에 대사령을 내렸고, 10월에는 연왕 장도가 모반을 해 대(代)땅을 공략하여 함락시켰다. 그런가 하면 가을엔 이기(利幾)가 모반했다. 이기는 처음에 항우의 장수였으나 그가 패하자 항우를 따르지 않고 항복했었다. 그것을 가상히 여긴 고조는 그를 후로 삼아 영천군에 봉한 것이다. 그 후 고조는 명부에 올라 있는 열후들을 모두 불러 모았었다. 그러자 이기는 자기만이 벌을 받게 될지 모른다는 생각에 감히 모반을 생각한 것이다.

以 心 傳 心
써이　마음심　전할전　마음심

출전 《전등록(傳燈錄)》, 《오등회원(五燈會元)》
문의 마음에서 마음으로 전한다.
요점 말이나 글을 사용하지 않고 오로지 마음으로 전하는 것을 뜻함.

해석 석가가 영취산에서 설법을 할 때, 말없이 연꽃을 들어 대중에게 보였다. 이때 가섭(迦葉)만이 그 뜻을 알고 미소를 지었다는 데서 유래하는 말이 염화미소다.

고사 석가가 영취산에서 제자를 모아 놓은 어느 날, 일절 한마디의 말도 없이 연꽃을 손가락으로 들었다. 모든 사람들이 그 의미를 몰라 어리둥절하고 있는데, 오직 가섭만이 뜻을 알아차리고 빙그레 미소지었다. 그러자 석가가 말했다.

　"나는 정법안장(正法眼藏 ; 사람이 본래 갖춘 마음의 덕), 열반묘심(涅槃妙心 ; 번뇌에서 벗어나 진리를 깨닫는 마음), 실상무상(實相無相 ; 불변의 진리), 미묘법문(微妙法門 ; 진리를 깨치는 마음), 불립문자와 교외별전을 가섭에게 부탁한다."

자원 ●以(써 이 ; 人部 3획, 총 5획. with) : 할 이, 쓸 이
●心(마음 심 ; 心部 총 4획. mind) : 가운데 심, 염통 심.
●傳(전할 전 ; 人部 11획, 총 13획. transmit) : 줄 전, 펼 전

어의 ●以上(이상):이보다 위 ●以往(이왕):그동안, 이전 ●以降(이강):이후, 이래 ●心機(심기):마음의 활동 ●心服(심복):즐거운 마음으로 복종함 ●心外(심외):생각 밖 ●傳書(전서):편지로 전함 ●傳誦(전송):대대로 전하여 읽음 ●傳位(전위):왕위를 다음 대에 전해 줌

참조 선종에서는 이 선의 기원을 석가가 가섭에게 준 법문 속에서 구하고 있다. 오조대사도 '불(佛) 멸후(滅後), 법을 가섭에게 부쳐 마음으로써(以心) 중생의 마음에 전한다(傳心)'고 《전등록》에서 말하고 있다.

⇨《채근담》에 있는 말이다.

"마음 바탕이 조촐하여야 책을 읽어 옛날을 배울 것이다. 그렇지 않으면 한가지 선행으로 이를 훔쳐 사욕을 펴는 데 악용할 것이오, 한마디의 선행을 들어도 이를 빌려 저의 단처(短處)를 감추는 데 쓸 것이다. 원수에게 병장기를 주고, 도둑에게 양식을 대어 주는 것이 아닌가."

⇨ 다음은 힐티의 말이다.

"병이 생겼으면 그것은 육체의 병이지 마음의 병은 아니다. 성한 다리가 절룩거리면 그것은 어디까지나 다리에 생긴 고장이지 내 마음에 생긴 고장은 아닌 것이다. 이 한계를 분명히 안다면 언제나 그 마음을 온전히 보장할 수 있다. 남이 나를 욕한다면 그 욕한 사람의 입에 고장이 난 것이지 내 마음에 생긴 고장은 아닌 것이다. 우리는 너무도 자기 마음에 관계 없는 일에 머리를 쓰고 괴로워한다. 그러한 괴로움은 떨쳐 버려야 한다. 내 뜻과 내 마음은 무엇에게나 다치지 않고 내가 잘 보전할 수 있는 것이다."

☞ 淡如水(담여수):욕심이 없고 마음이 깨끗하여 물과 같다는 뜻. 군자의 마음씨를 나타내는 말이다.

☞ 有如皦日(유여교일):밝은 해와 같다는 뜻으로 마음이 명백함을 이르는 말.

☞ 水面天心(수면천심):맑은 천심과 하늘의 고요함을 이르는 말. 마음이 고요함.

一 以 貫 之
한일 써이 꿸관 의지

출전 《논어(論語)》의 〈이인편(里仁篇)〉
문의 하나로 꿰었다.
요점 하나의 이치로서 모든 것을 꿰뚫었다는 뜻.

고사 어느 날 공자께서 제자들이 있는 곳으로 왔다. 그리고는 증자를 향해 의미심장한 말을 던졌다. "얘, 삼(參;증자의 이름)아, '나의 도는 하나로써 꿰었다(吾道一以貫之)'." 증자는 숙연한 어조로 "예에." 하고 대답했다. 물론 제자들은 그 말이 무슨 뜻인지를 알아듣지 못했다. 선문답같은 대화에 대해 제자들은 물었다. "도대체 선생님께서 말씀하신 것이 무슨 뜻인가?"

증자에게 도를 전하기 위해 스승은 몇 차례에 걸쳐 시도했었다. 그러나 증자는 천성적으로 둔했다. 그는 아버지와 함께 공자의 가르침을 받았다. 아들의 둔한 행위를 목도한 부친은 몽둥이를 집어들어 후려쳤다. 의당 피할 줄 알았던 아들은 꼼짝도 않고 몽둥이 세례를 뒤집어 썼다. 그런데 매질이 너무 지나쳤던지 그만 까무러치고 말았다. 죽은 줄 알았던 증자는 몇 시간이 되어서야 깨어나더니 집으로 달려갔다. 아버지가 걱정하실까가 그 이유였다.

집안으로 들어간 그는 벽장에서 거문고를 꺼내 곡을 탔다. 아버지에게 자신이 살아 돌아온 것을 알리기 위해서였다. 이런 사실을 전해들은 공자는 무척 노했다. 그것은 효가 아니라는 것이다. 공자는 증자를 불러 나무랐다.

"너는 효를 잘못 알고 있다. 아버지의 뜻에 순종하며 따르는 것을 효로 알고 있다만 그런 것이 아니다. 이제 너같은 미련퉁이는 내 방에 들어 올 자격이 없다. 만약에 몽둥이 세례를 받고 네가 죽었다면 어찌 되었겠느냐? 필경은 이 나라 법에 의해 너의 아버지는 살인자가 되어 큰 곤욕을 치렀을 것이다. 무릇 부모님의 화를 풀어 주기 위해서는 작은 매는 맞고, 큰 매는 몸을 피하는 것이 효다."

이렇듯 미련퉁이인 증자가 어떻게 공자의 화두를 알아들었단 말인가?

그 점에 대해 제자들이 묻자 대답했다.

"선생님의 도는 충(忠)과 서(恕)다."

충(忠)은 중(中)과 심(心)을 합한 자로, 중심을 잘 잡고 그 어떤 유혹에도 흔들리지 않는 굳건한 마음을 뜻한다. 서(恕)는 여(如)와 심(心)을 합한 자로, 마음을 같이 하여 서로 소통하는 것을 말한다. 공자는 학문의 근본은 일이관지(一以貫之)에 있음을 깨우쳐주고자 한 것이다.

자원 ● 一(한 일 ; 一部 총 1획. one) : 정성스러울 일, 순전할 일, 오로지 일(막대기 등의 하나를 가리킴).
● 以(써 이 ; 人部 3획, 총 5획. with) : 쓸 이, 까닭 이.
● 貫(꿸 관 ; 貝部 4획, 총 11획. through) : 마칠 관, 본 관.
● 之(의 지 ; ノ部 3획, 총 4획. this) : 어조사 지, 이를 지, 이(此)지(풀의 싹이 솟아나는 모양을 본뜸. 발(止)로 땅(一)의 어떤 선상에서 가기 시작함).

어의 ● 一安(일안) : 한결같이 편안함 ● 一夜(일야) : 하룻밤 ● 一躍(일약) : 한 번 ● 貫祿(관록) : 인격에 구비된 위엄 ● 貫流(관류) : 꿰뚫어 흐름 ● 貫革(관혁) : 화살이나 총 등을 쏠 때에 시험 삼아 세운 목표물(과녁의 본디말).

참조 공자의 중심 사상은 인(仁)이다. 그런데 어떻게 해서 하나로 통한 도를 '충과 서'로 생각하는가? 이것은 성의를 다한다는 것이나 상대를 용서하는 것이 인을 달성하는 것이라 본 탓이다.

肝 膽 相 照
간 간 쓸개 담 서로 상 비출 조

출전 《후청록(侯鯖錄)》
문의 간과 쓸개를 서로 본다.
요점 서로 꾸미고 감춤이 없이 마음 문을 열어 놓고 사귐.

해석 교우관계를 나타낼 때 쓰이는 말이다. 이를테면《열자》의 〈탕문편〉에 나오는 유백아와 종자기의 관계처럼 자기 뜻을 알아주는 절친한 친구를 뜻한다. 이백이 〈두보의 몽〉에서 읊조렸던 '낙월옥량(落月屋梁)'이나 '관포지교'처럼 자신의 속내를 보여줄 수 있는 친구다.

고사 중당(中唐)의 문인 한유는 당송팔대가로 이름이 높았기 때문에 좋은 친구를 많이 사귀었다. 그 중의 얘기다. 유종원(柳宗元)이라는 이가 유주자사(柳州刺史)로 임명되었을 때, 마침 유몽득(柳夢得)도 파주자사(播州刺史)에 임명될 것이라는 소식이 전해졌다. 이 말을 들은 유종원은 울먹였다.

"파주란 매우 멀고 좋지 않은 곳인데 어찌 몽득같은 사람이 살 수 있겠는가. 더구나 양친에게 어떻게 말씀을 올려야 할지를 몰라 망설이는 것은 차마 두고 볼 수 없다. 나이 든 어머니와 함께 부임을 할 수 없을 터이니 내가 몽득을 대신하여 파주로 나갈 것을 지원해야겠다."

한유는 둘의 우정에 깊이 감복했다. 훗날 〈유자후 묘비명(柳子厚 墓碑銘)〉에 다음과 같이 썼다.

'……사람은 역경에 처했을 때 비로소 참다운 절의가 나타나는 법이다. 평소에 서로 그리워하고 즐거워하며 사양을 하면서 손을 마주 잡고 '간이나 쓸개를 드러내 보이고' 하늘을 가리키며 배반치 않을 것을 맹세하지만 일단 이해관계가 생기다 보면 언제 그랬느냐 싶게 거들떠보지 않는다. 함정에 빠진 사람을 구해 주기보다는 오히려 밀어 넣어 돌을 던지기까지 한다……'

자원 ●肝(간 간 ; 肉部 3획, 총 7획. liver) : 마음 간, 요긴할 간.
●膽(쓸개 담 ; 肉部 13획, 총 17획. gall-bladder) : 씻을 담, 담 클 담.
●相(서로 상 ; 目部 4획, 총 9획. mutual) : 바탕 상, 볼 상, 손님 맞는 사신 상, 붙들 상, 정승 상(나무(木)에 올라 먼 곳을 보는(目) 모양).
●照(비출 조 ; 火部 9획, 총 13획. ilumine) : 빛날 조, 비교할 조, 비칠 조.

어의 ●肝膽(간담) : 간과 쓸개 ●肝要(간요) : 썩 요긴함 ●肝膾(간회) : 소의 간으로 만든 회 ●膽大(담대) : 담력이 큼 ●膽勇(담용) : 대담하고 용기가 있음 ●膽破(담파) : 쓸개가 깨어짐 ●相距(상거) : 서로 떨어진 거리 ●相考(상고) : 서로 견주어 고증을 함 ●相貌(상모) : 얼굴 모양 ●照鑑(조감) : 대조하여 봄 ●照例(조례) : 전례에 비추어 생각함 ●照査(조사) : 맞대어 조사함

참조 간과 쓸개를 내놓고 서로에게 보일 수 있는 친구는 아무래도 상대의 아픔과 즐거움을 함께 할 수 있다. 두보의 〈빈교행(貧交行)〉에 나오는 관포지교(管鮑之交)가 그런 정도다.

☞ 近墨者黑(근묵자흑) : 먹을 가까이하면 검어진다는 뜻. 《탈무드》에 굴뚝 청소에 대한 얘기가 나온다. 굴뚝에 들어가면 자신의 의지와 상관없이 더러운 것이 묻는다.

☞ 伯牙絕絃(백아절현) : 지음(知音)과 같은 말. 벗이나 자신의 죽음을 애도할 때에 쓰는 말.

☞ 如兄若弟(여형약제) : 형제처럼 친한 사이.

☞ 三損友(삼손우) : 사귀어서 손해가 되는 세 가지의 벗. 편벽한 사람, 편녕한 사람, 선유한 사람.

鷄 鳴 狗 盜
닭 계   울 명   개 구   도둑 도

출전 《사기(史記)》의 〈맹상군전(孟嘗君傳)〉
출전 닭처럼 울고 개처럼 들어가 좀도둑질을 함.
출전 아무리 미천한 사람도 작은 재주가 있으면 남을 도울 수 있다.

해설 춘추시대 조나라에 공손룡(公孫龍)이라는 사람이 있었다. 그는 한 가지 재주만 있는 사람이면 누구나 식객으로 거둬들였다. 소문을 듣고 사방에서 재주 있는 사람이 모여들었는데 하루는 어떤 사람이 와서 "나는 고함을 잘 지릅니다"하여 식객으로 거둬들였다. 날이 가고 달이 가도 고함지를 일이 없었으나 주인은 그냥 두었다. 어느 날 공손룡이 연나라에서 돌아와 큰 강을 만나 건너지를 못했다. 강 건너는 워낙 먼 거리라 이쪽에서 부르는 소리를 들을 수 없었다. 이때 그 식객이 나서서 배를 불러 위기를 모면하였다. 아무리 하찮은 재주라 할지라도 요긴히 쓰일 때가 있는 법이다.

고사 설(薛)이라는 땅에 제나라 왕족 전영(田嬰)이라는 이가 살고 있었다. 이 사람에겐 맹상군(孟嘗君)으로 통하는 전문(田文)이란 아들이 있었다. 전문은 마흔 명이나 되는 자식 가운데 하나로 첩의 몸에서 태어났다. 제나라 속담에 '5월 5일에 자식이 태어나면 불길하다'고 했으므로 그의 부친은 전문이 태어난 것을 언짢아했다. 그러나 이 전문이 부친의 눈에 들어 모든 것을 이어받았다. 맹상군 전문은 천하에 소문을 냈다. 어느 누구든 재주가 있다면 식객으로 받아들이겠다는 것이었다.

　이때 얘기의 주인공인 좀도둑질을 잘하는 사람과 닭 울음소리를 잘 내는 이가 식객으로 들어왔다.

맹상군에 대한 됨됨이가 알려져 멀리 진나라의 소양왕이 자기 나라의 재상으로 임명하겠다는 뜻을 전해 왔다. 주위의 반대가 있었지만 맹상군은 모국인 제나라를 도울 수 있다는 생각에 선뜻 응낙했다. 그러나 일행이 진나라에 들어갔을 때 반대파의 기세가 거세어 보류되었다. 그런 와중에 신하들은 맹상군을 죽이기 위해 은밀히 계략을 마련하는 중이었다.

이때 맹상군은 왕이 총애하는 초희를 찾아가 흰 여우 가죽으로 만든 호백구(狐白裘)라는 털옷을 내놓고 고향에 돌아갈 수 있도록 손을 써 달라는 부탁을 했다. 그러자 초희는 호백구 한 벌을 더 원했다.

일이 여기에 이르자 맹상군은 난처했다. 값진 호백구를 다시 구할 방법이 없었다. 이때 도둑질에 능한 사나이가 궁 안에 침입하여 호백구를 훔쳐내 다시 그것을 선물로 내놓았다. 그 덕분에 고향으로 돌아갈 수 있었으나 문제는 함곡관(요새이자 관문)이었다. 진나라의 추격병이 오고 있는 와중에 날이 새도록 기다릴 수는 없었다. 이때 닭 울음소리를 잘 내는 사내로 인해 함곡관이 열리고 모두들 무사히 돌아올 수 있었다.

자원 ● 鷄(닭 계 ; 鳥部 10획, 총 21획. cock) : 닭 계.
● 鳴(울 명 ; 鳥部 3획, 총 14획. sing) : 새 울음 명.
● 狗(개 구 ; 犬部 5획, 총 8획. dog) : 강아지 구.
● 盜(도둑 도 ; 皿部 7획, 총 12획. steal) : 훔칠 도.

어의 ● 鷄冠(계관) : 닭의 볏 ● 鷄口牛後(계구우후) : 소의 꼬리보다 닭의 입이 되라는 뜻 ● 鷄棲(계서) : 닭의 둥지 ● 鳴鼓(명고) : 북이 울림 ● 鳴鳩(명구) : 산비둘기 ● 鳴動(명동) : 울리어 진동함 ● 狗膏(구고) : 개를 진하게 삶아 부약으로 먹는 국물 ● 狗膽(구담) : 개의 쓸개 ● 狗盜(구도) : 개 백정 ● 盜犯(도범) : 도둑질한 범죄 ● 盜癖(도벽) : 남의 것을 훔치는 버릇

참조 ☞ 一鳴驚人(일명경인) : 평소에 울지 않던 새가 한 번 울어 놀라게 함. 남몰래 품고 있는 재주를 드러내어 세상을 놀라게 한다는 뜻.

處世·交際

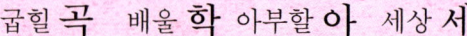

曲 學 阿 世
굽힐 곡　배울 학　아부할 아　세상 세

출전 《사기(史記)》의 〈유림열전(儒林列傳)〉

문의 배움을 구부려 세상에 아부함.

요점 학문을 내세워 출세에 눈이 어두워지지 말라는 뜻.

고사　전한(前漢)의 경제(景帝)는 어질고 지혜로운 인사를 널리 구했는데, 그중 원고생(轅固生)이란 시인이 있었다. 경제는 덕의 향기가 높은 늙은 시인을 몹시 총애하였다. 어느 날 경제의 모친 두태후(竇太后)가 노자에 대해서 물어 왔다.

"박사께선 노자(老子)를 어찌 생각하십니까?"

"노자 따위는 머슴이나 노예 같은 형편 없는 작잡니다. 그자의 그럴 듯한 변설은 하나같이 속임수에 불과하니까요. 천하 대사를 논하는 인물로는 가당치가 않습니다."

두태후는 노발대발했다. 원고생을 당장 감옥에 처넣고 매일 돼지 죽이는 일을 시켰다. 아흔이 넘은 노인이 하기에는 버거운 일이다. 경제는 예리한 칼을 보내 쉽게 돼지를 잡을 수 있도록 배려했다. 그 후 왕은 원고생을 태부(太傅)로 승진시키고 아흔이 넘어서야 면관(免官)시켰다.

원고생이 사퇴를 했음에도 불구하고 경제는 그를 다시 불러들였다. 은가루를 뿌린 듯한 백설같은 흰머리를 날리며 궁으로 돌아오자 소장파의 대표격인 공손홍(公孫弘)이 극력으로 반대했다.

"저승길이 멀지 않은 노인이 세상을 안다면 얼마나 더 알겠습니까? 시골 구석으로 다시 보내 증손자의 재롱이나 보게 하십시오."

그러나 경제는 주위의 어떤 잡음에도 불구하고 원고생을 등용했다. 얼마 후 원고생은 웃는 낯으로 공손홍에게 일러주었다.

"지금 학문은 몹시 어지러워지고 있네. 이대로 가다가는 현인들이 세운 금자탑은 요사스런 학설에 밀려 쓰러질 판이야. 그대는 학문이 높고 심지가 곧다 들었으니 자신이 믿는 학설을 굽혀 세상의 속물들에게 아부하지를 말게."

이것이 곡학아세라는 말의 원류다.

자원 ●曲(굽힐 곡;曰部 2획, 총 6획. bent):곡절 곡, 곡조 곡.
●學(배울 학;子部 13획, 총 16획. learn):글방 학, 공부할 학.(아이(子)들이 친구(爻)와 손잡고(臼) 한집(冖)에서 배운다는 말.)
●阿(아부할 아;阜部 5획, 총 8획. flatter):언덕 아, 아첨할 아, 기둥 아, 항아 아.
●世(세상 세;一部 4획, 총 5획. world):일평생 세, 역대 세, 백 년 세, 대세 세(十(열 십) 자 세 개가 모여 이루어짐).

어의 ●曲心(곡심):삐뚤어진 마음 ●曲折(곡절):복잡한 사연이나 내용 ●曲釘(곡정):대가리가 기역자처럼 구부러진 못 ●學界(학계):학문의 세계 ●學宮(학궁):성균관의 다른 이름 ●學齡(학령):초등학교에 들어갈 나이 ●阿丘(아구):한쪽이 높은 언덕 ●阿媚(아미):아첨 ●阿爺(아야):아버지를 정답게 부르는 말 ●世家(세가):대대로 녹을 받는 집 ●世居之地(세거지지):대대로 살고 있는 고장 ●世念(세념):세상살이에 대한 온갖 생각

참조 《논어》〈선진편(先進篇)〉에 이런 내용이 있다. 자공이 공자에게 물었다. "자장과 자하 가운데 누가 머리가 좋습니까?" 공자는 두 제자를 비교하여 말했다. "자장은 지나치고, 자하는 모자란다." 그럼 자장이 위냐고 거듭 물어오자 공자는 지나치는 것은 모자람만 못하다고 결론지었다. 이것은 과유불급(過猶不及)으로 중용을 가르친 것이다.

空 中 樓 閣
하늘 공 가운데 중 다락 누 다락집 각

출전 《몽계필담(夢溪筆談)》

문의 공중에 떠 있는 누각.

요점 현실성이 없는 생각이나 계획.

해석 송나라 때의 학자 심괄(沈括)은 다음과 같이 말한 바 있다.

"등주 지방은 사면이 바다로 둘러싸여 있는데, 늦은 봄에서 여름에 걸쳐 수평선 위로 누각들이 보인다. 이를 해시(海市)라 한다."

후대에 와서는 비현실적인 허황한 일을 도모하거나 꾸미는 자를 공중 누각으로 비유하기도 한다.

고사 어느 마을에 돈이 많은 부자가 있었다. 이 사람은 이웃 마을에서 아주 아름다운 누각을 지었다는 말에 구경을 하러 갔다. 먼저 와 있던 많은 사람들이 누각을 보며 감탄했다.

"참으로 훌륭한 누각이다. 특히 저 3층은 너무나 아름답구나."

많은 사람들이 감탄하는 소리를 듣고 부자는 생각했다. 나도 저 사람과 특별한 차이가 없는데 왜 누각을 짓지 않았는가? 이런 의문이었다.

집에 돌아온 그는 곧 목수를 불렀다.

"나는 3층 누각을 지으려 하네. 그러니 아주 훌륭한 3층 누각을 지어주게."

목수는 곧 일을 시작했다. 누각을 지을 터를 고르고 벽돌을 쌓아갔다.

그런데 웬일인지 부자는 벌컥 화를 냈다.

"지금 뭘 하고 있는가?"

"보다시피 누각을 짓고 있습니다."

"3층 누각을 지으라 했는데, 왜 벽돌을 쌓는가 그 말이네."

목수는 어이없다는 듯 부자를 빤히 바라보았다.

"3층 누각을 지으려면 먼저 1층과 2층을 지어야지 않습니까. 그렇게 해야 3층을 지을 수 있으니까요."

"그렇지 않다니까 그래. 나는 3층만 필요해. 1층과 2층은 필요없다 그 말이야."

"이거 보십시오. 어떻게 1층과 2층을 짓지 않고 3층을 만들 수 있습니까. 당치 않는 일이지요."

목수가 아무리 설명했어도 부자는 막무가내로 3층만 지어 달라고 우겨댔다.

자원 ●空(하늘 공 ; 穴部 3획, 총 8획. empty) : 다할 공, 빌 공, 클 공.
●中(가운데 중 ; ㅣ部 3획, 총 4획. in) : 안쪽 중, 마음 중.
●樓(다락 누 ; 木部 11획, 총 15획. tower) : 봉우리 루, 어깨 루.
●閣(다락집 각 ; 門部 6획, 총 14획. towered mansion) : 찬장 각, 사다리 각, 꼿꼿할 각, 문실주 각.

어의 ●空隙(공극) : 틈 ●空行(공행) : 헛걸음 ● 中道(중도) : 중용의 도 ●中聲(중성) : 음절의 중간에 오는 모음 ●樓臺(누대) : 높은 건물 ●樓船(누선) : 다락이 있는 배 ●閣僚(각료) : 내각을 조직하는 장관 ●閣筆(각필) : 붓을 놓고 쓰는 것을 멈춤

참조 수평선 위에 나타나는 신기루 같은 누각(樓閣)이나 《백유경》에 나오는 3층 누각을 짓겠다는 부자의 생각은 한결같이 현실성이 없는 무모한 계획이다. 청나라 때부터 자주 쓰여지는 이 말에 나오는 누각이란 어떤 것인가? 〈누(樓)〉는 기둥이 받침대가 되어 청(廳)이 높게 된 다락집이다. 그리고 〈각(閣)〉은 석축이나 단상에 높이 세운 옥우(屋宇)를 뜻한다.

管 鮑 之 交
관 관 절인 어물 포 의 지 사귈 교

출전 《사기(史記)》의 〈관안열전(管晏列傳)〉, 《열자(列子)》
문의 관중과 포숙아의 두터운 우정.
요점 친구 사이의 두터운 우정을 말함.

해석 우정에 관한 얘기는 많다. 이 고사와 일맥상통하는 것으로 문경지교(刎頸之交)와 금란지교(金蘭之交)·수어지교(水魚之交)도 있다. 문경지교는 친구를 위해 목숨을 바칠 수 있는 정다운 사이다. 금란지교는 친구와의 견고한 우정이 능히 금(金)을 끊을 수 있으며, 우정어린 말은 향기로운 난초 같다는 의미다. 문경지교가 목숨을 두려워하지 않는 우정인 반면, 금란지교는 서로 마음을 합하면 쇠를 끊고 그 향기가 난초와 같다고 하였다. 그러는 반면 수어지교는 임금과 신하 사이나 부모 자식간의 화목을 의미한다. 수어지교는 《삼국촉지》의 〈제갈량전〉에 전한다.

고사 춘추시대 제(齊)나라에 관중(管仲)과 포숙아(鮑叔牙)라는 친구가 있었다. 이들은 둘도 없이 친한 사이였다. 언젠가 그들이 동업으로 장사했을 때 관중이 제 몫으로 더 많이 차지했다. 그러나 포숙아는 욕심쟁이라고 말하지 않았다. 그것은 관중이 자기보다 가난하다는 것을 알기 때문이라 변호했다. 또한 관중이 벼슬길에 나갔을 때 여러 번 쫓겨났지만 무능하다고 욕하지 않았으며, 전쟁터에서 도망을 쳤을 때에는 그에게 늙은 어머니가 있기 때문이라고 비호했다. 훗날 춘추오패(春秋五覇)의 한사람인 제환공을 도와 천하를 움직이는 정치가가 되었을 때 관중은 말했다.

"나를 낳아 준 것은 부모지만 나를 알아준 것은 포숙아였다(生我者父母 知我者鮑叔牙)."

자원 ●管(관 관;竹部 8획, 총 14획. tube, flute):쌍피리 관, 주관할 관, 붓대 관, 열쇠 관.

●鮑(절인 어물 포;魚部 5획, 총 16획. salted fish):성(姓) 포.

●之(의 지;丿部 3획, 총 4획. this):갈 지, 이를 지, 이(此) 지.(이 글자는 풀의 싹이 솟아나는 모양을 본뜸. 발(止)로 땅(一)의 어떤 선상에서 가기 시작함.)

●交(사귈 교;亠部 4획, 총 6획. intercourse):벗할 교, 서로 주고받을 교, 바꿀 교.

어의 ●管鍵(관건):자물쇠 ●管財(관재):재산을 다스림 ●管制(관제):관리하여 통제를 함 ●鮑魚之肆(포어지사):자반을 파는 가게 ●鮑尺(포척):물 속에서 전복을 따는 사람 ●鮑俎(포조):재능이 없으면서 높은 자리에 있음 ●之東之西(지동지서):어떤 일에 결정을 내리지 못하고 이리저리 흔들림 ●之子(지자):이 사람 ●之字路(지자로):'之'처럼 꼬불꼬불한 길 ●交加(교가):서로 뒤섞이는 것 ●交感(교감):서로 접촉하여 느낌 ●交結(교결):사귀어 정을 맺음

참조 관포지교에 관한 고사는 두보(杜甫)의 〈빈교행(貧交行)〉이라는 시에도 나타나 있다.

'손바닥을 뒤치면 구름이 되고, 손을 엎으면 비가 되는 것처럼 사소한 원인으로 날씨는 금방 변한다. 세상 인심도 이와 같아서 경솔한 행동과 박절한 마음을 어찌 일일이 셀 수 있겠는가. 그러나 옛날에는 그렇지 않았으니 '그대들은 보지 못하였는가, 관중과 포숙아가 빈한했을 때의 사귐을(君不見管鮑貧時交)'. 친구로서의 진정한 우정의 도를 지금 사람들은 흙 버리듯 하고 있네.'

巧 言 令 色
공교할 교 말씀 언 아름다울 령 낯 색

출전 《논어(論語)》의 〈학이편(學而篇)〉

문의 교묘한 말과 부드러운 얼굴.

요점 얼굴색을 부드럽게 하고 말을 교묘하게 하여 분란을 일으키는 소인배를 일컫는 말.

해석 공자는 일찍부터 꾸미는 말과 행동에 대해 경계의 말을 아끼지 않았다. 상대를 애교있게 받아들이는 것은 좋으나 아첨하는 빛으로 보이는 것은 좋지 않다는 것이다. 특히 다른 사람을 듣기 좋게 하는 변설에 대해서는 소인배로 여겼다.

고사 공자는 《논어》의 〈학이편〉에서 '교언영색에는 인이 적다(巧言令色鮮矣仁)'고 하였다. 특히 상대를 즐겁게 하는 얼굴이나 말에는 반드시 좋지 못한 뜻이 숨어 있다는 것이다.

　공자는 또한 〈공야장편(公冶長篇)〉에서 낯빛을 부드럽게 하는 것은 공자 자신도 부끄럽게 여긴다고 했다. 그것을 수치로 안다는 것이다. 특히 좌구명(左口明)이 수치로 안다고 하였다. 좌구명은 《춘추좌씨전》의 저자로 전해지는 인물이다. 이것은 강력히 동조자를 내세워 강조하고 있음을 알 수 있다.

자원 ●巧(공교할 교 ; 工部 2획, 총 5획. skill) : 교묘할 교, 훌륭한 솜씨 교, 재능 교, 거짓말을 꾸밀 교, 똑똑할 교.

●言(말씀 언 ; 言部 총 7획. say) : 말할 언, 어조사 언, 우뚝할 언.

● 令(아름다울 령 ; 人部 3획, 총 5획. beautiful) : 시킬 령, 하여금 령, 개 목소리 령, 착할 령(모음 집(스)에 병부 절(卩)을 더한 글자).

● 色(낯 색 ; 色部 총 6획 ; colour) : 예쁜 계집애 색, 빛 색, 화상 색.

● 巧詐(교사) : 교묘한 말로 사람을 속임 ● 巧月(교월) : 음력 7월 ● 巧舌(교설) : 교묘한 말 ● 言及(언급) : 어떤 문제에 대해 말함 ● 言渡(언도) : 소송에 있어 행위에 대한 적용 결과를 선언함 ● 言必稱(언필칭) : 말할 때마다 반드시 ● 令嬌(영교) : 남의 딸의 존칭 ● 令名(영명) : 훌륭한 명예 ● 令抱(영포) : 남의 손자의 별칭 ● 色德(색덕) : 여자가 갖춘 고운 덕행 ● 色料(색료) : 그림 물감 ● 色心(색심) : 색욕이 일어나는 마음.

아첨에 관한 글이다. 아첨은 양(洋)의 동서를 떠나 나타난다. 빌헬름 1세가 아첨하는 자들에게 비꼬는 말을 자주 했다. 어느 날 황제는 〈키다리 병사〉의 그림을 그리다가 시종에게 이런 말을 했다.

"이 그림이 얼마에 팔리겠느냐?"

시종이 아첨했다.

"백만 원이라도 싼 편일 것입니다."

이 말을 들은 황제는 심술궂게 웃었다.

"그래? 너는 내 그림을 이해하는 것 같구나."

이렇듯 아첨은 비굴의 표시인 것이다.

☞ 吮癰舐痔(연옹지치) : 종기의 고름을 빨고, 치질 앓는 밑을 핥는다는 뜻으로, 지나치게 아첨하는 것을 뜻함.

☞ 搖尾乞憐(요민걸련) : 비굴한 사람에게 아첨하는 것을 개 같이 함.

☞ 奴顏婢膝(노안비슬) : 얼굴은 사내 종처럼 비굴하게 하고 몸은 계집 종처럼 놀림. 남에게 알랑거리는 비굴한 태도.

☞ 阿諛苟容(아유구용) : 남에게 잘 보이려고 아첨하는 태도.

☞ 言身之紋也(언신지문야) : 말이 내 몸의 무늬라고 하는 것은, 말을 잘하는 것이 자기를 장식하는 것이라는 뜻(《좌전》).

膠漆之心
아교 **교**　옻 **칠**　의 **지**　마음 **심**

출전 《백씨문집(白氏文集)》

문의 아교와 옻칠 같은 마음.

요점 두터운 우정을 뜻함.

해석 우정에 관한 고사는 많다. 〈관포지교〉가 있는가 하면 〈간담상조〉나 〈문경지교〉, 또는 〈죽마고우〉와 〈수어지교〉도 있다. 《논어》에서 자공이 우정에 대해 묻자 공자는 말한다. '충고하여 벗을 선도하고, 듣지 아니하면 곧 중지하여, 스스로 욕됨이 없이 하라'고 하였다. 이를테면 《역경》에서 말하는 것처럼 , '같은 소리는 서로 응하고, 같은 기운은 서로 구한다'는 의미다.

고사 백낙천(白樂天)과 원미지(元微之)는 당(唐)의 정원(貞元) 16년에 급제하여 벼슬길에 올라 좌습유(左拾遺)가 되었다. 함께 과거를 보았으며, 함께 벼슬길에 나가 교서랑(校書郎)에 올랐다.

　백낙천은 훗날 강주(江州)의 사마(司馬)로 좌천되었으며, 다시 소환되어 형부상서에 이르렀다.

　그런데 백낙천은 시의 혁신에도 공헌을 했다. 한나라 때의 민요를 토대로 시대가 던지는 폐단과, 그로 인한 백성들의 분노와 고통을 담은 신악부(新樂府)라는 악부를 지었는데, 이것이 화근이 되어 또다시 좌천되었다.

　백낙천은 원미지와 창화(唱和)하여 사람들은 그를 원백체(元白體)라 칭하였다. 그러나 멀리 떨어지게 되자 그를 그리워하는 편지를 썼다.

　"아, 미지여 미지여. 그대의 얼굴을 보지 못한 지도 3년이 지났네. 자네의 편지를 못 받은 지도 벌써 2년이 되었네. 인생이란 결코 길지 않는 것, 그런데도 자네와 이렇게 떨어져 있으니 안타까운 마음뿐일세. 아교와 옻칠 같은 마음으로서(膠漆之心) 북쪽 오랑캐 땅에 몸을 두고 있네. 그리워하면서도 이렇게 떨어져 있으니 아, 미지여 미지여 어찌하리오. 이것을 어찌하리오!"

자원 ●膠(아교 교;肉部 11획, 총 15획. glue) : 굳을 교, 사곡할 교.
●漆(옻 칠;水部 11획, 총 14획. lacquer) : 옻나무 칠, 검을 칠.
●之(의 지; 丿部 3획, 총 4획. this) : 어조사 지.
●心(마음 심;心部 총 4획. mind) : 가운데 심, 염통 심.

어의 ●膠接(교접) : 굳게 꼭 붙음 ●膠漆(교칠) : 아교와 옻 ●漆笠(칠립) : 옻칠한 갓 ●漆黑(칠흑) : 옻처럼 검음 ●心機(심기) : 마음의 활동 ●心願(심원) : 마음으로 바뀜

참조 백낙천은 원미지가 죽은 후 유우석(劉禹錫)과 이름을 같이 했다. 원미지와 창화할 때엔 '원백체'라 불렀지만, 유우석과 같이하면서 유백(劉白)으로 병칭된 것이다. 사람들은 그가 신악부를 지어 사회를 풍자하면서도 도의를 세우려 했으므로 광대교화주(廣大敎化主)라 했다.

⇨ 리처드 미드는 조지 2세의 시의(侍醫)다. 그의 친구가 정치범으로 체포된 일이 있었다. 몇 달 동안 그의 친구는 불법으로 감옥 생활을 했다. 그때 월풀 수상이 미드를 불렀다. 그러나 미드는 자신의 친구가 석방될 때까지 수상을 치료하지 않겠다고 했다. 단호한 그의 거부로 인해 수상의 병은 더욱 악화되었다. 그러다가 친구가 석방되어 집에 돌아왔다는 말을 듣고 그제야 미드는 수상을 치료했다.

⇨ 《순자》에 있는 말이다. 군왕이 어떤지를 알려면 좌우를 보고, 아들을 알려면 벗을 보면 된다는 것이다.

☞ 至情之間(지정지간) : 지극히 가까운 사이.

狡 兔 三 窟

교활할 **교** 토끼 **土** 석 **삼** 굴 **굴**

출전 《사기(史記)》의 〈맹상군열전(孟嘗君列傳)〉
문의 지혜로운 토끼는 구멍 세 개를 파 놓는다.
요점 갑작스러운 난관에 대처해 미리 준비해 놓는 것을 말한다.

해석 슬기로운 토끼가 살아남을 수 있었던 것은 갑작스러운 난을 피해 달아날 수 있는 탈출구가 여럿이라는 뜻이다. 이를테면 여러 군데의 은신처가 있다는 의미다.

고사 설(薛) 땅은 맹상군의 아버지 전영의 봉지다. 이곳을 떠나오기 전, 맹상군은 가지고 있던 돈을 풀어 영지의 백성들에게 이잣돈으로 주었다.

일 년 농사를 지은 후 가을걷이를 하여 갚는 것이 당시의 관행이었다. 어느 날 맹상군이 설 땅에 가서 빌려줬던 돈을 받아 자신에게 부족한 것을 사가지고 올 사람을 찾았다. 식객으로 있던 풍원이 자원하여 설 땅으로 내려갔다.

그러나 그 지방은 내리 가뭄이 들어 농작물은 흉년이었다. 부황이 든 사람들은 퀭한 눈빛으로 풍원을 맞이하였다. 풍원은 그곳에 내려가 현지 관리를 시켜 부채가 있는 자들을 한자리에 모이게 한 후 그 자리에서 차용증을 찢어 버렸다.

"여러분, 이제 여러분은 갚아야 할 부채가 없습니다. 우리의 영주이신 맹상군께서는 여러분의 부채를 탕감해 주시고 이렇게 잔치까지 열어 주시며 위로하십니다. 여러분, 힘을 내십시오."

설 땅의 백성들은 맹상군 만세를 불렀다. 기다리고 있던 풍원이 빈손으로 돌아오자 맹상군은 곱지 않은 눈길로 입맛을 다셨다. 풍원이 말했다.

"지금 나으리께 부족하신 것은 재물이 아닙니다. 그것은 의(義)라는 것입니다. 저는 나으리께 부족하신 의를 사 가지고 돌아왔습니다."

자신이 시킨 일이니 별다른 말을 할 수 없어 맹상군은 내심 불쾌감을 감추며 안으로 들어가 버렸다. 1년이 지났다. 맹상군이 제나라의 민왕의 노여움을 사서 쫓기게 되었다. 풍원은 재빨리 영지인 설 땅으로 맹상군을 안내했다. 이것이 첫째 은신처였다. 그 다음 위나라의 서울로 가서 혜왕을 만나 설득하여 맹상군을 맞게 하였다. 이것이 두 번째 은신처다.

마지막 은신처는 풍원의 조언으로 설 땅에 세운 민왕 조상의 묘였다. 선대의 종묘가 그곳에 있는 한 민왕이 함부로 군을 들이지 못하게 조치한 것이다.

자원 ●狡(교활할 교 ; 犬部 6획, 총 9획. sly) : 빠를 교, 하룻강아지 교.
●兎(토끼 토 ; 儿部 6획, 총 8획. rabbit) : 토끼 토.
●三(석 삼 ; 一部 2획, 총 3획. three) : 자주 삼.
●窟(굴 굴 ; 穴部 8획, 총 13획. hole) : 움 굴.

어의 ●狡吏(교리) : 간사한 관리 ●狡詐(교사) : 간사한 꾀로 속임 ●狡智(교지) : 간사한 재주 ●兎缺(토결) : 언청이 ●兎月(토월) : 달의 다른 명칭 ●兎罝(토저) : 토끼를 잡는 그물 ●窟居(굴거) : 동굴에 기거함 ●窟穴(굴혈) : 굴 속

참조 세 곳의 은신처를 마련한 맹상군의 지위는 확고해졌다. 선대의 종묘가 맹상군의 영지에 있는 한 민왕이 어찌 군사를 움직일 수 있겠는가? 이것은 모두 식색 풍원의 지략이었다.

이 얘기는 《사기》의 〈열전〉에도 나와 있다. 그곳에는 풍원이 아닌 풍환으로 되어 있다.

口 舌 數
입구   혀설   운수 수

출전 《논어(論語)》의 〈입언(㲾言)〉
문의 입안의 혀 때문에 곤욕을 치름.
요점 말(言) 때문에 곤욕을 치를 운수.

해석 말(言)은 죽은 자를 무덤에서 불러내고 산 자를 묻을 수 있다고 했다. 그만큼 말(구설)의 힘은 대단한 것이다. 중국의 역사를 보면 《사기》의 작가 사마천은 이릉 장군을 위해 변론해 주다 치욕스러운 궁형에 처해졌다. 그런가 하면 한비자는 혀가 민첩하지 못하여 사약(賜藥)을 받았다. 메난드로스의 〈단편(斷片)〉이라는 글엔 '인간에게 있어 말은 고뇌를 고치는 의사다. 왜냐하면 말만이 영혼을 고치는 불가사의한 힘을 갖기 때문이다. 또 말이야말로 옛 성현들이 묘약이라 불렀다'고 쓰여 있다.

그러나 말은 한 사람으로부터 나오지만 천 사람의 귀로 들어간다는 점을 인지한다면 항시 주의하여야 한다.

고사 춘추전국시대에 말을 잘하는 변설가에 장의(張儀)란 이가 있었다. 그가 십 년의 공부를 마치고 집으로 돌아왔을 때 아내의 기쁨은 이만저만이 아니었다. 하루는 가난에 못 이긴 아내가 짜증을 내자 장의 역시 큰소리로 맞받아쳤다.

"도대체 당신이 뭘 잘했다고 큰소리를 치는 거예요. 그래, 당신 손으로 엽전 한 푼 벌어 온 적이 있어요?"

이 말을 들은 장의는 입을 딱 벌렸다.

"자, 안을 들여다봐요. 내 입 속에 혀(舌)는 그대로 있지?"

아내는 기가 막혔다.

"그것조차 없으면 거짓말도 할 수 없잖아요."

"걱정 말라니까. 이것만 있으면 돼."

아닌 게 아니라 장의의 장담대로 그는 연형설(連衡說)로 육국(六國)을 달래 성공을 거두었다.

자원 ●口(입 구 ; 口部 총 3획, mouth) : 인구 구, 어귀 구, 말할 구, 구멍 구, 실 마리 구(입(口)의 모양을 본뜸).

●舌(혀 설 ; 舌部 총 6획. tongue) : 혀 설.

●數(운수 수 ; 攵部 11획, 총 15획. fortune) : 이치 수, 팔자 수.

어의 ●口角(구각) : 새의 부리 ●口渴(구갈) : 조갈이 남 ●口蓋(구개) : 입천장 ●舌戰(설전) : 말다툼 ●舌鋒(설봉) : 날카로운 변론 ●舌禍(설화) : 자기의 말 이나 언론으로 인한 재앙 ●數刻(수각) : 두서너 시각 ●數三次(수삼차) : 두서 너 차례 ●數月(수월) : 두서너 달

참조 말이란 '인류가 사용하는 가장 효력 있는 약'이라 했다. 그러나 그것을 남용하면 오히려 해로운 것처럼 몸에 이로움이 없다. 일찍이 D. 레싱은 "사랑, 원한, 삶, 죽음, 충실, 배반과 같은 그 모든 말에는 뜻이 있다. 말은 우리의 풍부한 경험을 표현할 수 있다. 그러나 가끔은 한 토막의 얘기도 절벽에 부딪친 것처럼 공허해질 때가 있다"고 했다. 아마 구설수에 휘말리는 경우는 이런 때일 것이다.

☞ 人間私語(인간사어) : 인간의 사사로운 말.

☞ 駟不及舌(사불급설) : 네 마리의 말이 끄는 빠른 마차라도 혀의 빠름에 는 미치지 못한다.

☞ 率口而發(솔구이발) : 입에서 나오는 대로 함부로 말을 함.

☞ 鉗天下之口(겸천하지구) : 세상 사람들의 입을 막아 말을 못하게 함.

☞ 甘言利說(감언이설) : 듣기 좋은 그럴듯한 말.

口 若 懸 河

입구 같을**약** 달현 물**하**

출전 《진서(晉書)》
문의 흐르는 물과 같이 말을 함.
요점 거침없이 쏟아지는 유창한 말.

해석 말이란 어떤 것인가? 불어 내는 바람이 아니다. 그 말에는 말하는 뜻이 있어야 한다. 그러나 그 말하는 것을 보면 하나도 일정한 것이 없다. 그러면 말하는 것이 있다고 보는가? 혹은 말하는 것이 없다고 할 것인가? 갓난 새 새끼의 지껄이는 소리에 구별이 있는가, 없는가? 생각해 볼 일이다.

고사 진(晉)나라의 사람 곽상(郭象)은 자(字)가 자현(子玄)이다. 어린 나이에도 재학이 뛰어나 칭송이 자자했다. 그는 일상의 생활 속에서 일어나는 모든 현상을 세밀히 관찰하고 이치를 즐겨 심취했다. 그러다 보니 그의 학문은 더욱 깊어졌다.

훗날 그는 장자(莊子)와 노자(老子)의 학설을 읽으면서 깊이 연구했다. 그의 깊은 학문에 대한 소문 때문인지 궁에서 수차에 걸쳐 벼슬길에 나와 달라고 종용했으나 그는 그때마다 물리쳐 버렸다. 그러나 끊임없는 청을 물리치지 못하고 황문시랑이라는 자리에 부득이 앉게 되었다.

그는 모든 이치를 터득한 듯 어떤 것을 물어도 자신 있게, 물이 흐르듯 답변을 토해냈다.

그리하여 태위에 있던 왕연(王衍)이라는 이가 그를 입 침이 마르도록 칭찬했다.

"곽상의 말을 듣고 있노라면 천하의 모든 진리가 그의 입안에서 쏟아지는 것 같아. 마치 폭포에서 쏟아지는 장엄한 물줄기를 보고 있는 것 같다니까."

왕연의 말을 그대로 옮기면 구약현하(口若懸河)다. 그러나 이후에는 도도 부절(滔滔不絕)이라는 말을 사용했다.

자원 ●口(입 구;口部 총 3획. mouth):인구 구, 어귀 구, 말할 구, 구멍 구, 실마리 구.
●若(같을 약;艸部 5획, 총 9획. same):너 약, 순할 약, 젊을 약.
●懸(달 현;心部 16획, 총 20획. hang):달릴 현, 멀 현.
●河(물 하;水部 5획, 총 8획. river):황하수 하, 은하수 하.

어의 ●口腔(구강):입 안의 빈 곳 ●口給(구급):말 솜씨가 풍부하고 민첩함 ●口受(구수):말로써 가르침을 받음 ●若干(약간):얼마 안됨 ●若否(약부):좋고 나쁨 ●若何(약하):사정이 어떠함 ●懸格(현격):차이가 너무 심함 ●懸命(현명):목숨을 걸음 ●懸板(현판):글씨나 그림을 쓰거나 새겨서 문 위나 벽에 거는 널조각 ●河口(하구):바다로 흘러 들어가는 강물의 어귀 ●河伯(하백):물귀신 ●河岸(하안):물가의 육지

참조 ➡ 처칠이 목에 걸리는 것 같은 음성으로 말을 시작할 때에 그의 말은 구르는 듯하고 탄력이 있다 했다. 그는 한가로운 얘기를 할 때에는 말을 잘 골라서 한다. 그것은 마치 보석상의 보석을 정돈해 놓은 것이나 다름없다. 그는 화려한 문장을 좋아하며 좋은 글을 쓰기 좋아하는 사람이다

➡ 악마파의 작가 발베 도오르비리이에게 말을 좋아하는 친구가 찾아왔다. 한 시간쯤 지난 후 더 견딜 수가 없어 소리를 질렀다.

"이보게, 자네 덕분에 내기 목이 쉬었네."

☞ 好辯客(호변객):말솜씨가 좋은 사람.

口 禍 之 門
입구 재앙화 의지 문문

출전 〈설시(舌詩)〉

문의 입은 재앙의 문.

요점 입은 재앙을 불러들이는 문이라는 뜻이다.

해석 입으로 들어가는 것이 더럽게 하는 것이 아니라, 입에서 나오는 것이 더럽게 한다는 말이 있다. 모든 화는 입에서 나온다는 것이다. 불행한 운명이 입에 달려 있으므로 말하는 것을 조심하라는 경고이다.

고사 풍도((馮道)라는 이는 당(唐)나라 말기에 태어났다. 당나라 멸망 후에 진(晉)나라와 거란·한(漢) 등으로 이어지는 여러 나라에 벼슬한 사람으로 알려져 있다. 어지러운 그 시기를 살면서도 73세까지 수를 누렸으니 꽤 장수한 것으로 판단된다. 풍도가 쓴 《舌詩》에는 이런 내용이 있다.

　　입은 곧 재앙의 문이오(口是禍之門)
　　혀는 곧 몸을 자르는 칼이라(舌是斬身刀)
　　입을 닫고 혀를 깊이 감추면(閉口深藏舌)
　　가는 곳마다 몸이 편하다(安身處處牢)

《채근담》에도 그런 말이 있다.

"입은 마음의 문이니 입을 엄밀히 지키지 못하면 마음의 참 기틀을 다 누설할 것이오, 뜻은 마음의 발이오, 그러므로 뜻을 막음이 엄격하지 않으면 마음이 옳지 못한 길로 다닌다."

●口(입 구;口部 총 3획. mouth):인구 구, 어귀 구, 말할 구.
●禍(재앙 화;示部 9획, 총 14획. calamity):앙화 화.
●之(의 지;丿部 3획, 총 4획. this):어조사 지.
●門(문 문;門部 총 8획. gate):집 문, 가문 문, 무리 문.

●口過(구과):잘못한 말, 실수한 말 ●口癖(구벽):입버릇 ●口跡(구적):
말씨, 말투 ●禍亂(화란):재변에 의한 세상의 어지러움 ●禍殃(화앙):불행.
재앙 ●禍敗(화패):재화로 인한 실패 ●門望(문망):가문이 좋고 인망이 있는
것 ●門齒(문치):앞니 ●門下(문하):스승의 문에 들어가서 가르침을 받음

우리나라의 조선 시대의 20대 제왕이었던 연산왕은 중종 반정으로 인해
연산군으로 격을 낮춰 불렀다. 그는 궁인이나 선비들의 탄원 또는 직소를 방
지하려고 신언패(愼言牌)를 만들어 차게 하였다. 이른바 백성들에 대한 지독
한 언론 탄압이었는데, 패 안에는 다음과 같은 글귀가 씌어 있었다. 물론 해
석에는 다소의 차이가 있다.

　　입은 화근의 문이오(口是禍之門)
　　혀는 몸을 자르는 칼이라(舌是斬身刀)
　　입을 다물고 혀를 깊이 간직하라(閉口深藏舌)
　　몸을 보호하라 이르는 곳마다 감옥이니(安身處處牢)

　옛날의 언론 탄압은 지금과는 판이했다. 궁 안에 틀어박힌 군왕으로서는
아무래도 소외된 정치를 할 수밖에 없었다. 당시엔 언론 탄압이 권력자였지
만, 현실적으로는 권력자를 국민이 뽑으므로 다르다.
　　☞ 口是傷人斧(구시상인부):입은 잘못 말을 하면 그 사람을 망치는 도끼
　　　와 같다는 뜻.

錦 衣 夜 行
비단**금** 옷**의** 밤**야** 다닐**행**

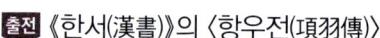

출전 《한서(漢書)》의 〈항우전(項羽傳)〉
문의 비단옷 입고 밤길 가기.
요점 남이 알아주지 않는 보람도 없는 일을 함.

고사 홍문연(鴻門宴)의 잔치가 있은 지 얼마 뒤의 일이다. 유방을 죽일 모처럼의 기회를 놓친 항우는 진나라 도성 함양에서 승리를 거두었다. 항우는 입성한 후에 진왕의 아들 영(嬰)을 살해하였다. 여세를 몰아 진시황이 심혈을 기울여 지었던 아방궁에 불을 질렀다.

불은 사흘 동안 타올랐다. 항우는 불길을 눈요기 삼아 술잔을 기울이며 수하에게 명하여 시황제의 무덤을 파헤치게 했다. 창고에 쌓인 온갖 재물을 약탈하고 수많은 미녀를 손에 넣었다. 천하 제패에 나선 이후 모처럼의 승전고를 울리는 듯한 느낌이었다. 모사 범증이 일을 그르치지 말라는 충고를 했어도 그는 듣지 않았다. 오랜 전장터에서 굴러 온 육신이라 하루 빨리 고향에 가 보고 싶었다. 성공한 자신의 모습을 그들에게 보여주고 싶었다.

이때 한생(韓生)이라는 자가 말했다.

"관중(關中)은 산하로 막힌 데다 지세 또한 견고합니다. 이곳은 토지가 비옥하니 도읍 삼아 천하의 패권을 잡으시고 제후들을 호령하기 적합한 자립니다."

그러나 항우의 눈엔 함양은 불타는 폐허에 불과했다. 한시라도 빨리 고향으로 돌아가고 싶을 뿐이었다.

그는 말했다.

"부귀를 얻고도 고향으로 돌아가지 않는다면 이것은 비단옷을 입고 밤길을 걷는 것이나 다름없지. 누가 알아줄 것인가?"

아무리 출세를 했다 해도 고향에 돌아가지 않는다면 옛친구들이 알 수 없다는 뜻이다. 한생은 항우 앞을 물러나자 코웃음쳤다.

"초나라의 사람은 원숭이에게 의관을 입힌 것이나 다름없다 했는데, 과연 그 말이 맞구만. 원숭이는 관을 씌우고 띠를 매어도 오래 견디지 못하므로 어쩌면 그렇게 초나라 사람의 급한 성질과 똑같을 수 있는지 알 수가 없다."

이 말이 항우의 귀에 들어가 한생은 죽임을 당했다.

자원 ●錦(비단 금;金部 8획, 총 16획. silk):비단 금.
●衣(옷 의;衣部 총 6획. clothes):입을 의(사람이 저고리를 입고 있는 모습을 본뜸).
●夜(밤 야;夕部 5획, 총 8획 night):해질 야, 어두울 야, 광중 야, 풀이름 야.
●行(다닐 행;行部 총 6획. go):갈 행, 길 귀신 행, 행서 행, 쓸 행, 순행할 행. 彳+亍(사람이 왼발(彳)과 오른발(亍)을 번갈아 움직이며 다님).

어의 ●錦締(금기):아름다운 옷 ●錦繡江山(금수강산):비단에 수를 놓은 듯한 아름다운 강산 ●錦袍(금포):비단 두루마기 ●衣類(의류):옷의 총칭 ●衣糧(의량):옷과 양식 ●衣籠(의롱):옷을 담아두는 농짝

참조 비단옷을 입고 밤길을 걷는 일이라도 고향에 돌아가 자신의 출세한 모습을 보여주고 싶은 게 항우의 심정이었다. 비슷한 숙어에 '비단옷 입고 고향으로 돌아간다'는 뜻의 〈금의환향〉이 《삼국지》의 〈위지〉에 전한다. 나중에는 '입신출세하여 고향으로 돌아간다'는 말도 생겨났다.

濫　吹

함부로 남　　불 취

출전《한비자(韓非子)》
문의 엉터리로 부는 것.
요점 무능한 사람이 유능한 체하는 것을 말함.

해석 한비자는《설림(說林)》에서 말했다. 사람들은 뱀장어를 손으로 주물럭거리고 누에를 알뜰히 기르고 있다. 그런데 그것과 별반 차이가 없는 뱀을 보면 도망가고 거심이(蠋)를 보면 기분이 나빠진다는 것이다.

그러고 보면 사람이란, 이해관계에 얽히게 되어 그것을 싫어하고 좋아하는 것이다. 그것이 하나의 전통으로 바뀐다 했다.

고사 제나라의 선왕(宣王)이 사람들에게 우(竽)라는 악기를 불게 할 때에 반드시 3백 명으로 합주를 시켰다. 이때 남곽처사(南郭處士)라는 위인이 그 악기를 불겠다고 나섰다. 선왕은 몹시 기뻐하며 그를 받아들였다. 그렇게 하여 합주의 대열에 끼어 녹을 받게 되었다. 어떤 신하가 나서서 옳지 않음을 고했다.

"무리 가운데엔 악기를 제대로 다루지 못하는 악사가 있을 것입니다. 그들을 가려내야만 올바른 합주를 들을 수 있을 것입니다."

그러나 선왕은 못 들은 체 합주만 시켰다. 선왕이 죽고 뒤이어 민왕이 즉위했다. 예전의 신하가 나섰다.

"대왕마마, 무리 가운데엔 악기를 제대로 다루지 못하는 악사가 있을 것입니다. 마땅히 그들을 가려내야 합니다."

민왕은 그 말을 옳게 여겨 한 사람씩 독주를 시켰다. 그러자 3백 명 가운데 상당수가 야반 도주를 했다. 그 가운데엔 남곽처사도 끼어 있었다. 이를 빗대어 한비자는 말한다.

"나라를 잘 다스리자면 한 사람의 능력을 알아보는 것도 아주 중요한 일이다."

자원 ●濫(함부로 남;水部 14획, 총 17획. overflow):넘칠 람, 담글 람. ●吹(불 취;口部 4획. 총 7획. blow):숨 쉴 취, 악기 불 취.

어의 ●濫讀(남독):순서나 방법도 없이 아무렇게나 읽음 ●濫用(남용):마구 씀 ●濫作(남작):글이나 시 따위를 함부로 많이 지음 ●吹雪(취설):눈보라 ●吹入(취입):공기를 불어 넣음

참조 ⇨《한비자》에 있는 교훈이다.

사람이 한 사람, 한 사람의 말을 주의해서 들어보지 않는 후라면 그가 유능한지 또는 형편없는지를 분간할 수가 있다. 이것은 신하들을 통솔하는 방법을 말한 것이다.

사람들은 모이면 서로가 짝을 지어 상대의 무능을 덮어 주는 버릇이 있다. 그러므로 군왕의 자리에 앉은 사람은 덮어놓고 신하의 말을 믿어서는 안 된다. 또한 누르려고 해서도 안 된다. 한 사람 한 사람의 능력을 잘 살펴서 그 진위를 확인해 볼 필요가 있는 것이다. 그 좋은 예가 위의 민왕의 경우다.

중구난방(衆口難防)이라는 말이 있다. 이것은 한비자가 스스로를 안타까워하며 자신을 모함하는 이사(李斯) 일당을 지칭한 말이다. 한비자의 생각으로는 자신의 생각이 옳았고, 그의 주장에 이상한 것을 발견하기가 어려웠지만 스스로를 변녕할 실을 찾지 못했다. 그런 이유로 이사의 참소에 의해 죽음을 맞이한 것이다. 그는 자신의 모국인 한나라에서 뜻을 펴지 못하고 진나라로 왔지만 진시황제에 의해 큰 권력이 그의 수중으로 들어갈 것을 걱정한 이사의 설시(舌矢)를 맞은 것이다.

桃 園 結 義
복숭아 도 동산 원 맺을 결 의 의

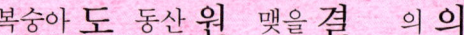

출전 《삼국지연의(三國志演義)》
문의 복숭아나무가 심어진 정원에서 의형제를 맺음.
요점 《삼국지연의》에 등장하는 유비・관우・장비가 의형제를 맺는 것을 말함.

고사 난세에는 부자나 가난뱅이나 똑같다. 다같이 위험 속에 놓이는 것은 피차일반이라는 말이다. 그런 점에서 외척에 의해 망한 전한 시대보다는, 환관에 의해 망한 후한의 역사를 더듬어 볼 필요가 있다. 아무래도 후한의 붕괴 원인은 황건적의 난일 것이다.

훗날 촉한(蜀漢)의 선주(先主)라 일컫는 유비(劉備)는 지금의 북평 서남쪽에서 태어났다. 그는 전한의 경제(景帝) 아들인 중산왕(中山王)으로 봉해진 유승(劉勝)의 후예였다. 그는 유달리 팔이 길고 컸으며 어려서부터 감정 표현을 잘하지 않았다. 왕족의 후예였지만 그는 언제나 점잖은 편이었다.

조부 유웅은 겨우 현령에 미쳤으며 부친 유승은 일찍 세상을 떠났다. 이렇게 되고 보니 유비는 홀어머니를 모신 가난뱅이 돗자리 장사꾼에 불과했다. 그는 친척의 도움으로 겨우 학문을 익힐 수 있었으며 성장하면서는 협객들과 교우하였다. 그러한 인물 중에 관우와 장비가 있었다.

서로 뜻이 맞은 세 사람은 복숭아꽃이 만발한 화원에서 의형제를 맺었다. 훗날 '도원결의'라 불리는 의식이었다. 나이에 따라 유비가 맏형이 되고, 그 다음이 관우였으며, 막내는 장비였다.

●桃(복숭아 도 ; 木部 6획, 총 10획. peach) : 앵두 도, 대나무 이름 도.

●園(동산 원 ; 口部 10획, 총 13획. garden) : 울타리 원, 절 원.

●結(맺을 결 ; 糸部 6획, 총 12획. bind) : 맺을 결, 마칠 결, 마중 결.

●義(의 의 ; 羊部 7획, 총 13획. rightness) : 의리 의, 뜻 의.

어의 ●桃仁(도인) : 복숭아씨의 알맹이 ●桃蟲(도충) : 뱁새 ●桃花酒(도화주) : 복숭아꽃을 넣어 빚은 술 ●園頭(원두) : 밭에 심은 참외, 수박 따위의 총칭 ●園兒(원아) : 유치원에 다니는 아이 ●園囿(원유) : 식물원과 동물원 ●結交 (결교) : 교분을 맺음 ●結付(결부) : 잇대어 붙임 ●結草(결초) : 사후 은혜를 잊지 않고 갚는 것 ●義脚(의각) : 만들어 끼운 다리 ●義捐(의연) : 자선 사업 등을 위하여 금품을 기부함 ●義兄弟(의형제) : 의로 맺은 형제

참조 도원결의를 맺은 다음 그들은 3백 명의 젊은이들을 이끌고 황건적 토벌에 나섰다. 이후 삼고초려(三顧草廬)를 통해 제갈공명을 참모로 맞아들이고 명실공히 위오촉(魏吳蜀)이 세 발 솥(鼎)처럼 세력의 균형을 유지하는 초석을 굳건히 한다. 이른바 삼국 시대가 열린 것이다.

⇨ 다음은 라로슈푸코오의 〈도덕적 반성〉에 관한 글이다. 깊이 생각해 볼 부분들이 엿보인다.

"대개의 사람들은 적은 의리를 돌려주고 싶어 한다. 많은 사람들이 중간쯤의 의리에 대해서는 감사하다는 생각을 품고, 큰 은혜에 대해서는 모르는 체하고 나오는 사람은 아무리 봐도 없다. 그것이 인지상정이다."

☞ 朋友有信(붕우유신) : 벗과의 사이에서는 믿음을 가져야 함.

☞ 義理明正(의리명정) : 의리가 밝고 바름.

☞ 見利思義(견리사의) : 이익이 되는 것이 있으면 먼저 의리에 합당한가를 생각하라는 뜻. 《논어》의 〈헌문편〉에 전한다.

同工異曲

한가지 동 장인 공 다를 이 가락 곡

출전 한유(韓愈)의 〈진학해(進學解)〉

문의 만든 것은 같은데 가락이 다르다.

요점 지은 것이나 만들어진 것은 차이가 난다는 말.

고사 한유는 당송팔대가의 한 사람이다. 하양 출신으로 그의 자는 퇴지(退之)다. 어려서 가난한 생활을 했으나 이에 구애받지 않고 학문 연구에 힘을 기울였다. 그는 스물다섯 살 때 진사 시험에 합격하여 20여 년 만에 국가 좨주 자리에까지 올랐다.

한유는 문학을 하는 데 있어 가장 중요한 것을 도라 하였다. 예술은 예술성에만 신경을 쓰는 것이지 사상성을 가미하여서는 안 된다는 것이다. 한유는 유학을 바르게 가르치려고 부단히 노력한 학자였다.

그는 학생들과 대화할 때엔 언제나 문답식 교육을 했다.

한유는 말한다.

"세상에 나가 설사 벼슬자리를 얻지 못해도 관직의 불공평을 말하는 것은 좋지 않다. 그것보다는 자신의 부족한 학문을 채우기 위해 부단히 노력하는 것이 중요하다."

학생 중 한 사람이 말했다.

"선생님께선 대문장가이십니다. 인격자이신데 친구들의 도움은커녕 오히려 없는 죄를 뒤집어쓰고 벌을 받으니 그 얼마나 가당찮은 일입니까."

한유가 말한다.

"공자나 맹자와 같은 성인들도 불우했는데, 내가 한가한 벼슬에 붙어 있는 것도 과분하지 않은가."

이것은 〈진학해〉에 나오는 줄거리다.

학생들이 한유의 문장을 칭찬하는 대목에 동공이곡(同工異曲)이라는 말이 나온다.

"한유의 시는 올바르고 빛이 난다. 장자와 굴원의 이소(離騷)에 미치고 기록되어 있는 양웅이나 사마상여(司馬相如)와 같되 곡을 달리한다(同工異曲). 선생의 글에는 그 가운데를 덮고 그 밖의 것을 마음대로 한다고 말할만하다."

자원 ●同(한가지 동;口部 3획, 총 6획. same) : 모을 동, 무리 동.
●工(장인 공;工部 총 3획. master craftsman) : 공장 공, 벼슬 공.
●異(다를 이;田部 6획, 총 11획. different) : 괴이할 이, 나눌 이.
●曲(가락 곡;日部 2획, 총 6획. tune) : 곡절 곡, 누에발 곡, 굽을 곡.

어의 ●同感(동감) : 같은 느낌 ●同友(동우) : 마음과 뜻이 같은 벗 ●工具(공구) : 공작에 쓰이는 작은 기구의 총칭 ●工人(공인) : 직공들과 노동자 ●異方(이방) : 풍속과 습관 따위가 다른 지역 ●異彩(이채) : 다른 것보다 뛰어나게 색다른 광채 ●曲徑(곡경) : 꼬불거리는 길 ●曲說(곡설) : 한쪽으로 기울어진 옳지 않은 이론

참조 한유는 문학을 바르게 가르치기 위해 끝없이 노력했다. 그는 불교 사원의 폐해로 인한 백성들의 궁핍상과 도교로 인한 폐해를 보고 도교와 불교를 극력으로 반대했다.

그 바람에 헌종 황제의 노여움을 사서 극형에 처해질 위기에 빠지기도 하였다. 그러나 그는 끝까지 자신의 주장을 굽히려 들지 않았다. 그는 조금도 뜻을 굽히지 않고 불교를 탄압하였다. 그가 주장한 고문(古文)을 주창하였는데, 그것이 〈팔대(8代)의 쇠(衰)〉였다. 그는 정열적이며 개방적인 성격의 소유자로 알려져 있으며, 《창려집》 40권과 《외집》 10권이 전한다.

東 施 效 矉

동녘 **동**　베풀 **시**　효험 **효**　찡그릴 **빈**

출전 《오월춘추(吳越春秋)》
문의 흉내를 냄.
요점 함부로 남의 흉내를 내어 창피한 꼴을 보인다.

고사 춘추시대 때에 오(吳)와 월(越), 두 나라는 항상 소란스러웠다. 처음에는 월왕 구천이 오왕 부차에게 대패하였으나, 그 후 범려의 지략으로 미인계를 써 월나라를 되찾고 원수를 갚았다. 이때 등장한 미인이 서시(西施)였다.

　서시가 범려에게 발탁되기 전, 그녀는 저라산(苧蘿山)에서 사의(紗衣；깁옷)를 빠는 평범한 처녀였다. 용모가 빼어났지만 체신은 무척 가냘펐다. 비록 깊은 산 속에서 자라난 시골 처녀였지만, 확실히 그녀의 자태는 고금에 등장하는 경국의 미인이었음에 틀림없었다. 그러다 보니 과년한 그녀의 자태는 인근 지방 사내들에게 흠모의 대상이었다. 이것은 인근 각처의 아가씨들에게는 시기의 대상이었다.

　그녀가 사는 마을에 동시(東施)라는 이름의 아가씨가 있었다. 생김생김이 너무 흉하여 사내들이 그녀를 만나지 않으려고 먼 길을 돌아갈 정도여서 시집갈 생각은 엄두도 못 내었다. 어느 날 그녀는 생각했다.

　"서시가 남자들에게 인기가 있는 것은 무슨 비결이 있을 거야. 내가 그것을 찾아낼 거야."

　동시는 다음날부터 서시의 일거수 일투족을 면밀히 바라보았다. 그리고는 서시가 몸치장을 하는 방법에서부터 식습관, 신발, 행동 등을 그대로 치장하고 따라 했다.

"사내들이 서시만 예쁜 줄 알겠지만 지금부턴 달라. 내가 그녀의 모든 행동을 배우고 있으니 머잖아 달라지겠지."

그녀는 무작정 서시가 하는 대로 따라 했다. 어느 날이었다. 본디 위장이 좋지 않던 서시는 밀려오는 고통으로 인해 미간을 찡그렸다. 한 손으로는 볼을 만지고 다른 손으로는 가만가만 가슴을 쓸어내렸다. 그 모습이 얼마나 매력적이었는지 오가는 사람들이 걸음을 멈추고 그녀를 바라보았다. 동시는 그 모습을 보고 재빨리 집으로 달려갔다. 손거울을 꺼내 서시가 고통스러워하는 표정을 흉내 내어 여러 각도로 표정을 움직여 보았다. 이만하면 서시 못지 않다고 생각한 것이다.

자원 ● 東(동녘 동 ; 木部 4획, 총 8획. east) : 봄 동, 오른쪽 동.
● 施(베풀 시 ; 方部 5획, 총 9획. give) : 실시할 시
● 效(효험 효 ; 攵部 6획, 총 10획. effect) : 공 효, 닮을 효, 힘쓸 효.
● 顰(찡그릴 빈 ; 頁部 15획, 총 24획. frown) : 눈살 찌푸릴 빈.

어의 ● 東床(동상) : 남의 새 사위를 높이어 부르는 말 ● 東作(동작) : 봄철에 농사를 지음 ● 施施(시시) : 좋아하는 모양 ● 效勞(효로) : 힘들인 보람 ● 效則(효칙) : 본받아서 법을 삼음 ● 顰眉(빈미) : 눈썹을 찌푸림 ● 顰蹙(빈축) : 얼굴을 찡그림

참조 그녀는 문간 앞에 서서 연습했던 대로 표정을 흉내 내었다. 이만하면 서시와 같은 모습이라는 자부심이 강했던 모양으로 그녀는 온종일 문간을 떠나지 않았다. 본래 뚱뚱한데다 얼굴이 요란스럽고 둔한 여자였는데, 미간을 찡그리고 있었으니 그 모습이 가관이었다. 더구나 잔뜩 찡그린 얼굴에 가슴을 위 아래로 쓸어내리는 모습은 보기에도 역겨울 정도였다. 그 앞을 지나가는 사내들이 대소를 터뜨리는 것은 당연했다. 얼마 후 마을 사람들은 알았다. 그녀가 서시의 흉내를 내며 문간에서 사내들을 유혹하고 있었다는 사실을.

莫 逆 之 友
말막 거스릴역 의지 벗우

출전 《장자(莊子)》

문의 마음에 거슬림이 없는 친구.

요점 허물이 없는 벗을 말함.

해석 선비는 충고해 주는 벗이 있으면 영예의 이름을 보장할 수 있다고 《예기》에서 말한다. 또한 공자는 벗이 먼 곳에서부터 찾아와 주니 그 아니 즐거운가를 말한다. 장자(莊子)는 대종사(大宗師) 편에서 친하고 허물 없는 친구를 설명하고 있다.

고사 자사(自祀)·자여(子輿)·자리(子犁)·자래(自來) 등의 네 사람이 한자리에서 얘기를 나누었다. 그들은 대화의 말미에 한 목소리로 다짐했다.

"어느 누가 능히 무(無)로써 머리를 삼으며, 삶으로써 등을 삼고, 죽음으로써 엉덩이를 삼겠는가? 누가 생사존망(生死存亡)이 한 몸인 것을 알겠는가? 우리가 더불어 벗이 되자."

그들은 서로를 돌아보며 웃었다.

어느 때인가 자상호(子桑戶)·맹자반(孟子反)·자금장(子琴張) 세 사람이 서로 얘기했다.

"어느 누가 사귀지 않은 속에서 사귀고, 하는 일 없이 행하고, 누가 능히 하늘에 올라가 안개 속에서 놀고, 무한한 우주 속에 돌아다니며 무한을 즐기겠는가?"

그들은 서로를 바라보며 웃었다. 서로의 마음에 거슬림이 없으므로 그들은 서로 친구가 되었다. 위의 두 가지에서 막역지우(莫逆之友)라는 말이 등장한다. 여기에 나오는 '막역'은 서로가 거스릴 것이 없음을 뜻한다. 이를테면 흉허물이 없는 사이다.

자원 ● 莫(말 막;艸部 7획, 총 11획. not) : 없을 막, 정할 막.
● 逆(거스릴 역;辵部 6획, 총 10획. oppose) : 맞을 역, 배반할 역.
● 之(의 지; ノ部 3획, 총 4획. this) : 어조사 지.
● 友(벗 우;又部 2획, 총 4획. friend) : 우애 우, 합할 우.

어의 ● 莫府(막부) : 장군의 진영 ● 莫重(막중) : 아주 중요하고 귀중함 ● 逆流(역류) : 물이 거슬러 흐름 ● 逆風(역풍) : 거슬러 부는 바람 ● 友軍(우군) : 자기편 군대 ● 友誼(우의) : 친구 간의 정의

참조 《장자》의 〈대종사(大宗師)〉에는 다음과 같은 얘기가 있다.

"저들은 세속 밖에 살고 있는 사람들이지만, 나는 세속 밖에는 나갈 수 없는 사람이다."

공자가 그렇게 말했다. 공자가 그렇게 말한 저들이란, 막역한 벗인 자상호·맹자반·자금장을 말한다. 이들 세 사람은 공자의 말에 따르면,

"이들은 조물자(造物者)의 벗이 되어 무위자연의 경지에서 놀려는 인간들이다."

그들은 기인(畸人;색다른 인간)이라 불리고 있지만, 그것은 '세속에 묶여 살지 않고 하늘 그대로의 존재'임을 나타낸다.

"하늘의 군자는 사람들이 보면 소인으로밖에는 보이지 않는다. 이와 동시에 사람들이 말하는 군자는 하늘이 볼 때 소인인 것이다."

여기에서 공자는 그들의 성지를 인정해 주었다. 그러나 스스로는 세속을 벗어나 살려고 하지 않는다. 여기에서 공자는 진리를 깨달은 사람으로 보여진다.

"하늘의 군자(君子)는 사람의 소인(小人)이요, 사람의 군자는 하늘의 소인이다."

毛 遂 自 薦
터럭 모 이룰 수 스스로 자 천거할 천

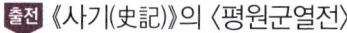

출전 《사기(史記)》의 〈평원군열전〉
문의 모수가 자기를 천거하다.
요점 스스로의 재능을 보여주기 위해 자신이 천거하다.

고사 전국시대에는 권세를 쥔 사대부들이 수하에 재주 있는 사람을 길렀다. 그들을 식객이라 했다. 이러한 식객들은 대개 하나의 재주를 지니고 있었다. 이를테면 닭 울음소리나 개 짖는 소리 또는 큰 소리로 부르거나 빨리 달리는 등의 하찮은 재주도 포함됐다.

조(趙) 나라 혜문왕 9년에 진(秦)나라의 대군이 수도 한단을 포위했다. 상황은 몹시 다급했다. 조왕은 평원군을 초나라에 보내 조약을 맺고 구원병을 청해 진나라와 맞설 계획을 세웠다. 평원군의 휘하에는 2천이 넘는 식객이 있었다. 그 가운데 문무 겸존의 인물을 스무 명을 골라 함께 초나라로 떠날 심산이었다. 이런저런 시험을 거쳐 어렵게 선발한 인원이 열아홉 명이었다. 처음의 계획대로라면 한 사람이 부족한 상황이었다. 그렇다면 누구를 뽑을까에 골똘해진 평원군 앞에 모수(毛遂)라는 식객이 나섰다.

"나으리, 한 사람이 부족하다는 말을 들었습니다. 부디 소인을 데려가 주십시오."

평원군이 그를 보자 낯이 설었다. 처음 보는 얼굴인데 감히 동행하기를 청하였으니 의아롭게 생각한 것은 당연했다.

"이곳에 온 지 얼마나 되었소?"

"3년입니다."

"그래요? 이 집에 머무는 식객들은 한결같이 작은 공이라도 세우기 마련이오. 그런데 3년이나 머물면서 작은 공 하나 세우지 못했으니 내가 알아보지 못한 것이오. 아니 그렇소?"

"그 말씀이 옳긴 합니다만, 저는 한 번도 나으리의 부르심을 받지 못했습니다. 만약 나으리께서 저를 송곳처럼 주머니에 넣으셨다면 진작에 주머니 밖으로 나왔을 것입니다."

평원군은 상대의 기개가 평범하지 않다는 생각에 수행원 20명과 초나라를 향해 떠났다. 초왕을 만난 자리에서 입에 침이 마르도록 칭찬을 했으나 결국 설복하지는 못했다. 그것은 진나라가 너무 강했기 때문에 조와 함께 진을 치는 것을 무리라고 보았기 때문이었다. 이때 모수는 돌연히 칼자루에 손을 댄 체 초왕 앞으로 걸어가 평원군에게 말했다.

"초와 조가 힘을 합해 진나라를 치는 것은 두어 마디면 족할 것입니다. 어찌 해결하지 못하십니까?"

자원 ●毛(터럭 모;毛部 총 4획. hair) : 나이 차례 모, 반쯤 셀 모.
●遂(이룰 수;辶部 9획, 총 13획. accomplish) : 사무칠 수, 나아갈 수.
●自(스스로 자;自部 총 6획. oneself) : 몸소 자, 부터 자.
●薦(천거할 천;艸部 13획, 총 17획. recommend) : 드릴 천, 꼴 천.

어의 ●毛族(모족) : 털 가진 짐승의 총칭 ●毛錐(모추) : 털 붓 ●遂事(수사) : 벌써 다 된 일 ●遂行(수행) : 계획한 대로 해냄 ●自强(자강) : 스스로 근면하게 힘씀 ●自古(자고) : 예전부터 ●薦拔(천발) : 인재를 뽑아냄 ●薦引(천인) : 천거함

참조 모수는 그렇게 말했다. 초왕이 위세를 부린 것은 자신들이 초왕의 세력권 안에 들어 있기 때문이라는 것이다. 그러나 초왕의 목숨은 10걸음 안에 있는 자신의 손에 달려 있다고 호언(豪言)을 하여 목적을 이루었다.

墨 守

잠잠할 **묵**   지킬 **수**

출전 《묵자(墨子)》의 〈공수반편(公輸盤篇)〉

문의 묵자가 지킨다.

요점 자신의 의견을 굽히지 않고 지키는 것.

고사 묵자(墨子)는 사랑을 주장했다. 그러므로 유가(儒家)들이 인(仁)을 내세우면서도 그것을 실천하지 못한 데에 코웃음을 날렸다. 유가의 한 사람인 자하(子夏)의 제자 공손고(公孫高)가 묵자를 만나 보려고 몇 번이나 찾아갔으나 집을 비웠기에 만날 수 없었다. 그러던 어느 날 외출에서 돌아온 묵자를 만날 수 있게 되어 자리를 같이 했다. "선생님은 싸움을 반대하십니까?" 그가 물었다. "물론이네." 군자는 싸움을 못하는 것으로 결론을 지었다. 묵자의 뒷말이 이어진다. "그대들 유가들은 입으로는 요순을 찬양하면서 행실은 개나 돼지를 본보기로 삼는단 말이야. 참으로 한심한 일이지." 묵자는 경주자(耕柱子)를 시켜 옥수수를 갈게 하고, 자신은 부싯돌로 불을 일으켜 마른나무 가지를 태워 물을 끓였다.

타오르는 불꽃을 바라보며 묵자는 말했다.

"나의 오랜 친구 공수반(公輸盤)이 스스로 꾀가 있음을 빙자하여 자꾸 소란을 피우거든. 지난번엔 잡아당기는 갈고리 무기를 만들어 초왕을 시켜 월왕과 다툼질을 하게 하더니, 이제는 성을 공격하는 사다리를 고안하여 초나라 왕에게 송나라를 치게 하니 그대로 두어서는 안 되겠다는 말이야. 그러니 어디 가만 있을 수 있나, 내가 나서야지."

묵자는 공수반을 찾아갔다. 소식을 듣고 즐거이 맞이한 자리에서 공수반은 탐색하듯 묵자의 거동을 주시했다.

"내가 온 것은 다름 아니네. 북방에 어떤 사람이 내게 모욕을 가한 일이 있네. 그 자를 당신에게 부탁하여 죽여버리고 싶네. 수고비를 드림세."

공수반의 얼굴이 붉어졌다. 몹시 화난 표정이다.

"나는 의를 버리고 사람을 죽일 수 없습니다."

"그런가? 그렇다면 말할 게 있네. 나는 북방에 있으면서 당신이 운제를 만들어 송을 공격한다는 소문을 들었네. 송나라는 도대체 무슨 죄가 있는가? 초나라는 워낙 넓어 남은 것이 땅이고, 모자라는 것은 백성의 수효가 아닌가. 그 모자라는 것을 채우기 위해 사람을 죽이면서까지 빼앗을 이유가 어딨는가 그 말이야. 이것은 인이 아니네. 군왕의 잘못을 알고 간하지 않는 것은 충이라고 할 수 없지. 의를 두고 한 사람을 죽이는 것을 마다하면서 많은 사람을 죽이려 드는 것은 사리에 맞지 않은 일이야."

자원 ●墨(잠잠할 묵;土部 12획, 총 15획. calm) : 그을음 묵, 먹줄 묵, 먹 묵.
●守(지킬 수;宀部 3획, 총 6획. defend) : 보살필 수, 원 수, 서리 수, 기다릴 수.

해석 ●墨墨(묵묵) : 말이 없는 모양 ●墨守(묵수) : 자기의 의견을 굳게 지킴
●墨海(묵해) : 벼루 ●守兵(수병) : 지키는 군사 ●守身(수신) : 자기의 몸을 지켜 불의에 빠지지 않음 ●守直(수직) : 막아서 지킴

참조 돌아가는 길에 묵자는 발걸음이 가볍고 느렸다고 적고 있다. 그 이유로 첫째, 그는 몹시 피곤했다. 둘째는 다리가 아팠다. 셋째는 옥수수로 만들어버린 떡을 다 먹었기 때문에 배가 고팠다는 것이다. 그리고 공수반을 만나러 올 때처럼 급하지 않았기 때문에 여행은 더욱 피곤하였다는 것이다.

刎 頸 之 交
목벨문 목경 의지 사귈교

출전 《사기(史記)》의 〈인상여열전(藺相如列傳)〉
문의 목을 벨 정도의 지경에도 생사를 함께 할 친구.
요점 절친한 친구의 교제를 뜻함

고사 인상여(藺相如)와 염파(廉頗) 간의 우의를 뜻하는 말이다. 그러나 처음부터 둘 사이가 좋았던 것은 아니다. 인상여가 화씨벽(和氏璧)이라는 구슬을 들고 진나라 왕을 찾아간 것은 옛날 조나라의 영토였던 열다섯 성과 바꾸자는 조건 때문이었다. 진나라 왕은 대가 없이 구슬을 빼앗으려는 속셈이었지만, 인상여는 구슬을 들고 진왕을 만나 담판을 짓고 무사히 돌아왔다.

　그 후 진왕이 국경에서 조왕을 만났을 때, 전날의 수치를 풀어볼 생각으로 거문고 한 곡을 타 달라고 부탁했다. 조왕은 여흥으로 부탁하는 것을 거절할 수 없어 그대로 하였다. 그랬더니 진왕은 시관을 시켜 '몇 월 며칠 진왕이 조왕으로 하여금 거문고를 타게 하다'로 기록하게 하였다. 조왕의 얼굴이 벌겋게 달아오르자 인상여가 앞으로 나섰다. 예(禮)라는 것은 주고받는 것이므로 조왕을 위해 축(筑)을 한 곡 타 달라는 청이었다. 진왕이 거절하자 그는 대뜸 항아리 하나를 앞으로 내밀었다. 당연히 진왕의 호령이 터져 나왔다.

　"네 이놈, 내가 조왕과 노는데 무엄하게 무슨 짓이냐?"

　인상여는 눈 한 번 꿈뻑하지 않았다.

　"대왕께서 수십만의 대군이 있다 한들 나 인상여가 피로써 대왕의 옷을 젖게 하는 것을 막을 수는 없을 것입니다."

　이렇게 되니 진왕은 젓가락으로 장단을 맞추며 곡을 칠 수밖에 없었다.

혹을 떼려다 두 배가 큰 혹을 붙이게 된 것이다.

인상여는 귀국하여 군왕의 다음 자리에 앉았다. 당연히 세 번째 서열인 백전노장 염파가 가만있을 리 만무였다.

"이런 쥐새끼 같은 놈을 보았나. 주둥아리만 살아 있는 놈이 나보다 벼슬이 더 높단 말이야? 만나기만 하면 죽여 버리겠어!"

그렇게 벼른 탓인지 인상여는 항상 염파를 피해 다녔다. 어느 날 인상여 문하에 있던 사인(舍人)들이 회의를 열고 다른 사람을 찾아가자고 의견을 모았다.

"시비를 가리기보다는 몸을 피해 다니는 나으리를 더 이상은 못 모시겠습니다."

그러자 인상여는 표정을 굳힌 채로 말했다.

"내가 염파 장군을 피한 것은 이유가 있소. 진나라가 우리를 넘보지 못한 것은 나와 염파 장군이 있기 때문이오. 만약 우리 둘이 싸우게 되면 하나는 상하게 될 것이오. 그리되면 이 나라는 진왕의 수중에 들어갈 것이오. 그러니 여러분도 화가 나더라도 대세를 위해 참아 주시오."

자원 ● 刎(목 벨 문; 刀部 4획, 총 6획, behead) : 목 자를 문.

● 頸(목 경 ; 頁部 7획, 총 16획, neck) : 목 경.

● 之(의 지 ; 丿部 3획, 총 4획, this) : 어조사 지.

● 交(사귈 교 ; 亠部 4획, 총 6획, associate) : 벗할 교, 서로 주고받을 교, 바꿀 교(사람이 발을 꼬고 있는 모습을 뜻함).

어의 ● 交契(교계) : 교분 ● 交骨(교골) : 여자의 치골 ● 交欄(교란) : 난간에 亞 자 모양으로 장식한 것.

참조 염파 역시 호걸이었다. 사인들에게 했다는 인상여의 말을 듣는 순간 깨달음이 온 것이다. 즉시 인상여를 찾아가 백 배 사죄했다. 둘은 서로에게 수없이 절을 하며 서로를 위해 목을 베겠다고 맹세했다.

尾生之信

꼬리 미　날 생　갈 지　믿을 신

출전 《사기》〈소진전(蘇秦傳)〉
문의 작은 약속.
요점 쓸데없는 약속을 뜻한다.

해석 약속의 종류나 질에도 여러 가지가 있다. 공자의 제자 가운데 한 사람인 증자(曾子)의 아내가 시장에 가려고 집을 나서자 아이가 쫓아 나왔다. 증자의 아내는 아이를 얼렀다. "얘야, 내가 시장에 갔다 와서 돼지를 잡을 것이다. 맛있는 고기를 많이 줄 테니 기다려라." 그녀가 시장에서 돌아와 보니 증자가 돼지를 잡는 중이었다. 그녀는 깜짝 놀랐다. "여보, 그 얘기는 농담으로 한 거예요." 그러나 증자는 막무가내였다. "어른은 아이에게 농을 해선 안 되오. 부모가 거짓말을 하면 그것을 배우게 돼. 나중에는 당신 말을 믿지 않을 것 아닌가." 증자는 돼지를 잡아 아이와의 약속을 지켰다. 천금과 같은 약속이라고 할 수 있다.

고사 노(魯)나라에 미고(尾高)라는 이가 있었다. 미고는 벼슬을 하지 못했기 때문에 당시 나라의 풍습에 따라 이름자 대신 '생(生)'을 넣어 미생이라 불렀다. 평소에 그는 약속을 무척 중시했다. 어느 날 사랑하는 연인과 냇가의 다리 아래에서 만나자고 약속했다. 그는 정해진 곳으로 가서 기다렸으나 어찌 된 셈인지 기다리는 연인은 나타나지 않았다. 점차 시간이 흘러 다리 아래에 물이 밀려들었다. 기다리는 연인은 나타나지 않은 채 물은 발등을 적시더니 점점 차올랐다. 그가 당황하여 밖으로 나오려고 바둥거렸을 때는 이미 늦어

버려 그만 물에 빠져 죽고 말았다.

　이렇듯 변통을 모르는 미생과 같은 사람을 '교주고슬(膠柱鼓瑟)**'**'이라고도 부른다. 비파나 거문고를 탈 때 제소리를 내기 위해서는 받침대를 밀고 당겨야 한다. 그런데 기둥을 아교풀로 붙여버리면 제소리를 내지 못함으로 악기는 제 구실을 못하게 된다. 융통성 없는 행동이다.

자원 ●尾(꼬리 미;尸部 4획, 총 7획. tail) : 뒤 미, 끝 미.
●生(날 생;生部 총 5획. born, live) : 목숨 생, 생활 생. 어조사 생, 끝이 없을 생.
●之(갈 지;丿部 3획, 총 4획. this) : 이를 지, 의지할 지, 어조사 지.
●信(믿을 신;人部 7획, 총 9획. believe) : 참될 신, 밝힐 신, 도장신, 소식 신, 사신 신, 펼 신.

어의 ●尾鰭(미기) : 꼬리 지느러미 ●尾閭骨(미려골) : 꽁무니뼈 ●尾羽(미우) : 매나 새의 꽁지깃 ●生果(생과) : 아직 덜 익은 과일 ●生來(생래) : 나면서부터 이제까지 ●生生(생생) : 만물이 끝없이 생기는 모양 ●之次(지차) : 다음 ●信璽(신새) : 표적 ●信言不美(신언불미) : 믿을 만한 말은 외관을 꾸미지 않는다 ●信便(신편) : 믿을 만한 인편 ●信證(신증) : 믿을 만한 증거

참조 춘추시대의 변설가(辯舌家) 소진은 연왕(燕王)을 만난 자리에서 신의 있는 사나이 미생의 얘기를 꺼내놓았다. 이에 반해 거의 같은 시대의 인물 장자(莊子)는 그의 책 속에 미생을 고집스럽고 융통성이 없는 인물로 묘사하고 있다. 장자는 도척(盜拓)이라는 도적을 통해 미생의 어리석음을 비방하고 있다.

　"그와 같은 신의는 못에 박힌 강이지나 물에 떠내려가는 돼지나 또는 제멋대로 큰소리치며 얻어먹고 다니는 거지처럼 귀중한 생명이 무엇인지를 모르는 자들이 할 수 있는 일이다. 참다운 생이 무엇인지를 모르는 자들이다."

*膠柱鼓瑟(교주고슬):규칙만 알 뿐 융통성이 없음.

伴 食 宰 相
짝 반　먹을 식　재상 재　정승 상

출전 《당서(唐書)》의 〈노회신전(盧懷愼傳)〉

문의 자리만 지키는 무능한 재상.

요점 재능이 없으면서 유능한 재상 옆에 붙어 정사를 처리하는 재상을 가리킴.

고사 측천무후의 딸인 태평공주가 사사된 것은 713년의 일이다. 이로 인해 모든 정권은 현종의 수중에 떨어졌다. 현종은 연호를 개원(開元)이라 고치고 선정을 베푸는 정치를 펼치게 되었다. 현종은 반대파를 완전히 제거하고 난 후 정승 두 사람을 기용하였다. 요숭(姚崇)과 노회신(盧懷愼)이었다.

이 두 사람은 판이했다. 요숭은 문과 무를 갖춘 훌륭한 재상이었으나, 노회신은 그냥 이름뿐이었다. 예를 들어 정무를 볼 때에 요숭은 반나절이면 되는 일을 노회신은 10일이나 걸렸다.

이런 일이 있고부터 두 재상을 부르는 호칭이 달라졌다. 요숭은 '구시재상(救時宰相)'이라 했다. 시대를 구원하는 유능한 재상이라는 뜻이다.

그런 반면 노회신은 '반식재상(伴食宰相)'이라 했다. 자리만 지키는 무능한 재상이라는 뜻이다.

자원 ●伴(짝 반 ; 人部 5획. 총 7획. companion) : 동반할 반, 의지할 반, 모실 반.

●食(먹을 식 ; 食部 총 9획. eat) : 밥 식, 씹을 식, 헛말할 식.

●宰(재상 재 ; ⌒部 7획, 총 10획. minister) : 다스릴 재, 으뜸 재.

●相(정승 상：目部 4획, 총 9획. minister)：바탕 상, 볼 상.

●伴當(반당)：부리는 사람 ●伴送(반송)：다른 것과 함께 보냄 ●食言(식언)：약속한 말을 지키지 않음 ●食飮(식음)：먹고 마심 ●宰棟(재동)：국가의 중신 ●宰肉(재육)：고기를 썰음 ●相距(상거)：서로 떨어진 거리 ●相助(상조)：서로 도움

참조 요숭은 당나라 전기의 명재상이다. 자(字)는 원지(元之)며, 하남성 출신이다. 측천무후와 예종·현종 대에 벼슬길에 나와 3차례에 걸쳐 재상이 되었다. 그때마다 병부상서를 겸하여 북방의 수비를 튼튼히 하여 흔들림이 전연 없었다.

요숭에 대한 일화를 소개하면 특기할 만한 것이 있다. 현종이 연호를 개원이라 고치고 나서 황하 연안의 들판에는 메뚜기떼가 날아들어 농작물의 피해가 컸었다. 메뚜기떼들은 구름처럼 몰려들어 농작물이며 풀들을 맘껏 뜯어먹었다. 그러고 보니 메뚜기들이 지나간 자리엔 무엇 하나 남지 않았다.

이로 인하여 농민들은 굶주림에 허덕였다. 굶어서 죽은 시체는 산을 이룰 정도였다. 그뿐만이 아니었다. 메뚜기떼의 피해는 물가를 큰 폭으로 올려놓았다. 요숭은 부득이 메뚜기떼의 퇴치에 심혈을 기울이지 않을 수 없었다.

'메뚜기 한 말을 잡아 오면 곡식 한 말을, 한 섬을 잡은 자에게는 곡식 한 섬을 주겠노라'

조서가 내리자 백성들은 메뚜기를 잡는 일에 혈안이 되었다. 이로 인해 메뚜기로 인한 피해를 줄일 수 있었으며, 또한 굶어 죽는 백성도 줄어들었다.

현종은 인재를 알아보는 상당한 안목이 있었다. 구시재상 요숭 이외에도 송 경·정가정·장 열·이원굉·두 진·한 휴·장구령 등의 뛰어난 인물을 재상으로 등용하였다.

傍 若 無 人
곁 **방**　같을 **약**　없을 **무**　사람 **인**

출전 《사기(史記)》의 〈자객열전(刺客列傳)〉
문의 곁에 아무도 없는 것처럼 멋대로 행동함.
요점 건방지고 무례한 행동.

고사 진나라가 천하를 통일하자 어지럽던 천하는 어느 정도 안정세로 접어들었다. 그러나 진시황의 전횡이 날이 갈수록 깊어지자 의기 있는 지사들은 진시황을 모살코자 움직이기 시작했다. 서한 왕조를 이룩하는 데 초석이 되었던 장량(張良)이 그러했는가 하면, 본문에 등장하는 자객 형가(荊軻)가 그러했다.

형가가 연나라에 갔을 때였다. 거기에서 축(筑 ; 대나무로 만든 악기)의 명수 고점리(高漸離)를 사귀었다. 둘은 날마다 어울리며 춤추며 거리를 누비며 놀았다. 마치 주위에 아무도 없는 것처럼. 이른바 방약무인(傍若無人)이다.

뒷날 형가는 연나라 태자 단(丹)의 간청을 받아들여 죽음의 길에 오른다. 당시 연나라에는 진나라에서 투항해 온 번어기(樊於期)라는 장수가 있었다. 진왕정은 그를 잡지 못해 안달이었다. 현상금으로 천금을 걸고 만호후(萬戶侯)를 주겠다는 방을 걸었다. 그것을 눈치챈 번어기는 스스로 목을 찔러 자살했다. 자신의 목을 미끼 삼아 진나라로 가서 진왕정(政)을 살해하라는 의지에 찬 모책이었다. 그렇게 하여 형가는 자객이 되어 연나라의 궁문을 나섰다. 역수(易水)에 이르러 떠나는 자신의 결심을 시 한 수로 나타냈다.

바람은 쓸쓸하고 역수는 차가운데(風蕭易水寒)

장사는 한 번 가면 다시 오기 어려우네(將士去復還)

진왕정을 살해하기 위해 죽음을 각오한 길에 오르는데, 전송객 속엔 고점리도 끼어 있었다. 축은 고점리가 울리고 시가(詩歌)는 형가가 읊은 것이다.

자원 ●傍(곁 방;人部 10획. 총 12획. side) : 가까이할 방.
●若(같을 약;艸部 5획, 총 9획, same) : 너 약, 순할 약, 젊을 약.
●無(없을 무;火部 8획, 총 12획, none) : 아닐 무, 풀이름 무.
●人(사람 인;人部 총 2획. people) : 나랏사람 인, 성질 인.

어의 ●傍系(방계) : 직계에서 나뉜 계통 ●傍觀(방관) : 옆에서 봄 ●傍助(방조) : 옆에서 도와줌 ●若干(약간) : 얼마 안 됨 ●若否(약부) : 좋고 나쁨 ●若是(약시) : 이와 같이 ●無價(무가) : 값어치가 없음 ●無間(무간) : 친하여 서로 막힘이 없음 ●無故(무고) : 탈이 없음 ●人家(인가) : 사람이 없는 집 ●人傑(인걸) : 특히 뛰어난 인재 ●人德(인덕) : 사람이 갖춘 덕

참조 형가는 끝내 일을 이루지 못하고 처참하게 죽었다. 훗날 고점리는 장님이 되어 친구의 원수를 갚으려고 나섰다가 죽임을 당했다. 여기에 흥미로운 일화가 있다.

형가가 천하를 떠돌 때에 산서의 북부에서 개섭(蓋聶)이라는 자와 검에 대해 얘기를 나눈 적이 있었다. 서로의 의견이 엇갈려서 화가 난 개섭이 노려보자 형가는 얼른 그 자리를 떠났다. 어떤 이가 개섭에게, 다시 한번 형가와 논검해 보는 것이 어떻겠느냐 하자 그는 이미 떠났을 것이라 답했다. 사람을 시켜 알아보았더니 과연 그의 말대로 형가는 숙소에 없었다. 훗날 개섭은 형가에 대한 소문을 듣고 자신의 행동을 몹시 부끄러워했다.

白 面 書 生
흰 백　　얼굴 면　　글 서　　서생 생

출전 《송서(宋書)》의 〈심경지전(沈慶之傳)〉
문의 얼굴이 하얀 서생.
요점 세상 경험이 전연 없는 서생을 일컬음. 또는 경험은 없고 이론만 내세우는 자를 뜻하기도 함.

고사 송나라 때에 오군(吳郡)의 무강(武康) 지방에 심경지라는 이가 있었다. 그는 어려서부터 가슴 속에 큰 뜻을 지니고 있었다. 한 번은 동진(東晉)의 장수 손은(孫恩)이 난을 일으켰는데, 심경지는 그 싸움에 앞장서서 공을 세웠다. 이후 관직에 나가 송문제 때에는 만의족을 토벌하는 데 공을 세워 변방의 책임자로 발탁되었다.

원가 27년에 송(宋)문제가 변방을 확장하려고 왕현모(王玄謨) 등을 파견하여 북벌을 감행하려는 계획을 추진시켰다. 변방을 지키던 심경지는 깜짝 놀라 조정에 수차에 걸쳐 이 일을 중지해 줄 것을 탄원했다. 그러나 문제는 이런저런 이유로 심경지의 충언을 가납해 주지 않았다. 일이 그른 것을 알고 심경지는 좌중을 돌아보며 힐책했다.

"나라를 다스리는 것은 엄격히 세분하면 가정을 다스리는 것이나 다름없습니다. 무릇 농사일을 하려면 농부에게 물어야 합니다. 오랫동안 그 일에 종사해 온 일꾼에게 묻는다면 실패가 있겠습니까. 또한 베를 짜려면 베를 잘 짜는 아낙에게 물어야 합니다. 그런데 적을 공격함에 있어 백면서생(白面書生)들에게 물어 그 뜻을 구한다면 일이 성공할 수 있겠습니까? 참으로 안타까운 일입니다."

그러나 송(宋)문제는 의견을 받아들이지 않았다. 고집스럽게 자신의 생각대로, 비합리적인 방법으로 밀고 나가는 바람에 패전의 고배를 마시고 말았다.

자원 ● 白(흰 백 ; 白部 총 5획. white) : 분명할 백, 맑을 백.
● 面(얼굴 면 ; 面部 총 9획. face) : 향할 면, 앞면, 보일 면.
● 書(글 서 ; 曰部 6획, 총 10획. write) : 적을 서, 기록할 서.
● 生(서생 생 ; 生部 총 5획. born) : 목숨 생, 어조사 생, 생활 생, 끝이 없을 생.

어의 ● 白氣(백기) : 흰빛의 기체 ● 白畓(백답) : 날이 가물어서 모를 심지 못한 논 ● 白頭(백두) : 희게 센 머리 ● 面給(면급) : 재물 같은 것을 서로 보는 데서 내어 줌 ● 面對(면대) : 서로 얼굴을 마주 대함 ● 書架(서가) : 책을 얹는 선반 ● 書家(서가) : 글씨를 잘 쓰는 사람 ● 書簡(서간) : 편지 ● 生動(생동) : 살아 움직임 ● 生來(생래) : 성질을 타고 남 ● 生果(생과) : 생과실

참조 괴테는 이런 말을 했다.

"누구나 자기가 제일 잘났다고 생각한다. 그래서 이미 경험한 선배의 지혜를 빌리지 않음으로 해서 많은 사람들이 실패하고 눈이 떠질 때까지 헤매지 않으면 안 된다. 이 무슨 어리석은 짓인가. 그렇다면 선배들이 찾고 헤맨 것이 진보의 역할을 못하는 것이란 말인가. 뒤에 가는 자는 먼저 간 사람들의 경험을 이용하여 두 번 다시 실패와 헤매는 일을 되풀이하지 않고 그것을 넘어서 다시 나아가는 점이 없어서는 안 된다."

⇨ 진(晉)나라 혜제는 가뭄이 들어 백성들이 굶주림에 시달린다는 보고를 받았다. 신하에게 물으니 먹을 것이 없기 때문이라 했다. 그러자 '쌀이 없으면 고기를 끓여 먹지.'라고 했다는 것이나.

白 眼 視
흰 백   눈 안   볼 시

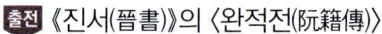

출전 《진서(晉書)》의 〈완적전(阮籍傳)〉

문의 흰 눈동자로 본다.

요점 남을 홀대하거나 냉대하여 흘겨보는 것을 말함. 또는 그렇게 보는 상태.

해석 창두(蒼頭)의 눈은 사목(四目)이다. 그런가 하면 복희씨의 눈은 대목이며, 요와 순 임금의 눈은 삼모자(三眸子)이고, 노자의 눈은 대목, 공자의 눈은 하목(河目)이라 하였다. 이러한 눈에는 언어가 있다. 비록 입으로 소리 내지 않더라도 상대방은 눈빛만으로도 의중을 눈치채기 마련이다.

고사 위(魏)나라 때에 죽림칠현의 한 사람인 완적은 좋은 가문에서 태어나 열심히 학문을 닦았다. 그러나 위나라가 진(晉)으로 바뀌는 과정에서 시속(時俗)이 어지러워지자 속세를 등지고 자연 속으로 숨어 버렸다.

그렇게 모인 사람을 세상 사람들은 죽림칠현이라 불렀다.

그들은 자연 속에서 술을 마시며 노자와 장자의 사상에 취해 청담(淸談)을 즐기며 세월을 보냈다. 그러던 어느 날 뜻하지 않게 모친상을 당했다. 풍문을 들은 사람들이 조문을 오기 시작했다. 평소 사이가 좋지 않던 혜희(嵇喜)가 조문을 왔다. 완적은 묵은 감정을 숨기지 못하고 하얀 눈으로 흘겨보았다. 혜희는 무척 불쾌한 표정으로 돌아갔다.

이번에는 죽림칠현의 한 사람인 혜강이 왔다. 동생에 대한 소식을 듣고 거문고를 들고 찾아온 것이다. 완적은 크게 기뻐하면서 청안(靑眼)으로 맞이했다. 소문을 들은 선비들은 완적의 행위를 두고두고 원수처럼 미워했다.

● 白(흰 백 ; 白部 총 5획. white) : 분명할 백, 맑을 백, 깨끗할 백.
● 眼(눈 안 ; 目部 6획, 총 11획. eye) : 눈동자 안.
● 視(볼 시 ; 見部 5획, 총 12획. look) : 견줄 시, 본받을 시, 대접 시. 見에서 뜻을 취하고, 示에서 음을 취함.

어의 ● 白骨(백골) : 흰 뼈. 죽은 이의 뼈 ● 白馬(백마) : 흰말 ● 白眉(백미) : 흰 눈썹 ● 眼鏡(안경) : 눈을 보호하거나 시력을 돕기 위해 쓰는 기구 ● 眼盲(안맹) : 눈이 멀음 ● 眼中(안중) : 눈 속, 마음 속 ● 視覺(시각) : 물건을 볼 수 있는 눈의 감각 ● 視務(시무) : 사무를 봄

참조 ⇨ 《백가시서(百家詩序)》에 이런 얘기가 있다. 채경(蔡京)이라는 이가 조회에 들어와 반열에 서 있을 때 마침 햇살이 스며들어 그 눈부심 때문에 대신들은 얼굴을 들지 못했다. 그런데 채경만은 오래도록 응시를 하고 있었다. 그것을 보고 진형중(陳瑩中)이 동료에게 속삭였다.

"이 사람은 아주 귀한 상입니다."

어떤 사람이 물었다.

"그 사람이 그토록 귀한 줄 알았다면, 일찍이 그가 낮은 집에 거할 때에 왜 조정에서 얼른 용서를 하지 않았습니까?"

진형중은 두보의 시를 외어 주며,

"사람을 잡으려면 먼저 그 말을 쏘아야 하고, 적을 분쇄하려면 두목을 잡아야 합니다. 그가 만약 뜻을 얻는다면 대역 죄인이 될 것이오."

진형중은 머지않아 채경이 국가의 대역 죄인이 될 것임을 고했다. 그것은 눈빛 때문이었다.

☞ 目光如炬(목광여거) : 안광이 횃불 같다는 뜻. 노기 띤 눈(《남사》).

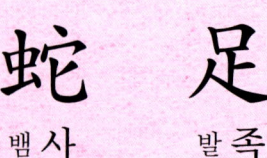

蛇　足

뱀 사　　발 족

출전 《전국책(戰國策)》의 〈제책(齊策)〉, 《사기(史記)》의 〈초세가(楚世家)〉
문의 뱀의 발.
요점 쓸데없는 손질을 함. 공연히 손을 대어 긁어 부스럼을 만듦. 일을 그르칠 때에 비유로 쓰는 말.

고사 초나라 회왕(懷王) 6년 때의 일이다. 초나라의 영윤(令尹 ; 재상)으로 있는 소양(昭陽)에게 군사를 주어 위나라를 치게 하였다. 소양은 위를 정벌하고 말머리를 제(齊)나라로 돌렸다. 이때 진나라에서 온 진진(陳軫)이라는 사자가 즉각 싸움을 중지시키겠다고 나섰다.

진진은 초나라로 가서 소양을 만나 말했다.

"초나라에서는 적장을 죽이면 무슨 상을 받습니까?"

"상주국(上柱國)으로 임명되고 상급의 작위로는 규(珪 ; 구슬)를 하사합니다."

"그렇다면 상주국 이상의 높은 자리가 있습니까?"

"그것은 영윤입니다."

"지금 선생께서는 벌써 영윤이 되셨습니다. 초나라에서는 최고의 자리에 올랐다는 얘깁니다. 그러한 선생이 제나라를 친다 하여 무슨 이득이 있겠습니까?"

"그게 무슨 말씀이오?"

"그렇다면 예를 들지요. 어떤 사람이 하인들에게 큰 잔에 술을 따르고 말했답니다. 그 술을 여럿이서는 실컷 마실 수 없으니 땅에 뱀을 그려 제일 먼저 그리는 자가 먹게 한 것입니다. 모두들 좋다 했지요. 그래서 뱀 그리기를 시작했는데, 어떤 사람이 잽싸게 뱀을 그렸습니다. 그는 술잔을 들고 일어서서 뱀의 발도 그릴 수 있다는 말과 함께 쓱쓱 발을 그려 넣었습니다. 그러자 한 사내가 그림이 잘못됐다 하여 대신 술잔을 빼앗아 먹었답니다."

이를테면 뱀에게 발이 없다는 것이다. 쓸데없는 헛손질을 하여 손해를 자초한 것이다. 진진의 말은 계속된다.

"이미 선생은 대신입니다. 더구나 위나라를 공격하여 장군을 죽였으니 더 이상의 공격은 소용이 없습니다. 영윤 이상의 직책은 없으니까요.

그런데도 선생은 병사를 움직여 제나라를 공격하려고 합니다. 아무리 승리를 거둬도 지금의 관직 이상은 없는데도요. 그러나 전투에 나가 패하신다면 상황은 달라집니다. 마치 뱀의 발을 그리는 것과 같으니까요.

많은 비난을 받게 될 것입니다. 싸움을 여기서 중지하는 것이 최대한으로 얻을 수 있으며, 아무것도 잃지 않는 방법입니다."

소양은 그 말을 옳게 여기고 군사를 거두었다.

자원 ● 蛇(뱀 사 ; 虫部 5획. 총 11획. snake) : 별 이름 사. 이무기 타로도 쓰임(뜻은 같다). (뱀이 도사리고 있는 모습을 본뜸)
● 足(발 족 ; 足部 총 7획. foot) : 흡족할 족, 그칠 족, 넉넉할 족(口는 장딴지, 止는 발가락을 본뜸).

어의 ● 蛇莓(사매) : 뱀딸기 ● 蛇紋(사문) : 뱀 껍질 모양의 무늬 ● 蛇退(사퇴) : 약재로 쓰는 뱀의 허물 ● 足尖(족첨) : 발부리 ● 足下(족하) : 비슷한 연배 간에 상대를 높이는 말 ● 足件(족건) : 버선의 궁중(宮中) 말.

참조 우리나라 속담에 '긁어 부스럼을 만든다'는 말은 이런 경우다. '사족을 단다'는 것은 쓸데없는 일을 한다는 뜻이다.

先 則 制 人

먼저 선 곧 즉 지을 제 사람 인

출전 《사기(史記)》의 〈항우본기〉
문의 선수를 치면 제압할 수 있다.
요점 일을 도모하려면 무엇보다 선수를 치는 것이 중요하다.

고사 진왕 정(政)이 회계(會稽) 지방을 순시할 때에 그를 노린 것은 장량뿐만이 아니었다. 항우를 데리고 갔었는데 그때 항우는 진시황을 보고 결연히 말했다.

"저 자리는 내가 빼앗을 것이다."

소스라치게 놀란 항량은 조카인 항우의 입을 틀어막고 그 자리를 떠났다.

항량은 초나라의 명장 항연(項燕)의 아들이다. 그는 간사한 무리들을 처단하고 오(吳)나라에 있는 항우에게로 피했다. 그가 대단한 사람이라고 생각한 오나라 사람들은 큰 일이 있을 때엔 그를 불러 일을 맡기곤 하였다.

그 후 진시황이 죽고 천하 곳곳에서는 반란이 일어났다. 천하가 혼란하자 회계 태수 은통(殷通)은 항량을 불러 반란을 일으키자고 획책했다.

"들어서 아시다시피 진시황은 죽었소이다. 이제 천하는 주인이 없어요. 주인이 없는 천하의 자리를 차지하기 위해서는 무엇보다 선수를 쳐야만 상대를 제압할 수 있지 않겠소(先則制人). 그런 이유로 나는 그대와 환초(桓楚)를 장군으로 삼아 천하를 경륜하고 싶소이다."

항량의 머리 회전은 빨랐다. 소인으로 알려진 은통을 어찌 상전으로 모실 수 있을까 싶었다.

"지금 환초는 진왕 정의 손길을 피해 먼 곳으로 피난해 있습니다. 그가 있는 곳은 오직 조카인 항우밖에 알지 못합니다. 그를 불러 물어 보십시오."

"좋아. 데려오시게."

항량은 문밖으로 나와 항우에게 속삭였다.

"너는 방으로 들어와 내가 손짓하면 무작정 은통을 쳐라. 쓰레기 같은 자와 어찌 천하를 경륜할 수 있겠느냐."

다시 방으로 들어간 항량은 조카를 불렀다. 방으로 들어온 항우는 손짓을 받자 일거에 은통의 목을 쳐버렸다.

자원 ●先(먼저 선;儿部 4획, 총 6획. previous):비로소 선, 선조 선, 앞 선.
●則(곧 즉;刀部 7획, 총 9획. at once):본받을 칙, 법 칙, 모범 칙.
●制(지을 제;刀部 6획, 총 8획. enactment):마를 제, 절제할 제.
●人(사람 인;人部 총 2획. man):사람 인, 섬길 인, 사람됨 인.

어의 ●先覺(선각):남보다 먼저 깨달음 ●先占(선점):먼저 차지함 ●則度(즉도):법도 ●則效(즉효):모범을 삼아 배움 ●制度(제도):국가의 법률과 명령으로 만든 법칙 ●制止(제지):말리어 못하게 함 ●人類(인류):사람 ●人義(인의):사람이 나아갈 길

참조 선수를 치면 상대를 제압할 수 있다는 것은 고금의 진리다. 물론 상황 판단을 잘못하여 손해가 나는 경우도 있고, 그렇지 않는 경우도 있다. 다시 말해 기선 제압이라고 하여 다 좋은 것은 아니라는 말이다.

⇨ 기회라는 것은 한 번밖에 오지 않는다고 했다. 그것을 시불가실(時不可失)이라 한다. 기회는 한 번밖에 오지 않으니 그것을 잊지 말라는 말이다.

首 鼠 兩 端
머리수 쥐서 둘양 끝단

출전 《사기(史記)》〈위기무안열전(魏其武安列傳)〉
문의 쥐가 머리만 내밀고 나갈까 말까를 망설임.
요점 어떤 일에 대해 결단을 내리지 못함.

고사 이 세상에는 어떤 일을 하건 호적수(好敵手)가 있기 마련이다. 특히 권력을 다투는 자리에는 피를 부르는 음모와 지략이 들끓기 마련이다. 전한(前漢)의 제4대 경제와 제5대 무제에 이르기까지 위기후(魏其侯) 두영과 무안후(武安侯) 전분은 세력의 끝자락을 붙잡고 다툼질을 하고 있었다.

두영은 제3대 문제의 5촌이고, 전분은 경제의 처남이다. 둘 다 왕실과는 인연의 실타래가 길게 늘어진 셈이다. 그런데 두영의 배경이 되던 두태후가 죽고, 왕태후가 득세하자 전분의 위세가 강화되었다.

어느 날 전분이 새장가를 들어 잔치를 열었다. 그 자리에서 두영 쪽의 사람들이 차별 대우를 받았는데, 보다 못해 두영의 친구인 관부(灌夫)라는 이가 행패를 부린 것이다.

관부의 소란을 둘러싸고 전분은 크게 노했다. 그를 옥에 가두고 관부를 비롯하여 그의 식솔들까지 몰살시키려 들었다. 당연히 두영은 일이 옳지 않음을 황제께 고했다. 황제는 판단하기 어려웠다. 신하들에게 어느 쪽이 옳은지를 묻고 어사대부 한안국(韓安國)으로 하여금 규명하도록 하였다. 그러나 한안국은 양쪽의 주장이 일리 있다고만 할 뿐 결론을 내리지 않았다. 내사로 있던 정당시(鄭當時)도 어물쩍 넘어가 버렸다.

황제는 노했다. 평소에는 두 사람에 대해 비판의 말을 했으면서도 이렇듯 긴요할 때엔 아무런 결론도 내리지 못했으니 오히려 그 죄를 물어야 한다는 것이었다. 황제는 어사대부를 불러 호통을 쳤다.

"그대는 시비가 분명한 일을 어찌하여 쥐구멍에서 대가리만 내민 쥐가 나갈까 말까 망설이는 것처럼 구는가?(何爲首鼠兩端)"

자원 ●首(머리 수 ; 首部 총 9획. head) : 먼저 수, 비롯할 수, 임금 수, 우두머리 수.
●鼠(쥐 서 ; 鼠部 총 13획. rat) : 우물쭈물할 수, 산 이름 서, 좀도둑 서.
●兩(둘 양 ; 入部 6획, 총 8획. both) : 짝 량, 쌍 량, 끝 량, 수레 량.
●端(끝 단 ; 立部 9획, 총 14획. end) : 바를 단, 머리 단, 실마리 단, 살필 단, 근본 단(立+耑. 곧게 서서 돋아나는 싹의 끝).

어의 ●首功(수공) : 일등 공신 ●首級(수급) : 전쟁터에서 벤 적군의 머리 ●首尾(수미) : 머리와 꼬리 ●鼠狼(서랑) : 족제비 ●鼠姑(서고) : 모란의 별칭 ●鼠賊(서적) : 좀도둑 ●兩南(양남) : 영남과 호남 ●兩端間(양단간) : 어찌하든지 ●兩虎相鬪(양호상투) : 두 영웅의 싸움 ●端月(단월) : 음력 정월의 별칭 ●端志(단지) : 바른 뜻 ●端行(단행) : 바른 행동

참조 이 싸움의 뒷얘기는 이러했다. 어사대부의 말에 따라 처리된 결과 관부 장군의 일족은 모조리 처형되었다. 그리고 얼마 안 되어 두영도 처벌을 받았다. 모든 것이 전분의 계획대로 된 것이다. 이로부터 얼마 후 전분이 병을 앓았다. 병석에 누운 그는 누군가에게 용서해 달라는 헛소리를 계속했다. 무당을 불러 점을 치자 귀신의 원혼이 씌었다는 것이었다.

전분의 집안에서는 굿을 하고 온갖 처방을 해보았지만 결국 죽고 말았다. 두영과 전분의 싸움은 무승부인 셈이다.

漱 石 枕 流

이 닦을 **수** 돌 **석** 베개 **침** 흐를 **류**

출전 《진서(晉書)》의 〈손초전(孫楚傳)〉
문의 돌로 이를 닦고 물로 베개 삼는다.
요점 자기의 말이 틀렸는데도 끝까지 우김.

해석 《장자(莊子)》는 고집을, 어리석지 않다고 우기는 것이라고 설명했다. 그런가 하면 로우웰은, 바보와 죽은 사람만이 자신의 고집을 꺾지 않는다고 혹평했다.

고사 진(晉)나라에 손초(孫楚)라는 이가 있었다. 이 당시는 노장(老莊)의 공리주의가 성행하여 청담(淸談)이 크게 유행하던 시기였다. 죽림칠현들의 얘기가 노장학파 사이에 심심찮게 떠돌 무렵, 손초라는 젊은이가 속세를 떠나 산중에 은거할 생각으로 친구 왕제를 찾아갔다. 그는 스스럼없이 자신의 심중을 털어놓았다.

이런저런 얘기를 나누다가 은연중 학문을 뽐내려다 뜻밖의 실수를 저질렀다. 그것은,

"돌을 베개 삼아 눕고, 흐르는 물로 양치한다(枕石漱流)."

이렇게 표현해야 하는데,

"돌로 양치질하고 흐르는 물로 베개 삼는다."

위와 같이 말한 것이다. 왕제가 따졌다.

"이보시게, 어떻게 돌로 이를 닦을 수 있는가? 그리고 흐르는 물을 어찌 베개 삼을 수 있는가?"

"그것은 말일세. 그 옛날 허유(許有)가 듣기 싫은 말을 들었을 때에 귀를 씻었다는 고사에서 유래를 찾을 수 있네. 그러니까 말일세, 허유와 같이 쓸데없는 말을 들었을 때엔 의당 귀를 씻어야 하는 것이고, 돌로 양치를 한다는 것은 이를 닦는다는 표현이 좀 과격했다고나 할까."

손초는 고집스럽게 변명을 계속했다.

자원 ● 漱(이 닦을 수 ; 水部 11획, 총 14획. rinse the mouth) : 빨래할 수.
● 石(돌 석 ; 石部 총 5획. stone) : 저울 석, 섬 석.
● 枕(베개 침 ; 木部 4획, 총 8획. pillow) : 벨 침.
● 流(흐를 류 ; 水部 7획, 총 10획. flow) : 번져 나갈 류, 내릴 류.

해석 ● 漱玉(수옥) : 옥을 씻음 ● 漱滌(수척) : 양치질을 하고 씻음
● 石鏡(석경) : 유리로 만든 거울 ● 石花(석화) : 굴조개 ● 枕屛(침병) : 가리개
● 枕上(침상) : 누워 있는 대 ● 流乞(유걸) : 거지 ● 流言(유언) : 근거 없는 소문

참조 사실 '수석침류'는 고집스럽게 꿰맞추고 있는 느낌이 짙다. 자신의 잘못을 인정하는 것이 아니라, 스스로의 허물을 변명으로 일관하고 있음을 볼 수 있다.

⇨ 《이솝 우화》에 있는 얘기다. 고집이 센 나귀를 몰고 가는 사람이 있었다. 산길을 가는데 얼마 가지 않아 나귀가 큰 길로 벗어나 자꾸만 낭떠러지 쪽으로 가려고 했다. 나귀를 몰고 가는 사람은 큰 일이 났다는 심중에 나귀를 끌어올리려고 고삐를 당겼다. 한동안 잡아당기다가 이번에는 급한 김에 나귀의 꼬리를 움켜잡았다. 꼬리를 강하게 잡아당겨 위험을 벗어나려 했다. 그러면 그럴수록 나귀는 낭떠러지 쪽으로 가려고 더욱 날뛰었다. 힘이 부친 주인은 나귀의 꼬리를 놓아 버렸다.

고집이 센 사람, 남과 다투기를 잘하는 사람을 나귀에 곧잘 비유한다. 손초가 자신의 잘못을 발견했을 때 그것을 인정하고 왕제에게 사과했다면 그는 나귀와 같은 입장에 처하지 않았을 것이다.

暗 中 摸 索
어두울 **암** 가운데 **중** 더듬을 **모** 찾을 **색**

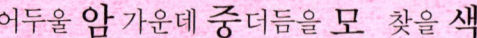

출전 《당서(唐書)》

문의 어둠 속에서 더듬어 찾는다.

요점 확실한 방법을 몰라 어림잡아 찾음.

고사 무사확이라는 인물이 있었다. 그는 병주 땅의 문수(文水)에서 태어났다. 어려서부터 글을 배울 기회가 없어 형들과 몸을 부대끼며 농사일을 거들었다. 그러나 토지가 없는 소작논이고 보니 뼈 빠지게 고생을 한 보람은 추수기가 오면 한숨으로 대신하였다. 이러한 때에 그는 허문보(許文寶)라는 친구와 목재 운반에 뛰어들어 큰 돈을 모은다. 이 돈은 벼슬자리를 구하는 밑천이 되어 이주 도독 자리에 앉는다. 이후 본부인과 헤어지고 왕가의 여인을 후취로 들이는데, 그녀가 낳은 여식이 훗날 측천무후로 불리는 무조(武照)였다. 그녀는 궁에 들어가 태종의 후궁이 되어 재인(才人)이라는 첩지를 받는다. 그러나 궁 안에 비장되어 있는 예언서에 '장차 당나라는 3대에 망하고 무씨 성을 쓰는 여인이 다스리게 된다'는 내용이 있어 그녀는 살해될 위기를 맞는다.

당(唐) 태종의 사후 머리를 깎고 감업사의 여승이 되었고, 또한 절에 들어오기 전에 만들었던 고종(高宗)과의 인연으로 그녀는 궁 안으로 되돌아온다. 그녀의 뛰어난 머리는 급기야 황비인 왕씨를 내쫓아버리게 되고, 고종은 그녀를 왕후로 책봉한다.

무조는 마음의 다짐을 강하게 했다.

'사람의 힘이 왕성하면 하늘도 이긴다.'

왕성한 힘은 급기야 중신들을 움직이는 원동력으로 작용한다. 그러한 인물들이 조정엔 여럿 있었다.

왕씨를 지지하는 장손 무기 등의 중신들이 결사적으로 반대하고 나섰다. 그러나 무조의 뒤에는 허경종(許敬宗)이라는 중신이 받침대 역할을 하고 있었다. 허경종. 그는 문장의 명수였다. 집안은 남조(南朝)에 벼슬살이를 하였으며, 성격은 경솔하고 한 번 만난 사람의 얼굴을 곧잘 잊어버렸다.

가까운 친구가 그를 만나 힐책했다.

"자네는 학문이 뛰어난데도 사람의 얼굴을 쉬이 잊어버리니 그게 알 수 없단 말일세. 혹시 알고도 모른 체하려고 그러는 것이 아닌가?"

그러자 허경종이 말했다.

"글쎄, 나는 말일세. 평범한 사람들의 얼굴은 아무리 기억하려 해도 생각나지 않는단 말일세. 하지만 글줄이나 하는 유효작이나 심약 같은 대가들은 어둠 속에서 물건을 찾듯(暗中摸索) 기억을 할 수 있네."

당시 하순과 유효작은 문장으로 이름을 날리던 문인들이었다.

자원 ●暗(어두울 암 ; 日部 9획, 총 13획. dark) : 침침할 암, 몰래 할 암.

●中(가운데 중 ; ㅣ部 3획, 총 4획. midst) : 안쪽 중, 마음 중.

●摸(더듬을 모 ; 手部 11획, 총 14획. grope) : 본뜰 모, 규모 모.

●索(찾을 색 ; 糸部 4획, 총 10획. find) : 노 삭, 헤어질 삭, 다할 삭, 꼴 삭.

어의 ●暗計(암계) : 비밀한 꾀 ●暗影(암영) : 어두운 그림자 ●中宮(중궁) : 황후 ●中署(중서) : 더위를 먹음 ●摸出(모출) : 들추어 냄 ●索引(색인) : 찾아냄 ●索出(색출) : 뒤져서 찾아냄

참조 안중모색이란, 어둠 속을 디듬어 상대를 찾는다는 뜻이지만, 지금은 상대가 눈치채지 못하도록 조사하는 것을 뜻한다.

良 藥 苦 口
좋을 양 약 약 쓸 고 입 구

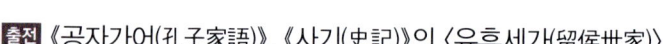

출전 《공자가어(孔子家語)》, 《사기(史記)》의 〈유후세가(留侯世家)〉

문의 좋은 약은 입에 쓰다.

요점 좋은 약은 입에 쓰나 몸에는 이롭다는 뜻. 충신의 말은 귀에 거슬리나 행동에 이롭다는 뜻.

고사 진나라를 토벌하자는 기치를 앞세우고 초나라의 항우와 한나라의 유방은 경쟁자의 입장에서 다툼질을 했다. 먼저 진나라의 함양에 들어간 것은 유방이었다. 모든 것이 호사의 극치로 이루어진 궁궐을 보며 유방의 눈은 짐승의 그것처럼 번뜩였다. 어디 그뿐인가. 후궁의 곳곳에는 선녀와 같은 화용월태의 미녀들이 구름처럼 모여 있으니 그 황홀함을 무엇으로 설명할 수 있겠는가. 유방은 그냥 눌러앉고 싶었다. 먼지 속을 뚫으며 준마를 달려온 날을 생각하면 도무지 일어설 기분이 아니었다. 이러한 눈치를 알아차리고 일을 벌인 것은 번쾌(樊噲)였다.

그러나 유방은 듣지 않았다. 이번엔 장량(張良)이 나섰다.

"진나라가 하늘의 뜻을 저버리고 무도하게 학정을 펴서 오늘의 이 난리를 만났습니다. 그러므로 패공께서 궁 안에 들어올 수 있었습니다. 천하를 얻기 위해서는 조그만 유혹을 물리쳐야 합니다. 원컨대 패공께서는 진나라의 시달림을 받아 온 백성들을 위로하고 민중들을 어루만지며 상복을 입고 그들을 격려해 주는 것이 옳은 일입니다. 그렇지 않고 지금 진나라의 보물이나 미인들을 품에 넣는다면 포악무도한 진나라 임금과 다를 바 없다고 사람들은 믿을 것입니다. 장차 역사에 악명밖에 더 남겠습니까."

이렇게 직간을 했을 때에 유방은 지체 없이 궁을 떠나 왕궁 위에 진을 쳤다. 이렇게 하고 나서 전세를 가다듬었을 때 항우는 뒤늦게 나타나 홍문(鴻門)을 중심으로 진을 쳤다. 이른바 역사에 남을 〈홍문의 회전〉이 전개된 것이다.

자원 ●良(좋을 양;艮部 1획. 총 7획. good) : 어질 량, 자못 량.
●藥(약 약;艸部 15획, 총 19획. medicine) : 약 약.
●苦(쓸 고;艸部 5획, 총 9획. painful) : 쓴 나물 고, 괴로울 고.
●口(입 구;口部 총 3획. mouth) : 입 구. 입 모양을 본뜬 글자.

어의 ●良民(양민) : 선량한 백성 ●良醫(양의) : 선량한 의사 ●良好(양호) : 매우 좋음 ●藥契(약계) : 한약을 지어 파는 곳 ●藥用(약용) : 약으로 씀 ●藥効(약효) : 약의 효력 ●苦笑(고소) : 마지못해 짓는 쓴웃음 ●苦言(고언) : 듣기에는 거슬리나 유익한 말 ●苦學(고학) : 학비를 벌어 가며 하는 공부 ●口蓋(구개) : 입천장 ●口癖(구벽) : 입버릇 ●口跡(구적) : 말투

참조 원래 이 말은 양약고어구 이리어병(良藥苦於口 而利於病)·충언역어이 이리어행(忠言逆於耳 而利於行)이다. 양약은 입에 써도 병에 듣는 것이며, 충언이라고 하는 것은 귀에 거슬려도 실행하면 이로운 것이라는 것이다.
  ⇨ 〈공자가어〉에도 비슷한 말이 있다. 양약은 입에 쓰지만 몸에는 이롭고, 충언은 귀에 거슬리나 행하는 데에 이로움이 있다는 것이다.
  ☞ 節食服藥(절식복약) : 음식을 절도 있게 먹으면서 약을 먹어야 한다는 말.
  ☞ 醫不三世不服其藥(의불삼세불복기약) : 삼대를 계속하여 의업에 종사한 경험이 많은 의사가 지은 약이 아니면 복용치 않는다는 뜻. 몹시 신중함을 이르는 말.

漁 夫 之 利

고기잡이 **어** 사내 **부**   의 **지**   이로울 **리**

출전 《전국책(戰國策)》

문의 어부가 이익을 얻다.

요점 도요새와 조개가 서로 싸우다가 어부에게 둘 다 잡힌다. 서로 이익을 보기 위해 다투는데 제 삼자가 이익을 얻는다는 뜻이다.

고사 춘추전국시대에 연(燕)나라는 중국의 동북지방에 위치했다. 그러다 보니 서쪽의 조(趙)나라와 남쪽의 제(齋)나라로부터 계속 위협을 받고 있었다. 조나라가 연나라를 공격하려 들자, 연나라에서는 소진(蘇泰)의 아우 소대(蘇代)를 보내 조왕을 설복하려 들었다.

연나라의 소왕(昭王)이라면 악의(樂毅)를 장군으로 삼아 제나라로 쳐들어간 군왕이다. 그는 언제나 조나라에 대해 경계를 게을리하지 않았다. 어느때인가 조나라는 이웃인 연나라가 기근에 빠져 백성들의 생활이 말이 아니라는 것을 알고 일거에 밀고 들어갈 궁리에 골몰했다.

기근이 나라 안을 덮쳤으니 전의(戰意)를 상실하였음이 분명하다는 확신이 있었다. 이 당시 연나라는 병사들의 대부분을 제나라로 보냈기 때문에 조나라의 움직임이 위협적일 수밖에 없었다. 그래서 소왕은 소대를 조나라에 보내 해법을 강구하게 한 것이다. 명을 받은 소대는 조나라로 들어가 왕을 배알했다.

"제가 조나라로 오는 도중 역수(易水 ; 연나라와 조나라의 국경이 되는 강)를 건너게 되었는데, 문득 강변을 보니 조개(蚌)란 놈이 입을 떡 벌리고 졸고 있었습니다. 그때 도요새(鷸)가 나타나 조개의 살을 쪼아대자 조개는 입을 꽉

닫고 새의 부리를 물었습니다. 도요새가 하는 말이 '이놈, 너는 이대로 있으면 오늘 내일 비가 오지 않는다 했으니 말라죽을 것이다'하고 말했습니다. 조개도 가만있지 않았습니다. '내가 오늘 놓아주지 않고 내일도 놓아주지 않는다면 너는 굶어 죽을 것이다'라고 했답니다. 이렇게 고집을 부리며 옥신각신하고 있는데 마침 건너편에서 어부가 왔습니다. 그러니 어찌 되었겠습니까? 모두 어부의 손에 잡혀간 것이지요."

소대의 얘기는 계속되었다.

"지금 왕께서는 연나라를 공격하려 하십니다. 연나라가 조개라면 조나라는 도요샙니다. 연과 조가 헛되이 싸우는 동안 강대국인 진나라는 어부가 되어 이익을 볼 것입니다."

혜문왕은 즉시 연나라를 공격하려던 모든 계획을 취소시켰다. 어부지리는 '방휼지세'라고도 한다.

자원 ● 漁(고기잡이 어 ; 水部 11획, 총 14획. fishing) : 낚아 빼앗을 어, 낚시터 어.
● 夫(사내 부 ; 大部 1획, 총 4획. man) : 지아비 부, 어조사 부.
● 之(의 지 ; 丿部 3획, 총 4획. this) : 어조사 지, 갈 지.
● 利(이로울 리 ; 刀部 5획, 총 7획. benefit) : 날카로울 리, 길할 리. 탐할 리(禾와 刀를 더한 자. 곡식(禾)을 농기구(刀)로 경작함).

어의 ● 漁磯(어기) : 낚시터 ● 漁撈(어로) : 수산물을 잡음 ● 漁採(어채) : 고기 잡는 실 ● 夫婦有別(부부유별) : 부부 사이에 엄격한 구별이 있음 ● 夫人(부인) : 남의 아내의 존칭 ● 夫唱婦隨(부창부수) : 남편을 아내가 따름 ● 利器(이기) : 날카로운 병기나 연장 ● 利尿(이뇨) : 오줌을 잘 나오게 함 ● 利鈍(이둔) : 날카로움과 무딤

참조 서로가 맞붙어 싸울 때 제삼자가 이득을 취하는 경우에 쓰는 말이다. 방휼지세(蚌鷸之勢)와 같은 뜻이다.

掩 耳 盜 鈴
가릴 엄　귀 이　도적 도　방울 령

출전《여씨춘추(呂氏春秋)》

문의 귀를 막고 방울을 훔친다.

요점 자기만 듣지 않으면 다른 사람도 듣지 않은 줄 안다는 어리석음을 이르는 말.

해석 본래 이 성어는《불구론(不苟論)》과 〈자지론(自知論)〉에 함께 보이는데, 내용은 '엄이도종(掩耳盜鐘)'이었다. 종 대신에 방울을 훔친 것으로 내용이 바뀌었다.

고사 진(晉)나라의 명문가에 범씨(范氏)가 있었다. 무상하고 무심한 게 세월이라는 것처럼, 몇 세대를 거치면서 범씨가는 몰락의 길을 걸었다.

　집안이 어수선하자 자연 도둑이 들끓었다.

　어느 날 한 도둑이 소문을 듣고 종을 훔치러 들어갔다. 그런데 종은 생각했던 것보다 훨씬 크고 무거워 도저히 훔쳐내 올 수가 없었다. 할 수 없다고 생각한 도둑은 일단 종을 부수어 그 조각을 가지고 가야겠다고 생각했다. 커다란 망치로 종을 사정없이 내리쳤다.

　"콰아앙!"

　커다랗게 울리는 종소리를 다른 사람이 들을 새라 도둑은 얼른 자신의 귀를 막았다. 물론 이 성어에는 앞서 말한 대로 다른 뜻도 있다. 도둑은 종이 너무 크고 무거워 포기할 수밖에 없었다. 그러나 그냥 돌아가자니 소득이 없었으므로 작은 방울을 대신 훔쳐 갔다.

자원 ●掩(가릴 엄 ; 手部 8획, 총 11획. screen) : 막을 엄.

●耳(귀 이 ; 耳部 총 6획. ear) : 말 그칠 이.

●盜(도적 도 ; 皿部 7획, 총 12획. rob) : 훔칠 도.

●鈴(방울 령 ; 金部 5획, 총 13획. bell) : 방울 령.

어의 ●掩殺(엄살) : 방심한 틈을 타서 적을 엄습하여 죽임 ●掩匿(엄닉) : 덮어서 숨김 ●掩身(엄신) : 집이 가난하여 잘 입지 못해 겨우 몸만 가림 ●耳根(이근) : 귀뿌리 ●耳順(이순) : 60세 ●耳麥(이맥) : 귀리 ●盜掘(도굴) : 몰래 광물을 캐냄 ●盜犯(도범) : 도둑질한 범죄 ●盜汗(도한) : 몸이 허약하여 잠자는 중에 나는 식은땀 ●鈴蘭(영란) : 은방울꽃 ●鈴鈴(영령) : 방울 소리

참조 종에 관한 흥미로운 일화는 진(晉)나라 평공(平公) 때에 나온다. 왕의 재위 시에 큰 종을 만들었다. 당시의 유명하다는 악인(樂人)들이 모두 그 종소리를 듣게 되었다. 악인들은 한결같이 종소리의 그윽함과 천하를 덮으려는 기세의 양양함을 크게 찬양했다. 그러나 왠지 사광(師曠)만은 좋은 기색이 아니었다.

　"음률이 맞지 않습니다, 다시 만드십시오."

　평공은 이상하다는 듯 다시 물었다.

　"다른 악공들은 모두 음률이 맞다 하는데 어찌 그대만 음률이 틀리다 하는가?"

　그런데도 사광은 자신의 주장을 굽히려 들지 않았다.

　"모든 악공들이 그러하다면 더 말씀을 안 드리겠습니다. 하지만, 후세에 귀가 좋은 자가 나타나 이 종소리를 듣고 음률이 틀린 것을 알게 된다면 얼마나 수치겠습니까?"

　사광은 그 말을 끝으로 함구해 버렸다. 과연 그의 예견대로 위(衛)나라 영공(靈公) 때가 되어 사연(師涓)이라는 악공이 종소리를 듣고 탄식했다.

　"사광의 귀는 정확했습니다."

處世・交際

吮 疽 之 人
빨 연   등창 저   의 지   사람 인

출전 《사기(史記)》의 〈손자 · 오자 열전〉
문의 종기를 입으로 빠는 사랑.
요점 목적을 달성하기 위해 거짓으로 베푸는 사랑.

고사 오기(吳起)가 노나라에서 벼슬을 하고 있을 때였다. 제나라가 침략해 왔으므로 대신들은 그들을 막아낼 장군을 추천하기에 이르렀다.

누군가가 오기를 추천했다. 반대하는 무리가 나섰다.

"안 됩니다. 그의 아내는 제나라 사람입니다. 어찌 이 나라를 위해 전심을 다해 싸우겠습니까?"

그 말을 들은 오기는 곧장 집으로 가더니 아내를 죽이고 돌아왔다. 물론 대장군이 되어 출정해 공을 세웠음은 당연한 일이다.

공을 세우고 돌아왔음에도 오기는 곤경에 처했다. 장차의 영화를 위해 아내마저 죽이는 냉혈한이니 무슨 일을 저지를지 모른다는 우려의 소리였다. 결국 오기는 모함하는 무리들의 살수를 피해 노나라를 탈출하지 않으면 안 되었다. 그는 다시 위나라의 문후(文侯)에게로 가서 장군이 되었다.

오기는 장군의 막사에 머물지 않았다. 그는 병사들과 함께 기거하며 고락을 같이했다. 거만하게 말을 타고 오가지도 않았으며, 손수 끓여 먹을 양식을 가지고 다녔다.

그러던 어느 날이었다. 병사 한 사람이 종기 때문에 고생한 것을 발견했다. 오기는 입으로 종기의 고름을 빨아낸 후 손수 약을 발라 주었다.

병사의 입장에서야 크게 감읍해 하였지만, 소문을 들은 병사의 어머니는 통곡했다. 사람들이 물었다.

"어찌 우십니까? 댁의 아드님은 영광스럽게도 오기 장군께서 손수 치료해 주었잖습니까?"

"그것 때문에 우는 거라오."

병사의 어머니는 설명했다.

"지난 해 그 아이의 아버지도 출정하기 전 종기로 고생했답니다. 대장군이 남편의 종기를 빨아 치료해 준 일이 있는데 싸움터에 나간 후 돌아오지 않고 있답니다. 대장군이 내 아들의 종기를 빨았으니, 그 아이는 이제 죽은 목숨이랍니다."

자원 ● 吮(빨 연 ; 口部 4획, 총 7획. lick) : 기침할 연.

● 疽(등창 저 ; 疒部 5획, 총 10획. furuncle) : 등창 저.

● 之(의 지 ; 丿部 3획, 총 4획. this) : 어조사 지.

● 人(사람 인 ; 人部 총 2획. people) : 나랏사람 인, 성질 인.

어의 ● 疽腫(저종) : 악성 종양 ● 人證(인증) : 법원에서 증인의 진술을 증거로 하는 방법

참조 ⇨ 《논어》의 〈이인(里仁)〉에 다음 같은 말이 있다.

'…부와 귀는 사람마다 원하지만 부정으로 얻은 부귀를 탐하지 아니하며, 빈천은 사람마다 싫어하나 도의적인 빈천이면 기피하지 아니한다.

군자가 인간애를 잃고 어찌 군자의 명예를 지키겠는가. 군자는 식사 중인들 인을 어김이 없으니 혼란 시에도 인을 잊지 아니하고 환난에도 인을 생각한다.'

특히 '언지지인'에서는 가인(假人)이라고 배격한다. 본문에서 오기가 병사의 종기를 빤 것은 진정에서 우러나온 것이 아니라 거짓으로 인을 꾸며 상대의 마음을 움직인 것이다.

處世・交際

屋 上 屋
집 옥　　　윗 상　　　집 옥

출전 《세설신어(世說新語)》l

문의 지붕 위의 지붕.

요점 공연한 일이나 헛수고를 뜻함.

고사 세 발 솥처럼 세력의 균형을 유지하던 위오촉(魏吳蜀)의 《삼국지》가 막을 내리고 천하를 통일한 위나라는 국호를 진(晉)이라 하고, 도성을 낙양으로 정했다. 비록 망했다고는 하나 오나라의 서울인 건업은 양자강을 바라보는 풍광 좋은 강남의 중심지였다. 그 무렵에 등장한 시인이 좌사(左思)였다.

그는 건업의 아름다움을 노래하는 양도부(楊都賦)를 지어 세도를 부리던 유양(庾亮)이라는 재상에게 보냈다. 그는 친척간의 정 때문에 넉넉하게 평해 주었다.

"이 시는 좌태충(左太沖)이 지은 삼도부에 비해 조금도 손색이 없소. 참으로 걸작이오."

특히 시 가운데 '삼이경(三二京)' '사삼도(四三都)'라는 구절이 있는데, 바로 이 시구가 뛰어나다고 입을 모았다. 사람들은 앞다투어 이 시구를 써서 벽에 붙였다. 이로 인해 도성의 종이값이 뛰어오르는 사태가 빚어졌다. 그러나 태부 벼슬에 있던 사안석(謝安石)은 경박한 풍속을 비웃었다.

"누가 이 시를 걸작이라 하였는가. 그것은 참으로 가당치 않은 말이다. 이것은 지붕 위에 또 지붕을 걸쳤을 뿐이다(不得爾 此是屋下架屋耳).

그런 것을 보고 어중이떠중이들이 떠들어대는 이유를 모르겠다."

즉, 좌사의 시는 창작품이 아니라 남의 것을 모방하여 만든 작품이라는 것이다. 다시 말해 지붕 위에 지붕을 더하는 것은 같은 일이 겹치는 것을 뜻한다. 다르게는 옥상가옥(屋上架屋) 또는 옥상가옥(屋上加屋)으로 불린다.

자원 ●屋(집 옥;尸部 6획, 총 9획. house) : 지붕 옥, 큰 도마 옥, 거북 껍질 옥. 尸+至(사람이 눕고(尸) 머물러(至) 쉴 수 있는 곳.)
●上(윗 상;一部 2획, 총 3획. upper) : 물건의 위 상, 바깥 상, 임금 상, 오를 상.

어의 ●屋外燈(옥외등) : 집 밖에 켜는 등불 ●屋身石(옥신석) : 석탑의 탑신을 이루는 돌 ●屋號(옥호) : 가게나 술집의 이름 ●上等田(상등전) : 썩 좋은 논밭 ●上樑(상량) : 마룻대 ●上文(상문) : 위의 글

참조 ⇨ 미국의 비평가 윌리엄 하웰즈는 어느 날 자기가 지은 시라면서 찾아온 청년을 만났다. 하웰즈는 물었다.
"이거 자네가 지은 시인가?"
"그렇습니다. 한 단어 한 문장, 모두 심혈을 기울였습니다."
하웰즈는 일어서서 말했다.
"뵐 수 있는 영광을 주어 고맙소이다, 바이런 군. 나는 벌써 오래 전에 희랍의 미소롱기에서 돌아가신 줄 알았습니다."
이 청년이 가져온 것은 바이런의 시였다. 청년은 바이런의 시를 슬쩍 베껴 자기 것으로 만들어 놓은 것이다.
☞ 畵脂鏤氷(화지누빙) : 기름에 그림을 그리고 얼음에 조각을 한다는 뜻. 불필요한 일에 대한 비유.
☞ 乾木水生(건목수생) : 마른나무에 물이 나게 하려는 것. 곧 헛수고를 뜻함.
☞ 勞而無功(노이무공) : 애만 쓰고 결과가 없음.

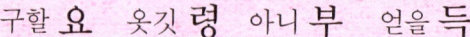

要 領 不 得
구할 요 옷깃 령 아니 부 얻을 득

출전 《사기(史記)》의 〈대완전(大宛傳)〉, 《한서》의 〈장건전〉

문의 요령을 얻지 못하다.

요점 중요한 것을 얻지 못하고 빈 걸음으로 돌아오다.

고사 흉노족. 한족들에게는 눈엣가시 같은 존재다. 만리장성의 서쪽 지역에 웅크리고 있다가 틈만 나면 한족을 괴롭히며 긴장시켰다. 당시 감숙(甘肅)에는 월지(月氏)라는 나라가 있었다. 남쪽으로 티베트 계통의 유목민인 강(羌)이 있었다. 그러나 이들은 사막의 저쪽에 무엇이 있는지엔 관심이 없었다.

한족들의 생활, 그들이 어떻게 지내며 어떤 특성을 가졌는지를 전해 준 이는 장건(張騫)이었다. 그는 월지의 백성들이 오래 전에 흉노족에게 쫓겨 유목 생활을 하고 있으며 그들을 깊이 원망하고 있다는 것을 알게 되었다.

그렇다면 장건은 누구인가? 그는 흉노족의 전성기인 한무제 때에 사신으로 간 인물이었다. 그는 흉노족에게 앙심을 품은 월지국과 협력하여 흉노를 협공하려는 한무제의 뜻을 실현하고자 했다. 하지만 도중에 흉노에게 억류되어 십여 년의 세월을 허비하고 기회를 엿보아 탈출한 후 천산산맥을 넘어 대완국에 이르렀다.

그곳에서 월지가 더 먼 곳에 있다는 말을 듣고 이들을 찾아온 것이다. 장건이 무제의 뜻을 전할 때엔 월지의 사정이 크게 달라져 있었다. 생활은 풍요로웠으며 더구나 대하(大夏)를 속국으로 삼고 있었다. 그러므로 멀리 떨어져 있는 흉노족과 대회전을 치르겠다는 생각은 추호도 없었다. 아무리 좋은 말을 해주어도 월지 왕의 마음을 움직일 수는 없었다. 장건은 대하로 갔다.

그러나 끝내 월지 왕의 마음을 움직일 수는 없었다. 역사서에는 이렇게 씌어 있다.

'끝내 사신의 사명인 월지의 요령(要領)을 얻지 못하고(不得) 일 년만에 돌아오고 말았다.'

자원 ● 要(구할 요 ; 襾部 3획, 총 9획. request) : 살필 요, 모일 요, 언약할 요(여자가 양손을 허리에 짚고 있는 모습).
● 領(옷깃 령 ; 頁部 5획, 총 14획. collar) : 거느릴 경, 받을 경.
● 不(아니 부 ; 一部 3획, 총 4획. not) : 뜻이 정하지 않을 부.
● 得(얻을 득 ; 彳部 8획, 총 11획. gain) : 탐할 득, 상득할 득, 만족할 득, 잡을 득.

어의 ● 要網(요망) : 중요한 근본적인 사항 ● 要談(요담) : 요긴한 말 ● 要謁(요알) : 면회를 청함 ● 領相(영상) : 영의정의 별칭 ● 領所(영소) : 절의 사무소 ● 領孫(영손) : 남의 손자의 별칭 ● 不作爲(부작위) : 규정된 일정한 행위를 않는 일 ● 不才(부재) : 재주가 없음 ● 不絕(부절) : 끊이지 않음 ● 得暇(득가) : 득을 얻음 ● 得計(득계) : 계책 ● 得功(득공) : 성공함

참조 요령에 대해 다른 해석이 있다.

'요(腰)'는 허리를 뜻하고, '령(領)'은 목덜미를 뜻한다. 이 말은 《여람(呂覽)》의 〈계추기편(季秋紀篇)〉에 나온다.

'요령이 이어지지 않아 목과 허리가 따로 논다'

다시 말해 목과 허리가 떨어져 있다는 뜻이다. 다른 하나는 요령이 옷허리의 깃(襟)이라는 점이다. 옷에는 반드시 위의 두 가지가 있다. 어떤 일을 도모하는데 '중요하다'는 짐이 그걸 말한다. 술거리를 가리키는 뜻의 말이다.

☞ 寸鐵殺人(촌철살인) : 한 치밖에 되지 않은 칼로 사람을 죽인다는 말. 곧 문장이나 의론(議論) 등을 뜻함(《학림옥로(鶴林玉露)》).

龍 頭 蛇 尾

용용 머리두 뱀사 꼬리미

출전 《벽암집(碧岩集)》

문의 용의 머리에 뱀의 꼬리

요점 처음의 시작은 그럴듯하나 결말이 시원치 않음.

해석 용(龍)이란, 立(童=아이 동자의 획수 줄임)과 月(뉵은 살 육). 이렇게 龍을 어울려 놓았다. 그렇게 보면 月은 몸뚱이인 셈이다. 전체적인 형상으로 본다면 용은 몸을 꿈틀거리는 모습이 분명하다.

고사 목주(睦州) 사람으로 진존자(陳尊者)라는 이가 있었다. 그는 그 지방에 있는 용흥사(龍興寺)라는 절에 기거하고 있었다. 점차 나이 들어서는 짚신을 많이 삼아 각지로 떠돌며 지나가는 길손들에게 그 짚신을 나누어주었다. 그 진존자가 나이가 들었을 때였다. 어느 날 한 중을 만났는데 눈빛이 여간 예사롭지가 않았다. 더구나 그는 이따금씩 "에잇!" 하고 기합을 넣었다. 그 행동거지로 보아 도력이 매우 높은 듯이 보였다. 그러나 진존자는 이 스님이 겉으로는 그럴듯하지만 참 도를 깨우치지는 못한 것을 간파했다.

'틀림없이 이 스님은 참 도를 깨우치지 못한 듯싶다.'

그렇게 생각하고 물었다.

"이보시오, 스님."

"어찌 그러시오?"

"스님께선 조금 전부터 '에잇!' 하며 기합을 넣고 있는데, 계속 기합만 넣을 생각이십니까?"

"뭐라구요?"

"그렇듯 기세는 좋은데 어찌 결론을 지을까를 묻고 있소이다. 스님께선 어떻게 결론을 짓겠소?"

그제야 그 스님은 슬그머니 그 자리를 떠나 버렸다. 마치 꼬리를 말아감은 뱀처럼.

자원 ●龍(용 용 ; 龍部 총 16획, dragon) : 귀신 이름 용, 별 이름 용.
●頭(머리 두 ; 頁部 7획, 총 16획. head) : 위 두, 두목 두, 시초 두.
●蛇(뱀 사 ; 虫部 5획, 총 11획. snake) : 이무기 타.
●尾(꼬리 미 ; 尸部 4획, 총 7획. tail) : 뒤 미, 끝 미.

어의 ●龍駕(용가) : 임금의 수레 ●龍淚(용루) : 임금이 흘리는 눈물 ●龍抱(용포) : 임금이 입던 정복 ●頭角(두각) : 학식이나 재능이 다른 사람보다 뛰어남 ●頭領(두령) : 우두머리 ●頭酒(두주) : 좋은 술 ●蛇心(사심) : 간사하고 질투가 심한 마음 ●蛇足(사족) : 쓸데없이 덧붙이다가 오히려 실패함 ●蛇行(사행) : 뱀처럼 구불거리고 감 ●尾閭骨(미려골) : 꽁무니뼈 ●尾蔘(미삼) : 인삼의 잔뿌리 ●尾羽(미우) : 매 등의 새의 꽁지 깃

참조 ⇨《백유경》 중에 흥미로운 얘기 한 토막을 소개한다.

뱀 한 마리가 살고 있었다. 조그만 머리에 긴 몸과 꼬리를 달고 기어다니는 뱀. 그 뱀의 꼬리가 어느 날 생각했다. 왜 자기는 머리가 이끄는 대로 따라다녀야 하느냐며 머리에게 화를 냈다. 얘기를 다 들은 후 머리는 설득했다.

"꼬리야, 내 말을 들어봐. 첫째, 너는 눈이 없지만 나는 눈이 있으므로 앞을 인도할 수 있어. 둘째, 너는 귀가 없으니 위험한 일을 들을 수 없고, 셋째는 두뇌가 없으므로 무슨 일이나 정확히 할 수가 없어."

그러나 막무가내로 꼬리가 우기는 바람에 이제부턴 꼬리가 앞을 인도했다. 꼬리는 불길이 번지는 곳으로 가다가 불길에 휩싸여 타 죽었다.

有 志 竟 成
있을 **유** 뜻 **지** 마칠 **경** 이룰 **성**

출전 《후한서(後漢書)》

문의 뜻이 있으면 목적을 이룬다.

요점 굳은 뜻을 세워 끊임없이 노력하고 밀고 나가는 것만이 성공을 할 수 있다는 것이다. 뜻이 있는 곳에 길이 있다는 것은 이를 두고 한 말이다.

고사 동한시대에 경감(耿弇)이라는 선비가 있었다. 천하가 소란스러워지자 그는 책을 놓고 분연히 털고 일어섰다. 고을에 들어온 병사들의 보무 당당한 모습을 보면서 장차 전장터로 달려나갈 뜻을 세웠다. 이윽고 기회가 왔다. 광(光)무제가 북방에서 병사를 모집하는 방을 붙였다. 소식을 들은 그는 군인으로 종사하게 되었다.

　그는 여러 번의 전투에서 공을 세웠다. 한 번은 이런 일이 있었다. 그가 명을 받고 장보(張步)를 치러 갔다. 당시엔 장보의 병력이 강대했기 때문에 쉬이 공략할 수는 없었다. 장보는 소식을 듣고 요소요소에 병력을 집결시켜 경감을 맞아 싸울 준비를 해 놓았다. 여러 곳에 함정을 파고 일거에 몰아붙일 계획을 세워 두었다. 그런데 들려 온 것은 뜻밖에도 패전이었다.

　그리하여 장보의 대군과 경감의 군대는 임치성 밖에 대치하였다. 경감은 조금도 굴함이 없이 선두에서 말을 달려 적진을 뚫고 달렸다. 당시 유수는 장보가 대군을 이끌고 경감과 싸운다는 말을 듣고 병력을 이끌고 지원하기 위해 오는 중이었다. 그러나 경감의 사정은 좋지 않다. 한 병사가 건의했다.

　"지금 장보의 군세가 막강하니 잠시 물러나는 게 좋겠습니다. 구원병이 올 때를 기다렸다가 다시 공격하는 것이 좋을 듯싶습니다."

"당치 않는 소리. 우리가 이번 전투를 끝내고 잔치를 벌여야 할 터인데 어찌 그럴 수 있단 말인가."

경감은 다시 병사를 이끌고 나가 적진을 휘저었다. 결국 장보는 크게 패하여 도망치고 말았다.

자원 ●有(있을 유 ; 月部 2획, 총 6획. be) : 얻을 유, 취할 유.
●志(뜻 지 ; 心部 3획, 총 7획. will) : 맞출 지, 기록할 지.
●竟(마칠 경 ; 立部 6획, 총 11획. end) : 다할 경, 지음 경.
●成(이룰 성 ; 戈部 2획, 총 6획. achieve) : 평할 성, 거듭할 성.

어의 ●有機(유기) : 동식물처럼 생활력을 갖춘 것 ●有事時(유사시) : 비상한 사고가 있을 때 ●有心(유심) : 주의를 기울임 ●志氣(지기) : 의지와 기개 ●志操(지조) : 굳은 절개 ●志向(지향) : 뜻이 쏠리는 방향 ●竟境(경경) : 경계 ●竟夕(경석) : 하룻밤 동안 ●竟夜(경야) : 밤새도록 ●成規(성규) : 성문화된 규칙 ●成年(성년) : 성인이 되는 연령 ●成丁(성정) : 심신이 발육을 마치고 어른이 된 사람

참조 《채근담》에 나오는 말이다.

"마음에 욕심이 일어나면 차가운 못에도 물결이 일어난다. 또한 산림에 있어 고요함을 보지 못한다. 마음이 공허하면 혹서에도 청량한 기운이 생긴다. 그렇기에 저자에 살아도 그 시끄러움을 모르는 것이다."

그런가 하면 이런 내용도 있다.

"물은 물결이 일어나지 아니하면 저절로 고요하다. 거울은 흐리지 않으면 스스로 맑게 된다."

우리의 마음이란 것도 이와 같다는 것이다. 뜻은 생각이 어떤지에 따라 즐거움과 괴로움이 나타나기 때문이다.

左 袒

왼쪽 **좌**   옷 벗어 던질 **단**

출전 《사기(史記)》의 〈여후본기(呂后本紀)〉

문의 왼쪽 어깨를 벗어붙인다.

요점 무리가 모였을 때나 혹은 어느 개인이 한쪽 편을 들어 동의하는 것을 이름.

고사 여치(呂雉). 역사의 전면에는 여태후(呂太后)라는 이름으로 알려진 여걸이다. 그녀는 어느 누구도 믿지 않는 묘한 심성이 있었다. 그런 여인에게 흔히 나타날 수 있는 짐승 같은 잔혹한 일면은 중국의 역사를 참혹한 살륙의 혼란 속으로 밀어 넣어 버렸다.

유방의 사후 정적(情敵)이었던 첩실 척의(戚懿; 척부인)를 살해하였는데 그 방법이 잔혹했다. 눈을 멀게 하고 혀를 뽑았으며 귀를 멀게 한 채, 두 팔과 다리를 잘라 화장실에 넣어 두었다. 그리고는 인간 돼지라 불렀다. 어디 그뿐인가. 척의의 아들은 짐새(중국 남방에서 산다는 독조; 毒鳥)의 독으로 죽이고, 황실 안에 다른 성씨가 새어드는 것을 막기 위해 자기 소생의 큰딸이 난 계집애를 자식(혜제)의 부인으로 삼게 하는 난륜을 저질렀다. 크고 작은 살겁을 일으켜 전공이 높은 장수들의 목을 치게 하였으며, 신하들 사이를 이간하여 뭉치는 것을 막았다. 이러한 여치가 죽음 앞에 이르러 여씨 집안의 장수들을 불러들였다.

여치는 조왕 여록(呂錄)과 여산(呂産)을 상장군으로 임명하여 북군을 여록에게, 남군을 여산에게 맡겼다. 그리고는 단단히 당부했다. 자신이 죽게 되면 분명 반란이 일어날 것이니 무슨 일이 있더라도 병권을 내놓아서는 안 된다고 했다. 그리고는 숨을 거두었다. 이제껏 술로 세월을 보내던 진평(陳平)이 궁으로 돌아와 여씨 타도를 외치며 계책을 강구했다. 여상의 아들 역기(酈寄)가 여록과 친하다는 말을 듣고 방법을 찾아냈다. 그로 하여금 여록을 찾아가 위로하는 척하며 권고케 했다.

"지금 황제께서 나이가 어리시니 여러 왕께서는 각자의 봉지를 빈틈없이 통치하여야 합니다. 현명하신 왕께서는 천리만리 떨어진 조나라에 무슨 일이 생길지 어찌 알겠습니다. 제 생각에는 병마 통수권을 황제께 반납하시고 조나라로 돌아가시는 것이 옳을 듯싶습니다. 그리하면 황제께서는 주발을 불러 그 임무를 맡길 것입니다."

모든 것이 진평의 계책대로 이루어지자 상장군으로 복귀한 주발은 휘하 병사들을 모아 놓고 일장 한소리에 기합을 넣었다.

"여러분의 의사를 막지 않겠소! 여씨의 횡포를 묵인하려거든 오른쪽 어깨를 벗고, 나와 뜻을 같이하려면 왼쪽 어깨를 벗고(左袒) 따르시오!"

주발의 말이 떨어지자 모든 병사들은 왼쪽 어깨를 벗어 붙이고 여씨 타도에 앞장설 것을 다짐했다.

자원 ●左(왼쪽 좌 ; 工部 2획, 총 5획. left) : 왼쪽 갈 좌, 그를 좌, 어긋날 좌.
●袒(옷 벗어 던질 단 ; 衣部 5획, 총 10획. undress) : 웃통 벗을 단.

어의 ●左傾(좌경) : 왼쪽으로 기울음 ●左相(좌상) : 좌의정의 별칭 ●左旋(좌선) : 시계 방향으로 돌림 ●袒褐(단갈) : 어깨에 걸친 옷을 벗음

참조 이러한 고사로 인해 자기의 편이 되어 주거나 의견에 찬성하는 사람을 '좌단'이라 하였다. 상장군 주발이 일단 칼을 뽑아 들자 오랫동안 여씨들에게 짓눌렸던 사람들이 우르르 쏟아졌다. 여태후의 우려에 찬 단단한 방책도 진평의 손놀림에 무너져 버린 것이다. 세상살이는 아무래도 순리를 따라야 함을 말하는 듯싶다.

竹 馬 之 友
대나무죽 말마 의지 벗우

출전 《진서(晉書)》의 〈은호전(殷浩傳)〉

문의 어릴 때에 대나무로 만든 말을 타고 놀던 친구.

요점 어려서 함께 자란 친구. 고향 친구.

고사 은호(殷浩)의 자는 심원(深源)이다. 그는 숙부와 함께 역(易)을 공부했는데, 하루는 한 사람이 그를 찾아와 꿈풀이에 대해 너스레를 떨어 댔다. "관리가 되려면 꿈에 널(棺)을 보고, 재물이 생기려 할 때인 더러운 것을 보게 되는데, 이게 어찌된 것입니까?" 은호가 대답했다. "관리란 썩을 대로 썩어 냄새가 나는 것이네. 그렇기 때문에 관리가 되고자 하는 자는 꿈 속에 죽은 모습을 보게 되는 것일세. 또한 재물은 티끌 같은 것이니 꿈 속에서 더러운 것을 보게 되는 것이네." 이 말을 들은 세상 사람들은 명언이라 하여 소문이 자자했다.

은호는 관직에 나가려고 하지 않았지만 간문제(簡文帝)의 청을 물리치지 못하고 양주자사가 되었다. 이렇게 한 데에는 당시 환온(桓溫)이라는 자가 촉나라를 평정하고 돌아온 직후였기에 세력의 가지가 무성하게 뻗어 있었던 때였다. 아무래도 간문제는 은호로 하여금 그의 세력을 견제시키려 든 것이다. 이 때문에 둘은 서로 반목하게 되었다. 왕희지가 화해시키려 들었으나 은호가 응하지 않았던 것이다.

후조(後趙)에 반란이 일어나자 진나라는 이 기회에 중원을 회복하고자 은호를 중군장군으로 삼아 정벌케 했다. 그러나 출발할 즈음에 은호가 낙마하였으므로 불길하게 여기게 되었다. 그런 징조는 맞아떨어졌다.

은호는 이번 싸움에서 크게 패하고 돌아온 것이다. 이것을 다행으로 생각한 사람은 환온뿐이었다. 그는 은호를 규탄하는 상소를 올려 서인으로 떨어뜨리고 신안현으로 귀양보냈다. 그 다음에 환온은 말했다.

"나는 어려서 은호와 같이 죽마를 타고 놀았다. 내가 싫증이 나서 버리면 언제나 은호는 그것을 가지고 놀았다. 그러므로 내 자리 밑에 앉는 것이 당연하다."

이 말이 죽마지우의 출전이다.

자원 ●竹(대나무 죽;竹部 총 6획. bamboo):피리 죽, 성 죽.
●馬(말 마;馬部 총 10획. horse):아지랑이 마, 벼슬 이름 마, 추녀 끝 마, 나라 이름 마.
●之(의 지;丿部 3획, 총 4획. this):어조사 지.
●友(벗 우;又部 2획, 총 4획. friend):합할 우.

어의 ●竹物(죽물):대그릇 ●竹竿(죽간):대나무 장대 ●竹帛(죽백):서적이나 사서를 일컬음 ●馬臺(마대):장롱의 맨 밑의 받침대 ●馬鹿(마록):고라니 ● 馬分(마분):말을 세내는 삯 ●友道(우도):친구와 사귀는 도리 ●友好(우호): 개인이나 국가끼리 서로 사이가 좋은 일 ●友輩(우배):친구들

참조 ⇨ 죽마는 대나무로 만든 말이다. 《후한서》〈곽급전(郭伋傳)〉에도 '어린 소년 수백 명이 제각기 죽마를 타고 길가에서 영접하였다'고 했으며, 당나라의 시인 두목(杜牧)도 '겨우 죽마의 놀이를 버렸다'는 시를 쓰고 있다.

앞에 나온 은호의 일화를 더듬어 볼 필요가 있다. 유배지에 있던 은호에게 환온의 편지가 왔다. 내용은 은호를 상서령으로 삼겠다는 것이었다. 은호는 기꺼이 승낙의 납상을 보냈는데, 그만 알맹이를 빼먹고 보낸 것이다. 환온은 빈 봉투를 받아 들고 머리끝까지 화가 치밀어 이후로는 두 번 다시 그를 상대하지 않았다.

知 音
알 지　　소리 음

출전 《열자(列子)》〈탕문편(湯問篇)〉

문의 마음이 통하는 절친한 친구.

요점 괴로움을 함께 하는 것이 아니고 즐거움을 함께 하는 친구를 만드는 좋은 본보기다.

해석 일찍이 공자는 《논어》에서 친구의 유형을 셋으로 나누었다. 도움이 되는 친구가 셋, 해로운 친구가 셋이다. 정직하고 성실하며 박학한 친구는 도움이 된다. 그러나 남의 뜻을 맞추어 아첨하거나, 겉으로는 부드러우나 진실하지 못하고, 또 언행일치가 안 되는 친구는 해롭다고 했다. '지음'이란 음을 안다는 뜻이지만 친한 친구를 이르는 말이다. 마음까지 통할 수 있는 좋은 친구, 과연 어떤 친구인가? 이런 물음에 대한 모범 답안이다.

고사 춘추시대 진(晉)나라에 거문고의 달인 유백아(兪伯牙)란 이가 있었다. 본래 초나라 사람이었지만 그곳에 와서 지내고 있었다. 맹인이었던 유백아의 거문고 타는 소리를 이해한 것은 뜻밖에도 초라한 나무꾼 종자기(種子期)였다. 유백아가 거문고를 타 높은 산울림으로 표현하면 종자기는 "굉장하다! 마치 웅장함이 태산과 같다"고 하였고, 흐르는 물을 거문고에 싣자 "소리의 양양함이 양자강 같다"고 하였다. 이처럼 유백아가 나타내려는 마음의 생각을 종자기는 여지없이 짚어 낸 것이다.

다시 말해 유백아에게 있어 종자기는 자신의 음악을 알아주는 친구였다. 어느 때인가 유백아가 종자기를 찾아갔는데 그는 이미 죽고 없었다.

종자기의 묘 앞에서 한 곡을 뜯고 거문고를 박살내 버렸다. 이제는 자신의 음을 알아주는 사람이 없으니 더 이상 거문고를 탈 필요가 없다는 의도였다.

자원 ●知(알 지 ; 矢部 3획, 총 8획. know) : 깨달을 지, 생각할지, 기억할 지, 이를 지, 하고자 할 지, 주장할 지(知는 口와 矢(화살)를 더한 글자. 입에서 나온 말은 화살처럼 빠른데 그것을 알아듣는다는 뜻이다. 파자법(派字法)으로 볼 때엔 각별한 의미가 있다. 知는 입(口)으로 화살(矢)을 날려 상대방을 상하게 한다는 것이다. 배움이 많을수록 말을 조심하라는 것).
●音(소리 음 ; 音部 총 9획. sound) : 말소리 음, 편지 음, 소식 음. 악 음(言과 一을 더한 글자. '도리에 맞는 소리'이며 말 속에 있는 이라는 뜻).

어의 ●知悉(지실) : 자세히 알음 ●知力(지력) : 지식의 힘 ●知己(지기) : 자기의 진리나 진심을 알아주는 사람 ● 音曲(음곡) : 음악의 곡조 ● 音信(음신) : 소식 ● 音義(음의) : 글자의 음과 뜻.

참조 《여씨춘추(呂氏春秋)》에 의하면 종자기가 죽었을 때 유백아는 거문고를 부수고 줄을 끊어 다음부터는 타지 않았다고 적혀 있다. 여기에서 백아절현(伯牙絶絃)이라는 말이 생겨나 친구나 지기의 죽음을 애도할 때에 위안의 말로 쓰인다. 이백(李白)이 쓴 〈두보의 몽(夢)〉에 낙월옥량(落月屋梁)이라는 말이 있다. 친구를 꿈속에서 만나 즐기다가 꿈을 깼는데 친구는 오간 곳이 없고 싸늘한 달빛만 남아있다는 것이다.
이것은 친구를 사모하는 마음이 간절할 때에 사용된다.
《후청록(候鯖錄)》에 나오는 〈간담상조(肝膽相照)〉 역시 서로의 마음을 열어 허물 없이 사귀는 친구를 뜻한다.
☞ 鷄豚同社(계돈동사) : 고향 사람들끼리 친목을 도모함.
☞ 松茂柏悅(송무백열) : 친구가 잘됨을 이르는 말.

千金買笑

일천 천　금금　살 매　웃음 소

출전 《열국지(列國志)》

문의 천금을 주고 미소를 사다.

요점 비싼 대가를 치르고 사랑하는 여인에게서 미소를 짓게 하는 것.

고사 서주(西周)의 마지막 군왕은 유왕(幽王)으로 이름은 희궁날이다. 그는 후대 사가들의 평처럼 무척 방탕한 인물이었다. 어진 신하들의 충언에는 귀를 기울이지 않고 미녀 수집에 국고를 탕진했다. 하루는 조숙대라는 이가 아뢰었다. 경하·낙하·황하의 세 강물이 마르고 기산이 무너지는 등의 변괴가 일어났으니, 이것은 주왕조에 대한 대단한 위협이라고 한 것이다. 불길한 징조에 대해 희궁날은 콧방귀도 뀌지 않았다.

당시 유왕은 포사(褒姒)의 치마폭에 빠져 국정을 돌볼 겨를이 없었다. 시무룩한 그녀에게서 웃음을 찾기 위해 별의별 수단을 동원했다.

그 첫째는 정비인 신황후를 내쫓고, 태자 희의구(姬宜臼)의 왕위 승계권을 박탈했다. 그런데도 웃지를 않자 이번에는 황실 서고에 있는 비단을 가져와 맘껏 찢게 했다. 포사를 황후로 삼고 그녀 소생의 아들을 황태자로 정했다. 그런데도 웃지를 않자 괵국에서 온 괵석보가 방책을 내놓았다.

"폐하께서 황후를 대동하시어 여산에 행차를 하신 후 봉화불을 올리십시오. 그렇게 하면 천하의 제후들이 앞다투어 달려올 것입니다. 이 모습을 보시면 크게 기뻐하실 것입니다. 어디 그뿐입니까, 그들이 헛걸음질을 하고 돌아가는 모습을 본다면 그 또한 제왕의 구경거리가 아니겠습니까!"

괵석보의 괴이한 생각은 즉시 시행되었다. 봉화불을 올렸다. 비지땀을 흘리며 각국에서 도착한 것은 수천의 군사들이었다. 그들은 오로지 유왕 한 사람을 위해 먼 길을 달려왔다. 그러나 그들 앞에 펼쳐진 것은 질탕하게 내리꽂히는 음악과 기름기가 번들거리는 미희들의 웃음 소리였다.

그제야 그들은 속은 것을 알았다. 유왕이 호기롭게 외쳤다.

"아하하하, 그대들의 충성심을 이제야 알았소. 마음이 답답하여 봉화를 올린 것이니 그리 알고 물러가시오."

천하 각지에서 모여든 제후들은 자신들이 농락당한 것을 알고 제 나라로 철수했다. 그것을 보고 포사가 배시시 웃었다. 이러한 것은 모두가 괵석보의 공이었으므로 그에게 황금 천 냥을 하사했다.

자원 ●千(일천 천;十部 1획, 총 3획. thousand):많을 천, 길 천.

●金(금 금;金部 총 8획. gold):금나라 금, 돈 금, 오행 금.

●買(살 매;貝部 5획, 총 12획. buy):살 매.

●笑(웃음 소;竹部 4획, 총 10획. laugh):웃을 소.

어의 ●千古(천고):오랜 옛적 ●千里眼(천리안):먼 곳에서 일어나는 일을 직감적으로 아는 사람 ●千尋(천심):매우 높거나 깊은 곳 ●金甲(금갑):금속으로 만든 갑옷 ●金穀(금곡):돈과 곡식 ●金力(금력):돈의 힘 ●買賣(매매):사고 팔음 ●買入(매입):사들임 ●買辦(매판):상품을 사들이는 일을 하는 사람 ●笑談(소담):농담 ●笑罵(소매):웃으면서 꾸짖음 ●笑客(소객):웃는 얼굴

참조 ⇨ 얼마 후 주나라는 이민족인 견융(犬戎)의 침공을 받았다. 갑자기 밀어닥친 공격으로 주왕실은 갈팡질팡이었다. 급히 봉화를 올렸다. 당연히 달려올 것으로 믿었던 제후들에게서는 전연 소식이 없었다. 희궁날은 포사와 함께 낙양으로 도망치다 잡혀 죽고, 포사는 전리품으로 넘겨졌다.

抱 薪 救 火
안을 포　섶 신　건질 구　불 화

출전 《사기(史記)》의 〈위세가(魏世家)〉

문의 불을 끄기 위해 땔나무를 안고 뛰어든다.

요점 앞뒤 경황없이 행동하다가 일을 더욱 악화시킨다.

해석 불을 끄려면 당연히 물이 필요하다. 기본 상식이다. 그런데 불을 끄기 위해 물을 뿌리는 것이 아니라 한 다발의 땔나무(섶)를 안고 불길 속으로 뛰어든다면 오히려 일을 더욱 악화시킬 따름이다.

고사 역사적으로 춘추전국시대엔 전국 칠웅(戰國七雄)이 있었다. 그 중 진(秦)나라가 가장 강대했다. 이러한 진의 강함에 치를 떠는 나라가 바로 위국(魏國)이었다. 위는 세 차례에 걸쳐 침략을 받았는데, 그때마다 많은 백성과 병사들이 목숨을 잃었다. 그러다가 네 번째에는 도성이 함락되는 비운을 맞이했다. 그러자 여타의 제후국에선 그들의 세력을 연합하여 진나라에 대항하자는 계책을 강구하게 된 것이다.

　진나라가 위(魏)로 병력을 이동시키자 한(韓)과 조(趙)가 원병을 내보냈다. 그러나 결과는 처참한 완패였다. 그들이 보낸 15만의 병력은 황폐한 전장터에 백골을 묻히는 신세로 전락했다. 장차 어찌할 것인가의 대책 마련에 부심했다. 단우자(段于子)라는 장수가 나섰다.

　"연합군마저 패한 마당에 무엇을 더 망설이겠습니까. 소장의 생각은 그렇습니다. 우리 위나라의 남양 지방을 진나라에 내놓고 화평을 청하는 게 좋을 듯 싶습니다."

모사 소대(蘇代)가 말했다.

"위나라에서 대장의 인새(印璽 : 임금의 도장)를 얻으려는 자는 단우자가 분명한 듯 싶습니다. 그리고 위나라 땅을 얻으려는 것은 보다시피 진나랍니다. 지금 대왕이 위나라 땅을 관리하는 방법에 문제가 있다고 봅니다."

"그게 무슨 말이오?"

"땅을 분할하는 방법으로는 위기를 벗어날 수 없습니다. 그렇게 하는 것이 일시적으로는 괜찮은 듯 보일지 모르나 진나라에서는 우리 위나라를 모두 접수하기 전에는 공격을 늦추지 않을 것입니다. 그러므로 땅을 전부 얻기 전에는 그들은 만족하지 못할 것입니다. 이것은 마치 '땔나무를 가지고 불속으로 뛰어드는(抱薪救火) 것과 같습니다. 땔나무가 타기 전에는 불을 끌 수가 없을 테니까요."

자원 ●抱(안을 포 ; 手部 5획, 총 8획. embrace) : 아람 포, 알 안을 포.
●薪(섶 신 ; 艸部 13획, 총 17획. brushwood) : 월급 신, 성씨 신.
●救(건질 구 ; 攴部 7획, 총 11획. save) : 구원할 구, 도울 구.
●火(불 화 ; 火部 총 4획. fire) : 사를 화, 빛날 화.

어의 ●抱腹(포복) : 배를 안고 웃음 ●抱合(포합) : 서로 껴안음 ●薪燎(신료) : 모닥불 ●薪樵(신초) : 땔나무 ●救難(구난) : 어려움을 도와 줌 ●救出(구출) : 구하여 냄 ●火急(화급) : 대단히 급함 ●火輪(화륜) : 태양의 별명

참조 소대의 헌책은 그들을 맞받아치는 것이었다. 그러나 위왕은 망설였다. 강대국과 싸워 이긴다는 보장이 없고 보니 한 걸음 물러서서 땅을 분할하는 것으로 매듭지으려 들었다.

'아무리 그렇더라도 강대국과 싸운다는 것은……'

위왕은 망설였다. 승산이 없는 싸움을 벌인다는 것도 그렇고, 한편으로는 진나라가 땅을 분할받고 그냥 돌아갈까도 의심스러웠다. 이럴까 저럴까 확신 못 가진 행위로 인해 결국 위나라는 망하고 말았다. 소극적인 방비에 대한 당연한 결과였다.

匹 夫 之 勇

한 마리 **필** 사내 **부**　의 **지**　날랠 **용**

출전 《맹자(孟子)》의 〈양혜왕 하(梁惠王 下)〉
문의 마구 날뛰는 행동.
요점 좁은 소견을 갖고 함부로 날뛰는 행동을 함.

고사 전국시대로 전형적인 양육강식의 시기에 양나라 혜왕이 맹자에게 물었다.

"선생님, 이웃 나라와의 국교는 어떻게 해야 좋습니까?"

"어찌 없겠습니까. 오직 인자라야 큰 나라로서 작은 나라를 섬길 수 있습니다. 은나라의 탕왕이나 주나라의 문왕께서 행하신 그대롭니다. 또한 작은 나라가 큰 나라를 섬기는 것 역시 슬기로운 자가 아니면 섬기기가 쉽지 않습니다."

그렇게 함으로써 월왕 구천이 오왕 부차를 물리치고 패자가 될 수 있었던 것이다.

작은 나라가 큰 나라를 섬기는 것은 하늘의 도리이며, 큰 나라의 입장에서 작은 나라를 섬기는 것은 하늘의 줄기라고 하였다. 《시경》에 '하늘의 위력을 두려워해야만이 유지할 수 있다'고 한 것도 같은 맥락이다.

양혜왕은 맹자의 답변에 공감했다. 그러나 다시 생각해 보니 문제가 있었다. 만약 맹자의 말 대로라면 어느 나라에든 간에 섬기기만 해야 한다는 점이었다. 그래서 불만이 있는 어투로 중얼거린다.

"참으로 좋은 말씀입니다만……."

상대의 의중을 알아차린 맹자가 즉시 뒤를 받는다.

"대왕님, 소용(小勇)을 좋아해서는 안 됩니다. 칼을 들고 눈을 부라리며 '네 녀석은 내 상대가 안돼!' 하는 식의 으름장은 결국 하찮은 필부지용(匹夫之勇)에 불과할 따름입니다. 부디 큰 용기를 가지십시오."

자원 ●匹(한 마리 필;匸部 2획, 총 4획. head) : 짝 필, 둘 필, 짝지을 필, 무리 필. 匸＋八(덮개로 틀을 둘로 나누어서 한 짝을 끊음).
●夫(사내 부;大部 1획, 총 4획). man) : 지아비 부, 어조사 부.
●之(의 지 ; 丿部 3획, 총 4획. this) : 어조사 지.
●勇(날랠 용 ; 力部 7획, 총 9획. bravery) : 용맹할 용, 용기 용, 기운차게 할 용, 억센 사람 용.

어의 ●匹馬(필마) : 한 필의 말 ●匹婦(필부) : 보잘것없는 여자 ●匹敵(필적) : 어깨를 견줌 ●夫人(부인) : 남의 아내의 존칭 ●夫妻(부처) : 남편과 아내 ●夫婿(부서) : 남편 ●勇氣(용기) : 씩씩하고 용감한 기운 ●勇猛(용맹) : 용감하고 사나움.

참조 《사기(史記)》의 〈회음후열전〉에는 한신이 항우를 평한 내용이 있다.
　"항왕이 대성질타(大聲叱咤)하면 모두 기겁을 하고 맙니다. 허나 그에게는 어진 장수들에게 일을 맡길 아량이 없어요. 그러므로 그의 모든 행위는 필부지용에 불과할 뿐이죠."
　　☞ 小人之勇(소인지용) : 혈기에 찬 어린 사람의 용기. 즉, 소남(小男)의 작은 용기를 뜻함.
　　☞ 絶人之勇(절인지용) : 남보다 훨씬 뛰어난 용기.
　　☞ 指突豨勇(저돌희용) : 맷돼지와 같은 용기가 있음. 또는 그러한 군대를 뜻함.

虎 視 耽 耽

범호 볼시 엿볼탐 엿볼탐

출전 《역경(易經)》의 〈이괘(履卦)〉

문의 호랑이가 날카로운 눈빛으로 틈을 엿봄.

요점 기회를 노리고 있는 행위. 虎視眈眈이라고도 한다.

해석 원문으로 풀어 가면 호랑이가 두 눈을 부릅뜨고 내려다보는 모습이다. 위엄이 있는 그 모습에서 먹잇감을 찾는 사나운 눈빛을 떠올릴 수 있다.

고사 《역경》의 〈이괘(履卦)〉에 '호시탐탐 기욕축축 무구(虎視眈眈 其欲逐逐 無咎)'에서 나온 말이다. 원문의 뜻을 살려 풀어보면, '그 욕심이 마구 일어나지만 허물할 수가 없다'는 것으로 욕심 사나운 짓거리가 옳은 일이면 어느 누구도 허물할 수가 없다는 뜻이다. 오늘날에도 나라와 나라 사이의 분쟁에 그런 일들이 발생한다. 어쨌든 호시탐탐은 침략적인 야욕이나 준비하는 모든 행위를 뜻한다.

자원 ●虎(범 호;虍部 2획, 총 8획. tiger) : 범 호. 입을 크게 벌리고 몸에 무늬가 있는 모양.

●視(볼 시;見部 5획, 총 12획. look) : 견줄 시, 본받을 시. 見에서 뜻을 취하고, 示에서 음을 취함.

●耽(엿볼 탐;耳部 4획, 총 10획. pleasure) : 즐길 탐, 귀 축처질 탐.

어의 ●虎狼之心(호랑지심) : 사납고 모진 마음 ●虎兵(호병) : 매우 용맹스러운 병사 ●虎父犬子(호부견자) : 아버지는 잘났으나 아들은 못났음 ●耽羅(탐라) : 제주도의 옛이름 ●耽戀(탐연) : 연애에 정신이 빠짐 ●耽美(탐미) : 아름다움에 열중하여 즐김

참조 ⇨ 진의 학자 숙손통(叔孫通)은 전국에서 반란이 일어나고 있을 때에 여러 번 주인을 바꾸었다. 나중에는 한고조 유방을 도와 공을 세웠다. 처음에는 고조의 마음에 들기 위해 온갖 아첨을 일삼았다. 유방은 전장에서 살아온 사람이므로 학문을 싫어했다. 공부를 하라는 유학자들의 머리에 소변을 끼얹을 정도였다. 그러므로 숙손통은 언제건 기회가 오면 학문을 펴리라 다짐했다. 이윽고 한나라가 천하를 통일하자 나라의 기틀을 잡아 나갔다. 그러나 신하들이 오랫동안 전장터를 달려왔으므로 방법을 찾지 못하고 허둥대다 숙손통에게 의논했다.

"이제야 시기가 왔구나."

숙손통은 조정에 건의하여 의례를 정하게 했다. 이후 한나라 조정에는 유학자가 많이 생겨났다.

⇨《채근담》에 있는 얘기다.

'…피리 불고 노래하며 흥이 정히 무르익는 곳에 문득 옷자락을 떨치고 자리를 떠나는 것은 달인(達人)이 벼랑에서 손을 놓고 거님과 같은 부러운 일이다. 시간이 이미 다했는데 오히려 밤에 쏘다니는 것은 세속 선비가 몸을 고해에 담그는 것과 같이 우스운 일이다.'

⇨ 기회라는 것은 최대의 도둑이라 하였다. 그것은 악마 속의 악마인데 현명한 사람을 속이며 가장 순결한 사람을 때 묻히며 가장 깨끗한 사람을 유혹한다는 것이다.

☞ 三年不飛(삼년불비) : 3년간이나 한 번도 날지 않는다는 뜻으로 후일에 웅비할 기회를 기다린다는 뜻이다.

☞ 順風而呼(순풍이호) : 바람이 부는 방향으로 소리를 지른다는 말. 좋은 기회를 등에 업고 일을 도모하면 성사되기가 쉽다는 뜻.

☞ 奇貨可居(기화가거) : 보기 드문 물건을 사 두었다가 때를 보아 큰 이익을 남긴다는 뜻. 좋은 기회를 이용하기가 알맞음.

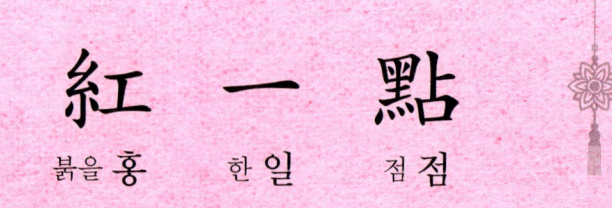

處世 · 交際

紅 一 點
붉을 **홍**　　한 **일**　　점 **점**

출전 《만록총중(萬綠叢中)》, 《만록지두(萬綠枝頭)》, 《농록만지(濃綠萬枝)》
문의 여러 남자 가운데 한 여자가 끼어 있음.
요점 여럿 중에서 특별히 눈에 띄는 한 가지를 가리킬 때 쓰는 말.

해석 한결같이 푸른 잎과 가지만이 있는 곳에 오롯이 피어 있는 한 송이의 꽃을 두고 읊었다. 대개는 많은 남자 가운데 한 여인을 말할 때 쓰인다.

고사 송(宋)나라 신종(神宗) 황제는 영특하고 뛰어난 임금이었다. 국력이 쇠하여진 나라의 운명을 왕안석(王安石)의 신법(新法)으로 바로잡으려 노력했던 의욕적인 군왕이었다. 그러나 사마광(司馬光)을 위시한 거물급 인사들의 반대에 부딪쳐 개혁은 무위로 돌아갔다. 시문에도 뛰어난 왕안석은 당송팔대가(唐宋八大家)의 한 사람으로 독특한 문장과 평론이 예리했다. 다음은 그가 지은 〈석류(石榴)〉라는 시다.

　사람을 즐겁게 하는 봄빛은 많아서 안 되느니(動人春生不須多)
　푸른 덤불 속의 붉은 한 점이라(萬綠叢中紅一點)

　또한 《칠수유고(七修類稿)》에 이런 말이 있다. '영묘(英廟)께서 일찍이 화공(畵工)을 서울로 올려보냈는데 그때 푸른 가지 끝에 붉은 점이 있었다(萬綠枝頭紅一點)'는 것이다. 또 《사후문집(事後文集)》이라는 책의 〈왕직방(王直方)의 시화〉엔, 형공(荊公)이 내상(內相)이 되어 정원을 산책하고 있는데 석류 가지가 눈에 띄었다. 그 가지에는 오직 한 송이 꽃이 피어 있었다. 차오르는 여흥에 형공은 꽃을 보고 다음과 같은 시를 지었다.

사람을 움직이는 봄빛은 많아선 못 쓰나니(動人春色不須多)
짙은 푸른 가지의 붉은 한 점이라(濃綠萬枝紅一點)

자원 ●紅(붉을 홍 ; 糸部 3획, 총 9획. red) : 연지 홍(糸와 工을 합한 글자. 실(糸)을 가공(工)하여 붉게 물들인다는 뜻).
●一(한 일 ; 一部. 총 1획. one) : 정성스러울 일, 순전할 일, 오로지 일, 같을 일, 온통 일, 만약 일, 첫째 일, 낱낱 일.
●點(점 점 ; 黑部 5획, 총 17획. dot, spot) : 더러울 점, 뭉갤 점, 가무잡잡할 점, 검은 점 점, 상고할 점, 가리킬 점, 흉볼 점. 글자에 점 찍을 점, 곳 점, 넣을 점, 수효 점(黑과 占을 합한 글자).

어의 ●紅絹(홍견) : 붉은 빛깔의 비단 ●紅娘子(홍낭자) : 꽈리 ●紅裳(홍상) : 다홍치마 ●一擧(일거) : 한 번의 동작 ●一考(일고) : 한 번 더 생각함 ●一空(일공) : 텅 비어 아무것도 없음 ●點景(점경) : 풍경화에 다른 사물을 그려 넣어 정취를 더함 ●點法(점법) : 중국 산수화의 점엽법(點葉法) ●點藥(점약) : 눈에 약물을 넣음

참조 다음은 일점홍의 예이다. 온통 시퍼렇게만 보이는 덤불 속에서 빨간 석류꽃을 보고 가는 봄의 가장 뛰어난 풍경이라 본 풍류객들.《임제시화(壬齊詩話)》라는 책 속에, 청주의 추관(推官)으로 있는 유부(劉浮)가 일찍이 이런 말을 했다.
"시를 생각할 때 그가 있는 곳에 만일 한 점 붉은 것(一點紅)이 있으면 한 말들이 작은 그릇이라도 천 섬만큼 눈에 띄어 금방 알게 된다."

古 稀
옛 고 드물 희

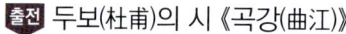

출전 두보(杜甫)의 시 《곡강(曲江)》
문의 예로부터 드문 것을 뜻함.
요점 70세를 고희라 칭한다.

고사 당나라의 도성인 장안(長安). 그 동남쪽에 곡강이라는 연못이 있었다. 이 곳의 남쪽으로는 부용원(芙蓉苑)이라는 궁원(宮苑)이 있는데 빼어난 풍광은 시인·묵객들의 눈을 어지럽히기에 충분했다. 봄이면 춘광을 즐기려고 모여 드는 사람으로 인산인해를 이루었던 곡강. 두보는 이 곳에서 몇 수의 시를 지었다.

당시 두보는 좌습유(左拾遺)라는 직책에 있었다. 어려서부터 천하 각지를 떠돌며 온갖 고생을 했던 그가, 도성의 편안한 자리가 마음에 들 리 없었다. 더구나 안록산의 난이 일어나 영무(靈武)에 있는 행재소로 가다가 아홉 달간 사로잡혔다가 어렵사리 탈출하여 봉상(鳳翔)의 행자로 갔던 것이 인정되어 좌습유에 임명되었다. 그러나 숙종의 정치는 두보의 마음에 파문만을 남겼 다. 그는 산란한 마음을 가누지 못하고 곡강가로 나가 시를 지었다.

조정에서 돌아오면 봄옷을 입고
곡강 가에서 만취하여 돌아온다
술값을 외상 지는 것은 당연지사이고
어차피 살아가노라면 도처에 있기 마련
인생은 그리 길지 않다

인생 칠십까지 사는 것은 드문 것이라
만발한 꽃잎 사이로 나는 나비는
꽃밭 깊숙이 보이고
잠자리는 꽁지에 닿을 듯 말 듯
한가로이 날아간다
봄의 풍광이여, 말 전하겠다
나나 너나 다같이 온 것처럼 흘러가는 것
이 짧은 한때를 우리 서로 소중히 가져 거스르지 말자

위의 시 가운데 마지막 두 줄은 뜻이 여러 갈래다. 또한 '인생 칠십까지 사는 것은 드문 것이라'는 것은 두보의 예감이 충분한 것도 있지만 그 나이까지 사는 것은 축복이란 의미도 함축한다. 즉, 고희라는 말이 두보에 의해 훌륭하게 정착된 것이다.

자원 ● 古(옛 고 ; 口部 2획, 총 5획, antiquity) : 옛 고, 十+口(많은 사람의 입으로 전해 오는 일).
● 稀(드물 희 ; 禾部 7획, 총 12획, rare) : 적을 회, 밝을 희.

어의 ● 古歌(고가) : 옛노래 ● 古今獨步(고금독보) : 고금을 통해 홀로 뛰어남
● 古祠(고사) : 옛 사당 ● 稀代(희대) : 세상에 드묾 ● 稀書(희서) : 희귀한 서적
● 稀壽(희수) : 70살

참조 대력 3년 봄. 두보는 벼슬길을 그만두고 천하를 떠돌다가 양자강에서 배를 띄워 장안으로 향했다. 그러나 배는 물 위를 계속 빙글거릴 뿐 목적지엔 쉬이 다다르지 못했다. 그해 겨울 상상(湘江)에 띄운 배 안에서 세상을 떠났다. 그의 나이 쉰아홉이었다.
오랜 유랑을 통해 빚어진 그의 시는 자연의 신비스러움을 아름답게 빚어냈다. 그는 시를 만드는 장인이었다.

暖 衣 飽 食

따뜻할 난 입을 의 배부를 포 먹을 식

출전 《맹자(孟子)》

문의 따뜻한 옷에 음식을 배불리 먹음.

요점 생활에 부자유스러움이 없음을 뜻함.

고사 맹자가 60세 때에 등문공(滕文公)이 그를 초빙했다. 그가 국가를 통치하는 방법을 물어 왔으므로 맹자가 대답했다.

"백성의 생업에 소홀해서는 안 됩니다 《시경》에도 '낮에는 띠 풀을 베고, 밤이면 새끼를 꼬아 지붕을 빨리 덮어야 비로소 백곡을 파종한다.'라고 했습니다. 백성들이 살아가는 법이란 일정한 생업을 가진 자는 일정불변의 정신을 유지하지만, 생업이 없으면 그렇지가 못합니다."

등문공은 맹자가 돌아가자 필전(畢戰)이라는 신하를 보내 정전법(井田法)에 대해 물었다. 맹자는 이렇게 설명했다.

"당신의 군주께서는 인정을 베푸시고자 많은 신하 가운데 당신을 뽑아 내게 보냈습니다. 그러니 내가 하는 말을 잘 들어주십시오. 대체로 인정(仁政)이라는 것은 먼저 밭의 경계선을 명확히 하는 것으로부터 시작됩니다. 경계가 확실치 않으면 아무리 정전법을 시행하여도 균형이 깨어지며, 관리의 녹도 그것에 의해 정해지거나 불공평한 일이 생기게 됩니다. 그러기에 폭군이나 탐관이 있는 곳은 경계가 불확실한 것이 특징입니다. 경계를 확실히 정해 두면 정확히 밭을 분할할 수가 있고, 농작물의 수확량을 기초로 녹(祿)을 결정하는 게 쉬워집니다."

맹자는 말한다.

"인간의 생활이란 분업을 하는 것입니다. 원시적인 자급자족만으로는 나라의 기틀을 공고히 할 수가 없습니다."

그 당시 묵자의 영향을 받은 허행이라는 이가 송나라로부터 등나라에 들어와 살고 있었다. 그는 거친 옷을 입고 자신이 지은 음식을 먹고 있었다. 언젠가 그는 등문공에게 임금도 백성과 마찬가지로 손수 농사를 지어야 한다고 말한 바 있는 인물이었다.

"농기구나 그릇 등의 당장에 쓰지 않는 물건은 필요한 이웃의 쓰지 않는 물건과 바꾸어 주는 것이 좋습니다. 우 임금 같은 분은 여덟 해 동안 아홉 개의 큰 강을 막으셨으며, 세 번이나 자신의 집 앞을 지나가면서도 들어가지를 못했다고 합니다. 군왕과 선각자들이 강을 막고 농사 짓는 법을 가르쳐 주어야 백성들이 따뜻한 옷을 입고 배불리 먹고 사는 것(暖衣飽食)이 아니겠습니까."

자원 ●暖(따뜻할 난;日部 9획, 총 13획. warm):더울 난.

●衣(입을 의;衣部 총 6획. clothes):옷 의.

●飽(배부를 포;食部 5획, 총 14획. be full):물릴 포, 흡족할 포.

●食(먹을 식;食部 총 9획. eat):씹을 식.

어의 ●暖氣(난기):따뜻한 기운 ●暖帶(난대):연대와 온대의 중간 ●衣冠(의관):옷과 갓 ●衣食(의식):의복과 음식 ●飽腹(포복):배에 꽉 차도록 먹음 ●飽和(포화):어떤 양을 포함하여 최대 한도가 된 상태 ●食慾(식욕):음식을 먹고 싶은 욕정 ●食前(식전):음식을 먹기 전

참조 맹자는 양(梁)·제(齊)나라에서도 정전법에 대해 말한 적이 있었다. 그러나 전면적으로 주장하지는 않았다. 대국에서는 귀족들이 대지주였기 때문에 농촌 공동체를 기본으로 한 이런 제도가 통용될 리 만무였다. 그러나 등나라와 같은 소국에서는 정전법을 시행하기에는 안성맞춤이었다.

건강·체육

老 益 壯

늙을 노　　더할 익　　군셀 장

출전 《후한서(後漢書)》의 〈마원전(馬援傳)〉

문의 늙을수록 건강하다.

요점 나이는 들었으나 기력(氣力)은 더욱 좋아짐. 나이가 들수록 건강에 힘써야 한다는 것.

고사 대장부가 뜻을 품었으면 어려움이 닥칠수록 군세어야 하고 늙을수록 건강해야 한다. 이 부분도 〈대기만성〉 항목을 참조할 필요가 있다.

서한 왕조 말년에 마원(馬援)이라는 장수가 있었다. 어려서부터 글을 배우고 예절을 익혔으며 무예에도 출중했다. 그의 형은 마원을 보고 대기만성형이라 했다. 그러한 형이 불행히도 일찍 세상을 떠나자 상례를 정중히 치르고 형수를 극진히 모셨다.

마원이 부풍군(扶風郡)의 독우관(督郵官)을 할 때였다. 중앙정부의 명에 따라 죄인들을 특정 지역으로 호송하게 되었다. 압송하는 도중에 고통을 견디지 못한 죄수들이 애통해하는 바람에 마원은 그들을 풀어 주고 자신도 북방으로 달아났다. 세월이 흘렀다. 수완이 좋은 그는 가축을 키워 수천 마리가 되게 하였다. 그는 일을 할 때엔 언제나 입버릇처럼 중얼거렸다.

"대장부가 뜻을 품었으면 어려울수록 군세어야 하고, 늙을수록 건강해야 한다."

상당한 재물을 얻자 그는 가까운 친구나 이웃들에게 나눠주었다. 그러면서도 자신은 언제나 떨어진 양가죽을 입고 지냈다. 그 후 마원은 왕망(王莽) 말년에 외효 밑에 대장으로 있다가 광무제(光武帝) 휘하의 장수가 되어 공을 세웠다.

동정호 일대에 오계만인(五溪蠻人)이 난을 일으키자 광무제가 파병하여 정벌하러 갔으나 대패하였다. 소식을 들은 마원은 광무제에게 자신이 직접 군사를 몰고 출정할 수 있게 해 달라고 청을 넣었다. 광무제는 깊은 생각에 빠졌다가 말했다.

"그대는 너무 늙었소."

만류하는 광무제에게 마원은 호호탕탕 말했다.

"신의 나이 비록 예순둘이지만 아직도 갑옷 입고 말을 탈 수 있습니다. 그러니 어찌 늙었다 할 수 있습니까!"

그는 갑주를 걸치고 당당히 전군을 지휘하여 출병했다.

자원 ●老(늙을 노;耂部 2획, 총 6획. old) : 늙은이 노, 어른 노, 익숙할 노, 쭈그러질 로.

●益(더할 익;皿部 5획, 총 10획. gain) : 나아갈 익, 넉넉할 익, 많을 익, 넘칠 익.

●壯(굳셀 장;士部 4획, 총 7획. strong) : 장할 장, 클 장, 왕성할 장, 젊을 장.

어의 ●老大(노대) : 나이가 지긋함 ●老僕(노복) : 늙은 남자 종 ●老炎(노염) : 늦더위 ●益友(익우) : 사귀어 자기에게 유익한 친구 ●益智(익지) : 지혜를 더함 ●益蟲(익충) : 사람에게 유익한 곤충 ●壯圖(장도) : 씩씩하고 큰 계획 ●壯麗(장려) : 씩씩하고 아름다움 ●壯智(장지) : 씩씩한 뜻

참조 ☞ 白髮漁樵(백발어초) : 낚시질과 나무하기를 일삼는 노인.
　　☞ 身老心不老(신로심불로) : 몸은 늙었으나 마음은 젊었다 함. 나이가 많아 비록 늙은이리 하더라도 마음은 젊은이 행세를 하고 싶어한다는 것.
　　☞ 鶴髮老翁(학발노옹) : 머리가 하얗게 센 늙은이.

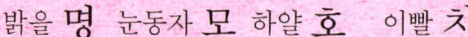

明 眸 皓 齒
밝을 명 눈동자 모 하얄 호 이빨 치

출전 두보의 시 《애강두(哀江頭)》
문의 밝은 눈동자와 흰 이.
요점 미인을 가리키는 말.

고사 당나라 현종은 말년에 이르러 양귀비에게 넋을 빼앗겨 국정은 완전히 뒷전이었다. 이때 안록산은 755년에 20만 대군을 휘몰아 장안성으로 몰아쳐 이후 9년간 천하를 소동시켰다. 두보는 안록산이 난을 일으킨 그 해에 44세였다. 현종이 있는 곳으로 가다 반군에게 체포되어 장안으로 끌려갔다. 이때 그의 나이 45세였다. 두보는 하급 관리였기 때문에 곧 풀려났다.

그는 도성이 반군에게 유린당하자 장안의 동쪽 곡강을 찾아갔다. 이곳은 왕후나 장상의 귀부인들이 평소 유람을 즐기던 명승지였다. 그러다 보니 현종과 양귀비도 이곳 강두(江頭)에서 자연을 희롱하며 즐기곤 했었다. 두보는 그것을 슬퍼하며 시를 읊었다.

'……장안성 남쪽의 소릉에 사는 나는 난(亂)을 만나 황폐해진 도성의 지난날을 생각하니 슬픔으로 통곡이 복받치는 것을 삼키며 울었다.

도성을 구비구비 돌아 흐르는 곡강(曲江) 언저리를 방황하면서……. 그 강 궁전에 지금은 황제가 안 계시니 많은 문이 모두 잠겨 있는데, 버들과 새로 잎이 돋아난 창포는 누구를 위해 저토록 아름다울까. 옛날 무지개빛 천자 기를 휘날리며 황제가 나아 올 때는 동산의 모든 초목에 생기가 돌아 무척 아름답던 일이 회상된다. 옛날 한나라 소양전 중의 가장 으뜸 가는 조비연에게 비견됐던 양귀비는 천자와 함께 수레를 타고 천자를 따라 함께 모시고 있었다. 그 수레를 호위하며 나아가는 재인(才人) 여관(女官)은 허리에 활을 매었고, 타고 가는 백마의 입에 황금 자갈을 물렸었다. 그 재인이 몸을 돌려 하늘을 향하여 구름 사이로 활을 쏘면, 한 개의 화살에 쌍으로 날던 새가 맞아 떨어졌었다. 그런데 지금, 고운 눈과 흰 이의(明眸皓齒) 양귀비는 어디 있는가…….'

자원 ●明(밝을 명 ; 日部 4획, 총 8획. bright) : 분별을 할 명, 총명할 명.
●眸(눈동자 모 ; 目部 6획, 총 11획. pupil) : 눈동자 모.
●皓(하얄 호 ; 白部 7획, 총 12획. white) : 밝을 호.
●齒(이빨 치 ; 齒部 총 15획. teeth) : 나이 치, 별 치.

어의 ●明鏡(명경) : 맑은 거울 ●明日(명일) : 내일 ●眸子(모자) : 눈동자 ●眸前(모전) : 눈 앞. 목전을 뜻함 ●皓雪(호설) : 흰 눈 ●皓然(호연) : 아주 명백한 모습 ●齒車(치거) : 톱니바퀴 ●齒痛(치통) : 이앓이

참조 위의 〈애강두(哀江頭)〉는 나중에 백낙천이 쓴 〈장한가〉와 함께 양귀비의 애환을 절절히 읊었다. 두보는 강두에 와서 황폐해진 주변 풍경을 슬픔과 비탄의 목소리를 토해냈다. 이를테면 '소리 죽여 통곡한다'라는 부분이 그것이다. 이것은 백낙천의 〈장한가〉와 상당한 차이가 있음을 알 수 있다.

⇨ 조식이 사랑하는 여인을 형(조비)에게 빼앗기고 지은 〈낙신부(洛神賦)〉에, '붉은 입술은 밖으로 낭랑하고 / 흰 이는 안으로 선연하다 / 밝고 환한 눈망울은 자주 내려 깔고 / 보조개는 패인대로 어울린다'고 하였다.

白髮三千丈
흰백 터럭발 석삼 일천천 단위장

출전 이백의 시 〈추포음(秋浦吟)〉

문의 흰 머리털이 삼천 장이나 되다.

요점 근심이 깊다. 너무 늙었음을 탄식한다.

해석 다음에 나오는 시는 《추포음》 70수 가운데 하나다. 추포라는 곳은 안휘성(安徽省)의 무호(蕪湖)라는 곳으로 17수는 만년의 고독을 방불케 한다. 어느 날 문득 거울을 보니 머리가 하얗게 셌다. 그것을 백발이 삼천장이라 했으니 허풍치고는 너무 센 편인데, 어찌 보면 우스꽝스럽기까지하다.

고사 나이 들어 늙어 버린 몸을 어느 날 거울을 통해 보니 그 쓸쓸함은 참으로 대단한 것이었다고 중국식 표현법을 빌어 얘기한다.

　백발삼천장(白髮三千丈)
　연수사개장(綠愁似箇長)
　부지명경리(不知明鏡裏)
　하처득추상(何處得秋霜)

　백발이 삼천 장으로
　어느새 길었구나
　알지 못하겠네 거울 속
　어느 곳에서 가을 서리 얻었나

거울에 비친 스스로의 모습을 보고 탄식한다. 너무 놀라 통탄하고 있는 장면이다.

자원 ●白(흰 백;白部 총 5획. white):분명할 백, 밝을 백.
●髮(터럭 발;髟部 5획, 총 15획. hair):모래땅 발.
●三(석 삼;一部 2획, 총 3획. three):자주 삼.
●千(일천 천;十部 1획, 총 3획. thousand):천 번 천, 많을 천, 길 천.
●丈(단위 장;一部 2획, 총 3획. length):장 장, 길이 장, 지팡이 장.

어의 ●白鷄(백계):흰 닭 ●白鏡(백경):빛깔 없는 알을 낀 안경 ●白系露人(백계로인):백색 계통의 러시아인 ●髮膚(발부):터럭과 피부 ●髮妻(발처):처음 배필이 된 아내 ●髮際(발제):목 뒤에 생기는 부스럼 ●三復(삼복):세 번 되풀이함 ●三生兒(삼생아):세 쌍둥이 ●三友(삼우):시와 술과 거문고 ●千里駒(천리구):천리마 ●千歲曆(천세력):만세력의 총칭 ●千憂(천우):여러 근심 ●丈席(장석):학문과 덕망이 높은 사람 ●丈人(장인):노인, 또는 아내의 아버지 ●丈丈(장장):손윗사람.

참조 이백은 확실히 적적한 만년을 보냈다. 그러나 놀람과 기쁨, 그리고 고통은 언제나 한순간의 몸짓에 불과했다. 문득 거울 속을 들여다보다 자신의 모습을 발견하고 '거울 속의 나는 어디서 온 것일까? 하얗게 머리가 센 저 노인은 거울의 어디에 숨었다가 이제야 나타난 것일까?' 스스로를 자탄해 본다.
　무호의 북방에 당도현(當塗縣)이라는 마을이 있다. 이양빙(李陽氷)이라는 이가 이곳의 현령인데, 이백은 만년에 이 사람에게 의탁하고 있었다. 아무래도 그의 마지막은 이곳이었을 것이다. 그렇기에 이양빙은 이백의 시문집을 편찬했던 것으로 유명하다. 시문에 대해선 시선이라 불릴 정도의 천재, 만년은 역시 너무 외롭고 쓸쓸했던 것 같다.

健康 · 體育

病 入 膏 肓

병병   들입 염통밑고 명치황

출전 《춘추좌씨전(春秋左氏傳)》

문의 병이 고황에 들다.

요점 병이 깊어져 고치기 어려움을 이르는 말.

고사 진(晉)나라의 경공(景公)이 즉위했을 때에 도안고(屠岸賈)를 사구(司寇 ; 법무대신)에 임명했다. 이 사람은 뱃속이 시커먼 위인이었다.

그는 사사건건 트집을 잡고 늘어지는 대부(大夫) 조가(趙家)에게 죄를 뒤집어 씌워 죽여 버렸다.

조가의 집안이 멸문되자 그 조상의 영혼이 10여 년이 지난 뒤 경공에게 달라붙었다. 어느 날 밤, 꿈속이었다. 한 여인이 꿈길에 나타나 다짜고짜 덤벼들었다.

"네가 내 자손을 죽였으니 이젠 너를 데려가야겠다."

경공은 놀라 도망쳤다. 문을 닫아걸자 이번에는 문을 부수었다. 더욱 깊은 곳으로 몸을 숨겼는데 그래도 들어왔다. 귀신과 한동안 실랑이를 하다가 경공은 잠이 깨었다. 아무래도 불길하다는 예감에 경공은 무당을 불러 해몽을 청했다.

"상서롭지 못합니다. 왕께서는 금년 햇보리를 드시기 전 세상을 뜨실 것입니다."

경공은 곧 눕게 되었다. 급히 사람을 진(秦)나라로 보내 고완(高緩)이라는 명의를 불러오게 하였다. 고완이 도착하기 전에 꿈을 꾸었는데 꿈 속에서 병(病)들이 말을 했다.

"고완은 명의야. 그가 오면 행세를 못해. 우리가 죽게 될지도 모르니 어디든지 도망을 쳐야지."

"그래, 그래. 숨어야지. 어디 숨을까? 황(肓)의 위, 고(膏)의 밑이 좋을 것 같아. 이곳이라면 아무리 의술에 뛰어나도 찾을 수 없을 거야. 어서 숨자구!"

이윽고 고완이 와서 진맥했다.

"대왕의 병은 고황에 들었습니다. 손을 쓰기에 너무 늦었습니다. 이렇게 되기 전에 연락을 주셨으면 좋았을 걸 그랬습니다."

경공은 꾸었던 꿈을 생각하고 그의 진맥에 감탄했다. 후하게 예물을 주어 돌려보냈다.

얼마 후에 햇보리가 나왔다. 경공은 그것으로 밥을 짓게 한 후 무당을 불러들였다. 햇보리 음식을 먹지 못하고 죽을 것이라는 요망한 말을 했다 하여 목을 베었다. 그런데 경공이 막 수저를 들려는데 뱃속이 싸르르 아프더니 통증이 몰아쳐 왔다. 배가 불룩하여졌으므로 황급히 뒷간으로 달려갔다. 왕은 아찔한 현기증에 비틀거리다가 똥독에 머리를 처박은 채 죽고 말았다.

자원 ●病(병 병;疒部 5획, 총 10획. illness) : 근심할 병, 괴로울 병, 병들 병.
● 入(들 입;入部 총 2획. enter) : 넣을 입, 드릴 입.
●膏(염통 밑 고;肉部 10획, 총 14획. fat) : 기름 고, 고약 고.
●肓(명치 황;肉部 3획, 총 7획. breast) : 흉격 황.

어의 ●病客(병객) : 늘 병을 앓는 사람 ●病臥(병와) : 병으로 누워 있음 ●入寇(입구) : 적군이 들어옴 ●入荷(입하) : 물건이 들어옴 ●膏壤(고양) : 비옥한 토지 ●膏雉(고치) : 살이 쪄 기름진 꿩

참조 후대에 와서 이 말은 병이 너무 깊어져 치료할 수 없는 지경에 이르렀음을 나타낸다. 이른바 '고황지질(膏肓之疾)'이 그것이다.

拂 鬚 塵

털 불   수염 수   먼지 진

출전 《송사(宋史)》의 〈구준전(寇準傳)〉
문의 수염의 먼지를 털다.
요점 다른 사람의 환심을 사려고 함부로 행동을 하는 것.

해석 《순자》는 이렇게 말했다. "나에게 비(非)로써 상대하는 자는 나의 스승이다. 나에게 시(是)로써 상대하는 자는 나의 벗이고, 아첨하는 자는 나의 적이다." 인간은 아첨하는 동물이지만 그것은 비굴의 표시다.

고사 송나라 때에 구준이라는 재상이 있었다. 그는 정의파 인물이었다. 어느 때인가 심한 가뭄이 들었다. 군왕이 그 대책을 물으니 구준은 거침없이 말했다.

"이것은 대왕의 형벌이 공평치를 못해 그것을 깨우치려고 하늘이 재앙을 내리는 것입니다."

이제껏 귀에 거슬리지 않는 말만을 들어온 왕은 화가 났다. 서둘러 안으로 들어가더니 잠시 후 구준을 불러 연유를 물었다.

"형벌이 공평치 못하다 함은 무슨 뜻인가?"

"조길(趙吉)과 왕회(王淮)는 모두 뇌물을 받은 죄인입니다. 그런데 약간의 뇌물을 받은 조길은 사형에 처하였으나 거액의 뇌물을 받은 왕회는 무사합니다. 이 어찌 형벌이 고르다 할 수 있습니까?"

왕회는 두 번째 실권자인 왕면의 동생이었다. 왕은 시실을 조사한 후 두 형제를 즉시 파면했다. 이후 구준은 요직을 두루 섭렵하였다. 구준이 왕을 독대할 때마다 대신들은 두려움으로 떤다고 할 정도였다. 한 번은 중서성에서 회식이 있을 때였다. 구준의 수염에 국 찌꺼기가 묻었다. 구준이 기용한 대신이 수염에 묻은 국 찌꺼기를 털어 주었다. 구준은 약간 못마땅한 태도로 나무랐다.

"일국의 중신이 상대의 수염에 묻은 국 찌꺼기나 털어 주어서야 되겠는가? 이는 합당치 못한 일이네."

상대방은 금방 얼굴이 붉어졌다.

자원 ●拂(털 불;手部 5획, 총 8획. shake) : 떨칠 불, 거스를 불, 먼지떨이 불, 닦을 불.
●鬚(수염 수;髟部 12획. 총 22획. beard) : 수염 수.
●塵(먼지 진;土部 11획, 총 14획. dust) : 깨질 진, 오래될 진.

어의 ●拂式(불식) : 더러운 것을 털어버림 ●拂入(불입) : 치를 돈을 넣음 ●拂子(불자) : 먼지를 털기 위해 중이 가지고 있는 물건 ●鬚貌(수모) : 수염이 많이 난 얼굴 ●鬚髮(수발) : 수염과 머리털 ●鬚根(수근) : 사람의 수염 같은 잔뿌리가 많은 초목의 뿌리 ●塵芥(진개) : 티끌과 쓰레기 ●塵俗(진속) : 티끌 같은 세상 ●塵土(진토) : 티끌과 흙

참조 ⇨ '옥의 티'라는 말이 있다. 《회남자》의 〈세림훈〉에 "표범의 모피로 만든 두루마기일지라도 알룩달룩한 반점이 가지런하지 않으면 여우 두루마기의 순수한 털빛으로 된 것만 못하다. 또 흰 고리 모양의 옥인 백벽(白璧)이라도 티가 있으면 보물일 수 없다"는 것이다.

우리들이 쓰고 있는 '옥의 티'는 약간의 결점을 의미한다. 이를테면 완벽한 것에 조그만 흠이 있어 아깝다는 의미다. 이것은 어떤 경우인가? 대다수의 사람들은 다른 사람의 결점에 대해서는 말들이 많으면서도 자신의 결점엔 아주 관대하다. 그것은 스스로를 돌아보지 않기 때문이다.

☞ 咎實在我(구실재아) : 남의 잘못이 아니고 자신의 잘못이라고 자인하는 말.

食 少 事 煩

먹을 식   적을 소   일 사   번거로울 번

출전 《삼국지연의(三國志演義)》

문의 먹는 것은 적고 일은 많이 함.

요점 실질적으로 얻는 것은 없고 일만 분주스러움을 일컫는 말.

고사 《삼국지연의》의 후반부는 아무래도 오장원(五丈原)의 싸움일 것이다. 제갈량이 두 차례의 출사표를 내고 위나라를 맞아 힘겨운 전투를 서두르려고 하는 것은 아무래도 자신의 건강에 있었다. 그러나 제갈량에게 몇 차례 혼이 난 사마의로서는 속전속결이 아니라 지구전(持久戰)으로 대치했다. 그러다 보니 싸움다운 싸움 한 번 전개될 리 만무였다.

공격은 제갈량 쪽에, 수비는 사마의 쪽에 있었다.

제갈량은 심심하다 싶으면 사마의에게 사자를 보내 충동시켰다. 그런데도 사마의는 엎드린 남생이처럼 꿈적하지 않았다. 그러자 사마의는 전쟁에 대해서는 묻지 않고 제갈량의 평소 습관에 대한 것만을 물어 왔다. 그것은 식사량과 수면 상태였다. 사자가 말했다.

"우리 승상님께서는 언제나 아침 일찍 일어나십니다. 또한 저녁에는 일찍 자리에 드십니다. 그리고 20대 이상의 태형에 해당하는 죄는 직접 조사를 하십니다. 그러나 식사는 조금밖에 들지 않습니다."

사마의는 농담 반 진담 반으로 말했다.

"먹는 것은 적고 일이 많으니 지탱할 수가 있겠소(食少事煩 安能久乎)?"

사자가 돌아간 후 사마의는 여러 장수들에게 밀했다.

"아무래도 제갈량은 오래 살지 못할 듯싶소."

과연 사마의의 예측대로 제갈량은 얼마 후 세상을 떠났다.

자원 ●食(먹을 식;食部 총 9획. eat):씹을 식, 헛말 할 식.
●少(적을 소;小部 1획, 총 4획. little):조금 소, 멸시할 소.
●事(일 사;亅部 7획, 총 8획. work):일삼을 사, 섬길 사.
●煩(번거로울 번;火部 9획, 총 13획. annoy):번열증 날 번, 간섭할 번, 수고할
번.

어의 ●食道樂(식도락):여러 가지 음식을 먹는 것을 즐거움으로 여김 ●食性
(식성):음식에 대해 싫어하고 좋아하는 성미 ●食言(식언):약속한 말을 지
키지 않음 ●少憩(소게):잠깐 동안의 휴식 ●少時(소시):젊은 때 ●少許(소
허):조금 ●事根(사근):일의 근본 ●事理(사리):일의 이치 ●事親(사친):어
버이로 섬김 ●煩苛(번가):몹시 잘고 까다로움 ●煩雜(번잡):번거롭고 뒤섞
여 어수선함 ●煩悶(번민):마음이 번거롭고 답답함

참조 ⇨ 제갈량이 세상을 뜨자 한나라 진중에서는 철수하기 시작했다. 이를
본 사마의는 즉시 추격했다. 그러나 후퇴하는 수레 안에 점잖게 앉아 있는
사람은 뜻밖에도 제갈량이었다. 사마의는 즉시 병사들에게 후퇴할 것을 명
했다. 그러나 수레 안에 있던 것이 제갈량의 모습을 조각한 소상(塑像)이라는
것을 알고는 무릎을 치며 감탄했다.

"과연 제갈량은 천하의 기재였구나!"

소식을 들은 한 장수가 사마의에게 넌지시 물었다.

"장군은 어찌 생각하십니까. 죽은 제갈량을 보고 장군께서 후퇴를 하셨다
고 수군거리는데요."

사마의는 쓴웃음을 지으며 자조 섞인 목소리로 밀했나.

"살아 있는 사람이라면 계략이 필요하지. 그러나 제갈량은 죽었지 않은
가. 어찌 그에게 계략이 통할 것인가."

沈 漁 落 雁
잠길 침 물고기 어 떨어질 낙 기러기 안

출전 《장자(莊子)》의 《제물론편(齋物論篇)》
문의 물고기는 잠기고 기러기는 떨어진다.
요점 아름다운 미인을 형용하는 말.

해석 미인에 관한 명칭은 많다. 《천보유사》에 나오는 〈해어화〉는 양귀비를 가리키고, 〈명모호치〉는 삼국시대의 영웅인 조조의 셋째 아들 조식이 영지를 빼앗기고 절세의 미인 견일(甄逸)의 딸도 빼앗기고 말았다. 그 여인을 생각하며 지은 부가 이른바 〈낙신부(洛神賦)〉다. 그런가 하면 경국(傾國)이란, 한나라와 도성을 송두리째 흔들어버릴 미인이니 한나라 무제 때의 악공인 이연년의 누이를 칭하는 말이다. 어디 미인이 이들뿐이랴. 왕소군도 있었고, 달기(妲己)와 서시(西施)도 있었다.

고사 《장자》의 〈제물론편〉에 이런 말이 있다.

"모장(毛嬙)과 여희(麗姬)는 사람들이 아름답게 여기는 미인들이다. 그러나 물고기들은 그들을 보면 들어가고, 새는 그들을 보면 높이 난다. 또한 큰 사슴과 작은 사슴도 그녀를 보면 결단코 도망을 갈 것이다. 이 넷 가운데 어느 누가 색을 바르게 알겠는가?"

위의 말엔 모순이 있는 것 같다. 물고기나 새들이 숨는 것은 무엇 때문인가. 두려워서일까? 아니다. 만약 모장과 여의를 절세의 미녀로 본다면 물고기나 새들이 숨는 것은 그녀들의 아름다움으로 인해 부끄러움을 느꼈기 때문일 것이다. 그러나 '침어낙안'이 절세의 미녀를 나타내는 뜻으로 해석되는 것은 어딘가 매끄럽지가 못하다.

●沈(잠길 침 ; 水部 4획, 총 7획. sink) : 진펄 침, 장마물 침.

●魚(물고기 어 ; 魚部 총 11획. fish) : 좀 어.

●落(떨어질 낙 ; 艸部 9획, 총 13획. fall) : 마을 락, 하늘 락.

●雁(기러기 안 ; 隹部 4획, 총 12획). wild goose) : 기러기 안.

●沈降(침강) : 가라앉아 내림 ●沈著(침착) : 어떤 일에 당황하지 않음
●魚戶(어호) : 어부의 집 ●魚網(어망) : 물고기를 잡는 그물 ●落雷(낙뢰) :
벼락이 떨어짐 ●落心(낙심) : 바라는 일이 이루어지지 않아 마음이 풀어짐
●雁帛(안백) : 편지 ●雁影(안영) : 기러기가 나는 모습

⇨ 진나라 때에 석계륜(石季倫)은 미인을 택할 때 마루에 베를 깔고 향수
를 많이 뿌렸다. 그리고는 그 위로 걸어가게 하여 발자국이 없는 여인에게는
진주를 주고, 발자국이 있는 여인에게는 식사량을 줄였다.

이것을 '세골경구(細骨輕軀)'라 한다.

⇨ 중국에서는 미인을 뽑을 때 그들 나름대로 세워 놓은 기준이 있었다.
물론 근거가 되는 것은 그들이 금과옥조로 여기는 선도서다.

① 세 개는 희다 : 피부, 이, 손

② 세 개는 검다 : 눈, 속눈썹, 눈썹

③ 세 개는 붉다 : 입술, 뺨, 젖꼭지

④ 세 개는 길다 : 신체, 머리칼, 손가락

⑤ 세 개는 넓다 : 가슴, 이마, 눈과 눈 사이

⑥ 세 개는 가늘다 : 허리, 손, 발

⑦ 세 개는 얇다 : 손가락, 발목, 콧구멍

⑧ 세 개는 풍부하다 : 입술, 가슴, 엉덩이

☞ 氷資玉質(빙자옥질) : 얼음같이 맑고 깨끗한 살결과 구슬같이 아름다운
자질.

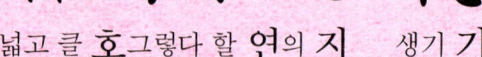

浩 然 之 氣
넓고 클 **호** 그렇다 할 **연** 의 **지**   생기 **기**

출전 《맹자(孟子)》의 〈공손축편(公孫丑篇)〉

문의 하늘과 땅 사이에 가득 찬 바른 원기.

요점 공명정대하여 한 점의 부끄러움이 없는 도덕적 용기를 말함.

고사 맹자가 제선왕을 찾아가 연봉 10만 석을 받는 객경(客卿)이라는 자리에 있을 때였다. "선생님께서 제나라의 정치를 맡으시면 관중(管仲)이나 안자(晏子) 같은 공을 세울 수 있겠습니까?" 관중은 춘추오패의 한 사람인 제환공을 도와 패업을 이룬 인물이다. 그가 살아 있는 동안 제나라는 만천하에 국력을 자랑했다. 그리고 안자는 관중보다 백여 년 전쯤의 나중 인물이다. 그 역시 제나라를 부강하게 만든 인물이었다. 공손축은 스승인 맹자가 그 정도의 업적을 남길 수 있는지를 물어 온 것이다.

평소 맹자는 왕도(王道)를 주장해 왔다. 그러했기 때문에 맹자는 조목조목 짚어 가며 관중과 안자의 허를 찔러 갔다.

"관중과 안자는 힘과 지략으로 나라를 다스렸습니다. 그것은 누구든 할 수 있는 쉬운 일입니다. 만약 선왕이 제게 나라를 맡기신다면 나는 왕도로서 다스릴 것입니다."

"저도 그렇게 생각은 합니다. 선생님께서 다스린다면 분명 제나라는 천하의 패자가 될 것입니다. 그러면 선생님의 마음에도 동요가 일어날 것 같은데요?"

"나는 마흔 살이 된 뒤로는 마음의 동요가 없습니다."

"그러시다면 옛날 맹분(孟賁)이라는 용사보다도 더 하시겠습니까?"

맹분은 힘이 항우 같은 장사다. 어느 땐가 들판에서 황소 두 마리가 싸웠다. 워낙 거친 짐승이라 뜯어말릴 수 없었다. 이때 싸우는 황소들의 뿔을 하나씩 잡고 떼어 놓은 장사가 맹분이었다. 거칠게 반항하던 황소들을 심하게 다루어서인지 황소들의 뿔은 살을 뚫고 빠져나왔다. 그는 세상에 무서운 것이 없으니 마음의 동요가 없어 보였다. 용사인 그도 화를 냈으니 어찌 마음의 동요가 없다 하겠는가. 그래서 하는 말이었다.

"그것은 어려운 일이 아니라 단순한 동요입니다. 고자(告子)도 나보다는 부동심(不動心)을 하였습니다. 특히 고자는 납득이 가지 않은 말을 억지로 이해하려고 하지 말라 했음을 나는 알고 있습니다(知言). 더구나 나는 호연지기(浩然之氣)를 기르고 있으니까요."

"선생님, 호연지기는 무엇입니까?"

"그것은 한 마디로 설명하기가 어렵습니다. 호연지기는 그 기운됨이 지극히 크고 강대하여 하늘과 땅 사이에 가득 차 의(義)와 도(道)를 기릅니다. 이 기운은 잠시도 마음을 떠나서는 안 됩니다. 또한 무리하게 욕심을 내어서도 안 되는 것을 말합니다."

자원 ●浩(넓고 클 호 ; 水部 7획, 총 10획. vast) : 물 질펀할 호(氵(水)에서 뜻을, 고(告)에서 음을 취함).

●然(그렇다 할 연 ; 火部 8획, 총 12획. burn) : 사를 연, 그럴듯할 연.

●之(의 지 ; 丿部 3획, 총 4획 this) : 어조사 지.

●氣(생기 기 ; 气部 6획, 총 10획. air) : 날씨 기.

어의 ●浩穰(호양) : 사람이 많이 모임 ●浩湯(호탕) : 광대한 모양 ●浩浩(호호) : 큰물이 흐르는 모양 ●然否(연부) : 그러함과 그렇지 않음 ●然則(연즉) : 그런즉 ●然後(연후) : 그런 뒤 ●氣骨(기골) : 씩씩한 의기 ●氣急(기급) : 놀라 소리 지름 ●氣門(기문) : 벌레의 숨 쉬는 구멍

참조 맹자의 말 가운데 지언(知言)은 (편협하고, 음탕하며 피하는 말)을 뜻한다.

杜　撰

막을 **두**　　지을 **찬**

출전 《야객총서(夜客叢書)》

문의 격이 떨어진 작품.

요점 글을 지을 때에 자료의 근거가 확실하지 못하고 틀린 곳이 많은 작품을 가리키는 말.

해석 송나라 때에 시인인 구양수(歐陽修)와 어울리는 시인으로 두묵(杜黙)이라는 이가 있었다. 그는 글을 잘 지어 인기가 있었지만 율(律)이 맞지 않았다. 그런 이유로 후대에 내려와 격식에 맞지 않은 글을 두찬이라 했다.

고사 시문에 대해 알아본다. 오언고풍단편(五言古風短篇)의 고풍은 고시를 가리킨다. 이 시는 한(漢)무제에게서 비롯되었다. 그런가 하면 칠언고풍단편은 당초(唐初)에 발달하여 한위(漢魏) 육조의 부(賦)를 대신하는 것으로 후대에 오면서 크게 성행하였다. 물론 이외에도 장단구(長短句)·가류(歌類)·행류(行類)·음류(吟類)·인류(引類)·곡류(曲類) 등이 없는 것은 아니지만, 이들은 각자 제 나름의 격식이 있다.

본문에서 두찬이라고 하는 것은 이러한 율을 무시하거나 맞지 않는다는 것이다. 본문에는 다음같이 씌어 있다.

"두묵은 시를 짓는 데에 율에 맞지 않은 것이 많았다. 고로 일이 부합되지 않는 것을 두찬이라 한다(杜黙爲詩 多不合律 故言 事不合格者 爲杜撰)."

본시 '두(杜)'라는 글자는 별로 좋지 않음을 나타낼 때에 쓰임새가 있다. 본문의 두찬이 그렇고, '두주(杜酒)'라고 했을 때엔 품질이 별로 좋지 않은 술을 나타낸다.

참조 ⇨ 앙드레 지드의 《일기(日記)》에 있는 내용이다.

"내가 감동을 받은 명문이란 그것이 너무 뛰어나지도 않고 독자의 발을
정지시키고 머무르게 하여 그 사상을 서서히 전개시키는 문장이다.

나는 독자의 주의력이 한 걸음씩 깊숙이 경작된 토지에 파고들기를 바랬
으나 보통 독자가 구하는 것은 자기를 끌고 가는 일종의 컨베이어 벨트인 것
이다. 나는 나의 문장으로 예민한 하나의 악기를 만들려고 했다.

그러므로 구두점 하나라도 잘못 찍으면 그 조화를 파괴하게 된다.

⇨ 장 콕토는 문체에 대해 이런 말을 했다.

"문체란 무엇인가? 많은 사람들에게 지극히 단순한 것을 복잡하게 말하는
방법이고 우리에게는 복잡한 것을 아주 단순하게 말하는 방법이다.

☞ 紙筆(지필):문장을 말함.

☞ 經國大業(경국대업):나라를 경륜할 큰 사업이라는 뜻. 이것은 문장을
　　가리키는 것을 위문제(魏文帝)가 〈전론(典論)〉에서 다루었다.

☞ 虎變(호변):호랑이 털의 무늬가 변화한다는 말. 문장이 찬란하고 명백
　　함을 뜻함.

☞ 椽大之筆(연대지필):서까래 같은 붓이라는 뜻. 대논문이나 대수필을
　　뜻함.

董 狐 直 筆

바로잡을 **동** 여우 **호** 곧을 **직** 붓 **필**

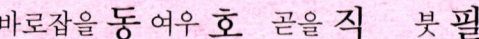

출전 《춘추좌씨전(春秋左氏傳)》

문의 동호의 곧은 붓.

요점 죽음을 두려워하지 않고 있는 그대로의 역사를 기록한 동호의 곧은 붓을 뜻함.

해석 동호는 사관으로서 권세에 아부하지 않고, 있는 그대로의 역사서를 집필했다. 그것은 죽음을 불사하는 용기 있는 행동이었다. 그런 이유로 후대에 이르러 사관의 곧은 붓을 동호직필에 비유한다.

고사 춘추시대 진(晉)나라의 영공(靈公)은 덕이 부족한 군주였다. 중국의 역사 기록에서 보듯, 대체로 '영(靈)'이라는 호칭이 붙은 군주는 실덕하여 불행에 빠지는 경우가 많았다. 그런 쪽에서 보면 영공 역시 예외는 아니었다. 그는 무엇 하나 내세울 것 없는 군왕의 치적이 있었다. 이를테면 백성들에게 과중하게 조세를 부담시킨다거나, 충신을 미워한다거나, 요리사가 음식을 만드는 데 실수를 하면 가차 없이 목을 자르는 행동을 망설이지 않았다는 점이다.

한 번은 조순(趙盾)이라는 대신이 왕의 치정에 대해 충간을 한 적이 있었다. 진영공은 이를 괘씸하게 여겨 자객을 숨겨 놓고 그를 살해하려 들었다. 어느 날 술자리를 마련하여 그 자리가 파하면 죽이기 위해 자객은 기다렸다. 이때 한 병사가 자객을 막고 도망지게 해주었다.

조순이 나라 밖으로 도망을 치기 위해 국경의 산에 도착했을 때, 그가 영공을 죽였다는 소문이 파다하여 도망을 하지 않고 돌아왔다. 태사 동호가 궁정의 기록에 조순이 군왕을 죽였다고 써 놓자 조순은 그것이 틀렸다고 했다. 그러자 동호의 날카로운 힐책이 떨어졌다.

"당신은 한나라의 대부이면서 도망을 쳐서 국경을 넘지 않고 어찌 돌아왔습니까. 또한 하수인을 시켜 처치하려 들지 않았으니 장차 이 책임을 어찌 지겠습니까?

조순은 한숨을 뿌렸다. 자신의 서투른 행동이 장차 나라에 근심을 남겼다는 탄식이었다.

자원 ●董(바로잡을 동;艸部 9획. 총 13획. superintend) : 바를 동, 감독할 동.
●狐(여우 호;犬部 5획. 총 8획. fox) : 의심할 호.
●直(곧을 직;目部 3획. 총 8획. honest) : 바를 직, 당할 직.
●筆(붓 필;竹部 6획. 총 12획. writing brush) : 오랑캐 이름 필.

어의 ●董督(동독) : 감독하고 독촉함 ●董正(동정) : 바로 잡음 ●董率(동솔) : 감독하고 거느림 ●狐狸(호리) : 여우와 살쾡이 ●狐媚(호미) : 여우가 사람을 홀리듯이 아양을 떠는 것 ●狐疑(호의) : 의심 많고 결단성이 없음 ●直系(직계) : 직접으로 피를 받아 이음 ●直告(직고) : 바른대로 고해바침 ●直派(직파) : 한 계통에서 줄곧 내려온 겨레붙이의 갈래 ●筆答(필답) : 글을 써서 답함 ●筆舌(필설) : 붓과 혀 ●筆興(필흥) : 글씨를 쓰고 그림을 그릴 때 일어나는 흥

참조 ⇨ 브란디스의 글에 이런 내용이 있다.

"자유로운 언론의 억압을 정당화하기 위해, 자유로운 언론이 실행된다면 중대한 해악이 일어날 것이라는 이론은 두려워할 만한 근거가 있다……. 그러나 중대한 해악의 의구심만으로 언론과 집회의 자유를 억압할 수 있는 정당한 자유가 되지 못한다."

언어는 하나의 활동이다. 낱말이라는 불변(不變)한 매체의 세트가 아니라는 것이다.

馬 耳 東 風
말 마　귀 이　동녘 동　바람 풍

출전 이백(李白)의 〈답왕십이한야독작유회(答王十二寒夜獨酌有懷)〉
문의 말귀에 스치는 동풍.
요점 다른 사람의 말(충고)은 전혀 귀담아듣지 않을 때 씀.

해석 우리나라 속담에 '쇠귀에 경 읽기'라는 게 있다. 같은 맥락이다. 아무리 상대를 위해 충고해도 전혀 받아들이지를 않을 때 사용된다. 마이동풍(馬耳東風)이라는 말은 이백의 시에서 나왔다. '추운 밤, 홀로 잔을 드는 왕십이의 심사에 답하노라' 속의 한 구절이다.

고사 이백의 친구 왕십이는 아무래도 불우한 생활을 한 것으로 추정된다. 그래서 이백은 술을 들고 만고의 시름을 잊어버리자고 충고의 시를 써 보냈다.

　"지금은 투계(鬪鷄 ; 닭싸움. 당나라 때에 귀족들 간에 유행했다)의 기술이 능한 자가 군왕의 총애를 받는 때이네. 그들이 두 팔을 내젓고 활보하여 돌아다니는 곁에는, 오랑캐의 침공에 서푼 어치의 공을 세워 충신인 양 의기양양하여 돌아다니는 자들이 있네. 바야흐로 지금은 그들의 세상일세. 자네나 나는 그런 자들을 흉내 낼 수는 없지 않은가. 차라리 북창(北窓)에 기대어 시를 짓고 노래를 지어 보세. 우리의 글이 천하에 둘도 없이 뛰어나도 지금 세상에는 한 잔의 냉수만큼보다 값어치가 없다네. 세상 사람들이 이를 듣고 고개를 내저으니 마치 동풍(東風)이 마이(馬耳)를 스치고 간 것이 아니고 무엇이리."

　오래 전부터 중국은 무(武)보다는 문(文)을 숭상했다. 그러므로 이백과 같은 이는 문장가로서의 자긍심과 자부심이 있었다. 그러나 자부심이 있으면 어쩌겠는가, 자긍심이 있다고 무엇하겠는가. 그저 가슴 속에는 끓어오르는 울분뿐이었다. 가슴 아픈 이백의 시는 계속된다.

"어목(魚目)이 우리를 비웃고, 감히 명월(明月)과 같기를 청하누나."

썩은 생선의 눈과 같은 어리석고 냄새나는(타락한) 무리들이 밝은 달과 같은 시인들의 존귀스러운 자리를 탐낸다. 그러다 보니 자연스럽게 옥석(玉石)은 뒤바뀐 것이라고 탄식했다. 왕십이에게 보내는 시의 끝부분에는 다음과 같이 쓰여 있다.

"우리들 시인에게는 제아무리 높은 감투라 해도 벼슬자리가 상대였던 것은 아니다. 우린 산을 오르고 들을 소요하는 것이 소원이었다."

자원 ●馬(말 마;馬部 총 10획. horse) : 아지랑이 마, 추녀 끝 마, 벼슬 이름 마, 나라 이름 마(갈기를 나부끼며 달리는 말의 모습).
●耳(귀 이;耳部 총 6획. ear) : 조자리 이, 흘부들 이(귀의 모양을 본뜸).
●東(동녘 동;木部 4획, 총 8획. east) : 봄 동.
●風(바람 풍;風部 총 9획, wind) : 울릴 풍, 풍속 풍.

어의 ●馬甲(마갑) : 말에게 입히는 갑옷 ●馬耕(마경) : 말을 부려 농사짓는 일 ●馬臺(마대) : 장롱의 받침다리 ●耳籠(이롱) : 소리를 못 들음 ●耳鳴(이명) : 귀울음 ●耳目(이목) : 귀와 눈 ●東歐(동구) : 동유럽 ●東宮(동궁) : 왕세자 ●東君(동군) : 태양, 또는 태양의 신 ●風鑑(풍감) : 용모와 풍채로 성질을 감정함 ●風客(풍객) : 바람둥이 ●風光(풍광) : 경치

참조 이백(李白)은 청련향(靑蓮鄕)인 촉의 사천성 출신으로 호는 청련거사(靑蓮居士)다. 두보와 함께 당대 제일의 시인으로 꼽히며 자유분방하고 천재적인 시풍(詩風)으로 시선(詩仙)이라는 이름을 얻었다.
☞ 牛耳讀經(우이독경) : 쇠귀에 경 읽기. 충고해도 듣지를 않음.

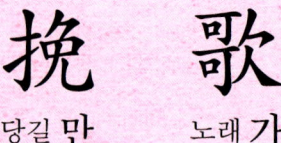

挽　歌

당길 **만**　　노래 **가**

출전 《춘추좌씨전(春秋左氏傳)》
문의 수레를 끌며 부르는 노래.
요점 본래는 상여를 메고 갈 때에 죽은 자를 애도하여 부르는 노래를 말한다.

해석 만가는 수레를 끌며 부르는 노래다. 그 수레는 일반 수레가 아니라 아무래도 죽은 자의 관이 실린 수레일 것이다. 다시 말해 상여를 끌며 부른 노래다.

고사 한나라의 유방이 해하의 싸움에서 승리하여 한의 고조가 되었다. 이보다 앞서 한신에게 급습을 당했던 제왕(齊王) 전횡(田橫)이라는 장수가 화목사역이기(酈食其)를 삶아 죽인 일이 있었다. 그는 유방이 천하를 통일하자 보복이 두려워 5백 명의 부하와 함께 섬으로 도망을 쳤다.

유방은 훗날 그가 난을 일으킬 것을 염려하여 죄를 용서하고 불렀다. 전횡은 그를 따르는 사람도 있어서 일단 섬에서 나왔다. 그리고는 낙양의 삼십 리쯤에 와서 생각을 가다듬었다. 아무래도 유방을 섬기는 것을 수치로 생각한 것이다.

깊은 밤 전횡은 품에 지닌 칼로 목을 찔러 자살했다. 그 목을 고조에게 바친 두 명의 용사도 전횡의 묘소로 돌아와 스스로 목을 찔러 자살했다. 바람을 탄 소문이 섬 안으로 밀려들자 남아 있던 5백 명도 모두 순사했다. 이렇게 하여 그들은 모두 죽고 만 것이다.

이 무렵 전횡의 문인이 태산 남쪽에 있는 호리(蒿里)라는 공동 묘지에서 두 장(章)의 상가(喪歌)를 지었는데 전횡의 죽음이 알려지자 슬피 노래하였다.

부추 위의 이슬은 쉽게 마르누나
이슬은 말라도 내일 아침 또 내리네
사람 죽어 한 번 가면 언제 다시 돌아오나

그런가 하면 또 하나의 상가는,

호리는 누구의 집터인고
혼백을 거두는 데에 어진 자 우매한 자 따로 없네
귀백이여, 재촉하지 마오
인명은 잠시도 지체 못하네

자원 ●挽(당길 만;手部 7획, 총 10획. draw) : 상여꾼 노래 만.
●歌(노래 가;欠部 10획, 총 14획. song) : 노래 부를 가.

어의 ●挽歌(만가) : 한국 구전 민요의 하나 ●挽留(만류) : 붙잡고 늘어짐 ●挽回(만회) : 처음 상태로 돌아감 ●歌舞(가무) : 노래와 춤 ●歌詞(가사) : 노래와 내용이 되는 문구 ●歌聲(가성) : 노랫소리

참조 세월은 흘러 무제(武帝)의 시대가 왔다. 무제는 국립국악원인 악부를 만들어 가요 연구에 박차를 가했다. 악인에는 이연년(李延年)을 임명하였는데, 그는 앞의 두 장을 모두 두 곡으로 나누어 장송했다. 앞엣것은 공경귀인(公卿貴人), 뒤엣것은 사부서인(士夫庶人)이었다.
　노래는 장송하며 수레를 끄는 사람에게 부르게 하였다. 그때부터 사람들은 이 노래를 만가라 불렀다. 《진서(晉書)》의 〈예지(禮志)〉에 의하면, 만가는 본시 노동요인데 노랫소리가 구슬퍼 죽은 자를 장송하는데 사용되었다고 적고 있다.

滿 城 風 雨

가득할 **만** 성 **성** 바람 **풍** 비 **우**

출전 《냉재야화(冷齋夜話)》

문의 온 성에 비바람이 덮는다.

요점 어떤 사건이 끊임없이 많은 사람들의 입에 오르내리다.

해석 글을 쓸 때에는 바람처럼 스쳐 가는 생각이 있다. 이것이 영감이다. 이 것은 마치 하나의 빛살처럼 나타났다가 명멸한다. 바로 그 사이에 좋은 글귀 나 아름다운 시어가 떠오른다. 그렇듯 좋은 생각이 어느 한순간, 어떤 잡음 이나 잡스러운 일에 휘말리게 되면 한순간에 흘러가 버린다. 그런 이유로 잠 깐동안 글을 짓고 싶은 문사(文思;글을 짓고자 하는 생각)가 바람처럼 사라져 흔적을 찾을 수 없다.

고사 송나라 때 황주(黃州) 지방에 글을 짓는 청빈한 문인 반대림(潘大臨)이 있 었다. 어느 날 글을 짓기 위해 고심을 하고 있을 때였다.

"이봐요, 젊은이. 방세가 마련됐는가?"

문을 밀치고 들어온 사람은 나이 든 집주인이었다. 그 바람에 모처럼 떠 오른 좋은 생각이 순식간에 사라져 버렸다.

이로부터 얼마 후, 반대림은 친구에게 편지를 썼다. 친구의 이름은 사무 일(謝無逸)이었다.

"가을이 다가와 대자연의 풍치가 아름답기 그지없네. 이러한 때에는 온 갖 아름다운 시상이 머릿속에 흘러왔다 흘러가기 마련이네. 눈 앞을 어지럽 히는 여러 생각들이 어른거리는데 나는 한가로이 걸상에 기대어 정신을 가

다듬고 있었네. 그때 숲속에서 들려 오는 바람과 빗소리가 내 정신을 일깨웠네."

그렇게 하여 반대림은 붓을 들어 벽에다 글을 썼다.

滿城風雨近重陽(만성풍우근중양)
온 성의 비바람 소리는 중양절을 재촉한다

첫 귀를 쓰고 돌아서는데 문이 벌컥 열리고 방세를 재촉하는 주인의 목소리가 들려왔다. 시흥이 깨어진 것은 당연했다. 그런 이유로 친구 사무일에게 한 구절만 써 보냈다.

자원 ●滿(가득할 만;水部 11획, 총 14획. full):넘칠 만, 교만할 만.
●城(성 성;土部 6획, 총 9획. castle):재 성, 서울 성, 보루 성.
●風(바람 풍;風部 총 9획. wind):울릴 풍, 위업 풍.
●雨(비 우;雨部 총 8획. rain):비올 우.

어의 ●滿面(만면):얼굴에 가득함 ●滿心(만심):만족한 마음 ●城中(성중):성안 ●城趾(성지):성터 ●風敎(풍교):교육·정치의 힘으로 풍속을 잘 교화시킴 ●風災(풍재):농작물 등이 받는 바람의 재앙 ●雨脚(우각):빗발 ●雨晴(우청):비가 개임

참조 만성풍우근중양(滿城風雨近重陽), 이 한 구절만으로도 가을의 정취를 느낄만하다.

훗날에는 이 구절을 모두 사용하지 않고 만성풍우(滿城風雨)라는 네 글자로 압축힌다. 그러나 엄밀히 보면 이 네 글자는 참으로 아름답기 그지없다. 사실 문필의 아름다움이 아니라면 음미할 수 없는 명문장인 것이다. 이한집(李漢集)의《창려문수(昌黎文守)》에는 다음과 같은 구절이 눈길을 끈다.

"문자로 이루어지는 문장은 도를 꿰뚫는 그릇이다. 이에 깊지 않고 도에 이르는 자는 없다."

巫 山 之 夢
무당무 산산 의지 꿈몽

출전 송옥(宋玉)의 〈고당부(高唐賦)〉
문의 무산에서 꾼 꿈.
요점 남녀의 밀회나 은밀한 정사를 가리키는 말.

고사 전국시대 초나라 양왕이 대부 송옥과 함께 운몽의 고당관에 갔다. 굴원의 제자 송옥은 박학한 옛 기록을 들려주어 양왕의 총애를 받고 있었다. 양왕이 고당관에서 나와 문득 산 위를 바라보는데, 그 구름이 여느 때와는 달리 여러 형태로 변화하는 것이었다.

양왕은 구름이 변하는 것에 대해 물었다.

"도대체 무슨 구름이기에 저렇듯 변화하는 것이오?"

"조운(朝雲)이라 합니다."

"조운이라?"

"그러하옵니다. 옛날 선왕이신 회왕이 고당에서 잔치를 베푸시고 문득 잠이 드셨습니다. 그때 요염하게 생긴 여인이 나타나 말했답니다. 자신은 무산에 사는 여자인데 고당에 와 보니 대왕이 계시기에 함께 있고 싶다는 것입니다. 그렇게 하여 왕께서는 그 여인과 함께 밤을 지내게 되었습니다."

그 여인은 떠날 때에,

"저는 무산 남쪽의 험준한 곳에 살고 있습니다. 아침에는 구름이 되어 산에 걸쳐 있고, 저녁에는 비가 되어 양대(陽臺) 아래에서 아침저녁으로 당신을 그리워할 것입니다."

그 말을 끝으로 여인은 사라져 버렸다.

꿈에서 깨어난 회왕이 아침 일찍 무산 쪽을 바라보니 과연 꿈 속의 여인이 말했던 것처럼 구름이 피어났다. 회왕은 그 여인의 모습을 지우지 못하고 은애하는 마음으로 사당을 세우고 이름을 조운묘(朝雲廟)라 하였다.

자원 ● 巫(무당 무 ; 工部 4획, 총 7획. witch) : 산 이름 무.
● 山(산 산 ; 山部 총 3획. mountain) : 메 산.
● 之(의 지 ; 丿部 3획, 총 4획. this) : 어조사 지.
● 夢(꿈 몽 ; 夕部 11획, 총 14획. dream) : 어두울 몽, 환상 몽, 상상할 몽.

어의 ● 巫鼓(무고) : 터무니없는 말 ● 巫卜(무복) : 무당과 점쟁이 ● 山陵(산릉) : 산과 언덕 ● 山味(산미) : 산나물이나 과일 등의 맛 ● 夢事(몽사) : 꿈에 나타난 일 ● 夢外(몽외) : 꿈에도 생각지 않았던 일

참조 삼황 오제의 하나인 신농은 의약의 신이다. 그에게는 세 딸이 있었다. 그 가운데 요희(瑤姬)라 부르는 호색녀가 있었다. 그러나 요희는 사내의 몸을 접하기도 전에 그만 죽고 말았다.

그녀는 죽고 난 후에도 사내의 손길을 그리워하며 고요산(姑瑤山) 허리에 요초(瑤草)라는 풀이 되어 노란 꽃을 피웠다. 그 열매를 따 먹는 사람은 어느 누구든 이성의 손길을 그리워하게 되는 마력이 있었다. 이른바 마약과 같은 습성이 있었다.

이러한 사실을 알게 된 옥황상제는 그녀가 얼마나 사내를 그리워하길래 그러는가 싶어, 그녀를 사천성 무산 땅의 운우(雲雨)의 여신으로 봉해 주었다. 그러자 그녀는 아침이 되면 한 조각 구름이 되어 산봉우리와 골짜기를 헤매고 다니다가 저녁 때에는 찬비가 되어 산골짜기에 내림으로써 욕구를 잠재웠다. 그녀는 먼 훗날 초 나라 회왕을 만나고 나서야 이성과의 인연을 이룰 수 있었다.

未 亡 人
아닐 **미**　　죽을 **망**　　사람 **인**

출전 《춘추좌씨전(春秋左氏傳)》
문의 남편을 따라 죽지 못한 여인.
요점 홀몸이 된 여인을 말함. 이것은 상대가 그렇게 부르는 것이 아니라 스스로가 남편을 따라 죽어야 하는데, 아직도 살아 있다는 것을 겸손한 마음으로 말하는 것.

고사 춘추시대 노나라에서는 성공(成公)이 보위에 올라 다스리고 있었다. 왕 9년에 노나라의 백희(伯姬)가 송공(宋公)에게 출가하게 되어 계문자(季文子)가 호위하여 따라갔다. 임무를 무사히 마친 계문자가 돌아오자 성공은 잔치를 성대하게 열어 주었다. 그 자리에서 계문자는 《시경》의 내용을 빌어 주군인 성공과 송공을 칭송하고 송나라는 좋은 곳이므로 백희 공주가 편히 지내실 것이라고 했다. 이를 본 공주의 모친 목강(穆姜)은 크게 기뻐했다.

　"참으로 고맙소이다. 계문자는 선군 때부터 충성을 다하였을 뿐만 아니라 미망인(未亡人)인 내게까지 힘을 주시니 정말 고맙소이다."

　그리고 나서는 《시경》의 녹의 마지막 장에 정이 담뿍 담긴 목소리로 노래를 불렀다.

　이로부터 다섯 해쯤 지나, 위(衛)나라는 정공(定公)이 다스리고 있었다. 오랜 시간 건강이 좋지 않았던 정공은 병상에 드러눕게 되어 첩실인 경사(敬姒) 부인의 아들 간(衎)을 태자로 책립하였다. 정공은 병고로 고생하다 끝내 세상을 떠났다. 정공의 아내 강씨는 사흘 동안 음식을 들지 않았으나 태자는 부왕의 죽음을 슬퍼하는 기색이 전연 없었다. 강씨는 탄식했다.

"아, 안타깝구나. 저 얼충이가 끝내 나라를 망치고 말 것이다. 소인배들의 말을 듣고 결국엔 미망인인 나를 창으로 찔러 죽이겠지. 어째서 하늘은 위나라를 버린 것일까? 전야(鱄也 ; 강씨의 아들)가 보위에 오르지 못하다니⋯⋯."

강부인의 말을 엿들은 간은 비로소 행동을 조심하였다.

자원 ●未(아닐 미 ; 木部 1획, 총 5획, not) : 여덟째지기 미.
●亡(죽을 망 ; 亠部 1획, 총 3획, perish) : 없어질 망, 망할 망, 도망할 망.
●人(사람 인 ; 人部 총 2획, people) : 나라 사람 인, 성질 인, 잘난 사람 인.

어의 ●未嫁女(미가녀) : 아직 시집가지 않은 처녀 ●未可信(미가신) : 꼭 믿을 수 없음 ●未久(미구) : 오래지 않음 ●亡家(망가) : 망한 집 ●亡骨(망골) : 주책 없는 사람 ●亡物(망물) : 아주 고약한 놈 ●人傑(인걸) : 뛰어난 인재 ●人巧 (인교) : 사람의 교묘한 솜씨 ●人文(인문) : 인류의 문명

참조 위의 두 얘기는 《춘추좌씨전》에 실려 있다. 《좌전》의 〈성공조(成公條)〉에 나와 있는 미망인(未亡人)은 우리가 알고 있는 뜻과 상반된 의미가 짙다. 예 전에는 남편이 죽으면 아내를 비롯하여 그 첩실까지 함께 묻히는 풍습이 있 었다. 그런 점에서 볼 때, 미망인은 남편을 따라 죽지 못한 여인을 의미한다. 즉, 아내 스스로 남편을 따라 죽지 못하고 살아 있음을 겸손해 하는 말이다.

요즘에는 남편을 잃은 여인을 다른 사람이 미망인이라 한다. 예전의 상식 에 비춰 보면 아주 잘못된 일이다. 언제부터 사용되어 왔는지는 알 수 없지 만 바로잡아야 할 문제다.

문학·풍속

拔 本 塞 源
뽑을 **발** 근본 **본** 막을 **색** 근원 **원**

출전 《춘추좌씨전(春秋左氏傳)》
문의 뿌리를 뽑아 근원을 막는다.
요점 근본적으로 폐해를 일으키는 근원을 제거한다.

해석 명나라 시대의 성리학자인 왕양명은 발본색원론(拔本塞源論)을 주장했다. 모름지기 하늘의 이치를 깨닫고 지니고 있는 욕심을 버리라는 의미다.

고사 《춘추좌씨전》의 소왕 9년 조에 나오는 고사인데, 다음은 주왕의 말이다.
　"나는 백부가 계신다는 것은 마치 옷에 갓이 있는 것과 같으며, 나무와 물에 근원이 있듯 백성들에게는 주모자가 있어야 한다. 만약 백부께서 갓을 찢어 버리고 근원을 막으며(拔本塞源) 집주인을 버린다면 오랑캐가 나를 어떻게 볼 것인가?"
　이상이 발본색원의 출전이다.

자원 ●拔(뽑을 발;手部 5획, 총 8획. pull out):돌아올 발, 빠를 발, 뽑아둘 발.
●本(근본 본;木部 1획, 총 5획. origin):비슷할 본, 옛 본.
●塞(막을 색;土部 10획, 총 13획. stop):채울 색, 막힐 색.
●源(근원 원;水部 10획, 총 13획. source):계속할 원.

어의 ●拔去(발거):빼어버림 ●拔擢(발탁):여럿 가운데서 특별히 빼내이 일을 맡김 ●本幹(본간):근본이 되는 줄기 ●本貫(본관):시조의 고향 ●塞淵

(색연) : 사려 깊고 착실한 모양 ●塞責(색책) : 책망을 면함 ●源源(원원) : 근원
이 길어서 끊어지지 않은 모양 ●源泉(원천) : 물이 솟아나는 근원

참조 《채근담》에 있는 말이다. 굼벵이는 더럽기는 하지만 그것이 변하여 매미
가 되어 가을 바람에 이슬을 마신다. 썩은 풀은 빛이 없지만 그것이 변하여
반딧불이 된다. 조촐함은 항상 더러움에서 나오고 밝음은 항상 어둠에서 생
긴다. 그런가 하면 《사기》의 〈열전〉에는 이런 얘기가 기록되어 있다.

"대체로 하늘은 사람의 시초며 부모는 사람의 근본이다. 그러므로 사람은
궁하면 당연히 근본으로 돌아가게 된다. 그런 까닭에 괴롭고 피곤하면 하늘
을 부르지 않는 자가 없다. 굴평(屈平)은 바르게 행동을 했으면서도 남의 이
간 때문에 일이 곤궁하게 되었다. 신의를 지키고도 의심을 받았으며, 충성을
다하고도 비방을 받았다면 원통해 하지 않을 사람이 없다."

모름지기 군왕이라면 일이 이렇게 되기 전에 그 근원이 되는 것을 찾아야
할 것이다. 그러나 모든 행위에는 그 근본을 무시할 수 없다고 열자(列子)는
주장한다. 이를테면 일이 고약하게 되는 것은 본인에게 책임이 있다는 것이
다. 즉, 그림자가 비뚤어지는 것은 모양이 바르지 못하다는 주장이다.

《노자》의 주장이다.

"합포(合抱)의 큰 나무도 작은 싹에서 나며, 구층이나 되는 높은 대(臺)도
그 처음은 흙을 쌓아올리는 일에서부터 시작된다."

그러므로 범죄자이나 어떤 일에 시비를 일으키는 분쟁이 발생했을 때엔
그 근본을 보아야 한다. 또한 일의 시비를 가리기 전에, 어떤 일이 일어날 기
미가 있었다면 그 일의 근본이 되는 곳을 건드려야 옳다. 분란의 가지를 자
르는 것이다.

駙 馬

곁말 부　　말 마

출전 《수신기(搜神記)》
문의 예비로 준비해 둔 말.
요점 공주의 남편을 지칭.

해석 부마의 원래 뜻은 천자가 타는 '예비 수레(副車)'에 딸린 말이다. 그 말을 관리하는 관직이 부마도위다. 한(漢)무제 때에 흉노의 한 사람인 김일선(金日禪)이라는 이가 항복해 온 일이 있었다. 그에게 이 직책을 준 것이 부마도위의 시초다.

고사 부마도위는 일정한 정원이 없다. 그것이 위진(魏晉) 이후로 공주의 남편이 되는 이들에게 이 직책을 줌으로써 군왕의 사위를 부마라 한 것이다. 진나라 때에 간보(干寶)가 지은 《수신기》에는 부마의 유래에 대해 다음 같은 얘기가 실려 있다.

　　농서 지방으로 신도탁(辛道度)이라는 이가 유학을 왔었다. 그가 옹주 근처를 지날 때였다. 눈앞에 커다란 저택이 시야에 들어왔다. 문전에 서 있던 하녀인 듯한 소녀가 공손히 인사를 올리며 목소리를 깔았다.

　　"모시고 오라는 분부십니다."

　　신도탁은 영문을 모른 체 안으로 들어갔다. 손님 맞이를 끝낸 식탁에는 맛있고 기름진 음식이 즐비했다. 식사가 끝나자 여주인이 안으로 들어와 정중한 어조로 말했다.

　　"나는 진민왕(秦閔王)의 딸입니다. 조(趙)나라에 시집을 가게 되었으나 불행히 죽게 되어 여기에서 살게 됐습니다. 그러니 사흘 동안만 이곳에 계시면서 저와 인연을 맺어 주십시오."

여인의 간곡한 청을 물리치지 못하고 신도탁은 사흘 동안 그곳에서 함께 지냈다. 떠날 때가 되어 그 여주인은 황금 베개를 정표로 내주었다.

신도탁이 대문을 나와 몇 걸음을 걸었다. 그러고 나서 뒤를 돌아보았는데 저택은 흔적도 없이 사라지고 풀만 무성하게 우거져 있을 뿐이었다.

노자를 마련하기 위해 시장에서 황금 베개를 팔려는데 그 사실이 황실에 알려졌다. 신도탁의 자초지종을 들은 황비는 그를 사위로 인정하고 부마도위라는 벼슬을 내렸다.

자원 ●駙(곁말 부 ; 馬部 5획, 총 15획. extra horse) : 가까울 부, 빠를 부.
●馬(말 마 ; 馬部 총 10획. horse) : 벼슬 이름 마.

어의 ●駙馬(부마) : 임금의 사위 ●馬脚(마각) : 말 다리 ●馬夫(마부) : 말을 부리는 사람 ●馬蜂(마봉) : 말벌

참조 다음은 인연에 관한 글이다.

덴마크의 알보르그의 아게 칼슨 선장은 그의 나이 스무 살인 1811년에 결혼했다. 바다에서 태어나 바다에서 자란 칼슨은 신부에게도 배를 탈 것을 종용했다. 그러나 신부가 말을 듣지 않으므로 부득이 이혼을 하지 않으면 안 되었다. 그녀는 '언제나 당신을 사랑합니다'라는 말을 남기고 고국을 떠났다. 그로부터 19세기가 끝나가는 90년이라는 긴 세월 동안 아무런 소식이 없었다. 20세기가 되어 칼슨의 전 부인에게 예전의 남편이 살아 있으며 고향에 돌아온다는 소문이 돌았다.

1903년 칼슨은 고향에 돌이와 92년 동안 보지를 못했던 전처를 찾았다. 칼슨은 헤어진 아내가 자신만을 생각하고 92년 동안 독수공방했다는 사실을 알자 무릎을 꿇고 다시 인연을 맺자고 빌었다. 이윽고 뒤엎어진 물그릇엔 다시 물이 담겨져 다시 결혼식이 올려졌고, 이듬해 두 부부는 나란히 세상을 떠났다.

不 死 藥

아니 **불**　　　죽을 **사**　　　약 **약**

출전 《십팔사략(十八史略)》
문의 죽지 않은 약.
요점 죽음을 피할 수 있는 약.

고사 천하를 통일한 진시황이 만년에 이르러 죽지 않고 오래 살기를 고대하자 서복이라는 위인이 글을 올려 불사약을 구해 오겠다고 청하여 동남동녀 5백인과 함께 길을 떠났다.

그러나 서복은 돌아오지 않았다. 죽음을 물리칠 수 있다는 약도 진시황에겐 숙제로 남겨진 셈이다.

《한비자》의 〈설림〉에는 이런 얘기도 있다. 어떤 사람이 불사약을 초나라 임금에게 바쳤다. 내시는 뜻밖의 약을 들고 가는지라 몹시 들뜬 상태였다. 궁전을 지키는 문지기가 앞을 막았다.

"그게 무엇이오?"

"불사약이야."

"먹을 수 있는 거요?"

"아암, 먹을 수 있지."

문지기는 대뜸 그 약을 뺏어 먹었다. 소식을 들은 임금은 크게 노하여 문지기를 잡아들였다.

"참으로 억울합니다. 나는 내관에게 그것을 먹을 수 있느냐 물었습니다. 좋다 하였기에 소신은 먹은 것입니다. 그러니 죄가 있다면 비로 그 내관입니다. 또한 그 약은 죽지 않은 약이라 하였습니다. 만약 내가 죽는다면 그 약을 바친 자는 군왕을 속인 것입니다. 그러니 소신을 놓아주심이 옳다고 봅니다."

초나라 임금은 문지기를 놓아주었다.

자원 ● 不(아니 불; 一部 3획, 총 4획. not) : 뜻을 정하지 않을 부.
● 死(죽을 사; 歹部 2획, 총 6획. die) : 끊일 사, 마칠 사.
● 藥(약 약; ++部 15획, 총 19획. medicine) : 약 약.

어의 ● 不敬(불경) : 마땅히 높여야 할 사람에게 예를 잃음 ● 不告(불고) : 알리지 않음 ● 不久(불구) : 오래 되지 않음 ● 死心(사심) : 죽을 각오를 한 마음 ● 死節(사절) : 목숨 걸고 절개를 지킴 ● 死後(사후) : 죽은 뒤 ● 藥契(약계) : 한약을 지어 파는 곳 ● 藥指(약지) : 약손가락 ● 藥効(약효) : 약의 효력

참조 진시황의 명을 받고 불사약을 구하러 떠난 서복은 물론 빈손으로 돌아가면 죽임을 당하리라는 사실을 너무 잘 알았을 것이다. 그런 이유로 동남동녀와 함께 일본으로 도망을 가서 살았다는 기록도 보인다. 그런 이유로 일본 등지에는 서복의 넋을 기리는 사당이 여러 곳에 있다는 것이 심상치 않다.

서복 이후 시황제는 노생과 후생을 시켜 불사약을 구해 오도록 명했다. 물론 이들도 실패했다. 아무리 그들의 노력이 컸다 해도 결과가 보잘 것 없으면 극형에 처했으므로 결국 후생과 노생은 도망을 칠 수밖에 없었다. 이들은 도망을 치면서 진시황의 당찮은 욕심을 비방했으므로 시황제의 노여움은 큰 것으로 알려졌다.

이렇듯 연목구어(緣木求魚 ; 나무에 올라가서 물고기를 찾는다는 말로, 불가능한 일을 굳이 하려함을 뜻함) 식의 바램은 도리어 많은 반발을 불러들였다. 그것은 정치에서도 마찬가지였다. 진왕소를 강화시키기는커녕 오히려 통치 기반을 송두리째 흔들어버리는 사태를 가져온 것이다.

月 旦 評
달 월　　아침 단　　품평 평

출전 《십팔사략(十八史略)》, 《후한서(後漢書)》의 〈허소전(許劭傳)〉
문의 매달 초하룻날의 인물평.
요점 점쟁이가 초하룻날에 인물평을 보며 운수를 헤아리는 일. 또는 점사(占辭).

고사 후한시대도 전한과 마찬가지로 환관들의 전횡이 심각했다. 환제 때에는 환관들이 결속하여 2백여 명의 인사들을 살해하는 〈전당고(前黨錮)의 화〉가 일어났고, 영제 때에는 7백여 명이나 살해당했으며, 그 문하생을 비롯하여 일가 친족들이 투옥당하는 〈후당고의 화〉로 이어졌다.

이러한 사건 때문에 정치는 어지러울대로 어지러워졌다. 한나라의 왕실은 갈수록 빛을 잃었고 급기야 〈태평도(太平道)〉라는 사교까지 유행하여 민심을 흔들었다.

하북의 장각(張角)이라는 자가 혹세무민하여 천하를 수중에 넣으려고 신도들을 모아 난을 일으켰다. 이른바 황건적의 난이다. 일이 이쯤에 이르니 궁 안은 온통 권모술수가 판을 쳤다. 이때 조조(曹操)는 장각의 무리를 크게 무찔러 이름을 떨쳤다. 이것이 진수라는 이가 쓴 《삼국지》의 도입 부분에 해당된다.

황건적을 쳐서 공을 세운 조조는 젊었을 때부터 집안일은 조금도 돌아보지 않았다. 그는 호걸들과 어울리며 사귀기를 즐겨하였다.

하남성(河南省)의 여남(汝南)이라는 곳에 두 명의 점쟁이가 있었다. 한 사람은 허소(許劭)라 하였고, 다른 한 명은 사촌형 허정(許靖)이었다. 두 사람은 매월 초하룻날에 고향의 유명인사들에 대한 평을 하고 있었다. 어찌나 이 평이 잘 맞았는지 사람들은 '여남의 월단(月旦)'이라 하여 항간에 소문이 자자했다.

소문을 들은 조조는 허소를 찾아가 물었다.

"내가 수차에 걸쳐 나의 평을 부탁했는데 어찌 해주지 않는 것이오. 내게 무슨 감정이 있소? 오늘은 직접 왔으니 내가 어떤 사람인지 평을 해주시오."

난폭하다는 소문을 들었던 터라 허소는 한동안 입을 다물고 있다가 조심스럽게 털어놓았다.

"당신은 태평한 세월에는 유능한 정치가일 것이오. 그러나 세상이 어지러워지면 난세에 적당한 간웅(奸雄)이 될 것이오."

그 말을 들은 조조는 몹시 기뻐했다. 난세에는 간웅이라는 말이 마음에 든 것이다. 그리하여 천하를 얻기 위해 군사를 일으키겠다는 결심을 굳힌 것이다.

자원 ● 月(달 월 ; 月部 총 4획. moon) : 한 달 월(초승달의 모습).
● 旦(아침 단 ; 日部 1획, 총 5획. dawn) : 새벽 단, 밝을 단, 간직할 단.
● 評(품평 평 ; 言部 5획, 총 12획. criticize) : 헤아릴 평, 고칠 평, 기록할 평.

어의 ● 月建(월건) : 달의 간지 ● 月頃(월경) : 한 달쯤 ● 月明(월명) : 달빛이 맑음 ● 旦暮(단모) : 아침과 저녁 ● 評言(평언) : 비평의 말 ● 評定(평정) : 의논을 하여 정함 ● 評決(평결) : 일정한 절차에 의해 평의해서 결정함.

참조 만약 조조가 허소를 찾아가 '난세의 간웅'이라는 말을 듣지 않았다면 결코 군사를 일으키지 않았을 것이라는 단서가 붙어 있다. 그렇게 본다면 역사는 참으로 흥미 있다.

月 下 氷 人
달 월　아래 하　얼음 빙　사람 인

출전 《진서(晉書)》
문의 월하노인과 빙상인을 합한 말.
요점 중매꾼을 말함.

고사 당(唐)나라 때에 위고(韋固)라는 젊은이가 있었다. 그는 천하 각지를 돌아다니기를 좋아하여 경치 좋은 곳을 찾아 발길 닿는 대로 움직였다. 송성(宋城) 땅에 이르렀을 때였다. 흐르는 물과 같은 달빛이 드러난 천지 만물을 어루만지고 있을 때였다. 그는 문득 어느 길모퉁이에서 이상한 노인을 발견하고 걸음을 멈추었다. 그 노인은 땅바닥에 놓인 보따리에 몸을 기댄 채 열심히 책장을 넘기고 있었다.

위고가 물었다.

"도대체 무얼 하고 계십니까?"

"보시는 바처럼 세상의 혼인에 대해 조사를 하고 있네. 여기 있는 청실과 홍실을 이으면 혼인이 성사되거든."

위고는 흥미가 동했다.

"그렇다면 나의 아내가 될 만한 사람을 찾아주십시오."

"어디 보세. 그렇구만 그래. 자네 부인이 될 여인은 송성 땅에 있네. 이 거리의 북쪽에 있는 시장에서 채소를 팔고 있는 진(陳) 할머니가 안고 있는 젖먹이지."

"설마요…."

"두고 보면 알 일이지."

세월이 흘렀다. 열네 해가 지난 어느 날, 상주 땅의 관리가 된 위고는 그곳 태수의 딸과 혼인했다. 신부는 이팔청춘으로 무척 아름다웠다.

어느 날 밤 위고는 아내에게서 저간의 사연을 들을 수 있었다.

"서방님, 사실은 전 태수 어른의 양녀입니다. 저의 친아버님은 송성에서 관리로 계셨는데 그만 돌아가셨거든요. 그때 저는 젖먹이였는데 채소 장사를 하시는 유모 할머니가 대신 키우셨답니다. 혹시 아세요? 송성 땅의 북쪽 거리에 있는……."

자원 ● 月(달 월；月部 총 4획. moon)：한 달 월.
● 下(아래 하；一部 2획, 총 3획. under)：떨어질 하, 내릴 하.
● 氷(얼음 빙；水部 1획, 총 5획. ice)：전통(箭筒) 뚜껑 빙.
● 人(사람 인；人部 총 2획. people)：나랏사람 인, 성질 인, 잘난 사람 인.

어의 ● 月番(월번)：달마다 교체하는 번. 차례. ● 月邊(월변)：달변 ● 月餠(월병)：중국인들이 추석에 만들어 먹는 과자 ● 下午(하오)：오후 ● 下裝(하장)：가마나 상여 등의 아랫도리 ● 下劣(하열)：천하고 비열함 ● 氷缺(빙결)：얼음이 엷 ● 氷釋(빙석)：얼음이 녹음 ● 氷玉(빙옥)：얼음과 구슬 ● 人風(인풍)：사람의 풍채 ● 人煙(인연)：사람의 집에서 불을 지피면 생기는 연기 ● 人痾(인아)：사람이 죽었다가 다시 살아나거나 남자가 여자로 외모가 변하는 것 등.

참조 진나라 때에 삭탐(索耽)이라는 점을 잘 치는 이가 있었다. 어느 날 호책(狐策)이라는 이가 해몽하러 왔다. 얼음 위에 서 있었는데 밑에는 누군가가 있었다는 것이다. 삭탐은 해몽했다.

"얼음 위는 양이고, 밑은 음이네. 양과 음이 말을 주고받았다면 혼인 중매가 잘 된다는 징조네."

과연 그 말대로 호책에게 중매가 들어왔다.

一 字 千 金
한 일　일자 자　일천 천　쇠 금

출전 《여씨춘추(呂氏春秋)》

문의 글자 한 자에 천금.

요점 한 자를 줄이거나 늘이는 사람에게 천금을 준다는 뜻.

고사 천하를 몰아붙여 진나라를 수중에 넣은 여불위(呂不韋)가 편찬한 책이 《여씨춘추》다. 그는 이 책의 내용이 완벽하다는 것을 선포하고 어느 누구든 이 책을 고치는 자에게는 천금을 준다는 방을 걸었다.

춘추전국시대. 천하를 다투는 제후들은 휘하에 한 가지 재능이 뛰어난 식객들을 두었다. 계명구도(鷄鳴狗盜)로 유명한 제나라의 맹상군에게는 수천이나 되었고, 초나라의 춘신군도 삼 천여, 위나라의 신릉군 역시 삼 천여 식객들을 거느렸다.

이들의 위세는 식객 수에 반비례한다는 말을 할 수 있을 만큼 열국들을 휘젓는 제후들의 또 다른 재산이었다. 특히 맹상군 같은 이는 식객들과 대화할 때엔 우필(祐筆;비서)을 병풍 뒤에 숨긴 채 그들의 고향이나 친족들이 어찌 사는가를 일일이 기록하게 하여 나중에는 그들에게 선물을 보내는 친밀함도 보였다.

당시에 3천여의 식객을 거느린 여불위는 어진 현자들을 불러 모아 책을 지었다. 유가(儒家)의 순경(荀卿) 등이 세상을 통탄하여 책을 지었다는 말을 듣고 그렇다면 나도 한 번 해보자고 지은 책이 바로 《여씨춘추》였다.

"이 속에는 천지 만물과 고금의 진리가 모두 들어 있다."

그 대작을 자신이 편찬한 것으로 하여 《여씨춘추》라 한 것인데, 서울인 함양의 성문 앞에 책을 매달고 큰 간판을 붙였다.

"이 책 속의 글을 능히 한자를 늘이거나 줄일 수 있다면 천금을 주겠노라."

《여씨춘추》의 내용을 첨삭하는 자에게 상을 내리겠다는 뜻이었다.

자원 ●一(한 일;一部 총 1획. one) : 정성스러울 일, 순전할 일. 오로지 일.
●字(글자 자;子部 3획. 총 6획. letter) : 시집 보낼 자, 젖 먹일 자, 암컷 자, 기를 자.
●千(일천 천;十部 1획. 총 3획. thousand) : 천 번 천, 많을 천, 길 천, 성 천.
●金(쇠 금;金部 총 8획. gold) : 금나라 금, 돈 금, 오행 금, 한 근 금.

어의 ●一朞(일기) : 한 주년 ●一琴一鶴(일금일학) : 한 마리의 학이 재산의 전부 ●一旦(일단) : 한번, 우선, 먼저 ●字句(자구) : 글자와 글귀 ●字源(자원) : 글자가 이루어진 근원 ●字解(자해) : 글자의 풀이 ●千却(천각) : 오랜 세월 ●千古(천고) : 오랜 옛날 ●千妖萬語(천요만어) : 수없이 많은 말

참조 〈공자가어(孔子家語)〉에 이런 말이 있다.

'물이 지극히 맑으면 큰 고기가 없고, 사람이 지나치게 재주가 있으면 사람이 따르지 않는다.'

너무 재주가 충일하면 상대를 두려워하여 친구가 안 생긴다는 뜻이다. 청탁(淸濁)을 함께 하는 됨됨이가 중요하다는 것.

☞ 三面六臂(삼면육비) : 세 개의 얼굴과 여섯 개의 팔이라는 뜻으로, 한 사람이 여러 몫을 할 때 이르는 말.

☞ 經世之才(경세지재) : 나라를 잘 다스릴 수 있는 재주.

入 鄉 循 俗

들 **입**　마을 **향**　좇을 **순**　풍속 **속**

출전 《회남자(淮南子)》의 〈제속편(齊俗篇)〉

문의 그 고장에 가면 그곳 풍습을 따른다.

요점 대중과 함께 있을 때에는 그들과 같이 일을 하라는 것.

해석 《장자(莊子)》의 〈외편〉엔 그 나라에 가면 그 나라의 풍속을 따른다(入其俗從其俗)고 하였다. 《논어》에 이르기를, '어느 고장에 가거든 그 고장의 풍속을 따르라'고 했다.

고사 여름날 팥죽 끓듯 변화가 막심한 중국 천하는 내일을 기약할 수 없었다. 오늘은 초나라의 사람이 되고, 내일은 정나라 백성이 되는 게 놀랄 일이 아니었다. 그리고 보니 입향순속(入鄕循俗)은 지극히 자연스러운 일이었다. 나라 개념이 없는 춘추 전국시대에는 그러한 관념이 강했다. 그것은 살아가기 위한 방편이었을 것이다.

자원 ●入(들 입;入部 총 2획. enter) : 넣을 입, 드릴 입, 빠질 입.
●鄕(마을 향;邑部 10획, 총 13획. one's native place) : 시골 향, 향 향.
●循(좇을 순;彳部 9획, 총 12획. pursue) : 의지할 순, 차례 순.
●俗(풍속 속;人部 7획, 총 9획. custom) : 익을 숙, 버릇 숙.

어의 ●入京(입경) : 서울에 들어옴 ●入社(입사) : 회사의 사원이 됨 ●鄕信(향신) : 고향 소식 ●鄕友(향우) : 같은 고향의 벗 ●循俗(순속) : 풍속을 좇음 ●循

環(순환) : 쉬지 않고 계속 돌음 ●俗見(속견) : 세속적인 생각 ●俗人(속인) : 평범한 속세의 사람

참조 다음은 이솝 우화의 한 토막이다.

　부자 영감이 사는 집 옆으로 짐승의 가죽을 다루는 가죽 장수가 이사왔다. 가죽 장수가 온 날부터 부자 영감은 가죽 냄새 때문에 골치를 썩게 되었다. 가죽 냄새는 워낙 고약하여 부자 영감은 늘 얼굴을 찡그리며 투덜대더니 기어코 가죽 장수를 불러 이사가라고 소리를 질렀다.

　그러자 가죽 장수는 연신 허리를 굽실대며 미안하고 죄송하다며 이해해 줄 것을 간청했다. 그런데도 부자 영감의 성화가 계속되자 내일이라도 집을 구해 이사를 할 것이니 그렇게 알고 기다려 달라 했다.

　그러나 그 이튿날이 되어도 가죽 장사는 이사하지 않았다. 부자 영감이 왜 이사하지 않느냐고 묻자, 아직 집을 구하지 못해 그러는 것이니 며칠만 기다려 달라고 애원했다.

　그 다음날도, 그 다음날도 가죽 장수는 나가지 않았다. 여전히 집을 구하지 못했기 때문에 나가지 못한다고만 말했다. 닷새가 지나고 열흘이 가더니 한 달이 지나갔다.

　부자 영감이 재촉을 하면 할수록 나간다고만 했다. 이렇게 한 달이 가고 두 달이 갔다. 그러는 중에 가죽 냄새를 늘 맡아 온 부자 영감은 예전처럼 그렇게 견디지 못할 정도는 아니었다. 냄새가 코에 배어 그렇게 싫은 것만은 아니었다. 그래서 이제는 만나도 이사가라고 야단을 치는 일이 없었다.

　⇨ 사람의 천품은 큰 차이가 없으나 풍속이나 습관에 의해 차이가 생긴다고 하였다. 《논어》의 〈양화편〉에 나오는 말이다.

　⇨ 세네카의 말 중에 흥미로운 부분이 있다.

　"어떻게 행동할까 망설이지 말라. 진리의 빛이 그대를 인도하고 있다. 사람은 오래 내려오는 습관을 존중할 것이지만 그렇다고 습관에 구속되지는 말라. 습관보다 진리가 우리의 행동을 인도하지 않으면 안 된다. 그리고 의무에 따라 행동하라."

采 薇 歌

캘 채　　　장미 미　　　노래 가

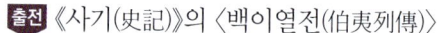

출전 《사기(史記)》의 〈백이열전(伯夷列傳)〉

문의 고사리를 캐는 노래.

요점 백이숙제가 수양산에 들어가 고사리를 캐 먹는 노래.

참조 사마천이 지은 《사기》에는 69개의 열전이 있다. 그 가운데 첫 장을 여는 열전이 바로 《백이열전》이다. 백이와 숙제, 둘은 고죽국(孤竹國) 태생의 왕자들이다. 고죽국 왕은 자신의 사후, 막내인 숙제에게 뒤를 잇게 할 작정이었다. 그러나 부친이 죽자 숙제는 자신이 보위를 잇는 것은 예에서 어긋난 것이라 하여 형인 백이에게 양보하려 했다. 그러나 백이 부친의 뜻을 어기는 것이라 하여 허락하지 않았다. 백이가 나라 밖으로 나가자 숙제 역시 형의 뒤를 따라나섰다.

둘은 덕이 높다고 소문이 난 서백(西伯 ; 주문왕)을 사모하여 주나라로 갔다. 그러나 둘이 그곳에 도착했을 때엔 서백은 이미 죽고 그의 아들 무왕이 주왕(紂王)을 정벌하기 위해 출진하려는 참이었다. 두 사람은 말고삐를 양쪽에서 잡고 간했다.

"왕이시여, 부왕이 세상을 뜬 지 얼마 되지 않은 지금, 제사를 올리지 않고 전장터로 나가는 것은 효의 바른 길이 아닙니다. 또한 주왕은 당신의 주군이기도 하는데 신하의 몸으로 어떻게 임금을 죽이는 것을 인(仁)이라 할 수 있겠습니까."

그러나 무왕은 그들의 말을 듣지 않았다. 병사를 신격시켜 목야의 싸움에서 승기를 잡아 주나라가 은나라를 대신하게 되었다. 그러나 백이와 숙제는 세상과 악수를 하지 않았다. 더구나 덕이 있다고 본 무왕에게 실망을 느꼈다. 그들이 살아 있는 한 결코 주나라의 곡식은 먹지 않겠다고 결심하고 수양산에 숨어 고사리를 캐 먹으며 연명했다. 그리고는 이런 노래를 지어 불렀다.

> 서산에 올라 고사리를 꺾는다
> 포악함으로 포악함을 바꾸고도 그 잘못을 모르나니
> 신농, 우, 하의 아름다운 풍속이 흔적 없이 사라졌네
> 나는 장차 어디로 갈 것인가
> 아아, 슬프다 운명의 기박함이여

이렇듯 채미의 노래는 세상을 원망하고 근심하는 가사를 남겼다. 그 옛날의 성왕이었던 신농과 순우 시대를 그리워한 것이다.

자원 ●采(캘 채 ; 采部 총 8획. dig out) : 채색 채, 일 채, 가릴 채.
●薇(장미 미 ; 艸部 13획, 총 17획, rose) : 고비 미, 백일홍 미
●歌(노래 가 ; 欠部 10획, 총 14획. song) : 노래할 가.

어의 ●采色(채색) : 그림에 색을 칠함 ●采衣(채의) : 무늬 있고 빛깔이 있는 요란한 옷 ●采緞(채단) : 혼인 때 신랑 집에서 신부 집으로 보내는 청홍의 치마저고리감 ●薇湯(미탕) : 고비를 넣고 끓인 국 ●薇草(미초) : 백미꽃

참조 《사기》의 작가 사마천은 말한다.
　"나는 결코 백이와 숙제가 성인이라고 주장하려는 것은 아니다. 다만, 스스로 반대하고 있는 도에 어긋난 세상이 실현되어 머지않아 악의 세계로 도래되어 가는 절대 절명의 경지를 주장하고 싶었는지 모른다."
　이것은《하늘이 착한 사람을 돕는다》는 것에 대한 회의이다.

天 衣 無 縫

하늘 천　옷 의　없을 무　꿰멜 봉

출전 《영괴록(靈怪錄)》

문의 선녀의 옷은 바느질 자국이 없다.

요점 시문 등이 지극히 아름답고 매끄러워 손질할 필요가 없다는 뜻.

해석 이태백을 시선(詩仙)이라 부른다. 구름을 타고 천상에서 내려온 선인이 시를 썼다는 의미다. 그래서 많은 시인·묵객들은 그를 가리켜 〈천의무봉의 시인, 천의무봉의 시재(詩才)〉라 칭한다.

고사 어느 무더운 여름, 곽한(郭翰)이라는 사내가 더위를 참다 못해 마당으로 내려와 평상에 몸을 뉘었다. 그때 아득한 하늘 저 멀리에서 점점이 하나의 물체가 떨어지듯 내려와 그의 곁에 사뿐히 내려앉았다.

'저게 뭐지?'

곽한은 의심이 가득한 눈빛으로 갑자기 나타난 물체에 시선을 집중시켰다. 그것은 어떤 물체보다도 아름다운 여인이었다. 곽한은 깜짝 놀랐다.

"당신은 누구십니까?"

화들짝 놀라 몸을 일으키며 곽한이 물어 오자 여인의 대답이 다소곳했다.

"나는 하늘에서 온 직녀(織女 ; 선녀)예요."

곽한은 가까이 다가갔다. 만지기만 해도 금방 녹아 버릴 것만 같은 가벼운 치맛자락과 푸른 보석을 녹여 만든 듯한 선녀의 의복은 어느 곳을 보아도 실로 꿰맨 자국이 없었다.

"참으로 이상합니다. 이 옷은 꿰맨 자국이 없군요."

"하늘의 옷은 실을 쓰지 않는답니다."

곽한은 뚫어지게 바라보았지만 실로 꿰맨 자국은 어느 곳에도 없었다. 이를테면 천을 짤 때에 자연적으로 입을 수 있도록 만들어져 나왔다고밖에 볼 수 없었다. 그녀가 말했다.

"천상의 옷은 실이나 바늘을 쓰지 않는답니다."

잠자리에 들면 그녀의 몸에서 자동적으로 떨어져 나가고 일어나면 어느새 몸에 붙어 있는 하늘의 옷.

1년쯤 되어 그녀는 하늘로 돌아갔다. 이후 곽한은 어느 여자를 보아도 마음이 움직이지를 않았다. 자식을 얻기 위해 장가를 들었으나 아무런 애정도 느낄 수가 없었다. 결국 그는 일 점 혈육도 없이 쓸쓸하게 생을 마쳤다.

자원 ●天(하늘 천;大部 1획, 총 4획. sky):조물주 천, 진리 천, 운명 천, 아버지 천. 一+大(세상에서 제일 큰 것을 나타냄).

●衣(옷 의;衣部 총 6획, clothes):입을 의(사람이 저고리를 입고 있는 모습을 본뜸).

●無(없을 무;火部 8획, 총 12획. none):아닐 무, 말 무, 빌 무, 풀 이름 무.

●縫(꿰맬 봉;糸部 11획, 총 17획. sew):마무리 봉, 큰옷 봉.

어의 ●天權(천권):북두칠성의 넷째별 ●天宮(천궁):무지개 ●天氣(천기):하늘에 나타난 조짐 ●衣架(의가):옷걸이 ●衣冠(의관):옷과 갓 ●衣襟(의금):옷깃 ●無價(무가):값어치가 없음 ●舞蓋(무개):뚜껑이 없음 ●舞故(무고):탈이 없음 ●縫針(봉침):바늘 ●縫製(봉제):미싱 등으로 박아 만듦 ●縫掖之衣(봉액지의):선비가 입는 옷

참조 ☞ 盡善盡美(진선진미):완전무결하다는 뜻.

推 敲
가릴 **추**　　가릴 **고**

출전 《상소잡기(湘素雜記)》
문의 문장의 마지막 손질.
요점 추고의 고(敲)를 고(稿)로도 사용한다. 읽을 때는 '퇴고'라고도 한다.

고사 당나라 때 가도(賈島)라는 시인이 있었다. 어느 날 노새의 잔등에 올라탄 채 무언가 골똘히 생각하고 흔들리며 길을 갔다. 알 수 없는 말을 중얼거리는 바람에 지나가던 행인들은 그가 분명 정신에 이상이 있는 것이라고 손가락질했다. 얼마쯤 가다가 나이 든 고관을 만났으나 그는 거침없이 행렬의 한가운데를 파고들었다. 당연히 불호령이 떨어졌다. 그제야 정신이 든 가도는 혼비백산했지만, 다행히 고관은 상대방이 무례를 범할 정도로 심각한 일이 있는 것이라 하여 그 연유를 물었는데 뜻밖의 대답을 들은 것이다.

가도가 심각한 생각에 빠진 것은 길을 가는 중간에 떠올린 시구(詩句) 때문이었다. 그가 도취된 시의 제목은 〈이응(李凝)의 유거(幽居)에 제(題)하노라〉였다.

　　한거하여 이웃은 적고(閑居隣並少)
　　풀밭 길은 황혼에 들다(草經荒園入)
　　새는 머문다 못 가의 나무에(鳥宿池邊樹)……

여기까지는 단숨에 뽑았으나 그 다음이 문제였다. 넷째 행에 막히고 만 것이다. 그렇다고 아주 절벽에 다다른 것이 아니라 어떤 결정을 내리지 못하고 있었다.

중이 달 아래 문을 두드린다(僧敲月下門)

이 구절로 보면 생각은 이미 다 끝난 것이 분명했다. 그런데 '중이 달 아래 문을 두드린다'로 하느냐, 아니면 '문을 밀친다(推)'로 하느냐가 쉬이 결정을 내릴 수 없었다. 이걸 쓰자니 저게 아깝고, 저걸 쓰자니 이쪽이 아깝다는 생각이 들었다. 이거냐 저거냐를 놓고 생각하던 중 그만 무례를 범하게 된 것이다. 한퇴지는 듣고 나서 충고했다.

"자네의 시구에는 아무래도 추(推)보다는 고(敲)를 쓰는 게 더 어울릴 것 같네."

이 일을 인연으로 둘은 백년지기와 같이 가까워졌다.

자원 ● 推(가릴 추 ; 手部 8획, 총 11획. push) : 옮길 추, 기릴 추, 궁구할 추.
● 敲(가릴 고 ; 攴部 10획, 총 14획. beat) : 두드릴 고, 짧은 매 고, 칠 고.

어의 ● 推去(추거) : 찾아서 가져감 ● 推談(추담) : 핑계로 하는 말
● 推移(추이) : 일이 되어가는 형편 ● 敲門(고문) : 문을 두드림

참조 이른바 전화위복이다. 좋은 문장을 만든다는 게 쉽지 않다는 것을 단적으로 설명한 내용이다.
☞ 醲郁(농욱) : 술의 향기가 높은 것을 말함. 이것을 문장이 맛이 있고 향기가 높은 것에 비유했다(〈한퇴지의 진학해〉).
☞ 含英咀華(함영저화) : 꽃봉오리를 입에 머금고 꽃을 맛봄. 문장의 묘미를 맛본다는 뜻.

春秋筆法
봄춘 가을추 붓필 법법

출전 《좌전(左傳)》, 《춘추좌씨전(春秋左氏傳)》
문의 공자의 손으로 이루어진 노(魯)나라의 연대기.
요점 노나라 역사에 대한 비평 및 연대기.

해석 춘추라는 말은 공자의 손으로 이루어진 노나라 연대기다. 오늘날 말하는 역사서와는 달리 단순한 사실만을 기록하였다. 다시 말해 연대기였던 셈이다. 그런데 역사서의 뒤 행간에는 '춘추필법'에 의한 역사 비평이 곁들여졌다. 이를테면 공자가 표현 방법에 의한 기재 사실을 선택하였다는 것이다.

고사 공자의 뜻을 명백히 하기 위하여 〈춘추〉를 해석하는 여러 방법이 나타났다. '전(傳)'이 만들어진 것이다. 소위 말해 춘추의 주석서인 셈이다. 그 중 하나에 《좌전》과 《춘추좌씨전》이 있다. 하나의 예문을 살펴보자.

(……의부(儀父)는 주(邾)나라 군주인 극(克)의 자(字)다. 자를 기록한 데에는 두 가지 의미가 있다. 극은 작위를 받았으나 주나라 황실로부터 전달을 받지 못한 상태였다. 그리하였기에 작위를 기록하지 않았다.

그러므로 극이라는 이름을 기록하지 않은 것은 자를 부름으로써 경의를 표한 것으로 볼 수 있다. 또한 3월과 5월 사이에 여백을 둔 것은 그 사이에 사건이 없었기 때문만은 아니다. 4월에는 노나라의 대부 비백(費伯)이 군사를 이끌고 랑(郎)이라는 곳에 성벽을 구축했다. 당연히 기록으로 남아야 할 사안들이 빠진 것은, 당시의 성벽 쌓는 일이 왕명에 의한 것이 아니었기 때문이다.'

이러한 춘추의 기록법을 총칭하여 《춘추필법》이라 부른다. 우리들이 무슨 책을 읽을 때 접하는 '춘추필법에 의하면……'이라는 대목은, 공자의 인(仁)을 기초로 삼아 역사적 사실을 기록하였기 때문이다.

자원 ●春(봄 춘; 日部 5획, 총 9획. spring) : 남녀의 정사 춘, 술 춘, 화할 춘, 해 춘. 艹+屯+日(싹이 땅 위로 몰려나오는 때를 말함).
●秋(가을 추; 禾部 4획, 총 9획. autumn) : 세월 추, 때 추, 말이 뛰놀 추.
●筆(붓 필; 竹部 6획, 총 12획. writing) : 붓 필.
●法(법 법; 水部 5획, 총 8획. law) : 형벌 법, 떳떳할 법, 본받을 법.

어의 ●春江(춘강) : 봄철의 강물 ●春光(춘광) : 봄 볕 ●春夢(춘몽) : 봄 밤에 꾸는 꿈 ●秋季(추계) : 가을철 ●秋凉(추량) : 가을의 서늘한 기운 ●秋月寒江(추월한강) : 덕 있는 사람의 깨끗한 마음 ●筆匣(필갑) : 붓을 넣어 두는 갑 ●筆鋒(필봉) : 붓끝 ●筆勢(필세) : 필력 ●法力(법력) : 불법의 힘 ●法理(법리) : 법률의 원리

참조 ⇨ 소동파(蘇東坡)에게 어느 때인가 곽(郭)이라는 삼류 시인이 자작한 시를 낭송하며 비평을 구했다. 다 듣고 난 소동파는 "점수로 치면 100점은 무난합니다." 하였다. 곽씨는 너무 기분이 좋아 어느 점이 좋고 어느 것이 못하는가를 상세하게 비평해 주기를 청했다. 그러자 소동파는 "으음, 우선은 자네의 음성이 70점은 되고 나머지가 시의 점수야." 곽씨는 충격을 받고 비틀거렸다.
　⇨ 독일의 대비평가 레싱은 그 시대의 비평가들에게 인기가 없었다. 어느날 시인 크라임에게 "만약 나에게 여행을 하는 학생이 기념첩을 내놓으라고 한다면 나는 그에게 정중하게 머리를 숙이겠다. 왜냐하면 나는 나의 비판자 앞에 서 있는지 모르니까." 하였다.

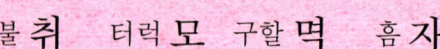

吹 毛 覓 疵
불 취 터럭 모 구할 멱 흠 자

출전 《한비자(韓非子)》의 〈대체편(大體篇)〉

문의 털을 입으로 불어 가며 털 속에 흉터가 있는지를 살피다.

요점 억지로 남의 작은 허물을 들추어냄

해석 《논어》에 있는 말이다. 사람의 허물은 각각 그 부류에 따라 다르다는 것이다. 그 사람의 허물을 살펴보면 인자한가의 여부를 알 수 있게 된다.

고사 작은 허물은 누구에게나 있게 마련이다. 아주 작은 사생활까지 완벽하다는 것은 있을 수 없는 일이다. 큰일을 하는 사람들은 일의 큰 원칙, 즉 대체(大體)만 알 뿐이다. 그러나 사소한 것까지 세심한 주의를 기울여 찾아낸다는 것은 옳은 일이 아니다.

한비자는 말했다.

"어지러움을 다스림에는 법에 의지하였고, 가볍고 무거움은 저울에 따라 판단하였다. 하늘의 이치를 거스르지 아니하고 사람의 감정과 본성을 상하지 않게 하였다(不吹毛而求小疵)."

이 말은 상대가 잘못했을 때 머리털 속에 있는 흉터를, 털을 불어가며 찾아내듯 해서는 안 된다고 하였다.

자원 ●吹(불 취 ; 口部 4획, 총 7획. blow) : 숨 쉴 취, 악기 불 취.

●毛(터럭 모 ; 毛部 총 4획. hair) : 나이 차례 모, 풀 모.

●覓(구할 멱 ; 見部 4획, 총 11획. search for) : 찾을 멱.

●疵(흠 자 ; 疒部 6획, 총 11획. blemish) : 죽은깨 자, 병 자.

●吹毛(취모) : 터럭을 불 듯 심히 쉬움 ●吹雪(취설) : 눈보라
●毛根(모근) : 털구멍 속에 박힌 털의 뿌리 ●毛族(모족) : 털 가진 짐승의 총
칭 ●毛布(모포) : 담요 ●覓去(멱거) : 찾아감 ●覓得(멱득) : 찾아 얻음 ●覓來
(멱래) : 찾아옴 ●疵國(자국) : 정치가 문란하고 풍속이 타락한 나라 ●疵癘(자
려) : 병 ●疵瑕(자하) : 결점

⇨ 장자(莊子)가 어느 날 조롱이라는 곳으로 사냥을 나갔다. 그때 어디선
가 이상한 새 한 마리가 날아왔다. 그 새는 장자가 활을 들고 자기를 겨냥하
고 있는 줄 몰랐다. 그 새는 더욱 가까이 다가와 앉았다. 자세히 보니 그 새
는 사마귀를 노리고 있었다. 그런데 사마귀는 바로 위에 있는 새를 보지 못
하고 녹음이 우거진 곳에서 노래를 부르고 있는 매미를 노리고 있었다. 본래
그 숲은 율림(栗林)이었다. 때마침 나타난 밤나무 집의 주인은 장자가 밤을
따 먹었다고 욕설을 퍼부었다.

여기에서 장자는 사마귀나 매미, 그리고 장자 본인까지도 진성(眞性)을 상
실했다고 탄식했다.

⇨ 《열자(列子)》는 본성에 따라 놀고 만물에 거역하지 않는다고 하였다.
이것은 본성대로 성(性)과 식(食)을 채운다는 뜻이다. 그런가 하면 공자는
《논어》에서 인간의 본성은 서로 비슷하나 습관에 있어서는 소원하다고 하였
다.

⇨ 《순자(荀子)》는 본성에 대해 이렇게 말했다.

"본성에 따르면 양보를 하지 않고, 양보를 하면 본성이 따르는 것이 아니
다. 그렇기 때문에 사람의 본성은 악하며, 선은 후천적인 이유 때문이다. 다
시 말해 사람의 본성은 일정하지 않다는 말이다. 그것은 물과 같다.

동쪽으로 터뜨리면 동쪽으로 흐르고, 서쪽으로 터뜨리면 물은 서쪽으로
흐른다."

☞ 鵠不浴而白(곡블욕이백) : 따오기는 목욕을 하지 않아도 희다는 것. 이
는 본성을 뜻함.

破 天 荒

깨뜨릴 **파** 하늘 **천** 거칠 **황**

출전 《북몽쇄언(北夢瑣言)》
문의 거친 하늘을 깨뜨림
요점 형주 사람들이 과거에 급제하지 못했는데, 그것을 깨뜨렸다는 뜻이다.

해석 중국에서의 과거제도는 수(隋)나라 때에 시작하여 청조 말에 폐지되었다. 1천 3백여 년간 시행된 셈이다. 과거제도는 외척 등의 문벌 집단이 조정을 좌지우지하는 것을 막고, 독단과 전횡으로 일관된 정치를 타파하기 위해 시행된 획기적인 제도다. 중국의 역사상 과거제도를 둘러싼 희비극은 《유림외사》에 나타나 있다.

고사 파천황(破天荒)은 《북몽쇄언》 권4에 나온다. 본래 당나라의 형주는 의관들이 많이 모이는 곳이다. 그러므로 해가 바뀌면 인재를 뽑아 해(解)라는 곳으로 보냈다. 그런데 형주 태생만큼은 과거에 급제하는 이가 없어 그곳으로 보내지를 못했다.

그 무렵에 시종으로 유세라는 이가 있었다. 그는 지방 장관이 관장하는 시험에 합격하여 나중에는 중앙에서 시행된 시험에까지 통과하였다.

이것은 전대미문의 쇼킹한 사건이었다. 당시 형남군 절도사인 최현(崔鉉)은 파천황전(破天荒錢)이라 하여 상금 70만 전을 유세에게 보냈다.

당시의 선발 시험, 즉 '파천황해(破天荒解)'에 대한 장원이 얼마나 대단했는지를 짐작케 하는 대목이다.

●破(깨뜨릴 파;石部 5획, 총 10획. break):다할 파, 군사 패할 파, 갈라질 파(石에서 뜻을, 皮에서 음을 취함).

●天(하늘 천;大部 1획, 총 4획, sky):조물주 천, 진리 천, 운명 천, 아버지 천 (一에 大를 더한 글자. 세상에서 가장 큰 것이 하늘임).

●荒(거칠 황;艸部 6획, 총 10획. coarse):폐할 황, 풀 한 포기(艹) 물 한 모금 (川)조차 없는(亡) 곳이라는 뜻이다. 즉, 거친 황무지를 뜻한다.

어의 ●破骨(파골):뼈를 부러뜨림 ●破笠(파립):찢어진 헌 갓 ●破物(파물): 파손된 물건 ●天蓋(천개):하늘 ●天癸(천계):월경 ●天光(천광):맑게 갠 하 늘 ●荒壇(황단):거친 뜰 ●荒唐客(황당객):거칠고 허탄한 사람 ●荒路(황 로):거친 길

참조 앙드레 지드는 〈일기 1931년 11월 5일〉이라는 글에 이렇게 적고 있다.

"나는 나의 문장으로 예민한 하나의 악기를 만들려고 했다. 그러므로 구 두점 하나라도 잘못 찍으면 그 조화를 파괴하게 된다."

지드 자신이 감동을 받았던 명문이란 지나치게 뛰어나지도 않고, 독자의 발을 정지시키고 머무르게 하여 그 사상을 서서히 전개시키는 문장이다. 그 는 독자의 주의력이 한 걸음씩 깊숙이 경작된 풍요로운 토지에 파고들기를 바랐던 것이다. 독자가 구하는 것이 벨트 콘베아인 것을 그는 알고 있었다는 얘기다.

☞ 鳴萬古文章(명만고문장):만고에 떨친 문장으로 이름이 남음

☞ 警策(경책):문장 가운데 가장 잘된 한 마디로 말미암아 모든 연을 생동 스럽게 만드는 것. 글 가운데 가장 요긴한 곳으로 출전은 육기문부(陸 機文賦)이다.

☞ 生前富貴 死後文章(생전부귀 사후문장):살아서는 부귀를 누리고 죽은 뒤엔 좋은 문장으로 후세에 이름을 남김. 이러한 것이 가장 좋다는 뜻 으로 소식(蘇軾)은 〈박박주(薄薄酒)〉라는 글을 남겼다.

문학·풍속

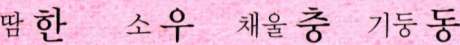

汗牛充棟

땀 한   소 우   채울 충   기둥 동

출전 유종원(柳宗元)의 〈육문통선생묘표(陸文通先生墓表)〉
문의 수레에 실으면 소가 땀을 흘리고, 집에 쌓으면 대들보에 닿는다.
요점 많은 책을 가리킴.

해석 모든 책엔 두 종류가 있다고 했다. 일시적인 책과 영구적인 책이다. 악서라고 하여 영속하지 않는 것은 아니며, 또한 양서라고 영속하는 것도 아니다. 양서에는 일시적인 것과 영속적인 것이 있다. 일시적인 책을 러스킨은 인쇄를 잘한 신문지나 편지에 비유한다. 이를테면 시사성을 띈 책이다. 그리고 영구적인 책은 비문이나 성서처럼 오래 간다.

고사 유종원이 지은 묘표의 첫머리에 이런 말이 있다. 공자가 춘추(春秋)를 지은 것은 1500년이나 된다. 그 동안 《춘추》를 주석한 사람이 다섯이나 되는데, 지금은 세 사람의 것만이 통용되고 있다는 것이다. 그 뒷부분으로 가면 온갖 주석을 붙인 학자들이 헤아릴 수 없이 많다. 그들이 지은 책을 집에 두면 필경은 대들보에까지 닿을 것이고, 수레에 싣는다면 소들이 땀을 낸다는 것이다.
　　육문통 선생은 《춘추》의 주석서가 너무 많다는 것을 은근히 비꼰 것으로 생각된다.

자원 ● 汗(땀 한 ; 水部 3획, 총 6획. sweat) : 물 질펀할 한, 오랑캐 이름 한.
● 牛(소 우 ; 牛部 총 4획. ox) : 별 이름 우.

● 充(채울 충 ; 儿部 4획, 총 6획. enough) : 막을 충, 가득찰 충, 넘쳐날 충.

● 棟(기둥 동 ; 木部 8획, 총 12획. beam) : 동자기둥 동.

어의 ● 汗衫(한삼) : 속적삼 ● 汗衣(한의) : 땀이 밴 옷 ● 牛耕(우경) : 소로 밭을 갈음 ● 牛肉(우육) : 쇠고기 ● 充分(충분) : 부족함이 없음 ● 充溢(충일) : 가득 차서 넘쳐 흐름 ● 棟樑(동량) : 마룻대와 들보 ● 棟宇(동우) : 집의 마룻대와 추녀 끝

참조 ⇨ 애서가(愛書家)라는 명칭이 붙은 사람이 있다. 그 중에서 가장 유별난 것은 파리의 노엘이라는 사람일 것이다. 그는 희귀본을 열렬하게 수집하는 광으로 알려져 있다. 천하의 기서들을 모아 놓고 자신만 가지고 있으려니 좀이 쑤셨다. 어찌할까를 궁리하다 기발한 생각을 찾아냈다. 그는 애써 모은 책들을 1837년부터 1861년 사이에 5년간의 간격을 두고 모두 경매장에 내놓았다. 경매는 다섯 번 있었는데, 그때마다 경매장에 나타나 누구보다 비싼 값에 책을 사들였다. 그는 경매할 때마다 지불해야 하는 수수료 즉, 2할을 다섯 번 내는 바람에 책값과 맞먹는 대금을 지불해 버린 것이다. 그런데도 그는 희희낙락이었다. 다른 사람과 경쟁하여 책을 사들이는 즐거움, 그것은 이 세상 어느 것과도 바꿀 수 없는 스릴 만점의 게임이라는 것이다.

그런 점으로 본다면 노엘은 분명히 애서가이다.

⇨ 우리나라에는 책에 관해 약간은 유별난 분이 계신다. 세조 때 영중추부사를 지낸 김수온이다. 그는 남에게 책을 빌려 오면 한 장씩 뜯어 주머니에 넣고 다니며 외우다가 막히면 꺼내 보고, 다 외우면 아무 데나 버렸다.

☞ 千古往牒(천고왕첩) : 수천 년 동안의 사첩(史牒).

☞ 書不可盡信(서불가진신) : 서적에 기록되어 있다 하여 모두 믿어서는 안 된다는 뜻.

膾 炙

회칠 **회**　　고기 구울 **자**

출전 《당서(唐書)》

문의 육회와 불고기.

요점 육회와 불고기처럼 사람들의 입에 오르내림

해석 회(膾)라는 것은 생선회를 뜻하는 말이 아니다. 고기 육(肉;월) 변이 들어갔으니 육고기를 회쳐 놓은 것을 말한다. 즉, 육고기를 잘게 썰어서 기름을 빼고 모아 놓았다는 의미다. 그리고 자(炙)는 불(火) 위에 고기(月;肉)를 놓았다는 뜻이다. 공자와 맹자도 육회를 몹시 즐겼다는 기록이 있는 것으로 보아 '회자'는 제사에 올린 음식이다.

고사 당나라 말기의 인물인 한악(韓偓)은 매우 뛰어난 선비였다. 그는 성질이 깐깐하여 어떤 일이라도 정도에 벗어나면 지위 고하를 막론하고 몹시 나무랐다. 그러다 보니 국정을 운영하는 위인들이 하는 일들이 눈에 자꾸만 거슬렸다. 당시는 주전충(朱全忠)이 실권을 쥐고 있을 때였다.

그는 직접적으로 주전충의 허물을 따지는 바람에 미운 털이 박혀 외방으로 쫓겨났다.

그는 어려서부터 총명하기가 이를 데 없었다. 이미 10세 때부터 글을 지을 정도였기에 신동이라는 소문이 나돌 정도였다. 성장함에 따라 당시의 풍속을 시로 써서 많은 사람들의 찬탄을 자아냈다. 그러므로 많은 사람들은 주옥같은 그의 시를 낭송하며 모든 대화의 실마리를 잡았기 때문에 한 시도 입에서 떨어지지 않았다. 그렇게 하여 생겨난 성어가 '인구(人口)에 회자한다'

는 것이었다. 사람들이 즐겨 먹는 육회나 구운 불고기처럼 널리 알려져 익히게 됐다.

자원 ● 膾(회칠 회;肉部 13획, 총 17획. slice raw fish): 냄새날 회.
● 炙(고기 구울 자;火部 4획, 총 8획. roast): 김 쏘일 자, 친근할 자, 냄새 퍼질 자.

어의 ● 炙背(자배): 등 가죽을 태양에 쏘임 ● 炙鐵(자철): 석쇠 ● 炙膾(자회): 산적

참조 ⇨ 후한 시대의 인물 사마휘는 절대 다른 사람의 악담을 하지 않는다고 칭찬이 자자했지만 그 때문에 실수하는 일이 없지 않았다. 왜냐하면, 다른 사람의 험담을 하지 않는 것까지는 그렇다 해도 누가 무슨 말을 하면 그저 "좋습니다."라고 칭찬하는 것이 입버릇처럼 굳어졌기 때문이다. 하루는 고향 영천에서 사람이 왔다.

"건강이 어떻습니까?"

사마휘는 무심결에 대답했다.

"아. 좋습니다."

그 사내는 쓸쓸한 낯으로 말했다.

"오래 못 뵈었습니다. 사실은 제 아들 녀석이 죽어서……."

"아, 그래요? 그거 잘 됐습니다."

그 말을 듣고 있던 아내가 핀잔했다.

"그게 무슨 말이세요. 아들이 죽었다는데요?"

"그래, 그래. 그 말도 옳구만 그래."

⇨《채근담》에 다음 같은 말이 있다.

"착한 사람이라도 급히 진할 수 없거든 마땅히 미리 칭찬하지 말라. 간사한 사람의 이간이 올까 두렵다. 몹쓸 사람일지라도 쉽게 내칠 수 없거든 미리 발설치 말라. 재앙을 부를까 염려된다."

☞ 擊節嘆賞(격절탄상): 무릎을 손으로 치면서 탄복하여 칭찬함. 또는 그런 모습.

修養·倫理

刻 舟 求 劍
새길 **각**　배 **주**　구할 **구**　칼 **검**

출전 《여씨춘추(呂氏春秋)》의 〈찰금편(察今篇)〉

문의 칼이 물에 빠지자 뱃전에 표시해 두었다가 찾는다.

요점 미련하여 융통성이 없음을 이르는 말.

해석 무슨 일에나 객관성이 없고 외곬으로 나가는 것을 말한다. 세상일에 융통성이 없음을 뜻한다.

고사 춘추전국시대에 초(楚)나라의 어떤 사람이 조그만 배를 타고 양자강을 건너가게 되었다. 배를 타고 가던 중에 우연히 허리를 구부리다 그만 몸에 지닌 칼이 강에 빠져 버렸다. 경황 중에 얼른 다른 사람에게서 도구를 빌려 뱃전에 표시를 해 두었다.

'이렇게 표시를 해 두었으니 나중에 와서 찾으면 되겠지.'

사나이는 별 다른 걱정 없이 강을 건넜다. 배가 건너편에 닿자 즉시 물 속으로 뛰어들었다. 표시해 둔 뱃전 아래를 아무리 뒤졌으나 잃어버린 칼은 찾을 수 없었다.

배는 이동하고 있으므로 그 아래에 칼이 있을 리 없다. 그런데도 사나이는 칼을 찾을 수 있다고 믿은 것이다.

자원 ●刻(새길 각;刀部 6획, 총 8획. carve):몹시 각, 굵을 각.

●舟(배 주;舟部 총 6획. ship):잔대 주, 띠 주.

●求(구할 구;水部 2획, 총 7획. get):구걸할 구, 찾을 구.

●劍(칼 검 ; 刀部 13획, 총 15획. sword) : 칼로 찔러 죽일 검, 칼 쓰는 법 검.

●刻苦(각고) : 몹시 애씀 ●刻剝(각박) : 사람을 학대하여 해침 ●刻下(각하) : 요사이 ●舟人(주인) : 뱃사공 ●舟鑑(주감) : 전투용 배 ●舟行(주행) : 배를 타고 감 ●求乞(구걸) : 남에게 돈 등을 비는 일 ●求學(구학) : 배움의 길을 찾음 ●求解(구해) : 양해를 구함 ●劍光(검광) : 칼날의 빛 ●劍道(검도) : 검술을 닦는 무도의 하나 ●劍術(검술) : 칼을 쓰는 술법

이 성어는 〈연목구어(緣木求魚)〉와 같은 맥락으로 쓰인다. 나무에 올라가서 고기를 구한다는 것이나 물 속에 빠뜨린 칼을 강을 건너와 뱃전 아래에서 찾는 것 등의 행위는 단순한 사람의 입장으로서는 선뜻 이해하기가 곤란하다.

⇨ 고디언 낫트(gordian not)라는 게 있다. 고어디어스 왕이 알렉산더 대왕에게 어렵게 밧줄을 맨 매듭을 보이며 그것을 풀어 보라고 했다. 대왕은 서슴없이 칼로 베어 버렸다.

"천하의 알렉산더가 이런 것을 풀겠느냐!"

여기에서 유래된 일이다. 무슨 일이건 어렵게 맺혀 있는 것을 비유할 때에 쓰인다.

☞ 水中撈月(수중로월) : 물 속에서 달을 건진다.

☞ 海底撈針(해저로침) : 바다 밑에서 바늘을 건진다.

☞ 挾泰山 以超北海(협태산 이초북해) : 태산을 끼고 북해를 넘는다는 의미. 도저히 불가능한 것을 뜻한다.

☞ 捕風捉影(포풍착영) : 바람이나 그림자를 잡는다는 뜻이니 어리석고 불가능한 짓을 뜻한다.

☞ 戴盆望天(내분망천) : 머리에 농이를 이면 하늘을 볼 수 없다. 그런데도 하늘을 보고자 함이니 두 가지 일을 겸행하려 들지만 할 수 없음을 이르는 말.

☞ 兎角(토각) : 토끼에게 뿔난 것처럼 있을 수 없는 일.

强 弩 之 末

강할 **강**　쇠뇌 **노**　의 **지**　끝 **말**

출전 《사기(史記)》의 〈한장유 열전(韓長孺 列傳)〉
문의 힘차게 나간 화살도 어느 지점에서는 힘없이 떨어진다.
요점 아무리 강한 군사도 원정을 나가면 힘이 쇠하기 마련이라는 말.

고사 한안국이라는 사람은 그 지략이 원대했다. 지혜로 말한다면 세상을 대처하기에 충분했다는 것이다. 모든 것은 충성스럽고 후덕한 마음에서 우러나왔다고 사서에는 기록되어 있다.

한안국이 어사대부에 오른 지 4년여가 되었을 때에 한(漢)무제는 무력으로 흉노를 정벌할 계획을 발표했다. 이때에는 흉노가 변경으로 크게 침범을 해와 요서태수(遼西太守)를 죽이고 안문(雁門)까지 들어와 수천 명의 백성을 살해하고 노략질했을 무렵이었다. 거기장군으로 임명된 위청이 그들을 공격하려고 안문에서 경성 밖으로 나갔다.

당시 한안국은 재관장군이 되어 어양에 주둔해 있을 무렵이었다.

이즈음에 한안국은 흉노의 포로를 잡았다. 그 포로는 흉노병들이 멀리 퇴각하였다고 털어놓았다. 그 말을 듣고 한안국은 즉시 황제께 글을 올렸다.

'……지금은 농번기에 해당합니다. 청컨대 얼마 동안 주둔군을 돌아가게 하여 일을 거들도록 하여 주십시오.'

그렇게 하여 황제는 일단 한안국의 청을 들어주었다. 얼마 후 흉노족들이 다시 변경을 요란스럽게 했다. 소식을 들은 황제가 병사들을 보내려 하자 이번에도 한안국은 간했다.

"힘차게 쏘아져 나간 화살도 마지막에는 비단조차 뚫기가 어렵습니다. 천리 밖의 원정은 우리 병사들을 더욱 지치게 할 뿐입니다."

그러나 날이 갈수록 흉노의 기세가 거칠어지자 황제는 부득이 한안국을 문책하지 않을 수 없었다.

자원 ●強(강할 강 ; 弓部 9획, 총 12획. strong) : 나머지 강, 힘 쓸 강.

●弩(쇠뇌 노 ; 弓部 5획, 총 8획. big bow) : 쇠뇌 노.

●之(의 지 ; ノ部 3획, 총 4획. this) : 어조사 지.

●末(끝 말 ; 木部 1획, 총 5획. end) : 이마 말, 마칠 말.

어의 ●強健(강건) : 몸이 튼튼하고 건전함 ●強權(강권) : 강제로 권함 ●強調 (강조) : 강력히 주장함 ●弩師(노사) : 쇠뇌를 만드는 사람 ●弩手(노수) : 쇠뇌를 잘 쏘는 사람 ●弩砲(노포) : 쇠뇌 ●末年(말년) : 일생의 끝 무렵 ●末葉(말엽) : 맨 끝 무렵의 시대 ●末職(말직) : 맨 끝자리의 벼슬

참조 일이 생각 밖으로 흐르자 한안국은 소외된 채로 나날을 전방에서 보냈다. 주둔군의 장수로서 흉노군에게 속았다는 자책감이 앞을 가렸다.

그러는 반면 청년 장군 위청은 더욱 전공을 세워 황제의 신임이 두터워졌다. 그런 이유로 재관장군을 사직하려 하였으나 이 역시 뜻대로 되지를 않았다. 고민이 많은 한안국. 마침내 그는 병이 들었다. 한 말이나 되는 피를 토하고 죽은 그 해는 원삭 2년이었다.

⇨《맹자》에 있는 얘기다.

"화살 만드는 사람이 어찌 방패 만드는 사람보다 어질지 못하겠는가.

그러나 화살 만드는 사람은 오직 쏘아서 사람을 상하지 못할까 걱정하는 것이고, 방패 만드는 사람은 오직 화살을 막지 못할까 걱정한다."

☞ 白羽長箭(백우장전) : 흰 새의 깃을 단 화살.

☞ 千斤角弓(천근각궁) : 천근이나 되는 각궁.

☞ 角弓反張(각궁반장) : 물건이 활처럼 뒤틀려진 것을 이름.

改 過 遷 善

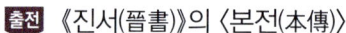

고칠 **개**　　허물 **과**　　옮길 **천**　　착할 **선**

출전 《진서(晉書)》의 〈본전(本傳)〉
문의 지나간 허물을 고치고 착한 사람이 됨.
요점 악한 자가 선한 자로 탈바꿈하는 것을 말함.

해석 이 성어는 자신의 허물을 고친다는 의미에서 '개과자신(改過自新)'이라고
도 한다. 그 외에도 개사귀정(改邪歸正)과 방하도도(放下屠刀)라는 말도 함께
사용한다.

고사 진(晉)나라 혜제 때 양흠지방에 주처(周處)라는 이가 있었다. 그의 아버
지 주방이 동오(東吳)의 파양(破陽) 태수를 지냈으니 행세깨나 하는 집안임엔
틀림없었다. 그러나 불행히도 주처는 어린 나이에 부모가 세상을 떠나는 바
람에 혈혈단신 고아 신세가 된 것이다.

외곬으로 자라난 주처는 점점 성격이 거칠어졌다. 남달리 강한 힘과 무기
다루는 방법에 뛰어났음에도 그것을 좋지 않은 곳에 사용했다.

이를테면 불량배가 된 것이다. 사람들이 그를 멀리하자 차츰 자신의 허물
을 깨닫고 새사람이 되겠다는 생각을 다지게 되었다. 그러던 어느 날 마을
사람에게 물었다.

"지금 세상은 의식 걱정이 없이 잘 사는데, 어찌 나만 보면 얼굴을 찡그리
는 것입니까?"

"세 가지의 해로움을 제거하지 못했는데, 어떻게 평화롭다고 할 수 있습
니까."

마을 사람이 말하는 세 가지 해로움은 다른 것이 아니었다. 근처의 남산에 있는 사나운 호랑이와 장교(長橋) 아래에 있는 교룡(蛟龍), 그리고 주처를 뜻했다. 그런 말을 들은 주처는 새삼 마음 속으로 세 가지 해로운 것을 자신이 해결해아겠다는 생각을 다졌다.

며칠 후 주처는 칼을 차고 남산으로 올라가 맹호를 잡아 죽였다. 이어서 장교의 물 속에 뛰어들어 교룡과 사흘 밤낮을 싸웠다. 마을 사람들은 교룡과 주처가 떠오르지 않자 함께 죽은 것으로 믿고 환호를 올렸다. 그러나 그게 아니었다. 어려운 싸움 끝에 주처는 교룡을 죽이고 살아난 것이다. 죽을 고비를 넘기고 살아왔음에도 그를 보는 마을 사람들의 눈빛은 너무나 냉랭했다.

자원 ●改(고칠 개 ; 攴部 3획, 총 7획. reform) : 거듭할 개, 바꿀 개.
●過(허물 과 ; 辵部 9획, 총 13획. fault) : 넘을 과, 그릇할 과.
●遷(옮길 천 ; 辵部 11획, 총 15획. remove) : 바뀔 천, 귀양 보낼 천.
●善(착할 선 ; 口部 9획, 총 12획. good) : 많을 선, 좋을 선, 길할 선.

어의 ●改刊(개간) : 고치어 간행함 ●改善(개선) : 잘못을 고쳐 좋게 함 ●改革(개혁) : 새롭게 뜯어 고침 ●過客(과객) : 지나가는 나그네 ●過量(과량) : 분량에 넘침 ●過失(과실) : 허물 ●遷都(천도) : 서울을 옮김 ●遷善(천선) : 나쁜 짓을 고쳐 착하게 됨 ●遷訛(천와) : 변하여 바뀜 ●善待(선대) : 잘 대접함 ●善書(선서) : 글씨를 잘 씀 ●善化(선화) : 깨우치고 이끌어서 착한 사람이 되도록 함

참조 마침내 주처는 고향을 떠났다. 동오로 가서 육기(陸機)와 육운(陸雲) 형제를 만났다.

그의 얘기를 듣고 육기가 격려했다.

"자네가 굳은 의지로 지난 허물을 고치고 새롭게 착한 사람이 된다면(改過自新 : 改過遷善) 자네의 앞길은 무한한 것일세. 지난 일은 마음에 둘 필요가 없네."

그때부터 주처는 글을 배워 10년 후엔 동오의 대학자가 되었다.

敬　遠
공경할 경　　멀 원

출전 《논어(論語)》의 〈옹야편(雍也篇)〉
문의 공경은 하나 멀리한다.
요점 겉으로는 존경하는 듯하나 내심으로는 꺼리고 멀리한다.

해석 공자는 양친이 야합하여 태어난 자식이다. 그의 부모는 하늘에 제사를 올리지도 않았으며 조상의 신령에 고하지도 않고 공자를 낳았다. 당시의 상식대로라면 영락없이 짐승과 같은 교합의 산물이었다. 이것이 늘 공자를 괴롭히는 우울의 찌꺼기였다. 만약 공자가 도덕적으로 완벽을 기하고자 한다면 부모의 행위를 부정해야 한다. 그렇지 않고 부모의 행위를 용납하면 덕을 해치는 행위를 긍정하게 된다.

고사 어느 날 번지(樊遲)가 〈지(知)〉에 대해 물었다. 공자가 말했다.
　"지(知)라는 게 뭔가. 그것은 네 스스로가 해야 할 일에만 노력을 하고 사람의 영혼인 귀(鬼)와 하늘에 있는 초월자인 신(神)을 공경하면서 멀리 두면 지(知)라고 할 수 있다."
　공경은 하나 멀리 둔다. 공경을 하지만 친밀하게 여기지 않는다. 또는 신에게 의지하지 않는다는 것을 뜻한다. 그러나 오늘날에는 '경원'이라는 말이 '꺼려서 피한다'는 의미가 짙다.

자원 ● 敬(공경할 경 ; 攵部 9획, 총 13획. respect) : 엄숙할 경, 경동할 경.
● 遠(멀 원, 辵部 10획, 총 14획. far) : 심오할 원, 멀리할 원.

어의 ●敬命(경명):삼가 공경함 ●敬天(경천):하느님을 공경함 ●敬請(경청):삼가 청함 ●遠射(원사):먼 곳에서 쏨 ●遠山(원산):멀리 있는 산 ●遠視(원시):멀리 봄

참조 《채근담》에 있는 말이다.

'도덕을 닦아 나감에는 염두(念頭)를 목석같이 가져야 한다. 만약 한번 부러워하는 마음을 일으키면 이내 욕경(欲境)으로 달릴 것이다. 나라를 경영함에는 구름과 물 같은 취미를 가져야 하나니 만약 한 번 집착하는 마음을 두면 곧 위기에 빠진다.'

그런가 하면 《중용》에는 다음과 같이 말한다.

'도덕은 한순간도 이것을 떠나서는 안 된다. 떠날 수 있다면 그것은 이미 도덕이 못 된다. 그러므로 군자는 남이 보지 않는 데서 근신하고 남이 듣지 않는 데서 깨끗이 한다.'

⇨ 인간이라는 것은, 이렇게도 되고 저렇게도 된다. 마음이 뻗치는 대로 살아가는 것이기 때문에 오늘은 착한 사람일지라도 내일은 악한이 된다. 그렇지만 엄밀하게 바른 도덕의식을 가지고 있다고는 말할 수 없다(《팡세》).

⇨ 도덕이란 하나의 중대한 오류이다. 더욱 확실히 말하면 도덕을 장려하는 사람들 가운데서 제일 위대하고 편견 없는 사람들을 보면 알 수 있는 것이지만, 도덕이라고 하는 것은 아무리 해도 인정할 수 없는 하나의 거짓이다(〈니체〉).

⇨ 도덕적이라고 하는 것은 우리가 그것에 대하여 좋게 느끼는 것이요, 부도덕이라는 것은 우리가 그것에 대해 나쁘게 느끼는 것이다. 이것이 도덕에 대해 내가 아는 전부이다(〈헤밍웨이〉).

⇨ 때때로 그리고 오래도록 생각에 잠겨 보면 볼수록 더욱 새롭고 더욱 찧이는 감탄과 숭앙하는 마음으로 가득 차버리는 두 가지가 있다. 그것은 내 머리 위에서 반짝이고 있는 하늘의 별들과, 내 마음속에 자리잡은 도덕률이다.

季布一諾
사철 계   베 포   한 일   승낙할 낙

출전 《사기(史記)》의 〈계포전(季布傳)〉
문의 계포가 승낙함.
요점 한 번 약속하면 반드시 지킨다.

고사 초나라 태생인 계포는 의협심이 강했다. 그가 한 번 '좋소!' 하고 약속을 했다면, 그 일이 힘들고 아니 힘들고는 차치하고 약속은 반드시 지켰다. 초한 전쟁이 막바지에 달했을 때, 계포는 항우의 편에서 유방을 수없이 괴롭혔다. 그러나 전쟁이 끝나고 유방이 천하를 통일하자 그는 수배자로 몰려 상금이 내걸렸다. 평소 계포의 됨됨이를 알고 있던 사람들은 유방에게 청을 넣어 죄를 용서받게 하고 한나라에 충성할 수 있는 길을 열어 주었다.

세월은 흘러 유방이 죽고 나자 흉노족이 득세했다. 여태후(呂太后)를 업신여기는 듯한 행동에 궁 안이 조용할 날이 없었다.

"이 일을 어찌했으면 좋겠는가?"

여태후는 장군들을 불러들여 이 일을 의논했다. 상장군 번쾌(樊噲)가 앞으로 나섰다.

"저에게 10만의 군사를 주신다면 모조리 빗질하고 오겠습니다."

번쾌는 여씨 집안의 딸을 아내로 두었기 때문에 여태후의 후광이 만만치 않았다. 모두들 지당한 말이라고 자라목을 한 채 엎드릴 때였다.

벼락치는 듯한 목소리가 좌중에 울렸다. 계포였다.

"번쾌를 베어야 합니다! 고조 황제께서도 40만 대군을 이끄시고 평성싸움에서 그들에게 포위돼 곤욕을 치렀는데 어찌 번쾌가 10만의 병사로 그들을 대적한단 말씀입니까. 우리 모두를 어린애 취급을 하지 않고서야 그렇듯 무엄한 말을 할 수 있겠습니까. 상고하건대 진나라가 망한 것은 오랑캐를 상대로 국력을 낭비했기 때문입니다. 그 틈새를 노리고 진승과 같은 쥐새끼가 파고든 것입니다. 그런 것으로 보아 번쾌는 조정을 한바탕 흔들어 놓을 생각으로 보입니다."

소란은 이것으로 끝났다. 그 무렵 초나라에 조구라는 이가 있었다. 그는 변론에 능했지만, 환관인 조담의 비위를 맞추어 관직에 버티고 있었다. 그런 자가 온다는 말에 계포는 잔뜩 벼르고 있었다. 조구는 첫 대면에서 이렇게 말했다.

"초나라 사람들은 황금 백근보다 계포의 한 마디를 승낙받기를 원합니다."

자기의 명성이 자자하다는 말에 계포는 조구를 귀빈으로 환대했다.

자원 ●季(사철 계;子部 5획, 총 8획. season):막내 계, 끝 계.
●布(베 포;巾部 2획, 총 5획. cloth):피륙 포, 빌릴 포, 돈 포, 베풀 포.
●一(한 일;一部 총 1획. one):정성스러울 일. 순전할 일, 오로지 일.
●諾(승낙할 낙;言部 9획;총 16획. answer):대답할 낙. 言+若(다른 사람이 요구하는 대로 응답한다는 뜻).

어의 ●季冬(계동):음력 섣달 ●季諾(계락):확실한 승낙 ●季氏(계씨):남의 남자 아우에 대한 존칭 ●布巾(포건):머리에 쓰는 베로 만든 건 ●布木(포목):베와 무명 ●布帆(포범):베로 만든 돛 ●一束(일속):한 묶음 ●一弄(일롱):음악을 한 번 연주함 ●一龍一蛇(일룡일사):어떤 때는 용이 되어 승천하고, 어떤 때는 뱀이 되어 못 속에 숨음 ●諾約(낙약):계약 신청을 승낙함 ●諾從(낙종):응락하여 좇음.

해석 ☞ 阿世(아세):세상을 붙잡으려고 쫓아감. 곧 아첨함.

수양·윤리

過 則 勿 憚 改
허물**과** 곧**즉** 말**물** 꺼릴**탄** 고칠**개**

출전 《논어(論語)》의 〈학이편(學而篇)〉
문의 허물인 것을 알았다면 고치기를 꺼리지 말라.
요점 허물은 즉시 고쳐라.

해석 공자께서 말한다. 사람이 살아가면서 허물을 범하지 않을 수는 없다. 그러나 그 허물을 발견했을 때엔 즉시 고쳐야 함을 강조한다. 물론 이 말은 〈학이편〉뿐만 아니라 〈자한편〉에도 나와 있다. 잘못을 고치는 데에 최선을 다하는 자세, 공자는 그 점을 강조한다.

고사 유자(有子)가 말했다.

"사람됨이 부모에게 효도하고 어른들에게 공손하면서 상관에게 반항하는 자는 드물다. 상관에게 반항하지 않는 사람이 소란을 일으킨 예는 없었다. 훌륭한 사람은 근본을 소중히 여기나 근본이 확고하게 서면 도는 절로 생긴다."

그렇다면 소란을 왜 일으키는가? 자기의 주장이 강한 게 그 이유다. 물론 여기에는 자신의 허물을 감추려는 뜻이 숨어 있다.

공자가 말한 군자(君子)는 본래 '조정에서 열리는 회의에 참석할 수 있는 귀족들'을 가리켰다. 그것이 주(周)나라 시대에서 춘추시대에 이르러 '귀족이 갖추어야 할 교양과 품위를 가리키는 말'이 되었다. 이를테면 신사라든가 인품이 넉넉한 인물이었다. 당시 하급 귀족 출신인 공자는 신흥 지식인들의 세력을 등에 업고 새로운 이상적 인간상을 구현해 나간 것이다.

●過(허물 과 ; 辵部 9획, 총 13획. fault) : 넘을 과, 그릇할 과.

●則(곧 즉 ; 刀部 7획, 총 9획. soon) : 어조사 즉.

●勿(말 물 ; 勹部 2획, 총 4획. don't) : 없을 물, 말 물.

●憚(꺼릴 탄 ; 心部 12획, 총 15획. shun) : 두려울 탄.

●改(고칠 개 ; 攴部 3획, 총 7획. reform) : 거듭할 개, 바꿀 개.

어의 ●過冬(과동) : 겨울을 남 ●過飮(과음) : 술을 지나치게 마심 ●勿問(물문) : 묻지 아니함 ●勿侵(물침) : 침범하지 못하게 말림 ●憚改(탄개) : 고칠 것을 두려워하여 꺼림 ●憚服(탄복) : 두려워서 복종함 ●改刊(개간) : 고치어 간행함 ●改悟(개오) : 전의 잘못을 뉘우쳐 바로잡음

참조 위나라의 대신 거백옥이라는 이가 어느 날 사신으로 왔다. 공자가 묻기를,

"어른께서는 평소 어떻게 소일을 하십니까?"

사신이 대답했다.

"어른께서는 허물을 적게 하시려고 애를 쓰십니다만, 아직은 허물을 적게 하는 것이 잘 안 되고 있습니다."

사신이 물러간 뒤 공자는 "참으로 사신의 임무에 적임하다"고 감탄했다.

여기에서 말하는 '허물'이란, 허물을 저지르고 고치지 않는 것을 의미한다. 즉 과이불개(過而不改) 시위과의(是謂過矣)이다.

무궁한 도에 대하여 인간에게는 허물이 없을 수 없다. 이것을 적게 하고 고치는 것이 도에 가까워지는 방법이라고 공자는 말한다.

"군자는 위엄이 없다. 배우면 굳어지지 않는다. 무엇보다 충신(忠信)을 으뜸으로 하라. 또한 자기보다 못한 자를 친구로 삼지 마라. 허물을 발견하였을 때는 고치는 것에 서리를 두지 말라."

이른바 개과물탄(改過勿憚)이다.

光 風 霽 月
빛 광   바람 풍   비갤 제   달 월

출전 《송서(宋書)》
문의 빛나는 바람과 맑은 달.
요점 가슴 속에 맑은 인품을 지닌 사람을 말함.

해석 인격(人格)에 관한 내용으로 《채근담(菜根譚)》에 다음과 같은 기록이 보인다. 성질이 조급한 사람은 타는 불과 같아서 보는 것마다 태워버린다는 것이다. 그러다 보니 남에게 은혜 베풀기를 즐기지 않을 것은 너무 뻔하다. 마음은 얼음과 같이 차가우니 닥치는 대로 얼려 죽인다는 것이다. 기질이 따분하고 고집이 있는 사람은 흐르지 않는 물이나 썩은 나무와 같다는 것이다. 생기가 없으니 어찌 공업(功業)을 이룰 수 있느냐는 말이다.

고사 악은 인격과 더불어 시작된다는 말이 있다. 그렇기 때문에 아무리 재능이 훌륭해도 도덕적으로 재무장을 하지 않았다면 머지않아 그에 대한 문제가 발생할 수밖에 없다는 말이다.

송나라 때에 주돈이는 《태극도설》을 발표하여 세상 사람들을 놀라게 했다. 그런가 하면 그의 《통서》에는 우주관과 인생관을 절묘하게 교직시켜 성리학(性理學)으로 발전시켜 나갔다. 황정견은 주돈이의 이러한 학문적 견지를 높이 사 감탄해 마지않았다.

" 나는 그의 학문적인 탐구열과 인간성에 깊은 경의를 표한다. 그의 인격은 고매하여 마치 비가 온 뒤에 불어오는 시원한 바람과 하늘에 떠 있는 맑은 달과 같다."고 했다.

이른바 광풍제월이라는 말이다.

자원 ●光(빛 광; 儿部 4획, 총 6획. light) : 빛날 광, 기운 광.
●風(바람 풍; 風部 총 9획. wind) : 울릴 풍, 풍속 풍.
●霽(비 갤 제; 雨部 14획, 총 22획. clear up) : 개일 제.
●月(달 월; 月部 총 4획. moon) : 달 월.

어의 ●光艶(광염) : 매우 아리따움 ●光濟(광제) : 크게 구제함 ●風骨(풍골) : 체격이나 모양이 좋음 ●風紀(풍기) : 풍속이나 풍습에 관한 기율 ●霽天(제천) : 조금도 흐림 없이 맑은 하늘 ●霽月(제월) : 비가 그친 하늘에 뜬 달 ●月光(월광) : 달빛 ●月曆(월력) : 달력

참조 다음은 《탈무드》에 있는 말이다.

"훌륭한 사상은 역시 훌륭한 인격에 담긴다. 작은 그릇에는 작은 음식밖에 담기지 않듯, 인격이 작아서는 큰 사상을 담기가 어렵다. 작으나 크나 어떤 사상이란 그 사람의 인격을 토대로 쌓여지는 하나의 건축이다. 일하는 것은 모든 사람에게 있어 소중한 것이다. 왜냐하면 그것은 사람에게 혜택을 주는 것이니까. 아이들에게 아무것도 가르치지 않고 시키지 않음은 그 아이들로 하여금 장래에 대해서 약탈할 준비를 시키는 것과 다름이 없다."

그런가 하면 이런 말도 있다. 인격이란 말 뒤에는 그 관념의 막연한 성격이 숨겨져 있다. 그 말은 육체와 같은 어떤 사실적인 대상을 가리키는 것이 아니라는 것이다. 인간 존재는 창작가들이 요지부동하게 고정시켜 놓은 작품상의 인물과는 다르기 때문이다. 바깥으로 나타나는 인간의 부분은 죽어 있기 때문이라는 것이다. 그런가 하면 카네기는 인격의 특징의 하나는 자신을 남과 구별하는 차이를 확실히 자각하여 그것을 있는 그대로 받아들이고, 개선하려는 것에 있다 하였다.

☞ 崑玉秋霜(곤옥추상) : 인격의 엄숙함과 고상함을 옥과 서리에 비유하고 있다.

掛　　冠
걸 괘　　관 관

출전 《후한서(後漢書)》의 〈봉맹전(蓬萌傳)〉
문의 갓을 벗어 건다.
요점 관직을 버리고 벼슬길에서 물러나는 것을 뜻함.

고사 왕망(王莽)은 어려서부터 가난 속에서도 유학을 공부했다. 그러한 노력은 점차 인정을 받게 되어 직위도 점차 올라갔다. 물론 그 당시 왕망은 생활이 무척 검소했다는 점을 기록으로 볼 수 있다. 한 번은 이런 일이 있었다. 왕망의 모친이 앓아 눕게 되었는데 제후의 부인이 앞을 다투어 문병 왔다. 그들을 마중 나온 왕망의 아내는 의복 자락이 마루 바닥에 닿지 않고 더구나 천이 간신히 무릎을 덮을 정도였다. 당연히 사람들은 그녀가 하인인 줄로 알았다. 그러나 그녀는 왕망의 부인이었다.

왕망이 정권을 잡고 평제를 세웠을 때 도둑을 잘 잡는 정장(亭長)이라는 관직에 있는 봉맹(蓬萌)이라는 이가 있었다. 비록 도둑을 잡는 일에 종사하고 있었지만 열심히 책을 읽은 탓에 춘추에 능통했다.

처음에 애제가 후사가 없이 죽자 원후는 왕망을 불러 뒷일을 의논했다. 그렇게 하여 당시 아홉 살인 중산왕을 세우니 이가 곧 평제다. 평제에게는 생모 위씨(衛氏)가 있었다. 왕망은 그녀를 중산국에 억류시키고 장안에 발을 들여놓지 못하게 했다.

"이 일은 참으로 온당치 못합니다."

정면에서 반박하고 나온 것은 왕망의 장남 왕우였다. 그는 이 일의 옳지 못함을 간하였다가 자살할 것을 명령받았다. 그리고 왕우가 자살을 명 받아 죽은 해에, 평제의 생모 위씨도 음모를 꾸몄다는 이유로 죽임을 당하였다.

이런저런 소식을 들은 봉맹은 친구들이 모인 자리에서 그런 얘기를 했다.

"이보시게들, 이미 삼강은 끊어졌네. 서둘러 떠나지 않는다면 머지않아 우리 목에 재앙이 내릴 것이네."

그는 관을 벗어 장안의 북문인 동도문(東都門)에 걸어 놓았다. 그런 다음 집으로 돌아가서는 가족들을 이끌고 바다 건너 요동 땅으로 들어갔다. 훗날 광무제 유수가 즉위하여 그를 불렀으나 한사코 나오지를 아니했다.

자원 ●掛(걸 괘 ; 手部 8획. 총 11획. hang) : 달 괘, 달아 둘 괘.
●冠(관 관 ; 冖部 7획, 총 9획. crown) : 갓 관, 물건 위의 장식관.

어의 ●掛念(괘념) : 마음에 두고 잊지 아니함 ●掛圖(괘도) : 걸어놓고 보는 학습용 그림이나 지도 ●卦鐘(괘종) : 걸어 놓는 시계 ●冠童(관동) : 어른과 아이 ●冠玉(관옥) : 관 앞을 장식하는 옥 ●冠婚(관혼) : 관례와 혼례

참조 왕망이 이렇게 한 이유는 그가 스스로 황제의 자리에 앉고 싶었기 때문이다. 그는 유교에 사로잡혔다. 스스로를 성인이라고 굳게 믿은 탓에 《주례(周禮)》에 있는 고대의 제도를 이상향으로 하고 그것을 그대로 실행에 옮기면 불안한 사회를 구제할 수 있다고 믿었다. 완전히 고전에서나 볼 수 있는 제도는 멀리하였다. 그러나 현실을 무시한 복고적인 왕망의 개혁은 사회 불안을 더욱 가중시켰다. 또한 외정에 따른 전비(戰費) 확대는 농민의 부담을 더욱 무겁게 했다. 전한 이래 끊이지 않은 농민의 폭동은 곳곳에서 불이 붙었다. 왕망의 신정이 시작될 즈음에는 이미 농민의 궐기는 한껏 달아올랐다. 병사들의 반란·농민과 노비의 폭동은 왕망의 실각을 예고하는 단면들이었다.

九 死 一 生
아홉구 죽을사 한일 살생

출전 《사기(史記)》의 〈굴원 가생열전(屈原 賈生列傳)〉
문의 아홉 번 죽을 고비에 한 번 살았다.
요점 죽을 고비를 어렵게 넘겨 살아남을 비유.

고사 굴원(屈原)의 이름은 평(平)이다. 주말에서 초의 공족으로 문재(文才)가 뛰어나고 사령(辭令)을 잘하였다. 그러나 그가 지은 〈이소(離騷)〉가 문제가 되어 추방당했는데 한 번 용서를 받아 귀국하였으나 다시 쫓겨나는 불운을 맞이했다.

　훗날 그의 친구며 문하생들이 모은 책《초사(楚辭)》에 수록된 작품에는 대략 25편이 실려 있다. 이 가운데 〈이소〉에는 인생의 어려움이 많음을 탄식하고 자신이 한 일은 비록 어려움이 있다 해도 후회하지 않는다는 내용이 있다. 그 가운데 '아홉 번 죽어 한 번을 살아나지 못한다 하더라도 후회하고 원한을 품는 것은 족하지 못하다'라는 내용이 있다. '구사일생(九死一生)'이란 여기에 연유한다.

자원 ●九(아홉 구；乙部 1획, 총 2획. nine)：수가 많을 구.
●死(죽을 사；歹部 2획, 총 6획. die)：끊일 사, 마칠 사.
●一(한 일；一部 1획, 총 1획. one)：정성스러울 일, 한 가지 일, 오로지 일.
●生(살 생；生部 총 5획. born)：익지 않을 생, 저절로 생.

어의 ●九皐(구고)：깊은 못 ●九折(구절)：꼬불꼬불한 모양 ●九地(구지)：땅의 가장 낮은 곳 ●死諫(사간) : 죽기를 한하고 간함 ●死藏(사장) : 유용한 물건을 쓰지 않고 넣어 둠 ●死活(사활) : 죽기와 살기 ●一考(일고) : 한 번 더 생각함 ●一名(일명) : 다른 이름 ●一安(일안) : 한결같이 편안함 ●生計(생계) : 살아갈 방도 ●生果(생과) : 아직 덜 익은 과실 ●生來(생래) : 나면서부터 이제까지

참조 굴원이 쫓겨나 양자강 가에 이르렀을 때에 한 어부가 그를 발견하고 삼려대부(三閭大夫 ; 왕족을 맡아보던 관직. 굴원이 한때 이 직에 있었다)냐고 물었다. 그렇듯 귀한 분께서 어떻게 험지까지 왔느냐는 눈빛이었다. 굴원의 대답이 시큰둥했다.

"온 세상이 먼지투성인데 나만 청결한 척했더니 쫓아냅디다 그려."

"그건 잘못된 일입니다. 세상이 혼탁하면 탁류에 몸을 맡기고 함께 취하셔야지요. 그렇지 않았으니 추방을 당했지요."

굴원이 발끈했다.

"나는 '머리를 새로 감은 자는 그 관의 먼지를 반드시 털어서 쓰고, 목욕을 한 자는 반드시 그 의복의 먼지를 털어서 입는다'고 들었소. 누가 깨끗한 몸에 더러운 먼지를 묻히겠소. 차라리 장강에 몸을 던져 물고기의 뱃속으로 사라지는 게 낫지."

굴원은 즉시 회사(懷砂)를 지어 불렀다. 이것은 모래를 품고 강물에 몸을 던진다는 내용이었다. 굴원은 얼마 후 바위를 품에 안고 멱라수에 몸을 던져 목숨을 끊어 버렸다.

굴원의 작품은 그의 제자 송옥(宋玉) 등과 함께 《초사》에 엮어져 있다. 그는 중국인들의 정신세계에 지대한 영향을 끼쳤다. 역대의 위대한 시인으로 간주되어 온 이백과 두보도 그들의 예술적인 품격이나 덕성 등이 한결같이 굴원의 영향권 안에 있었다.

굴원이 죽음을 맞이한 5월 5일. 속칭 단오절로 불리는 이날은 그를 추모하는 제일(祭日)이다. 매년 이날이 오면 강남 지방의 사람들은 뱃머리가 용의 머리인 배를 타고 갈대 잎으로 싼 송편을 멱라수에 던져준다.

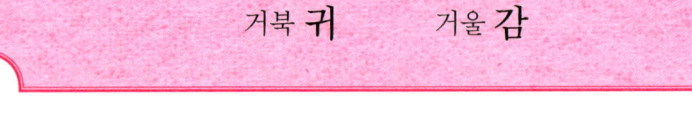

龜 鑑

거북 **귀**　　거울 **감**

출전 《북사(北史)》〈장손소원전(長孫紹遠傳)〉
문의 사물의 거울. 본보기가 될 만한 것.
요점 거북은 길흉을 점치고 거울은 사물의 그림자를 비춘다.

해석 옛날에는 길흉을 예측하는 방법으로 두 가지가 있었다. 하나는 거북의 등을 말려 굽는 것이다. 그렇게 하면 여러 갈래 금이 나타나는데, 이것이 균열(龜裂)이다. 이때 생겨난 금을 조(兆)라 하여 어떤 일에 나타나는 기미를 징조(徵兆), 길조(吉兆), 흉조(凶兆)라 하였다. 다른 한 가지는 서죽(筮竹)이다. 대나무를 이용했기 때문에 우리나라에서는 '산가지'라 하는데 이것은 점쟁이가 산통(算筒)에 넣어 길흉을 헤아릴 때 사용한다. 스스로가 아름다움과 추함을 판단하는 데엔 어떤 도구가 있을까? 그것은 거울이다. 옛날에는 거울이 귀했기 때문에 세숫대야와 같은 곳에 물을 담아 비추어 보았다. 그것이 감(鑑)이다. 다시 말해 감으로써 추하고 아름다움을 판단했다.

고사 송나라의 유학자인 정호(程顥)와 정이(程頤) 형제가 어느 날 잔칫집에 갔다. 동생은 점잖게 술을 마시는데 형은 차마 눈 뜨고 볼 수 없을 만큼 장난이 심했다. 동생은 몹시 불쾌했다. 다음날 형을 찾아가 은근히 나무랐다.

"형님, 어젯밤 술자리에서 장난이 너무 심합디다. 장난이 그렇듯 거칠어서야 되겠습니까?"

형이 아무렇지 않게 대꾸했다.

"성인은 거울과 같은 것이야. 고운 것이 비치면 곱게 보이고 추한 것이 비치면 추하게 보일 뿐이지. 그러나 거울은 하등 상관이 없지."

《묵자(墨子)》에 이런 얘기가 나온다.

"군자는 물을 거울로 하지 않고 사람을 거울로 한다. 물에 비치면 얼굴을 본다. 사람에 비치면 길흉을 안다(君子不鏡於水而鏡於人)."

물을 거울로 하는 경우는 외형만을 본다. 그러나 사람을 거울로 하면 선악을 알 수 있다.

자원 ●龜(거북 귀;龜部 총 16획. tortoise):본뜰 귀, 점칠 귀, 별 이름 귀(손 얼어 터질 균, 나라 이름 구로도 쓰인다).
●鑑(거울 감;金部 14획, 총 22획. mirror of metal):鑑은 金과 臥, 그리고 皿의 합성어이다. 사람이 누워(臥) 쇠(金) 그릇(皿)을 봄.

어의 ●龜脚(귀각):선인장의 다른 이름 ●龜殼(귀각):거북의 등 껍질 ●龜毛(귀모):거북의 털. 매우 진귀한 것을 이름 ●鑑戒(감계):지나간 일을 잘 생각하여 스스로를 경계함 ●鑑察(감찰):자세히 보아서 살핌 ●鑑賞(감상):예술작품을 음미하여 이해하고 즐김.

참조 일찍이 아리스토텔레스는 "청동(靑銅)은 모양을 비추는 거울이지만, 술은 마음을 비추는 거울"이라 했다.

이규보(李奎報)의 《경설(鏡說)》에도 비슷한 얘기가 있다. "거울이란 얼굴을 보는 것이다. 얼굴에 불길한 것이 묻지 않았는가, 또는 얼굴빛이 평화스럽지 못하는가를 살피는 것이다. 그래서 군자는 거울을 대할 때마다 그 거울의 밝은 본성을 택해 얼굴을 비치는 거울처럼 자신의 마음을 맑게 하여 세상을 비친다고 했다.

복서(卜筮)에 쓰는 물건에 귀책(龜策)이란 게 있다. 거북을 쓰는 것을 복(卜), 책(策)을 쓰는 것이 서(筮)다. 사마천의 《사기(史記)》에 나오는 〈귀책열전(龜策列傳)〉은, 새해 첫날 이 세상에 귀감이 될 만한 일이 무엇인가를 점쳐보는 일이다.

克己復禮

이길 극　몸 기　돌아갈 복　예 례

출전 《논어(論語)》의 〈안연편〉
문의 자기의 욕망과 싸워 예로 돌아감.
요점 스스로의 욕망을 제어시키고 예로 돌아가는 것을 인이라 함.

해석 공자는 인(仁)의 사상을 피력할 때 '강의목눌근인(剛毅木訥近仁)'이라 하였다. '강'은 덕성이 견고하여 욕심에 사로잡히지 아니하고, '의'는 강인하여 하기 어려운 일을 능히 하고, '목'은 성행이 질박하여서 화미한 것을 삼간다. 또한 '눌'은 말이 지둔하여 묵중한 탓에 모두 인(仁)에 가깝다 하였다.

고사 안연이 인(仁)에 대해 묻자 공자가 답했다.
　"몸을 삼가 예로 돌아가는 것(克己復禮)이 인이다. 하루라도 몸을 삼가 예의 규범으로 돌아가면 천하가 모두 인의 덕을 지닌 사람에게로 돌아올 것이다. 인의 덕을 행하는 것은 자신에게 달렸다. 어찌 남을 의지하겠느냐."
　안연이 다시 말했다.
　"선생님, 요점을 일러주십시오."
　"예에 어긋난 것은 보지 말며, 예에 어긋난 것은 듣지 말며, 예에 어긋난 것은 말하지 말며, 예에 어긋난 것은 행하지 않는다."
　안연이 말했다.
　"제가 비록 어리석고 불민하오나 그 말씀은 꼭 따르겠습니다."

자원 ●克(이길 극 ; 儿部 5획, 총 7획. overcome) : 능할 극, 마음 억누를 극.

●己(몸 기;己部 총 3획. body, self) : 사사 기, 마련할 기.
●復(돌아갈 복; 彳部 9획, 총 12획. return) : 대답할 복, 되풀이할 복.
●禮(예 례;示部 13획, 총 18획. good manners) : 예도 례.

어의 ●克己(극기) : 자기의 사욕을 의지로 눌러 이김 ●克復(극복) : 어려운 상
태를 이기고 본래의 상태로 되돌아감. ●己有(기유) : 자기 소유의 물건 ●己
出(기출) : 자기가 낳은 자식 ●復古(복고) : 옛 상태로 돌아감 ●復元(복원) : 원
래대로 다시 회복함 ●禮度(예도) : 예의와 법도 ●禮訪(예방) : 예로써 방문함

참조 인(仁)은 공자의 중심 사상이다. 물론 이에 대한 문답은《논어》에 많이
나온다. 또한 주석하는 자의 입장에서도 여러 갈래의 해석을 풀어 놓는다.
그러나 자아를 극복하여 예로 돌아간다든지 하는 문제는 자기 욕망을 초극
하는 것이다. 이런 문제는 대아(大雅)와 소아(小雅)니 하는 문제와 부딪치기
도 한다.
　공자가 부귀를 싫어했는가?
　그것은 아니다. 공자는 욕망을 나쁘게 생각하지 않았다. 인간의 욕망은
그것 나름대로 긍정하며, 이것을 예로써 규제하는 것이 필요하다고 생각했
을 뿐이다.
　그러므로 극기복례(克己復禮)를 주자는 자기의 욕망을 이기는 것으로 해
석했다. 그러나 공자는 제 욕망을 극복한다던가 또는 없앤다는 사상은 없다.
다만 그것이 너무 지나치는 것을 막으려고 제어하는 것을 생각했을 따름이
다.
　⇨ 자기에게 이겨 예에 돌아온 것은 인으로 삼는다. 일단 자기에게 이겨
예에 돌아오면 천하가 인으로 돌아온다(《논어》).
　널리 배워 뜻을 독실히 하며 간절히 묻고 가까운 것에서부터 생각하면 인
이 그 가운데 있다고 공자는 말했다.

修養·倫理

難 兄 難 弟
어려울 **난** 맏 **형** 어려울 **난** 아우 **제**

출전 《세설신어(世說新語)》의 〈덕행편(德行篇)〉

문의 누가 형인지 동생인지 분간하기 어려움.

요점 서로 비슷할 때에 쓰는 말.

해석 얼굴이며 용모가 비슷하여 분간하기가 쉽지 않은 게 아니라, 능력이며 학문의 실력이 엇비슷하며 누가 위인지 아래인지 따지기가 쉽지 않다는 말. 막상막하와는 의미가 다르다.

고사 후한 때의 인물인 진식(陳寔)은 양상군자(梁上君子)로 유명한 인물이다. 그는 태구현 현감으로 부임해 왔을 때에 집안에 침입한 도둑을 감화시켜 내보냈다는 유명한 일화가 있는 인물이다. 그 당시 진식이 대들보 위에 도둑이 올라가 있는 것을 눈치채고 아들과 손자들을 불러들여 '학문에 정진하지 않고 바른 뜻을 품고 있지 않으면 장차 대들보 위에 올라간 도둑과 같은 처지가 된다'고 비유하였다. 혼비백산하여 내려온 도둑에게 재물을 쥐어서 내보낸 일화는 태구현의 미담으로 남아 있는 상태였다. 바로 이 진식이라는 인물이 낭능후(郎陵侯)를 지낸 순숙(荀淑)의 집을 찾아갔다. 그와 동행한 세 아들은 진기(陳紀;원방)·진심(陳諶;계방)·진군(陳群;장문)이었다. 순숙은 검소하여 노복도 없었다.

그들을 맞이한 순은 어린 막내만을 남겨 놓고 나머지 아들들은 손님을 대접하게 했다. 이때 궁 안에 있는 태사(太史;점쟁이)가 임금에게 아뢰기를 '덕성(德星;진인)이 동쪽의 순의 집에 있다'고 하였다. 한 번은 이런 일이 있었다. 어느 날 집에 손님이 왔다. 그는 진식과 어디를 가기로 약속을 했는데 와서 보니 이미 출타한 후였다. 그가 투덜거리자 진기가 말했다.

"자식들 앞에서 부모님 욕을 하는 것은 당치않습니다. 더구나 아버님과 약속을 하시고 늦게 오시지 않았습니까. 그것이 잘못된 일이지요. 아니 그렇습니까?"

부친의 친구는 책망을 듣는 순간 자신의 허물을 느꼈으나 이미 진기는 집안으로 들어간 뒤였다. 그날 오후 아들 진기와 진심 간에 논쟁이 벌어졌다. 결말이 나지 않자 부친(진식)에게 판정을 부탁했다. 그러자 진식은 의미심장한 말을 내놓았다.

"원방도 형 되기가 어렵고, 계방도 동생 되기가 어렵다(元方難爲兄 季方難爲弟)."

자원 ●難(어려울 난;隹部 11획, 총 19획. difficult):구슬 이름 난, 근심 난, 막을 난, 꾸짖을 난.

●兄(맏 형;儿部 3획, 총 5획. elder brother):어른 형.

●難(어려울 난;隹部 11획, 총 19획. difficult):구슬 이름 난, 근심 난, 막을 난, 꾸짖을 난.

●弟(아우 제;弓部 4획, 총 7획. younger brother):동생 제, 공경 제, 순할 제.

어의 ●難境(난경):어려운 경우 ●難解(난해):해석하기 어려움 ●難易(난이):어려운 일과 쉬운 일 ●兄弟(형제):형과 아우 ●兄嫂(형수):형의 아내 ●兄弟之間(형제지간):형제간의 우의처럼 지내는 정겨운 친구의 정의 ●弟妹(제매):아우와 누이 동생 ●弟子(제자):스승의 가르침을 받는 사람 ●弟兄(제형):아우의 언니

참조 덕행의 세계는 엇비슷하여 우열을 가리는 문제가 쉽지 않다. 논쟁은 항상 자신이 우월하다는 데에 생긴다. 그러기 때문에 옛 성현들은 적을 가지려면 자신이 우월하다고 우기는 데에 있다고 하였다. 친구를 가지려면 그로 하여금 더 뛰어나게 만들라는 것이다.

大 公 無 私
큰 **대** 공평할 **공** 없을 **무** 사사 **사**

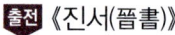

출전 《진서(晉書)》

문의 모든 일에 사가 없다.

요점 일 처리가 공정하고 바르다.

고사 춘추시대에 진(晉)의 평공(平公)이 어느 날 총애하는 신하 기황양(祁黃羊)을 어전으로 불러 은밀히 물었다.

"남양현에 현령 자리가 비었는데 그대로 둘 수는 없는 일이잖소. 어떤 사람이 적임자라 보시오?"

기황양은 지체 없이 말했다.

"그 일이라면 해호(解狐)가 적임잡니다."

평공이 깜짝 놀라 반문했다.

"해호?"

"그러하옵니다 대왕. 해호가 가장 적임잡니다."

평공은 아직도 믿기지 않는다는 듯 반신반의하는 표정이었다.

"해호라면 그대와는 견원지간이 아닌가? 그러한 자를 천거한단 말인가?"

"대왕께서는 어느 누가 현령에 적합한지를 물으셨습니다. 소신에게 대적하는 해호에 대해 물으신 것은 아니잖습니까."

이렇게 하여 평공은 해호를 남양현의 현령으로 임명했다. 그는 부임한 뒤에 현을 위해 유익한 일을 많이 하여 공덕비를 세우는 등 백성들에게 존경과 신망을 받았다.

얼마의 시간이 지난 뒤 평공은 다시 물었다.

"지금 조정에서는 법 집행을 공정하게 해야 할 감찰어사 한 사람이 필요한데, 어느 누가 적임자라 보시오?"

이번에도 기황양은 지체 없었다.

"그 일이라면 기오(祁午)가 적임자라 봅니다."

평공은 놀라 반문했다.

"기오?"

"그러하옵니다."

"기오라면 그대의 아들이 아닌가? 아들을 추천하여 다른 사람들에게 군소리를 들을까 걱정이 안 되는가?"

가황양은 처음과 같은 표정으로 흔들림이 없었다.

"대왕께선 감찰어사의 소임에 대해 물으셨기에 소신이 대답한 것이지, 저의 아들이 아니냐고 물으신 것은 아니었습니다."

평공은 이번에도 기황양이 천거한 기오를 감찰어사에 임명했다. 그는 모든 일을 공명정대하게 처리하여 많은 사람에게 좋은 평을 받았다.

자원 ● 大(큰 대;大部 총 3획. big) : 지날 대, 길 대.

● 公(공평할 공;八部 2획, 총 4획. impartiality) : 한가지 공, 공변될 공.

● 無(없을 무;火部 8획, 총 12획. none) : 아닐 무, 말 무.

● 私(사사 사;禾部 2획, 총 7획. private) : 나 사, 간사할 사.

어의 ● 大國(대국) : 크고 넓고 강대한 나라 ● 大本(대본) : 근본 ● 公吏(공리) : 공공 단체의 사무를 보던 사람 ● 公示(공시) : 여러 사람에게 널리 알림 ● 無間(무간) : 서로 친하여 막힘이 없음 ● 無垢(무구) : 더럽힌 곳이 없음 ● 私談(사담) : 사사로이 하는 말 ● 私議(사의) : 뒷전에서 이렇게 저렇게 하는 말

참조 기황양은 인재를 천거할 때엔 원수라고 편견을 두거나 또는 빈축을 살까 우려하지 않았다. 그는 모든 일을 공명정대하게 처리했다.

道 聽 塗 說
길 도 들을 청 길 도 말씀 설

출전 《논어(論語)》의 〈양화편(陽貨篇)〉
문의 큰 길에서 듣고 작은 길에서 말한다.
요점 길에서 듣고 말하는 것은 경박한 행동이라는 것.

해석 《논어》의 〈양화편〉에서 공자는 말한다. '길에서 어떤 말을 들었을 때, 그 것을 자신의 마음속에 넣어 수양의 양식으로 삼지 않고 다시 길에서 지껄여 버리는 것은 결코 도움이 되지 않는다. 좋은 말은 마음에 잘 간직했다가 자 기 것으로 삼아야 덕을 쌓을 수 있다'는 것이다.

고사 바른 마음으로 가정을 다스리고 나라를 다스릴 수 있을 때라야만 천하 를 다스릴 수 있다는 것은 공자의 이상(理相)이다. 그러므로 공자는 덕을 쌓 기 위해서는 끊임없이 노력해야만 가능하다 하였다.

후한 때에 반고(班固)가 지은 《예문지》에는 소설가에 대해 이렇게 평하고 있다.

"대저 소설이라는 것의 발단은 군주가 백성들의 풍속을 알기 위하여 관원 들에게 명하여 쓰게 한 데에서 비롯된다. 이를테면 세상 이야기나 항간의 소 문 거리는 좋은 말을 듣고도 남에게 지껄여대는 무리들이 지어낸 것이다."

이런 쪽에서 보면 소설은 낮은 관원들이 읽는 것으로 치부된다. 즉, 패관 (稗官) 문학으로 본 것이다.

세상을 살아가다 보면 바른말을 듣고도 잘못 전하는 경우가 많다. 더구나 입에서 입으로 전해지는 정보는 어느 정도 살점이 붙고 머리와 꼬리가 두꺼

워지기 마련이다.

●道(길 도;辶部 9획, 총 13획. way) : 순할 도, 이치 도, 도 도, 말할 도.
辶(辵)+首(사람의 수효를 뜻함), (사람이 쉬엄쉬엄 가는 것을 나타냄.)
●聽(들을 청;耳部 16획, 총 22획. hear) : 받을 청, 좇을 청, 결단할 청. 耳+壬
+悳(덕 있는 사람에게서 나오는 말을 듣는다는 의미).
●塗(길 도;土部 10획, 총 13획. coat) : 진흙 도, 바를 도.
●說(말씀 설;言部 7획, 총 14획. theory) : 고할 설, 글 설, 말할 설.

●道界(도계) : 도의 세계 ●道立(도립) 도에서 세움 ●道破(도파) : 남김
없이 말함 ●聽講(청강) : 강의를 들음 ●聽納(청납) : 남의 말을 듣고 용납함
●聽理(청리) : 송사를 자세히 듣고 심리함 ●塗塗(도도) : 두터운 모양 ●塗粉
(도분) : 분을 바른 모양 ●塗巷(도항) : 거리 ●說伏(설복) : 잘 설명하여 따르게
함 ●說諭(설유) : 말로 타이름 ●說示(설시) : 설명하여 보임

《순자》의 권학편에는 다음과 같은 말이 있다.

"소인의 학문은 귀로 들으면 입으로 빠져나간다. 조금도 마음에 두지 않는다는 뜻이다. 입과 귀의 사이는 얼마나 될까? 겨우 네 치다. 이 정도의 거리를 통할 뿐인데 무슨 재간으로 칠 척이나 되는 몸을 편히 만들 수 있겠는가?"

이런 물음표를 던졌다. 옛날 사람들은 배운 학문을 자기 것으로 만들려고 대단한 노력을 했는데, 요즘 사람들은 어찌된 셈인지 곧잘 입으로 중언부언 지껄이며 바람에 날리는 겨처럼 쓸데없이 허공에 뱉어 버린다. 그것은 결코 군자의 학문이 아니라 소인들의 학문인 것이다.

그들은 묻지두 않는 말을 입에 담기도 한다. 이것을 수다라 한다. 어디 그뿐인가, 하나를 묻는데 둘을 말하는 것도 수다라 한다. 군자는 묻지 않으면 답하지 않고 물으면 그것만 답해야 한다.

明 哲 保 身

밝을 명 밝을 철 보전할 보 몸 신

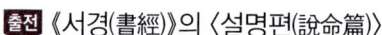

출전 《서경(書經)》의 〈설명편(說命篇)〉
문의 이치에 맞는 도리로 몸을 보전함.
요점 일 처리가 밝고 사리에 맞아, 그런 행동으로 몸을 보전함.

고사 《서경》의 〈설명편〉은 상중하 3편으로 이루어져 있다. 은(殷)나라의 무정(武丁)이 부왕인 소을(少乙)에 이어 국왕으로 즉위한 후 부친의 3년상을 치르고도 정치에 대해 침묵을 지켰다.

그는 꿈에서 어진 이를 보았는데 바로 열(說)이라는 인물이었다. 열은 전암(傅巖)이라는 곳에 있었기 때문에 전열(傅說)이라 불렀다.

무정(武丁)은 보위에 올랐으나 뚜렷하게 정치에 대해 움직임이 없었다. 그러나 곧 전열이라는 현인을 재상으로 등용하면서 은나라의 중흥에 힘쓰게 되었다. 어진 이가 군왕을 보좌하여 선정을 베푸니 만백성의 칭송은 그칠 날이 없었다.

군신은 모두 군왕께 간하여 말했다.

아아, 아는 것은 밝고 어질다 하고
명철(明哲)이면 진실로 법이 되나니
천자께서 만방에 임금하여 계시거든
백관이 법을 받들어 임금의 말로 명(命)을 삼나니
말하지 아니하시면
신하가 법령을 물을 바 없으리로다

그러자 무정(武丁)이 글을 지어 일렀다.

나에게 온 세상을 바르게 하게 하시나
내 덕이 같지 못할까 저어하여 그런 고로
말하지 아니하며 공경하며
잠자코 도를 생각하나니
꿈에 제(帝)께서 내게 도울 어진 이를 주시니
그가 말을 대신하리라
이에 그의 형상을 더듬어
널리 천하에 구하시니
열이 전암의 들에서 본 초상(肖像)과 같더라

자원 ●明(밝을 명 ; 日部 4획, 총 8획. bright) : 분별할 명, 총명할 명, 밝힐 명.
●哲(밝을 철 ; 口部 7획, 총 10획. sagacious) : 슬기로울 철.
●保(보전할 보 ; 人部 7획, 총 9획. keep) : 지닐 보, 도울 보.
●身(몸 신 ; 身部 총 7획. body) : 아이 밸 신, 몸소 신.

어의 ●明官(명관) : 어진 정치를 하는 수령 ●明旌(명정) : 죽은 사람의 관직·성명을 기록한 기 ●哲夫(철부) : 어질고 현명한 남편 ●哲人(철인) : 사물의 이치에 맞고 식견이 높은 사람 ●保健(보건) : 건강을 보전함 ●保全(보전) : 보호하여 안전하게 함 ●身分(신분) : 개인의 사회적 지위와 계급 ●身後(신후) : 죽은 후

참조 부왕이 사망한 후 3년 동안 정치에 관심을 보이지 않는 군주에게 신하들이 어서 빨리 정치 일선에 나서라고 간하였다. 뛰어난 덕을 갖춘 명철한 무정(武丁)은 자신의 다스림이나 언행에 잘못이 있으면 많은 사람들을 미혹시킬 수 있다고 했다.

修養·倫理

木 人 石 心
나무 목   사람 인   돌 석   마음 심

출전 《진서(晉書)》의 〈하통편(夏統篇)〉
문의 나무나 돌로 만든 사람.
요점 의지가 굳어 전연 꼼짝하지 않음.

고사 하통(夏統)이라는 이는 진(晉)나라 때 강남에 사는 인사였다. 그는 세상 명리에는 관심이 없었으나 그를 아는 사람들은 초야에 묻힌 것을 안타까이 여겨 늘 벼슬길에 나갈 것을 권하였다. 한 번은 도성에 볼 일이 있어 올라갔다가 가충(賈充)이라는 친구의 집을 방문하였다. 그는 태위 직위에 있었는데 평소 하통을 흠모해 왔다. 그러니 얼마나 반갑게 맞이하였는지는 짐작이 가고도 남을 일이다.

그는 온갖 수단을 동원하여 설복했다. 첫째는 벼슬에 관한 향수였다. 그러나 하통은 자신을 끌어들이는 목적이 순수한 것이 아니라는 점을 들어 거절해 버렸다. 그러나 이번에는 완전 무장을 한 군마를 집결시켜 놓고 열병을 하도록 했다.

"이보게, 자네가 마음을 돌리면 여기 있는 군마는 모두 자네의 명을 따를 것이네."

하통은 고개를 끄덕였다.

"그렇구만. 위풍이 당당해. 사기도 충천하여 하늘을 찌를 듯싶어. 한데 나의 취미와는 다르니 별로구만."

가충은 몹시 실망했다.

이번에는 방법을 바꾸었다. 아름다운 미인을 불러 예쁘게 화장을 한 다음

하통을 뫼시게 한 것이다. 아름다운 미인들이 요염한 교태를 흘리며 춤을 추기 시작했다. 그러자 가충이 넌지시 말문을 텄다.

"이보시게 어떤가. 얼마나 아름다운 미인들인가. 이런 것은 보통 사람이라면 어림도 없지. 자네가 마음을 돌리면 평생을 이렇게 살 수가 있네. 어떤가?"

그러나 하통은 도무지 안중에 없다는 듯 하품만 쏟아낼 뿐이었다.

이렇게 되고 보니 가충은 완전히 절망하였다. 이후로 사람의 마음을 재물이나 미색으로 움직일 수 없을 때에 이 성어를 사용했다.

자원 ● 木(나무 목 ; 木部 총 4획. wood) : 질박할 목, 뻣뻣할 목.
● 人(사람 인 ; 人部 총 2획. people) : 사람 인, 성질 인.
● 石(돌 석 ; 石部 총 5획. stone) : 저울 석, 단단할 석.
● 心(마음 심 ; 心部 총 4획. mind) : 가운데 심, 영통 심.

어의 ● 木幹(목간) : 나무의 줄기 ● 木末(목말) : 메밀가루 ● 木造(목조) : 나무로 만든 물건 ● 人馬(인마) : 사람과 말 ● 人望(인망) : 사람들이 원하고 바라는 것 ● 石徑(석경) : 돌이 많은 좁은 길 ● 石女(석녀) : 아이를 낳지 못하는 여자 ● 石苔(석태) : 돌에 난 이끼 ● 心亂(심란) : 마음이 걷잡을 수 없게 뒤숭숭함 ● 心法(심법) : 마음을 수련하는 법 ● 心險(심험) : 마음이 음흉하고 험상궂음

참조 ⇨《채근담》에 있는 말이다.

"천지는 적연(寂然)하여 움쩍하지 않되 그 작용은 조금도 쉬지 않는다. 일월은 밤낮으로 바삐 달리건만 그 밝음은 만고에 변하지 않는다.

그러므로 군자는 한가로운 때에 다급한 마음을 마련하고 바쁜 마음에 느긋한 마음을 지녀야 한다."

☞ 君子愛口 虎豹愛皮(군자애구 호표애피) : 군자는 입을 귀중히 여기고, 호랑이는 가죽을 아낀다.

跋 扈

밟을 **발**　　넓을 **호**

출전 《후한서(後漢書)》의 〈양기전(梁冀傳)〉
문의 통발을 뛰어넘는다.
요점 제멋대로 날뛰는 것을 뜻함.

고사 후한은 전기에만 해도 세습 호족들이 지배할 수 있었으나, 후기에 들어서면서 외척과 환관들이 황제의 권력을 능가하는 일이 나타났다. 앞서 나타난 인물이 두씨였으며, 나중의 순제 때에 나타난 인물이 양기(梁冀) 형제였다.

양기란 자는 건달이었다. 그의 누이가 황후가 되면서 그의 세도는 탄력이 붙었다. 순식간에 그녀의 부친 양상(梁商)은 집금오, 양기는 양읍후에 봉해졌다. 그러나 상서령 좌웅의 간언에 의해 양기는 양읍후의 자리에서 사퇴하게 되었다. 나라에 변란이 일어났다. 85장(丈)이나 땅이 벌어질 정도의 지진이 일어났다. 당시 순제의 총애를 받고 있던 이고(李固)가 간언했다.

"이것은 정치가 문란함을 하늘이 노여워하는 것입니다."

이로 인해 환관의 권한을 축소했다. 양상이 죽자 양기는 부친의 자리를 이어받아 대장군의 자리에 올랐다. 이로부터 3년 후 서른 살의 나이로 순제가 죽자 두 살짜리 조카 유병을 즉위시켜 충제가 되었다. 그러나 충제 역시 다음 해에 죽으니 이번에는 여덟 살짜리 질제(質帝)를 즉위시켰다. 어느 때인가 문무백관이 모인 자리에서 어린 황제는 한 마디 뱉었다.

"이 사람은 발호장군(跋扈將軍)이로구만."

여덟 살배기 어린 황제의 눈에도 양기의 전횡이 눈에 띄었던 모양이다.

그러나 질제는 그 말을 한 탓에 독살되는 비운을 맞이했다.

자원 ● 跋(밟을 발 ; 足部 5획, 총 12획. step on) : 밑동 발, 발뒤꿈치 발.
● 扈(넓을 호 ; 戶部 7획, 총 11획. follow) : 뒤따를 호, 통발 띌 호.

여의 ● 跋剌(발랄) : 물고기가 팔딱팔딱 뛰는 모양 ● 跋履(발리) : 산을 넘고 물을 건너서 여러 지방을 돌아다님 ● 跋文(발문) : 책의 끝에 적는 글 ● 扈駕(호가) : 임금이 타는 수레를 수행함 ● 扈衛(호위) : 궁성을 경호함 ● 扈從(호종) : 신분이 높은 사람을 모시고 다님

참조 조정에서는 후계의 인선 문제로 연일 소란스러웠다. 삼공을 비롯한 문무 대신들은 청하왕 유산(劉蒜)을 천거했으나 양기는 받아들이지 않았다. 그는 여오후(蠡吾侯) 유지(劉志)를 세웠는데 이가 환제(桓帝)다. 환제는 당시 열다섯이었다. 지금까지는 황제의 적통이 끊어졌을 경우에 같은 항렬을 세웠으나, 환제는 질제의 아저씨뻘이었다. 이를 두고 문무 대신들이 반대했으나 양기는 끝까지 고집을 부려 관철시켰다.

환제가 28세가 되었을 때 극비리에 환관 당형(唐衡)을 불러들여 양기에게 원한을 가진 자가 있는지를 물었다. 당형은 환관 다섯 사람을 추천하였는데 이들을 비밀리 불러 양기를 토벌할 계획을 마련하였다. 양기의 토벌은 양황후가 죽은 다음 달에 일어났다. 그 다음 달인 159년 8월에 맹녀가 정식으로 황후가 되었다.

양기 일족이 토벌되자 세상 사람들은 모두 기뻐하였다. 그러나 그 기쁨도 잠시였다. 그 이유는 양기를 토벌한 다섯 명의 환관들이 그들 나름의 세를 규합하여 정권을 멋대로 휘두르며 세상을 어지럽혔기 때문이었다. 그들은 열후의 자리에 올라 친척으로 관리를 등용하는 등 그 횡포가 대단하였다.

환제는 재위 기간 동안 외척과 환관들에게 휘둘림을 받은 것이다.

百聞不如一見
일백 **백**들을 **문**아니 **불**같을 **여**한 일 볼 견

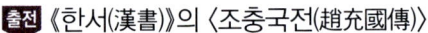

출전 《한서(漢書)》의 〈조충국전(趙充國傳)〉

문의 백 번 듣는 것은 한 번 보는 것만 못하다.

요점 풍문으로 들은 것보다 직접 눈으로 확인하는 것이 바람직하다는 뜻.

고사 한나라 선제(宣帝) 원년에 서북쪽에 칩거해 있던 티베트계의 유목민 강(羌)이 반란을 일으켰다. 본래 그들은 강의 선령(先零)이라는 종족이었는데 그들에게 허가된 황수(湟水) 북방에서 점차 남으로 목초지를 좇아 내려왔다. 이때 진압에 나선 한나라의 장수가 그들을 1천여 명이나 죽였기 때문에 원한이 깊어져 있었다. 그들은 원한을 품은 상태에서 힘을 길러 심심찮게 변경을 지키던 한나라 병사들을 공격하여 골머리를 썩게 하였다. 조정에서는 회의를 열어 그들을 진압할 장수를 물색하기 시작했다.

토벌군의 지휘자를 쉬이 정하지 못할 때에 70이 넘은 장수가 나섰다. 바로 조충국(趙充國)이었다. 그는 상규 출신으로 지난 한(漢)무제 때에는 이사장군 이광리를 따라 원정을 갔었다. 그 전투에서 한때 포위되어 이십여 곳이나 창상을 입었다. 그런데도 끝까지 그들과 싸워 포위망을 뚫고 본진으로 돌아와 황제의 찬탄을 자아내게 만들었다. 그날의 혈전으로 조충국은 거기장군(車騎將軍)에 봉해졌다.

그러한 전력이 있었던 조충국이었지만 나이가 고령이어서 선제는 선뜻 응할 생각이 없었다. 그러나 워낙 뜻이 강고하였으므로 마지못해 전략에 대해 물었다.

"만약 장군이 지휘관으로 나간다면 어떤 작전을 펼 것이오?"

"그것은 백문(百聞)이 불여일견(不如一見)입니다. 백 번 듣는 것보다 그곳에 가서 한 번 보고 작전을 세우는 것이 옳은 줄 압니다."

선제의 승낙을 얻어 임지로 나간 조충국은 그곳에 둔전병(屯田兵)을 두는 것이 적합할 것 같다는 보고를 올렸다. 평시에는 농사를 짓고 살면서 전시에는 병사로서 활용하는 것이 둔전병 제도였다. 선제의 재가가 떨어졌다. 조충국은 1만의 병사를 풀어 둔전병으로 활용하면서 그곳에 1년 동안 머물며 사태 파악에 최선을 다하였다.

●聞(들을 문 ; 耳部 8획, 총 14획. hear) : 들릴 문, 이름날 문, 소문 문.
● 不(아니 불 ; 一部 3획, 총 4획. not) : 뜻을 정하지 않을 부.
●如(같을 여 ; 女部 3획, 총 6획. likewise) : 무리들 여, 맞먹을 여.
●一(한 일 ; 一部 총 1획. one) : 정성스러울 일, 순전할 일.
●見(볼 견 ; 見部 총 7획. see) : 만나 볼 견, 당할 견.

어의 ●百劫(백겁) : 몹시 오랜 세월 ●百計(백계) : 온갖 꾀 ●百方(백방) : 온갖 방법 ●聞見(문견) : 듣는 것과 보는 것 ●聞人(문인) : 이름 높은 사람 ●聞知(문지) : 듣고 앎 ●不可能(불가능) : 할 수 없음 ●不敢(불감) : 감히 하지 못함 ●不及(불급) : 미치지 못함 ●如干(여간) : 얼마간 ●如上(여상) : 위와 같이 ●如或(여혹) : 만일 ●一考(일고) : 한 번 더 생각해 봄 ●一郡(일군) : 한 무리 ●一向(일향) : 한결같음 ●見聞(견문) : 보고 들음 ●見本(견본) : 본보기 ●見積(견적) : 어림잡아 한 계산

참조 그곳에 머물며 작전을 세운 조충국으로 인해 강(羌)의 반란은 깨끗이 진압되었다. 피 한 방울 흘리지 않은 이같은 성과는 모두 일견(一見)에 있었다.

柏 舟 之 操
잣나무 **백**   배 **주**   의 **지**   잡을 **조**

출전 《시경(詩經)》의 〈용풍(鄘風)〉

문의 잣나무 배를 보고 지조를 지킴.

요점 남편을 일찍 여읜 아내가 강의 한가운데 있는 잣나무 배를 보고 지조를 지킴.

고사 위(衛)나라 제후의 공자 공백(共伯)이 일찍 세상을 떠났다. 공백의 아내 공강은 재가하라는 부모의 권유를 끝까지 뿌리쳤다. 그런데도 자꾸만 재가할 것을 권하자 그녀는 부모에게 〈백주(柏舟)〉라는 시를 지어 자신의 굳은 절개를 나타냈다.

전체의 내용은 물 위에 떠 있는 잣나무 배를 보면서 생전에 자신을 사랑해 준 남편을 그리워하며 부모의 재가를 물리친다는 내용이다.

잣나무 배

두둥실 잣나무 배
물 가운데 떠 있네
두 줄기 더벅머리
진정 내 임이시라
죽어도 따르오리
어머니는 하늘이신데
어찌 내 마음 모르시나

두둥실 잣나무 배

물 기슭에 떠 있네

두 줄기 더벅머리

진정 내 임이시라

죽어도 따르리라

어머니는 하늘이신데

내 마음 모르시나!

자원 ●柏(잣나무 백 ; 木部 5획, 총 9획. nut pine) : 측백나무 백.
●舟(배 주 ; 舟部 총 6획. ship) : 띠 주.
●之(의 지 ; ノ部 3획, 총 4획. this) : 어조사 지.
●操(잡을 조 ; 手部 13획, 총 16획. hold) : 움켜쥘 조, 조종할 조.

어의 ●柏葉(백엽) : 잣나무의 잎 ●柏子(백자) : 잣나무 열매 ●舟人(주인) : 뱃사람 ●舟行(주행) : 배를 타고 감 ●操鍊(조련) : 군대를 훈련함 ●操作(조작) : 기계 등을 다루어 움직이게 함

참조《채근담》에 있는 말이다.

"기녀라도 늙으막에 남편을 좇으면 한세상의 분 냄새가 거리낌이 없을 것이오, 정부(情婦)라도 머리털이 센 다음에 정조를 잃으면 깨끗한 고절은 아랑곳없다. 속담에 말하기를 '사람을 보려면 그 후반을 보라' 하였으니 참으로 명언이다."

⇨ 〈지조〉라는 것이 반드시 여자에게만 국한되는 것은 아니다. 다음은 《사기》에 있는 내용이다.

주나라의 무왕이 난폭한 은왕을 정벌하였다. 천하는 모두 주나라를 섬겼다. 그러나 은나라 백성이던 백이와 숙제는 그 일을 부끄럽게 생각하고 의(義)로 보아 주나라의 곡식을 먹을 수 없다 하고 수양산에 들어가 고사리를 캐 먹고 살았다.

不 惑
아니 불   미혹할 혹

출전 《논어(論語)》의 〈위정편(爲政篇)〉
문의 세상의 일에 혹하지 않음.
요점 나이 마흔을 가리킴.

고사 공자는 열다섯 살 때에 학문에 뜻을 두었다고 했다. 그 당시의 학문은 당연히 시서예악(詩書禮樂)이었다. 이러한 학문에 기초하여 공자는 순차적 (順次的)으로 뜻을 세워 이뤄나갔다. '위정편'의 글은 다음과 같다.

열다섯에 학문에 뜻을 두었고(十五而志學)
서른에 뜻을 확고히 세웠으며(三十而立)
마흔에 온갖 유혹에 흔들리지 않았으며(四十而不惑)
쉰에 하늘의 명을 알았다(五十而知天命)
예순에 사물의 이치를 알게 되고(六十而耳順)
일흔에 어느 일을 하든 법도가 있었다(七十而從心所欲不踰矩)

위의 글에서 보는 것처럼 사십이 불혹이다. 세상의 온갖 유혹으로부터 흔들리지 않고 자신을 지켜 낼 수 있는 나이인 셈이다. 나이 사십은 인생의 분수령이다. 확고한 자기 신념이 필요하다. 이 무렵 공자는 노(魯)나라에 있었다. 당시에는 양호(陽虎)의 횡포가 극에 달할 무렵이었다. 국정을 함부로 쥐락펴락하는 양호의 전횡에 대부(大夫) 이하 대신들이 그의 눈치를 살폈다. 그 나이에는 무엇보다 확고한 신념이 서 있어야 하는 시기다.

베이컨의 어록(語錄) 중에 있는 말이다.

"인간에게는 세 가지 유혹이 있다. 거칠기만 한 육체의 욕망, 제 잘났다고 거들먹거리는 교만, 졸렬한 욕심이 그것이다. 이로 인해 모든 불행이 과거에서 미래에까지 영원히 인류의 무거운 짐이 되고 있는 것이다. 이 지상에서 세 가지, 육욕과 교만과 욕심이 없다면 완전한 질서가 지배하였을 것이다. 그런데 이러한 무서운 병, 누구나가 그 마음속에 가지고 있는 마음의 싹(芽)에 대하여 취해야 하는 수단이 무엇인가? 그것은 제각기 자기 자신에게 가해야 하는 수양 이외에는 없다. 인간의 마음이란 때로 가장 완성된 상태에 있으며 또 가장 부패한 상태에 있는 것이다.

좋은 상태에 있을 때에 조심하라. 그 상태를 지탱하며 악한 것을 몰아내라."

자원 ●不(아니 불 ; 一部 3획, 총 4획. not) : 뜻을 정하지 않을 부.(새가 하늘로 날아 올라가 내려오지 않음.)
●惑(미혹할 혹 ; 心部 8획, 총 12획. bewitch) : 의심 낼 혹, 현란할 혹, 헤맬 혹.

어의 ●不可不(불가불) : 마땅히 ●不可解(불가해) : 이해할 수 없음 ●不堪(불감) : 견디지 못함 ●惑亂(혹란) : 미혹되어 어지러움 ●惑說(혹설) : 미혹시키는 말 ●惑信(혹신) : 미혹되어 믿음

참조 헤르만 헤세의 〈편지〉에 있는 내용이다. "모든 유혹 가운데 가장 강한 유혹은 요컨대 본래의 자기와는 아주 딴판인 것이 되는 것을 바라고, 또한 자기가 도달할 수 없는 또 도달해서는 안 되는 것 같은 모범이나 이상을 쫓는 일이라 했다."

　☞ 敬而遠之(경이원지) : 신을 모시어 마음을 깨끗이 하고 또한 화복(禍福) 때문에 마음을 유혹당하지 않는다(《논어》〈옹야편〉)

似 而 非

같을 **사**　　말 이을 **이**　　아니 **비**

출전 《맹자(孟子)》의 〈진심편하(盡心篇下)〉
문의 겉과 속이 다름.
요점 겉으로 보아서는 진짜인 듯하나 근본적으로 속이 다른 가짜를 가리킴.

고사 만장(萬章)이 스승 맹자에게 물었다.

"공자께서 진(陳)나라에 오셨을 때 무슨 생각으로 '내 고향 선비는 광견(狂獧)'이라 하셨을까요?"

이에 대해 맹자는 설명한다. '광'이란 본시 큰 뜻을 품은 사람으로서 입버릇처럼 고인(古人)을 찾으며 추모하는 사람이라 하였다. 그런데 그들은 행동으로 볼 때는 실질적으로 따르지를 못한다. 그리고 '견'은 적극적이지는 않지만 행동만큼은 야비하지 않은 자다. 그러나 이들은 사이비(似而非)는 아니라 했다.

대화는 계속된다. 《논어》의 〈양화편〉으로 이어졌다. 이번에는 만장이 향원(鄕原)에 대해 물었다. 맹자는 몹시 불쾌한 표정을 지었다.

왜냐하면 그는 언행이 일치하지 못하면서 고인만을 입에 담으며 잘난 체하기 때문이다. 말 속에 높은 덕의 향기를 풍기는 것 같지만 실제로는 속세의 먼지를 흠뻑 뒤집어쓰고 있다는 것이다. 다시 말해 얼핏 보기에는 어느 한 부분 나무랄 데가 없으나 사실은 세속에 젖어 주위로부터 칭찬을 받고 있는 도를 행할 수 없는 인물이라는 것이다. 이른바 '덕의 적'이다. 공자는 말했다. 정(鄭)나라의 음악을 미워했던 것은 그것이 아악(雅樂)과 비슷했기 때문이었다. 그 비슷함이 아악이라는 바른 음악을 흐리게 한 것이다.

이 점에 대해 맹자는 결론을 지었다. 군자는 오로지 묵묵한 가운데 도덕의 본바탕에 서서 실천하는 것이라고. 그렇게 하면 모든 불의가 없어지기 때문이다.

자원 ●似(같을 사;人部 5획, 총 7획. similar) : 본 딸 사, 드릴 사.(사람이 밭을 가는 모양. 人에 以를 합한 글자.)
●而(말 이을 이;而部 총 6획. and) : 너 이, 어조사 이, 같을 이.
●非(아닐 비;非部 총 8획. not) : 나무랄 비, 어길 비, 없을 비.

어의 ●似類(사류) : 비슷하게 닮음 ●似是而非(사시이비) : 보기엔 그럴 듯하나 사실과 다름 ●似而非人間(사이비인간) : 겉과 속이 다른 사람 ●非人情(비인정) : 인정이 없는 일 ●非義(비의) : 의리나 도리에 어긋나는 일 ●非肉不飽(비육불포) : 고기가 아니고서는 배가 부르지 않음

참조 진짜인 듯싶지만 세밀하게 따져보면 진짜가 아닌 것이 사람의 행동만은 아닐 것이다. 본문에서처럼 아악과 비슷한 정나라의 음악이 있는가 하면, 참으로 신령스러운 음악으로 들리던 '박수 물가의 음'도 그런 것이다.《예기》에도 박수 물가의 음은 나라를 망치게 하는 음이라고 소개한다. 춘추시대에 위영공(衛靈公)이 진(晉)나라로 가려고 박수 물가에 이르렀다. 이때 한 번도 들은 적이 없는 음악이 들려왔다. 영공은 발을 멈추고 넋이 빠진 듯 음에 취했다. 그러다가 악사를 불러 급히 그 곡을 익히게 하였다. 진나라에 도착한 영공은 진평공(陳平公) 앞에서 이 곡을 자랑스럽게 연주했다. 그러자 사광(師曠)이라는 음악가가 곡을 멈추게 하였다. "박수는 폭군이었던 은나라 주왕의 박사가 자살한 곳입니다. 그가 귀신이 되어 연주하는 음악은 나라를 망치게 하는 깃이니 걸코 귀를 기울이지 마십시오."

修養·倫理

獅 子 吼

사자 사　　아들 자　　울 후

출전 《전등록(傳燈錄)》

문의 사자의 부르짖음.

요점 열변을 토함.

해석 사마천은 《사기》에 골계 열전이라는 항목을 두어 순우곤을 비롯한 우맹 등의 몇 사람 이야기를 다루었다. 익살이라는 것은 사람이 살아가는 데에 필요한 활력소 같은 것이지만, 개개인에게 주는 영향은 결코 적지 않은 것이다. 골계와 같은 맥락에서 생각해 볼 수 있는 것이 바로 사자후다.

고사 한(漢)무제 때에 곽사인(郭舍人)이라는 사람이 있었다. 무제의 사랑을 받고 있던 희극배우였다. 어느 날 그는 무제의 유모 동무후모(東武侯母)란 여인을 만나게 되었다. 이 유모는 대단한 세력이 있었던지 그 행패가 이만저만이 아니었다. 관청에 접수된 내용을 대충 훑어보면, 길을 가다가 좋은 수레나 말을 보면 빼앗기 일쑤고, 그 종들까지도 행패가 대단하다는 것이었다.

　어디 그뿐인가. 좋은 옷을 입은 사람은 옷을 빼앗고 두들겨 패기 일쑤였으니, 결국은 무제의 귀에까지 들어가게 되었다. 이러한 유모에 대한 조치 방법을 대소 신료들이 의논하던 끝에 아무래도 유모를 도성에서 멀리 떨어진 곳으로 보내는 것이 좋을 것 같다는 결론을 내렸다. 무제는 별다른 생각 없이 윤허를 해준 것이다. 그런저런 사실을 알게 된 유모의 눈에서는 구슬 같은 눈물이 흘러내렸다. 언뜻 그녀를 지나치는 순간, 곽사인은 조언했다.

　"내일 폐하를 뵙고 나올 때에 자꾸만 뒤를 돌아보시오. 그리만 하면 살길이 생길 것이오."

다음날 유모는 시키는 대로 했다. 그러자 곽사인이 꾸짖었다.

"이게 무슨 짓이야! 폐하께서 지금도 젖을 먹는 줄 아는가? 어찌 뒤를 돌아보느냐 그 말이야!"

그 말을 듣는 순간 무제는 이제까지의 모든 명령을 중지시켰다.

자원 ●獅(사자 사 ; 犬部 10획. 총 13획. lion) : 사자 사.
●子(아들 자 ; 子部 총 3획. son) : 종자 자, 당신 자.
●吼(울 후 ; 口部 4획, 총 7획. roar) : 소 우는 소리 후, 높고 긴 소리 후.

어의 ●獅子(사자) : 맹수의 이름 ●獅子吼(사자후) : 기운 차게 썩 잘하는 웅변 ●獅豹(사표) : 사자와 표범 ●子宮(자궁) : 여성 생식기의 하나인 아기집 ●子細(자세) : 주의가 세밀함 ●子弟(자제) : 남의 아들의 존칭 ●吼怒(후로) : 범이나 사자가 큰 소리로 성냄

참조 ⇨ 세계적인 독재자이자 살인마로 지칭되는 히틀러가 가장 득세할 수 있었던 것은 웅변술이라는 보고서가 나왔었다. 히틀러에 대해 세심한 연구를 아끼지 않았던 그는 "히틀러는 말로써 권력을 잡았다."라고 표현했다. 그런데 괴이한 것은 히틀러는 말을 잘 못한다는 점이다.

그는 째지는 듯한 소리로 말을 한다. 당연히 그의 태도는 어설플 수밖에 없다. 어디 그뿐인가. 태도 또한 어설프고 그의 음성은 말끝마다 멈춘다. 또한 그는 언제 연설을 그쳐야 하는지를 모른다.

이에 반해 괴벨스는 달변가다. 이를테면 세련된 언어를 구사한다는 뜻이다. 그의 말소리는 훨씬 날카롭고 숙달되어 있다. 그러면서도 말소리는 매력이 없다. 그러나 히틀러의 목소리는 많이 모인 청중들을 흥분시키는 것이 특이하다.

四　知
넉 사　　알 지

출전 《십팔사략(十八史略)》의 〈양진전(楊震傳)〉
문의 하늘과 땅과 너와 내가 안다.
요점 세상에 비밀은 없다는 뜻.

해석 사지(四知)라는 것은 천지(天知)·지지(地知)·여지(汝知)·아지(我知)이다. 이 넷을 간추려 '사지'라 하는데, 이것은 천지간에 비밀이 없음을 뜻한다.

고사 후한시대의 조정은 환관들의 천국이라고 해도 과언이 아닐 정도였다. 그들은 황제 위에 군림하며 권도를 무자비하게 휘둘러 댔다. 정치와 관료가 문란하고 부패했던 시대였으니 백성들의 살림이 어려웠을 것은 자명한 일이다. 그러나 이런 때라고 하여 맑은 선비나 관료가 없었던 것은 아니다. 제6대 임금 안제 때에 해박한 지식과 청렴한 인품을 지닌 양진(楊震)이 그런 인물이다.

그는 당시 사람들로부터 관서공자(關西公子)라는 칭송을 들을 만큼 청렴결백했다. 어느 때인가 양진이 동래군(東萊郡) 태수로 부임할 때였다.

임지로 가는 도중에 날이 저물어 창읍(昌邑)에서 하룻밤 쉬어 가게 되었다. 객사에서 외로움을 달래고 있을 때에 그 지방 현령으로 있는 왕밀(王密)이라는 사람이 밤늦게 찾아왔다.

"참으로 오랜만입니다, 태수님. 시생은 오래 전에 형주(荊州)에서 신세를 진 왕밀입니다."

"아, 자네였구만 그래. 이곳에 와 있었는가?"

양진도 그를 잊을 리 없었다. 그가 형주자사로 있을 때, 왕밀을 발탁한 일이 있었다. 그의 천거로 인해 왕밀은 벼슬길에 나갈 수 있었다. 그런 인연으로 둘은 지난날의 여러 얘기들을 나누며 밤이 깊어진 것까지 잊을 정도였다. 어느 정도 시간이 흘렀을 때에 왕밀은 황금 열 냥을 꺼내 양진의 무릎 위에 얹어 놓았다.

"갑자기 준비한 것이라 변변찮습니다. 약소하지만 시생의 성의로 아시고 받아 주십시오."

양진은 부드러운 음성이었지만 낯빛은 엄했다.

"나는 이제껏 이런 물건을 받아 본 적이 없네. 그러니 거두어 주게. 나는 자네의 학식과 재주가 비범한 것을 알고 있으니까 굳이 이럴 것까지야 없어."

"아닙니다 태수 어른. 태수 어른이야말로 제 마음속에 고결한 선비님으로 남아 있습니다. 성의가 약소하여 너무 부끄럽습니다. 이것은 제가 받은 봉록에서 조금씩 모은 것이니 결코 부끄러운 것은 아닙니다. 더구나 지금은 우리 두 사람뿐이잖습니까?"

"그 무슨 소리. 자네와 내가 알고 하늘과 땅이 알고 있잖은가. 그런데 어떻게 아무도 보는 사람이 없다 하는가."

그제야 왕밀은 아무 말도 못하고 물러갔다.

자원 ●四(넉 사;口部 2획, 총 5획. four) : 사방 사, 네 번 사.
●知(알 지;矢部 3획, 총 8획. know) : 깨달을 지, 생각할 지, 기억할 지.

어의 ●四季(사계) : 봄, 여름, 가을, 겨울 ●四鄰(사린) : 이웃 나라 ●知見(지견) : 식견 ●知命(지명) : 천명을 앎 ●知足(지족) : 만족함을 앎

참조 ☞ 守口如瓶(수구여병) : 비밀을 잘 지킨다는 뜻이다. 〈부필좌병서구(富弼座屛書句)〉에 전한다.

殺 身 成 仁

죽일 **살**   몸 **신**   이룰 **성**   어질 **인**

출전 《논어(論語)》의 〈위영공편(衛靈公篇)〉
문의 자신의 몸을 희생하여 인(仁)을 이룸.
요점 몸을 바쳐 올바른 도리를 이룬다는 의미.

해석 공자의 높은 제자인 증자(曾子)는 '부자(夫子)의 도는 충(忠)과 서(恕)뿐이다'라고 말하고 있다. '충'이란 인간 사회를 지배하는 초월적인 존재인 하늘에 대하여 자신을 겸허하게 만들어 따르는 정신을 말한다. 그런가 하면 서(恕)는 충을 통해 타인에게 이르게 하는 마음을 뜻했다. 이를테면 자신에게 집착하지 않고 성의(誠意)로써 타인에게 배려하는 것을 충서(忠恕)라 할 수 있다.

고사 공자는 《논어》의 〈이인편(里仁篇)〉에서 '군자가 인(仁)을 떠나 어떻게 군자가 될 수 있느냐?' 하였다.

그러나 공자가 말하는 '인(仁)'에 대한 설명은 그리 간단하지 않다. 인을 이해하기 위해서는 무엇보다 군자가 되는 것이 어떤가를 살펴보는 게 급선무다.

다음은 《논어》의 〈위영공편〉에 있는 내용이다.

'공자 가라사대, 참다운 인간이 되고자 뜻하는 지사나 인이 있는 사람은 생명을 아껴 인에 어긋나는 행동을 하지 않으며 생명을 버려 인을 이룬다'고 하였다.

《논어》의 〈태백편(泰伯篇)〉도 살펴볼 필요가 있다.

군자는 의연하고 확고한 마음을 지니지 않으면 안 된다. 그것은 자신이 지고 있는 짐이 무겁고 갈 길이 멀기 때문이다. 그렇다면 지고 있는 짐은 무엇인가? 인(仁)이다. 인이 무거울 수밖에 없는 것은 죽을 때까지 노력해야 하기 때문이다. 다시 말해 다른 사람을 위해 스스로를 희생하는 것이 살신성인(殺身成仁)이지만 공자는 '인(仁)을 이루기 위해 살신한다'는 결의를 품었다.

자원 ●殺(죽일 살;殳部 7획, 총 11획. kill):지울 살, 어조사 살, 빠를 쇄. 乂+木+殳(나무막대기로 풀을 쳐 넘기듯 죽여 없앰).

●身(몸 신;身部 총 7획. body):아이 밸 신, 몸소 신, 칙지 신.

●成(이룰 성;戈部 2획, 총 6획. complete):평할 성, 거듭 성, 마칠 성.

●仁(어질 인;人部 2획, 총 4획. humane):근본할 인, 동정할 인, 열매 씨 인.

어의 ●殺父之讐(살부지수):자기 아버지를 죽인 원수 ●殺手(살수:죄인을 죽이던 사람 ●殺氣(살기):살벌한 기상 ●身貌(신모):자태 ●身命(신명):몸과 목숨 ●身後命(신후명):죽은 후의 명예 ●成家(성가):달리 한 집을 이룸 ●成童(성동):15세 이상의 소년 ●成算(성산):일을 이룸직한 예산 ●仁强(인강):어질고 강함 ●仁獸(인수):어진 짐승 ●仁恤(인휼):불쌍히 여겨 인정을 베풂.

참조 본문에서 밝혔던 일관된 공자의 정치사상, 그것은 한 마디로 인(仁)이라는 말로 표현된다. 다시 말해 '지사(志士)의 인인(仁人)은 삶을 구하여 해치는 일이 없으며 살신을 함으로써 인(仁)을 이룩하는 것'이라 하였다. 인을 이룩하기 위해서는 스스로 죽음을 불사해도 좋다는 중대한 다짐이다. 현대에서는 자신의 목숨을 희생할 때에 이 말을 사용한다.

　☞ 枉尺直尋(왕척직심):짧은 것을 굽히고 긴 것을 펴는 것. 즉, 소를 희생하고 대를 살린다(《맹자》).

宋 襄 之 仁
송나라송 도울양 의지 어질인

출전《십팔사략(十八史略)》
문의 송양의 어짊.
요점 무익한 인정을 뜻함.

고사 춘추오패의 한 사람인 제환공(齊桓公)의 부탁으로 공자 소(昭)를 제나라의 군왕으로 세운 계기로, 장차 패자의 꿈을 송양공(宋襄公)도 가지게 되었다. 가뜩이나 허욕에 들뜬 송양공에게 이 일은 하나의 계기가 된다. 우쭐해진 그는 천하를 호령하는 생각에 주위에 늘어선 제후들의 맹주 노릇을 하고 싶었다. 그러나 주위에서는 그를 대수롭지 않게 생각했다.

먼저 초나라의 속국인 정나라를 공격했다. 그러자 초나라는 구원병을 보내는 한편으로 송나라를 공격해 왔다. 송양공에게 공자 목이가 건의했다.

"우리는 지금 병력이 열세가 있습니다. 그러니 적군이 강을 건너기 전에 공격해야 합니다. 그렇지 않고서는 도저히 승산이 없습니다."

그러자 송양공은 일언지하에 거절했다.

"그것은 옳지 않아. 적의 군세가 흐트러졌으니 그것은 적이 어려움에 처한 것이야. 적이 어려움에 처해 있는데 공격하는 것은 옳지 못한 행동이야."

그는 주위 장수들의 말을 듣지 않았다. 그러는 중에 적군은 강을 건너 물밀듯이 쳐들어왔다. 결과는 송나라의 대참패였다. 이를 후세 사람들은 송양의 인(宋襄之仁)이라 비웃었다.

자원 ●宋(송나라 송 ; 宀部 4획, 총 7획, nation) : 성 송.

● 襄(도울 양;衣部 13획, 총 17획. help) : 오를 양, 뽑아버릴 양.

● 之(의 지; 丿部 3획, 총 4획. this) : 어조사 지.

● 仁(어질 인;人部 2획, 총 4획. humane) : 사람됨의 근본 인, 동정한 인

어의 ● 宋朝(송조) : 송나라의 조정 ● 襄禮(양례) : 장사 지내는 예절 ● 襄奉(양봉) : 장례를 치름 ● 仁强(인강) : 어질고 강함 ● 仁慈(인자) : 마음이 어질고 자애스러움

참조 훗날에 역사 비평가는 이렇게 적고 있다.

〈예전에 손님이 주인집의 고양이를 보고 이렇게 물었다. "그 고양이는 좋습니까?" 그러자 주인은 "사람들 이야기에 닭에도 다섯 가지 덕이 있다고 했으니 따지고 보면 이 고양이에게도 덕이 있답니다."하고 대답했다. 손님이 그 까닭을 물었다. 그러자 주인이 "이 고양이는 쥐를 보고 잡지 않으니 인덕이 있다 하겠고, 쥐가 제 먹이를 먹는 것을 보고도 내버려두니 겸양의 덕이 있다고 보겠다."라고 말했다. 나는 이 얘기를 듣고 너무 우스워 밥을 상 위로 토하고 말았다. 그런데 그 송양의 인이란 것이 마치 고양이와 같으므로 또다시 밥을 토하고 말았다.〉

주자(朱子)는 송양공을 오패의 한 사람으로 끌어올렸으니 아무리 명분을 위한 얘기지만 너무 거리가 멀다고 혹평을 가한다.

송양공 때문에 음흉하기 이를 데 없는 초성왕의 콧대는 높아져 갔고, 그 결과 황음한 행위를 이어가게 하여 궁 안을 도락으로 어질러 놓았다.

당시 초계하는 병사가 보고했다.

"지금 대왕께서는 가택(柯澤;정나라)에 계신다 합니다."

송양공의 머리는 인의(仁義)의 군사로 여기고 있었지만, 이제는 흉악한 적의 지랑기리에 불과했나.

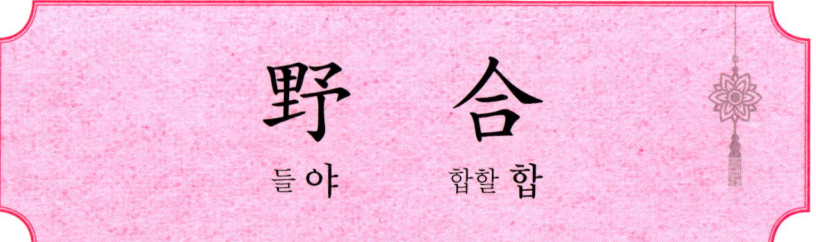

野 合

들 야   합할 합

출전 《사기(史記)》

문의 들에서 합친다.

요점 남녀간의 합당치 못한 결합을 뜻함.

해석 야합이라는 말은 글자 그대로 '들에서 합친다'는 뜻이다. 이 말의 출전은 《사기》의 〈공자세가〉다. 공자를 추앙했던 사마천이 공자의 출생을 야합이라 했던 것은 두 가지 의미가 있다. 첫째는 역사가인 사마천이 역사 기록에 충실하였다는 점이다. 그러나 그의 주장을 따른다면 공자는 사생아가 된다. 둘째는 당시의 풍속으로 볼 때 남녀 간에 나이 차이가 많기 때문에 혼례를 올리지 않고 동거를 했다는 뜻이 된다. 경위야 어찌 됐든 야합은 합당치 못한 결합을 의미한다.

고사 《사기》의 〈공자세가〉에는 다음 같은 기록이 있다.

"공자는 노나라의 창평향 추읍에서 태어났다. 그의 선조는 송나라 사람으로 공방숙(孔防叔)이라 했다. 방숙은 백하를 낳고, 백하는 숙량흘을 낳았다. 숙량흘은 안씨의 딸과 '야합'하여 공자를 낳았다. 이구산에서 기도를 한 후에 공자를 얻은 것이다. 공자는 노나라 양공 22년에 탄생했다. 낳고 보니 아이의 머리 중앙이 쑥 들어간 반면 주위가 불쑥 솟아 있어 구(丘)라 이름지었다. 자는 중니(仲尼)고 성은 공(孔)이다. 숙량흘은 공자가 태어난 얼마 후에 죽었고 방산에 매장되었다. 방산은 노나라 동쪽에 있는데 공자는 부친의 묘소를 알지 못했다. 모친이 야합한 것을 꺼려 공자에게 알려주지 않았기 때문이었다.

공자는 어렸을 때부터 놀이를 할 때에는 항상 예기(禮器)를 진열하였다. 이러한 예절 바른 행위는 태어날 때부터 가지고 나온 것으로 보였다.

이른바 선천적이었던 셈이다.

공자는 어머니가 돌아가시자 오부(五父)의 구라는 곳에다 빈소를 차렸다. 부친의 묘소를 몰랐기 때문에 훗날 합장을 위한 근신의 행동으로 보인 것이다.

자원 ●野(들 야 ; 里部 4획, 총 11획. wild) : 촌스러울 야, 들판 야, 백성 야, 야만 야. ●合(합할 합 ; 口部 3획, 총 6획. put together) : 같을 합, 모일 합, 대단할 합.

어의 ●野景(야경 : 들의 경치나 정경 ●野談(야담) : 민간에 널리 알려지지 아니한 구수한 얘기 ●野卑(야비) : 성질이나 행동이 야하고 비루함 ●合計(합계) : 양을 합하여 셈함 ●合同(합동) : 둘 이상을 하나로 함 ●合理(합리) : 이치가 맞음

참조 공자는 가난했고 신분 또한 천했다. 그는 나이가 들어 한 때 창고의 관리인이 되었다. 창고에서 일을 하면서도 말(斗) 질은 정확했다. 한때는 또 목축관을 지내기도 하였다. 다행히 그가 기르는 육축은 잘 번성했다고 기록되어 있다.

이로 인한 공적이 인정되어 사공(司空)이 되었는데, 그는 노나라를 떠났으나 제(齋)나라에서는 따돌림을 받았으며, 송과 위에서는 추방되었다.

어디 그뿐인가. 진나라와 채나라에서는 크게 곤욕을 치러 다시 노나라로 돌아왔다. 당시의 공자 키는 9척 6푼이었다. 요즘으로 계산하면 2미터 10센티에 해당된다. 사람들은 그의 키가 이렇게 장대한 것을 신기하게 여겼다고 기록으로 남겨 놓았다.

⇨ 공자가 죽자 그의 몸은 노나라의 도성 북쪽 사수(泗水) 가에 매장되었다. 물론 제자들은 가르침대로 3년상을 입었다. 상당수의 제자들이 떠나갔지만, 자공만은 무덤 곁에 여막을 치고 6년여를 지냈다.

楊布之狗
버들양 베포 의지 개구

출전 《한비자(韓非子)》

문의 양포의 개.

요점 사람의 겉모습만 보고 속까지 변했다고 생각함.

고사 한비자(韓非子)가 〈설림 하(說林 下)〉에 등장시킨 양주(楊朱)라는 이는 전국시대 중엽의 사상가인 묵자(墨子)와 대조적인 사상을 주창했다. 묵자가 겸애(兼愛)를 주장한 반면, 양주는 극단적인 이기주의를 내세웠다.

그래서 맹자(孟子)는 말한다.

"양주란 자는 부모도 없고 오직 나뿐이다. 그리고 묵자는 모든 이를 똑같이 사랑하니 군주가 없다. 아비가 없고 군주가 없으니 이는 들짐승이나 길짐승과 무에 다를 것이 있는가."

맹자의 혹평대로 세상 사람들은 양주를 지독한 낙천주의자로 생각했다. 그것은 도가(道家)의 사상이 무위이화(無爲而化 ; 아무것도 하지 않음으로써 교화한다는 뜻)에 있기 때문이었다. 바로 이 점 때문에 한비자는 양포(楊布)의 개를 우화적으로 등장시킨 것이다.

어느 날 양주의 아우 양포가 아침에 나갈 때 하얀 옷을 입었었다. 그런데 돌아올 때면 비가 너무 온 탓에 하얀 옷은 뗏국물이 자르르 흘러 검은 빛을 띄게 되었다. 그러자 집에서 기르던 개가 낯선 사람으로 생각하고 주인을 물려고 으르렁거렸다.

"아니 이놈의 개가 주인도 몰라봐!"

양포는 몹시 화를 냈다.

집안 한 곳에 걸어 두었던 지팡이를 내려 그것으로 개를 치려고 쫓아가는 것을 보고 양주가 나무랐다.

"개를 탓하지 말라."

"예에?"

"만약에 말이다. 밖에 나간 개가 너처럼 후줄근하고 까맣게 묻힌 채 들어왔다면 어쨌을 뻔했느냐. 너 역시 저 개처럼 이상하게 생각하지 않았겠느냐?"

자원 ●楊(버들 양 ; 木部 9획, 총 13획. willow) : 메버들 양, 사시나무 양.
●布(베 포 ; 巾部 2획, 총 5획. cloth) : 피륙 포, 벌릴 포.
●之(의 지 ; ノ部 3획, 총 4획. this) : 어조사 지.
●狗(개 구 ; 犬部 5획, 총 8획. dog) : 강아지 구.

어의 ●楊柳(양류) : 버드나무 ●楊梅(양매) : 소귀나무 ●布巾(포건) : 머리에 쓰는 베로 만든 건 ●布木(포목) : 베와 무명 ●狗肉(구육) : 개고기 ●狗膏(구고) : 보약으로 개를 진하게 삶은 국물

참조 ⇨ 파스칼의《팡세》에 나오는 판단 기준이다.

기준이 없이 어떤 일을 평가하는 이들이 남들에게 대하는 것은 마치 시계를 가지고 있지 않은 이들이 남들에게 대하는 것과 같은 이치다. 한 사람이 '벌써 두 시간이 지났다'고 말하는가 하면, 다른 사람은 '45분밖에 지나지 않았다'고 한다. 나는 내 시계를 보면서 전자에게는 '당신은 권태에 빠졌소'라고 말하고, 뒷사람에게는 '당신은 시간 가는 줄을 모르고 있구려' 하고 말한다. 실제로 시간은 한 시간 반을 지났기 때문이다. 그리고 나더러 '당신에 대해서는 시간이 잘 가지를 않는구면. 당신은 제멋대로 시간을 재고 있는 것 같소'라고 말하는 이들을 향해 나는 코웃음친다.

그들은 내가 시계를 가지고 판단하고 있는 것을 모르고 있기 때문이다.

羽化登仙

날개 우 될 화 오를 등 신선 선

출전 소동파(蘇東坡)의 〈적벽부(赤壁賦)〉

문의 날개 돋친 신선처럼 오르다.

요점 신선이 되어 하늘로 올라가는 것을 말함.

고사 소동파는 송(宋)의 사천성 미산 출신이다. 아버지 순(洵)과 동생 철(轍), 이들 3부자를 역사가들은 삼소(三蘇)라 부른다. 모두 다 당송팔 대가에 들어갈 만큼 문장에 뛰어났으며, 특히 동파는 시문뿐만이 아니라 시화(詩畵)에도 일가견이 있었다.

　송나라 신종 5년. 천자를 비방했다는 죄로 소동파는 적벽 가까이로 귀양을 갔다. 그는 귀양살이를 하는 동안 평소 가까이 지내는 사람과 적벽부 근처를 돌아보았다. 그 소회를 소동파는 솔직 담백한 심정으로 글로 엮는다.

　임술년 가을 7월 기망에
　소자(蘇子)가 객과 더불어
　배 띄워 적벽 아래에서 노닐었다
　청풍은 서서히 불어오니
　물결도 일어나지 않는다
　술을 들어 손에게 주면서
　명월의 시를 읊조리며
　요조의 장을 노래하였다
　얼마 지나 달이 동산 위에 나타나

둘 사이에 배회하였다
백로는 강에 비끼고
수광은 하늘에 닿았다
한 척의 배가 멋대로 가게 내버려두니
만경의 넓은 강변에 망연함을 넘어가네
허공을 타고 바람을 탄 듯하여
머무를 바를 모르는 것 같으며
나불나불 세상을 잊고 독립하여
날개가 생겨 신선이 되어 오르는 것 같았다(羽化登仙)

자원 羽(날개 우;羽部 총 6획. wing):우성 우, 펼 우.
● 化(될 화;匕部 2획, 총 4획. change):변화할 화, 본받을 화, 마술 화.
● 登(오를 등;癶部 7획, 총 12획. rise):나아갈 등, 높을 등.
● 仙(신선 선;人部 3획, 총 5획. fairy beings):신선스러울 선.

어의 ● 羽緞(우단):겉에 고운 털을 돋게 짠 비단 ● 羽扇(우선):새의 깃으로
만든 부채 ● 化導(화도):덕으로 사람을 인도함 ● 化合(화합):두 가지 이상의
물질이 화학 변화로 새 물질이 됨 ● 登山(등산):산에 오름 ● 登用(등용):인
재를 골라 뽑아 씀 ● 仙境(선경):신선이 있는 곳 ● 仙筆(선필):시문에 있어
특히 뛰어남

참조 《장자》의 〈제물론편〉에 다음 같은 시가 있다.
막고야의 산에 신인이 살고 있는데
그 살갗은 마치 빙설 같고 고웁기가 처녀 같으며
오곡을 먹지 않고 바람을 들이키며
구름 기운을 타고 나는 용을 몰아
세계 바깥을 노닌다

修養·倫理

疑 心 暗 鬼

혐의할 **의** 마음 **심** 어두울 **암** 귀신 **귀**

출전 《열자(列子)》의 〈설부편(說符篇)〉

문의 의심은 암귀를 낳는다.

요점 잘못된 선입관은 올바른 판단을 그르치게 한다.

해석 〈의심생암귀(疑心生暗鬼)〉로 더 알려져 있다. 《한비자》의 〈세난편〉에 있는 내용이다.

송(宋)나라에 한 부자가 있었다. 장마가 져서 토담이 허물어졌을 때에 아들이 그것을 보고 "빨리 수리하지 않으면 도둑이 들겠습니다."하고 충고했다. 그런데 그날 밤 도둑이 들어 물건을 털어갔다. 부잣집에서는 아들이 선견지명이 있다고 칭찬했다. 그런 연후에 이웃집 영감이 수상하다고 의심했다. 즉, 같은 충고나 선입견이라 해도 그것이 선견지명이 되기도 하고, 도둑의 혐의를 뒤집어씌우기도 한다.

고사 어떤 사람이 도끼를 잃어버렸다. 틀림없이 누군가가 훔쳐 간 것이 분명했다. 곰곰이 생각해 보니 이웃집 아들 녀석이 수상했다. 자신을 만났을 때 흘끔거리던 태도와 눈빛이 미심쩍었던 것이다.

'그래, 도끼는 아무래도 저 녀석이 훔쳐 갔을 거야.'

내심 이렇게 생각했다. 그런데 도둑맞은 줄 알았던 도끼가 선반 위에서 발견되었다. 처음에는 몰랐으나 나중에 다른 물건을 찾다가 우연히 발견한 것이다. 집에 들어온 그는 이웃집 아들 녀석의 거동을 보니 조금도 수상한 점이 없었다. 자신의 선입견으로 보아 수상쩍었다는 뜻의 '의심이 암귀를 낳앗다'는 말이 생겼다. 〈설부편〉에 다른 얘기도 있다.

어떤 사람 집의 마당에 심은 나무가 말라죽었다. 옆집의 늙은이가 충고했다.

"오동나무가 말라 죽으면 운이 나쁘답니다."

주인은 부랴부랴 나무를 잘라 버렸다. 옆집 늙은이가 찾아가 잘라 버린 나무를 땔나무로 쓸 수 있게 해 달라고 했다. 그러자 주인은 벌컥 화를 냈다.

"그렇지, 땔나무가 아쉬우니까 그런 수작을 벌인 거야. 이건 너무 야비하잖아."라고 호통쳤다.

자원 ●疑(혐의할 의;疋部 9획, 총 14획. doubt) : 의심할 의, 두려워할 의, 그럴듯할 의. 匕+矢+子+止(어린아이의 발걸음이 화살대같이 휘청거려 쓰러질 듯함.)
●心(마음 심;心部 총 4획. mind) : 가운데 심, 염통 심, 가지 끝 심. (사람의 심장을 본뜸.)
●暗(어두울 암;日部 9획, 총 13획. dark) : 어두울 암. 日+音(해가 져서 소리만 들림. 곧 어둡다는 뜻.)
●鬼(귀신 귀;鬼部 총 10획. ghost) : 귀신 귀.

어의 ●疑懼(의구) : 의심하고 두려워함 ●疑端(의단) : 의심스러운 일의 실마리 ●疑念(의념) : 의심스러운 생각 ●心計(심계) : 속셈 ●心力(심력) : 마음과 힘 ●心受(심수) : 곧 깨달음 ●暗隙(암극) : 틈 ●暗昧(암매) : 어두워서 확실치 않음 ●暗笑(암소) : 속으로 비웃음 ●鬼工(귀공) : 귀신같은 솜씨 ●鬼子(귀자) : 어머니를 닮지 않은 자식 ●鬼火(귀화) : 도깨비 불

참조 ☞ 李下不整冠(이하부정관) : 오얏나무 밑에서 갓을 바로 하지 말라는 뜻. 조금이라도 남의 의심을 받을 만한 일은 하지 말라는 뜻.
☞ 瓜田不納履(과전불납리) : 외밭에서는 우연히 신이 벗겨져도 도둑질하는 것으로 의심받지 않기 위해 몸을 굽혀 신을 신지 않음.

二 桃 殺 三 士

두 이 복숭아 도 죽일 살 석 삼 무사 사

출전 《안자춘추(晏子春秋)》

문의 두 개의 복숭아로 세 무사를 죽이다.

요점 교묘한 계략으로 상대를 죽이는 것에 대한 비유.

고사 춘추시대 제나라의 재상을 지낸 안자(晏子)는 《안자춘추》를 저술할 만큼 대단한 학식의 소유자였다. 제나라 경공의 측근에는 세 명의 장사가 있었는데, 그들은 안자를 무척 경원시했다. 어느 날 안자는 만수금도(萬壽金桃)라는 명칭의 복숭아 여섯 개를 가져와 두 임금과 두 재상이 하나씩 먹고, 두 개를 경공에게 주며 말했다.

"여기 있는 두 개의 복숭아를 신하 중 가장 공로가 있는 사람에게 주십시오."

그러자 왕은 누구든 자진하여 복숭아를 먹을 만하다고 생각하는 사람은 나오라고 했다. 그리하면 국상(國相)이 평을 하여 복숭아를 주게 한 것이다.

공손접(公孫接)이라는 장사가 나와 말했다.

"나는 군주와 사냥을 나갔을 때 맨손으로 범을 잡은 적이 있소이다."

안자는 그 공로를 인정하여 복숭아를 먹게 하였다. 그러자 고야자(古冶子)가 일어났다.

"나는 군주를 모시고 황하를 건널 때에 물 속에 있는 괴물이 말을 물고 들어가자 그 괴물과 싸워 물리치고 돌아왔소."

안자는 그 공로를 인정하여 복숭아를 먹게 하였다. 그러자 마지막으로 전개강(田開疆)이 달려왔다.

"나는 서(徐)를 쳐서 장수를 베고 5백 명의 군사를 사로잡아 서군에게 뇌물로 바치고 맹약을 맺게 하였습니다. 이로 인해 우리 군주가 맹주가 되게 하였으니 그 공로로 복숭아를 먹을 수 있겠습니까?"

공은 인정할 수 있었지만 주어야 할 복숭아가 없었다. 전개강은 자신의 공이 두 장수를 능가했으면서도 복숭아를 먹지 못했으니 무슨 면목으로 조상을 대할 것인가를 탄식하며 자살해 버렸다. 그러자 공손접과 고야자도 자신들이 청렴하지 못했음을 이유로 따라 죽었다. 이것이 '복숭아 두 개로 세 무사를 죽인' 고사다.

●二(두 이 ; 二部 총 2획. two) : 풍신 이, 같을 이.

●桃(복숭아 도 ; 木部 6획, 총 10획. peach) : 앵두 도, 대나무 이름 도.

●殺(죽일 살 ; 殳部 7획, 총 11획. kill) : 살촉 살, 흩어질 살.

●三(석 삼 ; 一部 2획, 총 3획. three) : 자주 삼.

●士(무사 사 ; 士部 총 3획. scholar) : 벼슬 사, 일 사, 군사 사.

●二刻(이각) : 한 시간을 넷으로 나눈 시각 ●二氣(이기) : 음과 양 ●桃仁(도인) : 복숭아 씨의 알맹이 ●桃花(도화) : 복숭아꽃 ●殺手(살수) : 죄인을 죽이던 사람 ●殺害(살해) : 사람을 죽임 ●三南(삼남) : 충청도와 경상도와 전라도 ●三昧(삼매) : 마음을 한 가지 일에 몰두하는 것 ●士君子(사군자) : 학문이 있고 덕행이 있는 사람 ●士人(사인) : 벼슬을 하지 않은 선비

제갈량의 〈양보음(梁甫吟)〉에는 이런 내용이 있다.

하루아침에 참언을 입어(一朝被讒言)

복숭아 두 개로 삼사를 죽였도다(二挑殺三士)

누가 이 같은 모략을 꾸몄는가(誰能爲此謀)

국상인 안자가 바로 그였도다(國相齊晏子)

修養·倫理

座 右 銘
자리 좌　오른쪽 우　새길 명

출전 《공자가어(孔子家語)》

문의 항상 앞뒤 좌우에 걸어 놓고 반성의 자료로 삼는 경구.

요점 본래는 경구(警句)를 써 놓은 것이 아니라, 스스로를 경계하기 위해 술독을 갖다 놓은 것이다.

해석 예전에는 자신을 채찍질하는 도구가 거울만이 아니었던 것 같다. 좌우명이라면 스스로가 나태해지는 것을 막기 위한 방안으로 책상머리에 써 놓은 짧은 문장이다. 그러나 본래의 좌우명은 글이 아니라 술독이었다. 술독을 갖다 놓고 스스로를 경계한 셈이다.

고사 춘추오패(春秋五覇)의 한 사람인 제(齊)나라 환공이 세상을 떠나자 묘당(廟堂)을 지어 여러 제기(祭器)를 진열해 놓았다. 그 제기 중에 이상한 술독이 하나 있었다. 이 술독은 안에 내용물이 없으면 기울어졌다가도 술을 반쯤 채우면 바로 서고, 가득 채우면 쓰러졌다. 제나라에 왔던 공자께서 제자들과 함께 묘당을 방문하였는데, 그때 술독을 한눈에 알아보았다. 그는 무릎을 치며 감탄하더니 그곳을 지키는 관리에게 청하여 술독을 가져오게 하였다.

"여기에 물을 채워라!"

제자들은 스승의 명에 따랐다. 비스듬히 서 있던 술독은 물이 부어짐에 따라 점점 바로 섰다. 그러다가는 물이 가득 차자 쓰러져 버렸다.

공자가 말했다.

"보았느냐? 학문을 하는 것도 이와 같다. 많이 배웠다고 교만을 떠는 것은 반드시 화를 부르게 됨을 명심해야 할 것이다."

공자가 고향으로 돌아와서 제 환공의 묘당에서 보았던 술독을 만들어 항상 곁에 두고 스스로를 경계하였다.

자원 ●座(자리 좌;广部 7획, 총 10획. seat):지위 좌(집안(广)에서 앉은자리(坐)를 뜻하는 말).
●右(오른쪽 우;口部 2획, 총 5획. right):높일 우, 강할 우, 도울 우, 위 우.
●銘(새길 명;金部 6획, 총 14획. engrave):기록할 명(쇠(金)에 이름(名)을 새긴다는 뜻이다).

어의 ●座客(좌객):자리에 앉은 손님 ●座下(좌하):편지를 받을 사람의 이름 아래 공경의 표시로 쓰는 말 ●座興(좌흥):모임에 있어 그 자리의 흥취 ●右記(우기):본문의 오른쪽에 씀 ●右職(우직):현직보다 높은 벼슬 ●右序(우서):도와서 질서를 세움 ●銘肝(명간):깊이 마음에서 우러나와 잊지를 않음 ●銘酒(명주):독특한 상표가 붙은 좋은 술 ●銘誄尙實(명뢰상실):비명(碑銘)과 제문의 내용이 사실과 맞아야 함

어의 《당서(唐書)》의 〈누사덕전(婁師德傳)〉에 타면자건(唾面自乾)이라는 말이 있다. 이것은 남이 내 얼굴에 침을 뱉었을 때 이것을 닦으면 그의 뜻을 거역하게 되므로 마를 때까지 기다려야 한다는 뜻이다. 아무리 화가 나도 꾹 참으라는 의미.

⇨ 한유(韓愈)는 묘비명(墓碑銘)을 잘 써 유명했다. 많은 사람이 주문을 해 왔기 때문에 유우(劉乂)라는 회계 비서를 둘 정도였는데, 어느 날 그가 돈을 몽땅 털어 도망을 갔다. 도망갈 때 써 놓고 간 편지 내용이 걸작이었다.

'…죽은(死) 인간으로 인해서 번 돈이므로 몹시 불길합니다. 동티가 날 듯싶어 내가 살려(生) 쓰려는 생각입니다.'

知 足 者 富
알 지　　발 족　　놈 자　　많을 부

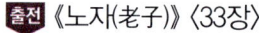

출전 《노자(老子)》〈33장〉

문의 만족할 줄 아는 게 부자다.

요점 아무리 많은 것을 소유해도 만족할 줄 모르면 가난하다는 뜻.

해석 《설원담총(說苑談叢)》에 '부(富)는 만족하는 데 있다(富在知足)'고 했다. 분수를 지키며 만족할 줄 아는 것이야말로 스스로 가난하다는 것을 멀리할 수 있다.

고사 《채근담》에 이런 말이 있다.

"집이 커서 천 간의 넓이라 하여도 잠을 잘 때엔 여덟 자 길이면 족하고, 전답이 많아 만경창파와 같이 곡식이 많아도 하루에 두 되 쌀이면 족하다. 내 집 담이 남과 같이 높지 못하고 내 곡간의 쌀이 남과 같이 많지 못하다고 애달파 할 것은 없다. 남의 것을 부러워하지 않는다면 생활의 괴로움 절반은 덜 수 있다."

자원 ●知(알 지 ; 矢部 3획, 총 8획. know) : 깨달을 지, 생각할 지, 하고자할 지. 口+矢. 아는 것은 입으로 화살을 날리는 것과 같다는 뜻.
●足(발 족 ; 足部 총 7획. foot) : 흡족할 족, 그칠 족, 넉넉할 족.
●者(놈 자 ; 耂部 5획, 총 9획. person) : 사람 자, 것 자, 어조사 자.
●富(많을 부 ; 宀部 9획, 총 12획. rich) : 넉넉할 부, 충실할 부, 부자 부, 어릴 부.

●知覺(지각) : 깨달음 ●知己(지기) : 자기를 잘 알아주는 참된 친구 ●知性(지성) : 인식과 이해의 능력 ●足蹈(족도) : 발로 뛰는 것 ●足跡(족적) : 발자국 ●足債(족채) : 먼 곳에서 사는 사람에게 주는 삯 ●富強(부강) : 부하고 강함 ●富商(부상) : 재물이 많은 상인 ●富村(부촌) : 부자가 많은 마을

사람은 살아 있다는 것이 중요한 것이 아니다. 어떻게 살 것인가가 중요하다. 그런 점에서 생각할 수 있는 것이 욕심을 부리지 않고 스스로가 만족할 줄 아는 태도다. 도연명(陶淵明)의 〈귀전원거(歸田園居)〉를 감상해 보자.

젊어서 세속 풍습에 마음 맞음이 없고
천성이 본디 산수를 좋아하였거늘
어쩌다 벼슬살이라는 진창에 떨어져
그새 30년의 세월을 보냈다
철새가 옛 숲을 그리듯 물에서 자란 고기가 옛 못을 못 잊어하듯
나 또한 그런 심정으로 남쪽 황무지를 일구어
소박한 본성 지키기 위해 전원으로 돌아왔다
네모진 택지 십여 묘에 초가집 여덟 아홉간을 꾸렸다
느릅나무 버드나무는 우거져 뒷처마를 덮었고
복숭아나무 오얏나무는 당 앞에 늘어서 있다
아스라히 먼 곳에 촌락이 보이고 바람 따라 연기가 피어오른다
개 짖는 소리 마을 안에 들리고 닭은 뽕나무 위에서 운다
집안에 구차한 일 없고 텅 빈 방안엔 한가로움만 있네
오랫동안 새장 속에 있다가 다시 자연으로 돌아왔노라

☞ 陋巷自樂(누항자락) : 더러운 곳에서 천하게 살면서도 스스로 만족하고 즐김.

鐵 面 皮
쇠 철　　얼굴 면　　가죽 피

출전 《북몽쇄언(北蒙瑣言)》

문의 얼굴이 쇠가죽 같다.

요점 표정 하나 변하지 않고 누구에게나 아첨을 일삼음.

해석 면유(面諛)라는 말은 '바로 눈앞에서 아첨하는 것을 뜻한다.'《팔만대장경》에도 아첨은 비굴의 표시라 했다. 습관적으로 아첨하는 사람, 바로 진사(進士) 왕광원(王光遠) 같은 이를 '면유'의 대가인 철면피라 부른다.

고사 그는 재능 있는 사람이었다. 학문도 그만하여 일찍 진사시를 통과해 벼슬길에 올랐다. 그런데 어떤 연유에선지 권문세가의 호족들을 찾아다니며 온갖 아첨을 일삼아 세인들의 손가락질을 받게 됐다. 아첨하는 것이야 사람들에게 필요악 같은 것이지만 왕광원은 그 정도가 지나쳤다. 가령 어떤 이가 시를 지으면,

"이것은 고금에 둘도 없는 명시입니다. 이태백이 와도 질겁하고 돌아갈 내용이라니까요! 참으로 걸작입니다."

어느 누가 들어도 아첨하는 것이 빤히 들여다보일 정도였다. 한 번은 어느 고관대작의 집에 잔치가 있었다. 그때 술에 취한 관리가 말채찍을 손에 들고 왕광원에게 반농담을 던졌다.

"이것으로 자넬 때리면 아플 거야. 어떤가, 때리면 맞겠는가 그렇지 않겠는가?"

"아, 맞아야지요."

기다렸다는 듯이 왕광원이 등을 돌렸다. 관리는 말채찍으로 사정없이 내려쳤다. 아픔을 참지 못해 잔뜩 얼굴을 찡그리면서도 입으로는 여전히 아첨의 말을 했다.

　"어서 속이 풀릴 때까지 때리십시오. 아주 시원합니다."

　관리는 몇 차례 더 채찍을 휘두르고 나서 안으로 들어가 버렸다. 그때 한자리에 있던 친구가 그의 행위를 나무랐다.

　"여보게, 그 무슨 짓인가. 어째서 말채찍으로 때리라는 거야? 자넨 그런 일을 당하고도 창피한 줄 모르나?"

　"창피는 무슨……. 그 사람에게 잘 보이면 좋은 일이 생길 것 아닌가. 해로운 일은 아니야."

　그때부터 사람들은 왕광원이 지나가면 손가락질을 하며 '광원이의 얼굴 가죽은 열 장의 철갑을 두른 듯하다(光遠顔厚如十重鐵甲)'는 것이다.

　철면피라는 말은 여기에서 비롯되었다.

자원 ●鐵(쇠 철 ; 金部 13획, 총 21획. iron) : 검은 쇠 철, 단단할 철.
●面(얼굴 면 ; 面部 총 9획. face) : 향할 면, 앞 면, 보일 면, 방위 면(사람의 얼굴을 본뜸. 눈(目)과 얼굴 윤곽을 합한 자).
●皮(가죽 피 ; 皮部 총 5획. skin) : 껍질 피, 성 피.

어의 ●鐵毒(철독) : 쇠 독　●鐵籠(철롱) : 쇠로 만든 바구니　●鐵輪(철륜) : 쇠바퀴　●面稟(면품) : 직접 뵙고 말씀드림　●面汗(면한) : 얼굴에 나는 땀　●面勢(면세) : 드러나는 형세　●皮角(피각) : 피부에 생기는 각질　●皮穀(피곡) : 겉 곡식　●皮裏春秋(피리춘추) : 저마다 마음 속에 분별력이 있음

참조 낭 태송이 어느 때인가 나무 밑에 서서 '나무가 잘 자랐다'고 말했다. 그때 한 신하가 말을 받아 '참으로 잘 자랐다'고 아첨의 말을 했다.

　태종은 정색하며, '옛적에 위징이 아첨하는 사람을 멀리하라고 했는데, 그 말이 생각난다'고 하자 신하는 머리를 숙여 사죄했다.

掣 肘

당길 **철**　　팔 **주**

출전 《공자가어(孔子家語)》

문의 팔을 잡아당긴다.

요점 남이 하는 일을 제대로 못하도록 훼방을 놓음.

고사 《논어》의 〈공야장편〉에는 복자천(宓子賤)에 대해 공자가 평하는 대목이 나온다. "정말 군자로다, 이런 사람은! 노나라에 군자가 없다는 말이 있거니와, 그렇다면 자천은 대체 어느 군자를 거울로 하여 이 정도가 되었단 말인가." 공자보다 49세나 아래인 복자천에 대해 공자가 탄성을 터뜨린 대목이다.

복자천은 노나라 애공(哀公) 때에 스무살 남짓하여 단부(亶父)지방의 장관이 되었다. 그는 도착한 즉시, 신임 장관에게 하례 인사를 온 빈객들의 이름을 적게 하였다. 그런데 두 관원이 이름을 적고 있으면 복자천이 옆에 와서 관원들의 팔을 잡아당겼다.

"어찌 그러십니까, 글을 쓸 수 없잖습니까!"

관원들은 벌컥 화를 냈다. 그도 그럴 것이 팔을 잡아당기므로 도무지 글을 쓸 수 없었다. 글을 쓸 때에 또다시 팔을 잡아당기자 두 관원은 화를 내며 돌아가 버렸다. 그들을 향해 애공이 물었다.

"어찌 그러느냐?"

두 관원은 저간의 자초지종을 시시콜콜 털어놓았다.

"찾아온 사람의 이름을 적게 하고는 제대로 이름을 쓸 수 없게 팔을 당깁니다. 그러니 어찌 그분 밑에서 일을 할 수 있겠습니까!"

애공이 웃었다.

"복자천은 과인의 부족함을 지적하고 있다."

즉시 사자를 보내 복자천으로 하여금 어떠한 간섭도 받지 않고 그 지방을 다스리되 5년 후에 보고하라는 교지를 내렸다. 3년이 지났다. 공자는 무마기라는 제자를 보내 살펴 오게 하였다. 그는 돌아와 강가에서 보았던 일을 스승에게 들려주었다.

"제가 그곳에 도착하여 강으로 내려갔는데 사람들이 고기를 잡고 있었습니다. 그런데 작은 고기는 어김없이 물에 놓아주었습니다. 그것이 복장관의 지시랍니다."

자원 ●掣(당길 철;手部 8획, 총 12획. draw):들 철, 끌 체.
●肘(팔 주;肉部 3획, 총 7획. elbow):팔꿈치 주, 팔뚝 주.

어의 ●掣肘(철주):남을 간섭하여 마음대로 함 ●掣礙(철애):방해함 ●肘胯(주과):팔꿈치와 사타구니 ●肘腋(주액):자기에게 가까움의 비유

참조 ⇨《논어》에 있는 말이다.

"아침에 도를 들으면 저녁에 죽어도 가하다."

이것은 단순히 유교적인 해석만은 아니다. 공자의 말 가운데엔 평범하면서도 신비스러운 것들이 많다. 이것을 듣기 위해서, 이것을 듣게 하기 위해 상대의 팔을 잡아당기는 것은 옳은 판단이다. 그러므로 진리를 깨닫게 되면 그것이 바로 죽는 것이 아니라는 것을 알기 때문에 죽어도 괜찮다는 의미다. 사람은 아무래도 후천적인 교육에 의해서 진보가 가능한 것으로 평가된다. 그러기에 나면서부터 선한 사람, 악한 사람은 없다. 공자는 교육을 중요시하여 그것을 주장한다.

"내가 하고 싶지 않은 일은 남에게도 베풀지를 말라."

중궁이라는 제자가 인(仁)이 무엇인지를 물었을 때 그는 이처럼 대답했다.

靑 雲 之 志
푸를 청 구름 운 의 지 뜻 지

출전 장구령(張九齡)의 〈조경견백발(朝鏡見白髮)〉

문의 큰 뜻을 세움.

요점 큰 포부. 예전에는 신선이나 천자가 될 사찰들이 있는 곳엔 상서로운 구름이나 기운이 어려 있다고 함.

고사 당나라의 현종 황제는 두 개의 연호를 사용했다. 처음의 30년은 개원(開元)이라 하였고, 나머지 15년 동안은 천보(天寶)다. 현종이 이렇듯 두 가지의 연호를 사용한 것은 중국 역사상의 전성기임을 나타내는 것이라 할 수 있다.

'개원의 치' 때엔 나라 안팎이 안정된 시기였다. 이 무렵은 측천무후를 비롯하여 위후(魏后) 일족들의 전횡이 막을 내렸으므로 정치적인 기반은 단단할 수밖에 없었다. 이를테면 종전의 썩을 대로 썩은 정치적인 부패에서 해방된 시기였다.

정치를 하기에는 더없이 좋은 상황, 바로 이 무렵에 어진 재상 장구령(張九齡)이 등장하여 개원의 치를 구가한다. 당시에 백성들이 얼마나 살기 편했는가를 단적으로 나타내는 일화가 있다.

당시 장안에 거상 추풍치(鄒風熾)라는 자가 있었다. 그가 종남산(終南山)을 사겠다고 나섰다. 장안의 남쪽에 있는 종남산, 그 산엔 수목이 울창하여 일대 장관을 이루는 곳이었다.

"그 산을 내게 판다면 나무 한 그루에 비단 한 필씩을 쳐주겠소이다."

이렇게 말할 정도니 당시의 국가 재정이 어떠했는지 짐작이 가고도 남는 일이다.

그러나 현종 말 무렵에 장구령은 무씨와 이임보의 모략으로 벼슬길에 서물러나게 되었다. 그가 초야에 묻히게 되었을 때 인생의 감회에 젖어 시를 지었다.

예전엔 청운의 뜻을 품고 나갔는데
다 늙은 지금에 와서 차질이 생겼다
누가 알겠는가, 밝은 거울 속의 그림자와
그것을 보고 있는 내가 측은히 여기는 것을

자원 ●靑(푸를 청;靑部 총 8획. blue) : 맑을 청, 대껍질 청.
●雲(구름 운;雨部 4획, 총 12획. cloud) : 은하수 운, 하늘 운.
●之(의 지 ;丿部 3획, 총 4획. this) : 어조사 지.
●志(뜻 지;心部 3획, 총 7획. will) : 맞출 지, 기록할 지.

어의 ●靑丘(청구) : 중국에서 한국을 일컫는 말 ●靑根(청근) : 무'채소' ●靑布(청포) : 빛이 푸른 베 ●雲峰(운봉) : 여름날 산봉우리처럼 피어오르는 구름 ●雲梯(운제) : 높은 사다리 ●雲霞(운하) : 구름과 노을 ●志格(지격) : 고상한 뜻과 높은 인격 ●志願(지원) : 바라고 원함 ●志向(지향) : 뜻이 쏠리는 방향

참조 이태백은《장진주(將進酒)》에서 '인생의 뜻을 얻으면 모름지기 기쁨을 다할 일이다'라고 하였다. 다시 말해 뜻을 세우는 것이 얼마나 중요한지를 단적으로 설명해 낸 말이다. 비록 그 뜻을 채우는 것이 불가능하다 할지라도 우리는 큰 뜻을 품어야 한다.《채근담(菜根譚)》에 이런 말이 있다. "마음이 비면 본성이 나타난다. 마음을 쉬지 않고 본성 보기를 구하면 물결을 헤치면서 달을 찾는 것과 같다. 뜻이 고요하면 마음이 맑아진다. 뜻을 밝게 하지 않고 마음만 밝기를 구하는 것은 거울을 찾느라 먼지를 일으키는 것과 같다."

痴 人 說 夢
어리석을 치 사람 인 말씀 설 꿈 몽

출전 《냉제야화(冷齊夜話)》

문의 어리석은 사람이 꿈 얘기를 한다.

요점 앞뒤 분별없이 아무렇게나 지껄이는 것.

해석 《법구경》에 있는 말이다. 어리석은 사람이 어리석다고 스스로 생각을 하면 벌써 어진 것이라 했다. 바꾸어 말해 어리석은 사람이 스스로 어질다 하면 그야말로 어리석은 것이다. 치인설몽은 어리석음에 관한 예화다.

고사 당(唐)나라 때의 일이다. 서역(西域)의 고승이었던 승가(僧伽)라는 이가 지금의 안후이성 근처를 돌아보고 있었다. 그의 행동이 남다른 탓에 사람들의 시선을 끌었다. 그러한 승가의 행처가 궁금하여 어느 이가 물었다.

"성이 무엇(何)이오?"

"내 성은 무엇(何)이오."

"어느 나라 사람(何國人)이오?"

"나는 어느 나라(何國)에서 왔소이다. 그러니 어느 나라 사람(何國人)이오."

그래서 그곳 사람들은 승가의 성이 하씨며, 하국(何國)에서 온 것이라 믿었다. 그런데 흥미로운 것은 이러한 일화 때문인지 당나라의 문인 이옹이 훗날에 승가에 대한 비문을 썼는데 내용이 가관이었다. 그는 승가가 농으로 지껄인 말을 진정으로 받아들인 것이다. 그가 쓴 비문에는 '대사의 성은 하씨이고, 하국사람이다'라고 쓴 점이다. 이러한 이옹에 대해 남송의 문인 석계홍은 《냉제야화》에서 다음같이 평을 내렸다.

"어리석은 사람이 꿈을 사실로 얘기한다는 것이다. 결국 이옹은 꿈으로써 진실이 되어 진짜로 어리석음의 극치를 이루었다."

자원 ● 痴(어리석을 치 ; 疒部 8획. 총 13획. foolish) : 미치광이 치, 죽은깨 치.
● 人(사람 인 ; 人部 총 2획. man) : 사람 인, 성질 인, 잘난 사람 인.
● 說(말씀 설 ; 言部 7획. 총 14획. theory) : 고할 설, 글 설.
● 夢(꿈 몽 ; 夕部 11획. 총 14획). dream) : 어두울 몽, 환상 몽.

어의 ● 痴鈍(치둔) : 어리석고 무딤 ● 痴笑(치소) : 어리석은 웃음 ● 痴情(치정) : 남녀간의 사랑에 있어서 온갖 어지러운 정 ● 人工(인공) : 사람이 하는 일 ● 人倫(인륜) : 군신·부자·부부의 존비의 차례 ● 人品(인품) : 사람의 됨됨이 ● 說伏(설복) : 잘 설명하여 좇게 함 ● 說服(설복) : 알아듣도록 타일러 듣게 함 ● 說破(설파) : 상대방의 이론이나 구실을 깨뜨려 뒤엎음 ● 夢事(몽사) : 꿈에 나타난 일 ● 夢外(몽외) : 꿈에도 생각지 않던 일 ● 夢兆(몽조) : 꿈에 나타나는 길흉의 징조

참조 ⇨ 모르페우스(morpheus)는 힙노스의 아들이며 꿈의 신령이다. 꿈은 인간의 마음을 방해해 주고 또한 신의(神意)를 인간에게 전해준다고 생각했다. 오리세야에는 꿈은 오케아노스의 서쪽 끝 태양이 가라앉는 곳 망령의 나라 근처에 집이 있다. 밤마다 이 나라에서는 인간세계를 찾아올 때 꿈들이 지나는 문이 둘 있다. 하나는 반들반들한 상아문이다.

이 문을 나온 꿈은 거짓말을 인간에게 전해 준다. 또 하나는 반들반들한 뿔문이다. 이 문으로 나온 꿈은 사실을 정확히 알려주는 정꿈(正夢)이다.

他 山 之 石
다를 **타**　산 산　갈 지　돌 석

출전 《시경(詩經)》의 〈소아 학명(小雅 鶴鳴)〉

문의 다른 산에서 나온 거친 돌로도 옥을 간다.

요점 여기에서는 돌을 소인(小人)으로, 옥을 군자로 대체하여 설명하고 있다. 군자도 소인으로 인하여 수양하면 학문과 덕을 이룰 수 있다는 뜻이다.

고사 소아의 '아(雅)'는 향연과 조회에 연주하던 노래다. 당연히 궁 안의 악사들에 의해 만들어진 것으로 생각되는데 용도와 음절에 있어서 대소(大小)로 나뉜다. 소아는 만가의 구절을 많이 인용하고 있어 대아보다 훨씬 부드럽다.
　〈소아(小雅)〉의 학명(鶴鳴)이란 시의 내용이다.

먼 못가에 두루미 우니(鶴鳴于九皐)
그 소리 들판 가득 퍼지고(聲聞于野)
연못 깊은 곳 물고기(魚潛在淵)
때로 기슭에 노니네(或在于渚)
즐거울사 저 동산에는(樂彼之園)
박달나무 솟아 있어도(爰有樹檀)
그 밑에 낙엽만 수북해(其下維蘀)
다른 산의 돌이라도(佗山之石)
구슬 가는 숫돌은 되는 것을(可以爲錯)

먼 못가에 두루미 우니(鶴鳴于九皐)

그 소리 하늘 높이 퍼지고(聲聞于天)

기슭에 노니는 고기(魚在于渚)

때로 연못 깊이 숨네(或潛在淵)

즐거울사 저 동산에는(樂彼之園)

박달나무 솟아 있어도(爰有樹檀)

그 밑에 닥나무만 자라고(其何維穀)

다른 산의 돌이라도(佗山之石)

숫돌 삼아 구슬은 갈거늘(可以攻玉)

   위의 시는 초야에 묻힌 어진 선비들을 데려다 군왕의 덕을 아름답게 삼으라는 내용이다. 즉, '다른 산의 돌이라도 숫돌 삼아 구슬은 갈거늘(佗山之石 可以攻玉)'이란 부분이 소인에 대한 풀이다.

자원 ●他(다를 타 ; 人部 3획, 총 5획. other) : 남 타, 누구 타, 간사할 타, 다른 마음 타(佗와 같음. 사람(人)과 뱀 모양(也)을 더한 글자).

●山(산 산 ; 山部 총 3획. mountain) : 뫼 산.

●之(갈 지 ; ノ部 3획, 총 4획. this) : 이를 지, 의지할 지, 어조사 지.

●石(돌 석 ; 石部 총 5획. stone) : 저울 석, 단단할 석, 섬 석, 경쇠 석.

어의 ●他家(타가) : 남의 집 ●他面(타면) : 다른 방면 ●他邦(타방) : 다른 나라 ●山鳩(산구) : 산 새. 꿩의 종류 ●山谷(산곡) : 산골짜기 ●山陵(산릉) : 산과 언덕 ●石徑(석경) : 돌이 많은 좁은 길 ●石工(석공) : 석수

참조 《시경》의 〈학명〉은 '아무리 나쁜 돌이라도 군자의 수양을 위해서는 도움이 된다'고 하였다. 이것은 '설차탁마(切磋琢磨)'라는 말과 더불어 수양을 독려하는 명구로 애용되어 왔다.

投 筆 從 戎

던질 **투**　　붓 **필**　　따를 **종**　오랑캐 **융**

출전 《후한서(後漢書)》의 〈반초전(班超傳)〉

문의 붓을 던지고 군사가 되다.

요점 시대가 필요할 때는 문관이라 해도 과감히 군인이 되어 나라를 지킨다는 뜻.

고사 흉노는 광(光)무제 때에 내부 다툼이 일어나 분열되었다. 남흉노(南匈奴)는 한나라에 항복했으나 북흉노(北匈奴)는 기회만 있으면 변경을 어지럽혔다. 차츰 도시로 들어와 방화와 약탈을 일삼고 서역을 지배하자 정세는 자못 험악해졌다. 이렇게 되자 후한 시대에 이르러 방치해 두었던 서역에 대하여 원정군을 파견하였다.

반초는 장안 교외에 자리한 부풍안릉(扶風安陵)의 학자인 반표(班彪)의 아들이었다. 그는 유명한 역사학자 반고의 아우다. 어릴 때부터 남달리 자부심이 강한 그는 조정의 난대영사(蘭臺令史)라는 자리에 있었다.

난대는 황제의 도서관을 의미하고, 영사는 난대의 서적을 취급하는 관직이다. 요즘으로 말한다면 도서관장에 해당된다. 집안 분위기와 관직이 관직이니만큼 그는 책을 많이 읽었다. 그러던 그가 과감히 붓을 던지고 나선 것은 흉노가 변경을 침입한다는 말을 들으면서였다.

그들이 변경을 어지럽히는 바람에 가곡관의 성문이 폐쇄되었다는 소문을 들은 것이다. 그는 과감히 붓을 던지고 무장을 갖추어 원정군에 참여하였다. 이것이 투필종융이다.

당시 원정군 사령관은 두고였다. 그러므로 반초를 가사마(假司馬 ; 부사마)

삼아 서역으로 파견한 것이다.

자원 ●投(던질 투;手部 4획, 총 7획. throw) : 버릴 투, 의탁할 투.
●筆(붓 필;竹部 6획, 총 12획. writing brush) : 오랑캐 이름 필.
●從(따를 종;彳部 8획, 총 11획. obey) : 말을 들을 종, 허락할 종.
●戎(오랑캐 융;戈部 2획, 총 6획. barbarian) : 병장기 융, 싸움 수레 융.

어의 ●投賣(투매) : 손해를 무릅쓰고 내던져 버리듯 싸게 파는 것
●投錨(투착) : 닻을 던져 배를 세우는 일 ●投足(투족) : 직장이나 사회에 발을
들여놓음 ●筆寫(필사) : 붓으로 베껴 씀 ●筆陣(필진) : 정기 간행물의 집필진
●筆禍(필화) : 쓴 글로 인하여 법률상·사회상 제재를 받는 일 ●從軍(종군) :
군대를 따라 싸움터로 감 ●從僕(종복) : 사내 종 ●從心(종심) : 70세의 별칭
●戎壇(융단) : 대장의 자리 ●戎夷(융이) : 야만적인 나라 ●戎行(융행) : 군대
의 활동

참조 《후한서》의 〈반초전〉에는 다음 같은 말이 적혀 있다.
"대장부로 태어났으면 모름지기 장건을 본받아 나라에 공을 세우고 자신
은 봉후의 자리에 오르는 것이거늘, 편안히 집에서 필연(筆硯)만 벗을 하겠는
가!"
그는 즉시 무장을 갖추어 원정군에 가담하였다.
반초가 명을 받고 서역에 갔을 때는 겨우 36명의 수행원만을 대동한 채였
다. 뒷날 유명한 성어가 된,
"호랑이 새끼를 잡으려면 호랑이 굴에 들어가야 한다. 지금 당장 우리가
흉노의 사자를 죽이지 않으면 우리의 생명까지 위험에 처할 것이다. 서둘러
아 한다."
반초는 과감하게 결단을 내리고 흉노의 사자들이 묵고 있는 숙소를 급습
하여 대세를 반전시켰다.

暴 虎 馮 河
맨손으로칠 **포** 범 **호** 도섭할 **빙** 물 **하**

출전 《논어(論語)》의 〈술이편(述而篇)〉
문의 맨손으로 범을 잡고, 걸어서 강을 건넌다.
요점 만용을 믿고 되는대로 행동하는 것을 뜻한다.

해석 만용이란, 우리나라의 속담을 빌리면 '손가락으로 하늘 찌르기'다. 《장자》에는 용의 턱을 찾아 구슬을 찾겠다는 것을 만용으로 설명하고 있다.

고사 《논어》의 〈술이편〉에 있는 대화다. 공자께서 안연(顔淵)에게 말했다.

"벼슬길에 나가면 활동을 하고, 버림을 받으면 물러나서 분수를 지키며 사는 것은 너와 나만이 할 수 있을 것이다."

곁에 있던 자로(子路)가 발끈했다.

"그럼 한 마디 묻겠습니다. 선생님께선 삼군(三軍)을 지휘하여 전쟁에 나간다면 누구와 함께 하시겠습니까?"

공자가 말했다.

"맨손으로 범을 잡으려 들고 맨발로 큰 강을 걸어서 건너려다가 죽어도 후회하지 않는 그런 사람과는 행동을 하지 않겠다(暴虎馮河 死而無悔者)."

이것은 자로의 경솔한 태도를 꾸짖은 것이다. 자로는 나이가 많은데다 단순하고 솔직한 데가 있어 스승 공자로부터 사랑을 받았다. 그러나 시기심이 많은 탓에 안연을 칭찬하는 것을 보고 문득 질투를 느꼈다.

그 결과 오히려 핀잔만 듣고 말았다.

자원 ●暴(맨손으로 칠 포 ; 日部 11획, 총 15획. rough) : 사나울 포, 침로할 포.
●虎(범 호 ; 虍部 2획, 총 8획. tiger) : 호랑이 호.
●馮(도섭할 빙 ; 馬部 2획, 총 12획. wade) : 탈 빙, 업신여길 빙.
●河(물 하 ; 水部 5획, 총 8획) 은하수 하, 황하수 하.

어의 ●暴惡(포악) : 사납고 악함 ●暴殄(포진) : 물건을 거칠게 다루어 없앰
●暴慢(포만) : 사납고 거만함 ●虎牙(호아) : 호랑이의 이빨 ●虎豹(호표) : 호랑이와 표범 ●虎患(호환) : 범이 사람이나 가축에게 해를 끼침 ●馮氣(빙기) : 뽐내는 기운 ●馮隆(빙륭) : 높고 큰 모양 ●馮虛(빙허) : 하늘보다 높이 오르고자 함 ●河水(하수) : 냇물 ●河岸(하안) : 물가의 육지 ●河海(하해) : 강과 바다

참조 공자의 제자인 자로(子路)는 무척 적극적인 사람이었다. 그는 호협한 기상이 넘쳐 백성들의 앞자리에서 일한다거나 백성들을 어루만져 준다거나 하는 것만으로는 직성이 차지 않았다. 그래서 공자에게 좀더 신기한 가르침을 받고자 기대했다. 그러나 공자는 그것만으로도 충분하다고 위로해 주었다. 자로의 성품을 너무 잘 알고 있는 공자로서는 더 이상 확대되는 것은 자로에게 도움이 되지 않는다는 것을 알고 있었기 때문이다. 자로가 이렇게 물었다.

"위(衛)나라의 군주가 선생님에게 국정을 맡긴다면 무엇을 바로 잡겠습니까?"

공자는 이름을 바로 잡겠다고 했다. 그러자 자로는 무척 실망하여 따지듯 중얼거렸다.

"그러니까 선생님은 비현실적이라는 말을 듣습니다."

그 말을 듣고 공자는 자로가 거칠다는 것을 직시했다. 군자는 모르는 것에 대해 모르는 척히는 법이라 한 것이다.

畵 龍 點 睛

그릴 화　용 룡　점 찍을 점　눈알 정

출전 《수형기(水衡記)》

문의 용을 그리고 눈동자를 찍다.

요점 어떤 일의 가장 핵심이 되는 일의 마무리를 하다. 또는 그 부분을 완성시키는 것을 뜻한다.

해석 화룡점정은 문장이나 예술 작품에 있어 가장 중요한 부분의 부족함을 보전(補塡)시킨다는 의미를 담고 있다. 반대로 용을 그리고 눈동자를 빠뜨렸다는 것은 전체적으로는 나무랄 데가 없으나 가장 중요한 부분이 부족하다는 것도 의미한다.

고사 남북조시대의 남조(南朝) 양나라에 장승요(張僧繇)라는 이가 있었다. 그는 우군장군(右軍將軍), 오흥태수(吳興太守) 등의 벼슬을 지낸 인물로 벼슬길에 나선 후 꽤 성공한 인물이지만 일반적으로는 화가로 알려져 있다. 그는 자신이 지닌 붓으로 무엇을 그려내든 생동감 있는 그림이 되었다.

　한번은 강변에 있는 정자의 벽에 울창한 나무를 그렸다. 다음날 어디에서 날아왔는지 수많은 새들이 벽에 부딪쳐 죽어 있었다. 그곳이 울창한 나무 숲인 줄 알고 앉으려다 부딪쳐 죽은 것이다. 그만큼 그의 그림에는 신력(神力)이 있었다.

　어느 때인가 금릉(金陵;남경)에 있는 안락사(安樂寺)라는 절의 벽에 두 마리의 용을 그리게 되었다. 구름 속을 노니는 두 마리의 용은 힘찬 생명력으로 충만해 있었는데, 괴이한 것은 용의 눈에 눈동자가 없다는 것이다. 눈꺼

풀은 있는데 알맹이가 없으니 자연 이런저런 말이 새어 나왔다. 왜 용의 눈동자를 그리지 않았는지의 질문을 귀찮을 정도로 받게 되자 그는 이렇게 대답했다.

"내가 눈동자를 그려 넣으면 용은 벽을 뚫고 승천할 것이네. 그러니 용의 눈동자를 그리겠는가."

"당치 않은 소리. 어찌 벽에 그려진 용이 날아갈 수 있단 말인가. 자네의 머리가 잘못되지 않았다면 필경은 내가 미친 것일세."

"허허허, 자네들은 관(棺)을 봐야만 눈물을 흘리겠구만."

그 말을 들은 사람들은 터무니없는 일이라고 웃어댔다. 누구 하나 곧이 듣지 않은 채 오히려 그를 조롱하려 들었다. 주위에서는 그러지 말고 용의 눈동자를 그려 넣으라는 비공식적인 압력도 있었다. 장승요는 별 수 없이 두 마리 가운데 하나에만 용의 눈동자를 그렸다. 바로 그 순간, 천지를 가르는 뇌성 번개가 일어나고 비늘을 번쩍이는 괴룡(怪龍)이 벽을 뚫고 하늘로 치달아 올라갔다.

한참 후에야 제정신이 든 사람들은 벽을 바라보았다. 거기에는 용 한 마리만이 눈동자가 없는 모습 그대로 남아 있었다.

자원 ●畵(그릴 화 ; 田部 8획, 총 13획. picture) : 그림 화.
●龍(용 룡 ; 龍部 총 16획. dragon) : 귀신 이름 용, 별 이름 용, 임금님 용, 말 이름 용(용의 모습을 본뜸).
●點(점 찍을 점 ; 黑部 5획, 총 17획. dot, spot) : 더러울 점, 점 점.
●睛(눈알 정 ; 目部 8획, 총 13획. pupil) : 눈 검은자위 정.

어의 ●畵閣(화각) : 단청을 한 누각 ●畵而(화이) : 그림의 표면 ●畵材(화재) : 그림 그리는 재능 ●龍門(용문) : 출세의 관문 ●龍沼(용소) : 폭포가 떨어지는 바로 밑의 웅덩이 ●龍橫(용장) : 용 모양을 새긴 옷장.

참조 또 다른 기록에는 천황사(天皇寺)의 벽에 두 마리의 용을 그렸는데, 그 중 하나에만 눈동자를 그리자 승천해 버렸다는 내용이 있다.

愚 公 移 山
어리석을 우 어른 공 옮길 이   산 산

출전 《열자(列子)》의 〈탕문편(湯問篇)〉

문의 우공이 산을 옮기다.

요점 아무리 어려운 일이라도 끈기와 성의를 가지면 못 이룰 일이 없다.

고사 태행산(太行山)과 왕옥산(王屋山)은 사방의 둘레가 7백 리나 되고 높이가 만 길이다. 이렇듯 거대한 산이 예전에는 기주(冀州)의 남쪽인 하양(河陽)이라는 곳에 있었다. 그 무렵에 나이가 아흔아홉이나 되는 우공(愚公)이라는 노인이 북산에 살고 있었다. 두 산을 마주 보는 위치에 살다 보니 불만이 싹텄다. 어느 날 집안 식구들을 불러 앉히고 자신의 생각을 털어놓았다. "나는 너희들과 함께 힘을 합하여 답답한 앞산을 평지로 만들 것이다. 예주(豫州)까지 편편한 길이 나타나면 오죽 좋겠느냐. 또한 한수(漢水) 남쪽까지 막히는 곳이 없다면 그 얼마나 시원하겠느냐?"

우공의 말에 자식들은 모두 좋은 생각이라 하였다. 그렇게 하여 산을 옮기는 대역사(大役事)가 시작되었다.

우공이 세 아들과 손자들에게 흙을 운반하게 하여 공사를 시작하자 황하(黃河) 강변에 살고 있는 지수(智水)라는 이가 충고했다.

"여보시오, 당신도 참 어지간한 사람이구려. 당신의 보잘것없는 힘으로 거대한 두 산을 옮길 수 있단 말이오? 산의 한 귀퉁이라도 허물기가 어려울 텐데 어찌 큰 산의 돌과 흙을 운반할 수 있단 말이오?"

우공은 상대의 말에 가소롭다는 표정이었다.

"당신은 생각이 얕으니 그 깊은 뜻을 모를 것이오. 늙은 내가 일을 해야 얼마나 하겠소. 머잖아 늙어 꼬부라지겠지. 그렇더라도 아들은 남을 것이고, 그 아들이 잘못되면 손자가 남아요. 손자는 또 아이를 낳을 것이고, 그리 되면 공사는 이어질 것이 아니겠소. 분명 언젠가는 편편해질 날이 올 것이오."

이 말을 듣고 놀란 것은 두 산을 지키는 사신(蛇神)이었다. 우공의 말대로 언제까지나 산을 파내면 큰일이 아닐 수 없었다. 사신은 옥황상제께 호소했다. 자초지종을 들은 옥황상제는 우공의 진심 어린 끈기를 가상히 여겨 힘이 센 신(神)과 과아씨(夸娥氏)의 두 아들에게 명하여 두 산을 옮기게 하였다. 과아씨의 두 아들은 등에 산을 짊어지고 하나는 삭동(朔東) 땅에 다른 하나는 옹남(雍南) 땅에 옮겨 놓았다. 그 이후 기주의 남쪽은 우공이 바라던 대로 시원하게 앞이 열렸다. 아무리 어려운 일이라도 끈기와 성의를 가지면 못 이룰 일이 없다는 뜻이다.

자원 ●愚(어리석을 우;心部 9획, 총 13획. foolish):근심 우, 병 우. 원숭이 우(禺)에 마음 심(心)을 더한 글자. 원숭이처럼 생각함이 미련함. 心에서 뜻을 취하고 禺에서 음을 취함.
●公(어른 공;八部 2획, 총 4획. nobleman):한 가지 공.
●移(옮길 이;禾部 6획, 총 11획. move):이동 이(禾에 多를 더함.)
●山(산 산;山部 총 3획. mountain):뫼 산.

어의 ●愚慨(우개):근심하고 개탄함 ●愚慮(우려):걱정함 ●愚色(우색):걱정스러운 안색 ●公隙(공극):공무의 여가 ●公德(공덕):공무를 위한 도덕 ●移來(이래):옮겨 감 ●移秧(이앙):모내기 ●移職(이직):직업을 옮김 ●山家(산가):산 속에 있는 집 ●山脚(산각):산기슭 ●山味(산미):산나물이나 과실 등의 맛.

참조 현대인들에게 우공이산의 주제를 던져 준다면 그들은 어떤 답변을 하겠는가? 즉, 지수(智叟)라는 이를 현명하다고 보겠는가, 아니면 우공을 지혜롭다 생각하겠는가?

一 擧 兩 得
한일   들거   두양   얻을득

출전 《북사(北史)》, 《진서(晉書)》의 〈속석전(束石傳)〉, 《초책(楚策)》

문의 한 가지 일로 두 가지 이득을 얻는다.

요점 일석이조(一石二鳥)와 뜻이 비슷하다. 어떤 일을 했을 때에 예기치 않게 부수적으로 따라오는 이익을 뜻한다.

고사 진(秦)나라와 육국(六國)과의 싸움이 극에 달할 무렵, 연형책(連衡策)으로 천하에 이름을 떨친 장의는 진왕의 면전에서 촉(蜀)나라의 공격을 놓고 사마 (司馬) 씨와 언쟁을 벌였다.

장의가 먼저 계책을 내놓았다.

"주위의 정세를 보건대 우선은 위(魏)와 초(楚)는 세가 만만치 않으니 우호 관계를 맺는 게 좋습니다. 촉은 멀리 떨어져 있으니 주(周)를 공격하는 것이 급선무라 봅니다. 이렇게 되면 주는 도와주는 제후가 없으니 자연히 화친을 도모할 것이 분명합니다. 이렇게 되면 천자를 옹립하고 천하를 호령할 수 있게 됩니다. 생각해 보십시오. 어떤 사람은 촉을 먼저 치는 게 급선무라고 할지 모릅니다. 그러나 그곳은 워낙 멀어 정벌을 하였다 하여도 나중에 다스리기가 어렵습니다. 그러니 우리의 시선을 중원으로 돌리는 것이 급선무입니다."

그러나 사마 씨의 의견은 달랐다.

"아닙니다. 지금 천하의 형세는 그렇지 못합니다. 나라를 부강하게 하려면 토지를 넓히고, 병력으로 이웃을 핍박하려면 무엇보다 백성을 살찌워야 한다고 생각합니다. 지금 우리 진나라의 토지는 넓지도 않고 백성들은 가난

합니다. 그러므로 비록 멀리 있다고는 하나 촉을 취하는 것은 토지를 넓히고 재물을 취할 수 있는 일거양득(一擧兩得)의 묘책입니다. 그러나 우리의 처지로 주를 공격하는 것은 악명만 얻을 뿐 소득은 전연 없습니다. 그러므로 주를 치는 것은 현명치 못한 판단입니다."

왕은 사마 씨의 말을 받아들여 촉을 공략했다.

자원 ●一(한 일;一部 총 1획. one):정성스러울 일, 오로지 일.
●擧(들 거;手部 14획, 총 18획. lift):받들 거, 일컬을 거, 합할 거, 말할 거.
●兩(두 양;入部 6획, 총 8획. both):쌍 량, 끝 량, 근량 량, 양 량.
●得(얻을 득;彳部 8획, 총 11획. gain):탐할 득, 만족할 득.

어의 ●一己之慾(일기지욕):자기만의 욕심 ●一到(일도):한 번 다다름 ●一樂(일락):한 가지 즐거움 ●擧世(거세):온 세상 ●擧兵(거병):군사를 일으킴 ●兩脚(양각):두 다리 ●兩堂(양당):남의 부모의 존칭 ●兩頭塞耳(양두색이):콩알 두 개로 귀를 막으면 아무것도 안 들림 ●得功(득공):성공함 ●得男(득남):사내아이를 낳음 ●得伸其情(득신기정):그 뜻을 펼 수 없음

참조 《초책》에는 전국시대에 한(韓)과 위(魏)의 두 나라가 1년 넘게 전쟁을 치르고 있었다. 진혜왕이 어느 한쪽을 돕기 위해 신하들과 의논하는데 그때 진진(陳軫)이라는 신하가 일거양득에 대해 말하며 두 나라가 국력을 소모시키며 지치기를 기다려 공격하자고 하였다. 과연 그의 주장대로 하였더니 얼마 후 두 나라는 멸망하였다.

☞ 犬兎之爭(견토지쟁):옛날에 날래고 영리한 개가 교활한 토끼를 쫓아 다섯 번이나 산으로 오르내리며 돌다가 마침내 둘이 다 죽어 이것을 얻었다는 고사.

雁　書

기러기 **안**　　쓸 **서**

출전 《한서(漢書)》의 〈소무전(蘇武傳)〉

문의 기러기 편지.

요점 멀리서 전해 온 반가운 편지를 이름.

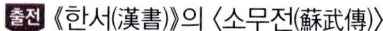

고사 소무(蘇武)는 한나라 때에 중랑장(中郎將)이었다. 그는 한(漢)무제의 명을 받아 흉노의 나라로 떠났다. 임무는 포로를 교환하기 위해서였다. 때마침 흉노의 나라에서는 내분이 일어났다. 무제의 명을 받고 떠난 사신들이 투항했지만 소무만은 끝내 뜻을 굽히지 않았다.

소무는 산허리를 파서 만든 땅굴 속에 갇혔다. 그러나 며칠이 지나도 죽지 않자 이윽고 북해의 바이칼호 근처로 보내 양을 치게 하였다.

그에게 맡겨진 양은 수놈뿐이었다.

"이놈들이 새끼를 낳으면 고향에 보내주마."

그러나 도둑이 들어 양을 훔쳐가 버렸다. 아무리 배고픔에 주렸어도 결코 항복을 하려는 생각은 없었다. 언제고간에 고향으로 돌아갈 수 있다는 희망 때문이었다.

세월은 흘러 무제가 죽고 소제(昭帝)가 보위에 올랐다. 뒤를 이어 한나라의 사신이 흉노의 나라에 왔다. 사신은 예전에 이곳에 왔었던 소무의 행방을 물었다. 그러나 예전의 사신들은 모두 죽었으므로 생사의 확인이 불가능하다는 것을 들려주었다. 분명 어딘가에 살아 있을 터인데 그것을 확인할 방법이 없었다. 그러던 차에 상혜(常惠)라는 이가 사신에게 귀띔하고 돌아갔다. 다음날 회견이 다시 열렸다.

"한나라의 천자께서 상림원에서 사냥을 하실 때에 기러기 한 마리가 살을 맞고 떨어졌소. 그 기러기 발목에는 비단 폭이 묶여 있는데 거기에 이렇게 씌어 있었소. '소무는 대택(大澤) 속에 살아 있소.'라는 내용이오. 분명 소무는 살아 있음이 분명하오."

흉노의 추장은 놀란 표정으로 말했다.

"그렇다면 살아 있을지도 모르겠소. 다시 한 번 찾아보겠소이다."

흉노족은 바이칼호로 달려가 소무를 데려왔다. 이미 머리와 수염은 하얗게 변했지만 눈빛만은 정기가 넘치는 소무가 분명했다. 마침내 소무는 고향으로 돌아가게 되었다.

자원 ●雁(기러기 안;隹部 4획, 총 12획. wild goose):기러기 안(기러기의 날고 있음이 사람의 행렬과 가깝다는 뜻).
●書(쓸 서;日部 6획, 총 10획. write):글씨 서, 글 서, 편지 서.

어의 ●雁帛(안백):편지 ●雁影(안영):기러기가 나는 모습 ●雁行(안행):형제
●書卷(서권):서적 ●書肆(서사):서점 ●書案(서안):책상

참조 당시 관원들은 신분을 증명하는 표식이 있었다. 이른바 부절(符節)이다. 그것으로 소무가 한무제의 사신임을 증명할 수 있었다.

안서라는 고사는 훗날 안찰(雁札)·안신(雁信)·안백(雁帛) 등으로 불렸다. 편지의 대명사인 셈이다. 위의 고사에서 다음과 같은 성어가 생겨났다.

☞ 雁足書(안족서):편지라는 뜻. 한무제 때에 흉노로 사신으로 간 소무라는 이가 사자로 갔다가 갇히었다. 바로 이 소무가 기러기 발목에 편지를 묶어 황제에게 보냈다 하여 이런 성어가 생겨났다.

☞ 家書抵萬金(가서저만금):여행 중에 집안사람으로부터 편지를 받으면 그 기쁨이 만금을 얻는 것과 같다는 뜻이다.《사문유취별집 26권(事文類聚別集 26卷)》에 전한다.

無 用 之 用
없을 무   쓸 용   의 지   쓸 용

출전 《장자(莊子)》의 〈인간세편(人間世篇)〉

문의 쓸모없는 것도 쓸 데가 있다.

요점 쓸모없는 사람이라고 여겼는데 작은 재주가 있다는 의미.

해석 이 말은 《장자》의 〈인간세편〉에 '산의 나무는 스스로를 해치고 등불은 스스로를 불태운다. 계수나무는 먹을 수 있기 때문에 베어지고, 옻나무는 칠을 할 수 있기 때문에 베어진다. 사람들은 모두 쓸모있는 것의 씀을 알되, 쓸모없음의 씀은 모른다'고 하였다.

고사 무용지물이라고 할 때엔 어떤 도구로도 사용되지 않고 자연 그대로의 수명을 다할 수 있다. 그러나 무용지용(無用之用)이라 했을 때엔 사정이 다르다. 이에 대한 장자(莊子)의 교묘한 비유를 살펴볼 필요가 있다.

다음은 무용지용에 관한 우화다.

송나라에 형씨(荊氏)라는 땅이 있다. 그곳에는 가래나무, 잣나무, 뽕나무가 잘 자랐다. 이 나무들이 한 줌의 크기로 자라면 원숭이 부리는 사람이 나타나 나무를 베어 원숭이의 앉을 대를 삼았다.

두 아름이나 세 아름으로 자라면 그것을 베어 대들보감으로 사용했으며, 일곱이나 여덟 아름이 되면 부자들이 베어 관으로 썼다. 그러고 보니 산에는 나무 한 그루 남아나지 않았다.

《장자》의 〈산목편〉에는 이런 얘기도 있다.

장자가 제자와 길을 가던 중 꾸불꾸불 자란 나무를 보았다. 장자는 그 나무를 어루만지며 말했다.

"그래, 생김이 이러하니 천수를 다 누리겠어."

그날 밤 숙소로 잡은 집에서 기러기 안주가 나왔다. 주인이 말했다.

"이 기러기는 집에 있는 것 중에서 울지 않는 녀석이거든요. 울지 않는 것은 쓸모가 없어요."

그 말을 듣고 제자가 반문했다.

"선생님, 나무는 쓸모가 없어 천수를 다하고, 기러기는 울지 않아 일찍 죽었습니다. 선생님께선 어느 쪽에 무용(無用)과 용(用)을 두겠습니까?"

장자의 대답은 당연히 중간이었다.

자원 ●無(없을 무;火部 8획, 총 12획. none) : 아닐 무, 말 무, 빌 무, 풀이름 무.
●用(쓸 용;用部 총 5획. use) : 쓰일 용, 써 용, 재물 용.
●之(의 지; ノ部 3획, 총 4획. this) : 어조사 지.

어의 ●無他(무타) : 다른 까닭이 아님 ●無策(무책) : 아무런 계책이 없음. ●無尊丈(무존장) : 어른에게 버릇이 없음 ●用費(용비) : 쓰는 비용 ●用人(용인) : 사람을 씀 ●用下(용하) : 비용으로 내놓음

참조 이 세상에는 무용한 것들이 적지 않다. 이를테면 코가 비뚤어진 돼지, 치질을 앓은 사내, 이마가 흰 소. 이러한 물건들은 하백이라는 물의 신에게 제물로 바쳐지지 않는다.

제물로 바쳐질 수 없는 것은 무용하다. 다시 말해 죽음에서 벗어나 편안한 생활을 보낼 수 있다. 그런데 아무 이상이 없는 사람이, 그것도 재와 덕을 갖춘 인간이 왜 천수를 못 누리겠는가? 그래서 장자는 공자를 힐책한다.

"산의 나무를 베는 것은 쓸모가 있기 때문이며, 기름이 없어지는 건 타기 때문이다. 유용을 구하는 자는 많은데, 무용지용을 깨닫는 자는 적다."

鐵 甕 城

쇠 철   독 옹   성 성

출전 서적(徐積)의 〈화애복시(和倪復詩)〉

문의 쇠 항아리 같은 성.

자원 무쇠로 만든 항아리처럼 쉽게 깨어지지 않는 견고한 성.

해석 성 주위에 못이 있다면 당연히 금성탕지(金城湯池)가 될 것이다. 물론 수비를 완벽하게 할 수 있다. 주위에 못은 파지 않았어도 단단하기가 마치 쇠항아리 같은 성이라면 쉽게 침입할 수 없다. 즉, 공성(攻城)이 여의치 않다는 뜻이다.

고사 무쇠 항아리처럼 단단하고 견고한 성이 우리나라에도 있다. 지금의 함경남도 영흥 서쪽에 있는 것으로 고려 성종 때에 거란과 여진족의 공격을 막아내기 위해 구축한 것이다. 이 산성은 영흥에서 서쪽으로 210리 떨어진 개마고원에 위치한다.

첫째 목적은 거란과 여진에 대한 방어였지만 둘째는 북쪽으로 진출하기 위해 진(鎭)을 설치한 것이다. 튼튼한 성벽은 둘레가 2,650척이다. 자연적으로 만들어진 절벽을 이용하여 사방이 깎아지른 듯한 곳에 성벽을 쌓아 마치 쇠솥이나 항아리 모양을 하였기 때문에 철옹산성이라는 이름이 붙었다. 그런데 성종 때의 장수였던 강조(康兆)는 스스로 항아리같은 진법을 만들어 펼치다가 비운을 맞이하였다.

거란의 성종이 40만의 대군으로 밀고 내려오자 고려의 현종은 강조를 행영도통사로 이현운과 장연우를 부통사로 하여 적를 맞게 하였다. 30만의 병력을 이끌고 선천 서북쪽인 통주(通州)로 나가 적이 오는 세 방향의 길목을 지키고 있다가 요격하자 거란병은 추풍낙엽이었다. 전세가 호전되자 강조의 마음이 풀어졌다. 친히 군영 안에서 바둑판을 펼치고 적세(敵勢)에 대한 보고만을 들었다. 거란의 선봉장 야율분노가 급습해 왔다는 보고를 받고도 강조는 천하태평이었다.

"적이란 본래 입안에 든 음식 같은 것이야. 양이 적으면 맛이 없는 법이지. 좀더 기다렸다가 많이 들어온 다음 섬멸시키자."

그러나 야율분노는 강조의 심기를 거꾸로 읽고 급습에 성공했다. 한 순간의 방심으로 패장이 된 것이다. 그러나 패군지장이었지만 장수다운 기개는 남아 있었다. 거란의 성종이 묶여 있는 강조에게 묻는다.

"나의 신하가 되겠느냐?"

"나는 고려인이다. 어찌 오랑캐의 신하가 되겠느냐!"

성종은 보도를 뽑아 강조의 몸을 후려쳤다.

자원 ●鐵(쇠 철;金部 13획, 총 21획. iron) : 검은 쇠 철, 단단할 척.
●甕(독 옹;瓦部 13획, 총 18획. earthen jar) : 물장군 옹.
●城(성 성;土部 6획, 총 9획. castle) : 재 성, 보루 성. 土와 成을 합한 글자. 흙으로 만들어진 성을 뜻함.

어의 ●鐵甲(철갑) : 쇠로 만든 갑옷 ●鐵抗(철갱) : 금광을 팔 구덩이 ●鐵琴(철금) : 관현악에 쓰는 악기의 하나 ●甕頭(옹두) : 처음으로 익은 술 ●甕井(옹정) : 독 우물 ●甕天(옹천) : 견문이 좁음 ●城市(성시) : 성으로 둘러싸인 시가 ●城役(성역) : 성을 쌓거나 수축하는 일 ●城跡(성적) : 성지

참조 ☞ 金城鐵壁(금성철벽) : 금으로 만든 성. 쇠로 된 벽. 이른바 철벽이다. 서적(徐積)의 〈화예복시〉에 언급되어 있다.
　☞ 孤城落日(고성낙일) : 방금 해가 지는 그곳에 오직 한 성만이 남아 있음.
　☞ 萬里邊城(만리변성) : 멀리 떨어진 변경의 성.

旱　　魃

가물 **한**　　가물귀신 **발**

출전 《삼황오제(三皇五帝)》
문의 가뭄.
요점 가뭄을 몰고 오는 신화 속의 여신.

고사 삼황(三皇)이란, 복희(伏羲)·신농(神農)·황제(黃帝)를 말한다. 특히 황제 헌원씨 때에는 사람이 움집이 아닌 집을 만들고 삼베로 옷 짜는 것을 고안했다. 약초를 조사하고 의료술을 개발하는 등의 업적을 쌓은 황제가, 산동성의 태산으로 행차한 적이 있었다. 큰 코끼리가 이끄는 보차(寶車)를 타고 온갖 신들을 거느린 이 행렬을 못마땅히 여긴 것은 호랑이와 이리떼를 대동한 치우(蚩尤)였다. 그는 바람의 신(風伯)과 비의 신(雨師)을 거느린 괴이한 난폭자였다.

치우는 자기와 같은 몸집을 한 괴신(怪神) 72명과 힘을 합쳐 불평을 일삼던 풍백·우사를 불러 반기를 들었다. 황제(皇帝)는 치우의 모반 소식을 듣고 판천에서 맞서 기세를 꺾은 다음 탁록에서 두 번째 결전을 벌였다. 황제의 군세는 사방의 신들을 무장으로 삼아, 곰·큰곰·호랑이 등을 훈련시켜 치우의 군대를 대적케 했다.

싸움이 시작되자 치우의 군대는 풍백과 우사의 활동으로 큰 바람을 일으켜 폭우를 뿌렸다. 짙은 안개를 흩트려 놓고 동(銅) 머리에 쇠 이마를 지닌 괴인 군과 도깨비·허깨비·요괴 군들이 안개 속을 헤집으며 신출귀몰하여 날뛰었다. 황제 헌원은 그들과 싸워 8전 8패의 수모를 당해야 했다. 그러나 헌원은 안개 속에서도 방향을 잃지 않고 적을 공격하는 지남차를 발명하며 적과 맞섰으며 천상에 있는 딸 발(魃)이라는 여신을 불러내 풍백·우사가 일으킨 풍우와 농무를 흩트려 버렸다. 결국 치우는 힘이 소진되어 황제 군에게 항복하고 말았다.

그런데 발이라는 여신은 용모도 추했지만 대머리였다. 싸움이 끝나자 온 힘을 다해 치우의 군대와 맞섰기 때문에 힘이 빠져 하늘에 올라갈 수가 없었다. 그녀가 땅 위에 있자 가뭄이 찾아왔다. 그녀가 있는 곳엔 비 한 방울이 내리지 않는 메마른 날씨가 계속되었다. 그래서 사람들은 그녀를 한발(旱魃)이라 부르며 원망하게 되었다.

자원 ● 旱(가물 한 ; 日部 3획, 총 7획. dry weather) : 물 없는 한.
● 魃(가물 귀신 발 ; 鬼部 5획, 총 15획. drought demon) : 가물 발.

어의 ● 旱稻(한도) : 밭 벼 ● 旱乾(한건) : 오래 가뭄 ● 旱雷(한뇌) : 마른 천둥

참조 황제는 그녀를 적수(赤水)의 북쪽으로 추방하여 논의 신, 숙균에게 명하여 감시케 하였다. 그녀는 감시의 눈을 피해 잘도 도망쳤다. 그러나 그녀의 행동은 이내 발각되었다. 그녀가 있는 곳엔 언제나 가뭄이 찾아왔기 때문에 사람들이 한발을 만나면 조그만 개천이나 실여울을 깨끗이 청소를 한 다음
"하느님, 북쪽으로 돌아가 주세요." 하고 빌었다.

그러면 발 자신도 부끄러움을 참지 못하여 북쪽의 주거지로 돌아갔으므로 그 지방은 가뭄의 피해를 덜 수 있었다.

치우의 난리 이후 황제 헌원은 1백 살이 되었을 때, 수양산에서 캐어 낸 구리로 커다란 보정(寶鼎)을 만들게 했다. 그것이 만들어졌을 때 하늘에 머물러 있던 신들은 한 마리의 신룡을 영접의 사자로 보내 헌원이 돌아오기를 청인했디고 한다.
☞ 七年之旱(칠년지한) : 칠 년 동안의 가뭄.
☞ 野無靑草(야무청초) : 가뭄으로 인해 땅에 풀이 없음.

五十步百步

다섯 오   열 십   걸음 보   일백 백   걸음 보

출전 《맹자(孟子)》의 〈양혜왕편(梁惠王篇)〉

문의 오십 보와 백 보.

요점 도망을 치는 데엔 오십 보나 백 보나 본질적으로 같다는 말.

고사 전국시대에 맹자가 위나라의 혜왕에게 초대되었을 때의 일이다. 혜왕은 도성을 양(梁)으로 옮겼기 때문에 나타난 기록에는 양혜왕으로 나와 있다. 당시 위나라는 진나라의 위협을 받고 있었기 때문에 양이라는 곳으로 옮겼었다. 위나라는 제나라의 싸움에서 크게 패했기 때문에 나라의 형편이 좋지 않을 때였다. 그런 이유로 양혜왕은 이름난 현사(賢士)들을 찾거나 불러들여 좋은 방책을 묻곤 했었다.

양혜왕은 어려운 시기에 만난 맹자에게 여러 방책에 대한 의견을 물었었다. 그러는 한편으로 맹자의 말에 따라 백성을 사랑하는 일에 대해서도 상당한 인식을 하게 되었다. 어느 날 왕은 맹자에게 말했다.

"하내(河內) 지방이 흉년이 들었을 때 젊은이들을 하동으로 옮겨 주고 나머지 노인들에게는 하동 지방의 곡식을 옮겨다가 굶주리지 않도록 했습니다. 나는 다른 지방에 흉년이 들 때에도 그런 방법을 사용했습니다.

이웃 나라의 정책을 은밀히 탐문해 보니 나만큼 백성들을 위해 배려해준 군주도 없는 것 같았습니다. 그런데도 다른 나라의 백성은 줄지를 않고 우리 나라의 백성도 늘지를 않았으니 도대체 그 이유가 뭡니까?"

맹자가 답했다.

"왕께서 전쟁을 좋아하시므로 비유를 들어 말하겠습니다. 두 나라 사이에 한참 격전이 벌어지고 있는데 마지막으로 백병전에 돌입하라는 군호가 들렸습니다. 이때 겁을 집어먹은 병사가 갑옷을 벗고 칼을 내팽개친 채 도망치기 시작했습니다. 한 사람은 오십 보를, 또 한 사람은 백 보를 달아났습니다. 그러자 오십 보를 달아난 병사가 뒤를 돌아보며 '야, 이 비겁한 놈아!'라고 소리쳤습니다. 왕께서는 어떻게 생각하십니까?"

"그거 마찬가지지. 오십 보나 백 보나."

"그렇습니다. 왕께서 그 점을 아신다면 다른 나라 백성들의 수효가 줄어들지 않거나 왕의 백성이 많아지는 것을 바랄 필요는 없겠지요."

자원 ● 五(다섯 오; 二部 2획, 총 4획. five) : 다섯 번 오. 가로 3획에 세로 2획을 그어 다섯을 나타냄.

● 十(열 십; 十部 총 2획. ten) : 열 번 십, 완전할 십, 열 배 십.

● 步(걸을 보; 止部 3획, 총 7획. walk) : 두 발 자취 보, 하나 보, 운수 보. 止(足의 변형)+少. 사람이 두 발로 걷는 모습.

● 百(일백 백; 白部 1획, 총 6획. hundred) : 일백 백.

어의 ● 五感(오감) : 눈, 코, 입, 귀, 피부의 다섯 가지 감각 ● 五更(오경) : 밤을 다섯으로 나눈 칭호 ● 五苦(오고) : 인생의 다섯 가지 고통. 生, 老, 病, 死, 愛別離. ● 十霜(십상) : 십 년 세월 ● 十匙—飯(십시일반) : 여러 사람이 힘을 합쳐 한 사람을 구제하기는 쉽다는 말 ● 十字路(십자로) : 네 갈래로 갈라지는 길 ● 步道(보도) : 사람이 걸어 다니는 길 ● 步武(보무) : 아주 작은 거리 ● 步揆(보규) : 공문서를 전달하는 사람 ● 白家(백가) : 많은 집 ● 白計(백계) : 온갖 꾀 ● 白難(백난) : 온갖 곤란

참조 맹자가 말하고자 한 것은 다른 나라의 정치도 혜왕의 정치와 큰 차이가 없다는 뜻이다. 다시 말해 왕도의 길은 백성이 안정된 기반 위에 있음을 설파한 것이다. 나라가 부강하느냐 그렇지 못하느냐도 왕도에 있다는 말이다.

百 年 河 淸

일백 **백**   해 **년**   물 **하**   맑을 **청**

출전 《춘추좌씨전(春秋左氏傳)》〈양공 8년조(條)〉
문의 황하의 물이 맑아지기를 기다림.
요점 아무리 기다려도 실현 가능성이 없는 일을 뜻함. 한편으로는 기다리는 일이 이루어지는 것이 너무 늦음을 이르는 말

해석 이 말과 함께 사용되는 성어가 하청봉명(河淸鳳鳴)이 있다. 물론 이 성어에도 두 가지 의미가 있다. 황하의 황토물이 맑아지는 것은 거의 천년이나 걸린다고 했다. 그런 의미로 천재일우의 기회라는 등의 '일천 천(千)'자가 등장한다. 두 번 다시 올 수 없는 절호의 기회. 이러한 기회는 어느 정도인가? 봉황이라는 새는 천년에 단 한 차례 울음을 터뜨린다. 그런 기회라는 것이다. 그러나 위의 말들은 두 번 다시 올 수 없는 절호의 기회이지만, 시간이 너무 걸린다는 것이다. 즉, 사람의 힘으로서 감당할 수 없는 시일인 셈이다.

고사 정(鄭)나라가 채(蔡)나라를 공격하자 채와 동맹을 맺은 초나라가 가만있지 않았다. 그해 겨울 초나라의 자양(子襄)이 조련된 군사들을 이끌고 정나라를 칠 것이라는 소문이 득달같이 전해졌다. 당연히 구수 회의가 열렸다. 회의는 화전(和戰)으로 의견이 나뉘어 팽팽하게 대립했다.

강대국을 맞이하여 항복하자는 쪽의 대표는 자사(子駟)였다.

"주나라의 시에 이런 말이 있습니다. '황하의 물이 맑기를 기다린다는 것은 사람의 수명으로는 도저히 견딜 수 없다'는 것입니다. 그러니 우리들이 탁상에 앉아 말로써만 이러쿵저러쿵하는 것은 실속 없는 계획에 불과할 뿐

입니다. 차일피일 날짜만 소모하였다가는 나중에는 곤충이 거미줄에 걸릴 것이나 다름없게 되어 사태만 악화될 뿐입니다. 그러니 정중하게 대국을 기다리는 것이 약소국이 취할 태도라 봅니다.”

그들과 맞서 싸워야 한다는 의견도 만만찮았다.

“작은 나라가 큰 나라를 섬기는 것도 일정한 틀이 있기 마련이오. 당장 위급하다 하여 항복한다는 것은 대세에 맞지 않아요. 우리는 오래전부터 진나라와 동맹을 맺었으므로, 우리가 위급하다는 말을 들으면 분명 진나라는 달려와 줄 것이오. 더구나 초나라 병사들은 이곳까지 오는 동안 군량이 적지 않게 소모될 것이니 결코 오래 견디지는 못할 것이오.”

이 논쟁은 자사의 주장대로 화평을 맺고 위기를 넘기게 되었다.

자원 ●百(일백 백;白部 1획, 총 6획. hundred):일백 백.
●年(해 년;干部 3획, 총 6획. year):나이 년, 나갈 년.
●河(물 하;水部 5획, 총 8획. river):강물 하, 황하수 하.
●淸(맑을 청;水部 8획, 총 11획. clear):고요할 청, 조촐할 청, 청렴할 청.

어의 ●百花王(백화왕):모란의 다른 이름 ●百分(백분):백으로 나눔 ●百朋(백붕):많은 보배 ●年間(연간):한 해 동안 ●年高(연고):나이가 많음 ●年金(연금):사회정책상 일정기간 또는 종신토록 매년 정기적으로 급여하는 금액 ●河口(하구):바다로 흘러 들어간 강물의 어귀 ●河伯(하백):물귀신 ●河岸(하안):물가의 육지 ●淸潔(청결):깨끗하여 더러움이 없음 ●淸貧(청빈):마음이 결백하고 욕심이 없어 가난함 ●淸談(청담):세속을 떠난 풍류적인 이야기

참조 ☞ 植松望亭(식송망정):솔을 심어 정자를 삼는다는 뜻. 원하는 일이 앞으로 까마득할 때에 쓰는 말.
　☞ 熟柿主義(숙시주의):감이 익어서 저절로 떨어지듯 일이 절로 잘 되기를 기다림.

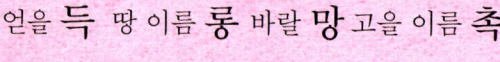

得 壟 望 蜀
얻을 **득** 땅 이름 **롱** 바랄 **망** 고을 이름 **촉**

출전 《후한서(後漢書)》의 〈광무기(光武紀)〉

문의 농서 지방을 얻자 촉 땅을 바란다.

요점 사람의 욕심이 끝없음을 나타내는 말.

고사 적미군(赤眉軍)이란, 전한 말기에 왕망의 실정으로 혼란이 일어났을 때에 낭야의 번숭(樊崇)이 일으킨 농민군이다. 왕망의 군사들과 구분하기 위해 눈썹을 붉게 물들였으므로 그런 칭호를 붙였다. 이들은 왕망의 정권이 무너진 뒤 화북(華北) 등지에서 세력을 떨쳤다.

이들은 먹을 것을 찾아 차츰 서쪽으로 향하였으나 장안성에 먹을 것이 없자 왕릉을 파헤치고 도굴을 일삼았다. 당시에 적미군의 수효는 10여 만에 이르렀다.

광(光)무제 유수는 이들을 토벌하고 나서 그들에게 물었다. 그들 중 서선이라는 자가 말했다.

"저희들은 호랑이 입에서 벗어나 어머니의 품으로 돌아왔다고 생각합니다. 항복한 것을 만족스럽게 생각할 뿐, 후회는 없습니다."

그 말을 들은 유수는 서선을 향해 만족스럽게 말했다.

"그대는 철중쟁쟁(鐵中錚錚 ; 무리 가운데 가장 뛰어난 사람)이고, 용중교교(庸中佼佼 ; 평범한 자 가운데 뛰어남)로다."

유수는 그들에게 낙양에 살 곳을 마련하고 전답을 하사했다. 적미군의 평정이 끝나자 이번에는 농(감숙성)의 외효와 촉(사천)의 공손술을 제압하는 일이었다. 농의 외효는 과히 크지는 않지만 유수의 신경을 건드렸기에, 그곳을 공략하고 있는 잠팽(岑彭)에게 편지를 보냈다.

"사람은 본시 욕심에 한이 없는 것이오. 이제 농을 평정하고 나면 촉도 평정하고 싶어질 것이오. 나는 군사를 한 번 출병시킬 때마다 흰머리가 자꾸만 늘어나오."

이 말은 원정군의 노고를 생각하면 유수 자신은 한없이 괴로워지는데, 자신의 욕심은 끝이 없다는 것이다. 득롱망촉은 이렇게 유래되었다.

자원 ●得(얻을 득 ; 彳部 8획, 총 11획. gain) : 탐할 득, 상득할 득, 만족할 득.
●壟(땅 이름 롱 ; 土部 16획, 총 19획. land) : 무덤 롱, 두둑 롱, 언덕 롱.
●望(바랄 망 ; 月部 7획, 총 11획. hope) : 원망할 망, 이름 망.
●蜀(고을 이름 촉 ; 虫部 7획, 총 13획. country) : 큰 닭 촉, 해바라기 벌레 촉.

어의 ●得暇(득하) : 틈을 얻음 ●得談(득담) : 남에게 구설이나 비방을 들음 ●得志(득지) : 바라던 것이 뜻대로 됨 ●望見(망견) : 멀리 바라봄 ●望鄕(망향) : 고향을 바라봄 ●望九(망구) : 아흔을 바라봄 ●蜀葵(촉규) : 접시꽃 ●蜀道(촉도) : 인정과 세상이 어렵다는 뜻 ●蜀漢(촉한) : 삼국시대 유비가 세운 나라

참조 마지막 남은 반란군 농의 외효와 촉의 공손술에 대해서는 이렇게 전해온다. 외효는 군사를 일으켜 스스로 상장군이라 하였다.

어느 날 마원(馬援)이 막역한 공손술을 찾아가게 됐는데, 약간의 세력을 얻어서인지 전연 다른 사람이 되어 있었다. 돌아온 마원은 외효에게 보고했다.

"공손술은 자신을 높이고 호화로운 생활을 즐깁니다. 그러니 낙양의 유수에게 의지하는 것이 장차를 위해 좋을 것으로 보입니다."

그리하여 외효의 군대는 유수와 합류하였다. 그러나 이후 광무제는 유수에게 자신의 신하가 될 것을 요구했다. 유수는 이를 거절하며 광무제와 대립하게 되었다. 결국 유수가 세상을 떠난 후에야 한나라는 비로소 농서 지역을 평정할 수 있었다.

南 橘 北 枳
남녘 남   귤 귤   북녘 북   탱자 지

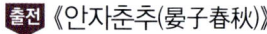

출전 《안자춘추(晏子春秋)》
문의 강남에 심은 귤나무는 강북에 심으면 탱자가 열린다.
요점 기후와 풍토에 따라 달라짐을 꼬집는 말.

고사 안자(晏子)의 이름은 영(嬰)이다. 그는 제나라의 정승으로 있으면서 박학다식함과 뛰어난 재능을 발휘하여 일세를 풍미하였다. 안자의 언행이나 사적을 적은 《안자춘추》 외에도 《좌전》·《사기》 등의 제세가를 비롯하여 여러 서책에 그의 행장이 눈에 띈다.

춘추시대에 안영의 소문을 듣고 초나라 영왕(靈王)이 그를 초청했다. 유명한 그를 만나고 싶은 열망과, 한편으로는 천하에 이름을 날린 그를 이번 기회에 납작하게 코를 눌러 버려야겠다는 야무진 생각 때문이었다. 서로 수인사가 끝난 뒤 영왕이 말문을 열었다.

"제나라에는 그렇게 사람이 없습니까?"

빈정거리는 투로 물은 것은 안영의 키가 너무 작았기 때문이다.

"무슨 말씀이십니까?"

"내가 듣기로 제나라에서는 사신으로 선생을 보낸다는데 그토록 키 작은 선생을 보낸 것으로 보아 어지간히 사람이 없는 것 같습니다."

안영의 답변에 흔들림이 없었다.

"우리 제나라에서는 사신을 보낼 때 상대방 나라에 맞게 사람을 선별합니다. 이를테면 작은 나라에는 키가 작은 사람을, 대국에는 키가 큰 인물을 보냅니다. 신은 그 중에서 작은 편에 속하기 때문에 이곳으로 온 것입니다."

영왕의 표정이 답변을 찾지 못해 굳어졌다. 그때 포교가 죄인 한 사람을 끌고 지나갔다. 왕이 물었다.

"여봐라, 그 죄인은 어느 나라에서 왔느냐?"

"제나라에서 왔사온데, 남의 물건을 훔쳤사옵니다."

영왕은 입술을 실룩거리며 반격할 거리를 찾았다.

"본시 제나라 사람들은 도둑질을 잘하는 모양입니다. 어떻게 그 짓을 하다 잡혀 오는 이들은 한결같이 제나라 사람입니다."

"강남에 있는 귤을 강북에 옮겨 심으면 탱자가 된다는 말을 들었습니다. 선량한 제나라 사람이 이곳에 와서 도적질을 한다면 그것은 분명 토질 탓일 것입니다."

"참으로 죄송합니다. 처음부터 선생을 욕 보일 생각은 없었습니다만, 선생의 위명이 사해에 떨치므로 은연중에 재주를 엿보고 싶었습니다. 용서해 주십시오."

자원 ●南(남녘 남 ; 十部 7획, 총 9획. south) : 금 남, 앞 남.
●橘(귤 귤 ; 木部 12획, 총 16획. orange) : 귤나무 귤.
●北(북녘 북 ; 匕部 3획, 총 5획. north) : 북쪽에 갈 북.
●枳(탱자 지 ; 木部 5획, 총 9획. trifoliate orange) : 해할 기, 사다리 기.

어의 ●南閭(남려) : 십이율의 하나, 음력 8월의 별칭 ●南蠻(남만) : 남쪽 오랑캐 ●南面(남면) : 임금이 앉던 자리 방향 ●橘井(귤정) : 의원 ●橘皮(귤피) : 귤 껍질 ●橘核(귤핵) : 귤의 씨 ●北歐(북구) : 북유럽 ●北冥(북명) : 북쪽에 있는 큰 바다 ●北魚(북어) : 마른 명태 ●枳殼(지각) : 탱자를 썰어 말린 약재 ●枳首蛇(지수사) : 머리가 둘 달린 뱀 ●枳礙(지애) : 심한 장애

참조 땅은 그 성질이 갖지 않다는 것을 설명한 말이다. 사람도 재능이 각자 다르다.

天 高 馬 肥
하늘 천   높을 고   말 마   살찔 비

출전 《한서(漢書)》의 〈흉노전(匈奴傳)〉
문의 하늘이 높고 말이 살찌다.
요점 변방에 근무하는 친구에게 보내는 변방의 사정을 뜻함.

고사 옛날 중국은 흉노들의 등쌀에 본토까지 어지럽히는 소란스러움을 견디지 않으면 안 되었다. 이들 흉노는 몽고의 만족 또는 터키의 일파라고도 불리는데, 은나라 초에 일어나 진(晉)나라 초에 망했다. 이 흉노족은 대략 2천여 년에 걸쳐 한족을 괴롭힌 애물단지였다. 그러기에 역대의 제왕들은 그들을 강압적으로 무찔러 보기도 했지만, 대략은 회유하는 정책을 썼었다.

진(秦)나라 때에는 그들을 막기 위해 만리장성을 쌓았고, 한나라 때에는 그들에게 미인을 보내 회유했다. 그들 흉노는 바람이었다. 바람처럼 습격하여 화살을 비 오듯 퍼붓고 순식간에 강탈해 갔다. 그들의 주거지는 중국의 전역에 분포돼 있었다.

목초지를 뛰놀던 말들은 가을이면 토실하게 살이 올랐다. 이윽고 초원은 메말라 갔다. 그렇게 되면 흉노들은 겨울 양식을 찾아 바람처럼 내닫기 마련이다. 그러므로 가을이 되면 변방은 더욱 긴장의 연속이다.

"그놈의 흉노들이 또 쳐들어올 거야."

변두리에 있는 병사들은 성책을 돌아보며 미구에 닥칠 흉노들의 말 발굽에 대처할 방안을 찾아본다. 그런 이유로 《한서》의 〈흉노전〉에는 '가을이 되면 말이 살찌고 활쏘기가 세어진다'고 했다.

자원 ●天(하늘 천;大部 1획, 총 4획. heaven) : 만물의 근본 천, 조물주 천.

●高(높을 고;高部 총 10획. high) : 위 고, 멀 고.

●馬(말 마;馬部 총 10획. horse) : 나라 이름 마, 아지랑이 마.

●肥(살찔 비;肉部 4획, 총 8획. fat) : 거름 비, 땅이름 비.

어의 ●天蓋(천개) : 하늘 ●天功(천공) : 자연의 조화 ●天人(천인) : 하늘과 사람 ●高價(고가) : 가격이 비쌈 ●高潔(고결) : 고상하고 결백함 ●高行(고행) : 고 상한 행위 ●馬夫(마부) : 말을 부리는 사람 ●馬脚(마각) : 겉치레하였던 본성 ●馬蜂(마봉) : 말벌 ●肥滿(비만) : 살이 쪄서 뚱뚱함 ●肥沃(비옥) : 땅이 기름 져서 농작물이 잘 되는 것 ●肥肉(비육) : 살이 쪄서 기름진 고기

참조 ⇨ 두보(杜甫)의 조부 두심언(杜審言)은 흉노에 대처하기 위해 변방으로 근무하러 가는 친구 소미도(蘇味道)에게 글을 써 보냈다. 한 편의 오언배율 (五言排律)이었다.

　'구름이 맑으니 요성(妖星;재난의 징조를 나타내는 별)이 떨어지고, 가을이 무르익으니 새마(塞馬)가 살이 찐다.'

　물론 이 새마는 한군 측의 말(馬)이다.

　⇨《장자》의〈인간세편〉에 있는 말이다.

　"말을 사랑하는 이가 광주리로 그 똥을 받고, 동이로 그 오줌을 받기까지 하지만 마침 말 등에 모기와 등에가 엉겨 붙은 것을 보고 갑자기 채찍을 들 어 그놈을 치면 말은 놀라서 재갈을 째고 머리를 찢고 가슴을 다치게 될 것 이다. 이렇게 되면 그 생각은 지극한 바가 있었으나 도리어 사랑을 잃어버리 게 된 것이니 어찌 삼가지 않아야 되는가?"

　☞ 棧頭之戀(잔두지련) : 말이 조금 남은 콩을 탐하여 외양간을 떠나지 못 함.

　☞ 千金駿駒(천금준구) : 천금의 값이 있는 좋은 새끼 말.

産業·地理

天 涯 海 角

하늘 천 물가 애 바다 해 뿔 각

출전 〈제십이랑문(祭十二郎文)〉

문의 하늘의 끝과 바다의 한 귀퉁이.

요점 아득히 멀리 떨어져 있음을 비유.

고사 당나라 덕종 때에 문명을 떨친 한유(韓愈) 퇴지(退之)는 창려(昌黎) 태생이다. 정치적으로는 불운했지만 문학적으로는 당송팔대가의 한 사람으로 후대에 길이 이름을 남겼다.

한유는 세 살 때에 아버지를 여의었고 그로부터 얼마 후에는 어머니마저 세상을 떠났다. 그리하여 한유의 어린 시기는 그의 형 한회와 형수 밑에서 지냈다. 한회는 노성(老成)이라는 사자(嗣子 ; 대를 이은 아들. 한유의 둘째형 개의 아들이다. 항렬이 열두 번째이므로 아명은 십이랑이었다)가 있었는데 한유보다는 약간 어렸다. 한유의 나이 열두 살 때이니 십이랑은 더욱 어렸다. 이때 한회는 원재(元載)라는 재상의 사건에 연루되어 귀양을 가는 중 병사했다.

한유가 선성(宣城)에서 돌아왔을 때엔 십이랑은 죽은 뒤였다. 소식을 들은 한유는 매우 비통해 하였다. 그는 〈제십이랑(祭十二郎)〉이라는 글을 짓고, 건중(建中)을 시켜 시장에서 제수를 준비한 후 불원천리 달려와 제사를 지냈다.

제문에 있는 글귀는 한 자마다 깊은 비통과 그리움으로 사무쳤다. 그 애통함은 듣는 이로 하여금 슬픔을 금치 못하게 했다.

자원 ●天(하늘 천 ; 大部 1획, 총 4획. sky) : 조물주 천, 진리 천.
●涯(물가 애 ; 水部 8획, 총 11획. shore) : 물 언덕 애, 물 이름 애.

● 海(바다 해 ; 水部 7획, 총 10획, sea) : 세계 해, 많을 해.
● 角(뿔 각 ; 角部 총 7획, horn) : 찌를 각, 다툴 각.

어의 ● 天癸(천계) : 월경 ● 天廓(천곽) : 눈의 흰자위 ● 天與(천여) : 하늘이 줌
● 涯角(애각) : 한쪽으로 치우친 땅 ● 涯岸(애안) : 물가 ● 涯限(애한) : 골짜기
● 海口(해구) : 바다의 후미진 곳의 들어간 곳 ● 海內(해내) : 국내 ● 海床(해상) : 바다 밑의 깊은 곳 ● 角抵(각저) : 씨름 ● 角逐(각축) : 서로 이기려고 다툼
● 角針(각침) : 분침

참조 제문에는 '일재천지애(一在天之涯)', '일재지지각(一在之地角)'이라는 글이 나온다. 이 글은 후대에 이르러 천애해각(天涯海角) 또는 천애지각(天涯地角)으로 인용한다.

⇨ 《채근담》에는 이렇게 씌어 있다. 하늘은 한 사람의 어진 이를 내어 뭇 사람의 어리석음을 가르친다. 그런데도 세상은 오히려 잘난 것을 뽐냄으로써 남의 모자라는 곳만을 들춘다고 했다. 또한 하늘은 한 사람에게만 부(富)를 주어 여러 사람의 곤(困)함을 건지게 하려는 뜻이지만 세상은 오히려 저 있는 것만을 믿고, 다른 사람의 가난함을 깔본다. 이렇게 하는 것은 정작 하늘의 노여움을 받게 된다.

⇨ 한유는 교묘한 풍유의 글을 썼었다. 이른바 잡설(雜說)이다. 그 중에 마설(馬說)이라는 것이 있는데, 그 의미가 심상치 않다.

'…천리마는 한 끼에 속(粟) 한 섬을 해치운다. 말을 기르는 자는 그것이 능히 천리마임을 알고 기르는 것은 아니다. 이 말이 천 리를 달리는 능력이 있다 해도 먹기를 배불리 하지 않으면 그 능력이 족하지 못하다. 어찌 재주의 아름다움이 나타나겠는가? 또한 보통 말들과 같으려 해도 얻을 수가 없거늘 어찌 능히 천리마임을 바라겠는가….'

'도저히 바랄 수 없는 일'. 그것은 동생 십이랑의 죽음을 생각하여 잡설 편의 마설(馬說)로 나타냈다.

怪 癖

기이할 **괴**　　즐길 **벽**

출전 《정자통(正字通)》

문의 괴이한 버릇.

요점 쉽게 치유가 불가능한 버릇. 이른바 고질병을 말함.

해석 벽(癖)이라는 것은 취미생활이라기보다는 편벽되이 즐기는 버릇을 의미한다. 이를테면 어떤 일에 빠져 도무지 헤어나지 못하는 경우다. 지나치게 말을 좋아하는 사람은 마벽(馬癖), 도박을 좋아하면 도벽(賭癖), 책 읽는 것을 즐기면 서벽(書癖), 수석 모으는 것이 지나치면 석벽(石癖)이다.

고사 송나라 때에 왕경문(王景文)이라는 이가 있었다. 이 사람은 황후의 친척으로 그 세가 만만치 않았다. 명제가 호화스러운 3층 누각을 지으려 하자 왕경문이 간했다.

"지금 천하는 흉년으로 살기가 어렵습니다. 이런 때일수록 부디 자중하셔야 합니다."

명제가 불쾌하게 내색하자 왕경문은 준비해 온 열 알의 바둑알을 쌓아올렸다. 한 알씩 쌓아져 가는 재주에 명제가 감탄하는 것은 잠시였다.

왕경문은 누각을 짓는다는 것은 바로 바둑알을 쌓는 것처럼 위태롭다고 충고했다. 당연히 누각 짓는 공사는 취소되었다. 어느 날 명제가 병이 깊어져 측구을 모은 자리에서 근심스럽게 중얼거렸다.

"내가 지금 죽는다 해도 여한은 없으나 황후의 족숙인 왕경문의 지략이 뛰어나므로 그게 걱정이다. 그가 죽지 않고서야 내가 온전히 눈을 감을 수 없다."

명제는 곧 사람을 보내 왕경문에게 사약을 내렸다. 극약을 든 관원이 도착했을 때 왕경문은 손님과 바둑을 두고 있었다. 황제의 첩지를 받아든 왕경문은 한쪽에 놓아둔 채 여전히 바둑을 두었다. 이윽고 바둑이 끝나자 첩지를 펼쳐 보이며 손님에게 말했다.

"어허, 황제께서 내게 죽음을 내리셨구려!"

손님이 대경실색하였으나 왕경문은 초연한 표정으로 사약을 마시고 죽었다. 그를 일러 후대의 사람들은 도벽(道癖)이라 하였다.

자원 ●怪(기이할 괴 ; 心部 5획, 총 8획. strange) : 의심할 괴, 궤술 괴.
●癖(즐길 벽 ; 疒部 13획, 총 18획. habit) : 적병 벽, 인박힐 벽.

어의 ●怪談(괴담) : 괴상한 이야기 ●怪力(괴력) : 초인적인 힘 ●怪漢(괴한) : 거동이 괴상한 사나이 ●癖痼(벽고) : 오랫동안 낫지 않는 병 ●癖性(벽성) : 버릇 ●癖好(벽호) : 버릇이 되다시피 즐겨 좋아함

참조 ⇨ 다음은 기벽(碁癖)의 예이다. 바둑 두는 것을 수담(手談)이라고 한다. 옛날 당명황 때에 왕적신이라는 사람은 바둑을 잘 둔 덕분에 한림원에까지 들어갔다. 안록산의 난이 일어나 서촉으로 피난 가는 길에 길을 잘못 들어 깊은 산골로 가게 되었다. 그곳에는 남자는 없고 고부(姑婦)만이 있었다.

겨우 잠자리를 구한 왕적신이 잠을 청하려는데 시어머니와 며느리가 말로 바둑을 두기 시작했다. 얼마쯤 시간이 지나 시어머니가 며느리에게 말했다.

"애야, 네가 졌다. 내가 아홉 집을 이겼다."

다음 날 아침 왕적신이 노파에게 바둑을 가르쳐 달라고 청했다. 노파는 며느리를 돌이보며 이 사람은 가르칠 만하니 중간 수 정도를 가르쳐주라 했다. 며느리에게 공수의 법을 배운 왕적신은 당대의 1인자가 되었다.

瓜田不納履

외과 밭전 아니불 들일납 신리

출전 《당서(唐書)》〈유공권전(柳公權傳)〉

문의 참외밭에서는 신을 고쳐 신지 않는다.

요점 사람들로부터 혐의받을 일은 하지 말라는 뜻.

해석 군자행(君子行)이라는 시에는 재난이나 의심을 미연에 방지한다는 내용도 포함한다. '군자는 그렇게 되기 전에 일을 막아, 혐의받을 처지에 놓이지 않는다. 참외밭에서 신을 고쳐 신지 말며(瓜田不納履), 오얏나무 아래서 갓을 바로 잡지 말아야 한다(李下不整冠).'

고사 유공권은 중국에서 가장 뛰어난 서가(書家) 중의 한 사람으로 당나라 원화(元和) 년간에 진사를 지냈다. 한 번은 당문종(唐文宗) 이앙(李昻)이 유공권에게 물었다.

"요즘엔 사람들이 조정의 정책에 대해 불만을 가진 게 있습니까?"

"그렇습니다. 폐하."

"그래요? 그게 어떤 점이오?"

"폐하께서 곽민을 빈령 지방에 벼슬자리를 마련하여 내려보낸 것은 잘했다고 한 사람도 있지만, 거의가 반대 의견을 나타내고 있습니다."

"그 사람은 상부(常父)의 조카며 태후의 작은아버지가 아닌가. 청렴 결백한 사람이어서 그를 파견한 것인데도?"

유공권이 뒷말을 받았다.

"곽민이 그동안 나라에 세운 공적으로 본다면 빈령 지방의 벼슬자리는 왈

가왈부할 일이 아닙니다. 그러나 그 일을 거론하는 사람들은 곽민이 두 딸을 천거하여 입궁시켰기 때문에 그런 자리를 받은 것이라고 숙덕공론입니다.”

“그건 아니오. 곽민이 두 딸을 입궁시킨 것은 태후를 뵈려 한 것이지, 첩으로 삼으라고 그런 것이 아니었소.”

“그렇기에 과전이하(瓜田李下)의 혐의를 뒤집어쓴 것입니다.”

유공권이 말한 '과전이하'는 〈악부고제요해군자행(樂府古題要解君子行)〉 속의 시구였다.

'참외밭을 걸을 때는 몸을 굽히어 신을 고쳐 신지 않고(瓜田不納履). 오얏나무 밑을 지날 때에는 손을 들어 갓을 고쳐 쓰지 않는다(李下不整冠)'

자원 ●瓜(외 과 ; 瓜部 총 5획. cucumber) : 모과 과.

●田(밭 전 ; 田部 총 5획. farm) : 사냥할 전, 북 이름 전.

●不(아니 불 ; 一部 3획, 총 4획. not) : 아니 불.

●納(들일 납 ; 糸部 4획, 총 10획. let sb in(to)) : 받을 납, 바칠 납.

●履(신 리 ; 尸部 12획, 총 15획. shoes) : 신을 리, 밟을 리.

어의 ●瓜生菜(과생채) : 오이 생채 ●瓜月(과월) : 음력 7월의 별칭 ●瓜限(과한) : 벼슬의 기한 ●田畓(전답) : 밭과 논 ●田里(전리) : 마을 ●田壓(전압) : 자기가 소유한 논밭 ●不苟(불구) : 구차하지 않음 ●不告(불고) : 알리지 않음 ●不敏(불민) : 둔하여 민첩하지 못함 ●納貢(납공) : 공물을 바침 ●納凉(납량) : 더운 여름에 시원한 곳에서 서늘함을 맛봄 ●納品(납품) : 계약한 곳에 물품을 넣음 ●履端(이단) : 정월 초하루 ●履歷(이력) : 지금까지의 학업·직업 따위의 경력 ●履聲(이성) : 사람이 다니는 발자국 소리

참조 《채근담》에 이르기를, “많은 사람이 의심한다 하여 자기가 굳게 믿는 바를 굽히지 말며, 남의 말을 물리치지 말라. 사정(私情)에 붙들려 대국의 공의를 상하게 하지 말라”고 하였다.

空 谷 跫 音
빌공   골곡 발짝소리공 소리음

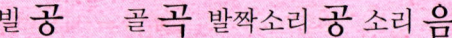

출전 《장자(莊子)》의 〈서무귀편(徐無鬼篇)〉
문의 빈 골짜기의 발자국 소리.
요점 몹시 신기한 일이나 반가운 소식을 가리키는 말.

해석 천자문(千字文)에 〈공곡전성(空谷傳聲)〉이라는 문구가 있는데, 이것은 본문의 내용과 비슷하다.

고사 서무귀라는 은자가 위(魏)나라의 중신인 여상(女商)의 소개로 무후(武候)를 만나게 되었다. 문 밖에서 기다리고 있는 여상의 귀에 무후의 웃음소리가 크게 들려 왔다. 얼마쯤 있다 둘의 대화가 끝나고 서무귀와 자리를 함께 하였을 때 여상이 물었다.

"참으로 용한 재줍니다. 나는 이제까지 무후에게 시시예악과 병법에 대해 수없이 말해 주었어도 이를 드러내어 웃는 것을 못 보았습니다. 그런데 처음 만난 당신과의 대화에서 저렇게 웃었으니 참으로 신기한 일이오. 도대체 무슨 얘기를 하신 겁니까?"

서무귀가 오히려 되물었다.

"궁금하시오?"

"그렇다마다요. 이런 일은 도무지 처음입니다."

"그렇다면 말을 하리다. 사람이 민가에서 떨어진 빈 골짜기에 있는데, 사람의 발자국 소리를 들으면 얼마나 반갑겠소. 무후는 참다운 사람의 말을 오랫동안 듣지 않았기 때문에 내 얘기에 기뻐한 것이오."

●空(빌 공 ; 穴部 3획, 총 8획. empty) : 다할 공, 하는 공.

● 谷(골 곡 ; 谷部 총 7획. valley) : 궁진할 곡, 기를 곡.

● 跫(발짝소리 공 ; 足部 6획, 총 13획. sound) : 발짝소리 공.

● 音(소리 음 ; 音部 총 9획. sound of a footstep) : 말 소리 음, 소식 음.

어의 ●空談(공담) : 쓸데없는 말 ●空手(공수) : 빈손 ● 谷口哩(곡구리) : 꾀꼬리
● 谷泉(곡천) : 산골짜기에서 나는 샘 ● 跫音(공음) : 사람의 발자국 소리 ● 音
曲(음곡) : 음악의 곡조 ● 音義(음의) : 글자의 음과 뜻

참조 진인(眞人)은 이해 득실을 떠난 사람을 말한다. 이 세상에는 착한 사람이
적고 악인이 많다고 했다. 그렇다면 성인은 어떤가? 그 역시 사회에 공헌을
한 것보다는 해를 끼친 것이 많다고 본다.

그렇다면 성인이 도에 의존하고 있는 사람이 착한 사람인가? 그건 아니라
는 게 장자(莊子)의 입장이다. 도둑놈이라 해도 성인의 도니 어쩌니 하며 혀
끝에 올리기를 좋아한다. 사실은 그렇게 해야만이 큰 도둑이 된다는 것은 전
연 놀랄 일이 아니다. 결국 성인이 있음으로 그 지혜를 훔쳐내는 큰 도둑은
있게 마련이다.

⇨ 만약에 성인이 만들어 놓은 세상의 법을 모조리 없애 버린다면 어찌
되겠는가? 그리되면 사람들은 비로소 자신의 모습으로 돌아갈 것이다. 또한
자기의 마음에서 우러나오는 소리로 말을 할 것이다.

성인이니 지자(知者)니 하는 사람들은 덕을 자랑하고 세상에 모범을 보이
려고 한다. 그것 때문에 사회는 혼란에 빠진다고 경계한다. 성지(聖旨)와 인
의를 버리고 모든 겉치레를 버려야만 소박한 본성으로 돌아갈 수 있다. 바로
이 즈음에야 태고 시절의 평화를 찾을 수 있다는 것이 장자(莊子)의 논지이
다.

☞ 傳人急報(전인급보) : 사람을 보내어 급히 알려줌.

☞ 寂然無聞(적연무문) : 아무런 소식이 없음.

☞ 咸興差使(함흥차사) : 심부름을 간 사람이 소식이 없음.

車 載 斗 量

수레 거   실을 재   말 두   헤아릴 량

출전 《삼국지(三國志)》

문의 수레에 싣고 말(斗)로 셈할 수 있을 정도.

요점 헤아릴 수 없을 정도로 많은 인재.

고사 삼국시대에 촉한(蜀漢)의 유비가 오(吳)나라를 침공하려고 병력을 이동 시켰다. 오왕 손권은 중대부 조자(趙咨)라는 이를 위나라에 사자로 보내 구원 병을 요청하게 하였다.

위나라 왕 조비(曹丕)가 물었다.

"오왕 손권은 어떻소?"

"인물 됨됨이를 물으시는 것입니까?"

"그렇소."

"그분은 지혜와 총명·어짊을 갖추신 분입니다. 그러니 흉중에 뛰어난 계 략을 가졌다고 할 수 있습니다."

그 말을 듣고 조비는 소리 없이 웃더니 다시 말했다.

"그렇듯 뛰어난 인물이라면 나라의 안위에 대해 방비를 하였을 터인데, 어찌하여 우리에게 원군을 청하러 왔는가?"

"우리 오나라에도 백만의 대군이 있습니다. 또한 천연의 요새도 있습니 다. 촉한의 공격쯤이야 능히 막아낼 수 있지만, 굳이 원군을 청한 것은 남의 나라를 침공하는 촉한을 혼내 주기 위해섭니다. 이유는 단지 그것뿐입니다."

조비가 다시 물었다.

"오나라에는 그대와 같은 사람이 몇이나 있는가?"

조자의 대답이 지체 없이 떨어졌다.

"저와 같은 정도라면 수레에 싣고 말로 셈을 할 정도(車載斗量)로 많습니다."

조비는 그 말을 듣고 비로소 군사 동맹을 하게 되었다.

자원 ● 車(수레 거 ; 車部 총 7획. waggon) : 그물 거, 잇몸 거, 수레차.
● 載(실을 재 ; 車部 6획, 총 13획. load) : 이길 재, 비롯할 재.
● 斗(말 두 ; 斗部 총 4획. unit of measure) : 글씨 두, 문득 두.
● 量(헤아릴 량 ; 里部 5획, 총 12획. measure) : 생각할 량, 예상할 량.

어의 ● 車主(차주) : 차의 주인 ● 車便(차편) : 차가 내왕하는 편 ● 載送(재송) : 차나 배로 물건을 실어 보냄 ● 載筆(재필) : 문장을 지음 ● 斗落(두락) : 논밭의 면적 단위 ● 斗護(두호) : 돌보아줌 ● 量感(양감) : 크고 풍만한 느낌 ● 量宜(양의) : 잘 헤아림

참조 촉한의 멸망은 위(魏)의 실력자인 사마소(司馬所)의 위세를 강화시키는 결과를 가져왔다. 그 옛날 한(漢)에서 조조가 세를 떨친 것처럼 위나라의 서울 낙양에서 진왕(晉王)이 출현한 것이다. 다시 말해 두 개의 조정이 들어선 셈이다.

촉한이 멸망한 2년 후인 265년에 사마소가 죽고 그의 아들 사마염(司馬炎)이 보위를 이었다. 위나라의 마지막 황제 조환은 성대하게 의식을 베푼 자리에서 사마 씨에게 모든 것을 양위한다는 내용의 조서를 발표했다. 그리고 예정되었던 대로 위와 진 사이에 선양이 이루어졌다. 이렇게 하여 위나라는 조비가 위왕에 오른 후 46년 만에 멸망한 것이다.

진의 무제로 즉위한 사마염은 조부인 사마의에게는 선황제, 백부 사마사에게는 경황제, 부친 사마소에게는 문황제라는 존칭을 부여했다. 일가친척에 대해서도 왕호를 주고 영토를 부여함으로써 봉건제도를 확립한 것이다.

一 衣 帶 水
한일　옷의　띠대　물수

출전 《수서(隋書)》
문의 옷의 띠만큼의 좁은 강.
요점 육지와 육지 사이에 흐르는 강을 가리킴.

고사 북조(北朝)의 마지막 왕조인 북주의 무제는 부국강병에 힘을 썼다. 그는 비생산적인 불교와 도교를 금하고 승니(僧尼)를 환속시켜 생업에 종사시켰다. 그가 죽자 태자가 즉위하여 선제(宣帝)가 되었는데, 1년도 못 되어 보위를 태자에게 물려주고 상황(上皇)이 되었다. 이것은 왕으로서 정치에 대한 책임을 피하고 스스로 향락을 즐기기 위해서였다.

바로 이 상황의 장인이 양견(楊堅)이었다.

여덟 살의 태자가 즉위하고 상황이 죽자 자연히 권력은 외조부인 양견에게 돌아왔다. 그는 반대 세력을 모조리 척결하고 외손자를 폐위시키고, 스스로 보위에 올라 나라를 세웠다. 이가 수문제(隋文帝)다.

본래부터 의심이 많았던 그는 보위에 오르자 북주의 옛 왕조 인맥을 모조리 끊어버렸다. 극심한 박해를 가한 것이다. 또한 장차 일어날지도 모르는 우문씨 일족들을 뿌리째 뽑아버렸다. 그러는 한편으로 오랫동안 구상해 온 진(陳)나라를 공격하여 흡수하였다.

이 당시 진의 후주는 숙보였다. 그는 정치엔 도무지 관심이 없고 호화롭게 지은 여러 채의 전각에서 후궁들과 황음한 놀이를 즐기며 세월을 낚았다. 그가 즐긴 놀이는 〈옥수후정화〉였다.

●一(한 일;一部 총 1획. one):정성스러울 일, 오로지 일, 순전할 일, 같을 일.

●衣(옷 의;衣部 총 6획. clothes):입을 의.

●帶(띠 대;巾部 8획, 총 11획. belt):찰 대, 데릴 대, 둘레 대.

●水(물 수;水部 총 4획. water):강 수, 홍수 수, 국물 수.

어의 ●一同(일동):전부, 모두 ●一朔(일삭):한 달 ●衣類(의류):몸에 입는 옷의 총칭 ●衣食(의식):옷과 음식 ●帶劍(대검):몸에 찬 칼 ●帶電(대전):어떤 물체가 전기를 띰 ●水樓(수루):물가의 높은 누각 ●水蔘(수삼):땅에서 캐내어 아직 말리지 않은 인삼

참조 수문제는 주위의 반대에 아랑곳없이 지금까지 흔들렸던 왕실의 기강을 바로잡기 위해 단호한 개혁조치를 단행했다. 가장 먼저 시급한 것이 구품관인법(九品官人法)의 제정비였다.

이 법은 삼국에서부터 수나라 초기까지 시행되었던 관리의 등용법이었다. 수문제는 이 법의 단점을 면밀히 검토하여 중앙에서 시험을 주관하여 급재자들로 수재와 명경, 진사들을 뽑아 관리의 자격을 부여하였다. 이것이야말로 이후 1300여 년간 시행되어진 과거제도의 기원이다.

또한 군사적으로는 거병제인 병농일치제(兵農一致制)의 원칙을 마련하였으며, 그것을 전국적으로 시행하려고 노력하였다.

천하가 좁다는 뜻의 〈일의대수〉. 그래서인지 좁은 강을 하천으로 만들려는 노력이 병행되었다. 그것은 아들인 양광(楊廣;나중에 수양제) 때에 이르러 대운하를 준설하여 천하 만민의 공분을 사게 된다. 그러나 무엇보다 수나라의 불행은 고구려와의 전쟁이었다.

수문제의 재위시 30민 대군으로 고구려를 정벌하려 들었다가 참패를 당한 후, 그 아들 대인 양제 때의 3차에 걸친 고구려 정벌로 말미암아 130만 명의 애꿎은 백성이 목숨을 잃었으며, 국력이 크게 손실되어 나라가 망하게 되었다.

南 風 不 競

남녘 남 바람 풍 아니 불 다툴 경

출전 《춘추좌씨전(春秋左氏傳)》

문의 남방의 풍악은 지극히 미약하다.

요점 힘이나 기세가 약한 것을 뜻한다.

고사 춘추시대에 진(晉)나라를 중심으로 하여 제(齊)나라를 협공한 일이 있었다. 평소 찬탈을 모색해 왔던 정(鄭)나라의 자공(子孔)은 사전에 숙의했던 초나라의 군사들을 끌어들여 권력 장악에 나섰다.

세월이 흘러 초는 더욱 강성해졌다. 하남의 중부에 있던 나라들은 진초(晉楚) 사이에 끼어 큰 고통을 받게 되었다. 정나라는 상황에 따라 진에 복속되었다가 다시 정(鄭)에 붙는 등의 외교 수완을 발휘했다.

초의 장왕 17년에 초나라는 진(晉)나라를 따르던 정나라를 공격하였다. 3개월 여의 공략 끝에 이윽고 함락시킨 것이다. 초나라 병사들이 성문을 깨뜨리고 밀어닥치자 정의 양공은 웃옷을 벗어 던지고 항복하였다.

물론 이것은 제후가 항복할 때의 관습이었다.

이때 진나라는 정나라를 도우려고 군사를 파견했으나 이미 초나라에 항복하였다는 말을 갑론을박 떠들어대다가 사기가 크게 꺾이었다. 이를 본 초의 장왕은 손수 군대를 끌고 나와 진(晉)의 군대를 역공하여 대승을 거두었다. 더욱 어처구니없는 일은 이미 초나라에 항복한 정나라가 자기 나라를 구원하러 온 나라와 싸운 셈이다. 역사서에는 이 전투를 '필(邲)의 싸움'이라 하여 앞서 있었던 진·초의 패권 다툼에 견줄만한 대회전으로 여겼다.

●南(남녘 남;十部 7획. 총 9획. south):금 남, 앞 남, 성 남.

●風(바람 풍;風部 총 9획. wind):울릴 풍, 풍속 풍, 경치 풍.

●不(아니 불;一部 3획. 총 4획. not):않을 불.

●競(다툴 경;立部 15획. 총 20획. quarrel):성할 경, 굳셀 경, 좇을 경.

어의 ●南極(남극):지구 축의 남쪽 끝 ●南洋(남양):남양 군도의 약칭 ●風霜(풍상):바람과 서리 ●風雨(풍우):바람과 비 ●不辜(불고):죄가 없는 사람 ●不善(불선):착하지 않음 ●競馬(경마):돈을 걸고 말 달리기의 빠름을 다투는 일 ●競奔(경분):앞다투어 달음질을 침

참조 흥미로운 것은 초나라 장왕이 즉위한 후 5년여가 되었을 때이다. 제나라를 공격하기 위해 군대를 보내 달라고 하자 초장왕은 당시의 재상 자경에게 일 처리를 명했다. 자경은 극력으로 반대했다. 그러나 어명이 지엄한지라 그는 별 수 없이 공격할 수밖에 없었다.

물론 정나라에서는 싸움에 응해 줄 리가 없었다. 성문을 굳게 잠근 채 별다른 응전을 하지 않자 자경은 성을 3개월간에 걸쳐 포위만 했을 뿐 공격다운 공격은 한 번도 하지 못했다. 그 결과 동사자(冬死者)가 속출하여 부득이 회군할 수밖에 없었다.

소식을 들은 진의 악공 사광은 당연한 일이라는 듯 대수롭지 않게 여기는 눈치였다. 그는 초나라 병사가 출동하였다는 말을 들었을 때 일언지하 별것 아닌 것으로 밀어 버렸다.

"남방의 음악은 미미하고 힘이 없어. 처음에는 요란한 듯하나 들어보면 지극히 미미할 뿐이거든. 초나라 군사가 출병했다지만 얻은 소득 없이 돌아올 것이야."

사광의 예언은 적중했다.

登 泰 小 天
오를 **등**   클 **태**   작을 **소**   하늘 **천**

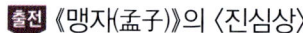

출전 《맹자(孟子)》의 〈진심상〉
문의 태산에 오르면 천하가 조그맣게 보인다.
요점 사람은 위치하는 곳에 따라 눈이 달라진다는 것.

해석 맹자가 말하려는 것은 노나라를 비롯하여 중국 천하의 크고 작음에 대한 시각 차이를 얘기하려는 것이 아니다. 그는 성인이 뜻하는 교훈의 얕고 깊음을 말하려는 것이다.

고사 맹자가 말했다.
　"공자께서 동산에 오르셨다. 그리고는 노국을 작다 하시고, 태산(泰山)에 올라 천하가 작다 하셨다."
　그렇다면 바다를 보고는 어떻게 말할까? 강물쯤에는 마음이 끌리지 않고 성인의 문하에서 배운 사람은 다른 사람의 말에 흥미를 못 느낀다는 것이다. 물의 대소를 살피는 데는 방법이 있으니 반드시 물결을 볼 것이라 하였다.
　"일월의 광명이 큰 것은 작은 틈까지도 비치는 것으로 알 수 있다. 흐르는 물의 성질인즉 웅덩이를 채우지 않고는 나아가지 않는다. 군자가 도를 지향하는 것은 한 단계 한 단계씩 이루지 않고는 목적을 달성하지 못할 것이다."
　다시 말해 공자가 동산에 올라 노나라를 작다 하고, 태산에 올라 천하를 작다 하였다. 그러나 이 말에는 지극히 부자연스러운 곳이 있다. 이를테면 처음에는 성인의 도에 대한 우월성을 강조했다가, 다음에는 그 부분의 미세한 부분까지도 미치고 있음이 그것이다.

●登(오를 등;癶部 7획, 총 12획. rise) : 나아갈 등, 이룰 등.

●泰(클 태;水部 5획, 총 10획. big) : 통할 태, 심할 태.

●小(작을 소;小部 총 3획. small) : 작을 소, 좁을 소, 짧을 소.

●天(하늘 천;大部 1획, 총 4획. heaven) : 만물의 근본 천, 조물주 천.

●登錄(등록) : 문서나 장부에 올림 ●登用(등용) : 인재를 골라 뽑아 씀 ●泰斗(태두) : 세인으로부터 우러러 존경받는 사람 ●泰運(태운) : 태평한 운수 ●小康(소강) : 소란하던 형세가 다소 안정됨 ●小妾(소첩) : 첩을 일컬음 ●天功(천공) : 자연의 조화 ●天明(천명) : 날 샐 무렵. 여명을 뜻함

당시 유력한 학파인 양주·묵적·자막 등의 학설에 비평을 가한 말이 있다. 양주의 이기주의와 묵적의 박애주의는 어느 것이나 극단으로 흐른 학설이었다. 그래서 자막이라는 사람은 그 중간쯤의 입장을 취했다. 그것이 진리에 가까움은 맹자도 인정했으나, 거기에는 융통성이 없었다. 중도라는 주장에 집착해 버린다면 그것도 하나의 극단이라 본 것이다.

맹자는 말한다.

"순(舜)께서 깊은 산속에 계실 때 돌과 나무와 함께 계시고 사슴이나 산돼지와 노시어서 시골에 있는 촌부와 구별됨이 없으셨다. 그러나 착한 말 한마디를 듣고, 착한 행위를 하나 보시기만 하면 자기도 그것과 마찬가지로 반드시 실행하였다."

이것은 무엇을 말하는가? 큰 강의 제방을 터서 물을 흐르게 한 것이나 마찬가지다. 다시 말해 공자의 맹렬한 결의는 무엇으로든 막지를 못했다는 것이다. 이것은 성인도 범부와 다를 바가 없다는 것을 의미하며, 착한 말이나 행동을 보면 머뭇거리지 않고 바로 실행에 옮기는 것만 범인과 다르다는 것이다.

亡 國 之 音
망할 **망**　나라 국　의 지　소리 음

출전 《예기(禮記)》의 〈악기〉, 《한비자(韓非子)》의 〈십과편〉
문의 망한 나라의 음악.
요점 나라를 망하게 하는 해로운 음악.

해석 〈악기(樂記)〉에는 다음과 같은 내용이 실려 있다. 음악이라는 것은 사람의 마음에서 생기는 것인데, 감정이 안에서 움직여 소리로 나타난다는 것이다. 소리가 글을 이루니 이것이 음악이다. 세상을 다스리는 음악이 편한 것은 정치가 화하기 때문이며, 어지러운 음악은 정치가 어긋나기 때문이라 했다. 나라가 망하는 음악은 슬픔을 생각나게 하므로 백성이 곤핍할 수밖에 없다.

고사 춘추시대 위(衛)나라의 영공(靈公)이 진나라로 가려고 박수 물가에 이르렀다. 그런데 이제껏 한 번도 들어본 적이 없는 음악이 들려 온 것이다.
"여봐라, 저 음악이 어디에서 들리는고?"
"물가인데 확실하지 않습니다."
"그게 무슨 말인고. 확실하지 않다니?"
"가만, 모두 귀를 기울여 보라. 저토록 아름다운 소리를 들은 적이 없도다."
다시 귀를 기울이자 참으로 감미로운 곡조가 물 위로 퍼져 나갔다. 영공은 즉시 악공으로 하여금 그 곡을 익히게 하였다.
다시 그곳을 출발하여 영공이 진나라 평공 앞에서 그 곡을 들려주게 되었다.

"어떻습니까, 참으로 훌륭한 곡이지요?"

자랑스러워하는 위 영공의 말에 총애를 받는 사광(師曠)이라는 악공이 말했다.

"그 곡을 연주해선 아니됩니다."

연주가 멈추자 사광은 이유를 설명했다.

"박수 물가는 은(殷)나라 주왕의 박사가 자살한 곳입니다. 그가 연주한 곡으로 인해 주왕이 황음무도하게 변하였으므로 그 곡을 일러 망국의 음이라 하옵니다."

자원 ●亡(망할 망 ; 亠部 1획, 총 3획. perish) : 없어질 망, 죽일 망.
●國(나라 국 ; 口部 8획, 총 11획. nation) : 고향 국.
●之(의 지 ; 丿部 3획, 총 4획. this) : 어조사 지.
●音(소리 음 ; 音部 총 9획. sound) : 말소리 음, 편지 음, 음악 음.

어의 ●亡命(망명) : 남의 나라로 몸을 피하여 옮김 ●亡人(망인) : 죽은 사람
●國立(국립) : 나라에서 세움 ●國史(국사) : 자기 나라의 역사 ●音信(음신) :
소식, 편지 ●音程(음정) : 두 악음의 진동수의 비

참조 《예기(禮記)》에는 다음과 같은 기록이 있다. '상간(桑間) 박수 물가의 음(音)은 망국의 음이다'

⇨ 위문후(魏文侯)가 공자의 제자인 자하(子夏)에게 물었다.

"내가 아무리 몸가짐을 단정히 하고 고전 음악을 들어도 늘 권태가 옵니다. 그런데도 정위(鄭衛 ; 당시 음탕하다는 음악)를 들으면 정신이 또렷해지고 기분이 좋으니 그것을 알 수 없단 말입니다. 그건 왜 그럴까요?"

자하는 말했다. 그것은 사람의 미음을 어시럽게 하는 좋지 못한 음악이기 때문이라는 것이다. 우리나라의《팔만대장경(八萬大藏經)》에는 음악이야말로 승리의 환성이라 하고 있다.

席　卷
자리 석　　접을 권

출전 《사기(史記)》의 〈위표팽월전(魏豹彭越傳)〉
문의 자리를 접음.
요점 한쪽으로 공격하는 것을 말함.

고사 초한전쟁(楚漢戰爭). 유방과 항우의 접전은 상당 기간 계속되었다. 세가 한쪽으로 몰렸다가 다시 반전되는가 하면 다시 또 위태로워지는 국면을 접하기도 하였다. 밀고 밀리는 싸움 속에, 그들을 따르는 장수들도 가끔은 마음이 변해 이쪽인지 저쪽인지를 저울질했다. 그러는 와중에 위표(魏豹)라는 장수가 초(楚)에 붙었다는 이유로 죽임을 당한다.

천하를 통일한 고조(유방) 10년에는 조나라의 재상 진희(陳豨)가 대(代)나라의 땅에서 반란을 일으켰다. 한신도 이에 호응하여 병사를 일으키다 그것이 탄로나 목숨을 잃었다.

그 해에 양왕으로 봉해진 팽월(彭越)이 반란을 일으켰다. 그는 창읍 사람으로 무뢰한이었다. 천하가 소동을 한 진(秦)나라 말기에 무리를 모아 유방을 도운 일이 있었다. 그 후 연나라의 흩어진 군병 1만 명을 규합하여 초나라 후방에서 기습 작전을 펼쳤다. 일종의 게릴라전이었던 셈이다. 이러한 팽월의 움직임은 유방에게 커다란 힘을 주었다.

한고조가 천하를 통일한 후, 그는 양왕에 봉해졌는데 진희의 역모 사건이 일어난 것이다. 고조가 친히 출병했는데, 팽월은 부하 장수들만 내보냈을 뿐 자신은 병을 핑계 삼아 나서지 않았다. 이로 인해 팽월은 고조에게 미움을 샀다.

그는 호첩(扈輒)의 속삭임에 마음이 움직여, 고조에게 직접 사죄하는 대신 모반을 일으키려 했으나 부지불식간에 밀고되어 어이없이 체포되었다. 팽월은 촉으로 유배된 후 죽임을 당했다.

《사기》의 저자 사마천은 두 사람에 대하여,

'……위표와 팽월은 비천한 집안 출신으로 천리의 땅을 석권(席卷)하였는데…….)

참조 ⇨ 팽월의 모반 혐의는 죽음으로 끝나지 않았다. 그의 주검은 소금에 절여진 채 그릇에 담겨져 제후들과 왕에게 보내졌다. 그것이 회남에 도착하자, 회남왕 영포는 이것을 보고 몹시 두려워하였다.

해하의 싸움에서 승리하여 천하를 얻게 했던 명장 한신, 그리고 팽월과 경포가 있었기 때문에 항우를 물리칠 수 있었다. 사실 한나라 조정으로 본다면 이들 셋이야말로 대단한 실력자였던 셈이다.

한신과 팽월은 반역을 했다는 혐의로 처형을 당했다. 그러나 경포는 정예부대를 솔거하여 형(荊)나라를 공격하였다. 형왕 유가(劉賈)가 고조의 사촌형이었기 때문이었다. 이 공격에 겁을 집어먹은 유가는 달아나다 부릉이라는 곳에서 경포에게 잡혀 죽임을 당하였다.

경포는 곧 군대를 이끌고 초나라를 치고 다시 서쪽으로 나아가 기현이라는 곳에서 한군(漢軍)과 대치했다. 이 싸움은 고조가 친히 공벌에 나선 친정이었다. 경포의 군대는 이 전투에서 패했다. 그들이 회수를 건너자 한군은 계속 추격해 갔다. 경포는 그들을 맞서 싸우다 번양으로 달아났으나 자향(玆鄕)의 농가에서 살해당했다.

擧 案 齊 眉

들 거   소반 **안**가지런할 제 눈썹 미

출전 《후한서(後漢書)》의 〈일민전(逸民傳)〉
문의 밥상을 눈 위까지 들어 올린다.
요점 아내가 남편을 지극 정성으로 공경함을 이르는 말.

해석 거안제미(擧案齊眉)의 고사는 부부애를 나타낸다. 사마천의《사기》에 이런 내용이 시선을 끈다. 계구사(季臼使)가 기(冀)라는 곳을 지나다가 들에서 김을 매고 있는 기결(冀缺)의 아내가 점심을 내온 것을 보았다. 둘 사이가 어찌나 친근하면서도 조심하는지 돌아와서 문공에게 이렇게 말했다.

"경(敬)이란 덕(德)이 모인 것인데, 덕은 백성을 다스리는 것입니다.
대왕께선 그를 채용하십시오."

고사 양홍(梁鴻)이라는 학자가 있었다. 그는 가난했지만 덕망이 높아서인지 많은 사람들로부터 존경을 받았다. 그 당시 근처 마을에 몸집이 몹시 뚱뚱한 맹광(孟光)이라는 처녀가 있었다.

"나는 양홍 같은 훌륭한 분이 아니면 시집가지 않겠어요."

그런 소문을 듣고 양홍은 그 처녀와 결혼했다. 결혼을 하고 몇 날이 지나도록 잠자리를 하지 않자 부인이 이유를 물었다. 양홍이 대답했다.

"내가 원한 부인은 비록 헌옷이라도 부끄러움을 모르고 입을 수 있는 사람입니다. 지금 부인은 좋은 옷에 화장을 진하게 하고 있으니 가까이 하지 않는 것이오."

그제야 부인은 자신의 허물을 고치고 남편의 의향을 따랐다. 이후 부인은 얼굴 화장을 하지 않았으며, 항상 검소한 살림을 꾸렸다. 양홍은 이따금 친구들에게 편지를 써 보냈다. 그 편지 속에는 왕실을 비방하는 내용이 들어 있었다. 이를 알게 된 궁에서 그를 잡으러 오자 오나라로 건너가 고백통(皐白通)이라는 대감집에서 방앗간 지기가 되었다.

양홍이 일을 마치고 돌아오면 그의 아내는 밥을 차려 놓고 기다렸다가 눈을 지긋이 깔고 밥상을 눈썹까지 들어 올려(擧案齊眉) 공손히 바쳤다는 것이다.

자원 ●擧(들 거;手部 14획. 총 18획. lift):받들 거, 움직일 거, 일컬을 거.
●案(소반 안;木部 6획, 총 10획. plan):글 초안 잡을 안, 지경 안, 상고할 안.
●齊(가지런할 제;齊部 총 14획. symmetry):엄숙할 제, 정제할 제, 나라 이름 제.
●眉(눈썹 미;目部 4획, 총 9획. eye-brow):둘레 미.

어의 ●擧手(거수):손을 위로 올림 ●擧事(거사):큰 일을 일으킴
●案內(안내):인도하여 내용을 알려줌 ●案出(안출):생각하고 연구하여 냄
●齊均(제균):한결같이 가지런함 ●齊唱(제창):여러 사람이 함께 노래 부름
●眉目(미목):눈썹과 눈 ●眉壽(미수):눈썹이 세도록 오래 삶

참조 《마누 법전》에 이런 얘기가 있다.
"아내는 밭이고 남편은 씨앗이다. 밭을 소유하지 않고 남의 밭에 씨를 뿌리는 자는 그 밭의 소유자에게 이(利)를 주고, 씨를 갖는 자는 아무런 수확도 얻지 못한다."
   ☞ 陰陽和而後雨澤降(음양화이후우택강):하늘과 땅 사이에 음양의 두 가지가 조화하여 비를 내리듯이 부부가 화합하여야 집안이 번영함.

結 草 報 恩
맺을 결 풀 초 갚을 보 은혜 은

출전 《춘추좌씨전(春秋左氏傳)》,
문의 풀을 엮어 은혜를 갚다.
요점 죽어서도 은혜를 잊지 않고 갚겠다는 뜻.

해석 본래 이 성어는 〈결초함환(結草啣環)〉과 같은 용도로 쓰인다. 물론 〈결초(結草)〉와 〈함환(啣環)〉은 다른 형태의 유래를 가지고 있다.

고사 《춘추좌씨전》에 의하면 춘추시대 진(晉)나라에 위무자(魏武子)라는 사람이 있었다. 평소 아들 위과(魏顆)에게 자신의 사후에는 서모(계모)를 개가시키라고 입버릇처럼 당부했다. 그런데 막상 죽을 날이 멀지 않게 되자 생각이 바뀌었다. 자신이 죽으면 서모도 함께 순장(殉葬 ; 남편과 함께 묻음)하라는 채근이었다. 그 후 위무자가 죽자 위과는 부친이 병들었을 때에 했던 당부는 따르지 않고 평소 입버릇처럼 말해 왔던 대로 서모를 개가시켰다.

그 후 진환공(秦桓公)이 진(晉)나라를 침략해 왔다. 이때 위과는 진(秦)나라의 장수 두회(杜回)와 격전을 벌이게 되었다. 그런데 이 날의 격전은 이상했다. 싸움이 벌어지고 있는 그 자리엔 풀이 무성하게 자라 있었는데, 그 풀들은 다른 풀과 매듭이 만들어져 있었다.

두회가 이끄는 진병(秦兵)과 전마들이 그 매듭에 걸려 순식간에 넘어지기 시작했다. 말 위에 있던 진나라 병사들은 여지없이 땅바닥에 곤두박질쳤다. 위과는 이때를 놓치지 않고 사나운 맹수처럼 달려 나가 적들을 베어 버렸다. 어디 그뿐인가. 말 위에서 떨어져 곤두박질하던 대역사(大力士) 두회도 생포하는 혁혁한 전과를 올렸다. 그날 밤 위과는 꿈길에서 처음 보는 노인의 방문을 받았다. 그 노인은 개가한 서모의 부친이라고 했다. 자기 딸을 죽여 합장시키지 않고 개가를 시켜 준 은혜에 보답한다는 말을 남기고 사라진 것이다.

자원 ● 結(맺을 결 ; 糸部 6획, 총 12획. bind) : 마칠 결, 나중 결, 몫 결.
● 草(풀 초 ; 艸部 6획, 총 10획. grass) : 추할 초, 글씨 쓸 초.
● 報(갚을 보 ; 土部 9획, 총 12획. repay) : 대답할 보, 합할 보.
● 恩(은혜 은 ; 心部 6획, 총 10획. benefit) : 사랑할 은, 사사 은.

어의 ● 結果(결과) : 어떤 행위로 이루어진 결말의 상태 ● 結縛(결박) : 두 손을 묶음 ● 結集(결집) : 한데 모아 뭉침 ● 草家(초가) : 초가집 ● 草野(초야) : 시골 ● 草原(초원) : 풀이 난 벌판 ● 報告書(보고서) : 보고하는 글 ● 報復(보복) : 원수를 갚음 ● 報酬(보수) : 일한 것에 대한 대가 ● 恩師(은사) : 은혜를 많이 입은 스승 ● 恩典(은전) : 은혜를 베푸는 일 ● 恩恤(은휼) : 사랑으로 남을 도움

참조 ⇨ 함환(啣環)은 한나라 때의 양보(楊寶)의 이야기다. 양보는 일곱살 때에 화음산(華陰山) 북쪽에서 부상당한 꾀꼬리 한 마리를 집으로 가져와 치료하여 날려 준 적이 있었다.

그 후 양보가 성장하여 꿈을 꾸었다. 꿈길에서 나타난 꾀꼬리는 자신을 서왕모(西王母)의 사자라고 밝혔다. 그 꾀꼬리는 입에 하얀 구슬 네 개를 물고 있었다(口啣白環四枚). 그 구슬을 양보에게 바치며 말했다.

"앞으로 당신의 자손들은 모두가 여기 있는 흰 구슬처럼 귀하게 될 것입니다."

과연 그 후에 양보의 아들들, 즉 전(震)·손자인 병(秉)·증손자 사(賜)·그리고 현손 표(彪) 등은 영달을 누렸다. 위의 두 고사는 은혜를 갚는다는 형용사로서 더없이 적합한 말들이다.

内 助 之 功

안내　도울조　의지　공공

출전 《삼국지연의(三國志演義)》의 〈위서(魏書)〉

문의 안에서 돕는 것.

요점 아내가 집안을 잘 다스려 남편을 돕는 것을 말함.

고사 대다수의 역사가들은 위(魏)나라 조씨(曹氏)의 실패를 일족들의 소외로 여겼다. 대체로 혁명을 일으키거나 침략자들은 자신이 얻은 것을 다른 자에게 빼앗기지 않을까 하는 시의심(猜疑心)이 강할 수밖에 없다. 자기가 빼앗은 것을 누군가에게 빼앗기지 않으려고 의심하는 것은 어쩔 수 없는 일이다. 그러나 이러한 시의심의 초점이 어디로 향해 있는가가 중요한 일이다.

조조의 일가족은 한결같이 문재(文才)가 있었다. 다른 말로는 개성이 강하다고 할 수 있다. 조조는 생전에 막내인 식을 사랑했다. 평소 맏아들 비(丕)를 신통치 않게 여기어 폐적시키려고 마음먹었었다. 그러나 장자(長子)라는 점을 끝내 지우지를 못하고 왕위를 조비에게 물려주었다. 나중의 일이지만 조비의 아내인 곽씨가 책략을 썼다는 후일담도 전한다.

조비가 왕위에 오르자 조예(曹叡:3대 명제)를 낳은 원후를 참소하여 죽게 했다. 조비가 원후를 폐하고 곽씨를 황후로 삼으려 들자 중랑인 잔잠이 불가함을 상소했다.

"옛날 제왕들의 정치에는 겉으로 정치를 돕는 것뿐만이 아니라 내조하는 사람도 있었습니다. 그러나 그것들은 경계하지 않으면 더 큰 일이 일어날 수 있습니다."

그러나 조비는 곽황후를 세웠다. 그때부터 내조지공(内助之功)이라는 말이 생겼다.

●內(안 내;入部 2획, 총 4획. inside):방 내, 우리나라 내.
●助(도울 조;力部 5획, 총 7획. help):유익할 조.
●之(의 지; ノ部 3획, 총 4획 this):어조사 지.
●功(공 공;力部 3획, 총 5획. services):공치사할 공, 북 입을 공.

●內剛(내강):겉으로 보기보다 속으로 굳음 ●內題(내제):책 안 겉장에 쓴 제목 ●助命(조명):목숨을 건져줌 ●助成(조성):도와서 이루게 함 ●助言 (조언):옆에서 말 참견하며 남의 말을 도움 ●功課(공과):일의 성적 ●功名 心(공명심):공명을 탐내는 마음 ●功候(공후):진보의 정도

중국의 여인들은 무엇을 배우며 어떻게 성장을 했는가? 이러한 물음에 는 답변이 만만치 않다. 유향이 쓴《열녀전(烈女傳)》이후 백여 년쯤 지나 반 소의《여계(女誡)》가 저술되었다. 그녀는 나이 열넷에 조세숙(曹世叔)에게 시 집갔으나 일찍 남편을 여의었다. 그러나 그녀는 죽을 때까지 정절을 지켰다.
　반소는 어려서부터 닦은 학문의 기조 아래 풍부한 문재(文才)로 인하여 큰 오빠인 대학자 반고가 전한 역대의 역사인《한서》를 저술하고, 여덟 개의 연 표와《천문지》를 완성하지 못하고 옥사하자 뒤를 이어 이를 완결지었다.
　황제는 그녀를 궁에 불러들여 황후와 여관들을 가르치게 하였으며, 반소 를 〈조대가〉라고 높여 불렀다. 반소가 여인들의 교육에 앞장을 설 때에 반 초가 낙양으로 쉽게 돌아올 수 있도록 글을 올리기도 하였다. 그녀는 70세 에 세상을 떠났다.《여계》는 그녀의 나이 60세 때에 저술한 처녀들의 훈계서 이다.

飲食·家庭

泥　醉

진흙 니　술 취할 취

출전 이백의 〈양양가(襄陽歌)〉
문의 술에 취해 진흙처럼 흐느적거림.
요점 몹시 술에 취한 상태를 이르는 말.

해석 니취(泥醉)라는 것은 일설에 '술 벌레'라고 한다. 뼈가 없는 이 벌레는 물을 만나면 활발히 움직인다는 속설이 있다. 그런 점에서 사람이 술에 취해 흐느적거리는 것을 술 벌레가 몸에 들어가 작용한 것으로 나타낸다.

고사 장경성(長庚星)이 품 안으로 들어오는 꿈을 꾸고 아들을 얻었기 때문에 아명을 태백(太白)이라 부른 이백. 물론 그는 훗날에도 그 이름을 계속 써 왔다.

그는 태어나면서 용모가 수려했고 문학과 역사에 심취했다. 우연히 이백의 문재(文才)를 알게 된 현종은 그에게만은 궁 안 법도를 따르지 않고 술을 마실 수 있는 특권을 부여하며 한림학사에 임명했다. 그는 항상 술에 취해 있었다.

　석 잔을 마시면 크게 깨우치고
　다섯 말을 마시면 자연과 합하네
　술 세계 제호(醍醐)의 맛은
　취해 보지 않는 자 모르리라

이구년이 주루에 올라가니 이백은 꽃을 앞에 놓고 그것을 감상하며 술을 마시고 있었다. 이러한 이백이 말년에는 호북성을 중심으로 양양 부근의 명소를 돌아보았다. 당시 읊은 〈양양가〉의 내용이 그러했다.

자원 ●泥(진흙 니；水部 5획, 총 8획. mud)：흐릴 니, 이슬 맺힐 니, 미장이 니. ●醉(술 취할 취；酉部 8획, 총 15획. get drunk)：참혹할 취.

어의 ●泥濘(니녕)：진흙탕 길 ●泥土(니토)：진흙 ●泥海(니해)：진창길 ●醉狂(취광)：술이 취하여 바른 정신이 없음 ●醉眼(취안)：술에 얼근히 취한 눈 ●醉態(취태)：술에 취하여 거칠어진 태도

참조 만년에 이르러 이백은 관직이 번거러워 유람을 하였는데 동정호의 악양루에서 놀고, 다시 배를 채석강(采石江) 위에 머무르게 하였다.

그런데 어디선가 유랑한 풍악 소리가 들려 왔다. 물론 이 소리는 다른 이에게는 전연 들리지 않고 이백에게만 들려 왔다. 그때 강 위에는 큰 물고기가 뛰놀며 큰 고래가 수염을 휘날리며 솟구쳤다. 두 선동(仙童)이 사신의 기를 가지고 이백에게 다가왔다.

"상제께서 장경성(이백)이 귀환하시기를 기다리고 계십니다."

뱃사람들은 크게 놀랐다. 그들이 쓰러져 잠이 든 때에 이백은 풍악에 인도되어 하늘로 올라갔다. 물론 위의 얘기는 그곳 지방에 전해져 오는 전설이다. 다음은 이백의 〈우인회숙(友人會宿)〉이다.

> 천고의 시름을 씻어 내고자(滌蕩千古愁)
> 한자리에 둘러앉아 술을 마신다(留連百壺飮)
> 이 좋은 밤 얘기는 한없이 길어지고(良宵宜且談)
> 달은 밝은데 어찌 잠을 자겠는가(皓月不能寢)
> 취하여 공산에 누으면(醉來臥空山)
> 천지가 곧 금침이로세(天地卽衾枕)

東 食 西 宿

동녘 동　먹을 식　서녁 서　잘 숙

출전 《태평어람(太平御覽)》
문의 동쪽에서 먹고 서쪽에서 잔다.
요점 부평초와 같은 떠돌이 신세를 의미한다.

해석 예를 들어 한 곳에 오래 있지 못하고 떠돌이 생활을 하는 처지에 비유한다. 이를테면 매춘부를 비롯하여 거지 등의 떠돌이 등에 비유하는 말이다. 이 항목에서는 제나라 처녀의 헛된 욕심을 의미한다.

고사 제(濟)나라에 과년한 처녀가 있었다. 시집갈 나이가 되어 두 곳에서 청혼이 들어왔다. 동쪽 집의 아들은 얼굴이 추레했으나 집안은 부유했다. 그 반면에 서쪽 집의 총각은 용모가 빼어났으나 집안은 가난했다. 이쪽저쪽 저울질해 보았으나 결정을 내리지 못한 부모는 사윗감을 딸에게 고르게 하였다.

"애야, 네가 동쪽 집으로 시집가고 싶거든 왼편 어깨에 걸친 옷을 벗고, 서쪽 집으로 가고 싶거든 오른쪽 어깨를 덮은 옷을 벗어라."

한동안 망설이고 있던 처녀는 양쪽 어깨에 걸친 옷을 한꺼번에 벗어버렸다. 부모가 놀라 까닭을 묻자 처녀의 답변이 태연했다.

"낮에는 동쪽 집에 가서 먹고 입고 지내고, 잠은 서쪽 집에서 자고 싶어요."

지극히 탐욕스러운 답변이었다. 이 성어는〈동가식서가숙(東家食西家宿)〉의 준말이다.

자원 ● 東(동녘 동 ; 木部 4획, 총 8획. east) : 오른쪽 동, 봄 동. 日+木(아침 해가 나무 저쪽에서 떠오르는 모양).

● 食(먹을 식 ; 食部 총 9획. eat) : 밥 식, 헛말할 식, 제 식.

● 西(서녘 서 ; 襾部. 총 6획. west) : 수박 서, 나라 이름 서, 서양 서(새가 둥우리에 깃들인 모양).

● 宿(잘 숙 ; 宀部 8획, 총 11획. sleep) : 드셀 숙, 지킬 숙, 머물 숙.

어의 ● 東郊(동교) : 동대문 밖 근처 ● 東宮(동궁) : 태자 ● 東端(동단) : 동쪽 끝 ● 食客(식객) : 남의 집에 머무는 문객 ● 食料(식료) : 식료품 ● 食言(식언) : 약속을 지키지 않음 ● 西瓜(서과) : 수박 ● 西施(서시) : 춘추시대 월나라의 미인 ● 西藏(서장) : 티베트 ● 宿工(숙공) : 오래 연습하여 익숙함 ● 宿德(숙덕) : 오래 쌓은 덕망 ● 宿醉(숙취) : 다음 날까지 깨지 않는 취기.

참조 《채근담》에 있는 말이다.

'탐욕자는 금을 얻었어도 옥을 얻지 못했음을 한탄하고, 공이 되어도 제후가 되지 못함을 불평한다. 자리는 높아도 거지의 마음을 달게 가지지만, 족함을 아는 이는 명아주 국도 고깃국이나 쌀밥보다 맛있게 여긴다. 베, 도포도 여우의 가죽보다 따뜻하게 아나니 서민으로서의 왕공을 부러워하지 않는다.'

➪ 《법구경》에 있는 말이다.

'탐욕으로부터 걱정이 생기고 탐욕으로부터 두려움이 생긴다. 탐욕 없는 곳에 걱정이 없나니 또 어디에 두려움이 있겠는가.'

➪ 《플루타크 영웅전》에 있는 말이다.

'탐욕 때문에 모든 덕이 빛을 잃었다. 그러나 실은, 그 하나의 악이 다른 모든 덕보다 강했다.'

☞ 輕施好奪(경시호탈) : 제 것을 남에게 잘 주는 사람은 무턱대고 남의 것을 탐냄.

☞ 小貪大失(소탐대실) : 작은 것을 탐내다 큰 것을 잃음.

斗 酒 不 辭
말 두   술 주   아니 불   말씀 사

출전 《십팔사략(十八史略)》, 《사기(史記)》
문의 말 술을 마다하지 않음.
요점 주군을 구하기 위해 말 술을 마다하지 않고 마심.

고사 진나라 말기. 패공(沛公) 유방은 진나라의 서울 함양에 들어갔다. 그곳에 먼저 입성한 자가 관중왕(關中王)이 된다는 약속을 항우로부터 받은 터였기에 진나라 군사와의 전투는 치열할 수밖에 없었다. 당시 유방의 군사는 2만, 많지 않은 병력으로 단번에 함양 최후의 관문인 요관(嶢關 ; 합서성 남정현)을 공략하려 들었다.

그러나 장량은 이를 말리고 차분하게 진나라 병사들을 요격하여 대승을 거두고, 여세를 몰아 함양성 밖의 패수에 이르러 진왕 자영(子嬰)의 항복을 받았다. 이것이 기원전 206년의 일이다. 유방이 병사를 일으킨 지 4년, 장량으로서는 방랑사에 진시황제를 죽이려 했던 때로부터 11년째 되는 해의 일이다.

장량으로 본다면 진나라를 멸망시키고 조국인 한나라를 재흥시키는 것으로 작은 목적을 이뤘지만 그렇다고 유방과 헤어질 수는 없었다. 아무래도 천하를 유방이 쥐는 것이 급선무였다. 그렇게 하자면 천하통일의 제1의 관문인 항우를 격파하지 않으면 안 되었다. 그러나 항우의 모사 범증은 이를 눈치채고 유방을 끌어들여 살해할 계획을 세우는데,

이것이 《홍문의 회담》이다.

홍문에 나가 전후 설명을 붙이며 신하가 될 것을 약속하자 항우의 의심은

웬만큼 풀어졌다. 그러나 항우의 모사 범증은 휘하 장수에게 칼춤을 추며 유방을 살해케 하였다. 그러자 번쾌는 방패를 들고 나가 칼춤을 추는 병사를 쓰러뜨리고 장막 안쪽을 파고들며 항우를 노려보았다. 항우가 깜짝 놀라 묻는다.

"너는 누구냐?"

"제공 유방의 수행장수 번쾌입니다."

"장사로다, 술을 한 대접하라!"

항우가 내리는 한 말들이 술을 마시고 들고 간 방패에 쓱쓱 고기를 썰어 입에 넣었다. 항우가 호기롭게 소리쳤다.

"굉장한 장사다, 한 잔 더 하겠느냐?"

"어찌 마다하리까! 죽음을 불사한 접니다."

이렇게 하여 두주불사(斗酒不辭)라는 말이 생겨났다.

자원 ●斗(말 두;斗部 총 4획. unit of measure) : 글씨 두, 별 이름 두.
●酒(술 주;酉部 3획, 총 10획. wine) : 냉수 주, 벼슬 이름 주. 酒는 氵(水) 곁에 酉(유)를 더한 글자.
●不(아니 불;一部 3획, 총 4획. not) : 뜻을 정하지 않을 부.
●辭(말씀 사;辛部 12획, 총 19획. words) : 사례할 사, 사양할 사, 글 사.

어의 ●斗量(두량) : 어떤 일을 두루 헤아려 처리함 ●斗斛(두곡) : 되질하는 일 ●斗膽(두담) : 아주 큰 쓸개 ●酒盒(주합) : 뚜껑이 술잔 대신 쓸 수 있는 쇠붙이로 만든 술그릇 ●酒香(주향) : 술에서 나는 향기 ●酒痕(주흔) : 술이 묻은 자국 ●不貧(불빈) : 가난하지 않음 ●不俟(불사) : 기다리지 않음 ●不拔(불발) : 의지가 견고함 ●辭受(사수) : 사양함과 받음 ●辭意(사의) : 사임할 의사 ●辭絕(사절) : 사양하여 받아들이지 않음

참조 ☞ 醉後狂唱(취후광창) : 취하여 노래 부름.

杯 盤 狼 藉

잔 **배** 소반 **반** 어지러울 **낭** 자리 **자**

출전 《사기(史記)》의 〈순우곤전〉
문의 술잔과 그릇이 아무렇게나 널려 있음.
요점 난잡한 술자리의 모습.

고사 제나라 위왕은 순우곤이 소기의 목적을 달성하고 돌아오자 후궁에서 축하연을 열었다. 흥건하게 잔치 마당이 열린 가운데 술기가 도도해진 왕이 언뜻 물었다.

"선생께선 얼마나 마셔야 취하십니까?"

"한 말로도 취하고, 한 섬으로도 취합니다."

왕이 물었다.

"그것 참 이상합니다. 한 말로 취한다는데 어떻게 한 섬을 마실 수 있겠습니까?"

순우곤은 지체 없이 말했다.

"술이라는 것은 상대에 따라 다릅니다. 사람들이 분위기에 따라 술을 마신다는 것은 모두 그 점을 말합니다."

"어떤 점이오?"

"대왕과 술을 마시면 한 말을 마셔도 취할 것입니다. 그러나 내 친구들과 화기애애하게 대화를 나누며 술을 마시면 두 말이나 대여섯 말을 마십니다."

"그렇다면 한 섬을 마실 수 있는 때는 어떤 경웁니까?"

"남녀가 함께 섞이어 술을 마시는 경우지요. 그러다 보면 주연은 절정에 이르고 등불이 꺼지면 술잔과 그릇들이 어지럽게 흩어집니다(杯盤狼藉). 내

곁에서 향기로운 향내가 풍기고 비단옷의 앞섶이 풀어지는 냄새가 난다면 능히 한 섬을 마실 수 있습니다."

자원 ●杯(잔 배 ; 木部 4획, 총 8획, cup) : 국바리 배.
●盤(소반 반 ; 皿部 10획, 총 15획, vessel) : 즐길 반, 어정거릴 반, 편안할 반.
●狼(어지러울 낭 ; 犬部 7획, 총 10획, dizzy) : 이리 랑, 땅 이름 랑.
●藉(자리 자 ; 艸部 14획, 총 18획, spread) : 도울 자, 빌릴 자, 잘 대접할 자.

어의 ●杯觴(배상) : 술잔 ●杯酒(배주) : 잔에 부은 술 ●盤根(반근) : 얽힌 뿌리 혹은 곤란한 일 ●盤遊(반유) : 즐거이 놀음 ●狼藉(낭자) : 흩어져 어지러운 모양 ●狼狽(낭패) : 중도에 실패하여 몹시 딱한 형편이 됨 ●藉口(자구) : 핑계 댈 만한 구실 ●藉田(자전) : 임금이 농업 장려를 위해 장려하는 의식

참조 순우곤은 그런 다음 본론으로 들어갔다.
"술과 여자가 함께 있는 자리가 길어질수록 즐거움은 극도에 달합니다. 그러면 그럴수록 슬퍼집니다."
그 이유에 대해 순우곤이 털어놓은 말이 위왕의 정신을 번쩍 들게 하였다.
"나라가 슬퍼진다는 것은 곧 국력이 쇠함을 뜻합니다. 유사 이래 가무 연락이 잦은 왕조일수록 일찍 쇠하였으니까요. 아니지요, 어쩌면 그로 인해 목숨을 잃은 제왕들이 그 얼마나 많았습니까. 생각해 보면 참으로 안타까울 일이지요."
그때부터 위왕은 철야의 주연을 삼갔다.

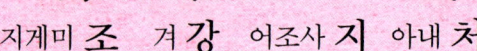

糟 糠 之 妻
지게미 조　겨 강　어조사 지　아내 처

출전 《후한서(後漢書)》의 〈송홍전(宋弘傳)〉

문의 지게미와 쌀겨를 먹고 고생한 아내.

요점 어려울 때에 함께 고생을 한 아내를 말함.

해석 《후한서》의 〈송홍전〉에 나오는 말이다. '가난할 때에 사귄 친구는 잊지 못하고 조강지처는 내쫓지 못한다.'

　아무리 그렇다 해도 송홍은 아내와의 사이가 각별했다고 본다. 이른 바 금슬이 좋았다는 뜻이다. 중국에서 가장 오래된 시집 《시경》의 〈소아상서편〉에는 '처자가 잘 합하는 것이 금슬을 고(鼓)하는 것과 같다'고 씌어 있다. 그래서 부부의 의가 좋은 것이 〈금슬상화(琴瑟相和)〉다. 슬은 커다란 거문고로 줄의 수가 많다는 뜻이다. 크고 작은 거문고를 잘 타면 오히려 소리가 화합하여 조화를 이룬다. 그런 점에서 의좋은 부부를 '금슬이 좋다'고 말한다.

고사 후한의 광무제(光武帝)는 호양공주(湖陽公主)라는 누님이 있었다. 그 공주는 출가하여 일찍 과부가 되어 있었다. 어느 날 누님에게 재혼할 상대로 마땅한 사람이 있느냐 물었더니 대사공(大司空) 직책에 있는 송홍(宋弘)을 사모하고 있다고 말했다. 즉, 송홍 같은 사람이면 몰라도 그 외엔 시집을 가지 않겠다고 한 것이다. 그러나 송홍에겐 어엿한 아내가 있었다. 군왕의 몸으로 신하에게 불의한 일을 해 달라고 청을 넣을 수는 없었다. 광무제는 누님을 옆방에 있게 한 후 송홍을 불러들였다.

　"이보시오, 대사공. 대저 사내의 지위가 높아지면 의당 친구가 바뀌지는 게 아니겠소. 또한 집이 부해지면 아내를 바꾼다는데 경은 어찌 생각하시오?"

넌지시 누님의 문제를 내비쳤다. 송홍이 답했다.

"아닙니다. 소신은 가난할 때 사귄 친구를 잊지 말고, 조강지처는 내치지 않는다는 말이 옳다고 보옵니다."

송홍이 물러간 후 광무제는 누님과 대면한 자리에서 어설프게 웃을 수밖에 없었다. 송홍의 기세로 보아 전연 가망이 없었기 때문이다.

자원 ● 糟(지게미 조 ; 米部 11획, 총 17획. lees) : 지게미 조.
● 糠(겨 강 ; 米部 11획, 총 17획. chaffs) : 번쇄할 강.
● 之(어조사 지 ; 丿部 3획, 총 4획. this) : 갈 지, 이를 지.
● 妻(아내 처 ; 女部 5획, 총 8획. wife) : 시집 보낼 처.

어의 ● 糟糠不厭(조강불염) : 몹시 가난함 ● 糟粕(조박) : 찌꺼기 ● 糟魄(조박) : 술 찌꺼기 ● 糠糜(강미) : 겨로 만든 죽 ● 糠粃(강비) : 거친 식사 ● 糠雨(강우) : 가랑비 ● 妻家(처가) : 아내의 친정 ● 妻子(처자) : 아내와 자식 ● 妻兄(처형) : 아내의 언니.

참조 어느 가정이든 부부간의 사이를 보면 그 집안의 내력을 짐작할 수가 있다. 그것은 고금의 진리다. 《사기》에 이런 얘기가 있다. 계구사(季曰使)가 기(冀)라는 지방을 지나다가 밭에서 김을 매고 있는 기결(冀缺)의 아내가 점심을 내온 것을 보았다. 그 사이가 얼마나 정답고 조심스러운지 돌아와 문공(文公)에게 "경(敬)이란 덕(德)이 모인 곳인데, 덕은 백성을 다스리는 것이니 그 사람을 쓰십시오." 하였다.

☞ 夫唱婦隨(부창부수) : 부부가 화합함을 뜻함.
☞ 比翼連理(비익연리) : 부부 사이가 좋음을 이름. 비익은 눈이 하나씩밖에 없기 때문에 두 마리가 함께 하지 않고서는 날 수가 없다. 또한 연리는 두 나무의 가지가 얽히어 있음을 뜻함.
☞ 如鼓琴瑟(여고금슬) : 부부 사이가 좋음을 뜻하는 말.

朝 三 暮 四
아침 조　석 삼　저물 모　넉 사

출전 《열자(列子)》의 〈황제편(黃帝篇)〉, 《장자(莊子)》의 〈제물편(齊物篇)〉

문의 아침에는 셋, 저녁에는 넷을 주다.

요점 농락당하는 속에 끼어 있으면서도 그것을 알지 못한다. 이를 테면 애써 일을 이루었으나 그것이 같은 것임을 알지 못한다는 의미.

해석 《장자》는 실제적으로 농락당하는 것을 조삼(朝三)으로 풀이한다. 만약에 시비와 선악에 집착을 하는 자가 탐욕한 관리가 되면 같은 것임을 알지 못하면서 지나치게 편견을 갖게 된다. 《열자》는 〈조삼모사〉나 〈조사모삼〉이나 뜻이 같은데 원숭이는 조삼을 좋아했다고 한다. 배운 자가 덜 배운 자를 농락하고 성인이 대중을 농락하는 것도 저공(狙公)이 지(知)로서 원숭이를 농락하는 것과 마찬가지라 했다.

고사 송(宋)나라에 저공(狙公)이라는 이가 있었다. 아마 그 사람은 본래의 이름이 있었을 터이지만 워낙 원숭이 기르는 것을 좋아했기 때문에 그렇게 부른 듯싶다. 왜냐하면 '저(狙)'가 원숭이라는 뜻이기 때문이다. 이 사람이 얼마나 원숭이를 좋아했기에 그런 별명이 붙었을까? 그것은 집 안에 있는 사람들의 식량을 줄이면서까지 원숭이를 기를 만큼 좋아한 탓이었다.

항상 원숭이와 가까이 생활했기 때문에 저공은 이 짐승의 속내를 훤히 꿰뚫었다. 그러나 하루가 다르게 사정이 어려워지자 부득이 식량을 제한할 수밖에 없었다. 그것은 애지중지하는 원숭이들도 마찬가지였다.

그는 안 되겠다 싶어 원숭이들에게 말했다.

"이제 너희들에게도 도토리를 제한할 수밖에 없다. 아침에는 셋, 저녁에는 넷을 주겠다. 어떠냐?"

원숭이들은 화를 냈다. 아침에 세 개를 먹는 것은 배가 고프다는 것이었다. 저공은 다시 말했다.

"그렇다면 아침에는 넷, 저녁에는 셋으로 하마. 그러면 되겠지?"

원숭이들은 손뼉을 치며 좋아라 하였다.

자원 ●朝(아침 조 ; 月部 8획, 총 12획. morning) : 보일 조, 조회받을 조, 나라 이름 조, 찾을 조(해 돋을 간에서 뜻을, 月에서 음을 취했음).
●三(석 삼 ; 一部 2획, 총 3획. three) : 자주 삼(작대기 셋을 뜻함).
●暮(저물 모 ; 日部 11획, 총 15획. sunset) : 늦을 모, 더딜 모.
●四(넉 사 ; 口部 2획, 총 5획. four) : 사방 사, 네 번 사.

어의 ●朝來(조래) : 아침 일찍부터 ●朝暮(조모) : 아침과 저녁 ●朝霧(조무) : 아침 안개 ●三刻(삼각) : 세 시각 ●三角鬚(삼각수) : 두 뺨과 턱에 삼각형을 이루는 곳 ●三流(삼류) : 사물의 부류에서 최하위층 ●暮年(모년) : 노년 ●暮冬(모동) : 늦겨울 ●暮色(모색) : 해질 무렵 ●四計(사계) : 사람의 생활에서의 네 가지 계획. 이를테면 하루의 계획은 새벽에, 한 해의 계획은 봄에, 인생의 계획은 부지런함에, 한집안의 계획은 화목함에 달려 있다는 것 ●四大奇書(사대기서) : 명청시대의 가장 뛰어난 네 개의 서적. 수호전, 삼국지연의, 서유기, 금병매 ●四孟朔(사맹삭) : 네 철의 각 첫 달인 음력 정월, 4월, 7월, 10월. 이를 사맹(四孟)이라고도 함.

참조 현대에 와서 우리가 쓰는 〈조삼모사〉는 저공이 원숭이를 농락했다는 점에 대해 다음과 같이 해석한다.

"남을 농락하여 술수로써 어려움에 빠뜨렸다."라든가 "사기를 쳐서 남을 속였다." 등의 의미다.

酒 池 肉 林
술주　못지　고기육　수풀림

출전 《십팔사략(十八史略)》
문의 술로 연못을 만들고 고기로 숲을 만듦.
요점 음란하고 호화스러운 탕아들의 행위를 비유하는 말. 역대 군왕들의 타락된 일면을 나타내는 대명사이다.

해석 폭군이라 말할 때엔 그 대명사를 걸주(桀紂)라 대답한다. 하왕조의 19대 제왕 사이계(姒履癸)를 걸제(桀帝), 상왕조 31대 제왕 자수신(子受辛)을 주제(紂帝)라 부른다. 훗날의 사가들에 의해 붙여진 시호는 한결같이 충신을 골라 죽이는 폭군이란 꼬리표였다. 특히 주지육림이라는 고사가 만들어진 데에는 사이계의 탐욕이 앞섰지만, 훗날의 자수신 역시 환락과 패망의 전철을 그대로 이어받은 것으로 평가된다.

고사 기록에 의하면 하왕조 19대 제왕이던 사이계가 백여 만의 대군을 이끌고 산동성 몽음현에 위치한 시부락(施部落)으로 쳐들어간 것은 기원전 1786년이었다. 이때 화친을 목적으로 공물로 바쳐진 여인이 시매희(施妹喜)였다.
　처음에 시매희는 여흥으로 비단을 찢기 시작했다. 비단은 가격이 만만치 않은 것인데, 날마다 여흥으로 찢어대자 급기야 황실 창고에 있는 것이 바닥이 나버렸다. 이것은 황음한 황제의 도락을 알리는 시작에 불과했다. 사이계는 대단위의 토목공사를 일으켰다. 50평방 킬로미터나 되는 연못의 물을 퍼내고 그곳에 술을 채운 다음 배를 띄웠다. 항간에서 파는 싸구려 술이겠는가? 제왕이 마시는 술이니 의당 고급 명주였을 것이다. 술 연못 곁에는 고기

숲을 만들었다. 그런 다음 벌거벗은 신하와 궁녀들이 내기를 하여 지는 쪽에서 연못으로 달려가 술을 마시고 안주를 먹었다. 이것이 주지육림이라는 놀이다.

자원 ●酒(술 주;酉部 3획, 총 10획. wine) : 냉수 주, 벼슬 이름 주. 주(酒)는 氵(水) 곁에 酉를 덧붙인 글자. 병에 들어 있는 물 같은 액체를 뜻함.)
●池(못 지;水部 3획, 총 6획. pond) : 섞바꿔나를 지, 풍류 이름 지.
●肉(고기 육;肉部 총 6획. meat) : 몸 육.
●林(수풀 림;木部 4획, 총 8획. forest) : 더불더불날 림.

어의 ●酒談(주담) : 술김에 하는 객쩍은 말 ●酒媒(주매) : 누룩 ●酒場(주장) : 술자리 ●池畔(지반) : 못 가 ●池魚籠鳥(지어농조) : 못의 고기와 조롱 안에 든 새. 서로 부자유한 관계 ●池苑(지원) : 못과 동산 ●肉頭文字(육두문자) : 상스러운 말 ●肉輪(육륜) : 아래 위의 눈꺼풀 ●肉薄(육박) : 바짝 다가감 ●林檎(임금) : 능금 ●林地(임지) : 수목이 많이 자라고 있는 땅 ●林下夫人(임하부인) : 으름

참조 사이계의 14대 할아버지 사문명(似文明)은 어느 때인가 술을 마셔 보고 깊이 탄식했다.

"술이란 본시 광음수(狂飮水)이거니, 이 물을 마시면 본래의 정신은 오간 곳이 없고 서서히 미쳐갈 뿐이다. 반드시 내 후손 중에 술로써 나라를 망칠 위인이 나타날 것이다."

과연 그의 예언은 적중했다. 희대의 괴물 사이계가 '주지육림'이라는 놀이를 만든 것이다.

☞ 酒猶兵(주유병) : 술은 무기와 같은 것이므로 경계하지 않으면 몸을 상하게 한다(《남사(南史)》).
☞ 酒肴爛漫(주효난만) : 술과 안주가 그득함.

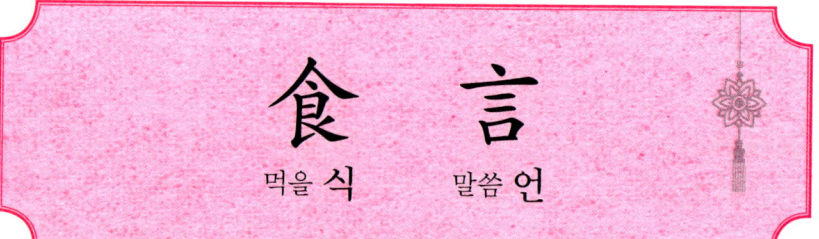

食　言
먹을 식　말씀 언

출전 《서경(西經)》의 〈탕서(湯誓)〉, 《춘추좌씨전》

문의 말을 먹음.

요점 말을 밥 먹듯이 번복하는 것.

해석 《서경》의 〈탕서〉는 탕 임금이 하조(夏朝)의 걸왕을 방벌(方伐)하기에 앞서 장수들을 모아 놓고 서언한 내용이며, 《춘추좌씨전》에는 노나라 애공이 오오(五梧)라는 곳에서 축하연을 베풀 때 두 대신을 꼬집어 말한 말이다.

고사 탕왕이 많은 장수들을 모아 놓고 자신이 걸왕을 토벌하기 위해 군사를 일으킨 취지가 어디에 있는지를 설파하고 있다.

"……이제 그대들이 말하되 하(夏)의 죄가 어떠냐고 하니 하왕이 백성들을 해친즉 백성이 이제 따르지 않는다. 이 해(日)는 언제 망할꼬. 우리도 너와 함께 망하리라 하느니 짐이 가서 반드시 치리라. 바라건대 나 한 사람을 도와 하늘의 벌을 이루게 하라. 내가 식언을 아니하리라(朕不食言). 그대들이 서언을 좇지 아니하면 내 그대들의 처자조차 죽이어 용사(容赦)치 않으리라."

자원 ● 食(먹을 식 ; 食部 총 9획. eat) : 밥 식, 헛말할 식, 제 식.

● 言(말씀 언 ; 言部 총 7획. speech) : 어조사 언, 한 마디 언, 말할 언.

어의 ● 食貪(식탐) : 음식을 욕심내어 탐내는 일 ● 食貨(식화) : 음식물과 재물

●食指(식지) : 집게손가락 ●言中(언중) : 말 가운데 ●言質(언질) : 어떤 일을 하는 말의 꼬투리 ●言讖(언참) : 말이 미래의 일과 꼭 맞음

참조 《춘추좌씨전》에는 흥미로운 얘기가 나온다. 노나라의 애공이 월나라에서 돌아왔을 때 계강자(季康子)와 맹무백(孟武伯)이라는 대신이 오오(吾梧)라는 곳에 마중을 나왔다. 술자리에서 맹무백이 애공을 시종하는 곽중을 놀렸다.

"그대는 할 일이 별로 없는 것 같은데 어찌 살은 찌는가? 뚱뚱한 비결이라도 있는가?"

그 대답은 애공이 받았다.

"이 사람은 말(言)을 많이 먹으니까 그러는 거요."

두 대신이 자신을 험담했다는 것을 알고, 그것을 꼬집은 것이다. 식언(食言)은 그런 용도로 사용된다.

⇨《장자》의 〈제물론편〉에 있는 말이다.

"대개 말이란 불어 내는(吹) 바람이 아니다. 그 속에는 말하는 뜻이 있어야 한다. 그러나 그 말하는 것을 보면 하나도 일정한 것이 없다. 그러면 과연 말하는 것이 있다고 할 것인가? 혹은 말하는 것이 없다고 할 것인가? 가령 말이 있다고 하자. 그러면 그것이 갓난 새끼 새의 지껄이는 소리와 다르다고 할 어떤 구별이 있는가?"

공자는 말한다. 평생동안 선(善)을 행해 왔어도 단 한 마디의 식언(食言)으로 인해 깨뜨려진다는 경고이다.

⇨《법구경》에 있는 말이다.

"말의 악행(惡行)을 거두고 말의 선행(善行)을 거두어라!"

불교에서는 입과 몸, 그리고 뜻의 세 개의 소업(所業)을 중히 여긴다.

⇨《노자》에 있는 말이다.

"아는 자는 말이 없고, 말하는 자는 아무것도 모르는 자이다."

☞ 語不成說(어불성설) : 말이 되지 않음.

☞ 貌言(모언) : 실 없는 말.

食 指 動

먹을 식   손가락 지   움직일 동

출전 《춘추좌씨전(春秋左氏傳)》

문의 식지가 움직인다.

요점 음식이나 사물에 대한 욕심을 품는 것을 말함.

해석 《사기》의 〈열전〉에는 이런 말이 눈에 띈다. '각기 나라를 세워 권력을 다투자 서로가 멸망하였다. 앞서는 서로 경모하고 신용하는 사이였는데, 나중에는 서로 배반하고 부실한 사이가 된 것은 무엇 때문인가? 바로 욕심 때문이었다.' 사리사욕으로 인해 서로 멀어졌음을 뜻한다.

고사 초나라의 어떤 사람이 영공에게 자라를 바쳤다. 영공은 그 자라를 죽을 끓여 대신들에게 나눠 먹일 생각이었다. 그때 대신 중에 송(宋)이라는 사람이 자가(子家)와 들어섰는데 갑자기 둘째 손가락이 움직였다. 송이 자가에게 속삭였다.

"오늘은 특별한 것을 먹을 것 같네. 내 둘째 손가락이 움직였거든."

조회에 들어간 둘은 한쪽에서 자라 요리를 하고 있는 요리사를 보고 웃었다. 조회에 들어올 때에 식지가 움직인 것이 영락없이 들어맞았기 때문이다.

"어찌들 웃는가?"

영공이 그 까닭을 물었다. 대답은 공자 자가가 넌지시 말했다.

"사실은 이곳에 올 때에 공자 송의 둘째 손가락이 움직였습니다. 그래서 특별한 음식을 먹을 것이라 담소하며 웃었습니다."

"흐음, 그거 재밌구만. 그러나 말이야, 음식은 짐의 것이거든. 그러니 내가 주지 않으면 손가락이 움직였다 해도 먹을 수가 없어."

영공은 다른 사람에겐 주었지만 공자 송에게만은 자라 죽을 주지 않았다. 그러자 송은 솥이 있는 곳으로 달려가 얼른 고기 한 점을 집어 먹었다. 그리고는 왕에게 고했다.

"대왕, 이렇게 먹었으니 내 예측이 맞은 것입니다."

그리고는 얼른 퇴청해 버렸다.

자원 ● 食(먹을 식;食部 총 9획. eat) : 씹을 식.
● 指(손가락 지;手部 6획, 총 9획. finger) : 가리킬 지, 뜻 지.
● 動(움직일 동;力部 9획, 총 11획. move) : 지을 동, 난리 동.

어의 ● 食物(식물) : 먹는 물건 ● 食性(식성) : 음식에 대해 싫어하고 좋아하는 성미 ● 食水(식수) : 먹는 물 ● 指示(지시) : 가리켜 보임
● 指標(지표) : 방향을 가리키는 표 ● 指向(지향) : 지정하여 그쪽으로 가게 함
● 動兵(동병) : 군사를 움직여 일으킴 ● 動靜(동정) : 행동의 상황 ● 動塚(동총) : 무덤을 옮기려고 파냄

참조 《위지(魏志)》의 〈노식전〉에 있는 얘기다.
위의 문제가 노식의 재주를 높이 사서 이부상서에 임명했다. 그리고 이렇게 말하였다.

"자네라면 괜찮겠지만 말이야, 그저 집안이 좋다든지 뭐 그런 것만으로 높은 자리에 앉는 것은 당찮은 일이야. 그런 걸 뭐라 하는지 아는가? 그건 땅에 그린 떡이야. 어찌 땅에 그린 그림을 먹을 수 있느냐 그 말이야!"

이른바 그림의 떡이다. 《채근담》에 이런 얘기가 있다.

"사람되어 아주 고원(高遠)한 사업은 없을 망정 세속적인 정만 벗을 수 있다면 이내 명류(名流)에 들 것이요, 학문을 닦아 특출한 공부는 없더라도 물욕의 허물만 없다면 가히 성인의 경지다."

梁上君子

대들보 양　위 상　스승 군　남자 자

출전 《후한서(後漢書)》의 〈진식전(陳寔傳)〉

문의 대들보 위의 군자.

요점 도둑놈을 뜻함. 다른 말로는 대들보 위를 달려가는 생쥐를 일컫는다.

고사 후한 말의 사람 진식(陳寔)이 태구현(太丘縣)의 현감으로 부임해 왔다. 그는 어진 선비요, 세상사의 단맛과 쓴맛을 고루 섭렵한 인물이었다. 그는 한때 살인 누명을 쓰고 체포된 적이 있었으나 혐의가 풀려 관리로 등용되어 태구현의 지방 장관으로 부임하게 되었다.

나라에 흉년이 들자 백성들의 생활이 말이 아니었다. 대부분 초근목피로 연명해 가고 있는 실정이었다. 그러다 보니 그것마저 바닥이 나서 굶는 자가 부지기수였다. 어느 날 밤, 진식이 책을 읽고 있는데 도둑놈 하나가 방 안으로 들어왔다. 그 도둑은 빈방인 줄 알았는데 뜻밖에 사람이 있자 얼른 대들보 위로 올라갔다. 아무래도 주인이 잠이 들면 값이 나갈 만한 것을 털어 갈 심산이었다. 한참 후 진식은 읽고 있던 책을 덮고 아들과 손자를 방으로 불러들였다.

"모름지기 사람으로 태어난 이상 무엇에건 열심을 보여 살아가야 한다. 이 세상에는 악한 사람이 따로 없고 선한 사람이 따로 없다. 부지런히 일을 하고 어려움이 있더라도 그것을 슬기롭게 극복해 가야만 잘되는 것이다. 한때의 궁핍함으로 잘못을 저지르게 되지만, 그것은 본바탕이 그래서 죄를 짓는 게 아니고 노력과 하루하루를 반성하는 것이 부족하기 때문이다. 한두 번의 버릇이 나중에는 크게 나타나 평생을 그르치는 허물로 나타나게 된다. 지금 저 대들보 위에 앉아 있는 군자가 그런 이치다."

이 말을 들은 도둑은 혼비백산하여 밑으로 내려와 꿇어 엎드렸다. 죽을 죄를 지었다고 사죄했다. 진식은 그의 자태를 살핀 후 말했다.

"그대의 얼굴이나 태도로 볼 때 악한 일을 할 사람은 아니다. 이것은 모두 가난 때문에 일어난 일이다."

좋은 말로 타이르고는 비단 두 필을 주어 보냈다.

자원 ●梁(대들보 양;木部 7획, 총 11획. ridgepole):나무다리 량, 징검다리 량, 달음박질 량.

●上(위 상;一部 2획, 총 3획. upper):물건의 위 상, 바깥 상, 오를 상.

●君(스승 군;口部 4획, 총 7획. teacher):아버지 군, 아내 군, 남편 군(尹에 口를 합했음. 백성을 다스리기에(尹) 명(口)을 내림).

●子(남자 자;子部 총 3획. man):종자 자, 당신 자, 어르신네 자.(어린애가 양 팔을 벌리고 섰음.)

어의 ●梁棟(양동):대들보와 마룻대 ●梁麗(양려):들보 ●梁材(양재):들보가 될 수 있는 큰 재목 ●上監(상감):임금의 존칭 ●上客(상객):지위가 높은 손님 ●上界(상계):부처가 있는 곳 ●君子蘭(군자란):수선화과의 다년초 ●君主(군주):임금 ●君側(군측):임금의 곁 ●子規(자규):두견 ●子壻(자서):사위 ●子月(자월):음력 11월

참조 계강자(季康子)는 첩의 아들이었다. 본처의 아들을 죽이고 뒤를 이은 부정직한 사람이었는데 어느 날 도적에 대해 물었다. 공자가 말했다. "정작 그대가 욕심을 내지 않는다면 상을 준다 해도 도적이 될 자는 없을 것이다." 이를테면 도적질은 계강자 자신이 하고 있었던 것이다.

☞ 開門揖盜(개문읍도):문을 열어 놓고 도둑을 불러들이듯 재화를 불러 들임.

飲食・家庭

破　鏡

가를 **파**　　거울 **경**

출전 《태평광기(太平廣記)》
문의 깨진 거울.
요점 부부간에 금슬이 좋지 않아 이별을 하거나 이혼하는 것을 비유하는 말.

고사 중국의 남북조시대에 진(陳)의 후주 숙보가 〈옥수후정화〉의 놀이에 취해 날마다 가무 연락만을 즐기는 바람에 나라의 기틀이 송두리째 흔들리게 되었다. 이때 진후주의 딸 낙창공주(樂昌公主)와 그의 남편 서덕언(徐德言)은 함께 나라 걱정을 했다. 머지않아 나라에 큰 변고가 일어날 듯 싶으니 헤어지더라도 품 안에 신물(信物)을 지니고 있으면 만날 수 있다고 하였다. 그것은 거울이었다. 서덕언은 거울을 꺼내 두 쪽으로 나누어 그 반씩을 간직하게 되었다. 그리고 내년 보름날 장안에서 제일 번화한 곳에 가서 그 거울을 팔도록 하였다.

과연 그들의 예측대로 진나라는 망했다. 진숙보는 모든 것을 수나라에 바치고 신하가 되었다. 또한 낙창공주는 양소(楊素)의 집으로 들어가게 되었다. 공주는 남편과의 약속을 잊지 않고 정월 보름만 되면 아랫사람을 시켜 시장의 가장 번화한 곳에 가서 반쪽 거울을 팔도록 했다.

그러나 거울을 사겠다는 사람은 나타나지 않았다.

그렇게 3년이 지나갔다. 이제는 거울에 대한 미련도 시들해질 터이지만 낙창공주는 어김없이 약속한 그날이 되면 하인에게 명하여 거울을 팔도록 했다.

"자, 거울을 사시오! 단돈 3십금이오!"

오가는 사람들은 미쳤다고 손가락질했다. 깨어진 반쪽 거울을 시중 가격의 몇십 배에 해당하는 값으로 부르니 그렇게 취급하는 것도 당연했다.

그런데 사겠다고 나선 사람이 있었다. 서덕언이었다. 그는 자신의 숙소로 데려가 간직하고 있던 반쪽 거울을 꺼내 맞춰 보았다. 서덕언은 거울 뒷면에 한 수의 시를 쓴 후 하인을 돌려보냈다.

거울과 사람이 함께 갔건만(鏡與人俱去)
거울은 돌아와도 사람은 돌아오지 않네(鏡歸人不歸)
옛날 비치던 항아의 그림자는 어디로 가고(無復姮娥影)
부질없는 달빛만 머물러 있누나(空留明月輝)

자원 ●破(가를 파 ; 石部 5획, 총 10획. break) : 군사 패할 파, 다할 파, 깨질 파. ●鏡(거울 경 ; 金部 11획, 총 19획. mirror) : 살필 경, 안경 경.

어의 ●破堤(파제) : 홍수로 제방이 무너짐 ●破題(파제) : 과거 보는 시의 첫머리에 그 글제의 뜻을 들춰냄 ●破腫(파종) : 종기를 침으로 찌름 ●鏡鑑(경감) : 거울 ●鏡戒(경계) : 사리에 맞도록 꾸짖음 ●鏡考(경고) : 다른 예에 비추어 봄

참조 슬픔을 이기지 못하고 낙창공주는 식음을 전폐했다. 하루 다르게 말라가는 공주를 보고 양소가 연유를 물었다. 전후 사실을 안 양소는 서덕언을 불러들여 그들을 만나게 하고 여생을 함께 지내게 하였다.
　☞ 鑑無見疵之辠(감무견자지고) : 거울은 사람의 얼굴을 비추어 흠을 나타내어도, 사람은 이를 벌하지 아니한다는 뜻으로 《한비자(韓非子)》에 있는 말이다.
　☞ 方鏡(방경) : 진시황이 가지고 있던 거울. 이것은 사람의 심담(心膽)까지 비추었다고 《사기(史記)》에 씌어 있다.

偕 老 同 穴

같이 해　늙을 로　같을 동　굴 혈

출전 《시경(詩經)》의 〈패풍격고(邶風擊鼓)〉
문의 살아서는 같이 늙고, 죽어서는 한 곳에 묻힌다.
요점 생사를 같이하는 부부의 사랑과 맹세를 뜻하는 말.

해석 중국에서 가장 오래된 시집인 《시경》의 〈패풍격고〉에 나오는 얘기다. '살아서는 같이 늙고, 죽어서는 구멍을 함께 하여 영원히 잠들 수 있도록 묻히자'는 맹세다.

고사 야설(野說)에 의하면 중국에는 '해로동혈'이라는 이름의 해면체가 있다는 것이다. 이 동물의 형상은 꼭 수세미 같이 생겼는데, 밥주머니가 있으며 그 속에는 구멍 새우가 기생한다. 그 안에 암수 한 쌍이 살고 있으므로 해로동혈(偕老同穴)이라 하였는데, 나중에는 해면체 쪽을 가리켜 그런 말을 사용했다고 전한다.
　어찌되었거나 부부의 금슬이 유난히 좋다는 말로 풀이되는 이 말의 출전은 《시경》의 〈패풍격고〉와 〈용풍군자해로〉 〈위풍맹〉 〈왕풍대거〉 등의 장(章)이다. '격고'는 전쟁에 나간 병사가 언제 고향에 돌아갈지를 기약할 수 없어 타고 나갔던 말과도 사별하고 전장터를 전전할 때 고향의 여인을 그리워하며 읊은 노래다.

　살아서도 죽어서도 함께 하고
　그대와 함께 맹세하였더니

그대의 손을 잡고
그대와 함께 늙으리라

이렇게 읊고는 '오호라, 그런 노릇이 오히려 원수와 같네'로 맺고 있다. 서글픈 병사의 노래다. 다른 하나는 귀부인을 비꼬는 내용이다.

주인님과 할 수만 있다면 백 년만이라도
머리엔 옥비녀 꽂고 간들간들 모양 부리며

다시 말해 용풍의 '군자해로'는 〈군자와 늙도록 함께 하니 쪽지고 여섯 구슬을 박은 비녀를 꽂았으며〉로 되어 있다.

자원 ●偕(같이 해;人部 9획, 총 11획. together) : 굳셀 해.
●老(늙을 로;耂部 2획, 총 6획. old) : 늙은이 로, 어른 로, 약속할 로, 쭈그러질 로.
●同(같을 동;口部 3획, 총 6획. same) : 한 가지 동, 가지런할 동. 무리 동, 화할 동.
●穴(굴 혈;穴部 총 5획. cave) : 움 혈, 틈 혈.

어의 ●偕偕(해해) : 강장(强壯)한 모양 ●偕樂(해락) : 여럿이 함께 즐김 ●偕行(해행) : 여럿이 잇따라 함께 감 ●老無用(노무용) : 늙어서 쓰일 곳이 없음 ●老手(노수) : 노련한 솜씨 ●老實(노실) : 노성하고 성실함 ●同庚(동경) : 동갑 ●同工(동공) : 재주나 솜씨가 같음 ●同衾(동금) : 동침 ●穴室(혈실) : 굴속에 만든 방 ●穴深(혈심) : 무덤 구덩이의 깊이

참조 위의 내용을 살펴보면 '해로'나 '동혈'은 한결같이 즐거움을 뜻하는 말이 아니다. 성어의 뜻만으로는 부부화락이나 백년해로의 기쁨으로 보이지만, 전체적인 내용을 훑어보면 참으로 비통한 심정이 짙다. 이룰 수 없는 것을 탄식하고 있기 때문이다.